Contabilidad y fiscalidad

JOSÉ REY POMBO

Paraninfo

Contabilidad y fiscalidad

JOSÉ REY POMBO

Licenciado en Ciencias Económicas y Empresariales
Profesor de Enseñanza Secundaria
Especialidad en Administración de Empresas
jose.rey@educa.madrid.org

Paraninfo

Contabilidad y fiscalidad

© José Rey Pombo

Gerente Editorial
María José López Raso

Equipo Técnico Editorial
Alicia Cerviño González
Paola Paz Otero

Editora de Adquisiciones
Carmen Lara Carmona

Producción
Marta Muñoz Muñiz
Nacho Cabal Ramos

Diseño de cubierta
Ediciones Nobel

Preimpresión
Montytexto

3.ª edición, 2018

C/ Velázquez 31, 3.° Dcha. / 28001 Madrid, ESPAÑA
Teléfono: 914 463 350 / Fax: 914 456 218
clientes@paraninfo.es / www.paraninfo.es

ISBN: 978-84-283-4109-7
Depósito legal: M-24260-2018

(16870)

Impreso en España / *Printed in Spain*

Lavel Industria Gráfica
(Humanes de Madrid, Madrid)

A Isabel, María, Paula, Adara y Eric.

Contenido

Presentación

El Real Decreto 1584/2011, de 4 de noviembre, de acuerdo con la Ley Orgánica 2/2006, de 3 de mayo, de Educación, y la Ley Orgánica 5/2002, de 19 de junio, de las Cualificaciones y de la Formación Profesional, establece y regula, en los aspectos y elementos básicos, el título de Formación Profesional del sistema educativo de Técnico Superior en Administración y Finanzas, así como sus enseñanzas mínimas. Lo dispuesto en este real decreto sustituye a la regulación del título de Técnico Superior en Administración y Finanzas, contenida en el Real Decreto 1659/1994, de 22 de julio (LOGSE).

El presente manual desarrolla los contenidos del módulo profesional de **Contabilidad y Fiscalidad**, correspondiente al segundo curso del título de Técnico Superior en Administración y Finanzas.

Se trata de un manual práctico que desarrolla los conceptos contables básicos, la estructura del Plan General de Contabilidad (PGC) y el registro de los hechos contables derivados de la actividad de la empresa, aplicando los principios y normas del PGC. Amplía los conocimientos contables adquiridos en el primer curso y desarrolla nuevos contenidos como la depreciación del inmovilizado, los deterioros de valor y las provisiones, los instrumentos financieros, el análisis de los estados contables, etcétera.

También realiza un estudio práctico del Impuesto sobre Sociedades, el Impuesto sobre la Renta de las Personas Físicas, el Impuesto sobre Actividades Económicas, el Impuesto sobre Bienes Inmuebles y el Impuesto sobre Transmisiones Patrimoniales y Actos Jurídicos Documentados.

En las **Unidades 1, 2, 3 y 7** se profundiza en la estructura del PGC y el registro de los hechos contables derivados de la actividad comercial.

En las **Unidades 4, 5 y 6** se estudian el inmovilizado no financiero, los instrumentos financieros y los fondos propios, las subvenciones y las provisiones.

En las **Unidades 8, 9 y 10** se analizan los impuestos locales sobre actividades económicas, el Impuesto sobre Sociedades y el IRPF.

En las **Unidades 11, 12 y 13** se estudian las operaciones de fin de ejercicio: los resultados, la elaboración y el análisis de las cuentas anuales.

En la **Unidad 14** se analizan los aspectos básicos de las sociedades de capital y la problemática contable de la constitución de la sociedad anónima.

En la **Unidad 15** se analiza el marco legal de la auditoría en España y las distintas fases por las que debe pasar el trabajo del auditor hasta la emisión del informe.

Por último, en la **Unidad 16** se profundiza en el manejo de la aplicación contable ContaPlus con el empleo de las utilidades de punteo y casación, vencimientos, cheques, inventario, etc.

Deseo que este manual facilite el aprendizaje del alumno y sea de utilidad en el desarrollo de la labor docente.

José Rey Pombo
Madrid, junio de 2018

Nota: para la realización de las actividades, la editorial recomienda que estas no se lleven a cabo sobre el libro sino en un cuaderno.

UNIDAD 1

EL PLAN GENERAL DE CONTABILIDAD

Esta unidad didáctica introduce al alumno en el estudio del Plan General de Contabilidad, para conocer su estructura y contenido. También analizaremos los requisitos, principios y criterios contables, incluidos en el marco conceptual.

Objetivos

- Comprender la necesidad de la normalización contable.
- Conocer la estructura del Plan General de Contabilidad.
- Identificar las cinco partes del Plan General de Contabilidad.
- Distinguir las partes obligatorias del Plan General de Contabilidad de las que no lo son.
- Entender y saber aplicar los principios contables y los criterios de registro y valoración.

Contenidos

1.1. Normalización contable

1.2. Planificación contable

1.3. El Plan General de Contabilidad

1.4. Estructura del Plan General de Contabilidad

1.5. Marco conceptual de la contabilidad

1.6. Normas de registro y valoración

1.7. Cuentas anuales

1.1. Normalización contable

La información que suministra la Contabilidad interesa a muy diversas personas: propietarios, gestores, trabajadores, acreedores, Estado, etc. Cada empresa puede utilizar el sistema contable que le parezca más idóneo para el registro de sus operaciones.

La normalización contable pretende conseguir un cuadro normativo que permita la elaboración de la información contable de forma objetiva y que sirva tanto a la propia empresa como a terceras personas interesadas.

Además, la normalización contable debe conducir a que las cuentas anuales de las empresas, formuladas con arreglo a los principios contables, sean comparables (entre diferentes empresas y entre distintos momentos de la vida de una misma empresa).

La Directiva 2013/34/UE es el pilar fundamental de la armonización contable a nivel europeo.

El instrumento básico de la normalización contable en nuestro país es el Plan General de Contabilidad que acomoda nuestra normativa a las Directivas de la Unión Europea y a las exigencias de la legislación española vigente (también adaptada a las mencionadas directivas).

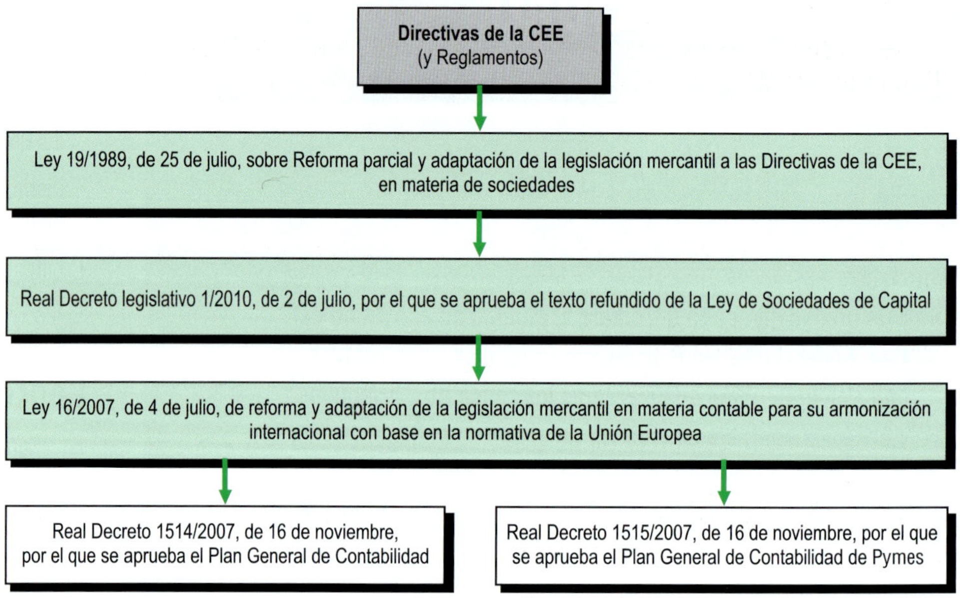

Figura 1.1. Legislación contable.

1.2. Planificación contable

La planificación contable pretende obtener un modelo de gestión para una empresa determinada, denominado **plan contable**. Este plan contable ha de ser capaz de proporcionar información sobre la situación patrimonial de una empresa así como sobre los hechos que provoquen alteraciones en dicha situación.

El plan contable es una relación ordenada y codificada de las cuentas necesarias para captar el patrimonio y los resultados obtenidos por la empresa. También debe contener los motivos de cargo y abono de cada cuenta y las conexiones entre las distintas cuentas.

1.3. El Plan General de Contabilidad

El primer Plan General de Contabilidad que surgió en España fue en 1973 (aprobado por Decreto 530/1993, de 22 de febrero).

En 1974 se aprobó el Plan General de Contabilidad para las Pequeñas y Medianas Empresas (Decreto 2822/1974, de 20 de julio).

Para acomodar nuestra normativa a las Directivas de la CEE (en especial a la IV Directiva), en 1990 se aprobó el Plan General de Contabilidad (Real Decreto 1643/1990, de 20 de diciembre), que sustituye al de 1973.

La adopción por parte de la Unión Europea de las Normas Internacionales de Contabilidad (NIC, IAS) y Normas Internacionales de Información Financiera (NIIF, IFRS), emitidas por el IASB, hace necesaria la adaptación de la legislación contable española a dichas normas, por lo que se aprueba el Plan General de Contabilidad actual (Real Decreto 1514/2007, de 16 de noviembre), que entró en vigor el 1 de enero de 2008.

También se aprueba el Plan General de Contabilidad de Pequeñas y Medianas Empresas (Real Decreto 1515/2007, de 16 de noviembre).

1.3.1. Plan General de Contabilidad de Pymes

Podrán aplicar este Plan General de Contabilidad de Pymes todas las empresas, cualquiera que sea su forma jurídica, individual o societaria, que durante dos ejercicios consecutivos reúnan, a la fecha de cierre de cada uno de ellos, al menos dos de las circunstancias siguientes:

a) Que el total de las partidas del activo no supere los cuatro millones de euros.

b) Que el importe neto de su cifra anual de negocios no supere los ocho millones de euros.

c) Que el número medio de trabajadores empleados durante el ejercicio no sea superior a cincuenta.

Las empresas perderán la facultad de aplicar el Plan General de Contabilidad de Pymes si dejan de reunir, durante dos ejercicios consecutivos, a la fecha de cierre de cada uno de ellos, dos de las circunstancias a que se refiere el párrafo anterior.

En ningún caso podrán aplicar este Plan General de Contabilidad de Pymes las empresas que se encuentren en alguna de las siguientes circunstancias:

a) Que cumpla la definición de entidad de interés público regulada en el artículo 3.5 de la ley 22/2015, de 20 de julio, de Auditoría de cuentas.

b) Que formen parte de un grupo de sociedades que formule o debiera haber formulado cuentas anuales consolidadas.

c) Que su moneda funcional sea distinta del euro.

Recuerda...

Las empresas que puedan formular el balance y la memoria en modelo abreviado podrán aplicar el Plan General de Contabilidad de Pequeñas y Medianas Empresas.

d) Que se trate de entidades financieras que capten fondos del público asumiendo obligaciones respecto a los mismos y las entidades que asuman la gestión de las anteriores.

1.3.2. Criterios específicos aplicables por microempresas

Los criterios señalados en los apartados siguientes de este artículo podrán ser aplicados por todas las empresas que, habiendo optado por aplicar el Plan General de Contabilidad de Pymes, durante dos ejercicios consecutivos reúnan, a la fecha de cierre de cada uno de ellos, al menos dos de las siguientes circunstancias:

a) Que el total de las partidas del activo no supere el millón de euros.

b) Que el importe neto de su cifra anual de negocios no supere los dos millones de euros.

c) Que el número medio de trabajadores empleados durante el ejercicio no sea superior a diez.

1.4. Estructura del Plan General de Contabilidad

El Plan General de Contabilidad está dividido en cinco partes:

1. **Marco conceptual de la contabilidad**

Representa un conjunto de requisitos, principios y criterios a utilizar en el proceso de captación, medida y representación de la realidad económico-financiera de la empresa para que las Cuentas Anuales, formuladas con claridad, expresen la **imagen fiel** del patrimonio, de la situación financiera y de los resultados de la empresa.

2. **Normas de registro y valoración**

Son las normas que debe utilizar la empresa para registrar y valorar los elementos que componen su patrimonio. Constituyen un desarrollo de los requisitos, principios y criterios contables a los que se refiere la primera parte del plan.

3. **Cuentas anuales**

Se refieren a los documentos contables que deben redactar las empresas al final del ejercicio económico y que constituyen el instrumento transmisor de la información contable a los distintos agentes económicos y sociales:

- **Balance:** presenta la síntesis de las cuentas patrimoniales al final del ejercicio.
- **Cuenta de pérdidas y ganancias:** cuantifica la renta de la empresa y describe su formación. Debe distinguir los resultados de explotación de los que no lo sean y el total de los del ejercicio antes y después de impuestos.
- **Estado de cambios en el patrimonio neto:** contendrá los movimientos habidos en el patrimonio neto.
- **Estado de flujos de efectivo:** pondrá de manifiesto los cobros y los pagos realizados por la empresa.
- **Memoria:** completará, ampliará y comentará la información contenida en los otros documentos que integran las cuentas anuales.

Plan General de Contabilidad

Cuando se considere que el cumplimiento de los requisitos, principios y criterios contables incluidos en este Plan General de Contabilidad no sea suficiente para mostrar la mencionada imagen fiel, se suministrarán en la Memoria las informaciones complementarias precisas para alcanzar este objetivo.

4. **Cuadro de cuentas**

Comprende una lista de conceptos ordenados en grupos, subgrupos, cuentas y subcuentas debidamente codificadas (clasificación decimal).

Ejemplo 1.1

GRUPO 4: ACREEDORES Y DEUDORES POR OPERACIONES COMERCIALES

Subgrupo 43: Clientes.

Cuenta 430: Clientes

Subcuenta 4300: Clientes (euros)

Cuenta auxiliar 4300001: Comercial del Norte, SA

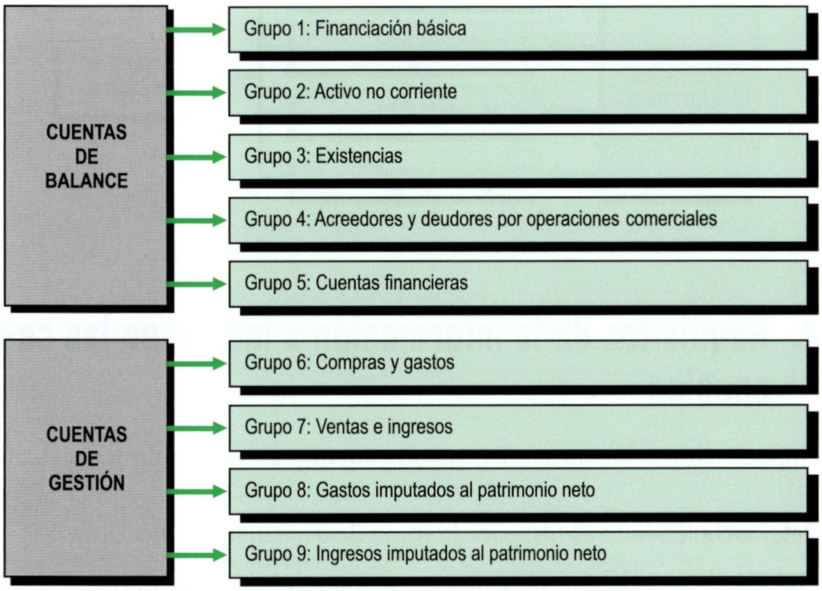

Figura 1.2. Cuadro de cuentas.

5. **Definiciones y relaciones contables**

Cada uno de los grupos, subgrupos y cuentas que los integran son objeto de una definición en la que se recogen el contenido y las características más sobresalientes de las operaciones que configuran las cuentas integradas en ellos.

También se describen los motivos más comunes de cargo y abono de las cuentas.

No tendrán carácter vinculante los movimientos contables incluidos en la quinta parte y los aspectos relativos a numeración y denominación de cuentas incluidos en la cuarta parte del PGC, excepto en aquellos aspectos que contengan criterios de registro o valoración.

1.5. Marco conceptual de la contabilidad

El marco conceptual de la contabilidad es el conjunto de fundamentos, principios y conceptos básicos cuyo cumplimiento conduce al reconocimiento y valoración de los elementos de las cuentas anuales.

1.5.1. Cuentas anuales. Imagen fiel

Las cuentas anuales deben redactarse con claridad, de forma que la información suministrada sea comprensible y útil para los usuarios al tomar sus decisiones económicas, debiendo mostrar la imagen fiel del patrimonio, de la situación financiera y de los resultados de la empresa, de conformidad con las disposiciones legales.

La aplicación sistemática y regular de los requisitos, principios y criterios contables incluidos en los apartados siguientes deberá conducir a que las cuentas anuales muestren la imagen fiel del patrimonio, de la situación financiera y de los resultados de la empresa. A tal efecto, en la contabilización de las operaciones se atenderá a su realidad económica y no solo a su forma jurídica.

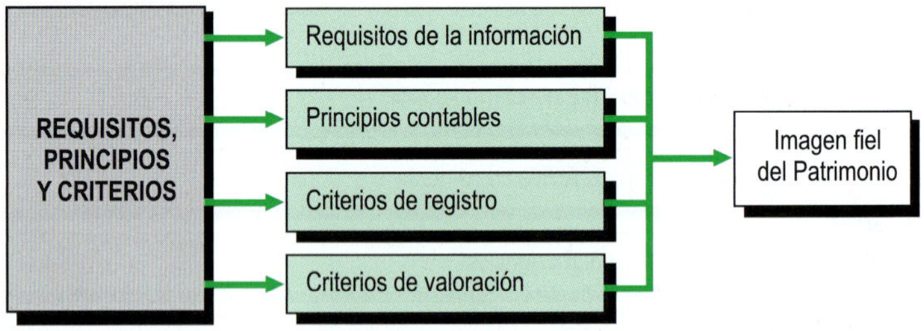

Figura 1.3. Requisitos, principios y criterios contables.

1.5.2. Requisitos de la información a incluir en las cuentas anuales

La información a incluir en las cuentas anuales debe cumplir los siguientes requisitos:

- **Relevancia:** cuando es útil para la toma de decisiones económicas.
- **Fiabilidad:** cuando está libre de errores materiales y es neutral.
- **Integridad** (derivada de la fiabilidad): cuando la información financiera contiene todos los datos que pueden influir en la toma de decisiones, sin omisiones significativas.
- **Comparabilidad:** debe permitir comparar la situación de la empresa en distintos momentos del tiempo; también debe permitir compararla con otras empresas.
- **Claridad:** debe permitir que los usuarios de las cuentas anuales, mediante un examen diligente de la información suministrada, puedan formarse juicios que les faciliten la toma de decisiones.

1.5.3. Principios contables

Los **principios contables** están constituidos por reglas o guías generalmente aceptadas o impuestas por normas legales y son el soporte de la contabilidad de la empresa y el fundamento de los criterios de valoración.

La contabilidad de la empresa se desarrollará aplicando obligatoriamente los principios contables siguientes:

1. **Principio de empresa en funcionamiento:** se considerará, salvo prueba en contrario, que la gestión de la empresa continuará en un futuro previsible, por lo que la aplicación de los principios y criterios contables no irá dirigida a determinar el valor del patrimonio neto a efectos de su transmisión global o parcial, ni el importe resultante en caso de liquidación.

En aquellos casos en que no resulte de aplicación este principio, en los términos que se determinen en las normas de desarrollo de este Plan General de Contabilidad, la empresa aplicará las normas de valoración que resulten más adecuadas para reflejar la imagen fiel de las operaciones tendentes a realizar el activo, cancelar las deudas y, en su caso, repartir el patrimonio neto resultante, debiendo suministrar en la memoria de las cuentas anuales toda la información significativa sobre los criterios aplicados.

2. **Principio del devengo:** los efectos de las transacciones o hechos económicos se registrarán cuando ocurran, imputándose al ejercicio al que las cuentas anuales se refieran, los gastos y los ingresos que afecten al mismo, con independencia de la fecha de su pago o de su cobro.

Ejemplo 1.2

El recibo de electricidad del mes de diciembre de 20X1 no se pagará hasta finales de enero de 20X2. Sin embargo, el gasto corresponde al año 20X1 y hay que contabilizarlo en dicho año.

Ejemplo 1.3

La empresa tiene alquilado un almacén de su propiedad. A primeros de diciembre de 20X1 cobra el alquiler correspondiente a diciembre de 20X1 y enero de 20X2. El alquiler correspondiente a diciembre se contabilizará como ingreso del ejercicio 20X1; el alquiler de enero se contabilizará como ingreso en el ejercicio 20X2.

3. **Principio de uniformidad:** cuando se adopta un criterio en la aplicación de los principios contables, debe mantenerse en tanto no se alteren las circunstancias que motivaron su aplicación. En caso de modificarse se hará constar en la memoria.

4. **Principio de prudencia:** únicamente se contabilizarán los beneficios realizados a la fecha de cierre del ejercicio. Por el contrario, los riesgos previsibles y las pérdidas eventuales deberán contabilizarse tan pronto sean conocidas. También se tendrán en cuenta las amortizaciones y correcciones de valor por deterioro.

Ejemplo 1.4

La empresa vende por 8.600 € acciones que le habían costado 8.000 €. Ha obtenido 600 € de beneficio. Como ya se ha conseguido el beneficio, este se puede contabilizar.

Ejemplo 1.5

Una empresa tiene un crédito sobre un cliente de 3.000 € y estima que no va a cobrar dicho crédito. Estamos ante una pérdida esperada y hay que contabilizarla.

Plan General de Contabilidad

Principio de prudencia:

Se deberá ser prudente en las estimaciones y valoraciones a realizar en condiciones de incertidumbre. La prudencia no justifica que la valoración de los elementos patrimoniales no responda a la imagen fiel que deben reflejar las cuentas anuales.

Asimismo, sin perjuicio de lo dispuesto en el artículo 38 bis del Código de Comercio, únicamente se contabilizarán los beneficios obtenidos hasta la fecha de cierre del ejercicio. Por el contrario, se deberán tener en cuenta todos los riesgos, con origen en el ejercicio o en otro anterior, tan pronto sean conocidos, incluso si solo se conocieran entre la fecha de cierre de las cuentas anuales y la fecha en que estas se formulen. En tales casos se dará cumplida información en la memoria, sin perjuicio de su reflejo, cuando se haya generado un pasivo y un gasto, en otros documentos integrantes de las cuentas anuales. Excepcionalmente, si los riesgos se conocieran entre la formulación y antes de la aprobación de las cuentas anuales y afectaran de forma muy significativa a la imagen fiel, las cuentas anuales deberán ser reformuladas.

Ejemplo 1.6

La empresa tiene un edificio cuyo precio de adquisición fue de 1.500.000 €. Una tasación pericial estima que su valor de mercado es de 1.800.000 €. El posible beneficio (1.800.000 – 1.500.000) no se contabilizará pues todavía no se ha producido, al no haberse realizado la venta.

5. **Principio de no compensación:** salvo que una norma disponga de forma expresa lo contrario, no podrán compensarse las partidas del activo y del pasivo o las de gastos e ingresos, y se valorarán separadamente los elementos integrantes de las cuentas anuales.

Ejemplo 1.7

La empresa «A» compra mercaderías a la empresa «B» por importe de 800 €. Al mismo tiempo «A» vende envases a «B» en 300 €. La empresa «A» podría pensar en reflejar solamente una deuda de 500 € (800 – 300). Sin embargo, de acuerdo con este principio, tendrá que registrar una deuda de 800 € en la cuenta de Proveedores y un derecho de cobro de 300 € en la cuenta de Clientes.

Ejemplo 1.8

La empresa «A» tiene concedido un préstamo bancario por el que debe pagar unos intereses de 200 €. Al mismo tiempo, el banco debe abonarle en cuenta 50 € de intereses por los saldos de la cuenta corriente. La empresa «A» deberá contabilizar un gasto financiero de 200 € y un ingreso financiero de 50 € (no podrá contabilizar un resultado financiero negativo de 150 €).

6. **Principio de importancia relativa:** se admitirá la no aplicación estricta de algunos de los principios y criterios contables cuando la importancia relativa en términos cuantitativos o cualitativos de la variación que tal hecho produzca sea escasamente significativa y, en consecuencia, no altere la expresión de la imagen fiel. Las partidas o importes cuya importancia relativa sea escasamente significativa podrán aparecer agrupados con otros de similar naturaleza o función.

En los casos de conflicto entre principios contables, deberá prevalecer el que mejor conduzca a que las cuentas anuales expresen la imagen fiel del patrimonio, de la situación financiera y de los resultados de la empresa.

1.5.4. Elementos de las cuentas anuales

Los elementos que, cuando cumplan los criterios de reconocimiento que se establecen posteriormente, se registran en el balance, son:

1. **Activos:** bienes, derechos y otros recursos controlados económicamente por la empresa, resultantes de sucesos pasados, de los que se espera que la empresa obtenga beneficios o rendimientos económicos en el futuro.

2. **Pasivos:** obligaciones actuales surgidas como consecuencia de sucesos pasados, para cuya extinción la empresa espera desprenderse de recursos que puedan producir beneficios o rendimientos económicos en el futuro. A estos efectos, se entienden incluidas las provisiones.

3. **Patrimonio neto:** constituye la parte residual de los activos de la empresa, una vez deducidos todos sus pasivos. Incluye las aportaciones realizadas, ya sea en el momento de su constitución o en otros posteriores, por sus socios o propietarios, que no tengan la consideración de pasivos, así como los resultados acumulados u otras variaciones que le afecten.

Los elementos que, cuando cumplan los criterios de reconocimiento que se establecen posteriormente, se registran en la cuenta de pérdidas y ganancias o, en su caso, directamente en el estado de cambios en el patrimonio neto, son:

4. **Ingresos:** incrementos en el patrimonio neto de la empresa durante el ejercicio, ya sea en forma de entradas o aumentos en el valor de los activos, o de disminución de los pasivos, siempre que no tengan su origen en aportaciones, monetarias o no, de los socios o propietarios.
5. **Gastos:** decrementos en el patrimonio neto de la empresa durante el ejercicio, ya sea en forma de salidas o disminuciones en el valor de los activos, o de reconocimiento o aumento del valor de los pasivos, siempre que no tengan su origen en distribuciones, monetarias o no, a los socios o propietarios, en su condición de tales.

Los ingresos y gastos del ejercicio se imputarán a la cuenta de pérdidas y ganancias y formarán parte de resultado, excepto cuando proceda su imputación directa al patrimonio neto, en cuyo caso se presentarán en el estado que muestre los cambios en el patrimonio neto, de acuerdo con lo previsto en la segunda parte de este Plan General de Contabilidad o en una norma que lo desarrolle.

1.5.5. Criterios de registro o reconocimiento de los elementos de las cuentas anuales

El registro es el proceso por el que se incorporan al balance, la cuenta de pérdidas y ganancias o el estado de cambios en el patrimonio neto, los diferentes elementos de las cuentas anuales:

1. **Activos:** deben reconocerse en el balance cuando sea probable la obtención a partir de los mismos de beneficios o rendimientos económicos para la empresa en el futuro, y siempre que se puedan valorar con fiabilidad. El reconocimiento contable de un activo implica también el reconocimiento simultáneo de un pasivo, la disminución de otro activo o el reconocimiento de un ingreso u otros incrementos en el patrimonio neto.
2. **Pasivos:** deben reconocerse en el balance cuando sea probable que, a su vencimiento y para liquidar la obligación, deban entregarse o cederse recursos que incorporen beneficios o rendimientos económicos futuros, y siempre que se puedan valorar con fiabilidad. El reconocimiento contable de un pasivo implica el reconocimiento simultáneo de un activo, la disminución de otro pasivo o el reconocimiento de un gasto u otros decrementos en el patrimonio neto.
3. **Ingresos:** el reconocimiento de un ingreso tiene lugar como consecuencia de un incremento de los recursos de la empresa, y siempre que su cuantía pueda determinarse con fiabilidad. Por tanto, conlleva el reconocimiento simultáneo o el incremento de un activo, o la desaparición o disminución de un pasivo y, en ocasiones, el reconocimiento de un gasto.
4. **Gastos:** el reconocimiento de un gasto tiene lugar como consecuencia de una disminución de los recursos de la empresa, y siempre que su cuantía pueda valorarse o estimarse con fiabilidad. Por tanto, conlleva el reconocimiento simultáneo o el incremento de un pasivo, o la desaparición o disminución de un activo y, en ocasiones, el reconocimiento de un ingreso o de una partida de patrimonio neto.

Se registrarán en el periodo a que se refieren las cuentas anuales, los ingresos devengados en dicho periodo y los gastos del mismo relacionados con la obtención de aquellos.

Plan General de Contabilidad

Valor razonable:

No tendrá en ningún caso el carácter de valor razonable el que sea resultado de una transacción forzada, urgente o como consecuencia de una situación de liquidación involuntaria.

Se entiende por mercado activo aquel en el que se den las siguientes condiciones:

a) Los bienes o servicios intercambiados en el mercado son homogéneos.

b) Pueden encontrarse en todo momento compradores o vendedores para un determinado bien o servicio.

c) Los precios son conocidos y fácilmente accesibles para el público. Estos precios, además, reflejan transacciones de mercado reales, actuales y producidas con regularidad.

1.5.6. Criterios de valoración

La valoración es el proceso por el que se asigna un valor monetario a cada uno de los elementos integrantes de las cuentas anuales, de acuerdo con lo dispuesto en las normas de valoración relativas a cada uno de ellos.

Para ello se tendrán en cuenta los siguientes criterios y definiciones:

1. **Coste histórico o coste**

El coste histórico o coste de un activo es su precio de adquisición o coste de producción.

El **precio de adquisición** es el importe en efectivo y otras partidas equivalentes pagadas, o pendientes de pago, más, en su caso y cuando proceda, el valor razonable de las demás contraprestaciones comprometidas derivadas de la adquisición relacionadas con esta y ser necesarias para la puesta del activo en condiciones operativas.

El **coste de producción** incluye el precio de adquisición de las materias primas y otras materias consumibles, el de los factores de producción directamente imputables al activo, y la fracción que razonablemente corresponda de los costes de producción indirectamente relacionados con el activo, en la medida en que se refieran al periodo de producción, construcción o fabricación, se basen en el nivel de utilización de la capacidad normal de trabajo de los medios de producción y sean necesarios para la puesta del activo en condiciones operativas.

El **coste histórico o coste** de un pasivo es el valor que corresponda a la contrapartida recibida a cambio de incurrir en la deuda o, en algunos casos, la cantidad de efectivo y otros activos líquidos equivalentes que se espere entregar para liquidar una deuda en el curso normal del negocio.

Ejemplo 1.9

La empresa «C» compra una máquina por 150.000 €, con descuento en factura del 5 %. El transporte asciende a 3.000 € y los gastos de instalación a 2.000 €.

Determina el precio de adquisición al que contabilizaremos la máquina.

• Importe facturado por el suministrador .... [150.000 – 0,05 × 150.000]	142.500
• Valor razonable otras contraprestaciones .... [3.000 + 2.000]	5.000
Precio de adquisición	**147.500**

Ejemplo 1.10

La empresa «D» construye con sus propios medios un almacén sobre un terreno que posee. Los costes atribuibles a dicha construcción son: coste de materiales: 150.000 €; sueldos: 250.000 €; suministros: 5.000 €.

Calcula el coste de producción:

Coste de producción = 150.000 + 250.000 + 5.000 = **405.000 €.**

Ejemplo 1.11

La empresa «E» obtiene un préstamo de la empresa «F» por importe de 5.000 €, que devolverá dentro de dos años, junto con los intereses, desembolsando 5.724,5 €.

Registra esta operación.

5.000	(572) Bancos, c/c	a	(521) Deudas a corto plazo	5.000
	(Valor de la contraprestación recibida a cambio)			

2. **Valor razonable**

Es el importe por el que puede ser adquirido un activo o liquidado un pasivo, entre partes interesadas y debidamente informadas, que realicen una transacción en condiciones de independencia mutua. El valor razonable se determinará sin deducir los gastos de transacción en los que pudiera incurrirse en su enajenación.

a) Con carácter general, el valor razonable se calculará por referencia a un valor de mercado fiable. En este sentido, el precio cotizado en un mercado activo será la mejor referencia del valor razonable.

b) Para aquellos elementos respecto de los cuales no exista un mercado activo, el valor razonable se obtendrá, en su caso, mediante la aplicación de modelos y técnicas de valoración. Entre estos se incluye:

- El empleo de referencias a transacciones recientes en condiciones de independencia mutua entre partes interesadas y debidamente informadas, si estuviesen disponibles.
- Referencias al valor razonable de otros activos que sean sustancialmente iguales.
- Métodos de descuento de flujos de efectivo futuros estimados.
- Modelos generalmente utilizados para valorar opciones.

c) Los elementos que no puedan valorarse de manera fiable, por referencia a un valor de mercado o mediante técnicas de valoración antes señaladas, se valorarán, según proceda, por su coste amortizado o por su precio de adquisición o coste de producción, haciendo mención en la memoria de este hecho y de las circunstancias que lo motivan.

3. **Valor neto realizable**

El valor neto realizable de un activo es el importe que se puede obtener por su enajenación en el mercado, en el curso normal del negocio, deduciendo los costes estimados necesarios para llevarla a cabo, así como, en el caso de las materias primas y de los productos en curso, los costes estimados necesarios para terminar su producción, construcción o fabricación.

Ejemplo 1.12

La empresa «G» tiene productos en curso cuyo coste de producción es de 5.000 €. Los costes necesarios para su finalización se estiman en 2.000 €. Su precio de venta, una vez terminados, sería de 9.000 € y los gastos de venta, 500 €.

La empresa «G» también tiene productos terminados en almacén cuyo precio de venta sería de 20.000 €, con unos gastos de venta de 1.500 €.

Calcula el valor neto realizable de las existencias de la empresa «G».

Productos en curso: 9.000 – 2.000 – 500 = 6.500 €

Productos terminados: 20.000 – 1.500 = 18.500 €

4. Valor actual

El valor actual es el importe de los flujos de efectivo a recibir o pagar en el curso normal del negocio, según se trate de un activo o de un pasivo, respectivamente, actualizados a un tipo de descuento adecuado.

Ejemplo 1.13

El 1 de enero de 20X1 la empresa «H» ha obtenido un préstamo de la empresa «J», que tendrá que devolver mediante el pago de 6.050 €, 5.700 € y 5.350 € el 31de diciembre de los años 20X1, 20X2 y 20X3. Tipo de descuento: 7 % anual.

Calcula el valor actual del préstamo al principio de cada año.

V. actual (1-01-20X1) = $6.050\,(1 + 0{,}07)^{-1} + 5.700\,(1 + 0{,}07)^{-2} + 5.350\,(1 + 0{,}07)^{-3} = 15.000$ €

V. actual (1-01-20X2) = $5.700\,(1 + 0{,}07)^{-1} + 5.350\,(1 + 0{,}07)^{-2} = 10.000$ €

V. actual (1-01-20X3) = $5.350\,(1 + 0{,}07)^{-1} = 5.000$ €

5. Valor en uso

El valor en uso de un activo o de una unidad generadora de efectivo es el valor actual de los flujos de efectivo futuros esperados, a través de su utilización en el curso normal del negocio, teniendo en cuenta su estado actual y actualizados a un tipo de descuento adecuado, ajustado por los riesgos específicos del activo que no hayan ajustado las estimaciones de flujos de efectivo futuros. Las proyecciones de flujos de efectivo se basarán en hipótesis razonables y fundamentadas; normalmente la cuantificación o la distribución de los flujos de efectivo está sometida a incertidumbre, debiéndose considerar esta asignando probabilidades a las distintas estimaciones de flujos de efectivo. En cualquier caso, esas estimaciones deberán tener en cuenta cualquier otra asunción que los participantes en el mercado considerarían, tal como el grado de liquidez inherente al activo valorado.

Ejemplo 1.14

Calcula el valor en uso de un vehículo cuyos flujos de efectivo que se obtendrán en los próximos 6 años serán de 10.000 €/año, siendo el tipo de descuento del 7 % anual.

$$\text{Valor en uso: } V_A = 10.000\,\frac{1-(1+0{,}07)^{-6}}{0{,}07} = 47{,}665{,}40 \text{ €}$$

6. Costes de venta

Son los costes incrementales directamente atribuibles a la venta de un activo en los que la empresa no habría incurrido de no haber tomado la decisión de vender, excluidos los gastos financieros y los impuestos sobre beneficios. Se incluyen los gastos legales necesarios para transferir la propiedad del activo y las comisiones de venta.

7. Coste amortizado

El coste amortizado de un instrumento financiero es el importe al que inicialmente fue valorado un activo financiero o un pasivo financiero, menos los reembolsos de principal que se hubieran producido, más o menos, según proceda, la parte imputada en la cuenta de pérdidas y ganancias, mediante la utilización del método del tipo de interés efectivo, de la diferencia entre el importe inicial y el valor de reembolso en el vencimiento y, para el caso de los activos financieros, menos cualquier reducción de valor que hubiera sido reconocida, ya sea directamente como una disminución del importe del activo o mediante una cuenta correctora de su valor.

COSTE AMORTIZADO
Importe al que inicialmente fue valorado. – Reembolsos de principal que se hubieran producido. ± Parte imputada a la cuenta de pérdidas y ganancias, mediante la utilización del método de interés efectivo, de la diferencia entre el importe inicial y el valor de reembolso en el vencimiento. – Cualquier reducción de valor por deterioro reconocida directamente o mediante una cuenta correctora.

El tipo de interés efectivo es el tipo de actualización que iguala el valor en libros de un instrumento financiero con los flujos de efectivo estimados a lo largo de la vida esperada del instrumento, a partir de sus condiciones contractuales y sin considerar las pérdidas por riesgo de crédito futuras; en su cálculo se incluirán las comisiones financieras que se carguen por adelantado en la concesión de financiación.

Ejemplo 1.15

El 1 de enero de 20X1 la empresa «K» recibe un préstamo de 90.000 €, con gastos de formalización de 300 €. Para su devolución pagará tres cuotas de 30.100 €, 35.300 € y 40.500 € al final de los años 20X1, 20X2 y 20X3, respectivamente.

Calcula el tipo de interés efectivo de la operación y el coste amortizado al principio de cada año.

Para calcular el tipo de interés efectivo se plantea la siguiente igualdad:

Lo que recibe = Lo que entrega

$$90.000 - 300 = 30.100 \times (1 + i)^{-1} + 35.300 \times (1 + i)^{-2} + 40.500 \times (1 + i)^{-3}$$

La forma más sencilla de resolverlo sería utilizando la función TIR en Excel: TIR(valores). En este ejemplo: ***= TIR(A1:A4),*** donde

A1 = –89.700; A2 = 30.100; A3 = 35.300; A4 = 40.500 ⇨ ***i* = 0,0834341161**

Elaboramos el cuadro de amortización:

Periodo	Coste financiero	Pagos	Capital amortizado	Capital pendiente
0				89.700,00
1	7.484,04	30.100,00	22.615,96	67.084,04
2	5.597,10	35.300,00	29.702,90	37.381,14
3	3.118,86	40.500,00	37.381,14	0,00

Valoración inicial a 1-01-X1:

90.000 – 300	89.700

Coste amortizado del préstamo a 1-01-X2:

– Importe valoración inicial	89.700
– Reembolsos de principal	– 22.615,96
	67.084,04

Coste amortizado del préstamo a 1-01-X3:

– Importe valoración inicial	89.700
– Reembolsos de principal [22.615,96 + 29.702,90]	– 52.318,86
	37.381,14

Ejemplo 1.16

El 1-01-20X2 la empresa «L» concede un préstamo de 10.000 € a la empresa «M», a devolver en 2 años. La empresa «M» le devolverá la mitad del principal y los intereses, al 7 % anual, el 31 de diciembre de cada año.

Calcula el tipo de interés efectivo y el coste amortizado al principio de cada año.

$$10.000 = 5.700 \times (1 + i)^{-1} + 5.350 \times (1 + i)^{-2}$$

$i = 0,07$ que es el tipo al que se concertó la operación

Periodo	Coste financiero	Pagos	Capital amortizado	Capital pendiente
0				10.000,00
1	700,00	5.700,00	5.000,00	5.000,00
2	350,00	5.350,00	5.000,00	0,00

Valoración inicial a 1-01-X2:

10.000

Coste amortizado del préstamo a 1-01-X3:

– Importe valoración inicial	10.000
– Reembolsos de principal	– 5.000
	5.000

Ejemplo 1.17

Resuelve el ejercicio anterior desde el punto de vista de la empresa «M» y suponiendo que los gastos de formalización soportados por esta han sido de 60 €.

$$9.940 = 5.700 \times (1 + i)^{-1} + 5.350 \times (1 + i)^{-2} \Rightarrow i = 0,0743991393$$

Periodo	Coste financiero	Pagos	Capital amortizado	Capital pendiente
0				9.940,00
1	739,53	5.700,00	4.960,47	4.979,53
2	370,47	5.350,00	4.979,53	0,00

Valoración inicial a 1-01-X2:

10.000 – 60 9.940

Coste amortizado del préstamo a 1-01-X3:

– Importe valoración inicial	9.940
– Reembolsos de principal	– 4.960,47
	4.979,53

Ejemplo 1.18

La empresa «N» adquiere el 1-01-20X2 tres obligaciones de 1.000 € nominales cada una con vencimiento el 31-12-20X3 y cuyo interés es del 4 %, a percibir al final de cada año. La prima de emisión es de 30 €/título y la de reembolso de 50 €/título. Los gastos de adquisición ascendieron a 70 €.

Calcula el coste amortizado a 1-01-20X3.

Importe inicial: 3 × 1.000 – 3 × 30 + 70 = 2.980 €

Intereses a percibir al final de cada año: 3.000 × 0.04 = 120 €

Intereses implícitos: 3 × 1.050 – 2.980 = 170 €

$$2.980 = 120 \times (1 + i)^{-1} + 3.270 \times (1 + i)^{-2} \Rightarrow i = 0,0678559581$$

Periodo	Coste financiero	Pagos	Capital amortizado	Capital pendiente
0				2.980,00
1	202,21	120,00	–82,21	3.062,21
2	207,79	120,00	–87,79	3.150,00

Coste amortizado a 1-01-20X3:

– Importe inicial	2.980
– Reembolsos de principal	0
± Parte imputada a la cuenta de pérdidas y ganancias (a interés efectivo) de la diferencia entre el importe inicial y el valor de reembolso en el vencimiento	82,21
	3.062,21

Ejemplo 1.19

Resuelve el ejercicio anterior suponiendo que no hay prima de emisión y la prima de reembolso es de 10 €/título.

Importe inicial: 3 × 1.000 + 70 = 3.070 €

Intereses a percibir al final de cada año: 3.000 × 0,04 = 120 €

Intereses implícitos: 3 × 1.010 – 3.070 = – 40 €

$$3.070 = 120 \times (1 + i)^{-1} + 3.150 \times (1 + i)^{-2} \Rightarrow i = 0,0326780218$$

Periodo	Coste financiero	Pagos	Capital amortizado	Capital pendiente
0				3.070,00
1	100,32	120,00	19,68	3.050,32
2	99,68	120,00	20,32	3.030,00

Coste amortizado a 1-01-20X3:

– Importe inicial	3.070
– Reembolsos de principal	0
± Parte imputada a la cuenta de pérdidas y ganancias (a interés efectivo) de la diferencia entre el importe inicial y el valor de reembolso en el vencimiento	– 19,68
	3.050,32

Plan General de Contabilidad

La **vida útil** es el periodo durante el cual la empresa espera utilizar el activo amortizable o el número de unidades de producción que espera obtener del mismo. En particular, en el caso de activos sometidos a reversión, su vida útil es el periodo concesional cuando este sea inferior a la vida económica del activo.

La **vida económica** es el periodo durante el cual se espera que el activo sea utilizable por parte de uno o más usuarios o el número de unidades de producción que se espera obtener del activo por parte de uno o más usuarios.

8. **Costes de transacción atribuibles a un activo o pasivo financiero**

Son los costes incrementales directamente atribuibles a la compra, emisión, enajenación u otra forma de disposición de un activo financiero, o a la emisión o asunción de un pasivo financiero, en los que no se habría incurrido si la empresa no hubiera realizado la transacción. Entre ellos se incluyen los honorarios y las comisiones pagadas a agentes, asesores e intermediarios, tales como las de corretaje, los gastos de intervención de fedatario público y otros, así como los impuestos y otros derechos que recaigan sobre la transacción, y se excluyen las primas o descuentos obtenidos en la compra o emisión, los gastos financieros, los costes de mantenimiento y los administrativos internos.

9. **Valor contable o en libros**

El valor contable o en libros es el importe neto por el que un activo o un pasivo se encuentra registrado en balance una vez deducida, en el caso de los activos, su amortización acumulada y cualquier corrección valorativa por deterioro acumulada que se haya registrado.

Ejemplo 1.20

El 1-01-20X3 la empresa «O» tiene un ordenador, que compró el 1-01-20X1 y cuyo precio de adquisición fue de 1.500 €. Se le estimó una vida útil de 5 años con depreciación constante y sin valor residual. Tiene registrada una pérdida por deterioro de 400 €.

Calcula su valor contable.

Valor contable (1-01-20X3): 1.500 – (1.500/5) × 2 – 400 = 500 €

10. **Valor residual**

El valor residual de un activo es el importe que la empresa estima que podría obtener en el momento actual por su venta u otra forma de disposición, una vez deducidos los costes de venta, tomando en consideración que el activo hubiese alcanzado la antigüedad y demás condiciones que se espera que tenga al final de su vida útil.

1.5.7. Principios y normas de contabilidad generalmente aceptados

Se considerarán principios y normas de contabilidad generalmente aceptados los establecidos en:

- El Código de Comercio y la restante legislación mercantil.
- El Plan General de Contabilidad y sus adaptaciones sectoriales.
- Las normas de desarrollo que, en materia contable, establezca en su caso el Instituto de Contabilidad y Auditoría de Cuentas.
- La demás legislación española que sea específicamente aplicable.

1.6. Normas de registro y valoración

Desarrollan los principios contables y otras disposiciones contenidas en el Marco Conceptual de la Contabilidad. Incluyen criterios y reglas aplicables a distintas transacciones o hechos económicos, así como también a diversos elementos patrimoniales.

Constituyen la segunda parte del PGC y son de aplicación obligatoria.

Ejemplo 1.21

La empresa «P» compra una máquina cuyo precio de catálogo es de 20.000 €, con un descuento del 5 %. El transporte de la máquina hasta la empresa asciende a 750 €. Paga también un seguro de 130 €. La instalación de la máquina asciende a 1.500 €.

Calcula el importe por el que la empresa «M» debería contabilizar esta máquina.

Precio de catálogo	20.000
Descuento (5 % de 20.000)	– 1.000
Transporte	750
Seguro	130
Instalación	1.500
Precio de adquisición	21.380 €

Se ha aplicado la norma de registro y valoración n.º 2.

«Inmovilizado material»:

«Los bienes comprendidos en el inmovilizado material se valorarán por su coste, ya sea este el precio de adquisición o el coste de producción».

«El precio de adquisición incluye, además del importe facturado por el vendedor después de deducir cualquier descuento o rebaja en el precio, todos los gatos adicionales y directamente relacionados que se produzcan hasta su puesta en condiciones de funcionamiento, ...; entre otros: gastos de explanación y derribo, transporte, derechos arancelarios, seguros, instalación, montaje y otros similares».

1.7. Cuentas anuales

El Plan General de Contabilidad establece en su tercera parte las normas para la elaboración de las cuentas anuales y los modelos en los que ha de formularse.

Existen **modelos** de cuentas anuales **normales** y **abreviadas**. Estos últimos representan la estructura de los modelos completos pero incluyendo menos conceptos, ya que una gran parte de las cuentas aparecen agrupadas. La información que exige el modelo abreviado de la memoria es menos exhaustiva que la exigida en el modelo completo.

Las sociedades podrán utilizar los modelos de cuentas anuales abreviados cuando se cumplan dos de los siguientes requisitos:

Plan General de Contabilidad

Cuando pueda formularse balance y memoria en modelo abreviado, el estado de cambios en el patrimonio neto y el estado de flujos de efectivo no serán obligatorios.

	Balance y memoria	Cuenta de pérdidas y ganancias
Total del activo	≤ 4.000.000 €	≤ 11.400.000 €
Cifra anual de negocios	≤ 8.000.000 €	≤ 22.800.000 €
Número medio de trabajadores	≤ 50 trabajadores	≤ 250 trabajadores

- **Balance:** en el balance figurarán de forma separada el activo, el pasivo y el patrimonio neto. El activo comprenderá con la debida separación el activo fijo o no corriente y el activo circulante o corriente. En el pasivo se diferenciarán con la debida separación el pasivo no corriente y el pasivo circulante o corriente. En el patrimonio neto se diferenciarán, al menos, los fondos propios de las restantes partidas que lo integran.
- **Cuenta de pérdidas y ganancias:** la cuenta de pérdidas y ganancias recogerá el resultado del ejercicio, separando debidamente los ingresos y los gastos imputables al mismo, y distinguiendo los resultados de explotación, de los que no lo sean.
- **Estado de cambios en el patrimonio neto:** el estado que muestre los cambios en el patrimonio neto tendrá dos partes. La primera reflejará exclusivamente los ingresos y gastos generados por la actividad de la empresa durante el ejercicio, distinguiendo entre los reconocidos en la cuenta de pérdidas y ganancias y los registrados directamente en el patrimonio neto. La segunda contendrá todos los movimientos habidos en el patrimonio neto, incluidos los procedentes de transacciones realizadas con los socios o propietarios de la empresa cuando actúen como tales. También se informará de los ajustes al patrimonio neto debidos a cambios en criterios contables y correcciones de errores.
- **Estado de flujos de efectivo:** el estado de flujos de efectivo pondrá de manifiesto, debidamente ordenados y agrupados por categorías o tipos de actividades, los cobros y los pagos realizados por la empresa, con el fin de informar acerca de los movimientos de efectivo producidos en el ejercicio.
- **Memoria:** la memoria completará, ampliará y comentará la información contenida en los otros documentos que integran las cuentas anuales.

Enlaces de interés

https://www.boe.es/buscar/act.php?id=BOE-A-1885-6627

Código de Comercio de 1885.

https://www.boe.es/buscar/act.php?id=BOE-A-2010-10544

Real Decreto Legislativo 1/2010, de 2 de julio, por el que se aprueba el texto refundido de la Ley de Sociedades de Capital.

https://www.boe.es/buscar/act.php?id=BOE-A-2007-19884

Real Decreto 1514/2007, de 16 de noviembre, por el que se aprueba el Plan General de Contabilidad.

https://www.boe.es/buscar/act.php?id=BOE-A-2007-19966

Real Decreto 1515/2007, de 16 de noviembre, por el que se aprueba el Plan General de Contabilidad de Pequeñas y Medianas Empresas y los criterios contables específicos para microempresas.

https://www.boe.es/buscar/act.php?id=BOE-A-2010-14621

Real Decreto 1159/2010, de 17 de septiembre, por el que se aprueban las Normas para la Formulación de Cuentas Anuales Consolidadas y se modifica el Plan General de Contabilidad aprobado por Real Decreto 1514/2007, de 16 de noviembre, y el Plan General de Contabilidad de Pequeñas y Medianas Empresas aprobado por Real Decreto 1515/2007, de 16 de noviembre.

https://www.boe.es/buscar/act.php?id=BOE-A-2016-11954

Real Decreto 602/2016, de 2 de diciembre, por el que se modifican el Plan General de Contabilidad aprobado por el Real Decreto 1514/2007, de 16 de noviembre; el Plan General de Contabilidad de Pequeñas y Medianas Empresas, aprobado por el Real Decreto 1515/2007, de 16 de noviembre; las Normas para la Formulación de Cuentas Anuales Consolidadas, aprobadas por el Real Decreto 1159/2010, de 17 de septiembre; y las Normas de Adaptación del Plan General de Contabilidad a las entidades sin fines lucrativos, aprobadas por el Real Decreto 1491/2011, de 24 de octubre.

http://www.boe.es/buscar/doc.php?id=BOE-A-2018-4243

Orden JUS/319/2018, de 21 de marzo, por la que se aprueban los nuevos modelos para la presentación en el Registro Mercantil de las cuentas anuales de los sujetos obligados a su publicación.

Nota: En la Web **www.boe.es** o en **http://noticias.juridicas.com** encontrarás la legislación siempre actualizada.

TEST

Test 1

1. Señala qué afirmaciones son verdaderas (V) y qué afirmaciones son falsas (F), relativas al Plan General de Contabilidad:

		V	F
1.1.	Es flexible.	☐	☐
1.2.	Homogeneiza la información contable.	☐	☐
1.3.	Define los principales conceptos contables.	☐	☐
1.4.	Establece normas de registro y valoración.	☐	☐
1.5.	Utiliza el sistema de codificación decimal.	☐	☐
1.6.	En el cuadro de cuentas se define cada una de las cuentas.	☐	☐
1.7.	La tercera cifra del código de una cuenta informa del subgrupo al que pertenece.	☐	☐
1.8.	La primera cifra del código de una cuenta informa del grupo al que pertenece.	☐	☐
1.9.	Consta de cinco partes: Marco conceptual, Normas de registro y valoración, Cuentas anuales, Cuadro de cuentas, Definiciones y relaciones contables.	☐	☐
1.10.	Las tres primeras partes del Plan General de Contabilidad son de cumplimiento obligatorio.	☐	☐
1.11.	El Estado de cambios en el patrimonio neto forma parte de las Cuentas anuales.	☐	☐
1.12.	El Estado de flujos de efectivo forma parte de las Cuentas anuales.	☐	☐
1.13.	Las Cuentas anuales están formadas por el Balance de situación, la Cuenta de pérdidas y ganancias y la Memoria.	☐	☐
1.14.	Las cuentas del grupo 8 y 9 formarán parte de la Cuenta de pérdidas y ganancias.	☐	☐
1.15.	El marco conceptual de la contabilidad es una parte del Plan General de Contabilidad que no es obligatoria.	☐	☐
1.16.	Para la valoración de los elementos patrimoniales se han de considerar los principios contables.	☐	☐
1.17.	Todos los elementos integrantes de las Cuentas anuales se valoran a precio de adquisición.	☐	☐
1.18.	Los elementos de las Cuentas anuales son solo los siguientes: activos, pasivos y patrimonio neto.	☐	☐
1.19.	El nuevo PGC ha entrado en vigor el 1 de enero de 2008.	☐	☐
1.20.	Las empresas que puedan formular el Balance en modelo abreviado, el Estado de cambios en el patrimonio neto y el Estado de flujos de efectivo no serán obligatorios.	☐	☐

2. Señala la opción correcta:

2.1. La Normativa que aprueba el PGC es:

- ☐ Ley 16/2007, de 4 de julio.
- ☐ Real Decreto 1514/2007, de 16 de noviembre.
- ☐ Real Decreto 1515/2007, de 16 de noviembre.

2.2. Las partes obligatorias del PGC son:

- ☐ Las tres primeras.
- ☐ Las tres últimas.
- ☐ La primera y la tercera.

2.3. Las empresas acogidas al PGC deben formular los siguientes documentos:

- ☐ El Balance, la Cuenta de pérdidas y ganancias y la Memoria.
- ☐ El Estado de flujos de efectivo y el Estado de cambios en el patrimonio neto.
- ☐ Todas las anteriores.

2.4. Las empresas acogidas al PGC de Pymes no tienen obligación de formular:

- ☐ La Memoria y el Estado de cambios en el patrimonio neto.
- ☐ El Estado de flujos de efectivo y el Estado de cambios en el patrimonio neto.
- ☐ El Estado de cambios en el patrimonio neto y el Balance.

2.5. La información de las cuentas anuales es relevante:

- ☐ Cuando está libre de errores y es neutral.
- ☐ Cuando es completa.
- ☐ Cuando es útil para la toma de decisiones económicas.

2.6. La información de las Cuentas anuales es fiable:

- ☐ Cuando está libre de errores y es neutral.
- ☐ Cuando es completa.
- ☐ Cuando es útil para la toma de decisiones económicas.

2.7. La información de las Cuentas anuales es íntegra:

- ☐ Cuando está libre de errores y es neutral.
- ☐ Cuando es completa.
- ☐ Cuando es útil para la toma de decisiones económicas.

2.8. El principio de devengo significa que:

- ☐ Elegido un criterio se mantendrá en el tiempo.
- ☐ Los hechos económicos se registrarán cuando ocurran.
- ☐ Únicamente se contabilizarán los beneficios realizados al cierre del ejercicio.

2.9. El principio de uniformidad significa que:

- ☐ Elegido un criterio se mantendrá en el tiempo.
- ☐ Los hechos económicos se registrarán cuando ocurran.
- ☐ Únicamente se contabilizarán los beneficios realizados al cierre del ejercicio.

TEST

2.10. Las normas de registro y valoración se encuentran en:

- ☐ La primera parte del PGC.
- ☐ La segunda parte del PGC.
- ☐ La tercera parte del PGC.

2.11. Las cuentas anuales se encuentran en:

- ☐ La primera parte del PGC.
- ☐ La segunda parte del PGC.
- ☐ La tercera parte del PGC.

2.12. El sistema de codificación del cuadro de cuentas es:

- ☐ Binario.
- ☐ Decimal.
- ☐ Hexadecimal.

2.13. Los grupos del PGC que no están en el PGC de Pymes son:

- ☐ El 1 y 5.
- ☐ El 6 y 7.
- ☐ El 8 y 9.

2.14. La cuenta se codifica:

- ☐ Con dos dígitos.
- ☐ Con tres dígitos.
- ☐ Con cuatro dígitos.

2.15. Los elementos que se registran en el Balance son:

- ☐ Activos y pasivos.
- ☐ Gastos e ingresos.
- ☐ Activos, pasivos y patrimonio neto.

2.16. Los elementos que se registran en la Cuenta de pérdidas y ganancias son:

- ☐ Activos y pasivos.
- ☐ Gastos e ingresos.
- ☐ Activos, pasivos y patrimonio neto.

UNIDAD 2

LAS EXISTENCIAS. COMPRAS Y VENTAS

En esta unidad estudiaremos el funcionamiento de las cuentas del grupo 3: Existencias. Su clasificación, los criterios de registro y valoración de existencias, los métodos de contabilización y las correcciones valorativas.

También estudiaremos las cuentas de los grupos 6 y 7 relacionadas con las existencias: compras y ventas.

Por último estudiaremos los aspectos básicos del Impuesto sobre el Valor Añadido (IVA) y su contabilización.

Objetivos

- Identificar los distintos tipos de existencias.
- Conocer los distintos criterios de valoración de existencias.
- Elaborar fichas de control de existencias utilizando los criterios más utilizados.
- Comprender los distintos procedimientos de contabilización de mercaderías.
- Registrar en los libros correspondientes las operaciones de compras, ventas y descuentos.
- Registrar en los libros el IVA correspondiente a las operaciones de compraventa y sus descuentos.

Contenidos

2.1. Concepto

Las existencias están constituidas por una serie de bienes, pertenecientes al Activo corriente, que:

- Son adquiridos por la empresa para volver a ser vendidos sin transformación (existencias comerciales).
- Son adquiridos para ser utilizados o incorporados al proceso productivo de la empresa (materias primas y otros materiales)
- Son obtenidos por la empresa en su proceso productivo (productos terminados, subproductos, etc.).

Su periodo de almacenamiento es normalmente inferior a un año, aunque pueden existir procesos productivos de ciclo largo (superior a 12 meses).

El Plan General de Contabilidad recoge estos bienes en el grupo 3 y establece que los bienes comprendidos en las existencias deben valorarse a precio de adquisición o al coste de producción.

Precio de adquisición

Importe facturado por el vendedor.

– Descuentos, rebajas o partidas similares.
– Intereses incorporados al nominal de los débitos.
+ Gastos adicionales hasta que los bienes se hallen en almacén (transportes, aranceles, seguros, otros directamente atribuibles).
+ Impuestos indirectos no recuperables directamente de Hacienda

Podrán incluirse los intereses incorporados a los débitos con vencimiento no superior a un año que no tengan un tipo de interés contractual y el efecto de no actualizar los flujos de efectivo no sea significativo.

Coste de producción

Precio de adquisición de materias primas y otras materias consumibles.

+ Costes directamente imputables al producto.
+ Parte que razonablemente corresponda de los costes indirectamente imputables a los productos de que se trate, que correspondan al periodo de fabricación, elaboración o construcción.

Plan General de Contabilidad

Normas de registro y valoración:

10. Existencias

Los impuestos indirectos que gravan las existencias solo se incluirán en el precio de adquisición o coste de producción cuando no sean recuperables directamente de la Hacienda Pública.

En las existencias que necesiten un periodo de tiempo superior a un año para estar en condiciones de ser vendidas, se incluirán en el precio de adquisición o coste de producción, los gastos financieros.

2.2. Clasificación

Podemos dividir las cuentas de existencias en dos grandes grupos:

a) Los bienes que la empresa adquiere en el exterior que, a su vez, pueden ser:

- **Comerciales:** los bienes destinados a la venta sin transformación (empresas comerciales).
- **Materias primas:** los bienes destinados a ser incorporados al proceso de fabricación de la empresa y que formarán parte del producto terminado (empresas industriales).

- **Otros aprovisionamientos:** comprende distintos elementos que son utilizados o consumidos en la empresa o necesarios para la comercialización de los productos con los que trafica la empresa (elementos y conjuntos incorporables, combustibles, envases, material de oficina, etc.).

b) Los productos obtenidos por la empresa en las distintas fases de su proceso productivo:

- Productos en curso.
- Productos semiterminados.
- Productos terminados.
- Subproductos, residuos y materiales recuperados.

2.3. Métodos de asignación de valor

El problema fundamental de las existencias reside en su valoración. Esto se debe a que la empresa puede comprar la misma mercancía a distintos precios. Debido a esto, surgen dos preguntas:

- ¿A qué precio se valoran los artículos que salen del almacén para ser incorporados al proceso productivo o para la venta?
- ¿A qué precio se valoran las existencias de dichos artículos que quedan en el almacén?

Las entradas en el almacén de los distintos artículos se valoran siempre a su **precio de adquisición** o **coste de producción**.

Para valorar los artículos que salen del almacén para ser utilizados en el proceso productivo o para ser vendidos existen diferentes sistemas o criterios. Vamos a ver los más utilizados:

1. **Precio medio ponderado:** se trata de valorar todas las existencias de un artículo en el almacén al mismo precio medio. Cuando se hace una nueva compra, se calcula el precio medio entre las existencias que había y la compra realizada. Todas las existencias quedan valoradas al precio medio resultante, que está ponderado por las cantidades mezcladas.
2. **FIFO** (*First In First Out*): lo primero que entra es lo primero que sale. Esto significa que las cantidades de un artículo que salen del almacén se van valorando al precio de compra de las primeras entradas. Lo que queda en el almacén al final del ejercicio estará valorado al precio de lo último que se compró.
3. **LIFO** (*Last In First Out*): lo último que entra es lo primero que sale. Esto significa que las cantidades de un artículo que salen del almacén se van valorando al precio de compra de las últimas entradas. Lo que queda en el almacén al final del ejercicio estará valorado al precio de lo primero que se compró.

El Plan General de Contabilidad indica que, cuando se trate de bienes cuyo precio de adquisición o coste de producción no sea identificable de modo individualizado, se adoptará con carácter general el método del **precio medio** o coste medio **ponderado**. El método **FIFO** es aceptable y puede adoptarse si la empresa lo considera más conveniente para su gestión.

El que la empresa utilice un método u otro afecta al valor de las existencias finales y, por tanto, al resultado.

Plan General de Contabilidad

Normas de registro y valoración:

10. Existencias

1.3. Métodos de asignación de valor

Se utilizará un único método de asignación de valor para todas las existencias que tengan una naturaleza y uso similares.

Cuando se trate de bienes no intercambiables entre sí o bienes producidos y segregados para un proyecto específico, el valor se asignará identificando el precio o los costes específicamente imputables a cada bien individualmente considerado.

Ejemplo 2.1

Confecciona la ficha de almacén de un artículo, por el método del PMP, de acuerdo con las siguientes operaciones de compraventa realizadas por la empresa:

1. Las existencias iniciales de mercaderías son 250 unidades valoradas a 170 €/unidad.
2. Compra mercaderías a crédito: 1.000 unidades a 175 €/unidad.
3. Venta al contado de 850 unidades a 200 €/unidad.
4. Compra al contado de 600 unidades a 173 € /unidad.
5. Venta a crédito de 700 unidades a 200 €/unidad.
6. Compra a crédito de 700 unidades a 178 €/unidad.
7. Venta de 240 unidades de mercaderías al contado a 210 €/unidad.
8. Venta de 580 unidades a crédito a 210 €/unidad.

La ficha de almacén se valora toda ella a precios de coste.

Precio medio ponderado:

Fecha	Concepto	ENTRADAS			SALIDAS			EXISTENCIAS		
		Unid.	Precio	Total	Unid.	Precio	Total	Unid.	Precio	Total
1	Existencias iniciales	—	—	—	—	—	—	250	170	242.500,00
2	Compras	1.000	175	175.000	—	—	—	1.250	174	217.500,00
3	Ventas	—	—	—	850	174	147.900	400	174	69.600,00
4	Compras	600	173	103.800	—	—	—	1.000	173,40	173.400,00
5	Ventas	—	—	—	700	173,40	121.380	300	173,40	52.020,00
6	Compras	700	178	124.600	—	—	—	1.000	176,62	176.620,00
7	Ventas	—	—	—	240	176,62	42.388,80	760	176,62	134.231,20
8	Ventas	—	—	—	580	176,62	102.439,60	180	176,62	31.791,60

(2) (250 × 170) + (1.000 × 175) = 217.500 €.
217.500/1.250 = 174 €/unidad.

(3) En la columna de SALIDAS se dan de baja las unidades vendidas a 74 €/unidad, que es el precio al que estaban valoradas las existencias (no se tiene en cuenta el precio de venta).

(4) (400 × 174) + (600 × 173) = 173.400 €.
173.400/1.000 = 173,40 €/unidad.

(6) (300 × 173,40) + (700 × 178) = 176.620 €.
176.620/1.000 = 176,62 €/unidad.

2.4. Métodos de contabilización

Otro de los problemas que plantean estas cuentas es cómo debe registrarse contablemente el movimiento de existencias. Puede hacerse de tres formas:

a) Procedimiento administrativo

Se contabilizan las entradas y las salidas al mismo precio, que es el precio de coste. Así, en cada operación de venta se separa el coste de lo vendido del resultado obtenido.

Como siempre se contabiliza a precio de coste, el saldo de la cuenta nos indica en todo momento el valor real de las existencias en el almacén, y una cuenta de resultados va recogiendo el resultado (beneficio o pérdida) que se produce en cada operación de venta de mercaderías.

Aunque este no es el método utilizado por el Plan General de Contabilidad para el control de las mercaderías, sí se utiliza para el control de todas aquellas cuentas que funcionan de forma administrativa.

b) Procedimiento especulativo

Se contabilizan las entradas a precio de coste y las salidas a precio de venta.

Como se carga la cuenta de mercaderías a precios de compra y se abona a precios de venta (este precio de venta incluye la salida de las mercancías a precio de coste más el resultado de la operación), al final del ejercicio hay que regularizar para que dicha cuenta aparezca con su saldo real y determinemos, a su vez, el resultado (beneficio o pérdida) de las operaciones de compraventa.

Tampoco es este el método utilizado por el PGC pero ha sido la base del método de desglose de la cuenta de mercaderías, que es el utilizado por el Plan.

c) Procedimiento de desglose de la cuenta de Mercaderías

Este es el método utilizado por el Plan General de Contabilidad para contabilizar las operaciones de compraventa de mercaderías (u otras existencias).

La cuenta de *Mercaderías* solo se utiliza al principio y al final del ejercicio. Durante el ejercicio se utilizan las cuentas:

- *Compras de mercaderías*, que recoge las compras a precio de compra.
- *Ventas de mercaderías*, que recoge las ventas a precio de venta.

Al final del ejercicio hay que saldar dichas cuentas y regularizar la cuenta de *Mercaderías* para que aparezca con su saldo real en ese momento y poder calcular el resultado del ejercicio.

Recuerda...

El procedimiento de desglose de la cuenta de mercaderías es el utilizado por el Plan General de Contabilidad.

Ejemplo 2.2

Utilizamos el ejemplo del apartado anterior. Contabilizaremos los movimientos de las mercaderías por el procedimiento de desglose de la cuenta de mercaderías, que es el utilizado por el PGC.

	1			
—	......			
—	......			
42.500	(300) Mercaderías			
—	......	a	......	—
		a	......	—
	(Asiento de apertura: en la realidad aparecerán las cuentas patrimoniales, además de la de *Mercaderías*)			
	2			
175.000	(600) Compras de mercaderías	a	(400) Proveedores	175.000
	3			
170.000	(570) Caja, euros	a	(700) Ventas de mercaderías	170.000
	4			
103.800	(600) Compras de mercaderías	a	(570) Caja, euros	103.800
	5			
140.000	(430) Clientes	a	(700) Ventas de mercaderías	140.000
	6			
124.600	(600) Compras de mercaderías	a	(400) Proveedores	124.600
	7			
50.400	(570) Caja, euros	a	(700) Ventas de mercaderías	50.400
	8			
121.800	(430) Clientes	a	(700) Ventas de mercaderías	121.800

(continúa)

(continuación)

Al pasar al Mayor los asientos anteriores, las cuentas relativas al control de mercaderías quedarán:

D	(300) Mercaderías	H
42.500		

D	(600) Compras de mercaderías	H
175.000		
103.800		
124.600		

D	(700) Ventas de mercaderías	H
		170.000
		140.000
		50.400
		121.800

Para regularizar, de acuerdo con lo que establece el Plan General de Contabilidad, se procederá así:

1. Se abona la cuenta *(300) Mercaderías* por el importe de las existencias iniciales con cargo a la cuenta *(610) Variación de existencias de mercaderías*, mediante el asiento:

42.500	(610) Variación de existencias de mercaderías	a	(300) Mercaderías	42.500

2. Se carga la cuenta *(300) Mercaderías* por el importe de las existencias finales (ficha de almacén), con abono a la cuenta *(610) Variación de existencias de mercaderías*, mediante el asiento:

31.791,60	(300) Mercaderías	a	(610) Variación de existencias de mercaderías	31.791,60

Con los dos asientos anteriores quedará regularizada la cuenta *(300) Mercaderías*, cuyo saldo reflejará el valor de las existencias finales según la ficha de almacén:

D	(300) Mercaderías	H
42.500		42.500
31.791,60		
Sd = 31.791,60		

D	(600) Compras de mercaderías	H
175.000		
103.800		
124.600		
Sd = 403.400		

D	(700) Ventas de mercaderías	H
		170.000
		140.000
		50.400
		121.800
Sa = 482.200		

D	(610) Variación de existencias de mercaderías	H
42.500		31.791,60
Sd = 10.708,40		

De acuerdo con lo anterior podemos decir que la empresa ha comprado mercaderías por 403.400 € y ha vendido mercaderías por 482.200 €. Como las existencias han disminuido en 10.708,40 € (42.500 – 31.791,60), podemos deducir que el coste de las ventas estará formado por todas las compras más parte de las existencias [Compras + (Ei – Ef)] (403.400 + 10.708,40 = 414.108,40 €).

Resultado de compraventa = 482.200 – 414.108,4 = 68.091,60 € de beneficio.

Este deberá ser el saldo que traspasemos a la cuenta *(129) Resultado del ejercicio* cuando realicemos los asientos correspondientes.

Supongamos otro caso en el que las existencias iniciales de mercaderías fueran de 300 €, las compras durante el ejercicio de 1.400 €, las ventas de 1.100 € y las existencias finales de 500 €.

Razonando de la misma forma, la empresa:

- Ha comprado mercaderías por 1.400 €.
- Ha vendido mercaderías por 1.100 €.
- Ha incrementado las existencias en 200 € (500 – 300).

Parte de lo que ha comprado lo ha almacenado, y el resto lo ha vendido.

Podemos decir que ha vendido mercaderías que le costaron:

Coste ventas = Compras + (Ei – Ef) = 1.400 + (300 – 500) = 1.200 €.

El resultado obtenido sería: 1.100 – 1.200 = –100 (pérdida).

Como se reflejaría en la cuenta *(129) Resultado del ejercicio* si realizásemos los asientos pertinentes.

3. Una vez regularizada la cuenta *(300) Mercaderías*, procedemos a determinar el resultado, para lo que pasamos a la cuenta *(129) Resultado del ejercicio* el saldo de todas las cuentas de los grupos 6 y 7 (gastos e ingresos) de la siguiente forma:

414.108,40	(129) Resultado del ejercicio	a	(600) Compras de mercaderías	403.400
			(610) Variación de existencias de mercaderías	10.708,40
			......	
		a	Resto cuentas de gastos	
482.200	(700) Ventas de mercaderías			
	......			
	Resto cuentas de ingresos	a	(129) Resultado del ejercicio	482.200

De esta forma quedan saldadas las cuentas de *Compras*, *Ventas* y *Variación de existencias*. La cuenta *(300) Mercaderías* queda con su saldo real, y la *(129) Resultado del ejercicio* recogerá los gastos y los ingresos; su saldo será el resultado global: beneficio (si es acreedor) o pérdida (si es deudor).

2.5. Cuentas de gastos e ingresos relacionadas con las existencias

Las cuentas de existencias (grupo 3) no tienen movimiento durante el ejercicio.

Las compras de los elementos del grupo 3 (existencias) se registrarán en una cuenta del grupo 6 (subgrupo 60), según el siguiente esquema:

(300) Mercaderías →	**(600) Compras de mercaderías**
(310) Materias primas →	**(601) Compras de materias primas**
(320) Elem. y conjuntos incorp. (321) Combustibles (322) Repuestos (325) Materiales diversos (326) Embalajes (327) Envases (328) Material de oficina →	**(602) Compras de otros aprovisionamientos**

Las ventas de los elementos del grupo 3 (existencias) se registrarán en una cuenta del grupo 7 (subgrupo 70), según el siguiente esquema:

(300) Mercaderías →	**(700) Ventas de mercaderías**
(350) Productos terminados →	**(701) Ventas de productos terminados**
(340) Productos semiterminados →	**(702) Ventas de productos semiterminados**
(360) Subproductos (365) Residuos →	**(703) Ventas de subproductos y residuos**
(326) Embalajes (327) Envases →	**(704) Ventas de envases y embalajes**

2.5.1. Compras

Las cuentas de compras (subgrupo 60) se cargarán por el precio de compra incluido en factura, más todos los gastos originados en la operación: transportes, seguros, derechos arancelarios, etc., y menos los descuentos y similares, incluidos en factura.

El IVA soportado deducible se cargará en la cuenta *(472) Hacienda Pública, IVA soportado.*

Ejemplo 2.3

Compra mercaderías a crédito en 8.200 €. En la propia factura se consigna un descuento comercial del 8 %. Los gastos de transporte, incluidos en factura, ascienden a 160 €. IVA: 21 %.

7.704	(600) Compras de mercaderías [(8.200 – 8 % s/8.200) + 160]			
1.617,84	(472) Hacienda Pública, IVA soportado (21 % s/7.704)	a	(400) Proveedores	9.321,84

Ejemplo 2.4

Compra materias primas al contado en 6.500 €. En la factura figura un descuento por pronto pago del 6 %. Los gastos de transporte, incluidos en factura, ascienden a 250 €. IVA: 21 %. Paga a través de banco.

6.360	(601) Compras de materias primas [(6.500 – 6 % s/6.500) + 250]			
1.335,60	(472) Hacienda Pública, IVA soportado	a	(572) Bancos, c/c	7.695,60

Recuerda...

Los transportes de compras se incluyen siempre en el precio de adquisición de las existencias.

Los descuentos fuera de factura se recogerán en las cuentas respectivas:

- Si son por pronto pago, se contabilizarán en la cuenta *(606) Descuentos s/compras por pronto pago.*
- Por haber alcanzado un determinado volumen de pedidos se contabilizarán en la cuenta *(609) «Rappels» por compras.*

- Los originados por defectos de calidad, incumplimiento de los plazos de entrega u otras causas análogas se contabilizarán en la cuenta *(608) Devoluciones de compras y operaciones similares.*

Ejemplo 2.5

La empresa compra mercaderías a crédito por importe de 45.000 €. IVA: 21 %.

45.000	(600) Compras de mercaderías			
9.450	(472) Hacienda Pública, IVA soportado	a	(400) Proveedores	54.450

Ejemplo 2.6

Posteriormente, el proveedor del ejemplo anterior concede a la empresa un descuento del 7 % por volumen de pedido.

3.811,50	(400) Proveedores	a	(609) «Rappels» por compras (7 % s/45.000)	3.150
		a	(472) Hacienda Pública, IVA soportado (21 % s/3.150)	661,50

Ejemplo 2.7

Compra materias primas a crédito por 12.600 €. Los transportes, incluidos en factura, ascienden a 350 €. IVA: 21 %.

12.950	(601) Compras de materias primas (12.600 + 350)			
2.719,50	(472) Hacienda Pública, IVA soportado (21 % s/12.950)	a	(400) Proveedores	15.669,50

Ejemplo 2.8

Posteriormente observa que algunas de las materias primas recibidas se encuentran en mal estado y llega a un acuerdo con el proveedor de devolver la tercera parte del pedido y quedarse con el resto, pero con un descuento de 600 €, más IVA.

5.808	(400) Proveedores	a	(608) Devoluciones de compras y operaciones similares [(12.600/3) + 600]	4.800
		a	(472) Hacienda Pública, IVA soportado (21 % s/4.800)	1.008

Ejemplo 2.9

El proveedor de los ejemplos 7 y 8 propone a la empresa un descuento del 5 % si le paga inmediatamente lo que le debe. La empresa acepta y le envía transferencia bancaria al proveedor.

9.861,50	(400) Proveedores (15.669,50 – 5.808)	a	(606) Descuentos sobre compras por pronto pago [(5 % de 9.861,50)/1,21]	407,50
		a	(472) Hacienda Pública, IVA soportado (21 % s/407,50)	85,58
		a	(572) Bancos, c/c	9.368,42

En el supuesto de que se entreguen anticipos a los proveedores a cuenta de suministros futuros, estos se contabilizarán en la cuenta *(407) Anticipos a proveedores*. Al recibir la factura de compra se aplicará el anticipo entregado.

Ejemplo 2.10

Encargamos una partida de mercaderías a un proveedor por importe de 10.000 €, más 21 % de IVA. Entregamos a cuenta 4.000 €, más IVA.

4.000	(407) Anticipos a proveedores			
840	(472) Hacienda Pública, IVA soportado	a	(570) Caja, euros	4.840

Ejemplo 2.11

Recibimos las mercaderías anteriores.

10.000	(600) Compras de mercaderías			
1.260	(472) Hacienda Pública, IVA soportado	a	(407) Anticipos a proveedores	4.000
	[21 % s/ (10.000 – 4.000)]		(400) Proveedores	7.260

Los envases cargados en factura por los proveedores, con facultad de devolución, se cargarán en la cuenta *(406) Envases y embalajes a devolver a proveedores.*

Ejemplo 2.12

La empresa compra mercaderías a crédito en 5.400 €. También compra envases al mismo proveedor por 600 €. IVA: 21 %.

5.400	(600) Compras de mercaderías			
600	(602) Compras de otros aprovisionamientos			
1.260	(472) Hacienda Pública, IVA soportado	a	(400) Proveedores	7.260

Ejemplo 2.13

La empresa compra materias primas a crédito por importe de 28.300 €. El proveedor carga en factura 1.500 € de envases con facultad de devolución. IVA: 21 %.

28.300	(601) Compras de materias primas			
1.500	(406) Envases y embalajes a devolver a proveedores			
6.258	(472) Hacienda Pública, IVA soportado (21 % s/29.800)	a	(400) Proveedores	36.058

Ejemplo 2.14

Transcurrido el plazo para la devolución de los envases del ejemplo anterior, la empresa devuelve las dos terceras partes de los envases y decide adquirir el resto.

500	(602) Compras de otros aprovisionamientos			
1.210	(400) Proveedores (1.000 + 210)	a	(406) Envases y embalajes a devolver a proveedores	1.500
		a	(472) Hacienda Pública, IVA soportado (21 % s/1.000)	210

En ciertas ocasiones algunas empresas recurren a otras empresas para que les realicen parte de su proceso productivo. El importe facturado se cargará en la cuenta *(607) Trabajos realizados por otras empresas*.

Ejemplo 2.15

La empresa «D» se dedica a fabricar el producto «P» transformando la materia prima «M». El proceso de fabricación tiene tres fases y la empresa «D» no tiene la maquinaria necesaria para realizar la primera fase. Encarga este trabajo a otra empresa, que le pasa factura de 12.600 €, más 21 % de IVA.

12.600	(607) Trabajos realizados por otras empresas			
2.646	(472) Hacienda Pública, IVA soportado	a	(400) Proveedores	15.246

Los débitos por operaciones comerciales se valorarán de acuerdo con lo dispuesto en la norma *9.ª Instrumentos financieros*, del PGC: se contabilizarán por el importe facturado por el vendedor sin incluir los intereses. Posteriormente se valorarán por el coste amortizado. Los intereses devengados se contabilizarán en la cuenta *(662) Intereses de deudas*, aplicando el método del tipo de interés efectivo.

Si los débitos tienen un vencimiento no superior a un año, los intereses incorporados al nominal pueden formar parte del precio de adquisición si no tienen un tipo de interés contractual y el efecto de no actualizar los flujos de efectivo no sea significativo.

Ejemplo 2.16

La empresa compra mercaderías a crédito (90 días) por 20.000 €. Los transportes ascienden a 700 €. El proveedor incorpora 450 € de intereses.

21.150	(600) Compras de mercaderías (20.000 + 700 + 450)			
4.347	(472) Hacienda Pública, IVA soportado 21 % s/(20.000 + 700)	a	(400) Proveedores	25.497

Ejemplo 2.17

El 1-02-20X2 la empresa compra a crédito 1.200 unidades del producto A, a 18 €/unidad, a pagar dentro de 6 meses. En la factura se especifica que se pagarán 400 € de intereses.

	1-02-X2			
21.600	(600) Compras de mercaderías (1.200 x 18)			
4.536	(472) Hacienda Pública, IVA soportado (21 % s/21.600)	a	(400) Proveedores	26.136

El 1-08-20X2, se contabilizan los intereses y el pago de la factura a través de bancos:

400	(662) Intereses de deudas			
26.136	(400) Proveedores	a	(572) Bancos, c/c	26.536

Ejemplo 2.18

Contabilizamos la operación anterior considerando los intereses como mayor precio de adquisición ya que se trata de una operación a plazo no superior de 1 año y sin tipo de interés contractual.

	1-02-X2			
22.000	(600) Compras de mercaderías			
4.536	(472) Hacienda Pública, IVA soportado (21 % s/21.600)	a	(400) Proveedores	26.536

Ejemplo 2.19

El 2-01-20X2 la empresa compra, a pagar dentro de 16 meses, 500 unidades del producto B, a 30 €/unidad. En la factura se especifica se especifica que se aplicará un tipo de interés efectivo del 6 %.

	2-01-X2			
15.000	(600) Compras de mercaderías (500 x 30)			
3.150	(472) Hacienda Pública, IVA soportado (21 % s/15.000)	a	(400) Proveedores	18.150

El 31-12-20X2, se contabilizan los intereses devengados en el año 20X2:

1.089	(662) Intereses de deudas $18.150 \times [(1 + 0{,}06)^{1} - 1]$	a	(400) Proveedores	1.089

El 1-05-20X3, se contabilizan los intereses del año 20X3 y el pago de la factura.

377,33	(662) Intereses de deudas $(18.150 + 1.089) \times [(1 + 0{,}06)^{4/12} - 1]$			
19.239	(400) Proveedores	a	(572) Bancos, c/c	19.616,33

2.5.2. Ventas

Las ventas se contabilizarán sin incluir los gastos que origine la operación que, normalmente, serán por cuenta del comprador.

Ingresos por ventas de bienes y prestación de servicios

Precio acordado:

- — Descuentos, rebajas o partidas similares.
- — Intereses incorporados al nominal de los créditos.

Podrán incluirse los intereses incorporados a los créditos comerciales con vencimiento no superior a un año que no tengan un tipo de interés contractual y el efeco de no actualizar los flujos de efectivo no sea significativo.

Plan General de Contabilidad

Normas de registro y valoración:

Solo se contabilizarán los ingresos procedentes de la venta de bienes cuando se cumplan todas las condiciones enumeradas en al apartado 2 de la NRV **14. «Ingresos por ventas y prestación de servicios»**.

Los gastos de transporte satisfechos por la empresa se contabilizarán en la cuenta *(624) Transportes*. Si luego estos gastos los repercute al cliente se abonarán en la cuenta *(759) Ingresos por servicios diversos.*

El IVA repercutido no formará parte de los ingresos por ventas sino que se contabilizará en la cuenta *(477) Hacienda Pública, IVA repercutido*.

Ejemplo 2.20

La empresa vende mercaderías a crédito en 14.000 €. IVA: 21 %. Paga en efectivo 340 €, más 21 % de IVA, a la empresa de transportes.

16.940	(430) Clientes	a	(700) Ventas de mercaderías	14.000
		a	(477) Hacienda Pública, IVA repercutido	2.940
340	(624) Transportes			
71,40	(472) Hacienda Pública, IVA soportado	a	(570) Caja, euros	411,40

Ejemplo 2.21

La empresa vende productos terminados a crédito por importe de 38.000 €, más 21 % de IVA. Paga con cheque 560 €, más IVA, en concepto de gastos de transporte por cuenta del cliente.

560	(624) Transportes			
117,60	(472) Hacienda Pública, IVA soportado	a	(572) Bancos, c/c	677,60
46.657,60	(430) Clientes	a	(701) Ventas de productos terminados	38.000
		a	(759) Ingresos por servicios diversos (Transportes repercutidos al cliente)	560
		a	(477) Hacienda Pública, IVA repercutido (21 % s/38.560)	8.097,60

Los descuentos y similares incluidos en factura se considerarán como menor importe de la venta.

Ejemplo 2.22

Venta de mercaderías a crédito por importe de 7.600 €. En la propia factura figura un descuento comercial del 4 %. IVA: 21 %.

8.828,16	(430) Clientes	a	(700) Ventas de mercaderías (7.600 – 4 % s/7.600)	7.296
		a	(477) Hacienda Pública, IVA repercutido (21 % s/7.296)	1.532,16

Ejemplo 2.23

La empresa vende productos terminados al contado en 9.300 €. En la factura figura un descuento por pronto pago del 3 %. Cobra por banco.

10.915,41	(572) Bancos, c/c	a	(701) Ventas de productos terminados	9.021
		a	(477) Hacienda Pública, IVA repercutido	1.894,41

Plan General de Contabilidad

Normas de registro y valoración:

Para una información más exhaustiva debes consultar la norma de registro y valoración (NRV) **14. «Ingresos por ventas y prestación de servicios»**.

Los descuentos fuera de factura se recogerán en las cuentas respectivas:

- Si son por pronto pago, se contabilizarán en la cuenta *(706) Descuentos s/ventas por pronto pago.*
- Por haber alcanzado un determinado volumen de pedidos se contabilizarán en la cuenta *(709) «Rappels» sobre ventas.*
- Los originados por defectos de calidad, incumplimiento de los plazos de entrega u otras causas análogas se contabilizarán en la cuenta *(708) Devoluciones de ventas y operaciones similares.*

Ejemplo 2.24

La empresa concede un descuento del 6 % al cliente del ejemplo 21 por haber alcanzado un volumen de pedidos.

2.280	(709) «Rappels» sobre ventas (6 % s/38.000)			
478,80	(477) Hacienda Pública, IVA repercutido (21 % s/2.280)	a	(430) Clientes	2.758,80

Ejemplo 2.25

La empresa vende mercaderías a crédito por importe de 18.300 €. IVA: 21 %. Paga en efectivo los gastos de transporte a su cargo que han ascendido a 530 €, más IVA.

22.143	(430) Clientes	a	(700) Ventas de mercaderías	18.300
		a	(477) Hacienda Pública, IVA repercutido	3.843
530	(624) Transportes			
111,30	(472) Hacienda Pública, IVA soportado	a	(570) Caja, euros	641,30

Ejemplo 2.26

Posteriormente, el cliente del ejemplo anterior comunica que las mercaderías no se ajustan a la calidad solicitada y propone devolver la tercera parte de aquellas y quedarse con el resto con un descuento de 850 €. La empresa acepta la propuesta del cliente.

6.950	(708) Devoluciones de ventas y operaciones similares [(18.300/3) + 850]			
1.459,50	(477) Hacienda Pública, IVA repercutido (21 % s/6.950)	a	(430) Clientes	8.409,50

Ejemplo 2.27

La empresa propone al cliente de los ejemplos 25 y 26 un descuento del 4 % si le paga inmediatamente. El cliente acepta y envía transferencia bancaria.

454	(706) Descuentos sobre ventas por pronto pago [(4 % de 13.733,50)/1,21]			
95,34	(477) Hacienda Pública, IVA repercutido (21 % s/454)			
13.184,16	(572) Bancos, c/c (13.733,50 – 454 – 95,34)	a	(430) Clientes (22.143 – 8.409,50)	13.733,50

Si el cliente entrega un anticipo a cuenta de una futura venta, este se contabilizará en la cuenta *(438) Anticipos de clientes*. Al producirse la venta se aplicará el anticipo.

Ejemplo 2.28

Un cliente encarga la fabricación de una partida de productos por importe de 16.000 €, más 21 % de IVA. Hace transferencia bancaria por importe de 6.000 €, más IVA, en concepto de anticipo.

7.260	(572) Bancos, c/c	a	(438) Anticipos de clientes	6.000
		a	(477) Hacienda Pública, IVA repercutido	1.260

Ejemplo 2.29

Se envía el pedido al cliente anterior y la correspondiente factura.

6.000	(438) Anticipos de clientes			
12.100	(430) Clientes	a	(701) Ventas de productos terminados	16.000
			(477) Hacienda Pública, IVA repercutido [21 % s/(16.000 – 6.000)]	2.100

Los envases cargados en factura a los clientes, con facultad de devolución, se abonarán en la cuenta *(437) Envases y embalajes a devolver por clientes*.

Ejemplo 2.30

La empresa vende productos terminados a crédito por 8.500 €. Incluye en factura 750 € de envases con facultad de devolución. IVA: 21 %.

11.192,50	(430) Clientes	a	(701) Ventas de productos terminados	8.500
		a	(437) Envases y embalajes a devolver por clientes	750
		a	(477) Hacienda Pública, IVA repercutido (21 % s/(8.500 + 750)	1.942,50

Ejemplo 2.31

Transcurrido el plazo para la devolución de los envases del ejemplo anterior los clientes devuelven envases por valor de 500 €. El resto de los envases se han deteriorado.

750	(437) Envases y embalajes a devolver por clientes			
105	(477) Hacienda Pública, IVA repercutido (21 % s/500)	a	(704) Ventas de envases y embalajes	250
		a	(430) Clientes (500 + 105)	605

Ejemplo 2.32

La empresa vende productos terminados a crédito por 4.500 € y envases por 540 €. IVA: 21 %.

6.098,40	(430) Clientes	a	(701) Ventas de productos terminados	4.500
		a	(704) Ventas de envases y embalajes	540
		a	(477) Hacienda Pública, IVA repercutido (21 % s/(4.500 + 540)	1.058,40

Los créditos por operaciones comerciales se valorarán de acuerdo con lo dispuesto en la norma *9ª Instrumentos financieros*, del PGC: se contabilizarán por el precio acordado sin incluir los intereses. Posteriormente se valorarán por el coste amortizado. Los intereses devengados se contabilizarán en la cuenta *(762) Ingresos de créditos*, aplicando el método del tipo de interés efectivo.

Si los créditos tienen un vencimiento no superior a un año, los intereses incorporados al nominal pueden formar parte del precio de venta si no tienen un tipo de interés contractual y el efecto de no actualizar los flujos de efectivo no sea significativo.

Ejemplo 2.33

La empresa vende mercaderías por 9.000 €, más 21 % de IVA, a cobrar dentro de 6 meses. Se facturan, además, 360 € de intereses.

11.250	(430) Clientes	a	(700) Ventas de mercaderías	9.360
			(477) Hacienda Pública, IVA repercutido (21 % s/(9.000)	1.890

Ejemplo 2.34

El 1-03-20X2 la empresa vende a crédito 1.500 unidades del producto A, a 15 €/unidad, a cobrar dentro de 6 meses. En la factura se especifica que se cobrarán 700 € de intereses.

	1-03-X2			
27.225	(430) Clientes	a	(700) Ventas de mercaderías (1.500 x 15)	22.500
		a	(477) Hacienda Pública, IVA repercutido (21 % s/22.500)	4.725

El 1-09-20X2, se contabilizan los intereses y el cobro de la factura a través de bancos:

27.925	(572) Bancos, c/c	a	(762) Ingresos de créditos	700
			(430) Clientes	27.225

Ejemplo 2.35

Contabilizamos la operación anterior considerando los intereses como mayor precio de venta ya que se trata de una operación a plazo no superior de 1 año y sin tipo de interés contractual.

	1-03-X2			
27.925	(430) Clientes	a	(700) Ventas de mercaderías (1.500 x 15) + 700	23.200
		a	(477) Hacienda Pública, IVA repercutido (21 % s/22.500)	4.725

Ejemplo 2.36

El 1-03-20X2 la empresa vende, a cobrar dentro de 18 meses, 600 unidades del producto B, a 25 €/unidad. En la factura se especifica se especifica que se aplicará un tipo de interés efectivo del 6 %.

	1-03-X2			
18.150	(430) Clientes	a	(700) Ventas de mercaderías (600 x 25)	15.000
		a	(477) Hacienda Pública, IVA repercutido (21 % s/15.000)	3.150

El 31-12-20X2, se contabilizan los intereses devengados en el año 20X2:

903,07	(430) Clientes	a	(762) Ingresos de créditos $18.150 \times [(1 + 0{,}06)^{10/12} - 1]$	903,07

El 1-09-20X3, se contabilizan los intereses del año 20X3 y el cobro de la factura.

19.807,77	(572) Bancos c/c	a	(762) Ingresos de créditos $(18.150 + 903{,}07) \times [(1 + 0{,}06)^{8/12} - 1]$	754,70
		a	(430) Clientes	19.053,07

Recuerda...

Los descuentos en factura constituyen un menor importe de la compra o de la venta.

Los descuentos fuera de factura se contabilizan en sus respectivas cuentas.

Resumen de descuentos y devoluciones		
Descuentos en factura	Todos	Disminuyen el importe de la cuenta de Compras o Ventas
Descuentos fuera de factura	Defectos de calidad, incumplimiento plazos de entrega, etc.	(608) Devoluciones de compras y operaciones similares (708) Devoluciones de ventas y operaciones similares
	Volumen de pedido	(609) «Rappels» por compras (709) «Rappels» sobre ventas
	Por pronto pago	(606) Descuentos sobre compras por pronto pago (706) Descuentos sobre ventas por pronto pago
Devoluciones		(608) Devoluciones de compras y operaciones similares (708) Devoluciones de ventas y operaciones similares

Para profundizar más en la **contabilización de los descuentos y transportes**, veamos los siguientes ejemplos:

Ejemplo 2.37

Contabilizamos las siguientes operaciones en la contabilidad de las dos empresas:

a) *AB, SL* compra a crédito 3.000 unidades del artículo «A» a *ZX, SA* al precio de 20 €/unidad. En la factura figura un descuento comercial del 5 %. IVA, 21 %.

	AB, SL			
57.000	(600) Compras de mercaderías (3.000 × 20 × 0,95)			
11.970	(472) Hacienda Pública, IVA soportado	a	(400) Proveedores	68.970
	ZX, SA			
68.970	(430) Clientes	a	(700) Ventas de mercaderías	57.000
		a	(477) Hacienda Pública, IVA repercutido	11.970

b) *AB, SL* observa que la mercancía está defectuosa y ofrece a *ZX, SA* quedarse con ella si este se la deja a 18 €/unidad y le mantiene el descuento del 5 %. El proveedor accede.

	AB, SL			
6.897	(400) Proveedores	a	(608) Devoluciones de compras y operaciones similares (3.000 × 20 × 0,95) – (3.000 x 18 x 0,95)	5.700
		a	(472) Hacienda Pública, IVA soportado	1.197
	ZX, SA			
5.700	(708) Devoluciones de ventas y operaciones similares			
1.197	(477) Hacienda Pública, IVA repercutido	a	(430) Clientes	6.897

c) *AB, SL* liquida la deuda que tiene con *ZX, SA* (apartados a y b) enviándole transferencia bancaria por el saldo resultante, deducido un 3 % de descuento por pronto pago.

	AB, SL			
62.073	(400) Proveedores (68.970 – 6.897)	a	(606) Descuentos sobre compras por pronto pago [(3 % de 62.073)/1,21]	1.539
		a	(472) Hacienda Pública, IVA soportado	323,19
		a	(572) Bancos, c/c.	60.210,81
	ZX, SA			
1.539	(706) Descuentos sobre ventas por pronto pago			
323,19	(477) Hacienda Pública, IVA repercutido			
60.210,81	(572) Bancos, c/c.	a	(430) Clientes	62.073

d) *ZX, SA* hace un descuento del 4 %, por volumen de pedido, a *AB, SL*. El descuento se calculará sobre las compras netas realizadas. El importe del descuento quedará como anticipo a cuenta de futuras compras.

	AB, SL			
1.990,44	(407) Anticipos a proveedores	a	(609) Rappels por compras [4 % s/ (57.000 – 5.700 – 1.539)]	1.990,44
	ZX, SA			
1.990,44	(709) Rappels sobre ventas	a	(438) Anticipos de clientes	1.990,44

(continúa)

(continuación)

e) *AB, SL* realiza una nueva compra a crédito de 1.200 unidades del producto «A» a *ZX, SA*, a 20 €/unidad, con un descuento del 5 % en factura. *ZX, SA* envía factura descontando el anticipo.

	AB, SL			
22.800	(600) Compras de mercaderías (1.200 × 20 × 0,95)			
4.370,01	(472) Hacienda Pública, IVA soportado [21% de (22.800 – 1.990,44)]	a	(407) Anticipos a proveedores	1.990,44
		a	(400) Proveedores (22.800 + 4.370,01 – 1.990,44)	25.179,57
	ZX, SA			
1.990,44	(438) Anticipos de clientes			
25.179,57	(430) Clientes	a	(700) Ventas de mercaderías	22.800
		a	(477) Hacienda Pública, IVA repercutido	4.370,01

Ejemplo 2.38

FG, SA compra a *SY, SL* 1.600 unidades del artículo «B» a 6 € /unidad. La compra se realiza al contado concediendo el proveedor, en la propia factura, un descuento por pronto pago del 3 %. IVA, 21 %.

	FG, SA			
9.312	(600) Compras de mercaderías (1.600 × 6 x 0,97)			
1.955,52	(472) Hacienda Pública, IVA soportado [(21 % s/(9.312)]	a	(570) Caja, euros	11.267,52
	SY, SL			
11.267,52	(570) Caja, euros	a	(700) Ventas de mercaderías	9.312
		a	(577) Hacienda Pública, IVA repercutido	1.955,52

Ejemplo 2.39

JK, SA compra 8.000 unidades del producto «C» a *QR, SA* a 5 €/unidad. En la factura figura un descuento por el volumen de la operación del 4 %. IVA, 21 %.

Los portes son por cuenta de *QR, SA*, que ha abonado a la empresa de transportes 762,30 € (incluido IVA).

	JK, SA			
38.400	(600) Compras de mercaderías (8.000 × 5 × 0,96)			
8.064	(472) Hacienda Pública, IVA soportado (21 % s/38.400)	a	(400) Proveedores	46.464
	QR, SA			
46.464	(430) Clientes	a	(700) Ventas de mercaderías	38.400
		a	(477) Hacienda Pública, IVA repercutido	8.064
630	(624) Transportes (762,30/1,21)			
132,30	(472) Hacienda Pública, IVA soportado	a	(570) Caja, euros	762,30

Ejemplo 2.40

a) *Mascotas, SL* compra a *Piensos, SA*, 350 bolsas de pienso a 15 € cada una. IVA, 10 %.

b) Las bolsas de pienso no llegan en las condiciones solicitadas por *Mascotas, SL*, por lo que procede a devolverlas al proveedor.

	a. Mascotas, SL			
5.250	(600) Compras de mercaderías (350 × 15)			
525	(472) Hacienda Pública, IVA soportado (10 % s/5.250)	a	(400) Proveedores	5.775
	a. Piensos, SA			
5.775	(430) Clientes	a	(700) Ventas de mercaderías	5.250
		a	(477) Hacienda Pública, IVA repercutido	525
	b. Mascotas, SL			
5.775	(400) Proveedores	a	(608) Devoluciones de compras y operaciones similares	5.250
		a	(472) Hacienda Pública, IVA soportado	525
	b. Piensos, SA			
5.250	(708) Devoluciones de ventas y operaciones similares			
525	(477) Hacienda Pública, IVA repercutido	a	(430) Clientes	5.775

Ejemplo 2.41

La empresa *LM, SA* compra a crédito a la empresa *WP, SL* 12.000 unidades del producto «P» a 3 €/unidad. IVA, 21 %.

Los portes son por cuenta de *LM, SA* pero los ha pagado la empresa *WP, SL* a un transportista, abonando por tal concepto 871,20 € (incluido el 21 % de IVA).

La empresa *WP, SL* incluye en la factura, en concepto de portes, 730 €, más 21 % de IVA.

	LM, SA			
36.730	(600) Compras de mercaderías (12.000 × 3 + 730)			
7.713,30	(472) Hacienda Pública, IVA soportado (21 % S/ 36.730)	a	(400) Proveedores	44.443,30
	WP, SL			
720	(624) Transportes (871,20/1,21)			
151,20	(472) Hacienda Pública, IVA soportado	a	(570) Caja, euros	871,20
44.443,30	(430) Clientes	a	(700) Ventas de mercaderías	36.000
		a	(759) Ingresos por servicios diversos	730
		a	(477) Hacienda Pública, IVA repercutido	7.713,30

Ejemplo 2.42

La empresa *CD, SL* compra a crédito a la empresa *VN, SL* 2.000 unidades del producto «R» a 5,30 €/ unidad, más 21 % de IVA. Los portes son por cuenta de la empresa *CD, SL* y los paga al transportista al recibir la mercancía. Su importe asciende a 188,76 € (incluido el 21 % de IVA).

	CD, SL			
10.600	(600) Compras de mercaderías (2.000 × 5,30)			
2.226	(472) Hacienda Pública, IVA soportado	a	(400) Proveedores	12.826
156	(600) Compras de mercaderías			
32,76	(472) Hacienda Pública, IVA soportado	a	(570) Caja, euros	188,76
	VN, SL			
12.826	(430) Clientes	a	(700) Ventas de mercaderías	10.600
		a	(477) Hacienda Pública, IVA repercutido	2.226

Plan General de Contabilidad

Normas de registro y valoración:

Solo se contabilizarán los ingresos procedentes de la prestación de servicios cuando se cumplan todas las condiciones enumeradas en al apartado 3 de la NRV **14. «Ingresos por ventas y prestación de servicios»**.

2.5.3. Ingresos por prestación de servicios

Existen muchas empresas cuya actividad principal consiste en la prestación de servicios a sus clientes. Estas empresas también realizarán aprovisionamientos de material de oficina, combustibles, etc.

Las existencias incluirán el coste de producción de los servicios en tanto aún no se haya reconocido el ingreso correspondiente (*apdo. 1.4 de la NRV 10. Existencias*).

Los ingresos por prestación de servicios se reconocerán cuando el resultado de la transacción pueda ser estimado con fiabilidad, considerando para ello el porcentaje de realización del servicio en la fecha de cierre del ejercicio.

La empresa debe revisar las estimaciones del ingreso por recibir a medida que el servicio se va prestando.

Ejemplo 2.43

Durante el año 20X2 se crea una empresa de servicios. Durante este ejercicio factura por diversos servicios prestados 170.000 €. Los gastos relacionados con los servicios facturados, abonados a diversos suministradores, ascendieron a 140.000 €. También ha pagado 30.000 € de gastos correspondientes a servicios todavía no facturados al cierre del ejercicio.

Contabiliza estas operaciones.

	20X2			
140.000	(6XX) Compras y gastos			
29.400	(472) Hacienda Pública, IVA soportado	a	(57X) Caja y Bancos	169.400
181.500	(430) Clientes	a	(705) Prestaciones de servicios	170.000
			(477) Hacienda Pública, IVA repercutido	35.700
30.000	(6XX) Compras y gastos			
6.300	(472) Hacienda Pública, IVA soportado	a	(57X) Caja y Bancos	36.300
	31-12-20X2			
30.000	(33X) Productos en curso [Reconocimiento de las existencias finales]	a	(710) Variación de existencias de productos en curso	30.000

2.6. Variación de existencias

Las cuentas de variaciones de existencias del subgrupo 61 registran, al cierre del ejercicio, las variaciones entre las existencias finales y las iniciales de *Mercaderías*, *Materias primas* y *Otros aprovisionamientos*.

Las cuentas de variaciones de existencias del subgrupo 71 registran, al cierre del ejercicio, las variaciones entre las existencias finales y las iniciales de *Productos en curso*, *Productos semiterminados*, *Productos terminados* y *Subproductos, residuos y materiales recuperados*.

Estas cuentas surgen como consecuencia del funcionamiento de las cuentas de existencias por el procedimiento de *desglose* visto anteriormente en esta unidad.

Las cuentas del grupo 3 no tienen movimiento durante el ejercicio y, por tanto, no recogen las entradas y salidas de existencias en almacén. Por ello será necesario regularizarlas al final del ejercicio, con el fin de que recojan los saldos finales.

Las cuentas de variaciones de existencias tendrán saldo deudor cuando las existencias iniciales en un ejercicio sean superiores a las finales (decrementos de existencias ⇨ gasto) y tendrán saldo acreedor cuando las existencias finales sean superiores a las iniciales (incrementos de existencias ⇨ ingreso).

En ambos casos pasarán su saldo a la cuenta *(129) Resultado del ejercicio*.

Plan General de Contabilidad

Normas de registro y valoración:

10. Existencias

1.4. Coste de las existencias en la prestación de servicios

Las existencias incluirán el coste de producción de los servicios en tanto aún no se haya reconocido el ingreso correspondiente conforme a lo establecido en la norma relativa a ingresos por ventas y prestación de servicios.

Ejemplo 2.44

Supongamos que el día 1-01-X2 una empresa tenía las siguientes existencias:

- Materias primas: 1.200 €.
- Productos en curso: 1.800 €.
- Productos terminados: 850 €.

El día 31-12-X2 las existencias de la empresa en almacén son las siguientes:

- Materias primas: 1.500 €.
- Productos en curso: 2.000 €.
- Productos terminados: 580 €.

El día 31-12-X2, para regularizar las existencias, esta empresa tendría que hacer los siguientes asientos:

1.200	(611) Variación de existencias de materias primas	a	(310) Materias primas	1.200
1.800	(710) Variación de existencias de productos en curso	a	(330) Productos en curso	1.800
850	(712) Variación de existencias de productos terminados	a	(350) Productos terminados	850
1.500	(310) Materias primas	a	(611) Variación de existencias de materias primas	1.500
2.200	(330) Productos en curso	a	(710) Variación de existencias de productos en curso	2.200
580	(350) Productos terminados	a	(712) Variación de existencias de productos terminados	580

(continúa)

(continuación)

El Mayor de las cuentas de variación de existencias quedaría:

D	(611) Variación de existencias de materias primas	H	D	(710) Variación de existencias de productos en curso	H	D	(712) Variación de existencias de productos terminados	H
1.200		1.500	1.800		2.000	850		580

Para pasar el saldo de las cuentas de variaciones de existencias a *Resultado del ejercicio* haría los siguientes asientos:

270	(129) Resultado del ejercicio	a	(712) Variación de existencias de productos terminados	270
300	(611) Variación de existencias de materias primas			
200	(710) Variación de existencias de productos en curso	a	(129) Resultado del ejercicio	500

Plan General de Contabilidad

Normas de registro y valoración:

Apartado 2 de la NRV 10. En el caso de materias primas y otras materias consumibles en el proceso de producción, no se realizará corrección valorativa, si se espera que los productos terminados a los que se incorporen sean vendidos por encima del coste.

Los bienes y servicios con contrato de venta en firme no serán objeto de corrección valorativa si el precio acordado es superior al coste de producción más costes pendientes.

2.7. Correcciones valorativas

El Plan General de Contabilidad establece que, cuando el valor neto realizable de las existencias sea inferior a su precio de adquisición o su coste de producción, se deberán realizar las oportunas correcciones valorativas:

- Dotando una pérdida por deterioro, cuando la depreciación sea reversible.
- Si la depreciación fuera irreversible, se tendrá en cuenta tal circunstancia al valorar las existencias.

El precio de reposición de las materias primas y otras materias consumibles puede ser la mejor medida de su valor neto realizable.

Las cuentas del subgrupo *(39) Deterioro de valor de las existencias* sirven para poner de manifiesto, al final del ejercicio, las pérdidas producidas pero aún no realizadas, por depreciación de las existencias.

Se trata de pérdidas reversibles (que pueden recuperarse) aunque no se sabe si se recuperarán, ni cuándo se recuperarán en caso de que lo hagan.

Las cuentas del subgrupo 39 se abonan, al final del ejercicio, con cargo a la cuenta *(693) Pérdidas por deterioro de existencias*. Se cargarán, al final del ejercicio siguiente, con abono a la cuenta *(793) Reversión del deterioro de existencias*. En esta misma fecha se contabilizará el nuevo deterioro, si procede.

Ejemplo 2.45

Al finalizar el ejercicio económico de 20X1 se tienen existencias de mercaderías en almacén cuyo precio de adquisición fue de 12.600 €. Su valor neto realizable es de 12.200 €.

400	(693) Pérdidas por deterioro de existencias. (12.600 – 12.200)	a	(390) Deterioro de valor de las mercaderías.	400

Ejemplo 2.46

Al final del ejercicio económico de 20X2 se tienen existencias de mercaderías en almacén cuyo precio de adquisición fue de 7.800 €. Su valor neto realizable es de 7.500 €.

400	(390) Deterioro de valor de las mercaderías.	a	(793) Reversión del deterioro de existencias.	400
	[Por la aplicación del deterioro del año anterior]			
300	(693) Pérdidas por deterioro de existencias.	a	(390) Deterioro de valor de las mercaderías.	300
	[Por la contabilización del deterioro de las existencias de este ejercicio]			

Ejemplo 2.47

Al finalizar el ejercicio económico de 20X3 se tienen existencias de mercaderías en almacén cuyo coste de adquisición fue de 3.500 €. Su valor neto realizable es de 3.700 €.

300	(390) Deterioro de valor de las mercaderías.	a	(793) Reversión del deterioro de existencias.	300
	[Se aplica el deterioro del año anterior pero no se contabiliza deterioro este año, porque el valor neto realizable de las mercaderías es superior al precio de adquisición]			

2.8. El IVA

El Impuesto sobre el Valor Añadido (IVA) es un tributo de naturaleza indirecta que recae sobre el consumo y grava las entregas de bienes y las prestaciones de servicios efectuadas por empresarios y profesionales, y las importaciones de bienes.

El IVA recae sobre los consumidores finales.

Cuando una empresa realiza una compra o recibe un servicio debe soportar el IVA que contabilizará en la cuenta *(472) Hacienda Pública, IVA soportado.*

Cuando la empresa realice una venta o preste un servicio deberá repercutir el IVA que contabilizará en la cuenta *(477) Hacienda Pública, IVA repercutido.*

El IVA no supone ni gasto ni ingreso para la empresa (solo constituirá gasto el IVA soportado no deducible).

Las empresas deberán liquidar trimestralmente el IVA (mensualmente si la cifra de negocios del periodo anterior superó 6.010.121,04 €) en los 20 primeros días siguientes a la terminación de cada trimestre (abril, julio, octubre y enero).

Si el IVA repercutido del trimestre es superior al IVA soportado, la empresa deberá ingresar en Hacienda la diferencia y, mientras no lo haga, dicha diferencia se contabilizará en la cuenta *(4750) Hacienda Pública, acreedor por IVA.*

Si el IVA soportado por la empresa durante el trimestre ha sido superior al repercutido, será Hacienda la que deba la diferencia a la empresa y se contabilizará en la cuenta *(4700) Hacienda Pública, deudor por IVA.* Hacienda no devolverá a la empresa esta diferencia sino que la dejará pendiente y la empresa podrá compen-

Plan General de Contabilidad

Normas de registro y valoración:

Para una mayor información sobre el tratamiento contable del IVA, consultar la NRV **12. «Impuesto sobre el Valor Añadido (IVA), Impuesto General Indirecto Canario (IGIC) y otros impuestos indirectos».**

Plan General de Contabilidad

Normas de registro y valoración:

El IVA soportado no deducible formará parte del precio de adquisición de los activos corrientes y no corrientes, así como de los servicios, que sean objeto de las operaciones gravadas por el impuesto.

sarla en liquidaciones posteriores. Si la liquidación del cuarto trimestre es favorable a la empresa, esta podrá solicitar su devolución a Hacienda o compensarla en las liquidaciones del ejercicio siguiente.

No todo el IVA soportado por la empresa es deducible. El IVA no deducible no podrá contabilizarse en la cuenta *(472) Hacienda Pública, IVA soportado,* sino que formará parte del precio de adquisición del bien o servicio de que se trate.

Desde el 1 de septiembre de 2012, los tipos impositivos del IVA son los siguientes:

- Tipo general: 21 %.
- Tipo reducido: 10 %.
- Tipo superreducido: 4 %.

Ejemplo 2.48

La empresa ***ZX, SL*** comercializa dos productos (A y B). El producto A está sujeto al 21 % de IVA y el producto B al 10 %. Para contabilizar el IVA utilizaremos las siguientes cuentas:

- (47221) Hacienda Pública, IVA soportado 21 %
- (47210) Hacienda Pública, IVA soportado 10 %
- (47721) Hacienda Pública, IVA repercutido 21 %
- (47710) Hacienda Pública, IVA repercutido 10 %

Contabiliza las siguientes operaciones realizadas por la empresa ***ZX, SL*** durante el ejercicio 20X2:

1. Compra a crédito productos A por importe de 16.100 €, más IVA. Descuento comercial del 3 % en factura. En la misma factura se incluyen 670 €, más IVA, de embalajes.
2. Compra productos B por importe de 3.200 €, más IVA.
3. Vende a crédito productos A por importe de 20.700 €, más IVA, con un descuento del 4 %. En la factura se incluyen 820 €, más IVA de embalajes.
4. Vende productos B por importe de 3.400 €, más IVA.
5. El proveedor del punto 1 realiza a la empresa un descuento de 700 € por incumplimiento de los plazos de entrega acordados.
6. El 31-03-X2 realiza la liquidación del IVA correspondiente al primer trimestre.
7. Paga por banco el importe de la liquidación del IVA del trimestre anterior.
8. Compra productos A por importe de 9.200 €, más IVA.
9. Vende productos A por importe de 18.600 €, más IVA.
10. Paga en efectivo 750 €, más IVA, por gastos de transporte de la venta anterior.
11. Compra productos B por 4.600 €, más IVA.
12. La empresa devuelve los productos adquiridos en el punto anterior porque no se ajustan a la calidad contratada.
13. Compra un local por 40.000 €, más IVA, a pagar en 2 años. Corresponden al terreno 10.000 €.
14. Vende productos B por importe de 4.300 €, más IVA.
15. A 31-06-X2 realiza la liquidación del IVA del segundo trimestre.
16. La empresa realiza un pedido de productos A por importe de 35.000 €, más IVA. Entrega un cheque de 10.000 €, más IVA, como anticipo.
17. Recibe el pedido anterior, junto con la factura.
18. Un cliente nos solicita un pedido de productos A por importe de 42.000 €, más IVA. El cliente envía cheque de 9.000 €, más IVA, como anticipo.
19. La empresa envía el pedido anterior, junto con la factura.
20. Vende por 6.800 €, más IVA, que cobrará dentro de 18 meses, un vehículo que había adquirido en 20.700 € y estaba amortizado en 12.800 €.

21. A 30-09-X2 realiza la liquidación del IVA del tercer trimestre.
22. Compra productos A por importe de 15.400 €, más IVA.
23. Compra productos B por importe de 4.200 €, más IVA.
24. La empresa consigue un descuento del 5 % por el volumen de la compra anterior.
25. Vende productos A por importe de 50.000 €, más IVA.
26. Vende productos B por importe de 6.300 €, más IVA.
27. El banco le carga en cuenta el recibo de agua por importe de 230, más 10 % de IVA.
28. Alquila el local que compró en el punto 13. Pasa factura por importe de 1.600 €, más IVA.
29. La empresa ofrece al cliente del punto 26 un 3 % de descuento si le paga lo que le debe. El cliente acepta y le envía transferencia bancaria por el importe resultante.
30. A 31-12-X2 realiza la liquidación del IVA del cuarto trimestre.

	1			
15.617	(600) Compras de mercaderías			
670	(602) Compras de otros aprovisionamientos			
3.420,27	(47221) Hacienda Pública, IVA soportado 21 %	a	(400) Proveedores	19.707,27
	2			
3.200	(600) Compras de mercaderías			
320	(47210) Hacienda Pública, IVA soportado 10 %	a	(400) Proveedores	3.520
	3			
25.037,32	(430) Clientes	a	(700) Ventas de mercaderías	19.872
			(704) Ventas de envases y embalajes	820
			(47721) Hacienda Pública, IVA repercutido 21 %	4.345,32
	4			
3.740	(430) Clientes	a	(700) Ventas de mercaderías	3.400
			(47710) Hacienda Pública, IVA repercutido 10 %	340
	5			
847	(400) Proveedores	a	(608) Devoluciones de compras y operaciones similares	700
			(47221) Hacienda Pública, IVA soportado 21 %	147
	6			

(47221) Hacienda Pública, IVA soportado 21 %

D	H
3.420,27	147,00

(47721) Hacienda Pública, IVA repercutido 21 %

D	H
	4.345,32

(47210) Hacienda Pública, IVA soportado 10 %

D	H
320,00	

(47710) Hacienda Pública, IVA repercutido 10 %

D	H
	340,00

4.345,32	(47721) Hacienda Pública, IVA repercutido 21 %			
340	(47710) Hacienda Pública, IVA repercutido 10 %	a	(47221) Hacienda Pública, IVA soportado 21 %	3.273,27
			(47210) Hacienda Pública, IVA soportado 10 %	320
			(4750) Hacienda Pública, acreedor por IVA	1.092,05
			(4.345,32 + 340 – 3.273,27 – 320)	
	7			
1.092,05	(4750) Hacienda Pública, acreedor por IVA	a	(572) Bancos, c/c	1.092,05

(continúa)

(continuación)

	8			
9.200	(600) Compras de mercaderías			
1.932	(47221) Hacienda Pública, IVA soportado 21 %	a	(400) Proveedores	11.132
	9			
22.506	(430) Clientes	a	(700) Ventas de mercaderías	18.600
			(47721) Hacienda Pública, IVA repercutido 21 %	3.906
	10			
750	(624) Transportes			
157,50	(47221) Hacienda Pública, IVA soportado 21 %	a	(570) Caja, euros	907,50
	11			
4.600	(600) Compras de mercaderías			
460	(47210) Hacienda Pública, IVA soportado 10 %	a	(400) Proveedores	5.060
	12			
5.060	(400) Proveedores	a	(608) Devoluciones de compras y operaciones similares	4.600
			(47210) Hacienda Pública, IVA soportado 10 %	460
	13			
10.000	(210) Terrenos y bienes naturales			
30.000	(211) Construcciones			
8.400	(47221) Hacienda Pública, IVA soportado 21 %	a	(173) Proveedores de inmovilizado a largo plazo	48.400
	14			
4.730	(430) Clientes	a	(700) Ventas de mercaderías	4.300
			(47710) Hacienda Pública, IVA repercutido 10 %	430
	15			

(47221) Hacienda Pública, IVA soportado 21 %

D	H
3.420,27	147,00
1.932,00	3.273,27
157,50	
8.400,00	

(47721) Hacienda Pública, IVA repercutido 21 %

D	H
4.345,32	4.345,32
	3.906,00

(47210) Hacienda Pública, IVA soportado 10 %

D	H
320,00	320,00
460,00	460,00

(47710) Hacienda Pública, IVA repercutido 10 %

D	H
340,00	340,00
	430,00

3.906	(47721) Hacienda Pública, IVA repercutido 21 %			
430	(47710) Hacienda Pública, IVA repercutido 10 %			
6.153,50	(4700) Hacienda Pública, deudora por IVA	a	(47221) Hacienda Pública, IVA soportado 21 %	10.489,50
	16			
10.000	(407) Anticipos a proveedores			
2.100	(47221) Hacienda Pública, IVA soportado 21 %	a	(572) Bancos, c/c	12.100
	17			
35.000	(600) Compras de mercaderías			
5.250	(47221) Hacienda Pública, IVA soportado 21 %	a	(407) Anticipos a proveedores	10.000
	[21 % s/(35.000 –10.000]		(400) Proveedores	30.250

	18			
10.890	(570) Bancos, c/c	a	(438) Anticipos de clientes	9.000
			(47721) Hacienda Pública, IVA repercutido 21 %	1.890
	19			
9.000	(438) Anticipos de clientes			
39.930	(430) Clientes	a	(700) Ventas de mercaderías	42.000
			(47721) Hacienda Pública, IVA repercutido 21 %	6.930
			[21 % s/(42.000 – 9.000)]	
	20			
12.800	(281) Amortización acumulada del inmovilizado material			
8.228	(253) Créditos a largo plazo por enajenación de inmovilizado			
1.100	(671) Pérdidas procedentes del inmovilizado material	a	(218) Elem. de transporte	20.700
			(47721) Hacienda Pública, IVA repercutido 21 %	1.428
			(21 % s/6.800)	
	21			

D	(47221) Hacienda Pública, IVA soportado 21 %	H
3.420,27		147,00
1.932,00		3.273,27
157,50		10.489,50
8.400,00		
2.100,00		
5.250,00		

D	(47721) Hacienda Pública, IVA repercutido 21 %	H
4.345,32		4.345,32
3.906,00		3.906,00
		1.890,00
		6.930,00
		1.428,00

D	(47210) Hacienda Pública, IVA soportado 10 %	H
320,00		320,00
460,00		460,00

D	(47710) Hacienda Pública, IVA repercutido 10 %	H
340,00		340,00
430,00		430,00

D	(4700) Hacienda Pública, deudora por IVA	H
6.153,50		

10.248	(47721) Hacienda Pública, IVA repercutido 21 %	a	(47221) Hacienda Pública, IVA soportado 21 %	7.350
			(4700) Hacienda Pública, deudora por IVA	2.898
	[Se compensa parte de lo que debe Hacienda de la liquidación del 2.º trimestre]			
	22			
15.400	(600) Compras de mercaderías			
3.234	(47221) Hacienda Pública, IVA soportado 21 %	a	(400) Proveedores	18.634
	23			
4.200	(600) Compras de mercaderías			
420	(47210) Hacienda Pública, IVA soportado 10 %	a	(400) Proveedores	4.620
	24			
231	(400) Proveedores	a	(609) «Rappels» por compras	210
			(47210) Hacienda Pública, IVA soportado 10 %	21
	25			
60.500	(430) Clientes	a	(700) Ventas de mercaderías	50.000
			(47721) Hacienda Pública, IVA repercutido 21 %	10.500
	26			
6.930	(430) Clientes	a	(700) Ventas de mercaderías	6.300
			(47710) Hacienda Pública, IVA repercutido 10 %	630

(continúa)

(continuación)

Debe	Cuenta		Cuenta	Haber
	27			
230	(628) Suministros			
23	(47210) Hacienda Pública, IVA soportado 10 %	a	(572) Bancos, c/c	253
	28			
1.936	(440) Deudores	a	(752) Ingresos por arrendamientos	1.600
			(47721) Hacienda Pública, IVA repercutido 21 %	336
	29			
189	(706) Desc. s/v por p. pago			
18,90	(47710) Hacienda Pública, IVA repercutido 10 %			
6.722,10	(572) Bancos, c/c	a	(430) Clientes	6.930
	30			

(47221) Hacienda Pública, IVA soportado 21 %

D	H
3.420,27	147,00
1.932,00	3.273,27
157,50	10.489,50
8.400,00	7.350,00
2.100,00	
5.250,00	
3.234,00	

(47721) Hacienda Pública, IVA repercutido 21 %

D	H
4.345,32	4.345,32
3.906,00	3.906,00
10.248,00	1.890,00
	6.930,00
	1.428,00
	10.500,00
	336,00

(47210) Hacienda Pública, IVA soportado 10 %

D	H
320,00	320,00
460,00	460,00
420,00	21,00
23,00	

(47710) Hacienda Pública, IVA repercutido 10 %

D	H
340,00	340,00
430,00	430,00
18,90	630,00

(4700) Hacienda Pública, deudora por IVA

D	H
6.153,50	2.898,00

Debe	Cuenta		Cuenta	Haber
10.836	(47721) Hacienda Pública, IVA repercutido 21 %			
611,10	(47710) Hacienda Pública, IVA repercutido 10 %	a	(47221) Hacienda Pública, IVA soportado 21 %	3.234
			(47210) Hacienda Pública, IVA soportado 10 %	422
			(4700) Hacienda Pública, deudora por IVA	3,255,50
			(4750) Hacienda Pública, acreedora por IVA	4.535,60
			(10.836 + 611,10 – 3.234 – 422 – 3.255,50)	

[Se contabiliza la deuda con Hacienda después de compensar lo que debía de liquidaciones anteriores]

Test 2

1. Señala qué afirmaciones son verdaderas (V) y qué afirmaciones son falsas (F).

		V	F
1.1.	La cuenta de *Devoluciones de compras y operaciones similares* debe tener saldo deudor.	☐	☐
1.2.	Las cuentas de *Existencias* son cuentas de resultados.	☐	☐
1.3.	La regularización de existencias incide en el resultado.	☐	☐
1.4.	Mercaderías es un concepto similar al de productos comerciales.	☐	☐
1.5.	En las cuentas del grupo 3 se reflejan todas las entradas y salidas de almacén.	☐	☐
1.6.	Las cuentas del grupo 3 tienen por naturaleza saldo deudor.	☐	☐
1.7.	El método LIFO asigna a la primera unidad que sale el precio de la última unidad entrada.	☐	☐
1.8.	Los repuestos, pertenecientes al grupo 3, son fungibles.	☐	☐
1.9.	El método FIFO asigna a la primera unidad que sale el precio de la última unidad entrada.	☐	☐
1.10.	Existencias es una masa patrimonial del Pasivo corriente.	☐	☐
1.11.	Los movimientos internos de almacén no se registran contablemente.	☐	☐
1.12.	Los «*rappels*» son descuentos por pronto pago.	☐	☐
1.13.	Las existencias pueden ser valoradas mediante el método FIFO.	☐	☐
1.14.	La cuenta de *Devoluciones de ventas y operaciones similares* debe tener saldo acreedor.	☐	☐
1.15.	El Plan General de Contabilidad recomienda el método del PMP para la valoración de existencias.	☐	☐
1.16.	Las cuentas del subgrupo *(39) Deterioro de valor de las existencias* son cuentas compensadoras de las cuentas de existencias.	☐	☐
1.17.	Las cuentas del subgrupo *(39) Deterioro de valor de las existencias* son cuentas de gastos.	☐	☐
1.18.	Si el saldo de la variación de existencias es acreedor significa que el almacén ha incrementado su valor (enriquecido) y se considera como un ingreso.	☐	☐
1.19.	En el precio de adquisición de las existencias debe incluirse siempre el IVA.	☐	☐
1.20.	Los descuentos por pronto pago no deben deducirse del importe de la compra para calcular el precio de adquisición de las existencias.	☐	☐

TEST

2. Señala la opción correcta:

2.1. Las cuentas del grupo 6 se saldan:

- ☐ En la regularización.
- ☐ En el asiento de cierre.
- ☐ Ninguna de las anteriores.

2.2. La cuenta *(608) Devoluciones de compras y operaciones similares* es de:

- ☐ Gastos.
- ☐ Ingresos.
- ☐ Neto.

2.3. La devolución de una compra de mercaderías da lugar a:

- ☐ Un abono en la cuenta *(477) Hacienda Pública, IVA repercutido.*
- ☐ Un abono en la cuenta *(472) Hacienda Pública, IVA soportado.*
- ☐ Un cargo en la cuenta *(477) Hacienda Pública, IVA repercutido.*

2.4. Las cuentas de existencias son de:

- ☐ Activo.
- ☐ Gastos.
- ☐ Ingresos.

2.5. Las cuentas de variación de existencias son de:

- ☐ Gastos las del grupo 6 y de ingresos las del 7.
- ☐ Siempre son de gastos.
- ☐ Pueden ser de gastos o de ingresos.

2.6. En el asiento de regularización contabilizamos en el haber:

- ☐ Las cuentas del grupo 6.
- ☐ Las cuentas del grupo 7.
- ☐ Las cuentas del grupo 6 y 7 que tengan saldo deudor.

2.7. La devolución de una venta de mercaderías da lugar a:

- ☐ Un abono en la cuenta *(477) Hacienda Pública, IVA repercutido.*
- ☐ Un cargo en la cuenta *(472) Hacienda Pública, IVA soportado.*
- ☐ Un cargo en la cuenta *(477) Hacienda Pública, IVA repercutido.*

2.8. Si al final del cuarto trimestre una empresa tiene un IVA soportado de 5.200 € y un IVA repercutido de 4.900 €, el resultado de la declaración es :

- ☐ A pagar 300 €.
- ☐ A devolver 300 €.
- ☐ Ninguna de las anteriores.

2.9. Las cuentas de (609) y (709) se utilizarán por:

- ☐ Descuentos por defectos de calidad fuera de factura.
- ☐ Descuentos por volumen de pedido fuera de factura.
- ☐ Descuentos incluidos en la factura.

2.10. Cuando se contabiliza un descuento, posterior a la contabilización de la operación de compraventa:

- ☐ Se reduce el IVA soportado.
- ☐ Se reduce el IVA repercutido.
- ☐ Se reduce el IVA soportado si el descuento es sobre compras y el IVA repercutido si el descuento es sobre ventas.

2.11. Los gastos de transporte correspondientes a una compra de mercaderías se registrarán en la cuenta:

- ☐ *(624) Transportes.*
- ☐ *(218) Elementos de transporte.*
- ☐ Ninguna de las anteriores.

2.12. Se debe contabilizar un deterioro de valor de las existencias cuando:

- ☐ El precio de adquisición o coste de producción es menor que su valor neto realizable.
- ☐ El precio de adquisición o coste de producción es mayor que su valor neto realizable.
- ☐ Ninguna de las anteriores.

2.13. Podrán incluirse los intereses incorporados a los débitos y créditos comerciales con vencimiento no superior a un año:

- ☐ Si tienen un tipo de interés contractual.
- ☐ Si no tienen un tipo de interés contractual.
- ☐ Nunca podrán incorporarse.

2.14. Los gastos de transporte correspondientes a una venta de mercaderías se registrarán en la cuenta:

- ☐ *(624) Transportes.*
- ☐ *(218) Elementos de transporte.*
- ☐ Ninguna de las anteriores.

2.15. La cuenta *(407) Anticipos a proveedores*:

- ☐ Es una cuenta de activo.
- ☐ Es una cuenta de pasivo.
- ☐ Es un gasto.

EJERCICIOS FINALES

Ejercicio 2.1

1. El 1-12-20X1 la empresa ANTA, SL comienza un negocio de compraventa del artículo «A» aportando:
   - 3.000 € que deposita en una c/c bancaria.
   - 250 unidades del artículo «A» a 30 €/unidad.

   El artículo «A» está sometido al 21 % de IVA. Las compras se pagan el 20 % mediante transferencia bancaria y el resto a crédito. Las ventas se cobran 30 % mediante transferencia y el resto a crédito.

La empresa realiza las siguientes operaciones durante el mes de diciembre:

2. El día 5 compra 300 unidades del artículo «A» a 35 €/unidad.
3. El día 8 vende 250 unidades del artículo «A» a 50 €/unidad.
4. El día 12 compra 400 unidades del artículo «A» a 36 €/unidad.
5. El día 15 vende 500 unidades del artículo «A» a 50 €/unidad.
6. El día 17 el cliente del punto anterior devuelve 100 unidades por no ajustarse a las calidades acordadas.
7. El día 20 compra 700 unidades del artículo «A» a 33 €/unidad.
8. El día 24 vende 200 unidades del artículo «A» a 50 €/unidad.
9. El día 28 vende 300 unidades del artículo «A» a 50 €/unidad.
10. Los clientes envían transferencia bancaria por el 60 % de su deuda con la empresa.
11. La empresa envía transferencia bancaria por el 70 % de su deuda con los proveedores. El banco le carga en cuenta 30 € de gastos.
12. Realiza la liquidación del IVA.

Se pide:

a) Confecciona la ficha de almacén del artículo «A» por el método del PMP.

b) Contabiliza las operaciones anteriores.

c) Realiza los asientos de regularización de existencias teniendo en cuenta que al final del ejercicio 20X1 el valor neto realizable del artículo «A» es de 32,20 €/unidad. Contabiliza la corrección valorativa, si procede.

d) Calcula el resultado del ejercicio y el asiento de cierre.

e) Al final del ejercicio 20X2, el precio de coste de las 240 unidades que hay en el almacén del artículo «A», según la ficha de almacén, es de 34,54 €/unidad y su valor neto realizable se estima en 32,65 €/unidad.

f) Supongamos que al final del ejercicio 20X3 quedan en almacén 200 unidades del artículo «A» y que, según la ficha de almacén, su precio medio es de 33,35 €/unidad. Supongamos también que su valor neto realizable se estima en 36,20 €/unidad.

Ejercicio 2.2

Redacta en el libro Diario las siguientes operaciones realizadas por distintas empresas:

1. Compra mercaderías por 8.400 €, cargándose en factura envases por 730 €, con facultad de devolución. Tipo de IVA: 21 %.
2. Conceden a la empresa un descuento por volumen de pedido del 5 %, más 21 % de IVA, sobre el importe de la compra anterior.

EJERCICIOS FINALES

3. Compra materias primas por un importe de 10.700 €, más 21 % de IVA, a pagar en 60 días.

4. A los 10 días de recibidas las materias primas y la factura correspondiente, el proveedor concede una bonificación del 6 % €, más IVA, por estar defectuosas.

5 Compra mercaderías, a crédito, por 24.500 €, más 21 % de IVA. El transporte de las mismas importa 830 €, más IVA, que se paga en efectivo.

6. Compra materias primas por 4.725 €, más IVA. La empresa acepta letra a 30 días.

7. La empresa devuelve 2/3 de los envases a que hace referencia el punto 1 y decide adquirir el resto.

8. Otra empresa ha realizado ciertas transformaciones en los productos en curso, para que pueda utilizarlos en la finalización del proceso productivo. Ha facturado por ello 6.350 €, más IVA, que se paga con cheque.

9. Compra fueloil por 1.250 € con un descuento comercial del 5 %, que figura en factura. IVA: 21 %.

10. Se obtiene un descuento de 940 €, más IVA, concedido por uno de los proveedores, por haberle realizado varios pedidos importantes.

11. Compra material de oficina por 810 €, más 21 % de IVA, que paga en efectivo.

12. Vende mercancías a crédito por importe de 7.913,40 € (incluido el 21 % de IVA).

13. El cliente del punto anterior devuelve géneros por 395,67 € (incluido IVA), por no ajustarse al pedido solicitado por él.

14. La recaudación de un día de un cine ha sido de 2.783 € (incluido el 21 % de IVA).

15. Vende a crédito productos de fabricación propia por valor de 8.360 €, más 21 % de IVA.

16. La recaudación por venta de billetes de una empresa de transportes ha sido de 3.437,50 € (incluido el 10 % de IVA).

17. Vende a plazo mercaderías por importe de 10.540 €, cargando además al cliente 250 € por embalajes y 230 € por envases, con derecho a devolución. IVA: 21 %.

18. El cliente del punto anterior devuelve el 15 % de las mercancías. También devuelve todos los envases y decide adquirir los embalajes.

19. El cliente de los puntos 17 y 18 envía transferencia bancaria por el importe líquido de su deuda, después de deducir el 3 % en concepto de pronto pago.

20. Una pastelería compra, a plazo, harina por 4.710 € y salvado por 936 €, cargando, además, 148 € por los sacos, sin facultad de devolución. IVA: 4 %.

21. La pastelería anterior devuelve a la fábrica harina por 712 € con los correspondientes sacos por valor de 26 €, por estar en malas condiciones. Estos importes no llevan incluido el IVA.

22. La actividad de una empresa es la mediación en operaciones de compraventa. Factura a un cliente 2.600 €, más 21 % de IVA, por un servicio prestado.

23. Un mayorista de frutas y verduras factura a un minorista géneros por importe de 3.145 €. En la factura tendrá que incluir el IVA, 4 %, y el recargo de equivalencia, 0,5 %.

24. Una empresa inmobiliaria cobra en efectivo de sus arrendatarios e inquilinos 12.560 €, más 21 % de IVA.

25. Una empresa vende 750 unidades de un producto a 12 €/unidad, más 21 % de IVA. En la factura figura un importe de 9.120 €, más IVA, a pagar dentro de 3 meses.

26. Contabiliza la operación del punto anterior en la contabilidad del cliente.

27. Una empresa compra productos a plazo de 6 meses, el 1-03-20X1, por importe de 8.300 €, más 21 % de IVA. En la factura se especifica un tipo de interés efectivo del 5 %. Contabiliza el cobro pasados los 6 meses.

EJERCICIOS FINALES

28. Contabiliza la operación del punto anterior en la contabilidad del proveedor.
29. Una empresa compra 400 unidades de un artículo a 125 €/unidad, más 21 % de IVA. La compra se realiza el 1-05-20X1 y se pagará el 1-07-20X2. En la factura se especifica un interés efectivo del 6 %. Contabilizar los asientos a realizar en la fecha de la compra, al final del ejercicio 20X1 y en el momento del pago de la factura.
30. Contabilizar la operación del punto anterior en la contabilidad del vendedor.
31. Las existencias de materias primas al principio de un ejercicio eran de 1.400 € y las del final del ejercicio son de 2.600 €. Efectuar los asientos de variación de existencias al final de dicho ejercicio.
32. Las existencias iniciales de repuestos eran, al principio de un ejercicio, de 860 € y las de envases de 300 €. Al final del mismo ejercicio las existencias finales de envases son de 160 € y no hay existencias finales de repuestos. Efectuar los asientos de variación de existencias al cierre de dicho ejercicio.
33. La cuenta de mercaderías tenía, a 1-01-X1, existencias iniciales de 37.500 € y las existencias a 31-12-X1 son de 29.000 €. Redactar los asientos de variación de existencias en esta última fecha.
34. Se estima que el valor neto realizable de las existencias finales de mercaderías del punto anterior es de 27.000 €.
35. Al final del ejercicio económico de 20X2, el valor neto realizable de las existencias finales de mercaderías se estima en 800 € menos que su precio de adquisición.
36. Al final del ejercicio económico de 20X3 el valor neto realizable de las existencias finales de mercaderías es 1.500 € superior a su precio de adquisición.

Ejercicio 2.3

1. Don Basilio Astorgano Cádiz decide montar un negocio de compraventa del producto «P». Comienza el negocio aportando 150.000 € que deposita en una c/c bancaria.

Durante el primer ejercicio económico realiza las siguientes operaciones:

2. Compra un local por 85.000 €, más 21 % de IVA. Paga 20.300 € con cheque bancario y deja el resto a deber, a pagar en 5 años. Del valor anterior, 25.000 € corresponden al terreno.
3. Compra un ordenador por 3.600 €, más 21 % de IVA, que paga con cheque.
4. Compra mobiliario por 1.800 €, más 21 % de IVA. Paga con cheque.
5. Compra 300 unidades del producto «P», a 5 €/unidad, más 21 % de IVA. Firma factura a pagar dentro de 15 días.
6. Transcurridos 15 días paga por banco la factura del punto anterior.
7. Compra 200 unidades del producto «P», a 5,20 €/unidad, más 21 % de IVA. Envía transferencia bancaria por el importe de la compra.
8. Vende 250 unidades del producto «P», a 7,80 €/unidad, más 21 % de IVA. El cliente le envía transferencia bancaria de 1.000 € y deja a deber el resto.
9. El cliente del punto anterior acepta letra de cambio por el importe de su deuda con la empresa.
10. Compra una furgoneta para el transporte de sus mercancías por 15.600 €, más 21 % de IVA, firmando letra de cambio a 6 meses.
11. Compra a crédito 500 unidades del producto «P», a 4,50 €/unidad, más 21 % de IVA.
12. Acepta letra de cambio al proveedor del punto anterior.

EJERCICIOS FINALES

13. Compra un coche por 12.000 €, más 21 % de IVA. Paga la mitad con cheque y deja pendiente el resto, a 3 meses (IVA no deducible).
14. Paga por banco los recibos de electricidad: 300 €, más 21 % de IVA y agua: 120 €, más 10 % de IVA.
15. Vende a crédito 660 unidades del producto «P», a 7,70 €/unidad, más 21 % de IVA.
16. Paga por banco la deuda de la compra del coche (punto 13).
17. Paga a través de banco la letra que firmó cuando compró la furgoneta.
18. Alquila parte del local que posee cobrando por banco 2.000 €, más 21 % de IVA.
19. El banco le ingresa en cuenta los intereses producidos por la cuenta corriente cuyo importe bruto asciende a 800 €. Retención: 19 %.
20. Realiza la liquidación del IVA.

Se pide:

a) Redacta los asientos que corresponda basándote en toda la información anterior, teniendo en cuenta que don Basilio Astorgano Cádiz valora su almacén según el método **PMP.**

b) Regulariza.

c) Redacta el asiento de cierre.

Ejercicio 2.4 (autoevaluación)

Contabiliza las siguientes operaciones:

1. Compra mercaderías a crédito en 1.000 €. Paga al contado los derechos de aduana, 300 € y 200 € de transportes. IVA: 21 %.
2. Compra materias primas a crédito en 2.000 €. Descuento en factura del 10 %. IVA: 21 %.
3. El proveedor anterior concede un descuento por volumen de pedido de 200 €, más IVA.
4. Compra de mercaderías al contado en 5.000 € y de envases en 1.000 €. Descuento por pronto pago en factura: 10 % del total. IVA: 21 %.
5. Venta a crédito de productos de fabricación propia en 4.000 € y de envases en 500 €. Descuento en factura, 10 % del total. IVA: 21 %.
6. Venta de mercaderías al contado en 2.000 €. Descuento en factura por pronto pago: 10 %. IVA: 21 %.
7. Venta de mercaderías a crédito en 1.000 €, más IVA. Se paga al transportista 200 € de portes, más IVA.
8. Por defectos de calidad el cliente devuelve las mercaderías anteriores.
9. Una empresa de servicios factura a sus clientes 4.000 €, más 21 % de IVA, por servicios prestados.
10. Realizar la liquidación del IVA suponiendo que las operaciones anteriores corresponden a una sola empresa y que son todas las realizadas por ella durante un trimestre.
11. Las existencias iniciales eran, al principio del ejercicio, las siguientes:
    - Mercaderías: 1.000 €.
    - Envases: 500 €.
    - Materias primas: 3.000 €.
    - Productos terminados: 4.500 €.

EJERCICIOS FINALES

Al final del ejercicio, las existencias en almacén son:

- Mercaderías: 6.000 €.
- Envases: 1.300 €.
- Materias primas: 1.500 €.
- Productos terminados: 2.300 €.

12. Suponiendo que todas las operaciones corresponden a una sola empresa que realiza actividades industriales, comerciales y de servicios, calcular el resultado traspasando a *Resultados del ejercicio* todos los gastos e ingresos.

UNIDAD 3

ACREEDORES Y DEUDORES POR OPERACIONES COMERCIALES

En esta unidad didáctica estudiaremos las cuentas del grupo 4 del Plan General de Contabilidad: *Acreedores y deudores por operaciones comerciales.* En este grupo se recogen las cuentas personales, de activo y pasivo, cuyo origen está en las operaciones habituales que constituyen la actividad económica normal de las empresas.

Estudiaremos aquí los proveedores y acreedores; los clientes y deudores; los efectos comerciales y su gestión; las cuentas de personal y las cuentas de Administraciones Públicas.

Objetivos

- Utilizar correctamente las cuentas de deudores y acreedores por operaciones comerciales.
- Conocer la problemática contable de la negociación y gestión de efectos.
- Comprender el concepto de deterioro de créditos comerciales y su efecto en el cálculo del resultado.

Contenidos

3.1. Introducción

El Plan General de Contabilidad recoge en el grupo 4 las cuentas personales y efectos comerciales activos y pasivos que tienen su origen en el tráfico de la empresa, así como las cuentas con las Administraciones Públicas, incluso las que corresponden a saldos con vencimiento superior a un año.

A continuación se citan las cuentas de deudas y derechos de cobro más comunes pertenecientes al grupo 4:

Deudas

La empresa debe por:	No documentadas (facturas)	Documentadas (letras, pagarés)
Compra de mercaderías, materias primas, etc. (grupo 3)	(400) Proveedores	(401) Proveedores, efectos comerciales a pagar
	(403) Proveedores, empresas del grupo (404) Proveedores, empresas asociadas (405) Proveedores, otras partes vinculadas	
Compra de otros bienes o servicios	(410) Acreedores por prestaciones de servicios	(411) Acreedores, efectos comerciales a pagar
Por salarios	(465) Remuneraciones pendientes de pago	
Con Organismos Públicos	(475) Hacienda Pública, acreedora por conceptos fiscales (476) Organismos de la Seguridad Social, acreedores	

Derechos

Le deben a la empresa por:	No documentadas (facturas)	Documentadas (letras, pagarés)
Ventas de mercaderías, productos terminados (grupo 3), o prestaciones de servicios (empresas de servicios)	(430) Clientes	(431) Clientes, efectos comerciales a cobrar
	(433) Clientes, empresas del grupo (434) Clientes, empresas asociadas (435) Clientes, otras partes vinculadas	
Ventas de otros servicios	(440) Deudores	(441) Deudores, efectos comerciales a cobrar
Por salarios	(460) Anticipos de remuneraciones	
Organismos Públicos	(470) Hacienda Pública, deudora por diversos conceptos (471) Organismos de la Seguridad Social, deudores	

3.2. Proveedores y acreedores varios

En este apartado estudiaremos las deudas con los suministradores de bienes del grupo 3 y con los suministradores de servicios exteriores.

Recuerda...

Para una información más exhaustiva debes consultar la norma de registro y valoración: **9. «Instrumentos financieros».**

3.2.1. Proveedores

Se consideran **proveedores** los suministradores de las mercancías y bienes del grupo 3 (*Existencias*); es decir, son aquellas personas que venden a la empresa mercaderías, materias primas u otros aprovisionamientos. También se considera proveedores a los suministradores de servicios utilizados en el proceso productivo[1].

[1] Si los proveedores son partes vinculadas, se registrarán en las cuentas *(403) Proveedores, empresas del grupo, (404) Proveedores, empresas asociadas* y *(405) Proveedores, otras partes vinculadas.*

Ejemplo 3.1

La empresa compra mercaderías a crédito en 7.500 €, más 21 % de IVA.

7.500	(600) Compras de mercaderías			
1.575	(472) Hacienda Pública, IVA soportado	a	(400) Proveedores	9.075

Ejemplo 3.2

Cuando la empresa comprueba las mercancías anteriores descubre que una parte de ellas, por valor de 500 €, están deterioradas y procede a su devolución.

650	(400) Proveedores	a	(608) Devoluciones de compras y operaciones similares	500
		a	(472) Hacienda Pública, IVA soportado	105

Ejemplo 3.3

La empresa paga al proveedor de los Ejemplos 3.1 y 3.2 a través de banco. Deduce 300 €, más IVA, en concepto de pronto pago.

8.470	(400) Proveedores (9.075 – 605)	a	(606) Descuentos sobre compras por pronto pago	300
		a	(472) Hacienda Pública, IVA soportado (21 % s/300)	63
		a	(572) Bancos, c/c (8.470 – 300 – 63)	8.044

Ejemplo 3.4

Compra mercaderías a crédito a una empresa del mismo grupo financiero por importe de 10.000 €, más 21 % de IVA.

10.000	(600) Compras de mercaderías			
2.100	(472) Hacienda Pública, IVA soportado	a	(403) Proveedores, empresas del grupo	12.100

Ejemplo 3.5

El proveedor anterior concede a la empresa un descuento por volumen de pedido del 10 %, de la compra anterior, más IVA.

1.210	(403) Proveedores, empresas del grupo	a	(609) «Rappels» por compras	1.000
		a	(472) Hacienda Pública, IVA soportado	210

Plan General de Contabilidad

Normas de registro y valoración: Los débitos por operaciones comerciales con vencimiento no superior a un año se podrán valorar por su valor nominal tanto en su valoración inicial como posterior.

Si la empresa realiza compras de mercaderías u otros bienes que le envían en envases que luego puede devolver a los proveedores, el importe de estos envases se incluirá en factura y serán gravados con el correspondiente IVA. Los envases con facultad de devolución a los proveedores se recogerán en la cuenta *(406) Envases y embalajes a devolver a proveedores.*

Si después la empresa devuelve estos envases también eliminará el IVA. Los envases no devueltos, incluidos los deteriorados, se contabilizarán como compras en la cuenta *(602) Compras de otros aprovisionamientos.*

Ejemplo 3.6

Compra materias primas a crédito por importe de 3.000 €. El proveedor carga en factura 600 € por envases con facultad de devolución. IVA: 21 %.

3.000	(601) Compras de materias primas			
600	(406) Envases y embalajes a devolver a proveedores			
756	(472) Hacienda Pública, IVA soportado (21 % s/3.600)	a	(400) Proveedores	4.356

Ejemplo 3.7

Parte de los envases anteriores, por valor de 50 €, se han estropeado. La empresa decide adquirir otra parte de los envases valorada en 200 € y devolver el resto al proveedor.

250	(602) Compras de otros aprovisionamientos (50 + 200)			
423,50	(400) Proveedores (350 + 73,50)	a	(406) Envases y embalajes a devolver a proveedores	600
		a	(472) Hacienda Pública, IVA soportado (21 % s/350)	73,50

Las entregas en efectivo que realice la empresa a los proveedores, a cuenta de futuras compras, se registrarán en la cuenta *(407) Anticipos a proveedores.* Estos anticipos serán gravados con el IVA correspondiente.

Ejemplo 3.8

La empresa realiza un pedido de mercaderías a un proveedor por importe de 6.000 €, más IVA. Le entrega un cheque de 2.000 €, más IVA, como anticipo.

2.000	(407) Anticipos a proveedores			
420	(472) Hacienda Pública, IVA soportado	a	(572) Bancos, c/c	2.420

Ejemplo 3.9

El proveedor del ejemplo anterior envía el pedido y la factura en la que compensa el anticipo entregado.

6.000	(600) Compras de mercaderías			
840	(472) Hacienda Pública, IVA soportado	a	(407) Anticipos a proveedores	2.000
	[21 % s/(6.000 – 2.000)]		(400) Proveedores	4.840

3.2.2. Acreedores varios

En el subgrupo **Acreedores varios** se contabilizarán las obligaciones de pago por operaciones de tráfico de bienes y servicios que no figuran en el grupo 3 (*Existencias*), sino que, normalmente, son acreedores por arrendamientos, reparaciones, conservación, suministros, publicidad, etc. (subgrupo 62).[2]

Ejemplo 3.10

Le pasan factura a la empresa por importe de 540 €, más 21 % de IVA, por la reparación de una máquina.

540	(622) Reparaciones y conservación			
113,40	(472) Hacienda Pública, IVA soportado	a	(410) Acreedores por prestaciones de servicios	653,40

Ejemplo 3.11

Le pasan factura a la empresa por importe de 413 € (incluido IVA) por un servicio de transportes prestado.

350	(624) Transportes			
73,50	(472) Hacienda Pública, IVA soportado	a	(410) Acreedores por prestaciones de servicios	423,50

Ejemplo 3.12

La empresa compra material de oficina a crédito por importe de 200 €, más 21 % de IVA.

200	(629) Otros servicios			
42	(472) Hacienda Pública, IVA soportado	a	(410) Acreedores por prestaciones de servicios	242

[2] Cuando los acreedores sean partes vinculadas, se abrirán cuentas de tres cifras que específicamente recojan los débitos con las mismas, incluidos los formalizados en efectos de giro.

3.3. Efectos comerciales a pagar

Las deudas con proveedores, formalizadas en efectos de giro aceptados, se registrarán en la cuenta *(401) Proveedores, efectos comerciales a pagar*.[3]

Las deudas con los suministradores de servicios que no tienen la condición estricta de proveedores, formalizadas en efectos de giro aceptados, se registrarán en la cuenta *(411) Acreedores, efectos comerciales a pagar.*

Ejemplo 3.13

Compra mercaderías a crédito en 1.200 €, más 21 % de IVA.

1.200	(600) Compras de mercaderías			
252	(472) Hacienda Pública, IVA soportado	a	(400) Proveedores	1.452

Ejemplo 3.14

El proveedor anterior concede a la empresa un descuento por defectos de calidad de 200 €, más 21 % de IVA.

242	(400) Proveedores	a	(608) Devoluciones de compras y operaciones similares	200
		a	(472) Hacienda Pública, IVA soportado	42

Ejemplo 3.15

La empresa acepta letra de cambio por el importe de su deuda con el proveedor de los Ejemplos 3.13 y 3.14.

1.210	(400) Proveedores (1.452 – 242)	a	(401) Proveedores, efectos comerciales a pagar	1.210

Ejemplo 3.16

Compra combustibles a una empresa del grupo por importe de 2.000 €, más 21 % de IVA, aceptando letra de cambio a 60 días.

2.000	(602) Compras de otros aprovisionamientos			
420	(472) Hacienda Pública, IVA soportado	a	(403) Proveedores, empresas del grupo	2.420

[3] Si los proveedores son partes vinculadas no se registrarán en esta cuenta, aunque la empresa les haya aceptado efectos, sino en las cuentas 403, 404 o 405.

Ejemplo 3.17

Realiza una campaña de publicidad que costará 6.200 €, más 21 % de IVA, que deja a deber.

6.200	(627) Publicidad, propaganda y relaciones públicas			
1.302	(472) Hacienda Pública, IVA soportado	a	(410) Acreedores por prestaciones de servicios	7.502

Ejemplo 3.18

Posteriormente acepta letra de cambio por el importe de la operación del ejercicio anterior y con vencimiento a 90 días.

7.502	(410) Acreedores por prestaciones de servicios	a	(411) Acreedores, efectos comerciales a pagar	7.502

3.4. Clientes y deudores

En este apartado estudiaremos los derechos de cobro por la venta de bienes y prestaciones de servicios.

3.4.1. Clientes

Se considera como **clientes** a los compradores de las mercaderías y bienes del grupo 3, que venda la empresa, así como a los usuarios de los servicios que la empresa presta, siempre que estos servicios sean una de las actividades principales (empresas de servicios).[4]

Plan General de Contabilidad

Normas de registro y valoración: Los créditos por operaciones comerciales con vencimiento no superior a un año se podrán valorar por su valor nominal tanto en su valoración inicial como posterior.

Ejemplo 3.19

Vende mercaderías a crédito por importe de 15.000 €, más 21 % de IVA.

18.150	(430) Clientes	a	(700) Ventas de mercaderías	15.000
		a	(477) Hacienda Pública, IVA repercutido	3.150

Ejemplo 3.20

La empresa concede al cliente del ejemplo anterior un descuento por volumen de pedido por importe de 700 €, más IVA.

700	(709) «Rappels» sobre ventas			
147	(477) Hacienda Pública, IVA repercutido	a	(430) Clientes	847

[4] Si el cliente es una parte vinculada, el derecho de cobro se registrará en la cuenta *(433) Clientes, empresas del grupo, (434) Clientes, empresas asociadas* o *(435) Clientes, otras partes vinculadas.*

Ejemplo 3.21

El cliente de los Ejemplos 3.19 y 3.20 realiza transferencia bancaria por el importe de su deuda con la empresa después de deducir 600 €, más IVA, en concepto de pronto pago.

600	(706) Descuentos sobre ventas por pronto pago			
126	(477) Hacienda Pública, IVA repercutido			
16.577	(572) Bancos, c/c	a	(430) Clientes (18.150 – 847)	17.303

Ejemplo 3.22

Una empresa de transportes factura a un cliente, por un servicio prestado, 600 €, más 21 % de IVA.

726	(430) Clientes	a	(705) Prestaciones de servicios	600
		a	(477) Hacienda Pública, IVA repercutido	126

Ejemplo 3.23

Vende productos terminados a una empresa asociada por 8.000 €, más 21 % de IVA.

9.680	(434) Clientes, empresas asociadas	a	(701) Ventas de productos terminados	8.000
		a	(477) Hacienda Pública, IVA repercutido	1.680

Ejemplo 3.24

La empresa concede un descuento de 300 €, más IVA, al cliente del ejercicio anterior, debido a que las mercancías llegaron con retraso.

300	(708) Devoluciones de ventas y operaciones similares			
63	(477) Hacienda Pública, IVA repercutido	a	(434) Clientes, empr. asociadas	363

Cuando la empresa incluye en factura envases con la posibilidad de devolución por parte de los clientes, estos se registrarán en la cuenta *(437) Envases y embalajes a devolver por clientes.*

Los envases llevarán IVA repercutido y, si después el cliente los devuelve, se disminuirá el IVA correspondiente.

Los envases no devueltos por los clientes se considerarán vendidos y se contabilizarán en la cuenta *(704) Ventas de envases y embalajes.*

Ejemplo 3.25

La empresa vende a crédito mercaderías por 3.500 €. En la factura carga 700 € de envases con facultad de devolución. IVA: 21 %.

5.082	(430) Clientes			
		a	(700) Ventas de mercaderías	3.500
		a	(437) Envases y embalajes a devolver por clientes	700
		a	(477) Hacienda Pública, IVA repercutido	882

Ejemplo 3.26

Transcurrido el plazo para la devolución de los envases, el cliente del ejemplo anterior devuelve envases por 500 € y decide quedarse con el resto.

700	(437) Envases y embalajes a devolver por clientes			
105	(477) Hacienda Pública, IVA repercutido (21 % s/500)	a	(704) Ventas de envases y embalajes	200
		a	(430) Clientes (500 + 105)	605

Las entregas en efectivo de clientes, a cuenta de futuras ventas, se registrarán en la cuenta *(438) Anticipos de clientes.* La empresa repercutirá al cliente el IVA correspondiente a los anticipos.

Ejemplo 3.27

Un cliente solicita un pedido de mercaderías cuyo importe será de 7.000 €, más 21 % de IVA. Nos envía transferencia de 3.000 €, más IVA, a cuenta.

3.630	(572) Bancos, c/c	a	(438) Anticipos de clientes	3.000
		a	(477) Hacienda Pública, IVA repercutido	630

Ejemplo 3.28

La empresa envía el pedido y la factura al cliente del ejemplo anterior.

3.000	(438) Anticipos de clientes			
4.840	(430) Clientes	a	(700) Ventas de mercaderías	7.000
		a	(477) Hacienda Pública, IVA repercutido [21 % s/ (7.000 – 3.000)]	840

Los saldos de clientes, incluidos los formalizados en efectos de giro, que la empresa califique razonablemente como de difícil cobro se contabilizarán en la cuenta *(436) Clientes de dudoso cobro.*

Si posteriormente se consideran definitivamente incobrables y se dan por perdidos, esta pérdida se contabilizará en la cuenta (650) *Pérdidas de créditos comerciales incobrables*.

Ejemplo 3.29

La empresa tiene razones para considerar que un cliente que le debe 2.500 € es posible que no le pague.

2.500	(436) Clientes de dudoso cobro	a	(430) Clientes	2.500

Ejemplo 3.30

Posteriormente la empresa logra cobrar 1.500 € al cliente del ejemplo anterior y considera perdido el resto.

1.500	(570) Caja, euros			
1.000	(650) Pérdidas de créditos comerciales incobrables	a	(436) Clientes de dudoso cobro	2.500

3.4.2. Deudores varios

En el subgrupo **Deudores varios** se contabilizarán los créditos con compradores de servicios que no tengan la condición estricta de clientes.[5]

Ejemplo 3.31

Una empresa que se dedica a la compraventa de mercaderías presta, eventualmente, un servicio de transportes a otra empresa, facturando por este concepto 1.300 €, más 21 % de IVA.

1.573	(440) Deudores	a	(759) Ingresos por servicios diversos	1.300
		a	(477) Hacienda Pública, IVA repercutido	273

Ejemplo 3.32

Una empresa que se dedica a la fabricación de botellas de vidrio tiene un almacén que no utiliza y lo alquila a otra empresa facturando, por el alquiler de este mes, 1.500 €, más 21 % de IVA.

1.815	(440) Deudores	a	(752) Ingresos por arrendamientos	1.500
		a	(477) Hacienda Pública, IVA repercutido	315

[5] Cuando los deudores sean partes vinculadas, se abrirán cuentas de tres cifras que específicamente recojan los créditos con las mismas, incluidos los formalizados en efectos de giro.

Los saldos de deudores comprendidos en el subgrupo 44, incluidos los formalizados en efectos de giro, que la empresa considere razonablemente que son de difícil cobro se contabilizarán en la cuenta *(446) Deudores de dudoso cobro.*

Si posteriormente se consideran definitivamente incobrables y la empresa los da por perdidos, esta pérdida se contabilizará en la cuenta *(650) Pérdidas de créditos comerciales incobrables*.

En general, la pérdida definitiva de un derecho de cobro contabilizado en una cuenta de los subgrupos 43 y 44 se recogerá en la cuenta (*650*).

Ejemplo 3.33

La empresa considera de difícil cobro a un deudor que le debe 800 €.

800	(446) Deudores de dudoso cobro	a	(440) Deudores	800

Ejemplo 3.34

Más adelante la empresa considera el derecho de cobro anterior definitivamente perdido.

800	(650) Pérdidas de créditos comerciales incobrables	a	(446) Deudores de dudoso cobro	800

Ejemplo 3.35

La empresa tiene contabilizado en la cuenta *(430) Clientes* un derecho de cobro de 300 € y en la cuenta *(440) Deudores* 400 €. Considera ambos créditos definitivamente incobrables.

700	(650) Pérdidas de créditos comerciales incobrables	a	(430) Clientes	300
		a	(440) Deudores	400

3.5. Efectos comerciales a cobrar

Los créditos con clientes, formalizados en efectos de giro aceptados, se recogerán en la cuenta *(431) Clientes, efectos comerciales a cobrar.*[6]

Los créditos con deudores, formalizados en efectos de giro aceptados, se recogerán en la cuenta *(441) Deudores, efectos comerciales a cobrar.*

La letra de cambio es un documento por el cual una persona (**librador**) ordena pagar a otra (**librado**) una cantidad (**nominal**) a la orden de un tercero (**tomador**) en una fecha determinada (**vencimiento**) y en un lugar determinado.

Recuerda...

Según el Plan General de Contabilidad solo podrán contabilizarse en la cuenta *(431) Clientes, efectos comerciales a cobrar* y *(441) Deudores, efectos comerciales a cobrar*, los efectos aceptados.

[6] Si los clientes son partes vinculadas no se registrarán en esta cuenta, aunque hayan aceptado efectos, sino en las cuentas *433, 434* o *435.*

Está regulada por la Ley 19/1985, de 16 de julio, Cambiaria y del Cheque, que entró en vigor el 1 de enero de 1986. El nuevo modelo de la letra de cambio se aprobó por orden de 30 de junio de 1999.

La empresa gira una letra de cambio sobre la base de una venta que le hizo a un cliente o a un deudor.

El Plan General de Contabilidad establece que se incluirán en la cuenta *(431) Clientes efectos comerciales a cobrar* los efectos descontados, los entregados en gestión de cobro y los impagados.

Para reflejar con más exactitud en qué situación se encuentran las letras que posee la empresa, en lugar de utilizar la cuenta *(431) Clientes, efectos comerciales a cobrar*, se utilizará alguna de las siguientes subcuentas:[7]

- *(4310) Efectos comerciales en cartera.*
- *(4311) Efectos comerciales descontados.*
- *(4312) Efectos comerciales en gestión de cobro.*
- *(4315) Efectos comerciales impagados.*

Cuando la empresa gire letras a sus clientes y estos las acepten se cargarán (se pondrán en el Debe) en la subcuenta (*4310*), con abono (poniendo en el Haber) a la cuenta *(430) Clientes*.

(4310) Efectos comerciales en cartera	a	(430) Clientes

Posteriormente:

a) Si la empresa negocia (descuenta) la letra, esta pasará a registrarse (se cargará) en la cuenta (*4311*) eliminándola (abonándola) de la cuenta (*4310*).

(4311) Efectos comerciales descontados	a	(4310) Efectos comerciales en cartera

b) Si la empresa no negocia la letra sino que la envía en gestión de cobro, esta pasará a registrarse (se cargará) en la cuenta *(4312)* y desaparecerá (se abonará) de la cuenta *(4310)*.

(4312) Efectos comerciales en gestión de cobro	a	(4310) Efectos comerciales en cartera

[7] Cuando las letras sean aceptadas por los deudores se utilizará la cuenta *(441) Deudores, efectos comerciales a cobrar,* con las siguientes subcuentas:

- *(4410) Deudores, efectos comerciales en cartera.*
- *(4411) Deudores, efectos comerciales descontados.*
- *(4412) Deudores, efectos comerciales en gestión de cobro.*
- *(4415) Deudores, efectos comerciales impagados.*

El funcionamiento de la cuenta *(441)* y sus subcuentas es idéntico al de la cuenta *(431)* y sus subcuentas. La única diferencia es que los librados de la cuenta *(431)* son los clientes y los de la *(441)* son los deudores.

Si el librado no paga la letra a su vencimiento, la empresa tendrá un efecto impagado que registrará (cargará) en la cuenta *(4315)* y desaparecerá (se abonará) de la cuenta:

- *(4310) Efectos comerciales en cartera,* si la letra estaba en la empresa.
- *(4311) Efectos comerciales descontados,* si estaba descontada.
- *(4312) Efectos comerciales en gestión de cobro,* si estaba en gestión de cobro.

(4315) Efectos comerciales impagados	a	(4310) Efectos comerciales en cartera o (4311) Efectos comerciales descontados o (4312) Efectos comerciales en gestión de cobro

Si el efecto impagado se considera de difícil cobro pasará a registrarse en la cuenta *(436) Clientes de dudoso cobro.*

(436) Clientes de dudoso cobro	a	(4315) Efectos comerciales impagados

3.6. Problemática contable del descuento de efectos

La negociación de la letra de cambio supone que la empresa obtiene el efectivo de la letra antes de su vencimiento. El banco anticipa a la empresa el importe de la letra. Posteriormente el banco cobrará la letra al cliente (librado) a su vencimiento. En realidad, el banco realiza un préstamo a la empresa durante el tiempo que media entre la fecha de descuento y la fecha de vencimiento de la letra. Los intereses de este préstamo se los cobra el banco a la empresa por adelantado (descuento) al abonarle una cantidad inferior al nominal. Para la empresa supone un gasto que registrará en la cuenta *(665) Intereses por descuento de efectos y operaciones de «factoring»*. Además, el banco podrá cargar a la empresa otros gastos que origine la operación (comisiones bancarias, etc.) que la empresa registrará en la cuenta *(626) Servicios bancarios y similares*[8].

El Plan General de Contabilidad establece que la financiación obtenida por el descuento de efectos constituye una deuda que la empresa deberá recoger en la subcuenta *(5208) Deudas por efectos descontados*. Esta cuenta se eliminará cuando venzan los efectos descontados.

De acuerdo con la *NRV 9. Instrumentos financieros*, la deuda debe contabilizarse inicialmente por el valor razonable de la contraprestación recibida (nominal – gastos). Posteriormente se valorarán por su coste amortizado.

Plan General de Contabilidad

Normas de registro y valoración:

Los débitos y partidas a pagar se valorarán inicialmente por su valor razonable, que salvo evidencia en contrario, será el precio de la transacción (valor razonable de la contraprestación recibida ajustada por los gastos de transacción atribuibles).

Posteriormente se valorarán por su coste amortizado.

[8] También podría registrarse en la cuenta *(669) Otros ingresos financieros.*

El descuento de efectos se registrará de la siguiente forma:

Por el envío de efectos al descuento y cobro del efectivo:

(572) Bancos, c/c	a	(5208) Deudas por efectos descontados
(4311) Efectos comerciales descontados	a	(4310) Efectos comerciales en cartera

Al vencimiento, se deben incorporar los intereses devengados por el método del interés efectivo:

(665) Intereses por descuento de efectos y operaciones de «factoring»	a	(5208) Deudas por efectos descontados
(5208) Deudas por efectos descontados	a	(4311) Efectos comerciales descontados

[Suponiendo que todos los efectos han sido abonados a su vencimiento]

Ejemplo 3.36

La empresa envía al descuento, el día 1 de marzo de 20X2 una letra de 5.000 €, que vence el 30-05-20X2. Los intereses ascendieron a 120 € y la comisión a 30 €. El librado abona la letra a su vencimiento.

	1-03-X2			
4.850	(572) Bancos, c/c [5.000 – 120 – 30]	a	(5208) Deudas por efectos descontados	4.850
5.000	(4311) Efectos comerciales descontados	a	(4310) Efectos comerciales en cartera	5.000
	30-05-X2			
150	(665) Intereses por descuento de efectos y operaciones de «factoring»	a	(5208) Deudas por efectos descontados	150
5.000	(5208) Deudas por efectos descontados	a	(4311) Efectos comerciales descontados	5.000

No obstante lo anterior, como el vencimiento de los efectos suele ser a corto plazo, se podrían contabilizar los intereses y demás gastos en el momento del descuento sin que afecte al resultado, salvo que el vencimiento se produzca en el ejercicio siguiente.

De acuerdo con este planteamiento, se registraría de la siguiente forma:

(572) Bancos, c/c (665) Intereses por descuento de efectos y operaciones de «factoring» (626) Servicios bancarios y similares	a	(5208) Deudas por efectos descontados
(4311) Efectos comerciales descontados	a	(4310) Efectos comerciales en cartera

Ejemplo 3.37

Venta de mercaderías a crédito en 5.000 €, más 21 % de IVA.

6.050	(430) Clientes	a	(700) Ventas de mercaderías	5.000
		a	(477) Hacienda Pública, IVA repercutido	1.050

Ejemplo 3.38

El cliente del ejemplo anterior acepta letra de cambio a 60 días por el importe de su deuda con la empresa.

6.050	(4310) Efectos comerciales en cartera	a	(430) Clientes	6.050

Ejemplo 3.39

La empresa descuenta la letra del ejemplo anterior en un banco. El descuento ha ascendido a 75 € y las comisiones bancarias a 20 €. El banco abona en la cuenta corriente de la empresa el líquido de la operación.

5.955	(572) Bancos, c/c			
75	(665) Intereses por descuento de efectos y operaciones de «factoring»			
20	(626) Servicios bancarios y similares	a	(5208) Deudas por efectos descontados	6.050
6.050	(4311) Efectos comerciales descontados	a	(4310) Efectos comerciales en cartera	6.050

Cuando llega el vencimiento de la letra de cambio descontada pueden darse dos situaciones:

a) Que el cliente (librado) pague la letra al banco. En este caso la deuda de la empresa con el banco queda saldada, por lo que desaparece la cuenta *(5208)* y también desaparece la cuenta *(4311)* en la que estaba registrada la letra descontada y que ahora está vencida.

(5208) Deudas por efectos descontados.	a	(4311) Efectos comerciales descontados

Ejemplo 3.40

Supongamos que el librado de la letra descontada en el Ejemplo 3.39 abona al banco la letra a su vencimiento.

6.050	(5208) Deudas por efectos descontados	a	(4311) Efectos comerciales descontados	6.050

Recuerda...

Los servicios bancarios originados por la devolución de efectos impagados también pueden registrarse en la cuenta *(669) Otros gastos financieros*, o, en el caso de protesto, en la cuenta *(623) Servicios de profesionales independientes.*

b) Si el cliente (librado) no paga la letra al banco este la devuelve a la empresa, que tendrá un efecto impagado *(4315)* que sustituye al efecto descontado (*4311*). La empresa tendrá que pagarle al banco el nominal de la letra más los gastos de devolución: como la empresa paga al banco, también desaparece la cuenta (*5208*) que recogía la deuda de la empresa con este.

(5208) Deudas por efectos descontados (626) Servicios bancarios y similares	a	(572) Bancos, c/c
(4315) Efectos comerciales impagados	a	(4311) Efectos comerciales descontados

Ejemplo 3.41

Supongamos que el librado del Ejemplo 3.39 no abona la letra a su vencimiento y que el banco carga en cuenta, además, 30 € de gastos de devolución.

6.050 30	(5208) Deudas por efectos descontados (626) Servicios bancarios y similares	a	(572) Bancos, c/c	6.080
6.050	(4315) Efectos comerciales impagados	a	(4311) Efectos comerciales descontados	6.050

La cuenta *(4315) Efectos comerciales impagados* recoge, pues, efectos vencidos que no han sido abonados por los librados, pero que siguen constituyendo un derecho de cobro para la empresa. A partir de aquí pueden darse varios casos:

1.º Que el librado pague la letra en fechas posteriores a su vencimiento. La empresa podrá repercutir al librado los gastos ocasionados por el impago en su fecha y que registrará en la cuenta *(769) Otros ingresos financieros.*

(572) Bancos, c/c	a a	(4315) Efectos comerciales impagados (769) Otros ingresos financieros

Ejemplo 3.42

Supongamos que el librado de la letra que resultó impagada en el Ejemplo 3.41, 10 días después, hace transferencia bancaria a la empresa por el nominal de la impagada más los gastos de devolución ocasionados.

6.080	(572) Bancos, c/c	a	(4315) Efectos comerciales impagados (769) Otros ingresos financieros	6.050 30

2.º Que el librado (cliente) acepte una nueva letra de cambio con vencimiento posterior. El nominal de la nueva letra estará formado por el nominal de la impagada más los gastos originados por el impago. La empresa podrá incluir, además, intereses de demora.

(4310) Efectos com. en cartera	a	(4315) Efectos com. impagados
	a	(769) Otros ingresos financieros [Gastos de devolución]
	a	(762) Ingresos de créditos [Intereses de demora]

Recuerda...

Los intereses de demora incluidos en la nueva letra también podrían contabilizarse en la cuenta *(769) Otros ingresos financieros*, junto con los gastos originados por el impongo.

Ejemplo 3.43

Supongamos que el librado de la letra que resultó impagada en el Ejemplo 3.41 acepta nueva letra de cambio con vencimiento a 30 días por el nominal de la impagada, los gastos de devolución y 35 € de intereses de demora.

6.115	(4310) Efectos comerciales en cartera (6.050 + 30 + 35)	a	(4315) Efectos comerciales impagados	6.050
		a	(769) Otros ingresos financieros	30
		a	(762) Ingresos de créditos	35

3.º Que la empresa considere el efecto impagado de difícil cobro.

(436) Clientes de dudoso cobro	a	(4315) Efectos comerciales impagados

Ejemplo 3.44

Supongamos que la empresa considera de difícil cobro el efecto que resultó impagado en el Ejemplo 3.41.

6.050	(436) Clientes de dudoso cobro	a	(4315) Efectos comerciales impagados	6.050

4.º Que la empresa considere el efecto impagado totalmente irrecuperable (lo da por perdido).

(650) Pérdidas de créditos comerciales incobrables	a	(4315) Efectos comerciales impagados

Ejemplo 3.45

Supongamos que la empresa considera totalmente incobrable el efecto impagado del Ejemplo 3.41.

6.050	(650) Pérdidas de créditos comerciales incobrables	a	(4315) Efectos comerciales impagados	6.050

Si el vencimiento del efecto, aun siendo a corto plazo, tiene lugar en el ejercicio siguiente o el vencimiento es a largo plazo, habrá que registrar el pasivo por su coste amortizado e imputar a cada ejercicio los intereses devengados en él. En estos casos incluiremos todos los gastos, incluidas las comisiones, en la cuenta *(665)*.

Ejemplo 3.46

El día 2-12-20X2 se envían al descuento letras por valor de 10.000 €, con vencimiento el 1-03-20X3. El banco carga 150,56 € de intereses y 40 € de comisión.

	2-12-X2			
10.000	(4311) Efectos comerciales descontados	a	(4310) Efectos comerciales en cartera	10.000
9.809,44	(572) Bancos, c/c [10.000 – 150,56 – 40]	a	(5208) Deudas por efectos descontados	9.809,44

Calculamos el tipo de interés efectivo: $9.809,44 = 10.000\ (1 + i)^{-3/12} \Rightarrow 8\ \%$

Intereses del ejercicio 20X2: $I = 9.809,44 \times [(1 + 0,08)^{1/12} - 1] = 63,11$ €

	31-12-X2			
63,11	(665) Intereses por descuento de efectos y operaciones de «factoring»	a	(5208) Deudas por efectos descontados	63,11

Imputación intereses 20X3: $I = (9.809,44 + 63,11) \times [(1 + 0,08)^{2/12} - 1] = 127,45$ €

	1-03-X3			
127,45	(665) Intereses por descuento de efectos y operaciones de «factoring»	a	(5208) Deudas por efectos descontados	127,45
10.000	(5208) Deudas por efectos descontados	a	(4311) Efectos comerciales descontados	10.000

[Suponiendo que todos los efectos han sido abonados a su vencimiento]

Ejemplo 3.47

El 1-11-X1 se envían al descuento letras por importe de 20.000 €, que vencerán el 30-04-20X3 (18 meses). Los intereses ascendieron a 2.180,55 €.

	30-11-X1			
20.000	(4311) Efectos comerciales descontados	a	(4310) Efectos comerciales en cartera	20.000
17.819,55	(572) Bancos, c/c [20.000 – 2.180,55]	a	(5208) Deudas por efectos descontados	17.819,55

Calculamos el tipo de interés efectivo: $17.819,55 = 20.000\ (1 + i)^{-1,5} \Rightarrow 8\ \%$

Intereses del ejercicio 20X1: $I = 17.819,55 \times [(1 + 0,08)^{2/12} - 1] = 230,04$ €

	31-12-X1			
230,04	(665) Intereses por descuento de efectos y operaciones de «factoring»	a	(5208) Deudas por efectos descontados	230,04

Intereses del ejercicio 20X2: $I = (17.819,55 + 230,04) \times 0,08 = 1.443,96$ €

	31-12-X2			
1.443,96	(665) Intereses por descuento de efectos y operaciones de «factoring»	a	(5208) Deudas por efectos descontados	1.443,96

Intereses de 20X3: $I = (17.819,55 + 230,04 + 1.443,96) \times [(1 + 0,08)^{4/12} - 1] = 506,55$ €

30-04-X3

506,55	(665) Intereses por descuento de efectos y operaciones de «factoring»	a	(5208) Deudas por efectos descontados	506,55
20.000	(5208) Deudas por efectos descontados	a	(4311) Efectos comerciales descontados	20.000

[Suponiendo que todos los efectos han sido abonados a su vencimiento]

3.7. Los efectos enviados en gestión de cobro

A veces la empresa no negocia las letras sino que las lleva al banco en gestión de cobro. En este caso el banco no adelanta el dinero a la empresa y, por tanto, esta no tiene ninguna deuda con el banco. Para reflejar el hecho de que la letra está en el banco en lugar de estar en la empresa, sustituimos la cuenta (*4310*) por la (*4312*).

(4312) Efectos comerciales en gestión de cobro	a	(4310) Efectos comerciales en cartera

Recuerda...

Las comisiones bancarias soportadas por operaciones de gestión de cobro de efectos comerciales están gravadas con el 21 % de IVA.

Ejemplo 3.48

La empresa vende mercaderías a crédito por importe de 8.000 €, más 21 % de IVA.

9.680	(430) Clientes	a	(700) Ventas de mercaderías	8.000
		a	(477) Hacienda Pública, IVA repercutido	1.680

Ejemplo 3.49

El cliente del ejemplo anterior acepta letra de cambio a la empresa por el importe de su deuda.

9.680	(4310) Efectos comerciales en cartera	a	(430) Clientes	9.680

Ejemplo 3.50

La empresa envía al banco en gestión de cobro la letra de cambio del ejemplo anterior.

9.680	(4312) Efectos comerciales en gestión de cobro	a	(4310) Efectos comerciales en cartera	9.680

Cuando llega el vencimiento de la letra de cambio pueden suceder dos cosas:

a) Que el librado pague la letra al banco. En este caso el banco ingresa en la cuenta corriente de la empresa el importe de la letra menos los gastos de gestión y el IVA correspondiente.

(572) Bancos, c/c (626) Servicios bancarios y similares (472) Hacienda Pública, IVA soportado (21 % s/ gastos de gestión)	a	(4312) Efectos comerciales en gestión de cobro

Ejemplo 3.51

Supongamos que llegado el vencimiento del efecto a que se refiere el ejemplo 50, el librado lo paga. El banco ingresa el importe en la cuenta corriente de la empresa después de deducir 300 €, más 21 % de IVA, en concepto de gastos de gestión.

9.317 300 63	(572) Bancos, c/c (626) Servicios bancarios y similares (472) Hacienda Pública, IVA soportado (21 % s/300)	a	(4312) Efectos comerciales en gestión de cobro	9.680

b) Si el librado no paga la letra, el banco la devuelve a la empresa y le cargará en cuenta los gastos de devolución.

(4315) Efectos comerciales impagados	a	(4312) Efectos comerciales en gestión de cobro
(626) Servicios bancarios y similares	a	(572) Bancos, c/c

Ejemplo 3.52

Supongamos que el librado del efecto a que se refiere el Ejemplo 3.50 no paga la letra a su vencimiento. El banco devuelve el efecto a la empresa y lo carga en c/c, por gastos de devolución, 50 €.

9.680	(4315) Efectos comerciales impagados	a	(4312) Efectos comerciales en gestión de cobro	9.680
50	(626) Servicios bancarios y similares	a	(572) Bancos, c/c	50

La cuenta *(4315) Efectos comerciales impagados* recoge, como hemos visto anteriormente, efectos vencidos que no han sido abonados por los librados, pero que siguen constituyendo un derecho de cobro para la empresa. A partir de aquí pueden darse los cuatro casos que hemos visto cuando estudiamos el descuento de efectos en la anterior pregunta. Consulta los Ejemplos 3.42 a 3.45.

Para aclarar más la problemática del descuento y la gestión de cobro vamos a ver algunos ejemplos más:

Ejemplo 3.53

Venta de mercaderías a crédito en 6.000 €, más 21 % de IVA.

7.260	(430) Clientes	a	(700) Ventas de mercaderías	6.000
		a	(477) Hacienda Pública, IVA repercutido	1.260

Ejemplo 3.54

Gira dos letras de cambio, del mismo importe cada una, al cliente del ejemplo anterior. El cliente las acepta.

7.260	(4310) Efectos comerciales en cartera	a	(430) Clientes	7.260

Ejemplo 3.55

Descuenta en el banco una de las letras del ejemplo anterior. Descuento bancario: 70 €. Otros gastos: 10 €.

3.550	(572) Bancos, c/c			
70	(665) Intereses por descuento de efectos y operaciones de «factoring»			
10	(626) Servicios bancarios y similares	a	(5208) Deudas por efectos descontados	3.630
3.630	(4311) Efectos comerciales descontados	a	(4310) Efectos comerciales en cartera	3.630

Cuando descontamos letras, el banco nos anticipa un dinero y, mientras no se lo devolvamos, se lo deberemos (esta deuda la recogemos en la subcuenta *5208*). Además, hay que dar de baja los efectos que teníamos en cartera, porque ya no están en nuestro poder, sino en poder del banco, descontados.

Ejemplo 3.56

Envía al banco, en gestión de cobro, la otra letra del Ejemplo 3.54.

3.630	(4312) Efectos comerciales en gestión de cobro	a	(4310) Efectos comerciales en cartera	3.630

Mediante este asiento damos de baja los efectos que tenemos en cartera (es decir, en nuestro poder), y los registramos en otra cuenta para reflejar que ahora esa letra está en poder del banco, en gestión de cobro. Como al llevar la letra al banco en gestión de cobro no nos anticipa su importe, no se hace nada más.

Ejemplo 3.57

La letra descontada en el Ejemplo 3.55 resulta abonada por el librado a su vencimiento.

3.630	(5208) Deudas por efectos descontados	a	(4311) Efectos comerciales descontados	3.630

Como el librado paga la letra, se da de baja la cuenta *5208* (Debe), porque ya no le debemos dicho importe al banco y se abonará (Haber) la *4311*, porque, al haberle pagado el cliente al banco, es como si nos hubiera pagado a nosotros.

Ejemplo 3.58

El librado de la letra enviada en gestión de cobro (Ejemplo 3.56) no abona la letra a su vencimiento. El banco carga en cuenta 20 € por gastos de devolución.

3.630	(4315) Efectos comerciales impagados	a	(4312) Efectos comerciales en gestión de cobro	3.630
20	(626) Servicios bancarios y similares	a	(572) Bancos, c/c	20

Ejemplo 3.59

La empresa envía, al librado del ejemplo anterior, nueva letra de cambio con vencimiento a 30 días y cuyo nominal será el de la impagada, los gastos de devolución ocasionados y 30 € por intereses de demora. El librado acepta la nueva letra.

3.680	(4310) Efectos comerciales en cartera	a	(4315) Efectos comerciales impagados	3.630
		a	(769) Otros ingresos financieros	20
		a	(762) Ingresos de créditos	30

Damos de alta la nueva letra en sustitución de la impagada (que se da de baja). La cuenta *769* recoge la repercusión de los gastos de devolución y la cuenta *762* recoge los intereses de demora.

Ejemplo 3.60

La empresa envía en gestión de cobro la nueva letra girada en el ejemplo anterior.

3.680	(4312) Efectos comerciales en gestión de cobro	a	(4310) Efectos comerciales en cartera	3.680

Ejemplo 3.61

El librado paga la letra del ejemplo anterior a su vencimiento. El banco ingresa el importe en la c/c de la empresa después de descontar 60 €, más IVA, en concepto de gastos de gestión.

3.607,40	(572) Bancos, c/c (3.680 – 60 – 12,60)			
60	(626) Servicios bancarios y similares			
12,60	(472) Hacienda Pública, IVA soportado (21 % s/60)	a	(4312) Efectos comerciales en gestión de cobro	3.680

Al pagar la letra el librado, se elimina la cuenta *4312*, que es donde teníamos registrada su deuda. Los gastos originados por los efectos enviados en gestión de cobro se recogerán en la cuenta *626*.

Ejemplo 3.62

Una empresa que se dedica a la fabricación de un determinado producto presta, de forma eventual, un servicio de asesoramiento a otra empresa y factura por este concepto 4.000 €, más 21 % de IVA.

4.840	(440) Deudores	a	(759) Ingresos por servicios diversos	4.000
		a	(477) Hacienda Pública, IVA repercutido	840

Ejemplo 3.63

El deudor anterior acepta a la empresa dos letras de cambio, del mismo importe cada una, por el total de su deuda.

4.840	(4410) Deudores, efectos comerciales en cartera	a	(440) Deudores	4.840

Ejemplo 3.64

La empresa negocia una de las letras del ejemplo anterior. Descuento: 40 €. Otros gastos: 10 €.

2.370	(572) Bancos, c/c			
40	(665) Intereses por descuento de efectos y operaciones de «factoring»			
10	(626) Servicios bancarios y similares	a	(5208) Deudas por efectos descontados	2.420
2.420	(4411) Deudores, efectos comerciales descontados	a	(4410) Deudores, efectos comerciales en cartera	2.420

Ejemplo 3.65

Envía al banco en gestión de cobro la otra letra del Ejemplo 3.63.

2.420	(4412) Deudores, efectos comerciales en gestión de cobro	a	(4410) Deudores, efectos comerciales en cartera	2.420

Ejemplo 3.66

La letra descontada en el Ejemplo 3.64 no es abonada por el librado a su vencimiento. El banco carga en la cuenta corriente de la empresa el nominal más 30 € de gastos de devolución.

2.420	(5208) Deudas por efectos descontados			
30	(626) Servicios bancarios y similares	a	(572) Bancos, c/c	2.450
2.420	(4415) Deudores, efectos comerciales impagados	a	(4411) Deudores, efectos comerciales descontados	2.420

Como el librado no ha pagado la letra al banco, se la pagamos nosotros. Al recibir impagada la letra que teníamos descontada, deja de estar descontada y se contabiliza como impagada.

Ejemplo 3.67

La letra enviada en gestión de cobro en el Ejemplo 3.65 tampoco resulta abonada por el librado a su vencimiento. El banco la devuelve cargando 30 € de gastos de devolución.

2.420	(4415) Deudores, efectos comerciales impagados	a	(4412) Deudores, efectos comerciales en gestión de cobro	2.420
30	(626) Servicios bancarios y similares	a	(572) Bancos, c/c	30

Ejemplo 3.68

El librado de la letra impagada en el Ejemplo 3.66, varios días después, hace transferencia bancaria a la c/c de la empresa por el nominal más los gastos de devolución.

2.450	(572) Bancos, c/c	a	(4415) Deudores, efectos comerciales impagados	2.420
		a	(769) Otros ingresos financieros	30

El cliente nos envía un importe mayor que el nominal de la letra. Dicha diferencia supone un ingreso para la empresa, que se recoge en la cuenta *769*. Dicho ingreso sirve para compensar los gastos originados por la devolución de la letra.

Ejemplo 3.69

La empresa considera de difícil cobro la letra impagada del Ejemplo 3.67.

2.420	(446) Deudores de dudoso cobro	a	(4415) Deudores, efectos comerciales impagados	2.420

Ejemplo 3.70

Posteriormente, considera irrecuperable la letra del ejemplo anterior y la da por perdida.

2.420	(650) Pérdidas de créditos comerciales incobrables	a	(446) Deudores de dudoso cobro	2.420

3.8. Operaciones de *factoring*

Es un contrato mediante el cual una empresa (empresa de *factoring*) adquiere la facturación de otra empresa, adelantándole el pago de dichas facturas (nominal – descuento). La empresa de *factoring* puede asumir o no (según la modalidad) el riesgo de morosos.

a) ***Factoring* «sin recurso»:** cuando la empresa de *factoring* asume el riesgo de impago. En este caso la empresa da de baja el derecho de cobro y registra el gasto correspondiente:

(57.) Caja o Bancos (665) Intereses por descuento de efectos y operaciones de «factoring»	a	(430) Clientes

b) ***Factoring* «con recurso»:** cuando no se transfieren los riesgos inherentes a los derechos de cobro. En este caso el derecho de cobro se traspasará a la cuenta *(432) Clientes, operaciones de «factoring»*.

(432) Clientes, operaciones de «factoring»	a	(430) Clientes

La deuda surgida por la financiación obtenida se registra en la cuenta *(5209) Deudas por operaciones de «factoring»*. Los intereses y gastos soportados se registrarán en la cuenta *(665) Intereses por descuento de efectos y operaciones de «factoring»*.

(572) Bancos, c/c» (665) Intereses por descuento de efectos y operaciones de «factoring»	a	(5209) Deudas por operaciones de «factoring»

Recuerda...

Los gastos originados en las operaciones de *factoring* que no sean intereses pueden recogerse en la cuenta *(669) Otros gastos financieros* o en la *(626) Servicios bancarios y similares.*

Al vencimiento de los derechos de cobro, si estos son atendidos, se hará el siguiente apunte:

(5209) Deudas por operaciones de «factoring»	a	(432) Clientes, operaciones de «factoring»

Por los derechos de cobro no atendidos haremos:

(5209) Deudas por operaciones de «factoring»	a	(572) Bancos, c/c

Ejemplo 3.71

El 1-04-X2 la empresa «X» decide realizar una operación de *factoring* con recurso, con la empresa «Y». El importe de su cartera de clientes es de 60.000 € y el descuento será de 3.000 €. El 30-05-X2 vencen los créditos y un cliente, con un saldo de 10.000 €, no hace efectivo su importe. Contabiliza la operación.

	1-04-X2			
60.000	(432) Clientes, operaciones de «factoring»	a	(430) Clientes	60.000
57.000	(572) Bancos, c/c			
3.000	(665) Int. desc. de ef. y op. fact.	a	(5209) Deudas por operaciones de «factoring»	60.000
	30-05-X2			
60.000	(5209) Deudas por operaciones de «factoring»	a	(432) Clientes, operaciones de «factoring»	50.000
			(572) Bancos, c/c	10.000
10.000	(436) Clientes de dudoso cobro	a	(432) Clientes, operaciones de «factoring»	10.000

Plan General de Contabilidad

Normas de registro y valoración:

Los débitos o créditos se valorarán inicialmente por su valor razonable.

Posteriormente se valorarán por su coste amortizado. Los intereses devengados se contabilizarán en la cuenta de pérdidas y ganancias, aplicando el método del tipo de interés efectivo.

3.9. Débitos o créditos comerciales con intereses por aplazamiento

En las operaciones de compra y venta de existencias, con pago/cobro aplazado, pueden incluirse intereses. Según la *NRV 9. Instrumentos financieros*:

a) En débitos o créditos con vencimiento no superior a 12 meses:

- Incluir los intereses en el precio de adquisición o precio de venta, valorando los débitos o créditos por su valor nominal (precio compra/venta más intereses).
- Imputar los intereses a la cuenta de resultados por el método del interés efectivo. Los débitos y créditos se valoran por su coste amortizado.

b) Débitos o créditos con vencimiento superior a 12 meses: los intereses se imputan a resultados de acuerdo con el método del interés efectivo y los débitos y créditos se valoran por su coste amortizado.

Ejemplo 3.72

El día 1-01-X2 la empresa «M» compra mercaderías a la empresa «N» por importe de 5.000 €, más 21 % de IVA. La empresa «M» pagará al proveedor dentro de 2 años, por lo cual le cargará 747,78 € de intereses de aplazamiento.

Registro inicial por su valor razonable (importe contraprestación recibida):

	1-01-X2			
5.000	(600) Compras de mercaderías			
1.050	(472) Hacienda Pública, IVA soportado	a	(400) Proveedores	6.050

Cálculo del interés efectivo de la operación: $6.050 = 6.797{,}78 \times (1 + i)^{-2} \Rightarrow i = 0{,}06$

Imputación a resultados de los intereses y valoración del débito a coste amortizado:

	31-12-X2			
363	(662) Intereses de deudas	a	(400) Proveedores	363
	[I = 6.050 × 0,06 = 363 €]			
	31-12-X3			
384,78	(662) Intereses de deudas	a	(400) Proveedores	384,78
	[I = (6.050 + 363) × 0,06 = 384,78 €]			
	31-12-X3			
6.797,78	(400) Proveedores	a	(572) Bancos, c/c	6.797,78
	[Pago de la deuda]			

Ejemplo 3.73

Contabiliza la operación del ejemplo anterior en la contabilidad de la empresa «N».

	1-01-X2			
6.050	(430) Clientes	a	(700) Ventas de mercaderías	5.000
			(477) Hacienda Pública, IVA repercutido	1.050
	31-12-X2			
363	(430) Clientes	a	(762) Ingresos de créditos	363
			[*I* = 6.050 × 0,06 = 363 €]	
	31-12-X3			
384,78	(430) Clientes	a	(762) Ingresos de créditos	384,78
			[I = (6.050 + 363) × 0,06 = 384,78 €]	
	31-12-X3			
6.797,78	(572) Bancos, c/c	a	(430) Clientes	6.797,78
	[Cobro al cliente]			

3.10. Débitos y créditos por operaciones comerciales en moneda extranjera

La empresa realiza, a veces, transacciones que deben liquidarse en moneda distinta del euro.

La NRV *11. Moneda extranjera* especifica que las partidas monetarias (tesorería, débitos, créditos…) en moneda extranjera se convertirán a moneda funcional utilizando el tipo de cambio de contado en la fecha de la transacción (podrá utilizarse el tipo de cambio medio del periodo: máximo un mes). Al cierre del ejercicio se valorarán aplicando el tipo de cambio de esa fecha; las diferencias que surjan (y las que se produzcan al liquidar dichos elementos) se llevarán a resultado del ejercicio.

Al contraer débitos/créditos:

(60) Compras (62) Servicios exteriores	a a	(4004) Proveedores (moneda extranjera) (4104) Acreedores por prestaciones de servicios, (moneda extranjera)
(4304) Clientes (moneda extranjera) (4404) Deudores (moneda extranjera)	a a	(70) Ventas/Prestación servicios (75) Otros ingresos de gestión

Al final del ejercicio por la valoración de los débitos/créditos al tipo de cambio actual:

(668) Diferencias negativas de cambio	a	(4004) Proveedores (moneda extranjera) (4104) Acreedores por prestaciones de servicios, (moneda extranjera)
	ó	
(4004) Proveedores (moneda extranjera) (4104) Acreedores por prestaciones de servicios, (moneda extranjera)	a	(768) Diferencias positivas de cambio
(668) Diferencias negativas de cambio	a	(4304) Clientes (moneda extranjera) (4404) Deudores (moneda extranjera)
	ó	
(4304) Clientes (moneda extranjera) (4404) Deudores (moneda extranjera)	a	(768) Diferencias positivas de cambio

En el momento de liquidar los débitos/créditos (aplicando el cambio de ese momento):

(4404) Deudores (moneda extranjera) (4104) Acreedores por prestaciones de servicios, (moneda extranjera) (668) Diferencias negativas de cambio	ó a	(768) Diferencias positivas de cambio (57) Tesorería
(57) Tesorería (668) Diferencias negativas de cambio	a a ó	(4304) Clientes (moneda extranjera) (4404) Deudores (moneda extranjera) (768) Diferencias positivas de cambio

Plan General de Contabilidad

Normas de registro y valoración:

La moneda funcional es la moneda del entorno económico principal en el que opera la empresa. Se presumirá, salvo prueba en contrario, que la moneda funcional de las empresas que operan en España es el euro.

Las partidas monetarias se valorarán, al cierre del ejercicio, aplicando el tipo de cambio de cierre, entendido como el tipo de cambio medio de contado, existente en esa fecha.

Las diferencias de cambio, positivas o negativas, que se originen en este proceso, así como las que se produzcan al liquidar dichos elementos patrimoniales, se reconocerán en la cuenta de pérdidas y ganancias del ejercicio.

Ejemplo 3.74

El 5-10-X2, la empresa «P» compra mercaderías a la empresa «Q» por importe de $ 5.500, que pagará el 10-02-X3. El tipo de cambio de la fecha de compra es de 1 € = $ 1,30. El 31-12-X2, el tipo de cambio es de 1 € = $ 1,40. El 10-02-X3, 1 € = $ 1,35.

	5-01-X2			
4.230,77	(600) Compras de mercaderías [5.500/1,30]	a	(4004) Proveedores (moneda extranjera)	4.230,77
	31-12-X2			
302,20	(4004) Proveedores (moneda extranjera)	a	(768) Diferencias positivas de cambio [4.230,77 – (5.500/1,40)]	302,20
	10-02-X3			
3.928,57	(4004) Proveedores (moneda extranjera) [4.230,77 – 302,20]			
145,50	(668) Diferencias negativas de cambio	a	(572) Bancos, c/c [5.500/1,35]	4.074,07

Ejemplo 3.75

Contabiliza la operación del ejemplo anterior suponiendo que la empresa «Q» es una empresa española que vende a la empresa «P», norteamericana.

	5-01-X2			
4.230,77	(4304) Clientes (moneda extranjera) [5.500/1,30]	a	(700) Ventas de mercaderías	4.230,77
	31-12-X2			
302,20	(668) Diferencias negativas de cambio [4.230,77 – (5.500/1,40)]	a	(4304) Clientes (moneda extranjera)	302,20
	10-02-X3			
4.074,07	(572) Bancos, c/c [5.500/1,35]	a	(4304) Clientes (moneda extranjera) [4.230,77– 302,20]	3.928,57
		a	(768) Diferencias positivas de cambio	145,50

Ejemplo 3.76

El saldo de la cuenta *(571) Caja, moneda extranjera*, al final del ejercicio, es de 750 €, que corresponde a 1.000 dólares. En estos momentos el cambio del dólar es de 0,80 €.

	31-12			
50	(571) Caja, moneda extranjera [800 – 750]	a	(768) Diferencias positivas de cambio	50

3.11. Las cuentas de personal

Las cuentas del subgrupo *(46) Personal* del Plan General de Contabilidad recogen los saldos con personas que prestan sus servicios a la empresa y cuyas remuneraciones se contabilizan en el subgrupo *(64) Gastos de personal.*

Ejemplo 3.77

El día 25 del mes de enero la empresa concede a uno de sus trabajadores un anticipo de 500 €, que le descontará de su sueldo a final de mes.

500	(460) Anticipos de remuneraciones	a	(570) Caja, euros	500

Ejemplo 3.78

El día 30 de enero la empresa paga por banco la nómina del trabajador del ejemplo anterior, descontándole el anticipo. Los datos de la nómina son los siguientes:

- Sueldo bruto: 2.500 €.
- Seguridad Social a cargo de la empresa: 750 €.
- Retenciones al trabajador para la Seguridad Social: 170 €.
- Retenciones a cuenta del IRPF: 400 €.

2.500	(640) Sueldos y salarios			
750	(642) Seguridad Social a cargo de la empresa	a	(476) Organismos de la Seguridad Social, acreedores (750 + 170)	920
		a	(4751) Hacienda Pública, acreedora por retenciones practicadas	400
		a	(460) Anticipos de remuneraciones	500
		a	(572) Bancos, c/c (2.500 – 170 – 400 – 500)	1.430

Ejemplo 3.79

El día 28 de febrero la empresa paga a través de banco la nómina del personal cuyos datos son:

- Importe bruto: 9.300 €.
- Seguridad Social a cargo de la empresa: 2.800 €.
- Retenciones al trabajador para la Seguridad Social: 600 €.
- Retenciones a cuenta del IRPF: 1.400 €.

Debido a dificultades transitorias de tesorería deja a deber a los trabajadores parte de sus sueldos por importe de 2.000 €.

9.300	(640) Sueldos y salarios			
2.800	(642) Seguridad Social a cargo de la empresa	a	(476) Organismos de la Seguridad Social, acreedores (2.800 + 600)	3.400
		a	(4751) Hacienda Pública, acreedora por retenciones practicadas	1.400
		a	(465) Remuneraciones pendientes de pago	2.000
		a	(572) Bancos, c/c (9.300 – 600 – 1.400 – 2.000)	5.300

Ejemplo 3.80

Unos días después paga, a través de banco, la parte de los sueldos pendiente a que se refiere el ejemplo anterior.

2.000	(465) Remuneraciones pendientes de pago	a	(572) Bancos, c/c	2.000

3.12. Administraciones Públicas

En el subgrupo *(47) Administraciones Públicas* del Plan General de Contabilidad se incluyen una serie de cuentas y subcuentas que recogen las relaciones de la empresa con los organismos públicos cuando estas relaciones no tienen carácter comercial.

En este subgrupo aparecerán cuentas deudoras y acreedoras, es decir:

- Derechos de cobro de la empresa sobre organismos públicos.
- Deudas de la empresa con los organismos públicos.

Podríamos dividir las cuentas de este subgrupo en dos grandes apartados:

- Las que recogen las relaciones de la empresa con Hacienda motivadas por distintos impuestos (IVA, Impuesto sobre sociedades, Impuesto sobre la renta de las personas físicas, etc.) y subvenciones concedidas a la empresa.
- Las que recogen las relaciones de la empresa con la Seguridad Social.

Ejemplo 3.81

El Estado concede a la empresa una subvención no reintegrable de 30.000 €, para compensar su déficit de explotación.

30.000	(4708) Hacienda Pública, deudora por subvenciones concedidas	a	(740) Subvenciones, donaciones y legados a la explotación	30.000

La cuenta *(4708)* recoge la deuda de Hacienda con la empresa hasta que reciba el dinero de la subvención.

Ejemplo 3.82

La empresa abona, a través de banco, la nómina del presente mes cuyo detalle es el siguiente:

- Importe bruto: 9.500 €.
- Cuota de la empresa a la Seguridad Social: 2.850 €.
- Retenciones a los trabajadores para la Seguridad Social: 650 €.
- Retenciones a cuenta del IRPF: 1.500 €.

La empresa abona también 750 €, a cargo de la Seguridad Social, a un trabajador que ha estado de baja.

(continúa)

(continuación)

9.500	(640) Sueldos y salarios			
2.850	(642) Seguridad Social a cargo de la empresa			
750	(471) Organismos de la Seguridad Social, deudores	a	(476) Organismos de la Seguridad Social, acreedores (2.850 + 650)	3.500
		a	(4751) Hacienda Pública, acreedora por retenciones practicadas	1.500
		a	(572) Bancos, c/c (9.500 + 750 – 650 – 1.500)	8.100

La cuenta *(471)* representa un derecho de cobro con la Seguridad Social porque la empresa ha pagado al trabajador prestaciones que corresponden a aquella.

La cuenta *(476)* representa la deuda que la empresa tiene con la Seguridad Social por las cuotas propias y las retenidas a los trabajadores y que deberá ingresar en dicho organismo.

La cuenta *(4751)* registra la deuda de la empresa con Hacienda por la retención que ha realizado a los trabajadores y que deberá ingresar en dicho organismo.

Ejemplo 3.83

Liquida, a través de banco, las cuotas de la Seguridad Social a que se refiere el ejemplo anterior.

3.500	(476) Organismos de la Seguridad Social, acreedores	a	(471) Organismos de la Seguridad Social, deudores	750
		a	(572) Bancos, c/c (3.500 – 750)	2.750

De la deuda con la Seguridad Social compensa lo que este organismo le debe y el resto lo hace efectivo.

Ejemplo 3.84

Durante el año 20X2 la empresa cobra, a través de banco, la renta de unas obligaciones que posee que asciende a 600 € brutos. Le retienen el 19 %.

114	(473) Hacienda Pública, retenciones y pagos a cuenta			
486	(572) Bancos, c/c	a	(761) Ingresos de valores representativos de deuda	600

La cuenta *(473)* recoge las cantidades retenidas y los pagos a cuenta de impuestos que la empresa podrá deducir cuando liquide estos.

Ejemplo 3.85

Durante el año 20X2 la empresa realiza un pago de 1.250 € a cuenta de la liquidación del impuesto sobre sociedades.

1.250	(473) Hacienda Pública, retenciones y pagos a cuenta	a	(572) Bancos, c/c	1.250

Ejemplo 3.86

Realiza la liquidación del impuesto sobre sociedades en el supuesto de que la empresa de los dos ejemplos anteriores no hubiese realizado más pagos a cuenta y que, al final del ejercicio, el impuesto sobre sociedades devengado fuese de 5.300 €.

5.300	(630) Impuesto sobre beneficios	a	(473) Hacienda Pública, retenciones y pagos a cuenta (114 + 1.250)	1.364
		a	(4752) Hacienda Pública, acreedora por impuesto sobre sociedades (5.300 – 1.364)	3.936

La cuenta *(630)* recoge el gasto que supone para la empresa el impuesto sobre beneficios.

La cuenta *(4752)* recoge la deuda que la empresa tiene con Hacienda por este impuesto una vez deducidos, de la cantidad total, las retenciones y pagos fraccionados que la empresa había realizado durante el ejercicio.

Ejemplo 3.87

Durante el año 20X3 la empresa paga a Hacienda la deuda anterior a través de banco.

3.936	(4752) Hacienda Pública, acreedora por impuesto sobre sociedades	a	(572) Bancos, c/c	3.936

3.13. Ajustes por periodificación

En el subgrupo *(48) Ajustes por periodificación* se recogen aquellos gastos e ingresos que la empresa ha contabilizado en el ejercicio que se cierra, pero que corresponden al siguiente.

Debido a que deben imputarse a los resultados de cada ejercicio los gastos e ingresos que en él se producen, como estos gastos e ingresos no son del ejercicio que se cierra debemos darlos de baja de las cuentas de gastos e ingresos respectivas, para contabilizarlos en las cuentas de este subgrupo *(48)* y hacer así el correspondiente ajuste por periodificación.

Plan General de Contabilidad

Marco conceptual:

Principio de devengo: Los efectos de las transacciones o hechos económicos se registrarán cuando ocurran, imputándose al ejercicio al que las cuentas anuales se refieran, los gastos y los ingresos que afecten al mismo, con independencia de la fecha de su pago o de su cobro.

Se trata de aplicar el *Principio de devengo*.

En la cuenta *(480) Gastos anticipados* figurarán los gastos que, habiendo sido contabilizados durante el ejercicio, corresponden a otro posterior.

En la cuenta *(485) Ingresos anticipados* figurarán los ingresos contabilizados antes de la fecha de cierre del Balance cuando sean imputables a un ejercicio posterior.

Ejemplo 3.88

El día 1-11-X2 la empresa paga por adelantado el alquiler correspondiente a 3 meses del local donde está instalada la tienda. El alquiler mensual asciende a 1.400 €, más 21 % de IVA. Retención: 19 %.
Contabiliza el pago del alquiler en esa fecha, la periodificación a 31-12-X2 y lo que hará la empresa en el año 20X3 con respecto a esta operación.

	1-11-X2			
4.200	(621) Arrendamientos y cánones (1.400 × 3)			
882	(472) Hacienda Pública, IVA soportado (21 % s/4.200)	a	(4751) Hacienda Pública, acreedora por retenciones practicadas (19 % s/4.200)	798
		a	(572) Bancos, c/c	4.284
	31-12-X2			
1.400	(480) Gastos anticipados	a	(621) Arrendamientos y cánones	1.400
	(Anulamos el gasto del alquiler del mes de enero de 20X3 porque no pertenece a este periodo sino al siguiente)			
	Enero-X3			
1.400	(621) Arrendamientos y cánones	a	(480) Gastos anticipados	1.400
	(Contabilizamos el alquiler del mes de enero como gasto de este periodo)			

Ejemplo 3.89

Contabiliza la operación del ejemplo anterior en la contabilidad de la empresa propietaria del local, que se dedica a la compraventa de mercaderías.

	1-11-X2			
798	(473) Hacienda Pública, retenciones y pagos a cuenta			
4.284	(572) Bancos, c/c	a	(752) Ingresos por arrendamientos	4.200
		a	(477) Hacienda Pública, IVA repercutido	882
	31-12-X2			
1.400	(752) Ingresos por arrendamientos	a	(485) Ingresos anticipados	1.400
	(Eliminamos del ejercicio 20X2 la parte de ingresos que pertenece al ejercicio siguiente)			
	Enero-X3			
1.400	(485) Ingresos anticipados	a	(752) Ingresos por arrendamientos	1.400
	(Contabilizamos el ingreso que ya corresponde a este ejercicio)			

Ejemplo 3.90

El 1-10-X2 la empresa paga 8.000 €, más 21 % de IVA, a una agencia de publicidad por una campaña publicitaria que durará un año.
Contabiliza el pago en esta fecha, la periodificación a 31-12-X2 y lo que hará la empresa en el año 20X3 con respecto a esta operación.

	1-10-X2			
8.000	(627) Publicidad, propaganda y relaciones públicas			
1.680	(472) Hacienda Pública, IVA soportado	a	(572) Bancos, c/c	9.680
	31-12-X2			
6.000	(480) Gastos anticipados [(8.000/12) × 9]	a	(627) Publicidad, propaganda y relaciones públicas	6.000
	(Eliminamos de este ejercicio el gasto correspondiente a los 9 primeros meses del ejercicio siguiente)			
	Enero-X3			
6.000	(627) Publicidad, propaganda y relaciones públicas	a	(480) Gastos anticipados	6.000
	(Contabilizamos el gasto por publicidad correspondiente los nueve primeros meses de este año)			

Ejemplo 3.91

Realiza los asientos correspondientes a la operación del ejemplo anterior en la contabilidad de la agencia de publicidad.

	1-01-X2			
9.680	(572) Bancos, c/c	a	(705) Prestaciones de servicios	8.000
		a	(477) Hacienda Pública, IVA repercutido	1.680
	31-12-X2			
6.000	(705) Prestaciones de servicios	a	(485) Ingresos anticipados	6.000
	(Eliminación de la parte del ingreso que corresponde al ejercicio siguiente)			
	Enero-X3			
6.000	(485) Ingresos anticipados	a	(705) Prestaciones de servicios	6.000
	(Contabilizamos el ingreso que ya corresponde a este ejercicio)			

3.14. Deterioro de valor de créditos comerciales y provisiones a corto plazo

Se incluyen en el subgrupo *(49) Deterioro de valor de créditos comerciales y provisiones a corto plazo* las cuentas que recogen las situaciones latentes de insolvencia de clientes y de otros deudores incluidos en los subgrupos *43* y *44* y otras provisiones para operaciones comerciales.

La dotación de provisiones es consecuencia de la aplicación del *Principio de prudencia*, que indica que se deberán tener en cuenta todos los riesgos tan pronto como sean conocidos.

La NRV *9. Instrumentos financieros*, en su apartado 2.1.3, dice que deberán efectuarse las correcciones valorativas necesarias si existe evidencia objetiva de que el valor de un crédito, o grupo de créditos, se ha deteriorado.

Plan General de Contabilidad

Normas de registro y valoración:

Al menos al cierre del ejercicio, deberán efectuarse las correcciones valorativas necesarias siempre que exista evidencia objetiva de que el valor de un crédito o de un grupo de créditos se ha deteriorado.

La pérdida por deterioro de valor de un crédito será la diferencia entre su valor en libros y el valor actual de los flujos de efectivo futuros que se estima van a generar, descontados al tipo de interés efectivo calculado en el momento de su reconocimiento inicial.

Las correcciones valorativas por deterioro de un crédito, así como su reversión cuando el importe de dicha pérdida disminuyese, se reconocerán como un gasto o un ingreso, respectivamente, en la cuenta de pérdidas y ganancias.

3.14.1. Deterioro de valor de créditos por operaciones comerciales

La cuenta *(490) Deterioro de valor de créditos por operaciones comerciales*[9] recogerá el importe de las correcciones valorativas por deterioro de créditos incobrables. Se abonará, con cargo a la cuenta *(694) Pérdidas por deterioro de créditos por operaciones comerciales.*

(694) Pérdidas por deterioro de créditos por operaciones comerciales	a	(490) Deterioro de valor de créditos por operaciones comerciales

Se cargará (al final del ejercicio o cuando se vayan dando de baja los créditos), por la reversión de la corrección realizada, con abono a la cuenta *(794) Reversión del deterioro de créditos por operaciones comerciales.*

(490) Deterioro de valor de créditos por operaciones comerciales	a	(794) Reversión del deterioro de créditos por operaciones comerciales

Se podrá contabilizar el deterioro de valor empleando los siguientes métodos:

a) **Estimación global**

La empresa calcula el importe del deterioro de valor de los créditos comerciales al cierre del ejercicio mediante una estimación global del riesgo de fallidos existente en los saldos de clientes y deudores. Este es el procedimiento más adecuado cuando el importe individual de cada crédito no sea significativo.

Al final del ejercicio económico siguiente se cargará por la reversión de la corrección realizada al cierre del ejercicio anterior y se dotará, si procede, la nueva.

Ejemplo 3.92

Los saldos de clientes y deudores al final del año 20X2 es de 56.000 €. La empresa estima el riesgo por fallidos en un 5 ‰ del saldo anterior.

280	(694) Pérdidas por deterioro de créditos por operaciones comerciales (5 ‰ s/56.000)	a	(490) Deterioro de valor de créditos por operaciones comerciales	280

Ejemplo 3.93

El 25-03-X3 un deudor que debía 50 € se declaró en quiebra. La empresa lo considera irrecuperable.

50	(650) Pérdidas de créditos comerciales incobrables	a	(440) Deudores	50

[9] Si los créditos son con partes vinculadas, se utilizará la cuenta *(493) Deterioro de valor de créditos por operaciones comerciales con partes vinculadas.*

Ejemplo 3.94

El 30-06-X3 la empresa considera de dudoso cobro un efecto que resultó impagado a su vencimiento por importe de 200 €.

200	(436) Clientes de dudoso cobro	a	(4315) Efectos comerciales impagados	200

Ejemplo 3.95

El 20-08-X3 considera el crédito del ejemplo anterior definitivamente incobrable.

200	(650) Pérdidas de créditos comerciales incobrables	a	(436) Clientes de dudoso cobro	200

Ejemplo 3.96

Al final del año 20X3 el saldo de las cuentas de clientes y deudores es de 75.000 €. La empresa sigue estimando el riesgo de fallidos en el 5 ‰ del saldo anterior.

280	(490) Deterioro de valor de créditos por operaciones comerciales	a	(794) Reversión del deterioro de créditos por operaciones comerciales	280
	(Por la reversión del deterioro dotado al final del ejercicio anterior)			
375	(694) Pérdidas por deterioro de créditos por operaciones comerciales	a	(490) Deterioro de valor de créditos por operaciones comerciales	375
	(Por la dotación del deterioro correspondiente a este ejercicio)			

b) Estimación individualizada

Cuando la empresa estime el importe de la provisión mediante un sistema individualizado de seguimiento de saldos de clientes y deudores. Este es el procedimiento más adecuado para contabilizar el deterioro de valor de los créditos comerciales de cuantía significativa.

En este caso la empresa reconocerá deterioro para un cliente o deudor concreto que considere de dudoso cobro. La reversión del deterioro se producirá cuando la situación de ese cliente o deudor concreto se haya resuelto.

Ejemplo 3.97

Un deudor que debe a la empresa 300 € es declarado en suspensión de pagos.

300	(446) Deudores de dudoso cobro	a	(440) Deudores	300
300	(694) Pérdidas por deterioro de créditos por operaciones comerciales	a	(490) Deterioro de valor de créditos por operaciones comerciales	300

Ejemplo 3.98

En el ejercicio económico siguiente la empresa considera irrecuperable el crédito sobre el deudor del ejemplo anterior.

300	(650) Pérdidas de créditos comerciales incobrables	a	(446) Deudores de dudoso cobro	300
300	(490) Deterioro de valor de créditos por operaciones comerciales	a	(794) Reversión del deterioro de créditos por operaciones comerciales	300

Ejemplo 3.99

Se considera de dudoso cobro un efecto que resultó impagado a su vencimiento por importe de 700 €. La empresa reconoce el deterioro.

700	(436) Clientes de dudoso cobro	a	(4315) Efectos comerciales impagados	700
700	(694) Pérdidas por deterioro de créditos por operaciones comerciales	a	(490) Deterioro de valor de créditos por operaciones comerciales	700

Ejemplo 3.100

Posteriormente, el librado del efecto impagado del ejemplo anterior realiza una transferencia bancaria a la c/c de la empresa por el importe de su deuda.

700	(572) Bancos, c/c	a	(436) Clientes de dudoso cobro	700
700	(490) Deterioro de valor de créditos por operaciones comerciales	a	(794) Reversión del deterioro de créditos por operaciones comerciales	700

Ejemplo 3.101

Un cliente que debe a la empresa 1.000 € es declarado en quiebra.

1.000	(436) Clientes de dudoso cobro	a	(430) Clientes	1.000
1.000	(694) Pérdidas por deterioro de créditos por operaciones comerciales	a	(490) Deterioro de valor de créditos por operaciones comerciales	1.000

Ejemplo 3.102

En el ejercicio económico siguiente la empresa logra cobrar en efectivo 400 € al cliente del ejemplo anterior y considera el resto irrecuperable.

400	(570) Caja, euros			
600	(650) Pérdidas de créditos comerciales incobrables	a	(436) Clientes de dudoso cobro	1.000
1.000	(490) Deterioro de valor de créditos por operaciones comerciales	a	(794) Reversión del deterioro de créditos por operaciones comerciales	1.000

c) **Estimación mixta**

Consiste en registrar de forma global el deterioro de valor de los saldos de créditos de importe no significativo, y de forma individual los saldos de los créditos de importe significativo.

3.14.2. Provisiones por operaciones comerciales

Son provisiones para el reconocimiento de obligaciones actuales, al cierre del ejercicio, por los gastos a incurrir tras la entrega de bienes o la prestación de servicios, como: coberturas de gastos por devoluciones de ventas, garantías sobre productos vendidos y conceptos análogos.

Se dotan al final del ejercicio con cargo a la cuenta *(695) Dotación a la provisión por operaciones comerciales.*

(695) Dotación a la provisión por operaciones comerciales.	a	(499) Provisiones por operaciones comerciales

Durante el ejercicio los gastos provisionados se contabilizarán en las correspondientes cuentas del grupo 6.

(708) Devoluciones de ventas y operaciones similares	a	(430) Clientes

Al final del ejercicio se aplicará la dotada en el anterior, con abono a la cuenta *(7954) Exceso de provisión por operaciones comerciales,* y se dotará, si procede, la estimada para el siguiente.

(499) Provisiones por operaciones comerciales	a	(7954) Exceso de provisión por operaciones comerciales

Ejemplo 3.103

Al final del año 20X2 la empresa constituye una provisión para posibles devoluciones de ventas por 7.000 €.

7.000	(695) Dotación a la provisión por operaciones comerciales	a	(499) Provisiones por operaciones comerciales	7.000

Ejemplo 3.104

Durante el ejercicio 20X3 se producen devoluciones por importe de 6.500 €.

6.500	(708) Devoluciones de ventas y operaciones similares	a	(430) Clientes	6.500

Ejemplo 3.105

Al final del año 20X3 la empresa dota provisión para posibles devoluciones de ventas por importe de 5.000 €.

7.000	(499) Provisiones por operaciones comerciales	a	(7954) Exceso de provisión por operaciones comerciales	7.000
	(Por la eliminación de la provisión dotada al finalizar el ejercicio anterior)			
5.000	(695) Dotación a la provisión por operaciones comerciales	a	(499) Provisiones por operaciones comerciales	5.000
	(Por la dotación de la provisión de este ejercicio)			

Test 3

1. Señala qué afirmaciones son verdaderas (V) y qué afirmaciones son falsas (F).

		V	F
1.1.	Los deudores son compradores de bienes y servicios que figuran en el grupo 3.	☐	☐
1.2.	Los débitos y créditos comerciales con vencimiento no superior a un año pueden valorarse por su valor nominal.	☐	☐
1.3.	Las cuentas del grupo 4 pertenecen al Activo y al Pasivo corriente.	☐	☐
1.4.	La cuenta de *Efectos comerciales impagados* tiene saldo deudor.	☐	☐
1.5.	Los *Anticipos a proveedores* figuran en el activo.	☐	☐
1.6.	En la cuenta de *Efectos comerciales impagados* figuran los efectos que no han sido pagados por la empresa.	☐	☐
1.7.	El proveedor es el librado.	☐	☐
1.8.	Si un cliente está en quiebra, automáticamente debe considerarse de dudoso cobro. ...	☐	☐
1.9.	El proveedor es el librador.	☐	☐
1.10.	Los efectos comerciales impagados figuran en el Pasivo.	☐	☐
1.11.	En el descuento bancario el banco pasa a ser librador.	☐	☐
1.12.	Las cuentas de ajustes por periodificación son cuentas de resultados.	☐	☐
1.13.	Para determinar el saldo de la cuenta de *Resultados del ejercicio* es necesario periodificar los cobros y pagos.	☐	☐
1.14.	Las cuentas de ajustes por periodificación son cuentas patrimoniales.	☐	☐
1.15.	Las cuentas de ajustes por periodificación figuran en la cuenta de Pérdidas y ganancias.	☐	☐
1.16.	Los ajustes por periodificación solo inciden en la cuenta de *Resultados del ejercicio*. ...	☐	☐
1.17.	La cuenta *Deterioro de valor de créditos por operaciones comerciales* tiene saldo acreedor y figura en el Pasivo del Balance.	☐	☐
1.18.	La cuenta *Deterioro de valor de créditos por operaciones comerciales* tiene saldo acreedor y figura en el Activo del Balance con signo menos.	☐	☐
1.19.	La cuenta *Provisiones por operaciones comerciales* tiene saldo acreedor.	☐	☐
1.20.	La cuenta *Provisiones por operaciones comerciales* tiene saldo acreedor y figura en el Activo del Balance con signo menos.	☐	☐

EJERCICIOS FINALES

Ejercicio 3.1

Redacta en el libro Diario los asientos siguientes:

1. La empresa compra mercaderías a crédito por 15.000 €, más 21 % de IVA. El proveedor factura por envases, con facultad de devolución, 800 €, más IVA.
2. Las mercaderías llegan con defectos de calidad. El proveedor concede un descuento del 10 % del valor de las mercaderías.
3. La empresa devuelve envases por valor de 500 € y decide adquirir el resto.
4. Acepta letra de cambio al proveedor de los puntos anteriores por el importe de la deuda contraída.
5. Paga, a través de banco, la letra anterior a su vencimiento.
6. Venta de mercaderías por 20.000 €, más 21 % de IVA. Carga en factura al cliente 1.000 €, más IVA, de envases con facultad de devolución.
7. La empresa concede al cliente anterior un descuento por volumen de pedido del 10 % del valor de las mercaderías.
8. El cliente devuelve envases por valor de 700 € y decide adquirir los restantes.
9. El cliente de los puntos anteriores envía transferencia bancaria por importe de 6.228 € y acepta letra de cambio a 60 días por el resto.
10. La empresa negocia la letra anterior en un banco. El descuento ha sido de 250 €. Otros gastos: 50 €. El banco ingresa el líquido en la c/c de la empresa.
11. La letra descontada es abonada por el librado a su vencimiento.
12. La empresa compra mercaderías a crédito en 6.000 €. En la factura figura un descuento comercial del 5 %. IVA: 21 %.
13. Venta de mercaderías al contado en 8.000 €. En la factura figura un descuento por pronto pago del 6 %. IVA: 21 %.
14. La empresa compra material de oficina que consumirá en el ejercicio por importe de 400 €, más 21 % de IVA.
15. Acepta letra de cambio por el importe de la deuda anterior.
16. La empresa compra un ordenador en 5.000 €, una impresora en 870 € y varios programas informáticos en 930 €. IVA: 21 %. Deja todo a deber a 3 meses.
17. Acepta letra de cambio a 90 días por el importe de la compra anterior.
18. La empresa, que se dedica a la compraventa de mercaderías, realiza un servicio de transportes a otra empresa vecina y factura por este concepto 700 €, más 21 % de IVA.
19. Gira letra de cambio a 30 días al deudor anterior, que acepta.
20. Envía al banco en gestión de cobro el efecto del punto anterior.
21. El librado del efecto anterior abona la letra a su vencimiento. El banco abona el importe en la c/c de la empresa después de deducir el 1 %, más IVA, en concepto de gastos de gestión.
22. Vende en 3.000 €, más 21 % de IVA, un vehículo que le había costado 15.000 € y cuya amortización acumulada asciende a 10.000 €. El importe de la venta lo cobrará dentro de 6 meses.
23. Compra mercaderías a crédito a una empresa del grupo en 3.500 €, más 21 % de IVA.
24. El proveedor anterior concede descuento de 200 €, más IVA, por incumplimiento de los plazos de entrega.
25. Venta de mercaderías a crédito a una empresa asociada en 5.300 €. Descuento comercial en factura: 5 %. IVA: 21 %.

EJERCICIOS FINALES

Ejercicio 3.2

Contabiliza en el libro Diario los siguientes asientos:

1. Compra de mercaderías a crédito por 9.300 €, más 21 % de IVA.
2. El proveedor anterior concede un descuento de 300 €, más IVA, por volumen de pedido.
3. Paga 4.240 €, a través de banco, al proveedor anterior y acepta letras por el resto.
4. Compra de materias primas por 3.700 € y de envases por 540 €. IVA: 21 %.
5. Adelanta en efectivo 2.320 € (incluido IVA) a un proveedor, a cuenta de futuras compras.
6. El proveedor anterior envía mercaderías por valor de 7.000 €, más IVA. La empresa acepta letra por la deuda pendiente.
7. Facturan a la empresa por los siguientes conceptos:
   - Reparaciones en los edificios: 4.872 € (incl. IVA).
   - Asistencia técnica: 5.916 € (incl. IVA).
   - Energía eléctrica: 487,20 € (incl. IVA).
8. Paga 6.500 € de la deuda anterior mediante transferencia bancaria y acepta letra por el resto.
9. Abona la letra anterior, a su vencimiento, a través de banco.
10. Venta de mercaderías por 16.000 €, más 21 % de IVA.
11. El cliente anterior acepta letra a 60 días.
12. Descuenta la letra en un banco. Descuento: 300 €. Comisión: 20 €.
13. La letra descontada es pagada por el cliente a su vencimiento.
14. Venta de mercaderías por 4.600 € y de envases por 400 €. IVA: 21 %.
15. El cliente anterior acepta letra de cambio.
16. Se envía al banco, en gestión de cobro, la letra de cambio anterior.
17. La letra anterior resulta impagada a su vencimiento. El banco cobra 58 € por la devolución.
18. Se considera de difícil cobro un cliente que adeuda a la empresa 2.300 €.
19. El cliente anterior envía transferencia bancaria por importe de 1.500 €. El resto se considera perdido.
20. Venta de mercaderías por 8.300 € figurando en factura un descuento por pronto pago de 200 €. IVA: 21 %. Se cobra por banco.
21. La sociedad factura por servicios prestados a otras empresas:
    - Por el arrendamiento de una oficina: 5.200 €, más 21 % de IVA. Retención: 19 %.
    - Asistencia técnica, 4.300 €, más 21 % de IVA.
    - Comisiones, 3.200 €, más 21 % de IVA.
22. El arrendatario de la oficina acepta letra de cambio a 90 días.
23. Negocia la letra anterior en un banco. Descuento: 115 €.
24. El librado de la letra del punto anterior no la paga a su vencimiento. Gastos de devolución, 40 €.
25. El librado anterior acepta nueva letra por el nominal de la impagada más los gastos ocasionados por la devolución.

EJERCICIOS FINALES

26. La empresa envía la letra anterior al banco en gestión de cobro.
27. A su vencimiento el librado abona la letra. El banco cobra 52 €, más IVA, de comisiones.
28. La empresa anticipa 1.500 € en efectivo a un trabajador.
29. La empresa paga, a través de banco, la nómina del mes:
    - Salarios, 23.000 €.
    - Retenciones del IRPF, 3.600 €.
    - Seguridad Social de la empresa, 6.900 €.
    - Seguridad Social de empleados, 1.400 €.
    - La empresa recupera el anticipo concedido en el punto anterior.
30. Hacienda Pública concede a la empresa una subvención a la explotación de 7.500 €.
31. La empresa cobra la subvención anterior mediante transferencia bancaria.
32. Abona la nómina del mes, cuyo detalle es el siguiente:
    - Sueldos: 24.000 €.
    - Retenciones del IRPF: 3.800 €.
    - Seguridad Social, cuota patronal: 7.200 €.
    - Seguridad Social, cuota obrera: 1.450 €.

    La empresa paga, también, 700 € de prestaciones a cargo de la Seguridad Social.
33. Liquida a través de banco las deudas con la Seguridad Social y Hacienda contabilizadas en el punto anterior.
34. Venta de mercaderías a crédito por 34.000 €, más 21 % de IVA.
35. El cliente devuelve una partida de 18.000 €, más IVA, por incumplimiento de las condiciones del pedido.
36. Se considera de dudoso cobro al cliente anterior. Considerar el deterioro.
37. El cliente anterior abona 9.000 €. La empresa considera incobrable el saldo restante.

Ejercicio 3.3

Contabiliza en el libro Diario los siguientes asientos:

1. La empresa gira letra por importe de 5.200 € a cargo de un cliente y por 1.300 € a cargo de un deudor. Estos las aceptan.
2. Negocia la letra de 5.200 €. El banco abona en la cuenta de la empresa el nominal.
3. El banco carga en cuenta 46 € en concepto de gastos de negociación.
4. Envía al banco en gestión de cobro la letra de 1.300 €.
5. El librado de la letra negociada no la paga a su vencimiento y el banco la devuelve cargando 20 € en concepto de gastos de devolución.
6. Gira nueva letra de cambio al librado de la letra impagada anterior, incluyendo los gastos de devolución.
7. Negocia la letra anterior en el banco, que le abona en cuenta su importe menos 52 € de descuento y 10 € de otros gastos.
8. El banco devuelve nuevamente impagada la letra del punto anterior, cargando 20 € de gastos de devolución.

EJERCICIOS FINALES

9. Ante la nulidad de las gestiones realizadas la empresa considera definitivamente incobrable la letra del punto anterior.
10. La letra enviada en gestión de cobro (punto 4) resulta impagada a su vencimiento, ocasionando unos gastos de devolución de 20 €, que el banco carga en cuenta.
11. La empresa considera de difícil cobro la letra impagada del punto anterior y contabiliza el deterioro correspondiente.
12. Posteriormente logra cobrar 800 € en efectivo de la letra anterior y considera irrecuperable el saldo restante.
13. Un cliente remite por transferencia 3.600 €, más 21 % de IVA, a cuenta de un pedido que ha realizado a la empresa.
14. La empresa sirve al cliente del punto anterior las piezas que ha fabricado para él, importando la factura 9.600 €, más 21 % de IVA.
15. Al finalizar el ejercicio económico la empresa tiene pagado por anticipado el arrendamiento de dos meses de un local que importa 1.700 €, las primas de seguros de incendios de 4 meses que importan 450 € y folletos publicitarios por importe de 2.300 €.
16. Redactar el asiento que deberá hacer la empresa del punto anterior al comenzar el año siguiente.
17. Al finalizar el ejercicio económico la empresa tiene cobrado por anticipado el alquiler de un local por importe de 1.600 €.
18. Redactar el asiento que deberá hacer la empresa del punto anterior al comenzar el año siguiente.
19. Un cliente que adeuda a la empresa 7.800 € se encuentra en situación de concurso de acreedores.
20. Recibe cheque de 1.800 € del cliente del punto anterior, a cuenta de la liquidación de la deuda, que ingresa en la c/c bancaria.
21. Recibe otro cheque de 2.400 € que ingresa en la c/c bancaria.
22. Recibe otro cheque de 2.300 € y, habiéndose liquidado la empresa morosa, el resto debe considerarse como pérdida definitiva.

Ejercicio 3.4

Redacta los asientos correspondientes a partir de la siguiente información:

1. La empresa «A» realiza un pedido de 1.000 unidades del producto «P» a la empresa «B». Le envía un cheque de 2.714 € (incl. 21 % de IVA) en concepto de anticipo. Realizar el asiento en las contabilidades de ambas empresas.
2. La empresa «A» recibe el pedido solicitado a la empresa «B», junto con la factura en la que el precio que figura por unidad es de 7 €. Este precio no es el acordado con la empresa «B» por lo que no firma la factura. También se incluyen en factura 500 €, más IVA, de envases con facultad de devolución. Realizar el asiento en las contabilidades de ambas empresas.
3. La empresa «B» envía la factura rectificada al precio previamente acordado de 6,80 €/unidad. Realizar el asiento en las contabilidades de ambas empresas.
4. La empresa «A» devuelve envases a la empresa «B» por valor de 300 €. Se han estropeado envases por valor de 50 € y decide adquirir los restantes. Realizar el asiento en las contabilidades de ambas empresas.
5. La empresa «A» realiza una nueva compra de 2.000 unidades de productos «P» a la empresa «B» al mismo precio del pedido anterior. La empresa «B» incluye en factura 800 € de envases con facultad de devolución y 300 € de embalajes sin facultad de devolución. También se incluye en factura un descuento comercial del 6 % sobre el importe de los productos «P». IVA: 21 %. Realizar el asiento en las contabilidades de ambas empresas.

EJERCICIOS FINALES

6. La empresa «A» devuelve todos los envases a la empresa «B». Realizar el asiento en las contabilidades de ambas empresas.
7. La empresa «B» concede a la empresa «A» un descuento por volumen de pedido del 5 % sobre el importe de las ventas netas del producto «P» realizadas en los puntos anteriores. Realizar el asiento en las contabilidades de ambas empresas.
8. La empresa «A» envía transferencia bancaria a la empresa «B» por el importe de su deuda. Deduce el 3 % por pronto pago. Realizar el asiento en las contabilidades de ambas empresas.
9. Le envían factura a la empresa de 1.300 €, más 21 % de IVA, por reparaciones que le han efectuado.
10. La empresa acepta letra por el importe de la factura del punto anterior.
11. La empresa paga en efectivo la letra anterior a su vencimiento.
12. Un cliente que debe a la empresa 5.000 € acepta letra de cambio a 60 días.
13. Negocia la letra anterior en un banco con 70 € de descuento y 12 € de comisión.
14. El cliente no paga la letra anterior a su vencimiento. El banco la devuelve con unos gastos de 20 €.
15. La empresa envía nueva letra de cambio por el nominal de la impagada, gastos de devolución y 50 € de intereses de demora.
16. La empresa considera la letra anterior de difícil cobro.
17. Posteriormente considera perdida la letra anterior.
18. La empresa gira letra de cambio a un deudor que le debe 2.000 €. El deudor acepta la letra.
19. El deudor paga la letra anterior a su vencimiento.
20. Un cliente que debe a la empresa 500 € es declarado en concurso de acreedores.
21. La empresa consigue cobrar al cliente anterior 300 € y el resto lo considera irrecuperable.
22. Compra mercaderías a crédito en Estados Unidos por importe de $ 2.500. Paga el IVA, 21 %, a través de banco. Tipo de cambio 1 € = 1,42 $.
23. Paga con cheque un anticipo a un trabajador por importe de 600 €, que le descontará de la nómina a final de mes.
24. Paga la nómina del personal de la empresa que tiene el siguiente detalle:
    - Importe bruto: 12.400 €.
    - Seguridad Social, cuota patronal: 3.700 €.
    - Retenciones para la Seguridad Social: 760 €.
    - Retenciones a cuenta del IRPF: 1.820 €.

    La empresa paga también, a un trabajador, 500 € de prestaciones a cargo de la Seguridad Social.

    Descuenta el anticipo concedido en el punto anterior.

    Por dificultades transitorias de tesorería deja a deber sueldos por importe de 1.000 €.
25. Paga en efectivo los sueldos que ha dejado a deber en el punto anterior.
26. Paga en efectivo las deudas con la Seguridad Social y Hacienda contabilizadas en el punto 24.
27. El día 1-09-X2 paga por adelantado el alquiler anual del almacén que tiene arrendado por importe de 9.600 €, más 21 % de IVA. Retención: 19 %.
28. Realizar el asiento de periodificación correspondiente al punto anterior a 31-12-X2.

EJERCICIOS FINALES

29. Redactar el asiento que deberá hacer la empresa al comienzo del año 20X3 con respecto al alquiler del almacén.
30. Redactar los asientos que haría la empresa arrendadora del almacén con respecto a los puntos 27, 28 y 29, suponiendo que la actividad fundamental de esta empresa es la compraventa de mercaderías.
31. Realizar la liquidación del IVA correspondiente al tercer trimestre de 20X2 suponiendo que el IVA soportado asciende a 3.100 € y el IVA repercutido a 2.300 €.
32. Redactar la liquidación del IVA correspondiente al cuarto trimestre de 20X2 suponiendo que el IVA soportado asciende a 3.700 € y el IVA repercutido a 6.200 € y teniendo en cuenta el resultado de la liquidación del tercer trimestre (punto anterior).
33. Al cierre del ejercicio, el tipo de cambio del dólar es 1 € = 1,45 $ (a tener en cuenta para el punto 22).
34. Durante 20X2 la empresa cobra, por banco, los dividendos de 1.000 acciones que posee a razón de 0,90 € brutos por acción. Retención: 19 %.
35. Durante el año 20X2 la empresa paga 12.000 € a través de banco en concepto de pagos a cuenta del Impuesto sobre sociedades.
36. El beneficio antes de impuestos obtenido por la empresa durante el año 20X2, que coincide con la base imponible del impuesto sobre sociedades, ha sido de 120.000 €. Realizar la liquidación del impuesto sobre sociedades suponiendo que el tipo es del 25 % y sin tener en cuenta más datos que los proporcionados por los puntos 34, 35 y 36.

Ejercicio 3.5 (autoevaluación)

Contabiliza en el libro Diario las siguientes operaciones realizadas por la empresa:

1. Compra a crédito mercaderías en 2.000 € y envases en 500 €. IVA: 21 %.
2. Una empresa constructora envía una factura de 3.000 €, más 21 % de IVA, por obras realizadas en uno de los edificios de la empresa.
3. Acepta letras de cambio al vendedor del apartado 1 y a la empresa constructora del apartado 2.
4. Vende mercaderías a crédito en 5.000 € y envases en 750 €. IVA: 21 %.
5. Envía factura de 1.000 €, más 21 % de IVA, a otra empresa a la que le ha prestado un servicio de transporte eventual.
6. Gira letras de cambio al cliente del apartado 4 y al deudor del punto 5. Ambas letras son aceptadas.
7. Descuenta en el banco la letra aceptada por el cliente del punto 4, con 90 € de descuento. El banco ingresa en su c/c el líquido resultante.
8. Envía al banco en gestión de cobro la letra aceptada al deudor del punto 5.
9. El banco comunica que la letra anterior ha sido abonada por el librado a su vencimiento. Gastos de gestión: 15 €, más 21 % de IVA.
10. El banco devuelve impagada la letra descontada (ap. 7). Carga en c/c 40 € en concepto de devolución.
11. El librado de la letra impagada (ap. 10) se encuentra en situación de concurso de acreedores. Contabilizar el deterioro.
12. Cobra 3.000 € del efecto impagado anterior y considera irrecuperable el resto.
13. Venta de mercaderías en 12.000 €, más 21 % de IVA. Carga en factura 4.000 €, más IVA, de envases con facultad de devolución.
14. Transcurrido el plazo para la devolución de los envases el cliente solo devuelve estos por importe de 1.000 €.

EJERCICIOS FINALES

15. El 16 de octubre de 20X2 la empresa paga el alquiler correspondiente a 6 meses de un almacén que viene utilizando y que pertenece a la empresa «AHP». El importe mensual es de 1.200 €, más 21 % de IVA. Retención: 19 %.

16. El 31 de diciembre de 20X2 la empresa se da cuenta de que el alquiler anterior corresponde a los cuatro últimos meses del año 20X2 y a enero y febrero del año 20X3.

17. Contabilizar los asientos 15 y 16 en la contabilidad de la empresa «AHP».

UNIDAD 4

EL INMOVILIZADO NO FINANCIERO

En esta unidad estudiaremos el grupo 2 del Plan General de Contabilidad: Activo no corriente. Este grupo está constituido por aquellos elementos patrimoniales destinados a servir de forma duradera en la actividad de la empresa. Los activos financieros a largo plazo, que también forman parte del activo no corriente, se estudiarán en la Unidad 5.

Especial importancia tienen las correcciones valorativas de los elementos de inmovilizado: Amortizaciones.

Objetivos

- Conocer las características de los elementos de activo no corriente.
- Distinguir los distintos tipos de elementos de activo no corriente.
- Contabilizar correctamente la compra y la venta de los distintos tipos de elementos de activo no corriente.
- Comprender la función de las amortizaciones y conocer los distintos métodos existentes para el cálculo de las cuotas de amortización.
- Conocer el concepto de arrendamiento y sus tipos.

Contenidos

4.1. Concepto

Comprende los elementos del patrimonio destinados a servir de forma duradera en la actividad de la empresa. Está formado por lo que el PGC denomina *Activo no corriente,* que recoge en el grupo 2. Se trata de elementos a largo plazo que se convertirán en disponibilidades con el paso del tiempo.

El **Activo no corriente** está formado fundamentalmente por:

- Inmovilizaciones intangibles.
- Inmovilizaciones materiales.
- Inversiones inmobiliarias.
- Inversiones financieras a largo plazo.

Las inversiones financieras a largo plazo se estudiarán en la Unidad 5, junto con el resto de instrumentos financieros.

4.2. Inmovilizado material

Recuerda...

Para una información más exhaustiva debes consultar las normas de registro y valoración (NRV), en la segunda parte del Plan General de Contabilidad:

2. «Inmovilizado material».
3. «Normas particulares sobre inmovilizado material».

Son aquellos elementos patrimoniales tangibles, muebles o inmuebles, que forman parte del patrimonio de la empresa y que colaboran en el desarrollo de la actividad de esta durante un periodo largo de tiempo.

El Plan contable recoge estos bienes en el subgrupo *21. Inmovilizaciones materiales.*

Se contabilizarán inicialmente por el precio de adquisición o coste de producción del inmovilizado que se adquiera.

Los impuestos indirectos no recuperables formarán parte del precio de adquisición o coste de producción.

También formarán parte del valor del inmovilizado material el valor actual de las obligaciones derivadas del desmantelamiento o retiro y los costes de rehabilitación del lugar sobre el que se asienta.

Si necesitasen un periodo de tiempo superior a un año para estar en condiciones de funcionamiento, se incluirán en el precio de adquisición o coste de producción los gastos financieros devengados antes de su puesta en funcionamiento.

El precio de adquisición incluye, además del precio de compra (deducidos los descuentos), todos los gastos necesarios que se tengan que realizar hasta su puesta en funcionamiento: gastos de explanación y derribo, transporte, derechos arancelarios, seguros, instalación, montaje y otros similares.

El coste de producción se obtendrá añadiendo al precio de adquisición de las materias primas y otras materias consumibles, los demás costes directamente imputables a dichos bienes y la parte correspondiente de los costes indirectos correspondientes al periodo de fabricación o construcción.

Recuerda...

Las deudas por compra de inmovilizado se valorarán de acuerdo con lo dispuesto en la **NRV 9. «Instrumentos financieros»** (ap. 3.1).

En el caso de permutas de carácter comercial el inmovilizado material recibido se valorará por el valor razonable del activo entregado. En las permutas de carácter no comercial el inmovilizado material recibido se valorará por el valor contable del bien entregado más la contrapartida monetaria (si procede).

Los bienes de inmovilizado recibidos como aportación no dineraria de capital se valorarán por su valor razonable en el momento de la aportación.

Las deudas originadas por la compra de elementos de inmovilizado material se recogerán en las siguientes cuentas:

Deudas	No documentadas (facturas)	Documentadas (letras de cambio, pagarés)
Con empresas independientes	(173) Proveedores de inmov. a l/p (523) Proveedores de inmov. a c/p	(175) Efectos apagar a l/p (525) Efectos a pagar a c/p
Con partes vinculadas	(161) Proveedores de inmovilizado a l/p, partes vinculadas (511) Proveedores de inmovilizado a c/p, partes vinculadas	

Los derechos de cobro que surjan por la venta de inmovilizado material se recogerán en las siguientes cuentas:

Derechos	No documentados (facturas)	Documentados (letras de cambio, pagarés)
Con empresas independientes	(253) Créditos a l/p por enajenación de inmovilizado (543) Créditos a c/p por enajenación de inmovilizado	
Con partes vinculadas	(242) Créditos a l/p a partes vinculadas (532) Créditos a c/p a partes vinculadas	

Recuerda...

Los créditos por venta de inmovilizado se valorarán de acuerdo con lo dispuesto en la **NRV 9. «Instrumentos financieros»** (ap. 2.1).

Si surge una pérdida en la enajenación (venta) del inmovilizado material, esta se recogerá en la cuenta *(671) Pérdidas procedentes del inmovilizado material*. En caso de que se produzca beneficio, este se recogerá en la cuenta *(771) Beneficios procedentes del inmovilizado material.*

Sin embargo, las pérdidas producidas por hechos extraordinarios (incendio, inundación, accidente...) se recogerán en la cuenta *(678) Gastos excepcionales*.

Ejemplo 4.1

La empresa compra un edificio por 1.000.000 €, más 21 % de IVA. De este importe el 25 % corresponde al terreno. Paga a través de banco el 20 % y el resto a crédito de 6 años.

250.000	(210) Terrenos y bienes naturales.			
750.000	(211) Construcciones			
210.000	(472) Hacienda Pública, IVA soportado	a	(572) Bancos, c/c	242.000
		a	(173) Proveedores de inmovilizado a largo plazo	968.000

Ejemplo 4.2

Compra una máquina por 300.000 €, más 21 % de IVA. Paga en efectivo por gastos de transporte de la máquina 300 €, más IVA, y por su montaje en la fábrica 1.000 €, más IVA. Firma 5 letras de cambio de igual importe que vencerán en los 5 años siguientes, una cada año.

301.300	(213) Maquinaria			
63.273	(472) Hacienda Pública, IVA soportado	a	(570) Caja, euros	1.573
		a	(525) Efectos a pagar a corto plazo	72.600
		a	(175) Efectos a pagar a largo plazo	290.400

Ejemplo 4.3

Se estima que al finalizar la vida útil de la máquina del ejemplo anterior los costes de desmantelamiento ascenderán a 5.000 €. El tipo de interés efectivo es del 6 % y la vida útil, de 5 años.

3.736,29	(213) Maquinaria $[5.000 \times (1 + 0,06)^{-5}]$	a	(143) Provisión por desmantelamiento, retiro o rehabilitación del inmovilizado	3.736,29

Ejemplo 4.4

Compra dos camiones para el reparto de sus productos, por importe de 25.000 € cada uno, que pagará dentro de 6 meses. IVA: 21 %.

50.000	(218) Elementos de transporte			
10.500	(472) Hacienda Pública, IVA soportado	a	(523) Proveedores de inmovilizado a corto plazo	60.500

Ejemplo 4.5

Compra un ordenador por 5.500 €, más 21 % de IVA, firmando una letra de cambio a 90 días.

5.500	(217) Equipos para procesos de información			
1.155	(472) Hacienda Pública, IVA soportado	a	(525) Efectos a pagar a corto plazo	6.655

Ejemplo 4.6

Compra un terreno para construir un almacén por 60.000 €. Las obras de saneamiento, cierre, movimiento de tierras, etc., ascendieron a 5.000 €. IVA: 21 %. Se pagará dentro de 3 meses.

65.000	(210) Terrenos y bienes naturales			
13.650	(472) Hacienda Pública, IVA soportado	a	(523) Proveedores de inmovilizado a corto plazo	78.650

Ejemplo 4.7

Un accidente de tráfico deja inservible uno de los camiones que adquirió en el Ejemplo 4.4. La compañía de seguros le entrega cheque, que compensa, por importe de 20.000 €.

20.000	(572) Bancos, c/c			
5.000	(678) Gastos excepcionales	a	(218) Elementos de transporte	25.000

Ejemplo 4.8

Vende el ordenador que adquirió en el Ejemplo 4.5 por 4.000 €, más 21 % de IVA. Cobra a través de banco 1.000 € y el resto lo cobrará dentro de 3 meses.

1.000	(572) Bancos, c/c			
3.840	(543) Créditos a corto plazo por enajenación de inmovilizado			
1.500	(671) Pérdidas de créditos a largo plazo, empresas asociadas	a	(217) Equipos para procesos de información	5.500
		a	(477) Hacienda Pública, IVA repercutido	840

Ejemplo 4.9

Vende el camión que le queda en 25.500 €, más 21 % de IVA. El comprador le firma una letra de cambio que vencerá dentro de 18 meses.

30.855	(253) Créditos a largo plazo por enajenación de inmovilizado	a	(218) Elementos de transporte	25.000
		a	(477) Hacienda Pública, IVA repercutido	5.355
		a	(771) Beneficios procedentes del inmovilizado material	500

Ejemplo 4.10

Una empresa posee, al comenzar el ejercicio, utillaje por valor de 3.500 €. Durante el ejercicio compra en efectivo herramientas, que utilizará durante más de un ejercicio, en 2.000 €, más 21 % de IVA. Al final del ejercicio, un recuento físico determina unas existencias de 5.000 €.

2.000	(214) Utillaje			
420	(472) Hacienda Pública, IVA soportado [Por la compra de herramientas]	a	(570) Caja, euros	2.420
500	(659) Otras pérdidas en gestión corriente [Pérdidas = 3.500 + 2.000 – – 5.000 = 500]	a	(214) Utillaje	500

4.2.1. Inmovilizado material en curso

El Plan contable incluye en este subgrupo 23 una serie de cuentas que recogen inmovilizado material en periodo de adaptación, construcción o montaje.

Cuando concluya la adaptación, construcción o montaje su saldo pasará a la cuenta correspondiente de inmovilizado material (subgrupo 21).

También se incluye en este subgrupo la cuenta *(239) Anticipos para inmovilizaciones materiales* que recoge las entregas a proveedores de inmovilizado material a cuenta de suministros, obras y trabajos futuros.

Plan General de Contabilidad

3.ª Normas particulares sobre inmovilizado material

e) Los gastos realizados durante el ejercicio con motivo de las obras y trabajos que la empresa lleva a cabo para sí misma, se cargarán en las cuentas de gastos que correspondan. Las cuentas de inmovilizaciones materiales en curso, se cargarán por el importe de dichos gastos, con abono a la partida de ingresos que recoge los trabajos realizados por la empresa para sí misma.

Ejemplo 4.11

La empresa compra un terreno por 20.000 €, más 21 % de IVA, que pagará dentro de 12 meses.

20.000	(210) Terrenos y bienes naturales			
4.200	(472) Hacienda Pública, IVA soportado	a	(523) Proveedores de inmovilizado a corto plazo	24.200

Ejemplo 4.12

Inicia la construcción de un almacén en el terreno anterior pagando a la empresa constructora 30.000 €, más IVA, con cheque.

30.000	(231) Construcciones en curso			
6.300	(472) Hacienda Pública, IVA soportado	a	(572) Bancos, c/c	36.300

Ejemplo 4.13

La empresa constructora pasa nueva certificación por importe de 40.000 €, más IVA, y entrega el almacén terminado. La empresa firma letra de cambio a 18 meses.

40.000	(231) Construcciones en curso			
8.400	(472) Hacienda Pública, IVA soportado	a	(175) Efectos a pagar a largo plazo	48.400
70.000	(211) Construcciones	a	(231) Construcciones en curso	70.000

Ejemplo 4.14

Paga a un proveedor de inmovilizado 5.000 €, más 21 % de IVA, con cheque a cuenta de la compra de una máquina que entregará próximamente.

5.000	(239) Anticipos para inmovilizaciones materiales			
1.050	(472) Hacienda Pública, IVA soportado	a	(572) Bancos, c/c	6.050

Ejemplo 4.15

El proveedor anterior entrega la máquina cuyo precio total es de 13.000 €, más IVA. Se deja a deber a 6 meses.

13.000	(213) Maquinaria			
1.680	(472) Hacienda Pública, IVA soportado	a	(239) Anticipos para inmovilizaciones materiales	5.000
	[21 % s/(13.000 – 5.000)]	a	(523) Proveedores de inmovilizado a corto plazo	9.680

Ejemplo 4.16

Una empresa comienza a construir una máquina con sus propios medios. Durante el ejercicio 20X2 satisface los siguientes gastos para su fabricación: materiales, 5.000 € y gastos de personal, 6.000 €. Durante el ejercicio 20X3 satisface: gastos de personal, 2.000 € y servicios exteriores, 1.000 €. Durante el ejercicio 20X3 la máquina está terminada y puesta en funcionamiento.

	Ejercicio 20X2			
5.000	(602) Compras de otros aprovisionamientos			
1.050	(472) Hacienda Pública, IVA soportado			
6.000	(64) Gastos de personal	a	(570) Caja, euros	12.050
	[Contabilización de los gastos del ejercicio 20X2]			
	31-12-20X2			
11.000	(233) Maquinaria en montaje	a	(733) Trabajos realizados para el inmovilizado material en curso	11.000
	[Incorporación al activo de los gastos invertidos en la construcción de la máquina]			
	Ejercicio 20X3			
2.000	(64) Gastos de personal			
1.000	(62) Servicios exteriores			
210	(472) Hacienda Pública, IVA soportado	a	(570) Caja, euros	3.210
	[Contabilización de los gastos del ejercicio 20X3]			
14.000	(213) Maquinaria	a	(233) Maquinaria en montaje	11.000
		a	(731) Trabajos realizados para el inmovilizado material	3.000
	[Incorporación al inmovilizado de la maquinaria construida]			

4.2.2. Inversiones inmobiliarias

Están formadas por activos no corrientes que sean inmuebles y que se posean para obtener rentas, plusvalías o ambas. Los flujos de efectivo derivados de estas inversiones inmobiliarias son independientes de la actividad normal de la empresa.

Se clasificarán como inversiones inmobiliarias aquellos inmuebles que no estén sometidos al proceso productivo en la empresa.

Según la NRV **4. Inversiones inmobiliarias**, los criterios contenidos en las normas relativas al inmovilizado material se aplicarán a las inversiones inmobiliarias.

4.3. Inmovilizado intangible

Es todo aquel activo que es identificable, tiene carácter no monetario y carece de apariencia física. Se recoge en el subgrupo *20. Inmovilizaciones intangibles* del PGC.

Según la NRV **5. Inmovilizado intangible**, para su reconocimiento inicial es preciso que, además de cumplir la definición de activo y los criterios de registro y reconocimiento contable contenidos en el Marco Conceptual de la Contabilidad, cumpla el criterio de **identificabilidad**, que implica el cumplimiento de alguno de los dos requisitos siguientes:

Recuerda...

Para una información más exhaustiva debes consultar las NRV **5. «Inmovilizado intangible»** y **6. «Normas particulares sobre el inmovilizado intangible»**.

Plan General de Contabilidad

6.ª Normas particulares sobre el inmovilizado intangible.

a) **Investigación y desarrollo.** Los gastos de investigación serán gastos del ejercicio en que se realicen. Podrán activarse si cumplen las siguientes condiciones:

- Estar específicamente individualizados por proyectos y su coste claramente establecido para que pueda ser distribuido en el tiempo.
- Tener motivos fundados del éxito técnico y de la rentabilidad económico-comercial del proyecto.

Los gastos de desarrollo, cuando se cumplan las condiciones anteriores, se reconocerán en el activo.

En el caso en que existan dudas razonables sobre el éxito técnico o la rentabilidad económico-comercial del proyecto, los importes activados deberán imputarse directamente a pérdidas del ejercicio.

b) **Propiedad industrial.** Recogerá los gastos de desarrollo capitalizados cuando se obtenga la correspondiente patente o similar, incluido el coste de registro y formalización.

d) **Derechos de traspaso.** Solo podrán figurar en el activo, cuando su valor se ponga de manifiesto en virtud de una adquisición onerosa.

e) **Programas de ordenador.** Se incluirán en el activo, tanto los adquiridos a terceros como los elaborados por la propia empresa, incluidos los gastos de desarrollo de la página web.

Se aplicarán los mismos criterios de registro que los establecidos para los gastos de desarrollo.

a) Ser separable: susceptible de ser separado de la empresa y vendido, cedido, entregado para su explotación, arrendado o intercambiado.

b) Surgir de derechos legales o contractuales.

Los elementos de inmovilizado intangible se valorarán por el precio de adquisición o coste de producción.

Los criterios contenidos en las normas relativas al inmovilizado material se aplicarán a los elementos del inmovilizado intangible.

Lo mismo que en el inmovilizado material, las deudas que surjan debido a su adquisición se contabilizarán en las cuentas:

Deudas	No documentadas (facturas)	Documentadas (letras de cambio, pagarés)
Con empresas independientes	(173) Proveedores de inmov. a l/p (523) Proveedores de inmov. a c/p	(175) Efectos a pagar a l/p (525) Efectos a pagar a c/p
Con partes vinculadas	(161) Proveedores de inmovilizado a l/p, partes vinculadas (511) Proveedores de inmovilizado a c/p, partes vinculadas	

Y los derechos de cobro que surjan como consecuencia de su enajenación se recogerán en las cuentas:

Derechos	No documentados (facturas)	Documentados (letras de cambio, pagarés)
Con empresas independientes	(253) Créditos a l/p por enajenación de inmovilizado (543) Créditos a c/p por enajenación de inmovilizado	
Con partes vinculadas	(242) Créditos a l/p a partes vinculadas (532) Créditos a c/p a pares vinculadas	

Las pérdidas o beneficios que surjan como consecuencia de su enajenación se contabilizarán en las cuentas:

- *(670) Pérdidas procedentes del inmovilizado intangible.*
- *(770) Beneficios procedentes del inmovilizado intangible.*

Ejemplo 4.17

Una sociedad financia un programa de desarrollo con un laboratorio para la obtención de una patente. Durante 20X2 paga con cheque a dicho laboratorio 60.000 €, más 21 % de IVA.

60.000	(620) Gastos en investigación y desarrollo del ejercicio			
12.600	(472) Hacienda Pública, IVA soportado	a	(572) Bancos, c/c	72.600

Ejemplo 4.18

Al cierre del ejercicio 20X2 la sociedad del Ejemplo 4.17 tiene razones fundadas de éxito técnico y de la rentabilidad del proyecto.

60.000	(201) Desarrollo	a	(730) Trabajos realizados para el inmovilizado intangible	60.000

Ejemplo 4.19

En el ejercicio económico 20X3 el laboratorio obtiene la patente buscada. La sociedad la inscribe en el correspondiente Registro y paga en efectivo 250 €, más IVA.

60.250	(203) Propiedad industrial			
52,50	(472) Hacienda Pública, IVA soportado	a	(201) Desarrollo	60.000
		a	(570) Caja, euros	302,50

Ejemplo 4.20

Supongamos que durante el ejercicio 20X3, en lugar de la obtención de la patente, la empresa tiene dudas del éxito técnico de la investigación.

60.000	(670) Pérdidas procedentes del inmovilizado intangible	a	(201) Desarrollo	60.000

Ejemplo 4.21

Paga al Estado 150.000 € con cheque por el derecho a la explotación de una mina.

150.000	(202) Concesiones administrativas	a	(572) Bancos, c/c	150.000

Ejemplo 4.22

Compra una patente para la fabricación de sus productos por 50.000 €, más 21 % de IVA. Paga 20.000 € a través de banco y por el resto firma letras de cambio a 90 días.

50.000	(203) Propiedad industrial			
10.500	(472) Hacienda Pública, IVA soportado	a	(572) Bancos, c/c	20.000
		a	(525) Efectos a pagar a corto plazo	40.500

Ejemplo 4.23

Compra por 120.000 €, que paga con cheque, una empresa en funcionamiento cuyo patrimonio es el siguiente: terrenos y bienes naturales, 20.000 €; construcciones, 80.000 €; mobiliario, 5.000 €; proveedores, 6.000 €.

20.000	(210) Terrenos y bienes naturales			
80.000	(211) Construcciones			
5.000	(216) Mobiliario			
21.000	(204) Fondo de comercio	a	(400) Proveedores	6.000
		a	(572) Bancos, c/c	120.000

Ejemplo 4.24

Desea hacerse cargo, en alquiler, de una tienda en funcionamiento. Paga con cheque al antiguo arrendatario 80.000 €, más 21 % de IVA, en concepto de derechos de traspaso.

80.000	(205) Derechos de traspaso			
16.800	(472) Hacienda Pública, IVA soportado	a	(572) Bancos, c/c	96.800

Ejemplo 4.25

Compra un ordenador en 5.000 € y diversos programas informáticos por 1.500 €. Paga 1.000 € con cheque y el resto queda pendiente a 3 meses. IVA: 21 %.

5.000	(217) Equipos para procesos de información			
1.500	(206) Aplicaciones informáticas			
1.365	(472) Hacienda Pública, IVA soportado	a	(572) Bancos, c/c	1.000
		a	(523) Proveedores de inmovilizado a corto plazo	6.865

Ejemplo 4.26

Vende los programas del ejemplo anterior en 900 €, más 21 % de IVA, que cobrará dentro de 2 meses.

1.089	(543) Créditos a corto plazo por enajenación de inmovilizado			
600	(670) Pérdidas procedentes del inmovilizado intangible	a	(206) Aplicaciones informáticas	1.500
		a	(477) Hacienda Pública, IVA repercutido	189

Ejemplo 4.27

Desea adquirir un programa de contabilidad que tiene un precio de 3.000 €, más 21 % de IVA. Anticipa un cheque por el 20 % de su importe al realizar el pedido.

600	(209) Anticipos para inmovilizaciones intangibles			
126	(472) Hacienda Pública, IVA soportado	a	(572) Bancos, c/c	726

Ejemplo 4.28

Al recibir el programa firma letra de cambio a un año por la parte pendiente.

3.000	(206) Aplicaciones informáticas			
504	(472) Hacienda Pública, IVA soportado	a	(209) Anticipos para inmovilizaciones intangibles	600
	[21 % s/(3.000 – 600)]	a	(525) Efectos a pagar a corto plazo	2.904

4.4. Correcciones valorativas

Son disminuciones que se producen en el valor de los bienes debido a su utilización o a su valoración inferior y que se detectan al final del ejercicio. Estas pérdidas de valor podrán ser permanentes o reversibles.

Habrá dos tipos de pérdidas de valor que darán lugar a correcciones valorativas:

- Las que tienen carácter permanente o irreversible, que a su vez pueden ser:
  - Sistemáticas o regulares: se corrigen mediante las amortizaciones.
  - Excepcionales: se consideran pérdidas excepcionales.
- Las que tienen carácter reversible (pérdidas de valor no definitivas): deterioro de valor.

4.4.1. Amortizaciones

La amortización es el reflejo contable de la depreciación.

Se entiende por depreciación la pérdida de valor que sufren los elementos de inmovilizado por alguna de las siguientes causas:

- Envejecimiento funcional: originado por su uso o utilización en el proceso productivo.
- Envejecimiento físico: originado por el transcurso del tiempo.
- Envejecimiento económico u obsolescencia: motivado por las innovaciones tecnológicas, disposiciones legales, etc.

Se trata, pues, de pérdidas de valor de carácter permanente y que darán origen a correcciones valorativas sistemáticas.

Plan General de Contabilidad

2.ª Inmovilizado material
2. Valoración posterior

Con posterioridad a su reconocimiento inicial, los elementos de inmovilizado material se valorarán por su precio de adquisición o coste de producción menos la amortización acumulada y, en su caso, el importe acumulado de las correcciones valorativas por deterioro reconocidas.

5.ª Inmovilizado intangible
2. Valoración posterior

Los inmovilizados intangibles son activos de vida útil definida y deberán ser objeto de amortización.

Cuando la vida útil de estos activos no pueda estimarse de manera fiable se amortizarán en un plazo de diez años de forma lineal, sin perjuicio de los plazos establecidos en las normas particulares sobre el inmovilizado intangible.

Todos los elementos de inmovilizado material (subgrupo 21) se amortizan, excepto los que recoge la cuenta *(210) Terrenos y bienes naturales*. Los elementos del inmovilizado intangible (subgrupo 20) también se amortizan (si su vida útil no puede estimarse de manera fiable se amortizarán en un plazo de 10 años).

La amortización se realizará por el denominado método indirecto, que consiste en reflejar la cuantía anual de la depreciación sufrida cargando una cuenta de gastos:

- *(680) Amortización del inmovilizado intangible.*
- *(681) Amortización del inmovilizado material.*
- *(682) Amortización de las inversiones inmobialiarias.*

y abonando una de las cuentas correctoras siguientes:

- *(280) Amortización acumulada del inmovilizado intangible.*
- *(281) Amortización acumulada del inmovilizado material.*
- *(282) Amortización acumulada de las inversiones inmobiliarias.*

Estas últimas cuentas recogen las correcciones de valor por la depreciación del inmovilizado intangible o material, respectivamente, realizadas de acuerdo con un plan sistemático.

De esta forma la dotación del ejercicio a la amortización dará lugar a los siguientes asientos:

(680) Amortización del inmovilizado intangible	a	(280) Amortización acumulada del inmovilizado intangible
(681) Amortización del inmovilizado material	a	(281) Amortización acumulada del inmovilizado material
(682) Amortización de las inversiones inmobiliarias	a	(282) Amortización acumulada de las inversiones inmobiliarias

Cálculo de las amortizaciones

Existen muchos métodos para el cálculo de la cuota anual de amortización. Citamos a continuación cuatro de ellos:

a) **Amortización constante o lineal:** la depreciación es considerada como función del tiempo y no del uso. Es un método simple y muy aplicado en la práctica. La cuota de amortización constante se calcula así:

$$= \frac{\text{Precio de adquisición} - \text{Valor residual}}{\text{Duración útil estimada}}$$

b) **Método de los números dígitos:** la suma de dígitos se determinará en función del periodo de amortización del elemento a amortizar. Dicho método permite determinar cuotas de amortización tanto decrecientes como crecientes.

Los pasos a seguir para su cálculo son:

- La sociedad decidirá el periodo en el que se desea amortizar el bien.
- Se asigna un valor numérico, a partir de la unidad, a cada uno de los años que constituyen el periodo de amortización. La suma de dichos valores será la suma de dígitos.

Plan General de Contabilidad

6.ª Normas particulares sobre el inmovilizado intangible

a) Investigación y desarrollo

Los gastos de investigación que figuren en el activo deberán amortizarse durante su vida útil, y siempre dentro del plazo de 5 años.

Los gastos de desarrollo deberán amortizarse durante su vida útil, que se presupone que no es superior a 5 años.

c) Fondo de comercio

Solo podrá figurar en el activo cuando su valor se ponga de manifiesto en virtud de una adquisición onerosa, en el contexto de una combinación de negocios.

Su importe se determinará de acuerdo a lo indicado en la norma relativa a combinaciones de negocios.

Con posterioridad se valorará por su precio de adquisición menos la amortización acumulada y el importe acumulado de los deterioros reconocidos.

El fondo de comercio se amortizará durante su vida útil. Se presumirá, salvo prueba en contrario, que la vida útil del fondo de comercio es de diez años.

e) Programas de ordenador

Se aplicarán los mismos criterios de amortización que los establecidos para los gastos de desarrollo.

- Se divide el valor a amortizar entre la suma de dígitos obtenida, determinándose así la cuota por dígito.
- La cuota de amortización anual se obtendrá multiplicando la cuota por dígito por el valor numérico que corresponda a cada periodo.
  - Si la asignación de cada valor numérico a cada uno de los años de la vida útil se realiza de forma creciente, obtendremos cuotas de amortización crecientes.
  - En caso contrario obtendremos unas cuotas de amortización decrecientes.

Ejemplo 4.29

Una empresa de fabricación de calzado posee una máquina para preparación de cueros cuyo precio de adquisición fue de 8.000 €. Supone que el valor residual de la máquina al final de su vida útil será de 200 €. Decide amortizarla en 5 años por el método de los números dígitos. Calcula las cuotas de amortización.

Valor a amortizar = Precio de adquisición – valor residual = 8.000 – 200 = 7.800 €.
A cada año se le asigna un dígito (1, 2, 3, 4 y 5) y se realiza un reparto proporcional a los dígitos asignados a cada periodo:
Cuota por dígito = Valor a amortizar/suma de dígitos =7.800 / (1 + 2 + 3 + 4 + 5) =7.800 / 15 = 520 €
Cuotas de amortización anuales:

	Amortización creciente	Amortización decreciente
1	520 x 1 = 520	520 x 5 = 2.600
2	520 x 2 = 1.040	520 x 4 = 2.080
3	520 x 3 = 1.560	520 x 3 = 1.560
4	520 x 4 = 2.080	520 x 2 = 1.040
5	520 x 5 = 2.600	520 x 1 = 520
Total	**7.800**	**7.800**

c) **Amortización según porcentaje constante:** se aplica un porcentaje constante sobre el valor pendiente de amortización o valor contable del elemento patrimonial. El resultado de la aplicación de este método será la obtención de unas cuotas anuales de amortización decrecientes.

Ejemplo 4.30

Supongamos que la empresa de fabricación de calzado del ejemplo anterior elige este método para amortizar la máquina y desea hacerlo en 10 años. Calcula las cuotas de amortización de los 4 primeros años si aplicamos un 15 % anual sobre el valor residual de cada año.

Valor a amortizar = Precio de adquisición – valor residual = 8.000 – 200 = 7.800 €.
Cuota amortización año 1: 15 % de 7.800 = 1.170 €.
Cuota amortización año 2: 15 % de 6.630 (7.800 – 1.170) = 994,5 €.
Cuota amortización año 3: 15 % de 5.635,5 (6.630 – 994,5) = 845,33 €.
Cuota amortización año 4: 15 % de 4.790,17 (5.635,5 – 845,33) = 718,53 €.
De la misma forma calcularíamos las cuotas de amortización hasta el año 10 (en este año amortizaríamos el resto).

d) **Amortización técnico-funcional** (basado en la actividad): este método pone el acento en el uso o la productividad del inmovilizado. La cantidad que se amortiza en cada ejercicio varía según el grado de utilización del elemento de que se trate (kilómetros recorridos por el vehículo, horas de uso de la maquinaria, número de unidades producidas, etc.).

Ejemplo 4.31

A un vehículo cuyo coste fue de 50.000 € se le calcula una vida útil de 400.000 km., con un valor residual estimado de 6.000 € al final de su vida útil. Determinar la cantidad a amortizar en el presente ejercicio sabiendo que el número de kilómetros recorridos durante el mismo ha sido de 38.000.

— Cantidad a amortizar a lo largo de la vida útil del vehículo: 50.000 - 6.000 = 44.000 €
— Coste por km.: 44.000/400.000 = 0,11 €/km.
— Cantidad a amortizar en el presente ejercicio: 38.000 x 0,11 = 4.180 €

Ejemplo 4.32

Con una máquina cuyo coste fue de 90.000 € y a la que se le calcula un valor residual de 10.500 €, se tiene previsto fabricar 75.000 unidades de un determinado producto. La producción de este año ha sido de 18.000 unidades. Determina la cantidad a amortizar en el presente ejercicio.

— Cantidad a amortizar a lo largo de la vida útil de la máquina: 90.000 – 10.500 = 79.500 €
— Coste por unidad fabricada: 79.500/75.000 = 1,06 € / unidad.
— Cantidad a amortizar en el presente ejercicio: 18.000 x 1,06 = 19.080 €

Ejemplo 4.33

Dota la amortización anual de una patente cuyo precio de adquisición fue de 50.000 € y se estima que se utilizará durante 10 años, sin valor residual. Depreciación constante.

5.000	(680) Amortización del inmovilizado intangible (50.000/10)	a	(280) Amortización acumulada del inmovilizado intangible	5.000

Ejemplo 4.34

Dota la amortización anual del mobiliario de la empresa, que se adquirió en 8.000 €, si su valor residual se estima en 500 € y su vida útil en 15 años. Depreciación constante.

500	(681) Amortización del inmovilizado material [(8.000 – 500)/15]	a	(281) Amortización acumulada del inmovilizado material	500

Ejemplo 4.35

La empresa tiene contabilizados unos derechos de traspaso por importe de 40.000 € y desea amortizarlos en 5 años mediante cuotas constantes. Realiza la amortización correspondiente al primer año.

8.000	(680) Amortización del inmovilizado intangible (40.000/5)	a	(280) Amortización acumulada del inmovilizado intangible	8.000

Ejemplo 4.36

Contabiliza la amortización del vehículo del Ejemplo 31.

4.180	(681) Amortización del inmovilizado material	a	(281) Amortización acumulada del inmovilizado material	4.180

Ejemplo 4.37

Contabiliza la amortización de la máquina del Ejemplo 32.

19.080	(681) Amortización del inmovilizado material	a	(281) Amortización acumulada del inmovilizado material	19.080

4.4.2. Deterioro del valor del inmovilizado

Recogen el importe de las correcciones valorativas por pérdidas reversibles en el inmovilizado material o intangible. La estimación de estas pérdidas deberá hacerse al cierre del ejercicio.

Estas correcciones se recogen en las siguientes cuentas del PGC:

- *(290) Deterioro de valor del inmovilizado intangible.*
- *(291) Deterioro de valor del inmovilizado material.*
- *(292) Deterioro de valor de las inversiones inmobiliarias.*

El PGC dice que se produce una pérdida por deterioro de un elemento cuando su valor contable supere a su importe recuperable. El importe recuperable será el mayor de los dos siguientes:

- Valor razonable – costes de venta.
- Valor en uso.

La diferencia fundamental con las amortizaciones es que, mientras en las amortizaciones las pérdidas que recogen son irreversibles, aquí se contabilizan pérdidas que no son definitivas, y existe la posibilidad de que el elemento de activo recupere su valor en el futuro.

Las correcciones de valor por deterioro se dotarán con cargo a las cuentas de gastos:

- *(690) Pérdidas por deterioro del inmovilizado intangible.*
- *(691) Pérdidas por deterioro del inmovilizado material.*
- *(692) Pérdidas por deterioro de las inversiones inmobiliarias.*

Plan General de Contabilidad

2.ª Inmovilizado material
2.2. Deterioro del valor

Se producirá una pérdida por deterioro del valor de un elemento del inmovilizado material cuando su valor contable supere a su importe recuperable.

5.ª Inmovilizado intangible
2. Valoración posterior

Al menos anualmente deberá analizarse si existen indicios de deterioro de valor para, en su caso, comprobar su eventual deterioro.

6.ª Normas particulares sobre el inmovilizado intangible
c) Fondo de comercio

Al menos anualmente se analizará si existen indicios de deterioro de valor de las unidades generadoras de efectivo a las que se haya asignado un fondo de comercio y se comprobará su eventual deterioro de valor de acuerdo con lo indicado en el apartado 2.2 de la norma relativa al inmovilizado material.

Las correcciones valorativas por deterioro reconocidas en el fondo de comercio no serán objeto de reversión en los ejercicios posteriores.

(690) Pérdidas por deterioro del inmovilizado intangible	a	(290) Deterioro de valor del inmovilizado intangible
(691) Pérdidas por deterioro del inmovilizado material	a	(291) Deterioro de valor del inmovilizado material
(692) Pérdidas por deterioro de las inversiones inmobiliarias	a	(292) Deterioro de valor de las inversiones inmobiliarias

Al menos al cierre del ejercicio, deberán efectuarse las correcciones valorativas por deterioro de valor de los distintos elementos.

La reversión del deterioro de valor cuando las circunstancias que lo motivaron hubieran dejado de existir, se registrará en las cuentas:

- *(790) Reversión del deterioro del inmovilizado intangible.*
- *(791) Reversión del deterioro del inmovilizado material.*
- *(792) Reversión del deterioro de las inversiones inmobiliarias.*

(290) Deterioro de valor del inmovilizado intangible	a	(790) Reversión del deterioro del inmovilizado intangible
(291) Deterioro de valor del inmovilizado material	a	(791) Reversión del deterioro del inmovilizado material
(292) Deterioro de valor de las inversiones inmobiliarias	a	(792) Reversión del deterioro de las inversiones inmobiliarias

Ejemplo 4.38

Una empresa compra un terreno por 80.000 €, más 21 % de IVA, que paga con cheque.

80.000	(210) Terrenos y bienes naturales			
16.800	(472) Hacienda Pública, IVA soportado	a	(572) Bancos, c/c	96.800

Ejemplo 4.39

A finales de año se estima que el terreno ha sufrido una pérdida de valor de carácter reversible. Se estima que su importe recuperable es de 60.000 €.

20.000	(691) Pérdidas por deterioro del inmovilizado material [80.000 – 60.000]	a	(291) Deterioro de valor del inmovilizado material	20.000

Ejemplo 4.40

En el ejercicio económico siguiente, debido a un cambio de política municipal con respecto a la zona donde se ubica el terreno, se estima que su valor recuperable es de 100.000 €.

20.000	(291) Deterioro de valor del inmovilizado material	a	(791) Reversión del deterioro del inmovilizado material	20.000
	[El valor contable ya no es superior al importe recuperable]			

Ejemplo 4.41

La empresa tiene contabilizada una patente por importe de 500.000 €, con una amortización acumulada de 140.000 €. Al final del ejercicio económico estima que, debido a cambios producidos en el sector, su valor de mercado menos los costes de venta es de 250.000 € y su valor de uso de 220.000 €.

110.000	(690) Pérdidas por deterioro del inmovilizado intangible	a	(2903) Deterioro de valor de propiedad industrial	110.000

Valor contable (500.000 - 140.000) =	360.000
Importe recuperable (250.000 > 220.000) =	250.000
Deterioro	110.000

4.4.3. Pérdidas procedentes del inmovilizado

Son las que se producen en la enajenación del inmovilizado intangible o material, o por la baja en inventario total o parcial, como consecuencia de pérdidas por depreciaciones irreversibles de dichos activos.

Ejemplo 4.42

La empresa posee una patente contabilizada en 40.000 €. Debido a un descubrimiento técnico repentino pierde totalmente su valor.

40.000	(670) Pérdidas procedentes del inmovilizado intangible	a	(203) Propiedad industrial	40.000

4.5. Baja del inmovilizado

Los elementos del inmovilizado se darán de baja por:

- Enajenación.
- Disposición por otra vía.
- Cuando no se espera obtener beneficios económicos futuros de los mismos.

Si existe pérdida o beneficio, este se recogerá en las cuentas *670*, *671*, *672* (pérdida) o *770*, *771*, *772* (beneficio), como ya se indicó anteriormente en esta unidad.

Ejemplo 4.43

La empresa vende por 12.000 €, más 21 % de IVA, un camión cuyo precio de adquisición fue de 80.000 € y que estaba amortizado en 70.000 €. Cobra a través de banco.

14.520	(572) Bancos, c/c			
70.000	(281) Amortización acumulada del inmovilizado material	a	(218) Elementos de tranporte	80.000
		a	(477) Hacienda Pública, IVA repercutido	2.520
		a	(771) Beneficios procedentes del inmovilizado material	2.000

Ejemplo 4.44

La empresa vende en 400 €, más 21 % de IVA, un programa informático que le había costado 3.000 € y estaba amortizado en 2.000 €. Cobra por banco.

484	(572) Bancos, c/c			
2.000	(280) Amortización acumulada del inmoviliza-do intangible			
600	(670) Pérdidas procedentes del inmovilizado intangible	a	(206) Aplicaciones informáticas	3.000
		a	(477) Hacienda Pública, IVA repercutido	84

Ejemplo 4.45

La empresa vende en 8.000 €, más IVA, un terreno que adquirió por 12.000 € y tiene contabilizada una corrección valorativa por deterioro de valor por importe de 5.000 €. Cobrará dentro de 6 meses.

9.680	(543) Créditos a corto plazo por enajenación de inmovilizado			
5.000	(291) Deterioro de valor del inmovilizado material	a	(210) Terrenos y bienes naturales	12.000
		a	(477) Hacienda Pública, IVA repercutido	1.680
		a	(771) Beneficios procedentes del inmovilizado material	1.000

4.6. Activos no corrientes y grupos enajenables de elementos, mantenidos para la venta

Recuerda...

Para una información más exhaustiva consultar la NRV **7. «Activos no corrientes y grupos enajenables de elementos, mantenidos para la venta».**

La empresa clasificará como activos no corrientes mantenidos para la venta aquellos activos cuyo valor contable se espera recuperar a través de su venta, en lugar de por su uso continuado.

Los activos no corrientes mantenidos para la venta se valorarán en el momento de su clasificación en esta categoría, por el menor de los importes siguientes:

- Su valor contable.
- Su valor razonable menos los costes de venta.

Para la determinación del valor contable en el momento de la reclasificación, se determinará el deterioro del valor en ese momento y se registrará, si procede, una corrección valorativa por deterioro de ese activo.

Mientras un activo se clasifique como no corriente mantenido para la venta, no se amortizará, debiendo dotarse las oportunas correcciones valorativas de forma que el valor contable no exceda el valor razonable menos los costes de venta.

Cuando un activo deje de cumplir los requisitos para ser clasificado como mantenido para la venta se reclasificará en la partida del Balance que corresponda a su naturaleza.

Grupos enajenables de elementos mantenidos para la venta

Conjunto de activos pasivos directamente asociados de los que se va a disponer de forma conjunta como grupo, en una única transacción.

Para su valoración se aplicarán las mismas reglas que a los activos no corrientes mantenidos para la venta.

Ejemplo 4.46

La empresa tiene un camión cuyo precio de adquisición fue de 30.000 € y que estaba amortizado en 12.000 €. Decide destinar este elemento a su venta. Su valor razonable menos los costes de ventas asciende a 17.000 €.

17.000	(580) Inmovilizado			
12.000	(281) Amortización acumulada del inmovilizado material			
1.000	(671) Pérdidas procedentes del inmovilizado material	a	(218) Elementos de transporte	30.000

4.7. Arrendamientos y otras operaciones de naturaleza similar

Arrendamiento es un acuerdo por el que el arrendador cede al arrendatario, a cambio de percibir una suma única de dinero o una serie de pagos o cuotas, el derecho a utilizar un activo durante un periodo de tiempo determinado.

4.7.1. Arrendamiento financiero

Cuando de las condiciones económicas de un acuerdo de arrendamiento se deduzca que se transfieren sustancialmente todos los riesgos y beneficios inherentes a la propiedad del activo objeto del contrato, dicho acuerdo deberá calificarse como arrendamiento financiero.

El arrendatario registrará un activo de acuerdo con su naturaleza, según se trate de un elemento del inmovilizado material o del intangible, y un pasivo financiero

Plan General de Contabilidad

8.ª Arrendamientos y otras operaciones de naturaleza similar

1. Arrendamiento financiero

En un acuerdo de arrendamiento de un activo con opción de compra, se presumirá que se transfieren sustancialmente todos los riesgos y beneficios inherentes a la propiedad, cuando no existan dudas razonables de que se va a ejercitar dicha opción.

por el mismo importe (menor entre el valor razonable del activo arrendado y el valor actual al inicio del arrendamiento de los pagos mínimos acordados, incluido el pago por la opción de compra, con exclusión de las cuotas de carácter contingente, el coste de los servicios y los impuestos repercutibles por el arrendador).

La carga financiera total se distribuirá a lo largo del plazo del arrendamiento y se imputará a la cuenta de pérdidas y ganancias del ejercicio en que se devengue, aplicando el método del tipo de interés efectivo. Las cuotas de carácter contingente serán gastos del ejercicio en que se incurra en ellos.

El arrendador reconocerá un crédito por el valor actual de los pagos mínimos a recibir por el arrendamiento más el valor residual del activo aunque no esté garantizado, descontados al tipo de interés implícito del contrato. La diferencia entre el crédito contabilizado en el activo del Balance y la cantidad a cobrar, correspondiente a intereses no devengados, se imputará a la Cuenta de pérdidas y ganancias del ejercicio en que dichos intereses se devenguen, de acuerdo con el método del tipo de interés efectivo.

Ejemplo 4.47

La sociedad «A» compra, el día 1-01-X1, una máquina. La financiación se hace mediante un contrato de arrendamiento financiero, con las siguientes condiciones:

- Valor de contado: 120.000 €.
- Duración del contrato: 3 años.
- Opción de compra: 20.000 €, a ejercer al final del tercer año.
- Forma de pago: 3 pagos de 40.403,35 €, más IVA, cada uno al final de cada año (X1, X2 y X3).
- Vida útil del bien: 5 años.
- Amortización constante.

Detalle de la operación:

Año	Anualidad	Interés	Amortización	Deuda pendiente
0				120.00,00
1	40.403,35	9.600,00	30.803,35	89.169,65
2	40.403,35	7.135,73	33.267,62	55.929,03
3	40.403,35	4.474,32	35.929,03	20.000,00
	121.210,05	21.210,05	100.000,00	

	1-01-X1			
120.000	(213) Maquinaria			
	(VR = Valor actual pagos)	a	(524) Acreedores por arrendamiento financiero a corto plazo [Amortización del año 20X1]	30.803,35
		a	(174) Acreedores por arrendamiento financiero a largo plazo [33.267,62 + 35.929,03 + 20.000]	89.196,65
	31-12-X1			
30.803,35	(524) Acreedores por arrendamiento financiero a corto plazo			
9.600	(662) Intereses de deudas			
8.484,70	(472) Hacienda Pública, IVA soportado	a	(572) Bancos, c/c	48.888,05
	[Pago de la primera cuota con IVA]			

(continúa)

(continuación)

	31-12-X1		
33.267,62	(174) Acreedores por arrendamiento financiero a largo plazo	a (524) Acreedores por arrendamiento financiero a corto plazo	33.267,62
	[Traspaso a corto plazo de la deuda que vencerá el próximo año 20X2: segunda cuota]		
	31-12-X1		
24.000	(681) Amortización del inmovilizado material	a (281) Amortización acumulada del inmovilizado material	24.000
	[120.000/5: Amortización correspondiente al primer año]		
	31-12-X1		
33.267,62	(524) Acreedores por arrendamiento financiero a corto plazo		
7.135,73	(662) Intereses de deudas		
8.484,70	(472) Hacienda Pública, IVA soportado	a (572) Bancos, c/c	48.888,05
	[Pago de la segunda cuota con IVA]		
	31-12-X1		
55.929,03	(174) Acreedores por arrendamiento financiero a largo plazo	a (524) Acreedores por arrendamiento financiero a corto plazo	55.929,03
	[Traspaso a corto plazo de la deuda que vencerá el próximo año 20X3 + opción de compra]		
	31-12-X2		
24.000	(681) Amortización del inmovilizado material	a (281) Amortización acumulada del inmovilizado material	24.000
	[120.000/5: Amortización correspondiente al segundo año]		
	31-12-X3		
55.929,03	(524) Acreedores por arrendamiento financiero a corto plazo		
4.474,32	(662) Intereses de deudas		
12.684,70	(472) Hacienda Pública, IVA soportado	a (572) Bancos, c/c	73.088,05
	[Pago de la tercera cuota + opción de compra y el IVA]		
	31-12-X3		
24.000	(681) Amortización del inmovilizado material	a (281) Amortización acumulada del inmovilizado material	24.000
	[120.000/5: Amortización correspondiente al tercer año]		

4.7.2. Arrendamiento operativo

Se trata de un acuerdo mediante el cual el arrendador conviene con el arrendatario el derecho a usar un activo durante un periodo de tiempo determinado, a cambio de percibir un importe único o una serie de pagos o cuotas, sin que se trate de un arrendamiento de carácter financiero.

Los ingresos y gastos, correspondientes al arrendador y al arrendatario, derivados de los acuerdos de arrendamiento operativo serán considerados, respectivamente, como ingreso y gasto del ejercicio en el que los mismos se devenguen.

4.7.3. Venta con arrendamiento financiero posterior

Cuando por las condiciones económicas de una enajenación, conectada al posterior arrendamiento de los activos enajenados, se desprenda que se trata de un método de financiación y, en consecuencia, se trata de un arrendamiento financiero, el arrendatario no variará la calificación del activo, ni reconocerá beneficios ni pérdidas derivadas de esta transacción. Se registrará el importe recibido con abono a una partida que ponga de manifiesto el correspondiente pasivo financiero.

La carga financiera total se distribuirá a lo largo del plazo del arrendamiento y se imputará a la Cuenta de pérdidas y ganancias del ejercicio en que se devengue, aplicando el método del tipo de interés efectivo. Las cuotas de carácter contingente serán gastos del ejercicio en que se incurra en ellas.

El arrendador contabilizará el correspondiente activo financiero de acuerdo con lo dispuesto en el apartado 1.3 de esta norma.

Ejemplo 4.48

La sociedad «B» posee una máquina que decide vender y conectar a una operación de arrendamiento financiero. La máquina está contabilizada en 120.000 € con una amortización acumulada de 12.000 €. Amortización lineal durante 10 años. Datos de la operación:

- Fecha: 1-01-X1.
- Precio de venta: 100.000 €, más IVA.
- Duración de la operación: 3 años. Cuotas anuales pagaderas el 31-12 de cada año.
- Tipo de interés: 8 %.
- Opción de compra: 20.000 €.

Detalle de la operación:

Año	Anualidad	Interés	Amortización	Deuda pendiente
0				100.00,00
1	32.642,68	8.000,00	24.642,68	75.357,32
2	32.642,68	6.028,58	26.614,10	48.743,22
3	32.642,68	3.899,46	28.743,22	20.000,00
	97.928,04	17.928,04	80.000,00	

Debe	Cuenta		Cuenta	Haber
	1-01-X1			
100.000	(572) Bancos, c/c	a	(524) Acreedores por arrendamiento financiero a corto plazo	24.642,68
			[Amortización del año 20X1]	
		a	(174) Acreedores por arrendamiento financiero a largo plazo	75.357,32
			[26.614,10 + 28.743,22 + 20.000]	
	31-12-X1			
24.642,68	(524) Acreedores por arrendamiento financiero a corto plazo			
8.000	(662) Intereses de deudas			
6.854,96	(472) Hacienda Pública, IVA soportado	a	(572) Bancos, c/c	39.497,64
	[Pago de la primera cuota con IVA]			

(continúa)

(continuación)

	31-12-X1			
26.614,10	(174) Acreedores por arrendamiento financiero a largo plazo	a	(524) Acreedores por arrendamiento financiero a corto plazo	26.614,10
	[Traspaso a corto plazo de la deuda que vencerá el próximo año 20X2: segunda cuota]			
	31-12-X1			
12.000	(681) Amortización del inmovilizado material	a	(281) Amortización acumulada del inmovilizado material	12.000
	[120.000/10: Amortización correspondiente al primer año]			
	31-12-X2			
26.614,10	(524) Acreedores por arrendamiento financiero a corto plazo			
6.028,58	(662) Intereses de deudas			
6.854,96	(472) Hacienda Pública, IVA soportado	a	(572) Bancos, c/c	39.497,64
	[Pago de la segunda cuota con IVA]			
	31-12-X2			
48.743,22	(174) Acreedores por arrendamiento financiero a largo plazo	a	(524) Acreedores por arrendamiento financiero a corto plazo	48.743,22
	[Traspaso a corto plazo de la deuda que vencerá el próximo año 20X3 + opción de compra]			
	31-12-X2			
12.000	(681) Amortización del inmovilizado material	a	(281) Amortización acumulada del inmovilizado material	12.000
	[120.000/10: Amortización correspondiente al segundo año]			
	31-12-X3			
48.743,22	(524) Acreedores por arrendamiento financiero a corto plazo			
3.899,46	(662) Intereses de deudas			
11.054,96	(472) Hacienda Pública, IVA soportado	a	(572) Bancos, c/c	63.697,64
	[Pago de la tercera cuota + opción de compra y el IVA]			
	31-12-X3			
12.000	(681) Amortización del inmovilizado material	a	(281) Amortización acumulada del inmovilizado material	12.000
	[120.000/10: Amortización correspondiente al tercer año]			

4.7.4. Arrendamientos de terrenos y edificios

Los arrendamientos conjuntos de terreno y edificio se clasificarán como operativos o financieros con los mismos criterios que los arrendamientos de otro tipo de activo.

No obstante, como normalmente el terreno tiene una vida económica indefinida, en un arrendamiento financiero conjunto, los componentes de terreno y edificio se considerarán de forma separada, clasificándose el correspondiente al terreno como un arrendamiento operativo, salvo que se espere que el arrendatario adquiera la propiedad al final del periodo de arrendamiento.

A estos efectos, los pagos mínimos por el arrendamiento se distribuirán entre el terrero y el edificio en proporción a los valores razonables relativos que representan los derechos de arrendamiento de ambos componentes, a menos que tal distribución no sea fiable, en cuyo caso todo el arrendamiento se clasificará como financiero, salvo que resulte evidente que es operativo.

Test 4

1. Señala qué afirmaciones son verdaderas (V) y qué afirmaciones son falsas (F).

		V	F
1.1.	Todos los elementos de inmovilizado material se amortizan.	☐	☐
1.2.	En la cuenta *Terrenos y bienes naturales* se contabilizan todo tipo de solares.	☐	☐
1.3.	Las patentes se amortizan.	☐	☐
1.4.	Los gastos de investigación y desarrollo activados deberán amortizarse en un plazo no superior a 5 años.	☐	☐
1.5.	La amortización es el reflejo contable de la depreciación.	☐	☐
1.6.	La amortización es un ajuste contable interno.	☐	☐
1.7.	El inmovilizado en curso es inmovilizado material futuro.	☐	☐
1.8.	El fondo de comercio se amortizará antes de 5 años.	☐	☐
1.9.	Los derechos de traspaso se amortizan.	☐	☐
1.10.	Las aplicaciones informáticas se amortizarán en el plazo máximo de 10 años.	☐	☐
1.11.	El fondo de comercio es consecuencia de la absorción del patrimonio de otra empresa.	☐	☐
1.12.	Las amortizaciones corrigen pérdidas sistemáticas e irreversibles de valor.	☐	☐
1.13.	Las acciones se amortizan.	☐	☐
1.14.	Las inmovilizaciones materiales en curso se amortizan.	☐	☐
1.15.	Las cuentas de deterioro de valor del inmovilizado reflejan pérdidas de valor irreversibles.	☐	☐
1.16.	La amortización altera el resultado del ejercicio.	☐	☐
1.17.	La venta de elementos de inmovilizado material puede incidir en el resultado.	☐	☐

2. Determina la cuota anual de amortización, según el método de amortización lineal, de un equipo informático. Se ha adquirido por 8.200 €, su valor residual se estima en 700 € y su vida útil es de 5 años.

3. Determina, según el método técnico-funcional, la cuota de amortización durante el primer ejercicio de un vehículo de acuerdo con los siguientes datos:

- Precio de adquisición: 39.000 €.
- Valor residual: 3.000 €.
- Se estima que recorrerá 600.000 km a lo largo de su vida útil.
- Kilómetros recorridos durante el primer ejercicio: 120.000 km.

EJERCICIOS FINALES

Ejercicio 4.1

Redacta los asientos que correspondan en base a la siguiente información:

1. Se constituye una sociedad anónima con un capital de 150.000 €, ingresando 50.000 € en caja y el resto en una c/c bancaria.
2. Compra un solar en 15.000 €, más 21 % de IVA, a pagar dentro de 3 años.
3. Paga con cheque a una empresa constructora 1.500 €, más 21 % de IVA, para que realice obras de acondicionamiento del solar anterior.
4. La empresa anterior ha terminado las obras de acondicionamiento del solar y factura otros 600 €, más IVA, a pagar dentro de 3 meses.
5. Encarga a otra empresa la construcción de un almacén en el solar anterior pagando por banco 20.000 €, más 21 % de IVA.
6. El almacén fue terminado y entregado por la empresa constructora a la que deja a deber 40.000 €, más IVA, firmando 4 letras de cambio de igual importe a 1, 2, 3 y 4 años.
7. Alquila una oficina pagando en concepto de derechos de traspaso 8.000 €, más 21 % de IVA, y otros 2.500 € en concepto de fianza a 4 años. Paga con cheque.
8. Compra mobiliario para la oficina por 8.000 €, más 21 % de IVA, a pagar dentro de 6 meses.
9. Paga por banco la deuda del mobiliario.
10. Se produce una inundación en la oficina como consecuencia de la cual queda inutilizado el 50 % del mobiliario. La compañía de seguros abona con cheque el 80 % de la pérdida.
11. Compra un ordenador por 3.600 €, más 21 % de IVA, que paga con cheque.
12. Encarga la realización de un programa específico para resolver sus necesidades informáticas. Entrega un cheque de 1.000 €, más 21 % de IVA, como anticipo.
13. La empresa de programación hace entrega del programa informático. Su precio asciende a 3.500 €, más IVA. Se paga por banco.
14. Suponiendo que estamos al final del ejercicio, realizar las amortizaciones correspondientes al primer año de la siguiente forma:
    - El inmovilizado intangible se amortizará en un 30 %.
    - El inmovilizado material se amortizará en 6 años por el método lineal, excepto las construcciones, que se amortizarán en un 3 %.

Durante el ejercicio económico siguiente realiza, entre otras, las siguientes operaciones:

15. Vende el mobiliario que posee en 2.000 €, más 21 % de IVA. Cobra por banco.
16. Como ya no necesita la oficina alquilada (punto 7) la traspasa, cobrando por derechos de traspaso 9.000 €, más 21 % de IVA, que le ingresan en c/c. Al proceder al desalojo de la oficina origina unos desperfectos por valor de 800 €, por lo que le devuelven solo el resto de la fianza, en efectivo.

EJERCICIOS FINALES

Ejercicio 4.2

Contabiliza en el libro Diario los asientos correspondientes a las siguientes operaciones:

1. La empresa «C» ha encargado el desarrollo de un determinado procedimiento de fabricación. Le facturan por este concepto 33.000 €, más 21 % de IVA.
2. La empresa «M» investiga el desarrollo de un nuevo sistema de fabricación utilizando sus propios medios, lo cual le ha ocasionado los siguientes gastos pagados por banco:
   - Sueldos y salarios: 73.000 €.
   - Arrendamientos: 23.000 €, más 21 % de IVA.
   - Energía eléctrica: 1.700 €, más 21 % de IVA.
3. Al final del ejercicio la empresa «M» estima que existen razones fundadas de que la investigación resulte positiva y rentable a la empresa.
4. El nuevo sistema de fabricación es inscrito en el registro de la propiedad, abonando la empresa con cheque 300 €.
5. La empresa «N» abona 67.000 €, más 21 % de IVA, por la adquisición del derecho a la explotación de una cantera. Paga por banco.
6. Transcurridos unos años, la empresa «N» vende la concesión anterior en 50.000 €, más 21 % de IVA. En el momento de la venta estaba amortizada por importe de 23.000 €. Cobra por banco.
7. La empresa «D» ha elaborado un programa informático que le ha supuesto un coste de 5.300 € en gastos ya contabilizados.
8. La empresa vende el programa informático anterior en 4.000 €, más 21 % de IVA, a través de banco.
9. La empresa «E» envía transferencia bancaria de 8.400 €, más 21 % de IVA, como anticipo para la adquisición de una propiedad industrial.
10. La empresa «E» adquiere la propiedad industrial a que se refiere el punto anterior cuyo coste total es de 65.000 €, más IVA. Paga 20.000 € por banco y el resto queda pendiente, a 3 años.
11. Tras amortizar la propiedad industrial anterior durante 3 años, a razón de 6.500 € por año, la vende por 47.000 €, más IVA. Cobra por banco 14.520 € y el resto queda pendiente, a cobrar en 2 años a partes iguales.
12. La empresa «F» compra un vehículo para uso interno de la empresa por 36.000 €, más 21 % de IVA. Paga por banco 8.500 € y acepta letra de cambio a 6 meses por el resto.
13. La empresa «G» compra una máquina en 105.000 €, más 21 % de IVA, a pagar en 5 años. La empresa espera que la vida útil de la máquina sea de 8.000 horas y su valor residual de 20.000 €.
14. La instalación de la máquina ha supuesto 15.000 €, más IVA, para cuyo pago firma letra de cambio a 6 meses.
15. Realizar la amortización correspondiente a los 3 primeros años de la máquina del punto anterior utilizando el método técnico-funcional. Las horas de funcionamiento de la máquina han sido: 1.500 horas el primer año, 1.750 horas el segundo año y 1.800 horas el tercero.
16. La empresa «G» vende la máquina anterior, al final del tercer año, en 55.000 €, más IVA. Cobra 5.000 € por banco y el resto a 2 años.
17. La empresa «H» compra unos terrenos por 25.000 €, más 21 % de IVA. Firma letra a 3 años.
18. Por la adaptación de los terrenos anteriores paga con cheque 5.000 €, más 21 % de IVA.

EJERCICIOS FINALES

19. La empresa «H» encarga a una constructora la edificación de un almacén en los terrenos anteriores. Paga por banco 50.000 €, más 21 % de IVA, a la constructora.

20. El almacén ha sido terminado y entregado por la constructora. La empresa «H» lo recibe pagando 60.000 €, más IVA, con cheque.

21. Realizar el asiento número 18 en el supuesto de que la empresa «H» utilizase sus propios medios para la adaptación de los terrenos y que le hubiese ocasionado unos gastos, ya contabilizados en sus respectivas cuentas, de 5.000 €.

22. La sociedad «I» envía transferencia bancaria de 7.000 €, más 21 % de IVA, como anticipo para la compra de un vehículo.

23. Le hacen entrega del vehículo anterior cuyo precio total es de 50.000 €, más IVA. La deuda queda pendiente a 3 años.

24. La sociedad «K» posee una patente que en el ejercicio actual ha sufrido una pérdida de valor de 23.000 €. La empresa considera que la pérdida de valor tiene carácter reversible.

25. Al final del ejercicio siguiente la empresa «K» considera que las causas que originaron la pérdida de valor de la patente anterior han desaparecido, por lo que esta recupera su valor.

26. Un edificio de la empresa «L», cuyo precio de adquisición fue de 300.000 € y su amortización acumulada de 60.000 €, ha perdido un valor de 30.000 €. La empresa considera la pérdida como reversible.

27. Posteriormente, la sociedad vende, a través de banco, el edificio anterior en 220.000 €, más 21 % de IVA.

Ejercicio 4.3

1. Se crea una sociedad de responsabilidad limitada con un capital de 120.000 € que queda ingresado en una c/c bancaria, abierta a nombre de la sociedad.

2. Se alquila un almacén, pagando con cheque, en concepto de derechos de traspaso, 4.000 €, más 21 % de IVA. El arrendador exige una fianza de 2.400 € que devolverá al finalizar el contrato, dentro de 4 años. El alquiler anual es de 9.000 €, más IVA, que se pagarán por adelantado en enero de cada año (19 % de retención). Paga la fianza y el alquiler del primer año a través de banco.

3. Compra mercaderías a crédito en 50.000 €, más 21 % de IVA. Paga por transportes, a través de banco, 500 €, más IVA.

4. El proveedor anterior concede descuento a la empresa, por defectos de calidad, por importe de 1.000 €, más IVA.

5. Compra mobiliario por 9.000 €, más 21 % de IVA, firmando letra de cambio a 3 meses.

6. Compra una empresa en funcionamiento por 120.000 €. Paga con cheque 20.000 € y el resto queda pendiente, a 3 años. El patrimonio de la empresa comprada es el siguiente:
   - Terrenos: 10.000 €.
   - Construcciones: 50.000 €.
   - Equipos informáticos: 4.000 €.
   - Vehículos: 14.000 €.
   - Patentes: 12.000 €.
   - Mercaderías: 16.000 €.

7. Vende mercaderías en 90.000 €, más 21 % de IVA. Cobra 30.000 € por banco y el resto a crédito.

EJERCICIOS FINALES

8. Se concede un descuento por volumen de pedido al cliente anterior, por importe de 900 €, más IVA.
9. Se paga por banco la letra aceptada por la compra de mobiliario.
10. Compra una máquina en 40.000 €, más 21 % de IVA. Pagará 52.148,29 € dentro de 2 años. Paga con cheque el transporte y la instalación de la máquina cuyo importe fue de 2.000 €, más 21 % de IVA. Se estima que la vida útil de la máquina será de 500.000 horas y su valor residual de 8.000 €.
11. Consigue un préstamo del banco de 40.000 € a devolver dentro de 4 años. Tipo de interés: 8 % anual, pagadero al final de cada año. Los gastos de concesión del préstamo ascienden a 600 €.
12. Concede un préstamo de 7.000 € a una empresa vecina en apuros, con vencimiento a 36 meses, al 8 % de interés anual. Operación realizada por banco.
13. Abre en un banco una cuenta de ahorro a plazo de 2 años ingresando en ella 3.000 €, que retira de su cuenta corriente.
14. El banco carga en la c/c de la empresa los intereses del préstamo recibido, correspondientes a este año.
15. Los intereses del crédito concedido (punto 12) correspondientes a este ejercicio se cobrarán, junto con el principal, al vencimiento del crédito que tendrá lugar dentro de 2 años.
16. Valorar, al final del ejercicio, la deuda del apartado 10.
17. Valorar, al final del ejercicio, el préstamo recibido (apartado 11).
18. Realiza la liquidación del IVA (suponiendo que se hace una única liquidación anual).
19. Amortiza el inmovilizado intangible de la siguiente forma:
    - Los derechos de traspaso, proporcional al tiempo de duración del contrato.
    - El fondo de comercio en 10 años, mediante cuotas constantes.
    - La patentes en 10 años, mediante cuotas constantes.
20. Realiza la amortización del inmovilizado material de la siguiente forma:
    - Los equipos informáticos en 4 años. Cuotas constantes.
    - El mobiliario en 8 años. Se estima que tendrá un valor residual de 1.000 € al final de su vida útil.
    - La maquinaria, en función de las horas trabajadas. Las horas de funcionamiento durante este ejercicio han sido de 50.000.
    - El vehículo se amortizará de forma proporcional a los kilómetros recorridos en el ejercicio, que han sido 30.000. Se estima que podrá recorrer 240.000 km a lo largo de su vida útil y que, al final de esta, su valor residual será de 2.000 €.
    - Las construcciones se amortizan un 2 %.
21. Las existencias finales de mercaderías en almacén, a precio de coste, son de 9.000 €. Se estima que su valor neto realizable es de 8.700 €.

Se pide:

a) Contabilizar las operaciones anteriores.
b) Regularizar.
c) Realizar el asiento de cierre.

EJERCICIOS FINALES

Ejercicio 4.4

1. Al comenzar el ejercicio 20X1 la sociedad «ANTA, SA» desea comprar una máquina. La financiación se hace mediante un contrato de *leasing* del que se desprenden los siguientes datos:

- El precio al contado de la citada máquina es de 150.000 €, más 21 % de IVA. La opción de compra, a ejercer al cabo de 5 años, es de 7.500 €.
- La sociedad «ANTA, SA» pagará 5 cuotas de arrendamiento por un importe de 36.290,04 €, más IVA, cuyo vencimiento tendrá lugar el 31 de diciembre de los años 20X1, 20X2, 20X3, 20X4 y 20X5, respectivamente.
- El detalle de la operación se recoge en el siguiente cuadro:

Año	Anualidad	Interés	Amortización	Deuda pendiente
0				150.000,00
1	36.290,04	12.000,00	24.290,04	125.709,96
2	36.290,04	10.056,80	26.233,25	99.476,71
3	36.290,04	7.958,14	28.331,91	71.144,80
4	36.290,04	5.691,58	30.598,46	40.546,34
5	36.290,04	3.243,71	33.046,34	7.500,00
	181.450,20	38.950,20	142.500,00	

Supongamos que la máquina se utiliza desde el momento de la compra (principio del año 20X1) y que la empresa piensa ejercer la opción de compra al final del contrato.

La amortización de la máquina se hará mediante cuotas constantes suponiendo una vida útil de 10 años y sin valor residual.

2. El 31 de diciembre de 20X1 paga por banco la primera cuota y realiza las operaciones de fin de ejercicio que corresponden con respecto a la máquina a: amortización, intereses, reclasificación de deudas.
3. Contabilizar el pago de las cuotas que vencen al final de los años 20X2, 20X3, 20X4 y 20X5, así como las operaciones de fin de ejercicio a que hace referencia el punto anterior.
4. En 20X5 la empresa «ANTA, SA» ejerce la opción de compra pagando las 7.500 €, más IVA, a través de banco.

Ejercicio 4.5 (autoevaluación)

Contabiliza en el libro Diario las siguientes operaciones realizadas por la empresa:

1. Compra un solar por importe de 30.000 €, más IVA. Paga también 3.000 €, más IVA, por gastos de acondicionamiento. Operación realizada a través de banco.
2. Compra una máquina en 100.000 €, más 21 % de IVA, pagando 31.000 € a través de banco. Acepta letras de cambio de 31.561,61 € a 9 meses y de 68.694 € a 2 años.

   La empresa estima que la máquina funcionará durante 80.000 horas y tendrá un valor residual de 20.000 € al final de su vida útil.
3. Compra una patente en 5.000 €, más 21 % de IVA, a pagar en 3 años. La empresa estima que podrá utilizarla durante 5 años.
4. Compra mobiliario en 8.000 €, más 21 % de IVA, a pagar en 6 meses. La empresa piensa amortizarlo en 10 años.

EJERCICIOS FINALES

5. Contabilizar la amortización correspondiente al primer año de la máquina del punto 2 si durante el año ha tenido una utilización de 10.000 horas.

6. Contabilizar la amortización correspondiente al primer año de la patente y el mobiliario por el sistema de cuotas constantes.

7. Vende la máquina en 92.000 €, más 21 % de IVA, a cobrar en 2 años.

8. Como consecuencia de los últimos descubrimientos técnicos, la patente pierde todo su valor. La empresa procede a darla de baja en contabilidad.

9. Debido a un incendio el mobiliario queda totalmente destruido. La compañía de seguros indemniza a la empresa entregando un cheque de 6.000 € que se compensa en el banco.

10. Como consecuencia de determinados cambios en el plan municipal de urbanismo la empresa estima que el valor recuperable del terreno es de 25.000 €. Considera que esta pérdida tiene carácter reversible.

UNIDAD 5

INSTRUMENTOS FINANCIEROS

En esta unidad didáctica estudiaremos los instrumentos financieros, tanto de activo como de pasivo y otras deudas y créditos por operaciones ajenas. Estudiaremos, por tanto, las cuentas de activo y pasivo no relacionadas directamente con el tráfico empresarial y las cuentas de tesorería.

El PGC incluye los instrumentos financieros a corto plazo en el grupo 5, los activos financieros a largo plazo en el grupo 2 y los pasivos financieros a largo plazo en el grupo 1.

También estudiaremos los ajustes por periodificación relativos a los gastos e ingresos financieros.

Objetivos

- Conocer el concepto de instrumento financiero.
- Conocer las diferencias entre activos financieros y pasivos financieros.
- Diferenciar las categorías con que el PGC clasifica los instrumentos financieros a efectos valorativos.
- Conocer las normas de valoración de las distintas categorías de instrumentos financieros.
- Aplicar las normas de valoración para contabilizar las distintas carteras.
- Contabilizar la periodificación de los gastos e ingresos financieros y comprender cómo repercute en el cálculo de resultados.

Contenidos

5.1. Introducción

Recuerda...

Para una información más exhaustiva debes consultar la norma de registro y valoración **9. «Instrumentos financieros»**.

Según la *NRV 9. Instrumentos financieros*, un instrumento financiero es un contrato que da lugar a un activo financiero en una empresa y, simultáneamente, a un pasivo financiero o a un instrumento de patrimonio en otra empresa. Esta norma resulta aplicable a los siguientes instrumentos financieros:

a) **Activos financieros:**

- Efectivo y otros activos líquidos equivalentes.
- Créditos por operaciones comerciales: clientes y deudores varios.
- Créditos a terceros: tales como los préstamos y créditos financieros concedidos, incluidos los surgidos de la venta de activos no corrientes.
- Valores representativos de deuda de otras empresas adquiridos: tales como las obligaciones, bonos y pagarés.
- Instrumentos de patrimonio de otras empresas adquiridos: acciones, participaciones en instituciones de inversión colectiva y otros instrumentos de patrimonio.
- Derivados con valoración favorable para la empresa: entre ellos, futuros, opciones, permutas financieras y compraventa de moneda extranjera a plazo.
- Otros activos financieros: tales como depósitos en entidades de crédito, anticipos y créditos al personal, fianzas y depósitos constituidos, dividendos a cobrar y desembolsos exigidos sobre instrumentos de patrimonio propio.

b) **Pasivos financieros:**

- Débitos por operaciones comerciales: proveedores y acreedores varios.
- Deudas con entidades de crédito.
- Obligaciones y otros valores negociables emitidos: tales como bonos y pagarés.
- Derivados con valoración desfavorable para la empresa: entre ellos, futuros, opciones, permutas financieras y compraventa de moneda extranjera a plazo.
- Deudas con características especiales.
- Otros pasivos financieros: deudas con terceros, tales como los préstamos y créditos financieros recibidos de personas o empresas que no sean entidades de crédito incluidos los surgidos en la compra de activos no corrientes, fianzas y depósitos recibidos y desembolsos exigidos por terceros sobre participaciones.

a) **Instrumentos de patrimonio propio**: todos los instrumentos financieros que se incluyen dentro de los fondos propios, tales como las acciones ordinarias emitidas.

El Plan General de Contabilidad clasifica los instrumentos financieros en función del plazo de recuperación o vencimiento:

- Instrumentos financieros de activo a largo plazo: grupo 2.
- Instrumentos financieros de pasivo a largo plazo: grupo 1.
- Instrumentos financieros a corto plazo: grupo 5.

Las cuentas del grupo 5 son a **corto plazo** y tienen sus cuentas correlativas a largo plazo en el grupo 1 (si son de pasivo) o en el grupo 2 (si son de activo).

El PGC también distingue entre empresas del grupo, multigrupo, asociadas y otras empresas sin vinculación.

	Corto plazo (hasta 12 meses)	Largo plazo (más de 12 meses)
Cuentas de pasivo	(51) Deudas a corto plazo con partes vinculadas	(16) Deudas a largo plazo con partes vinculadas
	(50) Empréstitos, deudas con características especiales y otras emisiones análogas a corto plazo	(16) Deudas a largo plazo con características especiales
	(52) Deudas a corto plazo por préstamos recibidos y otros conceptos	(17) Deudas a largo plazo por préstamos recibidos, empréstitos y otros conceptos
	(56) Fianzas y depósitos recibidos y constituidos a corto plazo y ajustes por periodificación	(18) Pasivos por fianzas, garantías y otros conceptos a largo plazo
Cuentas de activo	(53) Inversiones financieras a corto plazo en partes vinculadas	(24) Inversiones financieras a largo plazo en partes vinculadas
	(54) Otras inversiones financieras a corto plazo	(25) Otras inversiones financieras a largo plazo
	(56) Fianzas y depósitos recibidos y constituidos a corto plazo y ajustes por periodificación	(26) Fianzas y depósitos constituidos a largo plazo

El Plan General de Contabilidad establece que la parte de las deudas, inversiones financieras, fianzas y depósitos a largo plazo, que tenga vencimiento a corto plazo, deberá ser traspasada a las cuentas correspondientes de corto plazo.

5.2. Activos financieros

Un activo financiero es cualquier activo que sea: dinero en efectivo, un instrumento de patrimonio de otra empresa, o suponga un derecho contractual a recibir efectivo u otro activo financiero, o a intercambiar activos o pasivos financieros con terceros en condiciones potencialmente favorables.

También se clasificará como un activo financiero todo contrato que pueda ser o será liquidado con los propios instrumentos de patrimonio, y cumpla unas condiciones.

Las inversiones financieras se pueden clasificar:

- Participaciones en el capital de otras empresas.
- Obligaciones, bonos y otros títulos emitidos por administraciones públicas u otras empresas.
- Préstamos y otras partidas a cobrar.
- Derivados.

INVERSIONES FINANCIERAS		
	EMPRESAS NO VINCULADAS	PARTES VINCULADAS
VALORES DE RENTA VARIABLE	(250/540) Inversiones financieras a largo/corto plazo en instrumentos de patrimonio	(240/530) Participaciones a largo/corto plazo en partes vinculadas
	(259/549) Desembolsos pendientes sobre participaciones en el patrimonio neto a largo/corto plazo	(249/539) Desembolsos pendientes sobre participaciones a largo/corto plazo en partes vinculadas
	(556) Desembolsos exigidos sobre participaciones en el patrimonio neto	
VALORES DE RENTA FIJA	(251/541) Valores representativos de deuda a largo/corto plazo	(241/531) Valores representativos de deuda a largo/corto plazo de partes vinculadas
CRÉDITOS NO COMERCIALES	(252/542) Créditos a largo/corto plazo (253/543) Créditos a largo/corto plazo por enajenación de inmovilizado (254/544) Créditos a largo/corto plazo al personal	(242/532) Créditos a largo/corto plazo a partes vinculadas
INTERESES A COBRAR	(546) Intereses a corto plazo de valores representativos de deuda (547) Intereses acorto plazo de créditos	(533) Intereses a corto plazo de valores representativos de deuda de partes vinculadas (534) Intereses a corto plazo de créditos a partes vinculadas
	(545) Dividendo a cobrar	(535) Dividendo a cobrar de IF en partes vinculadas
PÉRDIDAS O BENEFICIOS EN VENTA DE VALORES NEGOCIABLES	(666) Pérdidas en participaciones y valores representativos de deuda	(673) Pérdidas procedentes de participaciones a largo plazo en partes vinculadas (para la cta. 240) [(666) para el resto]
	(766) Beneficios en participaciones y valores representativos de deuda	(773) Beneficios procedentes de participaciones a largo plazo en partes vinculadas (para la cta. 240) [(766) para el resto]
VARIACIONES EN VALOR RAZONABLE	«Activos financieros mantenidos para negociar» y «Otros activos financieros a valor razonable con cambios en la cuenta de pérdidas y ganancias» ⇨ Cuentas (663) o (763) «Activos financieros disponibles para la venta» ⇨ Cuentas (800) o (900)	
RENTA	(760) Ingresos de participaciones en instrumentos de patrimonio (761) Ingresos de valores representativos de deuda (762) Ingresos de créditos	
DETERIORO DE VALOR	(297/597) Deterioro de valor de valores representativos de deuda a largo/corto plazo	(293/593) Deterioro de valor de participaciones a largo/corto plazo en partes vinculadas (294/594) Deterioro de valor de valores representativos de deuda a largo/corto plazo de partes vinculadas
	(298/598) Deterioro de valor de créditos a largo/corto plazo	(295/595) Deterioro de valor de créditos a largo/corto plazo a partes vinculadas
	(696/698) Pérdidas por deterioro de participaciones y valores representativos de deuda a largo/corto plazo [en ciertos casos las cuentas 891 y 892] (697/699) Pérdidas por deterioro de créditos a largo/corto plazo	
	(796/798) Reversión del deterioro de participaciones y valores representativos de deuda a largo/corto plazo [en ciertos casos las cuentas 991 y 992] (797/799) Reversión del deterioro de créditos a largo/corto plazo	

A efectos de su valoración, el PGC clasifica los activos financieros en alguna de las siguientes categorías:

1. Préstamos y partidas a cobrar.
2. Inversiones mantenidas hasta el vencimiento.
3. Activos financieros mantenidos para negociar.
4. Otros activos financieros a valor razonable con cambios en la Cuenta de pérdidas y ganancias.
5. Inversiones en el patrimonio de empresas del grupo, multigrupo y asociadas.
6. Activos financieros disponibles para la venta.

Los intereses y dividendos de activos financieros devengados con posterioridad al momento de la adquisición se reconocerán como ingresos en la cuenta de pérdidas y ganancias. Los intereses deben reconocerse utilizando el método del tipo de interés efectivo y los dividendos cuando se declare el derecho del socio a recibirlo.

A estos efectos, en la valoración inicial de los activos financieros se registrarán de forma independiente, atendiendo a su vencimiento, el importe de los intereses explícitos devengados y no vencidos en dicho momento así como el importe de los dividendos acordados por el órgano competente en el momento de la adquisición.

Plan General de Contabilidad

Intereses explícitos son aquellos que se obtienen de aplicar el tipo de interés contractual del instrumento financiero.

Cuando el activo financiero se dé de baja, la diferencia entre la contraprestación recibida y el valor en libros del activo financiero, más cualquier importe acumulado que se haya reconocido directamente en el patrimonio neto, determinará la ganancia o la pérdida surgida al dar de baja dicho activo, y formará parte del resultado del ejercicio en que esta se produce.

Los valores de renta variable se contabilizarán en las cuentas:

— *(250/540) Inversiones financieras a largo/corto plazo en instrumentos de patrimonio.*

— *(240/530) Participaciones a largo/corto plazo en partes vinculadas.*

Los desembolsos pendientes, no exigidos, sobre participaciones en el patrimonio neto, se recogen en las cuentas:

— *(259/549) Desembolsos pendientes sobre participaciones en el patrimonio neto a largo/corto plazo.*

— *(249/539) Desembolsos pendientes sobre participaciones a largo/corto plazo en partes vinculadas.*

Los valores representativos de deuda se contabilizarán en las cuentas:

— *(251/541) Valores representativos de deuda a largo/corto plazo.*

— *(241/531) Valores representativos de deuda a largo/corto plazo de partes vinculadas.*

Los intereses a cobrar de créditos y de valores representativos de deuda se recogerán en las cuentas:

— *(546) Intereses a corto plazo de valores representativos de deudas.*

— *(547) Intereses a corto plazo de créditos.*

— *(533) Intereses a corto plazo de valores representativos de deuda de partes vinculadas.*

— *(534) Intereses a corto plazo de créditos a partes vinculadas.*

— *Si los intereses explícitos tienen vencimiento superior a un año se crearán las cuentas a largo plazo necesarias para identificarlos.*

Las pérdidas o beneficios surgidos como consecuencia de la venta de valores negociables, de renta fija o variable, se recogerán en las cuentas siguientes:

— *(666/766) Pérdidas/Beneficios en participaciones y valores representativos de deuda.*

— *(673/773) Pérdidas/Beneficios procedentes de participaciones a largo plazo en partes vinculadas.*

Las variaciones en el valor razonable de determinados instrumentos financieros se recogerán en las cuentas:

— *(663/763) Pérdidas/Beneficios por valoración de instrumentos financieros por su valor razonable.*

Los ingresos originados por los valores negociables de renta variable (dividendos) y renta fija (intereses) se recogerán, respectivamente, en las cuentas:

— *(760) Ingresos de participaciones en instrumentos de patrimonio.*

— *(761) Ingresos de valores representativos de deuda.*

5.2.1. Inversiones mantenidas hasta el vencimiento

Se pueden incluir en esta categoría los valores representativos de deuda (obligaciones, bonos y otros valores de renta fija), con una fecha de vencimiento fijada, cobros de cuantía determinada o determinable, que se negocien en un mercado activo y que la empresa tenga la intención efectiva y la capacidad de conservarlos hasta su vencimiento.

Se valorarán inicialmente por su valor razonable (precio pagado más costes transacción). Se registrarán de forma independiente los intereses explícitos devengados y no vencidos en dicho momento.

(241/251/531/541) Valores repres. de deuda		
(533/546) Intereses a corto plazo de val. repr. deuda	a	(57) Caja o Bancos

Posteriormente, se valorarán por su coste amortizado. Los intereses devengados se contabilizarán en la Cuenta de pérdidas y ganancias, aplicando el método del tipo de interés efectivo.

(533/546) Intereses a corto plazo de val. repr. deuda	a	(761) Ingresos de valores representativos de deuda
(241/251/531/541) Valores repres. de deuda	o	(241/251/531/541) Valores repres. de deuda

Al menos al cierre del ejercicio, deberán efectuarse las correcciones valorativas necesarias. La pérdida por deterioro del valor será la diferencia entre su valor en libros y el valor actual de los flujos de efectivo futuros que se estima que van a generar, descontados al tipo de interés efectivo calculado en el momento de su reconocimiento inicial. Como sustituto del valor actual de los flujos de efectivo futuros se puede utilizar el valor de mercado, siempre que este sea lo suficientemente fiable como para considerarlo representativo del valor que pudiera recuperar la empresa.

(696/698) Pérdidas por deterioro ...	a	(294/297/594/597) Deterioro de valor ...
[Cuando se produzca el deterioro]		
(294/297/594/597) Deterioro de valor de ...		(796/798) Reversión del deterioro ...
[Cuando desaparezcan las causas que motivaron el deterioro]		

Ejemplo 5.1

El día 1-10-20X2 la empresa «A» compra, por 5.075 €, 5 obligaciones de 1.000 € nominales cada una emitidas el 1-07-20X2. El interés anual, pagadero semestralmente, es del 6 %. La comisión bancaria ha sido de 40 €, más 21 % de IVA. Las obligaciones vencerán el 1-07-20X3 y se amortizarán por el nominal. La empresa «A» piensa mantener la inversión hasta su vencimiento.

Intereses devengados y no vencidos (desde 1-07-X2 a 1-10-X2): 5.000 × 0,06 × 3/12 = 75 €

Valoración inicial: 5.075 + 40 – 75 = 5.040 €.

	1-10-X2			
5.040	(541) Valores representativos de deuda a corto plazo			
75	(546) Intereses a corto plazo de valores representativos de deudas			
8,40	(472) Hacienda Pública, IVA soportado [21 % s/40]	a	(572) Bancos, c/c	5.123,40

Interés efectivo: $5.115 = 150 \times (1 + i)^{-3/12} + 5.150 \times (1 + i)^{-9/12} \Rightarrow i = 0{,}04947973$

Interés segundo semestre año 20X2 = $5.115 \times [(1+0{,}0497973)^{3/12} - 1] = 62{,}13$ €

Interés primer semestre año 20X3 = $5.027{,}13 \times [(1+0{,}0497973)^{6/12} - 1] = 122{,}87$ €

Periodo	Coste financieros	Pagos	Capital amortizado	Capital pendiente
0				5.115,00
1	62,13	150	87,87	5.027,13
2	122,87	150	27,13	5.000,00

	31-12-X2			
75	(546) Intereses a corto plazo de valores representativos de deudas	a	(761) Ingresos de valores representativos de deuda	62,13
		a	(541) Valores representativos de deuda a corto plazo	12,87
	[Contabilización de intereses y valoración a coste amortizado]			

(continúa)

(continuación)

	31-12-X2			
121,50	(572) Bancos, c/c			
28,50	(473) Hacienda Pública, retenciones y pagos a cuenta	a	(546) Intereses a corto plazo de valores representativos de deudas	150
	[Cobro de intereses del segundo semestre 20X2]			
	1-07-X3			
150	(546) Intereses a corto plazo de valores representativos de deudas	a	(761) Ingresos de valores representativos de deuda	122,87
		a	(541) Valores representativos de deuda a corto plazo	27,13
	[Contabilización de intereses]			
	1-07-X3			
5.121,50	(572) Bancos, c/c			
28,50	(473) Hacienda Pública, retenciones y pagos a cuenta	a	(546) Intereses a corto plazo de valores representativos de deudas	150
		a	(541) Valores representativos de deuda a corto plazo	5.000
	[Cobro de intereses del primer semestre 20X3 y reembolso de los títulos]			

Ejemplo 5.2

El día 1-04-20X2 la empresa «B» compra 40 obligaciones de 500 € nominales cada una, que se amortizarán el 1-07-20X3. Las obligaciones se adquirieron por su valor nominal y se amortizarán a 530 €/título. Los gastos ocasionados han ascendido a 40 €, más 21 % de IVA.

	1-04-X2			
20.040	(251) Valores representativos de deuda a largo plazo			
8,40	(472) Hacienda Pública, IVA soportado [21 % s/40]	a	(572) Bancos, c/c	20.048,40

Interés efectivo: $20.040 = 21.200 \times (1 + i)^{-15/12} \Rightarrow i = 0{,}04604535$

Interés año 20X2 = $20.040 \times [(1+0{,}04604535)^{9/12} - 1] = 688{,}15$ €

	31-12-X2			
688,15	(251) Valores representativos de deuda a largo plazo	a	(761) Ingresos de valores representativos de deuda	688,15
	[Contabilización de intereses y valoración a coste amortizado]			
	31-12-X2			
20.728,15	(541) Valores representativos de deuda a corto plazo	a	(251) Valores representativos de deuda a largo plazo	20.728,15
	[Reclasificación a corto plazo]			

Interés año 20X3 = 20.728,15 × [(1+0,04604535)$^{6/12}$ –1] = 471,85 €

	1-07-X3		
471,85	(541) Valores representativos de deuda a corto plazo	a (761) Ingresos de valores representativos de deuda	471,85
	[Contabilización de intereses]		
	1-07-X3		
21.200	(572) Bancos, c/c	a (541) Valores representativos de deuda a corto plazo	21.200
	[Reembolso de los títulos]		

Ejemplo 5.3

El 1-01-X2 la empresa «C» suscribe 10 obligaciones emitidas por la empresa «Z», de 100 € nominales, a 101 €/título. Gastos de la operación, 30 €. Los títulos se amortizarán el 31-12-X3 al 105 %. El 31-12 de cada año se cobrarán los intereses al 3 % anual. La empresa decide mantener los títulos hasta el vencimiento. Contabiliza las operaciones correspondientes.

	1-01-X2		
1.040	(251) Valores representativos de deuda a largo plazo [10 × 101 + 30]	a (572) Bancos, c/c	1.040

Tipo de interés efectivo: 1.040 = 30 × (1 + i)$^{-1}$ + 1.080 × (1 + i)$^{-2}$ ⇨ i = 0,0335744708

Periodo	Coste financieros	Pagos	Capital amortizado	Capital pendiente
0				1.040,00
1	34,92	30,00	-4,92	1.044,92
2	35,08	30,00	-5,08	1.050,00

	31-12-X2		
24,3	(572) Bancos, c/c		
5,7	(473) Hacienda Pública, retenciones y pagos a cuenta		
4,92	(251) Valores representativos de deuda a largo plazo	a (761) Ingresos de valores representativos de deuda	34,92
	[Cobro de intereses y valoración a coste amortizado]		
	31-12-X2		
1.044,92	(541) Valores representativos de deuda a corto plazo	a (251) Valores representativos de deuda a largo plazo	1.044,92
	[Reclasificación de la inversión]		
	31-12-X3		
24,3	(572) Bancos, c/c		
5,7	(473) Hacienda Pública, retenciones y pagos a cuenta		
5,08	(541) Valores representativos de deuda a corto plazo	a (761) Ingresos de valores representativos de deuda	35,08
	31-12-X3		
1.050	(572) Bancos, c/c	a (541) Valores representativos de deuda a corto plazo	1.050

Ejemplo 5.4

Supongamos que a finales de 20X2 la empresa «C» del ejercicio anterior averigua que la empresa «Z» tiene dificultades financieras y no va a pagar los intereses correspondientes al año 20X3. Además, el reembolso será del 80 % del importe acordado. El 30-06-20X3 la empresa «Z» garantiza el reembolso de las obligaciones por el precio acordado en la emisión y el pago de los intereses.

Flujos de efectivo futuros actualizados: $(1.050 \times 0{,}8) \times (1 + 0{,}0335744708)^{-1} = 812{,}71$ €

Deterioro = Valor en libros – Valor actual flujos futuros = 1.044,92 – 812,71 = 232,21 €

	31-12-X2			
232,21	(698) Pérdidas por deterioro de participaciones y valores representativos de deuda a corto plazo	a	(597) Deterioro de valor de valores representativos de deuda a corto plazo	232,21
	30-06-X3			
232,21	(597) Deterioro de valor de valores representativos de deuda a corto plazo	a	(798) Reversión del deterioro de participaciones y valores representativos de deuda a corto plazo	232,21

5.2.2. Activos financieros mantenidos para negociar

Plan General de Contabilidad

Normas de registro y valoración:

Se considera que un activo financiero se posee para negociar cuando:

a) Se origine o adquiera con el propósito de venderlo en el corto plazo, o

b) Forme parte de una cartera de instrumentos financieros identificados y gestionados conjuntamente de la que existan evidencias de actuaciones recientes para obtener ganancias en el corto plazo, o

c) Sea un instrumento financiero derivado, siempre que no sea un contrato de garantía financiera ni haya sido designado como instrumento de cobertura.

Esta cartera recoge fundamentalmente activos a los que se les atribuye un carácter especulativo (por ejemplo, valores representativos de deuda, cualquiera que sea su plazo de vencimiento, o instrumentos de patrimonio, cotizados, que se adquieren para venderlos en el corto plazo).

Se valorarán inicialmente por su valor razonable (precio de la transacción). Los costes de la transacción directamente atribuibles se reconocerán en la Cuenta de pérdidas y ganancias del ejercicio. Si se trata de instrumentos de patrimonio se incluirá el importe de los derechos de suscripción y similares que se hayan adquirido.

(5305/540) Inversiones financieras a corto plazo … (535/545) Dividendo a cobrar … (531/541) Valores representativos de deuda … (533/546) Intereses a corto plazo de valores representativos de deuda (669) Otros gastos financieros	a	(539/549) Desembolsos pendientes … (57) Caja o Bancos
		[Suscripción/compra de los títulos]
(539/549) Desembolsos pendientes …	a	(556) Desembolsos exigidos sobre participaciones en el patrimonio neto
		[Cuando la sociedad emisora exija los desembolsos pendientes]
(556) Desembolsos exigidos sobre participaciones en el patrimonio neto	a	(57) Caja o Bancos
		[Cuando se realice el pago]

Su valoración posterior será por el valor razonable, sin deducir los costes de transacción en que se pudiera incurrir en su enajenación. Los cambios que se produzcan en el valor razonable se imputarán en la Cuenta de pérdidas y ganancias del ejercicio.

(663) Pérdidas por valoración de instrumentos financieros por su valor razonable	a	(5305/540/531/541) Inversiones/Valores...
	ó	
(5305/540/531/541) Inversiones/Valores...	a	(763) Beneficios por valoración de instrumentos financieros por su valor razonable
[Al cierre del ejercicio por su valoración a valor razonable]		

Ejemplo 5.5

La empresa «D» adquiere el 1-05-20X2 2.000 acciones de la empresa «Y» de 5 € nominales y que se emiten a la par. Los gastos de la operación han ascendido a 90 €. La empresa «D» desembolsa a través de banco el mínimo legal. Los títulos se adquieren para negociar. El 1-09-20X2 la empresa «Y» solicita el desembolso pendiente que debe hacerse efectivo en el plazo de un mes. El 31-12-20X2 las acciones cotizan a 7 €. El 28-02-20X3 «D» vende las acciones a 8 € con gastos de 110 €.

	1-05-X2			
10.000	(540) Inversiones financieras a corto plazo en instrumentos de patrimonio			
90	(669) Otros gastos financieros	a	(572) Bancos, c/c [25 % s/10.000]	2.500
			(549) Desembolsos pendientes sobre participaciones en el patrimonio neto a corto plazo	7.500
	1-09-X2			
7.500	(549) Desembolsos pendientes sobre participaciones en el patrimonio neto a corto plazo	a	(556) Desembolsos exigidos sobre participaciones en el patrimonio neto	7.500
	30-09-X2			
7.500	(556) Desembolsos exigidos sobre participaciones en el patrimonio neto	a	(572) Bancos, c/c	7.500
	31-12-X2			
4.000	(540) Inversiones financieras a corto plazo en instrumentos de patrimonio	a	(7630) Beneficios de cartera de negociación	4.000
	[Valoración a valor razonable: 2.000 × (7 – 5)]			
	28-02-X3			
15.890	(572) Bancos, c/c			
110	(669) Otros gastos financieros	a	(540) Inversiones financieras a corto plazo en instrumentos de patrimonio	14.000
			(766) Beneficios en participaciones y valores representativos de deuda	2.000

Ejemplo 5.6

La empresa «E» adquiere el 30-06-20X2 20 obligaciones de 1.000 € nominales emitidas por la empresa «X», a la par y con 50 € de gastos. El interés anual es del 5 % pagadero por semestres. El 31-12-X2 el valor razonable es de 995 €/título. La empresa «E» vende los títulos el 30-03-20X3 por 1.015 €/título.

	30-06-X2			
20.000	(541) Valores representativos de deuda a corto plazo			
50	(669) Otros gastos financieros	a	(572) Bancos, c/c	20.050
	31-12-X2			
405	(572) Bancos, c/c			
95	(473) Hacienda Pública, retenciones y pagos a cuenta	a	(761) Ingresos de valores representativos de deuda [20.000 × 0,05 × 6/12]	500
	31-12-X2			
100	(6630) Pérdidas de cartera de negociación	a	(541) Valores representativos de deuda a corto plazo	100
	[Valoración a valor razonable: 20 × (1.000 – 995)]			
	30-03-X3			
20.300	(572) Bancos, c/c [20 × 1.015]	a	(761) Ingresos de valores representativos de deuda [20.000 × 0,05 × 3/12]	250
		a	(541) Valores representativos de deuda a corto plazo	19.900
		a	(766) Beneficios en participaciones y valores representativos de deuda	150

Ejemplo 5.7

La empresa «F» compra el 30-09-20X2 15 bonos de 1.000 € y con reembolso el 30-09-20X3 por 1.100 €. Los gastos han ascendido a 40 €. El 31-12-X2 la cotización es de 1.020 €. El 30-06-X3 vende los bonos en 1.065 €.

	30-09-X2			
15.000	(541) Valores representativos de deuda a corto plazo			
40	(669) Otros gastos financieros	a	(572) Bancos, c/c	15.040
	31-12-X2			
375	(541) Valores representativos de deuda a corto plazo	a	(761) Ingresos de valores representativos de deuda [(16.500 – 15.000) × 3/12]	375
	31-12-X2			
75	(6630) Pérdidas de cartera de negociación [15.375 – 15 × 1.020]	a	(541) Valores representativos de deuda a corto plazo	75
	30-06-X3			
750	(541) Valores representativos de deuda a corto plazo	a	(761) Ingresos de valores representativos de deuda [(16.500 – 15.000) × 6/12]	750

	30-06-X3			
15.975	(572) Bancos, c/c [15 × 1.065]			
75	(766) Beneficios en participaciones y valores representativos de deuda	a	(541) Valores representativos de deuda a corto plazo	16.050

5.2.3. Inversiones en el patrimonio de empresas del grupo, multigrupo y asociadas

Se valorarán inicialmente al coste (valor razonable de la contraprestación entregada más los costes de transacción). Se incluirá el importe de los derechos de suscripción adquiridos.

Si existiera una inversión anterior a su calificación como parte vinculada, se considerará como coste de dicha inversión el valor contable que debiera tener la misma inmediatamente antes de que la empresa pase a tener esa calificación. Los ajustes valorativos previos asociados con dicha inversión contabilizados directamente en el patrimonio neto, se mantendrán en este hasta la enajenación o baja (NRV 9. ap. 2.5.3).

(2403/2404/5303/5304) Participaciones a largo/corto plazo ... (535) Dividendo a cobrar de inversiones financieras en partes vinculadas	a	(249/539) Desembolsos pendientes ... (57) Caja o Bancos
	[Suscripción/compra de los títulos]	

Posteriormente se valorarán por su coste menos el importe de las correcciones valorativas por deterioro efectuadas.

Al cierre del ejercicio deberán efectuarse las correcciones valorativas necesarias siempre que exista evidencia objetiva de que el valor en libros no será recuperable.

Importe corrección valorativa: Valor en libros – importe recuperable.

Importe recuperable: el mayor entre:

— Valor razonable menos los costes de venta.

— El valor actual de los flujos de efectivo futuros derivados de la inversión.

Salvo mejor evidencia del importe recuperable de las inversiones, en la estimación del deterioro de esta clase de activos se tomará en consideración el patrimonio neto de la entidad participada corregido por las plusvalías tácitas existentes en la fecha de la valoración.

Las correcciones valorativas por deterioro y, en su caso, su reversión se registrarán como un gasto o un ingreso en la Cuenta de pérdidas y ganancias. La reversión

Código de Comercio

Empresa del grupo:

Existe un grupo cuando una sociedad ostente o pueda ostentar, directa o indirectamente, el control de otra u otras.

Una empresa forma parte del grupo de otra cuando esta última:

a) Posee la mayoría de los derechos de voto.

b) Tenga la facultad de nombrar o destituir a la mayoría de los miembros del órgano de administración.

c) Pueda disponer, en virtud de acuerdos celebrados con terceros, de la mayoría de los derechos de voto.

d) Haya designado con sus votos a la mayoría de los miembros del órgano de administración.

del deterioro tendrá como límite el valor en libros de la inversión que estaría reconocida en la fecha de reversión si no se hubiese registrado el deterioro del valor.

(696/698) Pérdidas por deterioro de …	a	(293/593) Deterioro de valor de …
	[Por la contabilización del deterioro]	
(293/593) Deterioro de valor de …	a	(796/798) Reversión del deterioro de …
	[Por la reversión del deterioro]	

Ejemplo 5.8

El 2-01-X1 la empresa «G» adquiere acciones de la sociedad «V» en 857.000 €. Dichas acciones suponen el 22 % de la sociedad «V». Paga 5.000 € por gastos de transacción. Hay un dividendo pendiente de pago por importe de 40.000 €, que se hará efectivo el 1-05-20X1. Al final del ejercio 20X1 el patrimonio neto de la sociedad «V» es de 3.600.000 €. El 31-12-20X2 el valor recuperable de las participaciones se estima en 810.000 €. El 30-03-20X3 la empresa «G» vende las acciones en 900.000 €. Contabiliza las operaciones anteriores.

	1-01-X1			
40.000	(535) Dividendo a cobrar de inversiones financieras en partes vinculadas			
822.000	(240) Participaciones a largo plazo en partes vinculadas [857.000 + 5.000 – 40.000]	a	(572) Bancos, c/c	862.000
	1-05-X1			
7.600	(473) Hacienda Pública, retenciones y pagos a cuenta	a	(535) Dividendo a cobrar de inversiones financieras en partes vinculadas	40.000
32.400	(572) Bancos, c/c			
	31-12-X1			
30.000	(696) Pérdidas por deterioro de participaciones y valores representativos de deuda a largo plazo	a	(293) Deterioro de valor de participaciones a largo plazo en partes vinculadas	30.000
	[Valor en libros (822.000) menos Valor recuperable (22 % de 3.600.000)]			
	31-12-X2			
18.000	(293) Deterioro de valor de participaciones a largo plazo en partes vinculadas	a	(796) Reversión del deterioro de participaciones y valores representativos de deuda a largo plazo	18.000
	[(822.000 – 30.000) – 810.000]			
	30-03-X3			
900.000	(572) Bancos, c/c			
12.000	(293) Deterioro de valor de participaciones a largo plazo en partes vinculadas	a	(240) Participaciones a largo plazo en partes vinculadas	822.000
			(796) Reversión del deterioro de participaciones y valores representativos de deuda a largo plazo	12.000
			(773) Beneficios procedentes de participaciones a largo plazo en partes vinculadas	78.000

Ejemplo 5.9

La empresa «H» compra en bolsa, el 1-03-20X2, 5.000 acciones de la empresa «U» a 12 €/acción. Los gastos de compra ascendieron a 800 €. La inversión es a largo plazo y clasificada como disponible para la venta. El 1-07-20X2 «H» adquiere 20.000 acciones de «U» a 15 €/título, con gastos de 1.500 €. Con estas acciones más las anteriores «H» posee el 51 % de los derechos de voto de «U». El 31-12-20X3 el valor recuperable se estima en 14 €/acción.

	1-03-X2			
60.800	(250) Inversiones financieras a largo plazo en instrumentos de patrimonio [5.000 × 12 + 800]	a	(572) Bancos, c/c	60.800
	1-07-X2			
301.500	(240) Participaciones a largo plazo en partes vinculadas [20.000 × 1 5+ 1.500]	a	(572) Bancos, c/c	301.500
	1-07-X2			
14.200	(250) Inversiones financieras a largo plazo en instrumentos de patrimonio	a	(900) Beneficios en activos financieros disponibles para la venta	14.200
	[Revalorización de primeras acciones: 5.000 × 15 – 60.800]			
	1-07-X2			
75.000	(240) Participaciones a largo plazo en partes vinculadas [Cambio de cartera]	a	(250) Inversiones financieras a largo plazo en instrumentos de patrimonio	75.000
	31-12-X2			
14.200	(900) Beneficios en activos financieros disponibles para la venta	a	(133) Ajustes por valoración en activos financieros disponibles para la venta	14.200
	[Regularización de la cuenta 900]			
	31-12-X3			
14.200	(891) Deterioro de participaciones en el patrimonio, empresas del grupo	a	(240) Participaciones a largo plazo en partes vinculadas	14.200
12.300	(696) Pérdidas por deterioro de participaciones y valores representativos de deuda a largo plazo	a	(293) Deterioro de valor de participaciones a largo plazo en partes vinculadas [(376.500 – 25.000 × 14) – 14.200]	12.300
	31-12-X3			
14.200	(133) Ajustes por valoración en activos financieros disponibles para la venta	a	(891) Deterioro de participaciones en el patrimonio, empresas del grupo	14.200

Ejemplo 5.10

La empresa «H» compra en bolsa, el 1-03-20X2, 5.000 acciones de la empresa «U» a 12 €/acción. Los gastos de compra ascendieron a 800 €. La inversión es a largo plazo y clasificada como disponible para la venta. El 1-07-20X2 «H» adquiere 20.000 acciones de «U» a 10 €/título, con gastos de 1.500 €. Con estas acciones más las anteriores «H» posee el 51 % de los derechos de voto de «U». El 31-12-20X3 el valor recuperable se estima en 14 €/acción.

	1-03-X2			
60.800	(250) Inversiones financieras a largo plazo en instrumentos de patrimonio [5.000 × 12 + 800]	a	(572) Bancos, c/c	60.800

(continúa)

(continuación)

Debe	Cuenta		Cuenta	Haber
	1-07-X2			
201.500	(240) Participaciones a largo plazo en partes vinculadas [20.000 × 10 + 1.500]	a	(572) Bancos, c/c	201.5100
	1-07-X2			
10.800	(800) Pérdidas en activos financieros disponibles para la venta	a	(250) Inversiones financieras a largo plazo en instrumentos de patrimonio	10.800
	[Deterioro de valor: 5.000 × 10 – 60.800]			
	1-07-X2			
50.000	(240) Participaciones a largo plazo en partes vinculadas [Cambio de cartera]	a	(250) Inversiones financieras a largo plazo en instrumentos de patrimonio	50.000
	31-12-X2			
10.800	(133) Ajustes por valoración en activos financieros disponibles para la venta	a	(800) Pérdidas en activos financieros disponibles para la venta	10.800
	[Regularización de la cuenta 800]			
	31-12-X3			
10.800	(240) Participaciones a largo plazo en partes vinculadas	a	(991) Recuperación de ajustes valorativos negativos previos, empresas del grupo	10.800
	[Incremento de valor solo por el importe del ajuste negativo previo]			
	31-12-X3			
10.800	(991) Recuperación de ajustes valorativos negativos previos, empresas del grupo	a	(133) Ajustes por valoración en activos financieros disponibles para la venta	10.800
	[Regularización de la cuenta 991]			

5.2.4. Activos financieros disponibles para la venta

En esta categoría se incluirán los valores representativos de deuda e instrumentos de patrimonio de otras empresas que no se hayan clasificado en ninguna de las categorías anteriores.

Se valorarán inicialmente por su valor razonable (precio de la transacción) más los costes de transacción. También se incluirá el importe de los derechos de suscripción y similares que se hubiesen adquirido.

(2405/250) Inversiones financieras a largo … (535/545) Dividendo a cobrar (241/251/531/541) Valores representativos de deuda … (533/546) Intereses a corto plazo de valores representativos de deuda …	a	(249/259) Desembolsos pendientes …
	a	(57) Caja o Bancos

Posteriormente se valorarán por su valor razonable, sin deducir los costes de transacción en que se pudiera incurrir en su enajenación. Los cambios que se produzcan en el valor razonable se registrarán directamente en el patrimonio neto, hasta que el activo financiero cause baja del Balance o se deteriore, momento en que el importe así reconocido se imputará a la Cuenta de pérdidas y ganancias.

(800) Pérdidas en activos financieros disponibles para la venta	a	(2405/250/241/251/531/541) Inver./ Valores…
	o	
(2405/250/241/251/531/541) Inver./ Valores…	a	(900) Beneficios en activos financieros disponibles para la venta
	[Valoración a valor razonable]	
(6632) Pérdidas de disponibles para la venta	a	(902) Transferencia de pérdidas de activos financieros disponibles para la venta

Las correcciones valorativas por deterioro del valor y las pérdidas y ganancias que resulten por diferencias de cambio en activos financieros monetarios en moneda extranjera, de acuerdo con la norma relativa a esta última, se registrarán en la Cuenta de pérdidas y ganancias.

También se registrarán en la Cuenta de pérdidas y ganancias el importe de los intereses, calculados según el método del tipo de interés efectivo, y de los dividendos devengados.

Las inversiones en instrumentos de patrimonio cuyo valor razonable no se pueda determinar con fiabilidad se valorarán por su coste, menos, en su caso, el importe acumulado de las correcciones valorativas por deterioro del valor.

La corrección valorativa por deterioro de valor será la diferencia entre:

- Coste o coste amortizado menos correcciones valorativas por deterioro previamente reconocidas en pérdidas y ganancias.
- Valor razonable en el momento en que se efectúe la valoración.

Las pérdidas acumuladas reconocidas en el patrimonio neto por disminución del valor razonable, siempre que exista una evidencia objetiva de deterioro en el valor del activo, se reconocerán en la Cuenta de pérdidas y ganancias.

Si en ejercicios posteriores se incrementase el valor razonable, la corrección valorativa reconocida en ejercicios anteriores revertirá con abono a la Cuenta de pérdidas y ganancias del ejercicio. No obstante, en el caso de que se incrementase el valor razonable correspondiente a un instrumento de patrimonio, la corrección valorativa reconocida en ejercicios anteriores no revertirá con abono a la Cuenta de pérdidas y ganancias y se registrará el incremento de valor razonable directamente contra el patrimonio neto.

Ejemplo 5.11

El 1-01-X1, la empresa «J» compra 1.000 acciones de la sociedad «T» cuya cotización es de 25 €/título, clasificándolas como disponibles para la venta. Al final del ejercico 20X1 el valor razonable es de 29 €/título. Al final del ejercicio 20X2 el valor razonable es de 26 €/título. Durante el ejercicio 20X3 vende los títulos a 25,5 €/título. Contabiliza las operaciones anteriores.

	1-01-X1			
25.000	(250) Inversiones financieras a largo plazo en instrumentos de patrimonio [1.000 × 25]	a	(572) Bancos, c/c	25.000
	31-12-X1			
4.000	(250) Inversiones financieras a largo plazo en instrumentos de patrimonio	a	(900) Beneficios en activos financieros disponibles para la venta	4.000
	[Valor libros (25.000) – Valor razonable (1.000 × 29)]			
	31-12-X1			
4.000	(900) Beneficios en activos financieros disponibles para la venta	a	(133) Ajustes por valoración en activos financieros disponibles para la venta	4.000
	31-12-X2			
3.000	(800) Pérdidas en activos financieros disponibles para la venta	a	(250) Inversiones financieras a largo plazo en instrumentos de patrimonio	3.000
	[Valor libros (29.000) – Valor razonable (1.000 × 26)]			
	31-12-X2			
3.000	(133) Ajustes por valoración en activos financieros disponibles para la venta	a	(800) Pérdidas en activos financieros disponibles para la venta	3.000
	20X3			
25.500	(572) Bancos, c/c (1.000 × 25,50)			
500	(666) Pérdidas en participaciones y valores representativos de deuda	a	(250) Inversiones financieras a largo plazo en instrumentos de patrimonio (25.000 + 4.000 – 3.000)	26.000
	20X3			
1.000	(802) Transferencia de beneficios en activos financieros disponibles para la venta	a	(7632) Beneficios de disponibles para la venta	1.000
	[I. reconocido PN (4.000–3.000)]			
	31-12-X3			
1.000	(133) Ajustes por valoración en activos financieros disponibles para la venta	a	(802) Transferencia de beneficios en activos financieros disponibles para la venta	1.000
	(Regularización de la cuenta 802)			

Ejemplo 5.12

La empresa «K» adquiere, el 1-01-20X1, 20 obligaciones de 1.000 € nominales emitidas por la empresa «S», a la par y con 50 € de gastos. El vencimiento será el 31-12-20X3. El interés anual es del 5 % pagadero el 31-12 de cada año. El 31-12-X1 el valor razonable es de 996 €/título. El 31-12-X2 el valor razonable es de 1.003 €/título. La empresa «K» vende los títulos el 30-06-20X3 por 1.030 €/título. La empresa clasifica la inversión como «disponible para la venta».

Interés efectivo: $20.050 = 1.000 \times (1 + i)^{-1} + 1.000 \times (1 + i)^{-2} + 21.000 \times (1 + i)^{-3} \Rightarrow i = 0{,}0490835546$

	1-01-X1			
20.050	(251) Valores representativos de deuda a largo plazo	a	(572) Bancos, c/c	20.050
	[Adquisición de los títulos]			
	31-12-X1			
810	(572) Bancos, c/c			
190	(473) Hacienda Pública, retenciones y pagos a cuenta	a	(761) Ingresos de valores representativos de deuda	984,13
			(251) Valores representativos de deuda a largo plazo	15,87
	[Intereses año 20X1: 20.050 × 0,0490835546 = 984,13]			
	31-12-X1			
114,13	(800) Pérdidas en activos financieros disponibles para la venta	a	(251) Valores representativos de deuda a largo plazo	114,13
	[Valoración a valor razonable: 20 × 996 – 20.034,13 = – 114,13]			
	31-12-X1			
114,13	(133) Ajustes por valoración en activos financieros disponibles para la venta	a	(800) Pérdidas en activos financieros disponibles para la venta	114,13
	[Regularización de la cuenta 800]			
	31-12-X2			
810	(572) Bancos, c/c			
190	(473) Hacienda Pública, retenciones y pagos a cuenta	a	(761) Ingresos de valores representativos de deuda	977,74
			(251) Valores representativos de deuda a largo plazo	22,26
	[Intereses año 20X2: 20 × 996 × 0,0490835546 = 977,74]			
	31-12-X2			
162,26	(251) Valores representativos de deuda a largo plazo	a	(900) Beneficios en activos financieros disponibles para la venta	162,26
	[Valoración a valor razonable: 20 × 1.003 – 19.897,74 = 162,26]			
	31-12-X2			
162,26	(900) Beneficios en activos financieros disponibles para la venta	a	(133) Ajustes por valoración en activos financieros disponibles para la venta	162,26
	[Regularización de la cuenta 900]			
	31-12-X2			
20.060	(541) Valores representativos de deuda a corto plazo	a	(251) Valores representativos de deuda a largo plazo	20.060
	[Reclasificación de la deuda a corto plazo]			

(continúa)

(continuación)

Debe	Cuenta		Cuenta	Haber
	30-06-X3			
20.600	(572) Bancos, c/c [20 × 1.030]	a	(761) Ingresos de valores representativos de deuda 20 × 1.003 × [(1 + 0,0490835546)$^{6/12}$ –1]	486,41
			(541) Valores representativos de deuda a corto plazo	20.060
			(766) Beneficios en participaciones y valores representativos de deuda	53,59
	30-06-X3			
48,13	(802) Transferencia de beneficios en activos financieros disponibles para la venta	a	(7632) Beneficios de disponibles para la venta	48,13
	[Traslado a pérdidas y ganancias del saldo de la cuenta 133]			
	31-12-X3			
48,13	(133) Ajustes por valoración en activos financieros disponibles para la venta	a	(802) Transferencia de beneficios en activos financieros disponibles para la venta	48,13
	[Regularización de la cuenta 802]			

Ejemplo 5.13

La empresa «L» compra el 1-01-20X2 15 bonos de 1.000 € y con reembolso el 31-12-20X3 por 1.100 €. Los gastos de compra han ascendido a 40 €. La empresa clasifica la inversión como «disponible para la venta». El 31-12-X2 la cotización es de 1.020 €. El 30-06-X3 vende los bonos a 1.035 €.

Interés efectivo: $15.040 = 16.500 \times (1 + i)^{-2} \Rightarrow i = 0{,}047413227$

Debe	Cuenta		Cuenta	Haber
	1-01-X2			
15.040	(251) Valores representativos de deuda a largo plazo	a	(572) Bancos, c/c	15.040
	[Adquisición de los bonos]			
	31-12-X2			
713,09	(251) Valores representativos de deuda a largo plazo	a	(761) Ingresos de valores representativos de deuda	713,09
	[Intereses año 20X2 : 15.040 × 0,0474132270]			
	31-12-X2			
453,09	(800) Pérdidas en activos financieros disponibles para la venta	a	(251) Valores representativos de deuda a largo plazo	453,09
	[Valoración a valor razonable: 15 × 1.020 –15.753,09]			
	31-12-X2			
15.300	(541) Valores representativos de deuda a corto plazo	a	(251) Valores representativos de deuda a largo plazo	15.300
	[Reclasificación de la deuda]			

	31-12-X2			
453,09	(133) Ajustes por valoración en activos financieros disponibles para la venta	a	(800) Pérdidas en activos financieros disponibles para la venta	453,09
	[Regularización de la cuenta 800]			
	30-06-X3			
358,51	(541) Valores representativos de deuda a corto plazo $15.300 \times [(1 + 0{,}047413227)^{6/12} - 1]$	a	(761) Ingresos de valores representativos de deuda	358,51
	30-06-X3			
15.525	(572) Bancos, c/c [15 × 1.035]			
133,51	(666) Pérdidas en participaciones y valores representativos de deuda	a	(541) Valores representativos de deuda a corto plazo	15.658,51
	30-06-X3			
453,09	(6632) Pérdidas de disponibles para la venta	a	(902) Transferencia de pérdidas de activos financieros disponibles para la venta	453,09
	[Imputación a resultados de los gastos reconocidos en el PN]			
	31-12-X3			
453,09	(902) Transferencia de pérdidas de activos financieros disponibles para la venta	a	(133) Ajustes por valoración en activos financieros disponibles para la venta	453,09
	[Regularización de la cuenta 902]			

5.2.5. Créditos no comerciales

Son préstamos y otros créditos no comerciales concedidos, incluidos los surgidos de la venta de activos no corrientes, estén o no formalizados mediante efectos de giro.

Se clasifican, en función del plazo de recuperación, en el grupo 2 (si son a largo plazo) o en el grupo 5 (si son a corto plazo).

Se valorarán inicialmente por su valor razonable (valor razonable de la contraprestación entregada más los costes de la transacción directamente atribuibles).

Posteriormente se valorarán por su coste amortizado. Los intereses devengados se contabilizarán en la Cuenta de pérdidas y ganancias, aplicando el método del tipo de interés efectivo.

Se recogerán en las siguientes cuentas:

— *(242/252/532/542) Créditos a largo/corto plazo…*

— *(253/543) Créditos a largo/corto plazo por enajenación de inmovilizado.*

— *(254/544) Créditos a largo/corto plazo al personal.*

Los intereses devengados y no cobrados se contabilizarán en las cuentas:

— *(534/547) Intereses a corto plazo de créditos…*

Las pérdidas producidas por insolvencias firmes de créditos no comerciales, no previstas, se reflejarán en la cuenta:

— *(667) Pérdidas de créditos no comerciales.*

Plan General de Contabilidad

9.ª Instrumentos financieros

2.1. Préstamos y partidas a cobrar

2.1.3. Deterioro del valor

Al menos al cierre del ejercicio, deberán efectuarse las correcciones valorativas necesarias siempre que exista evidencia objetiva de que el valor de un crédito o de un grupo de créditos con similares características de riesgo valorados colectivamente, se ha deteriorado como resultado de uno o más eventos que hayan ocurrido después de su reconocimiento inicial y que ocasionen una reducción o retraso en los flujos de efectivo estimados futuros, que pueden venir motivados por la insolvencia del deudor.

La reversión del deterioro tendrá como límite el valor en libros del crédito que estaría reconocido en la fecha de reversión si no se hubiese registrado el deterioro del valor.

Los intereses a favor de la empresa producidos por préstamos y otros créditos, devengados en el ejercicio, se registran en la cuenta de ingresos:

— *(762) Ingresos de créditos.*

La pérdida por deterioro del valor será la diferencia entre su valor en libros y el valor actual de los flujos de efectivo futuros que se estima van a generar, descontados al tipo de interés efectivo calculado en el momento de su reconocimiento inicial.

Las correcciones valorativas por deterioro, así como su reversión cuando el importe de dicha pérdida disminuyese por causas relacionadas con un evento posterior, se reconocerán como un gasto o un ingreso, respectivamente, en la Cuenta de pérdidas y ganancias.

(697/699) Pérdidas por deterioro de créditos a largo/corto plazo	a	(295/298/595/598) Deterioro de valor de créditos a largo/corto plazo
(295/298/595/598) Deterioro de valor de créditos a largo/corto plazo	a	(797/799) Reversión del deterioro de créditos a largo/corto plazo

Los créditos por operaciones comerciales con vencimiento no superior a un año y que no tengan un tipo de interés contractual, así como los anticipos y créditos al personal, los dividendos a cobrar y los desembolsos exigidos sobre instrumentos de patrimonio, cuyo importe se espera recibir en el corto plazo, se podrán valorar por su valor nominal cuando el efecto de no actualizar los flujos de efectivo no sea significativo. Su valoración posterior también será por el mismo importe.

Ejemplo 5.14

El 1-01-X1 la empresa concede un préstamo, a 3 años, de 10.000 € a otra empresa. Lo hace efectivo a través de banco. El tipo de interés será del 8 % anual y lo cobrará al vencimiento del crédito, junto con el principal.

Periodo	Coste financiero	Pagos	Capital amortizado	Capital pendiente
0				10.000,00
1	800,00	0,00	-800,00	10.800,00
2	864,00	0,00	-864,00	11.664,00
3	933,12	12.597,12	11.664,00	0,00

Debe	Cuenta		Cuenta	Haber
	1-01-X1			
10.000	(252) Créditos a largo plazo	a	(572) Bancos, c/c	10.000
	[Por la concesión del crédito]			
	31-12-X1			
800	(256) Intereses a largo plazo de IF	a	(762) Ingresos de créditos	800
	[Intereses correspondientes al primer año y que se cobrarán al vencimiento del crédito]			
	31-12-X2			
864	(256) Intereses a largo plazo de IF	a	(762) Ingresos de créditos	864
	[Intereses correspondientes al segundo año]			

	31-12-X2			
10.000	(542) Créditos a corto plazo			
1.664	(547) Intereses a corto plazo de créditos	a	(252) Créditos a largo plazo	10.000
		a	(256) Intereses a largo plazo de IF	1.664
	[Reclasificación del crédito y los intereses]			
	31-12-X3			
12.103,67	(572) Bancos, c/c			
493,45	(473) Hacienda Pública, retenciones y pagos a cuenta	a	(542) Créditos a corto plazo	10.000
	[19 % s/(1.664 + 933,12)]	a	(547) Intereses a corto plazo de créditos	1.664
		a	(762) Ingresos de créditos	933,12

Ejemplo 5.15

Concede un préstamo a un empleado por importe de 8.000 € a devolver en 8 meses. Entrega cheque.

8.000	(544) Créditos a corto plazo al personal	a	(572) Bancos, c/c	8.000

Ejemplo 5.16

Compra un terreno no edificable por 50.000 €. Paga por banco.

50.000	(210) Terrenos y bienes naturales	a	(572) Bancos, c/c	50.000

Ejemplo 5.17

Vende el terreno del ejemplo anterior en 58.000 €. Se lo dejan a deber a 18 meses al 5 % anual.

58.000	(253) Créditos a largo plazo por enajenación de inmovilizado	a	(210) Terrenos y bienes naturales	50.000
		a	(771) Beneficios procedentes del inmovilizado material	8.000

Ejemplo 5.18

El comprador del terreno del ejemplo anterior es declarado en quiebra y la empresa considera el crédito definitivamente perdido.

58.000	(667) Pérdidas de créditos no comerciales	a	(253) Créditos a largo plazo por enajenación de inmovilizado	58.000

Ejemplo 5.19

Abre una cuenta de ahorro en un banco a plazo de 3 años, ingresando en ella 20.000 € en efectivo.

20.000	(258) Imposiciones a largo plazo	a	(570) Caja, euros	20.000

Ejemplo 5.20

Concede un crédito de 20.000 € a la empresa «A» con vencimiento a 2 años, al 5 % anual. Entrega cheque bancario.

20.000	(252) Créditos a largo plazo	a	(572) Bancos, c/c	20.000

Ejemplo 5.21

Poco después la empresa «A» es declarada en suspensión de pagos. Considera que el crédito ha sufrido una pérdida por deterioro del 50 %.

10.000	(697) Pérdidas por deterioro de créditos a largo plazo	a	(298) Deterioro de valor de créditos a largo plazo	10.000

Ejemplo 5.22

Posteriormente conseguimos cobrar 13.000 € a la empresa «A» y considera irrecuperable el resto.

13.000	(572) Bancos, c/c			
7.000	(298) Deterioro de valor de créditos a largo plazo	a	(252) Créditos a largo plazo	20.000
3.000	(298) Deterioro de valor de créditos a largo plazo	a	(797) Reversión del deterioro de créditos a largo plazo	3.000

Ejemplo 5.23

El 1-01-X1 concede un préstamo de 3.000 €, con 30 € de gastos. El prestamista devolverá 170 € el 31-12, durante 3 años y un pago final de 3.100 €.

Interés efectivo: $3.030 = 170 \times (1 + i)^{-1} + 170 \times (1 + i)^{-2} + 3.270 \times (1 + i)^{-3} \Rightarrow i = 0{,}0633385821$

Periodo	Coste financ.	Pagos	C. amortizado	C. pendiente
0				3.030,00
1	191,92	170,00	-21,92	3.051,92
2	193,30	170,00	-23,30	3.075,22
3	194,78	3.270,00	3.075,22	0,00

	1-01-X1		
3.030	(252) Créditos a largo plazo	a (572) Bancos, c/c	3.030
	31-12-X1		
170	(572) Bancos, c/c		
21,92	(252) Créditos a largo plazo	a (762) Ingresos de créditos	191,92
	[Por la valoración del crédito a coste amortizado]		
	31-12-X2		
170	(572) Bancos, c/c		
23,30	(252) Créditos a largo plazo	a (762) Ingresos de créditos	193,30
	31-12-X2		
3.075,22	(542) Créditos a corto plazo	a (252) Créditos a largo plazo	3.075,22
	[Reclasificación del crédito]		
	31-12-X3		
3.270	(572) Bancos, c/c	a (762) Ingresos de créditos	194,78
		a (542) Créditos a corto plazo	3.075,22

Ejemplo 5.24

El 1-01-X2 se vende en 150.000 €, más IVA, una máquina cuyo precio de adquisición fue de 260.000 € y con amortización acumulada de 100.000 €. El adquirente abonó 81.500 € con cheque y 110.250 € dentro de 2 años.

	1-01-X2		
81.500	(572) Bancos, c/c		
100.000	(281) Amortización acumulada del inmovilizado material		
100.000	(253) Créditos a largo plazo por enajenación de inmovilizado		
10.000	(671) Pérdidas procedentes del inmovilizado material	a (213) Maquinaria	260.000
		a (477) Hacienda Pública, IVA repercutido	31.500

100.000 = 110.250 $(1 + i)^{-2}$ ⇨ interés efectivo = i = 0,05

Periodo	Coste financ.	Pagos	C. amortizado	C. pendiente
0				100.000,00
1	5.000,00	0,00	-5.000,00	105.000,00
2	5.250,00	110.250,00	105.000,00	0,00

	31-12-X2		
5.000	(253) Créditos a largo plazo por enajenación de inmovilizado	a (762) Ingresos de créditos	5.000
	[Valoración a coste amortizado]		
	31-12-X2		
105.000	(543) Créditos a corto plazo por enajenación de inmovilizado	a (253) Créditos a largo plazo por enajenación de inmovilizado	105.000
	[Reclasificación de crédito]		
	31-12-X3		
110.250	(572) Bancos, c/c	a (543) Créditos a corto plazo por enajenación de inmovilizado	105.000
		a (762) Ingresos de créditos	5.250

Ejemplo 5.25

El 1-01-X2 la empresa «M» concede un préstamo de 40.000 € a la empresa «R», al 8 % de interés anual, a devolver dentro de 2 años, junto con los intereses. El 31-12-X2, debido a las dificultades financieras de la empresa «R», la empresa «M» estima que solo podrá recuperar 20.000 € de la inversión al vencimiento de la misma. Finalmente la empresa «M» recibe 25.000 €, al vencimiento del préstamo.

Interés efectivo: $40.000 = 46.656 \times (1 + i)^{-2} \Rightarrow i = 0,08$

	1-01-X2			
40.000	(252) Créditos a largo plazo	a	(572) Bancos, c/c	40.000
	31-12-X2			
3.200	(547) Intereses a corto plazo de créditos	a	(762) Ingresos de créditos	3.200
	[Intereses año 20X2: 40.000 × 0,08]			
	31-12-X2			
40.000	(542) Créditos a corto plazo	a	(252) Créditos a largo plazo	40.000
	[Reclasificación del crédito]			
	31-12-X2			
	Importe que se espera recuperar descontado al tipo de interés efectivo: $20.000 \times (1 + 0,08)^{-1} = 18.518,52$ €			
	Deterioro = Valor en libros (40.000 + 3.200) – 18.518,52 = 24.681,48 €			
24.681,48	(699) Pérdidas por deterioro de créditos a corto plazo	a	(598) Deterioro de valor de créditos a corto plazo	24.681,48
	[Coste amortizado: 40.000 + 3.200 – 24.681,48 = 18.518,52 €]			
	31-12-X3			
1.481,48	(547) Intereses a corto plazo de créditos	a	(762) Ingresos de créditos	1.481,48
	[Intereses año 20X3: 18.518,52 × 0,08 = 1.481,48 €]			
	31-12-X3			
25.000	(572) Bancos, c/c			
24.681,48	(598) Deterioro de valor de créditos a corto plazo	a	(542) Créditos a corto plazo	40.000
		a	(547) Intereses a corto plazo de créditos	4.681,48
		a	(799) Reversión del deterioro de créditos a corto plazo	5.000

5.3. Pasivos financieros

Recuerda...

Para una información más exhaustiva debes consultar la norma de registro y valoración **9. Instrumentos financieros, apartado 3. Pasivos financieros.**

Los instrumentos financieros emitidos, incurridos o asumidos se clasificarán como pasivos financieros, en su totalidad o en una de sus partes, siempre que de acuerdo con su realidad económica supongan para la empresa una obligación contractual, directa o indirecta, de entregar efectivo u otro activo financiero, o de intercambiar activos o pasivos financieros con terceros en condiciones potencialmente desfavorables.

Los pasivos financieros, a efectos de su valoración, se clasificarán en alguna de las siguientes categorías:

a) Débitos y partidas a pagar.

b) Pasivos financieros mantenidos para negociar.

c) Otros pasivos financieros a valor razonable con cambios en la Cuenta de pérdidas y ganancias.

Las cuentas que recogen los pasivos financieros aparecerán en el grupo 1 (si son a largo plazo) o en el grupo 5 (si son a corto plazo).

5.3.1. Débitos y partidas a pagar

En este apartado se clasificarán:

a) Débitos por operaciones comerciales, que se estudian en la Unidad 3.

b) Débitos por operaciones no comerciales: son aquellos pasivos financieros que, no siendo instrumentos derivados, no tienen origen comercial.

La valoración inicialmente se hará por su valor razonable, que será el precio de la transacción, ajustado por los costes atribuibles.

Posteriormente, se valorarán por su coste amortizado. Los intereses devengados se contabilizarán en la cuenta de pérdidas y ganancias, aplicando el método del tipo de interés efectivo.

Los débitos por operaciones comerciales con vencimiento no superior a un año y que no tengan un tipo de interés contractual, así como los desembolsos exigidos por terceros sobre participaciones, cuyo importe se espera pagar en el corto plazo, se podrán valorar por su valor nominal cuando el efecto de no actualizar los flujos de efectivo no sea significativo. Su valoración posterior también será por el mismo importe.

En este tema vamos a estudiar las cuentas de crédito, los préstamos y otros débitos y la emisión de los valores representativos de deuda.

Las cuentas de financiación ajena a largo plazo tienen su equivalente a corto plazo en el grupo 5:

Deudas	Largo plazo	Corto plazo
Empréstitos	Subgrupo 17	Subgrupo 50
Deudas a largo plazo con partes vinculadas	Subgrupo 16	Subgrupo 51
Deudas a largo plazo por préstamos recibidos	Subgrupo 17	Subgrupo 52

La parte de las deudas, representadas en cuentas de los subgrupos 16 y 17, que venza a corto plazo, se pasará a las cuentas respectivas de los subgrupos 50, 51 y 52.

5.3.1.1. Cuentas de crédito

Estos créditos consisten en que el banco pone a disposición de la empresa una cierta cantidad de dinero durante un determinado tiempo. La empresa solo hará uso del dinero que necesite y cuando lo necesite y pagará intereses por la cantidad utilizada y no por la cantidad total concedida. También pagará una comisión por la parte del crédito no dispuesto. Las cuentas de crédito permiten a las empresas cubrir desfases temporales de tesorería.

La cuenta *(520) Deudas a corto plazo con entidades de crédito* debe dividirse en las subcuentas siguientes:

- *(5200) Préstamos a corto plazo de entidades de crédito*, que recoge los préstamos concedidos a la empresa que no sean de disposición gradual. La empresa recibe el dinero del préstamo, pagará intereses sobre el total del préstamo y lo devolverá en los plazos establecidos.

- *(5201) Deudas a corto plazo por crédito dispuesto*, que recogerá la parte del crédito dispuesto en los créditos de disposición gradual.
- *(5208) Deudas por efectos descontados*, que recogerá las deudas a corto plazo con entidades de crédito que surjan como consecuencia del descuento de efectos, como hemos visto en la unidad anterior.
- *(5209) Deudas por operaciones de «factoring»*, que recogerá deudas a corto plazo con entidades de crédito consecuencia de operaciones de «factoring» en las que la empresa retiene sustancialmente los riesgos y beneficios de los derechos de cobro.

Ejemplo 5.26

Un banco le concede a la empresa un crédito de 6.000 € durante un periodo de 6 meses. La empresa dispone en efectivo de 2.000 € con cargo a la cuenta de crédito.

2.000	(570) Caja, euros	a	(5201) Deudas a corto plazo por crédito dispuesto	2.000
	(Solo es deuda la parte del crédito recibida)			

Ejemplo 5.27

La empresa paga a un proveedor al que debe 3.500 €, haciendo uso de la cuenta de crédito.

3.500	(400) Proveedores	a	(5201) Deudas a corto plazo por crédito dispuesto	3.500

Ejemplo 5.28

Un cliente envía transferencia bancaria a la empresa, de 1.000 €, que esta ingresa en la cuenta de crédito.

1.000	(5201) Deudas a corto plazo por crédito dispuesto	a	(430) Clientes	1.000
	(La empresa devuelve parte del crédito dispuesto)			

Ejemplo 5.29

La empresa cancela la cuenta de crédito pagando, a través de la cuenta corriente, la deuda contraída junto con los intereses, que ascienden a 200 €.

4.500	(5201) Deudas a corto plazo por crédito dispuesto (2.000 + 3.500 – 1.000)			
200	(662) Intereses de deudas	a	(572) Bancos, c/c	4.700

5.3.1.2. Préstamos y otros débitos

Son préstamos y otros débitos no comerciales recibidos, incluidos los surgidos de la compra de activos no corrientes, estén o no formalizados mediante efectos de giro.

Los préstamos recibidos se recogerán en las cuentas:

- *(160/510) Deudas a largo/corto plazo con entidades de crédito vinculadas.*
- *(170/520) Deudas a largo/corto plazo con entidades de crédito.*
- *(163/513) Otras deudas a largo/corto plazo con partes vinculadas.*
- *(171/521) Deudas a largo/corto plazo.*

Las deudas por la compra de bienes del grupo 2 se contabilizarán en las cuentas:

- *(161/511) Proveedores de inmovilizado a largo/corto plazo, partes vinculadas.*
- *(173/523) Proveedores de inmovilizado a largo/corto plazo.*
- *(175/525) Efectos a pagar a largo/corto plazo.*

Las deudas por arrendamiento financiero se recogerán en las cuentas:

- *(162/512) Acreedores por arrendamiento financiero a largo/corto plazo, partes vinculadas.*
- *(174/524) Acreedores por arrendamiento financiero a largo/corto plazo.*

Los intereses a pagar devengados durante el ejercicio se recogerán en las cuentas:

- *(514/527/528) Intereses a corto plazo de deudas…*

Las deudas con accionistas por dividendos activos se recogerán en la cuenta:

- *(526) Dividendo activo a pagar.*

Merece especial atención las cuentas *(172/522) Deudas a largo/corto plazo transformables en subvenciones, donaciones y legados*, que recogen las cantidades concedidas por las Administraciones Públicas, empresas o particulares con carácter de subvención, donación o legado reintegrable.

(572) Bancos, c/c o (4708)	a	(172/522) Deudas largo/corto transf. …

Estas subvenciones, que en un principio hay que devolver, es muy frecuente que se transformen en no reintegrables, si se cumplen unas determinadas condiciones. Cuando esto sucede, se transferirá su importe a las cuentas de los subgrupos *(94) Ingresos por subvenciones, donaciones y legados* o *(74) Subvenciones, donaciones y legados*:

(172/522) Deudas largo/corto transf. …	a	(940/941/942) Ingresos de… (74.) Subvenciones…

Ejemplo 5.30

El Estado concede a la empresa una subvención reintegrable por importe de 90.000 €.

90.000	(4708) Hacienda Pública, deudora por subvenciones concedidas	a	(172) Deudas a largo plazo transformables en subvenciones, donaciones y legados	90.000

Ejemplo 5.31

Le ingresan el importe de la subvención anterior en cuenta corriente.

90.000	(572) Bancos, c/c	a	(4708) Hacienda Pública, deudora por subvenciones concedidas	90.000

Ejemplo 5.32

Debido a una serie de circunstancias, la empresa de los ejemplos anteriores consigue que la subvención se convierta en no reintegrable.

90.000	(172) Deudas a largo plazo transformables en subvenciones, donaciones y legados	a	(940) Ingresos de subvenciones oficiales de capital	90.000

Ejemplo 5.33

a) El 1-04-20X1 la empresa compra un edificio por 560.000 €, más 21 % de IVA. Del importe anterior 160.000 € corresponden al terreno. Se paga de la siguiente forma:

- El importe del terreno y la totalidad del IVA mediante cheque.
- El 25 % de la construcción pagando 103.727,04 € dentro de 9 meses.
- Otro 30 % firmando un efecto de 129.111,58 €, con vencimiento a 18 meses.
- El resto pagando 198.450 € dentro de 2 años.

b) ¿Qué asientos tendría que hacer la empresa al final del ejercicio 20X1?

c) El 1-10-20X2 paga la letra a través de banco.

d) Asientos a realizar al final del ejercicio 20X2.

e) El 1-04-20X3 paga la deuda pendiente con el proveedor de inmovilizado.

	1-04-X1			
160.000	(210) Terrenos y bienes naturales			
400.000	(211) Construcciones			
117.600	(472) Hacienda Pública, IVA soportado	a	(572) Bancos, c/c	277.600
		a	(523) Proveedores de inmovilizado a corto plazo	100.000
		a	(175) Efectos a pagar a largo plazo	120.000
		a	(173) Proveedores de inmovilizado a largo plazo	180.000

$$400.000 = 103.727,04 \times (1 + i)^{-9/12} + 129.111,58 \times (1 + i)^{-18/12} + 198.450 \times (1 + i)^{-2} \Rightarrow i = 0,05$$

	31-12-X1			
14.908,16	(662) Intereses de deudas	a	(523) Proveedores de inmovilizado a corto plazo $100.000 \times [(1 + 0,05)^{9/12} - 1]$	3.727,04
		a	(175) Efectos a pagar a largo plazo $120.000 \times [(1 + 0,05)^{9/12} - 1]$	4.472,45
		a	(173) Proveedores de inmovilizado a largo plazo $180.000 \times [(1 + 0,05)^{9/12} - 1]$	6.708,67
	[Actualización deudas]			
	31-12-X1			
103.727,04	(523) Proveedores de inmovilizado a corto plazo	a	(572) Bancos, c/c	103.727,04
	[100.000 + 3.727,04]			
	31-12-X1			
124.472,45	(175) Efectos a pagar a largo plazo	a	(525) Efectos a pagar a corto plazo	124.472,45
	[Reclasificación de la deuda]			
	1-10-X2			
4.639,13	(662) Intereses de deudas	a	(525) Efectos a pagar a corto plazo	4.639,13
	Actualización deuda: $124.472,45 \times [(1 + 0,05)^{9/12} - 1]$			
	1-10-X2			
129.111,58	(525) Efectos a pagar a corto plazo	a	(572) Bancos, c/c	129.111,58
	[Pago deuda]			
	31-12-X2			
9.335,43	(662) Intereses de deudas	a	(173) Proveedores de inmovilizado a largo plazo	9.335,43
	[Actualización deuda: (180.000 + 6.708,67) × 0,05]			
	31-12-X2			
196.044,1	(173) Proveedores de inmovilizado a largo plazo	a	(523) Proveedores de inmovilizado a corto plazo	196.044,1
	[Reclasificación de la deuda]			
	1-04-X3			
2.405,9	(662) Intereses de deudas	a	(523) Proveedores de inmovilizado a corto plazo	2.405,9
	Actualización deuda: $196.044,1 \times [(1 + 0,05)^{3/12} - 1]$			
	1-04-X3			
198.450	(523) Proveedores de inmovilizado a corto plazo	a	(572) Bancos, c/c	198.450
	[Pago deuda]			

Ejemplo 5.34

El día 1-01-20X1 un banco concede a la empresa un préstamo de 150.000 € a devolver en 3 años, con anualidades constantes. Tipo de interés: 6 %. Los gastos de formalización del préstamo han ascendido a 1.500 €. Contabiliza las operaciones correspondientes a los 3 años.

$$Anualidad = \frac{150.000}{1 - (1 + 0,06)^{-3}/0,06} = 56.116,47$$

Periodos	Anualidad	Cuota interés	Cuota de amortización	Capital pendiente
0				150.000,00
1	56.116,47	9.000,00	47.116,47	102.883,53
2	56.116,47	6.173,01	49.943,46	52.940,07
3	56.116,47	3.176,40	52.940,07	0,00

(continúa)

(continuación)

Interés efectivo: $150.000 - 1.500 = 56.116,47 \times (1 + i)^{-1} + 56.116,47 \times (1 + i)^{-2} + 56.116,47 \times (1 + i)^{-3} \Rightarrow i = 0,0654508059$

Periodo	Coste financiero	Pagos	Capital amortizado	Capital pendiente
0				148.500,00
1	9.719,44	56.116,47	46.397,03	102.102,97
2	6.682,72	56.116,47	49.433,75	52.669,23
3	3.447,24	56.116,47	52.669,23	0,00

Debe	Cuenta		Cuenta	Haber
	1-01-X1			
148.500	(572) Bancos, c/c	a	(5200) Préstamos a corto plazo de entidades de crédito	46.397,03
		a	(170) Deudas a largo plazo con entidades de crédito	102.102,97
	31-12-X1			
9.719,44	(662) Intereses de deudas	a	(527) Intereses a corto plazo de deudas con entidades de crédito	9.000
		a	(5200) Préstamos a corto plazo de entidades de crédito	719,44
	[Devengo de intereses 20X1 y valoración a coste amortizado]			
	31-12-X1			
47.116,47	(5200) Préstamos a corto plazo de entidades de crédito [46.397,03 + 719,44]			
9.000	(527) Intereses a corto plazo de deudas con entidades de crédito	a	(572) Bancos, c/c	56.116,47
	[Devolución de la primera anualidad]			
	31-12-X1			
49.433,75	(170) Deudas a largo plazo con entidades de crédito	a	(5200) Préstamos a corto plazo de entidades de crédito	49.433,75
	[Reclasificación de la segunda cuota de amortización]			
	31-12-X2			
6.682,72	(662) Intereses de deudas	a	(527) Intereses a corto plazo de deudas con entidades de crédito	6.173,01
		a	(5200) Préstamos a corto plazo de entidades de crédito	509,71
	[Devengo de intereses 20X2 y valoración a coste amortizado]			
	31-12-X2			
49.943,46	(5200) Préstamos a corto plazo de entidades de crédito [49.433,75 + 509,71]			
6.173,01	(527) Intereses a corto plazo de deudas con entidades de crédito	a	(572) Bancos, c/c	56.116,47
	[Devolución de la segunda anualidad]			

31-12-X2

52.669,23 (170) Deudas a largo plazo con entidades de crédito a (5200) Préstamos a corto plazo de entidades de crédito 52.669,23

[Reclasificación de la tercera cuota de amortización]

31-12-X3

3.447,24 (662) Intereses de deudas a (527) Intereses a corto plazo de deudas con entidades de crédito 3.176,40

a (5200) Préstamos a corto plazo de entidades de crédito 270,84

[Devengo de intereses 20X3 y valoración a coste amortizado]

31-12-X3

52.940,07 (5200) Préstamos a corto plazo de entidades de crédito
[52.669,23 + 270,84]

3.176,40 (527) Intereses a corto plazo de deudas con entidades de crédito a (572) Bancos, c/c 56.116,47

[Devolución de la tercera anualidad]

Ejemplo 5.35

El día 1-01-20X2 un banco concede a la empresa un préstamo de 50.000 € a devolver en 2 años, al 8 % de interés. La amortización se realizará mediante un pago único al final de los dos años. Los gastos de formalización del préstamo han ascendido a 800 €. Contabiliza las operaciones correspondientes a los 2 años.

Intereses nominales primer año: 50.000 × 0,08 = 4.000 €
Intereses nominales segundo año: (50.000 + 4.000) × 0,08 = 4.320 €
Interés efectivo: $49.200 = 58.320 \times (1 + i)^{-2} \Rightarrow 0,0887450820$

Periodo	Coste financiero	Pagos	Capital amortizado	Capital pendiente
0				49.200,00
1	4.366,26	0,00	-4.366,26	53.566,26
2	4.753,74	0,00	-4.753,74	58.320,00

1-01-X2

49.200 (572) Bancos, c/c a (170) Deudas a largo plazo con entidades de crédito 49.200

31-12-X2

4.366,26 (662) Intereses de deudas a (527) Intereses a corto plazo de deudas con entidades de crédito 4.000

a (170) Deudas a largo plazo con entidades de crédito 366,26

[Devengo de intereses 20X2 y valoración a coste amortizado]

31-12-X2

49.566,26 (170) Deudas a largo plazo con entidades de crédito a (5200) Préstamos a corto plazo de entidades de crédito 49.566,26

[Reclasificación del préstamo]

(continúa)

(continuación)

	31-12-X3			
4.753,74	(662) Intereses de deudas	a	(527) Intereses a corto plazo de deudas con entidades de crédito	4.320
		a	(5200) Préstamos a corto plazo de entidades de crédito	433,74
	[Devengo de intereses 20X3 y valoración a coste amortizado]			
	31-12-X3			
50.000	(5200) Préstamos a corto plazo de entidades de crédito [49.566,26 + 433,74]			
8.320	(527) Intereses a corto plazo de deudas con entidades de crédito	a	(572) Bancos, c/c	58.320
	[Devolución del principal e intereses]			

Ejemplo 5.36

El día 1-01-20X2 la empresa «N» compra una máquina por 60.000 €, más 21 % de IVA. Paga 32.600 € con cheque y firma dos letras de cambio de 22.700 € cada una, a pagar el 31-12-X2 y 31-12-X3. Contabiliza las operaciones correspondientes a los 2 años.

Interés efectivo: $40.000 = 22.700 \times (1 + i)^{-1} + 22.700 \times (1 + i)^{-2} \Rightarrow i = 0{,}0887432065$

	1-01-X2			
60.000	(213) Maquinaria			
12.600	(472) Hacienda Pública, IVA soportado	a	(572) Bancos, c/c	32.600
		a	(525) Efectos a pagar a corto plazo [$22.700 \times (1 + 0{,}0887432065)^{-1}$]	20.849,73
		a	(175) Efectos a pagar a largo plazo [$22.700 \times (1 + 0{,}0887432065)^{-2}$]	19.150,27
	31-12-X2			
3.549,73	(662) Intereses de deudas [$40.000 \times 0{,}0887432065$]	a	(525) Efectos a pagar a corto plazo [$20.849{,}73 \times 0{,}0887432065$]	1.850,27
		a	(175) Efectos a pagar a largo plazo [$19.150{,}27 \times 0{,}0887432065$]	1.699,46
	[Devengo de intereses 20X2 y valoración a coste amortizado]			
	31-12-X2			
22.700	(525) Efectos a pagar a corto plazo	a	(572) Bancos, c/c	22.700
	[Pago de la primera letra]			
	31-12-X2			
20.849,73	(175) Efectos a pagar a largo plazo	a	(525) Efectos a pagar a corto plazo	20.849,73
	[Reclasificación de la letra]			
	31-12-X3			
1.850,27	(662) Intereses de deudas	a	(525) Efectos a pagar a corto plazo [$20.849{,}73 \times 0{,}0887432065$]	1.850,24
	[Devengo de intereses 20X3 y valoración a coste amortizado]			
	31-12-X3			
22.700	(525) Efectos a pagar a corto plazo	a	(572) Bancos, c/c	22.700
	[Pago de la segunda letra]			

Ejemplo 5.37

El 1-10-20X2 la empresa «Ñ» solicita un préstamo a un banco, a 6 meses, de 20.000 €. El banco se lo concede al 8 % de interés anual y le ingresa el importe en c/c.

	1-01-X2			
20.000	(572) Bancos, c/c	a	(5200) Préstamos a corto plazo de entidades de crédito	20.000
	31-12-X2			
388,53	(662) Intereses de deudas $20.000 \times [(1 + 0{,}08)^{3/12} - 1]$	a	(527) Intereses a corto plazo de deudas con entidades de crédito	388,53

Ejemplo 5.38

Transcurridos los 6 meses la empresa devuelve el préstamo del apartado anterior junto con los intereses.

20.000	(5200) Préstamos a corto plazo de entidades de crédito			
396,08	(662) Intereses de deudas $(20.000 + 388{,}53) \times [(1 + 0{,}08)^{3/12} - 1]$			
388,53	(527) Intereses a corto plazo de deudas con entidades de crédito	a	(572) Bancos, c/c	20.784,61

Ejemplo 5.39

La empresa «O» recibe un préstamo de otra empresa, a devolver dentro de 12 meses, de 5.000 €. Gastos de formalización: 80 €. Le ingresan el importe resultante en cuenta corriente. Interés: 7 %.

4.920	(572) Bancos, c/c	a	(521) Deudas a corto plazo	4.920

Ejemplo 5.40

La empresa «P» compra una máquina por 8.000 €, más 21 % de IVA, a pagar dentro de 9 meses.

8.000	(223) Maquinaria			
1.680	(472) Hacienda Pública, IVA soportado	a	(523) Proveedores de inmovilizado a corto plazo	9.680

Ejemplo 5.41

Acepta letra de cambio de 10.040,78 €, con vencimiento a 9 meses, al suministrador de la máquina del ejemplo anterior. Transcurridos los 9 meses paga la letra de cambio.

9.680	(523) Proveedores de inmovilizado a corto plazo	a	(525) Efectos a pagar a corto plazo	9.680
	$9.680 = 10.040{,}78 \times (1 + i)^{-9/12} \Rightarrow i = 0{,}05$			
360,78	(662) Intereses de deudas	a	(525) Efectos a pagar a corto plazo	360,78
	Actualización: $9.680 \times [(1 + 0{,}05)^{9/12} - 1]$			
10.040,78	(525) Efectos a pagar a corto plazo	a	(572) Bancos, c/c	10.040,78
	[Pago letra]			

Ejemplo 5.42

Una empresa termina un ejercicio económico con un beneficio de 50.000 €. Acuerda distribuir 20.000 € a sus accionistas como dividendos del ejercicio.

20.000	(129) Resultado del ejercicio	a	(526) Dividendo activo a pagar	20.000

Ejemplo 5.43

La empresa paga, a través de banco, el dividendo activo al que hace referencia el ejemplo anterior. Retención: 19 %.

20.000	(526) Dividendo activo a pagar	a	(4751) Hacienda Pública, acreedora por retenciones practicadas (19 % s/20.000)	3.800
		a	(572) Bancos, c/c	16.200

5.3.1.3. Empréstitos y otras emisiones análogas

Un **empréstito** es una forma de préstamo en la que se divide el total prestado en partes iguales. A estas partes se las denomina **obligaciones** o **bonos**. Estas partes están representadas en títulos. A los poseedores de estos títulos (prestamistas) se los denomina **obligacionistas**.

El emisor de estos títulos deberá pagar los intereses estipulados en las fechas establecidas y devolver la cantidad que le han prestado en los plazos también fijados.

Al valor que figura impreso en cada uno de estos títulos se le llama valor nominal y, sobre este valor, se calcularán los intereses a pagar.

El valor al que se ofrece el título al público se denomina **valor de emisión.** Si es inferior al nominal surgirá la **prima de emisión**.

El precio de los títulos en el mercado secundario se denomina **valor de cotización**.

El valor que el emisor se ha comprometido a pagar en la fecha de devolución se denomina **valor de reembolso** o **amortización.** Si es superior al valor nominal surgirá la **prima de reembolso**.

Se llaman empréstitos con *lotes* aquellos en los que al amortizarse, algunos títulos, por sorteo, llevan premio.

Cuando en la fecha de amortización de los títulos existe la posibilidad de canjearlos por acciones de la sociedad emisora, se dice que los títulos son **convertibles**.

Las obligaciones y bonos se registran en las cuentas:

- *(177/500) Obligaciones y bonos...*
- *(178/501) Obligaciones y bonos convertibles...*
- *(179/505) Deudas representadas en otros valores negociables...*

Los intereses a pagar, devengados durante el ejercicio, se registran en la cuenta:

- *(506) Intereses a corto plazo de empréstitos y otras emisiones análogas.*

Los intereses constituyen un gasto para la empresa emisora de los títulos y se contabilizarán en la cuenta *(661) Intereses de obligaciones y bonos.*

Reconocimiento		
(661) Intereses de obligaciones y bonos	a	(506) Intereses a corto plazo de empréstitos y otras emisiones análogas
Pago		
(506) Intereses a corto plazo de empréstitos y otras emisiones análogas	a	(4751) Hacienda Pública, acreedora por retenciones practicadas (57.) Tesorería

Cuando se vayan a amortizar los títulos se llevarán a la cuenta *(509) Valores negociables amortizados.*

(500) Obligaciones y bonos a corto plazo	a	(509) Valores negociables amortizados
(509) Valores negociables amortizados	a	(57.) Tesorería

Las pérdidas o beneficios obtenidos en la amortización de obligaciones se recogerán en las cuentas:

- *(675) Pérdidas por operaciones con obligaciones propias.*
- *(775) Beneficios por operaciones con obligaciones propias.*

Ejemplo 5.44

La sociedad anónima «Q, SA» emite el día 1-01-20X2 un empréstito en las siguientes condiciones:

- Número de títulos: 4.000.
- Valor nominal: 100 €.
- Tipo de interés anual: 4 %, pagadero por anualidades vencidas.
- Retención sobre rendimientos de capital: 19 %.
- El empréstito se amortizará en dos años, 2.000 títulos cada año, el día 31 de diciembre de cada año.
- Todos los títulos han sido suscritos y desembolsados a través de banco. Los gastos de emisión han ascendido a 10.000 €.

Contabiliza las operaciones relativas al empréstito durante los años 20X2 y 20X3.

Intereses a pagar primer año: 400.000 × 0,04 = 16.000 €

Intereses a pagar segundo año: 200.000 × 0,04 = 8.000 €

Interés efectivo: $400.000 - 10.000 = 216.000 \times (1 + i)^{-1} + 208.000 \times (1 + i)^{-2} \Rightarrow i = 0{,}0579606713$

Periodo	Coste financiero	Pagos	Capital amortizado	Capital pendiente
0				390.000,00
1	22.604,66	216.000,00	193.395,34	196.604,66
2	11.395,34	208.000,00	196.604,66	0,00

	1-01-X2			
390.000	(572) Bancos, c/c	a	(500) Obligaciones y bonos a corto plazo	195.000
			(177) Obligaciones y bonos	195.000
	31-12-X2			
22.604,66	(661) Intereses de obligaciones y bonos	a	(506) Intereses a corto plazo de empréstitos y otras emisiones análogas	16.000
		a	(500) Obligaciones y bonos a corto plazo	5.000
		a	(177) Obligaciones y bonos	1.604,66
	[Devengo de intereses y valoración a coste amortizado]			
	31-12-X2			
200.000	(500) Obligaciones y bonos a corto plazo	a	(509) Valores negociables amortizados	200.000
	31-12-X2			
16.000	(506) Intereses a corto plazo de empréstitos y otras emisiones análogas			
200.000	(509) Valores negociables amortizados	a	(4751) Hacienda Pública, acreedora por retenciones practicadas [19 % s/16.000]	3.040
		a	(572) Bancos, c/c	212.960
	[Pago de intereses y amortización obligaciones]			
	31-12-X2			
196.604,66	(177) Obligaciones y bonos	a	(500) Obligaciones y bonos a corto plazo	196.604,66
	[Reclasificación de deuda]			
	31-12-X3			
11.395,34	(661) Intereses de obligaciones y bonos	a	(506) Intereses a corto plazo de empréstitos y otras emisiones análogas	8.000
		a	(500) Obligaciones y bonos a corto plazo	3.395,34
	[Devengo de intereses y valoración a coste amortizado]			
	31-12-X3			
200.000	(500) Obligaciones y bonos a corto plazo	a	(509) Valores negociables amortizados	200.000

	31-12-X3		
8.000	(506) Intereses a corto plazo de empréstitos y otras emisiones análogas		
200.000	(509) Valores negociables amortizados	a (4751) Hacienda Pública, acreedora por retenciones practicadas [19 % s/8.000]	1.520
		a (572) Bancos, c/c	206.480
	[Pago de intereses y amortización obligaciones]		

Ejemplo 5.45

La empresa «R» emite el 1-01-20X2 un empréstito de 2.000 obligaciones de 100 € nominales. La emisión es a la par y se reembolsarán el 31-12-20X3 a 105 €/título. El interés es del 5 % y se pagará anualmente el 31-12 de cada año. Los gastos de emisión ascendieron a 6.000 €.

Interés anual: 2.000 × 100 × 0,05 = 10.000 €.

Interés efectivo: $200.000 - 6.000 = 10.000 \times (1 + i)^{-1} + 10.000 \times (1 + i)^{-2} + 210.000 \times (1 + i)^{-2} \Rightarrow i = 0{,}0909890783$

Periodo	Coste financiero	Pagos	Capital amortizado	Capital pendiente
0				194.000,00
1	17.651,88	10.000,00	-7.651,88	201.651,88
2	18.348,12	10.000,00	-8.348,12	210.000

	1-01-X2		
194.000	(572) Bancos, c/c	a (177) Obligaciones y bonos	194.000
	31-12-X2		
17.651,88	(661) Intereses de obligaciones y bonos	a (506) Intereses a corto plazo de empréstitos y otras emisiones análogas	10.000
		a (177) Obligaciones y bonos	7.651,88
	[Devengo de intereses y valoración a coste amortizado]		
	31-12-X2		
10.000	(506) Intereses a corto plazo de empréstitos y otras emisiones análogas	a (4751) Hacienda Pública, acreedora por retenciones practicadas [19 % s/10.000]	1.900
		a (572) Bancos, c/c	8.100
	31-12-X2		
201.651,88	(177) Obligaciones y bonos	a (500) Obligaciones y bonos a corto plazo	201.651,88
	[Reclasificación deuda]		
	31-12-X3		
18.348,12	(661) Intereses de obligaciones y bonos	a (506) Intereses a corto plazo de empréstitos y otras emisiones análogas	10.000
		a (500) Obligaciones y bonos a corto plazo	8.348,12
	[Devengo de intereses y valoración a coste amortizado]		
	31-12-X3		
210.000	(500) Obligaciones y bonos a corto plazo	a (509) Valores negociables amortizados	210.000

(continúa)

	31-12-X3		
10.000	(506) Intereses a corto plazo de empréstitos y otras emisiones análogas		
210.000	(509) Valores negociables amortizados	a (4751) Hacienda Pública, acreedora por retenciones practicadas [19 % s/10.000]	1.900
		a (572) Bancos, c/c	218.100

Ejemplo 5.46

El 1-07-20X2 la empresa «S» emite un empréstito de 10.000 bonos de 10 € nominales, al 98 %. Su amortización tendrá lugar el 1-07-20X3 al 105 %. Tipo de interés: 5 % pagadero en el momento de la amortización. El empréstito fue suscrito y desembolsado, a través de banco, en su totalidad. Los gastos han ascendido a 2.000 €.

Intereses nominales 20X2: $10.000 \times 10 \times [(1 + 0{,}05)^{6/12} - 1] = 2.469{,}51$ €

Intereses nominales 20X3: $(10.000 \times 10 + 2.469{,}51) \times [(1 + 0{,}05)^{6/12} - 1] = 2.530{,}49$ €

Interés efectivo: $10.000 \times 9{,}8 - 2.000 = (10.000 \times 10{,}5 \times + 5.000)\ (1 + i)^{-1} \Rightarrow i = 0{,}1458333333$

	1-07-X2		
96.000	(572) Bancos, c/c	a (500) Obligaciones y bonos a corto plazo	96.000
	31-12-X2		
6.761,86	(661) Intereses de obligaciones y bonos $96.000 \times [(1 + 0{,}1458333333)^{6/12} - 1]$	a (506) Intereses a corto plazo de empréstitos y otras emisiones análogas	2.469,51
		a (500) Obligaciones y bonos a corto plazo	4.292,35
	[Contabilización de intereses 20X2 y valoración a coste amortizado]		
	1-07-X3		
7.238,14	(661) Intereses de obligaciones y bonos $(96.000 + 6.761{,}86) \times [(1 + 0{,}1458333333)^{6/12} - 1]$	a (506) Intereses a corto plazo de empréstitos y otras emisiones análogas	2.530,49
		a (500) Obligaciones y bonos a corto plazo	4.707,65
	[Contabilización de intereses 20X3 y valoración a coste amortizado]		
	1-07-X3		
105.000	(500) Obligaciones y bonos a corto plazo	a (509) Valores negociables amortizados	105.000
	[Amortización del empréstito]		
	1-07-X3		
105.000	(509) Valores negociables amortizados		
5.000	(506) Intereses a corto plazo de empréstitos y otras emisiones análogas	a (4751) Hacienda Pública, acreedora por retenciones practicadas	950
		a (572) Bancos, c/c	109.050

Ejemplo 5.47

El 1-01-20X2 la empresa «T» emite un empréstito «cupón cero» (intereses implícitos) de 30.000 obligaciones de 100 €, reembolsable el 31-12-20X3 a 110 €/título. Gastos de emisión: 50.000 €. Se suscriben todas las obligaciones.

Interés efectivo: $3.000.000 - 50.000 = 3.300.000(1 + i)^{-2} \Rightarrow i = 0{,}0576597127$

Periodo	Coste financiero	Pagos	Capital amortizado	Capital pendiente
0				2.950.000,00
1	170.096,15	0,00	-170.096,15	3.120.096,15
2	179.903,85	0,00	-179.903,85	3.300.000,00

	1-07-X2			
2.950.000	(572) Bancos, c/c	a	(177) Obligaciones y bonos	2.950.000
	31-12-X2			
170.096,15	(661) Intereses de obligaciones y bonos	a	(177) Obligaciones y bonos	170.096,15
	[Devengo de intereses y valoración a coste amortizado]			
	31-12-X2			
3.120.096,15	(177) Obligaciones y bonos	a	(500) Obligaciones y bonos a corto plazo	3.120.096,15
	[Reclasificación del empréstito]			
	31-12-X3			
179.903,85	(661) Intereses de obligaciones y bonos	a	(500) Obligaciones y bonos a corto plazo	179.903,85
	[Devengo de intereses y valoración a coste amortizado]			
	31-12-X3			
3.300.000	(500) Obligaciones y bonos a corto plazo	a	(509) Valores negociables amortizados	3.300.000
	[Amortización del empréstito]			
	31-12-X3			
3.300.000	(509) Valores negociables amortizados	a	(572) Bancos, c/c	3.300.000

5.3.2. Pasivos financieros mantenidos para negociar

Se considera que un pasivo financiero se posee para negociar cuando:

a) Se emita principalmente con el propósito de readquirirlo en el corto plazo (por ejemplo, obligaciones y otros valores negociables emitidos cotizados que la empresa pueda comprar en el corto plazo en función de los cambios de valor).

b) Forme parte de una cartera de instrumentos financieros identificados y gestionados conjuntamente con el objeto de obtener ganancias en el corto plazo, o

c) Sea un instrumento financiero derivado, siempre que no sea un contrato de garantía financiera ni haya sido designado como instrumento de cobertura.

Se valorarán inicialmente por su valor razonable (precio de la transacción). Los costes de la transacción directamente atribuibles se reconocerán en la Cuenta de pérdidas y ganancias del ejercicio.

Su valoración posterior será por el valor razonable, sin deducir los costes de transacción en que se pudiera incurrir en su enajenación. Los cambios que se produzcan en el valor razonable se imputarán en la Cuenta de pérdidas y ganancias del ejercicio.

Ejemplo 5.48

El 1-10-20X2 la empresa «U» emite 2.000 obligaciones «cupón cero» de 100 € nominales, a reembolsar dentro de un año a 106 €/título. Gastos: 3.000 €. La empresa clasifica la emisión como «pasivos financieros mantenidos para negociar». El 31-12-20X2 la cotización es de 102 €/título. El 1-02-20X3 la empresa «U» adquiere la mitad de las obligaciones a 102 €/título. El 25-05-20X3 «U» adquiere el resto de los títulos a 103 €/título.

	1-10-X2			
200.000	(572) Bancos, c/c	a	(500) Obligaciones y bonos a corto plazo	200.000
	1-10-X2			
3.000	(669) Otros gastos financieros	a	(572) Bancos, c/c	3.000
	31-12-X2			
4.000	(6630) Pérdidas de cartera de negociación	a	(500) Obligaciones y bonos a corto plazo	4.000
	[Valoración a valor razonable: (102–100)*2.000]			
	1-02-X3			
102.000	(500) Obligaciones y bonos a corto plazo	a	(509) Valores negociables amortizados	102.000
	1-02-X3			
102.000	(509) Valores negociables amortizados	a	(572) Bancos, c/c	102.000
	[Adquisición de las obligaciones: 1.000 × 102]			
	25-05-X3			
1.000	(6630) Pérdidas de cartera de negociación	a	(500) Obligaciones y bonos a corto plazo	1.000
	[Valoración a valor razonable: (103 – 102) × 1.000]			
	25-05-X3			
103.000	(500) Obligaciones y bonos a corto plazo	a	(509) Valores negociables amortizados	103.000
	25-05-X3			
103.000	(509) Valores negociables amortizados	a	(572) Bancos, c/c	103.000

5.3.3. Bajas de pasivos financieros

La empresa dará de baja un pasivo financiero cuando la obligación se haya extinguido. También dará de baja los pasivos financieros propios que adquiera, aunque sea con la intención de recolocarlos en el futuro.

Si se produjese un intercambio de instrumentos de deuda entre un prestamista y un prestatario, siempre que estos tengan condiciones sustancialmente diferentes, se registrará la baja del pasivo financiero original y se reconocerá el nuevo pasivo financiero que surja. De la misma forma se registrará una modificación sustancial de las condiciones actuales de un pasivo financiero.

La diferencia entre el valor en libros del pasivo financiero o de la parte del mismo que se haya dado de baja y la contraprestación pagada, se reconocerá en la Cuenta de pérdidas y ganancias del ejercicio en que tenga lugar.

Ejemplo 5.49

La empresa «V» emitió hace 6 meses un empréstito que vencerá dentro de 18 meses. El 2-01-20X2 adquiere, para amortizarlas, 3.000 obligaciones de dicho empréstito por importe de 306.000 €. El coste amortizado de dichos títulos es, en ese momento, 308.000 €

	2-010-X2			
308.000	(177) Obligaciones y bonos	a	(509) Valores negociables amortizados	308.000
	2-010-X2			
308.000	(590) Valores negociables amortizados	a	(572) Bancos, c/c	306.000
		a	(775) Beneficios por operaciones con obligaciones propias	2.000

5.4. Fianzas y depósitos

Las cantidades de dinero entregadas o recibidas como garantía del cumplimiento de una obligación (fianzas) y las entregadas o recibidas en concepto de depósito irregular (depósitos) se recogen en las cuentas:

- *(260/565) Fianzas constituidas a largo/corto plazo.*
- *(265/566) Depósitos constituidos a largo/corto plazo.*
- *(180/560) Fianzas recibidas a largo/corto plazo.*
- *(185/561) Depósitos recibidos a largo/corto plazo.*

La diferencia entre fianzas y depósitos es que en estos no se garantiza ninguna obligación.

El incumplimiento de la obligación afianzada ocasionará la pérdida total o parcial de la fianza. Las diferencias negativas o positivas que se produzcan por dicho incumplimiento se recogerán en las cuentas:

- *(659) Otras pérdidas en gestión corriente.*
- *(759) Ingresos por servicios diversos.*

Plan General de Contabilidad

Normas de registro y valoración:

Cuando la fianza sea a corto plazo, no será necesario realizar el descuento de flujos de efectivo si su efecto no es significativo.

En las fianzas entregadas o recibidas por arrendamientos operativos o por prestación de servicios, la diferencia entre su valor razonable y el importe desembolsado (debida, por ejemplo, a que la fianza es a largo plazo y no está remunerada) se considerará como un pago o cobro anticipado por el arrendamiento o prestación del servicio, que se imputará a la Cuenta de pérdidas y ganancias durante el periodo del arrendamiento, conforme a lo señalado en el apartado 2 de la norma sobre arrendamientos y otras operaciones de naturaleza similar, o durante el periodo en el que se preste el servicio, de acuerdo con la norma sobre ingresos por ventas y prestación de servicios (NRV 9, apartado 5.6).

Ejemplo 5.50

El 1-01-X2, para garantizar el cumplimiento de una determinada obligación, en el plazo de 18 meses, entregamos una fianza en efectivo de 30.000 €. Acordamos que por cada mes de retraso nos descontarán el 10 %. Tipo de actualización, 5 %.

	1-01-X2			
30.000	(260) Fianzas constituidas a largo plazo	a	(570) Caja, euros	30.000
	31-12-X2			
1.500	(260) Fianzas constituidas a largo plazo	a	(762) Ingresos de créditos	1.500
	[Actualización: 30.000 × 0,05]			
	31-12-X2			
31.500	(565) Fianzas constituidas a corto plazo	a	(260) Fianzas constituidas a largo plazo	31.500
	[Para reclasificar la fianza, que vence dentro de 6 meses]			

Ejemplo 5.51

El 1-10-X3, con 3 meses de retraso, se cumple con la obligación contraída en el ejercicio anterior y se devuelve la parte restante de la fianza en efectivo.

	1-10-X3			
1.174,02	(565) Fianzas constituidas a corto plazo	a	(762) Ingresos de créditos	1.174,02
	Actualización: $31.500 \times [(1 + 0{,}05)^{9/12} - 1]$			
	1-10-X3			
22.871,81	(570) Caja, euros [32.674,02 – 9.802,21]			
9.802,21	(659) Otras pérdidas en gestión corriente [30 % s/32.674,02]	a	(565) Fianzas constituidas a corto plazo	32.674,02

Ejemplo 5.52

Contabiliza los dos ejercicios anteriores en la empresa que recibe la fianza.

	1-01-X2			
30.000	(570) Caja, euros	a	(180) Fianzas recibidas a largo plazo	30.000
	31-12-X2			
1.500	(662) Intereses de deudas	a	(180) Fianzas recibidas a largo plazo	1.500
	[Actualización: 30.000 × 0,05]			
	31-12-X2			
31.500	(180) Fianzas recibidas a largo plazo	a	(560) Fianzas recibidas a corto plazo	31.500
	[Para reclasificar la fianza, que vence dentro de 6 meses]			
	1-10-X3			
1.174,02	(662) Intereses de deudas	a	(560) Fianzas recibidas a corto plazo	1.174,02
	Actualización: $31.500 \times [(1 + 0{,}05)^{9/12} - 1]$			
	1-10-X3			
32.674,02	(560) Fianzas recibidas a corto plazo	a	(570) Caja, euros [32.674,02 – 9.802,21]	22.871,81
			(759) Ingresos por servicios diversos [30 % s/32.674,02]	9.802,21

Ejemplo 5.53

Una empresa constructora se compromete a realizar una obra en el plazo de 9 meses. Como garantía de que cumplirá con dicha obligación entrega una fianza en efectivo de 4.000 € y se acuerda que por cada mes de retraso se le descontarán 1.000 €.

4.000	(570) Caja, euros	a	(560) Fianzas recibidas a corto plazo	4.000

Ejemplo 5.54

Contabiliza la operación anterior en la contabilidad de la empresa constructora.

4.000	(565) Fianzas constituidas a corto plazo	a	(570) Caja, euros	4.000

Ejemplo 5.55

El constructor anterior se retrasa 1 mes en la finalización de la obra. Se le descuenta la parte correspondiente y se le entrega cheque por el resto.

4.000	(560) Fianzas recibidas a corto plazo	a	(572) Bancos, c/c	3.000
			(759) Ingresos por servicios diversos	1.000

Ejemplo 5.56

Contabiliza la operación anterior en la contabilidad de la empresa constructora.

3.000	(572) Bancos, c/c			
1.000	(659) Otras pérdidas en gestión corriente	a	(565) Fianzas constituidas a corto plazo	4.000

Ejemplo 5.57

El 1-01-X2 se alquila un local por un plazo de 2 años y se entrega, en el momento de la firma del contrato, una fianza de 6.000 €. El alquiler anual será de 10.000 €, a pagar al final de cada uno de los dos años. Tipo de interés: 5 %.

	1-01-X2			
5.442,18	(260) Fianzas constituidas a largo plazo [$6.000 \times (1 + 0,05)^{-2}$]			
557,82	(480) Gastos anticipados	a	(572) Bancos, c/c	6.000
	31-12-X2			
10.000	(621) Arrendamientos y cánones	a	(572) Bancos, c/c	10.000
		[Pago del alquiler anual]		
	31-12-X2			
278,91	(621) Arrendamientos y cánones	a	(480) Gastos anticipados	278,91
		[Imputación a resultados de los gastos anticipados: 557,82/2]		
	31-12-X2			
272,11	(260) Fianzas constituidas a largo plazo	a	(762) Ingresos de créditos	272,11
		[Actualización de la fianza: 5.442,18 × 0,05]		
	31-12-X2			
5.714,29	(565) Fianzas constituidas a corto plazo	a	(260) Fianzas constituidas a largo plazo	5.714,29
		[Reclasificación de la fianza]		
	31-12-X3			
10.000	(621) Arrendamientos y cánones	a	(572) Bancos, c/c	10.000
		[Pago del alquiler anual]		
	31-12-X3			
278,91	(621) Arrendamientos y cánones	a	(480) Gastos anticipados	278,91
		[Imputación a resultados de los gastos anticipados: 557,82/2]		

(continúa)

(continuación)

	31-12-X3			
285,71	(565) Fianzas constituidas a corto plazo	a	(762) Ingresos de créditos	285,71
	[Actualización de la fianza: 5.714,29 × 0,05]			
	31-12-X3			
6.000	(572) Bancos, c/c	a	(565) Fianzas constituidas a corto plazo	6.000
	[Devolución de la fianza]			

Ejemplo 5.58

El día 1-07-X2 la sociedad entrega un cheque de 5.000 € en concepto de depósito irregular, con vencimiento a 15 meses. Tipo actualización: 4 %.

5.000	(265) Depósitos constituidos a largo plazo	a	(572) Bancos, c/c	5.000

Ejemplo 5.59

¿Qué asiento tendrá que hacer la empresa del ejemplo anterior al final del ejercicio 20X2?

	31-12-X2			
99,02	(265) Depósitos constituidos a largo plazo	a	(762) Ingresos de créditos	99,02
	Actualización de la fianza: $5.000 \times [(1 + 0{,}04)^{6/12} - 1]$			
	31-12-X2			
5.099,02	(566) Depósitos constituidos a corto plazo	a	(265) Depósitos constituidos a largo plazo	5.099,02
	[Reclasificación del depósito a corto plazo]			

Ejemplo 5.60

El día 1-10-X3 la empresa del ejemplo anterior recupera el depósito en efectivo.

	1-10-X3			
152,22	(565) Fianzas constituidas a corto plazo	a	(762) Ingresos de créditos	152,22
	Actualización del depósito: $5.099{,}02 \times [(1 + 0{,}04)^{9/12} - 1]$			
	1-10-X3			
5.251,24	(570) Caja, euros	a	(566) Depósitos constituidos a corto plazo	5.251,24

5.5. Otras cuentas no bancarias

Se incluyen en el subgrupo *(55) Otras cuentas no bancarias* cuentas que recogen, fundamentalmente, la relación de tipo financiero de la empresa con el dueño, los socios, los accionistas, etc., así como las partidas pendientes de aplicación.

La cuenta *(550) Titular de la explotación* controla la corriente de dinero que se establece, a lo largo del ejercicio, entre la empresa y el patrimonio particular del empresario. Puede tener saldo deudor o acreedor.

El Plan General de Contabilidad establece que al final del ejercicio esta cuenta se abonará o cargará, dependiendo de su saldo, con cargo o abono a la cuenta *(102) Capital.*

Ejemplo 5.61

Llevamos la contabilidad de una empresa individual. Durante el ejercicio 20X2 el empresario ha retirado de la caja de la empresa 7.000 € para sus gastos particulares.

7.000	(550) Titular de la explotación	a	(570) Caja, euros	7.000

Ejemplo 5.62

El empresario se lleva mercaderías de la empresa para su consumo particular por valor de 2.500 €, más 21 % de IVA.

3.025	(550) Titular de la explotación	a	(700) Ventas de mercaderías	2.500
			(477) Hacienda Pública, IVA repercutido	525

Ejemplo 5.63

El empresario paga, con cargo a su cuenta corriente particular, el recibo de teléfono de la empresa por importe de 200 €, más 21 % de IVA.

200	(629) Otros servicios			
42	(472) Hacienda Pública, IVA soportado	a	(550) Titular de la explotación	242

Ejemplo 5.64

Realiza el asiento que deberá hacer la empresa de los ejemplos anteriores al final del ejercicio 20X2.

9.783	(102) Capital	a	(550) Titular de la explotación [7.000 + 3.025 – 242]	9.783

Ejemplo 5.65

Ingresa en una cuenta corriente no bancaria, abierta con una sociedad del mismo grupo financiero, 4.000 €.

4.000	(552) Cuenta corriente con otras personas y entidades vinculadas	a	(570) Caja, euro	4.000

Ejemplo 5.66

La empresa ingresa en una cuenta no bancaria 7.500 €, a favor de los administradores de la sociedad.

7.500	(551) Cuenta corriente con socios y administradores	a	(570) Caja, euros	7.500

Ejemplo 5.67

Recibe una transferencia en su cuenta corriente bancaria de 3.400 €, cuyo origen se desconoce.

3.400	(572) Bancos, c/c	a	(555) Partidas pendientes de aplicación	3.400

Ejemplo 5.68

Posteriormente, recibe una carta de un cliente comunicándole que le ha realizado una transferencia bancaria de 3.400 € a su cuenta corriente.

3.400	(555) Partidas pendientes de aplicación	a	(430) Clientes	3.400

Ejemplo 5.69

La empresa «G, SA» realiza una ampliación de capital emitiendo, a la par, acciones de 5 € nominales. Exige, en el momento de la suscripción, un desembolso del 40 % del nominal. Como antiguos accionistas de «G, SA» damos orden a nuestro banco para que suscriba las 200 acciones que nos corresponden.

1.000	(540) Inversiones financieras a corto plazo en instrumentos de patrimonio (5*200)	a	(572) Bancos, c/c (40 % s/1.000)	400
		a	(549) Desembolsos pendientes sobre participaciones en el patrimonio neto a corto plazo	600

Ejemplo 5.70

Transcurrido algún tiempo la empresa «G, SA» solicita el desembolso pendiente de las acciones suscritas en el punto anterior, que tendremos que hacer efectivo en el plazo de 1 mes.

600	(549) Desembolsos pendientes sobre participaciones en el patrimonio neto a corto plazo	a	(556) Desembolsos exigidos sobre participaciones en el patrimonio neto	600

Ejemplo 5.71

Abonamos el desembolso anterior, en el plazo previsto, a través de banco.

600	(556) Desembolsos exigidos sobre participaciones en el patrimonio neto	a	(572) Bancos, c/c	600

Ejemplo 5.72

La empresa «J, SA» acuerda distribuir un dividendo activo a sus accionistas de 8.000 €, a cuenta del beneficio del ejercicio.

8.000	(557) Dividendo activo a cuenta	a	(526) Dividendo activo a pagar	8.000

Ejemplo 5.73

«J, SA» realiza, a través de banco, el pago del dividendo del ejemplo anterior, reteniendo el 19 %.

8.000	(526) Dividendo activo a pagar	a	(4751) Hacienda Pública, acreedora por retenciones practicadas	1.520
		a	(572) Bancos, c/c	6.480

Ejemplo 5.74

Al final del ejercicio, la empresa «J, SA» obtiene un beneficio de 30.000 € y determina que el dividendo total que les corresponde a los accionistas es de 15.000 €.

15.000	(129) Resultado del ejercicio	a	(557) Dividendo activo a cuenta (Parte ya pagada a los accionistas)	8.000
		a	(526) Dividendo activo a pagar (15.000 – 8.000)	7.000

Ejemplo 5.75

La empresa «J, SA» realiza el pago de la parte del dividendo pendiente a través de banco, reteniendo el 19 %.

7.000	(526) Dividendo activo a pagar	a	(4751) Hacienda Pública, acreedora por retenciones practicadas	1.330
		a	(572) Bancos, c/c	5.670

5.6. Tesorería

En el subgrupo *(57) Tesorería* se incluyen las cuentas que recogen las disponibilidades de medios líquidos en caja y los saldos a favor de la empresa, en cuentas corrientes y de ahorro a la vista, en bancos e instituciones de crédito.

Hay que destacar que no se incluyen en este subgrupo los saldos en cuentas bancarias que no sean de disponibilidad inmediata. Esos saldos se recogerán en las cuentas:

- *(258) Imposiciones a largo plazo.*
- *(548) Imposiciones a corto plazo.*

Los intereses producidos por las cuentas corrientes o de ahorro a la vista se recogerán en la cuenta:

- *(769) Otros ingresos financieros.*

Las diferencias negativas que puedan surgir en el arqueo de caja se registrarán en la cuenta:

- *(659) Otras pérdidas en gestión corriente.*

Ejemplo 5.76

La empresa abre una cuenta corriente en un banco e ingresa en ella 16.000 €, de la caja de la empresa.

16.000	(572) Bancos, c/c	a	(570) Caja, euros	16.000

Ejemplo 5.77

Abre una cuenta de ahorro a la vista en un banco ingresando en ella un cheque de 7.000 €.

7.000	(574) Bancos e instituciones de crédito, cuentas de ahorro, euros	a	(572) Bancos, c/c	7.000

Ejemplo 5.78

Paga a un proveedor al que le debe 9.000 € de la siguiente forma: 1.000 € en efectivo, 3.000 € a través de la cuenta de ahorro a la vista y entrega cheque por el resto.

9.000	(400) Proveedores	a	(570) Caja, euros	1.000
			(574) Bancos e instituciones de crédito, cuentas de ahorro, euros	3.000
			(572) Bancos, c/c	5.000

Ejemplo 5.79

Ingresa en una cuenta corriente en moneda extranjera 1.000 dólares que tenía en caja (1 dólar = 0,705 €).

705	(573) Bancos e instituciones de crédito c/c vista, moneda extranjera	a	(571) Caja, moneda extranjera	705

Ejemplo 5.80

Al realizar un arqueo de caja faltan 23,40 €. No se encuentran errores contables y, como es una cantidad sin importancia, se da conformidad al arqueo.

23,40	(659) Otras pérdidas en gestión corriente	a	(570) Caja, euros	23,40

5.7. Ajustes por periodificación

En las cuentas *(567) Intereses pagados por anticipado* y *(568) Intereses cobrados por anticipado* se recogerán aquellos intereses pagados o cobrados por anticipado, es decir, que la empresa ha contabilizado en el ejercicio que se cierra, pero que corresponden al siguiente.

Dado que deben imputarse a los resultados de cada ejercicio los gastos e ingresos que en él se han producido, como estos intereses no son del ejercicio que se cierra, debemos darlos de baja de las cuentas de gastos e ingresos respectivas, para contabilizarlos en estas cuentas.

Las cuentas anteriores (referentes a intereses) funcionan igual que las cuentas del subgrupo 48 (referentes a gastos e ingresos que no sean intereses).

Ejemplo 5.81

El día 1-09-X2 la empresa «N» concede a la empresa «P» un préstamo de 10.000 €, a devolver en 6 meses. La empresa «P» paga por anticipado el interés, que asciende a 450 €. ¿Qué asientos hará la empresa «P» en 20X2 y 20X3 con respecto a los intereses?

	1-09-X2			
450	(662) Intereses de deudas	a	(4751) Hacienda Pública, acreedora por retenciones practicadas	85,5
		a	(572) Bancos, c/c	364,5
	31-12-X2			
150	(567) Intereses pagados por anticipado	a	(662) Intereses de deudas	150
	[Eliminación de los intereses que pertenecen al ejercicio 20X3]			
	Enero-X3			
150	(662) Intereses de deudas	a	(567) Intereses pagados por anticipado	150
	[Contabilización de los intereses que corresponden a 20X3]			

Ejemplo 5.82

Contabiliza las operaciones del ejemplo anterior en la contabilidad de la empresa «N».

	1-09-X2			
85,5	(473) Hacienda Pública, retenciones y pagos a cuenta			
364,5	(572) Bancos, c/c	a	(762) Ingresos de créditos	450
	31-12-X2			
150	(762) Ingresos de créditos	a	(568) Intereses cobrados por anticipado	150
	[Eliminación de los intereses que pertenecen al ejercicio 20X3]			
	Enero-X3			
150	(568) Intereses cobrados por anticipado	a	(762) Ingresos de créditos	150
	[Contabilización de los intereses que corresponden a 20X3]			

Test 5

1. Señala qué afirmaciones son verdaderas (V) y qué afirmaciones son falsas (F).

		V	F
1.1.	Las inversiones financieras realizadas por la empresa figuran en los grupos 1, 2 y 5.	☐	☐
1.2.	Los instrumentos financieros pueden pertenecer a los grupos 1, 2 o 5.	☐	☐
1.3.	Las acciones se valoran siempre a coste amortizado.	☐	☐
1.4.	El PGC diferencia las inversiones en partes vinculadas de aquellas que no lo son.	☐	☐
1.5.	La cuenta *Desembolsos pendientes sobre participaciones en el patrimonio neto a corto plazo* tiene saldo acreedor.	☐	☐
1.6.	Las fianzas constituidas a corto plazo figuran en el Activo corriente.	☐	☐
1.7.	Las fianzas y los depósitos constituidos del grupo 5 se reflejan en el Pasivo corriente.	☐	☐
1.8.	Las fuentes de financiación ajenas figuran en el Pasivo.	☐	☐
1.9.	Un efecto comercial a corto plazo por la compra de maquinaria figura en el grupo 2.	☐	☐
1.10.	Cualquier inversión financiera realizada en el mismo grupo económico figura en el grupo 2.	☐	☐
1.11.	Las inversiones financieras temporales tienen por objeto rentabilizar los excedentes de tesorería.	☐	☐
1.12.	Todas las inversiones financieras realizadas a corto plazo figuran en el grupo 5.	☐	☐
1.13.	Las fianzas recibidas y no devueltas se contabilizan como beneficios.	☐	☐
1.14.	Todas las inversiones del inmovilizado financiero son a largo plazo.	☐	☐
1.15.	Toda cuenta de ajustes por periodificación pertenece al grupo 5.	☐	☐
1.16.	La cuenta de *Gastos anticipados* y la de *Intereses pagados por anticipado* son equivalentes.	☐	☐
1.17.	Los préstamos concedidos al personal a recuperar en los dos años figuran en el grupo 2.	☐	☐
1.18.	El valor nominal de la acción es aquel por el cual ha sido adquirida.	☐	☐
1.19.	Las inversiones en empresas del mismo grupo económico no figuran en el grupo 5.	☐	☐
1.20.	Las acciones, a diferencia de las obligaciones, confieren el derecho a participar en los beneficios.	☐	☐
1.21.	Los dividendos que generan las acciones que posee la empresa son ingresos financieros.	☐	☐
1.22.	Los activos financieros a largo plazo se reflejan en el grupo 2.	☐	☐
1.23.	Las cuentas de ajustes por periodificación figuran en los grupos 4 y 5.	☐	☐

EJERCICIOS FINALES

Ejercicio 5.1

Redacta los asientos que proceda a partir de la siguiente información:

1. Un banco nos concede en mayo un préstamo de 15.000 €, a devolver en 6 meses junto con sus intereses, que nos abona en la c/c. Tipo de interés: 6 % anual. Gastos de formalización: 400 €.
2. Compramos un vehículo por 13.000 €, más 21 % de IVA. Pagamos 5.000 € con cheque y dejamos a deber el resto, a pagar dentro de 3 meses.
3. Aceptamos letra de cambio por el importe de la deuda anterior.
4. Pagamos, a través de banco, la letra anterior a su vencimiento.
5. Una entidad bancaria nos ha concedido un crédito de 8.000 € durante un periodo de 3 meses. La empresa dispone en efectivo de 1.500 €, con cargo a la cuenta de crédito.
6. Pagamos a través de la cuenta de crédito a un proveedor al que debemos 5.000 €.
7. Ingresamos en la cuenta de crédito 2.000 € cobrados a un cliente que nos los debía.
8. Cancelamos la póliza de crédito abonando, a través de banco, la deuda y 100 € de intereses.
9. Compramos una máquina por 60.000 €, más 21 % de IVA. Se pagan inicialmente 19.600 € a través de banco, y el resto en 5 años, en partes iguales. Tipo de interés, 5 %.
10. Vende una máquina vieja por 8.000 €, más 21 % de IVA. Cobra 3.280 € por banco y el resto a cobrar en 6 meses. La máquina estaba contabilizada en 70.000 € con amortización acumulada de 60.000 €. Tipo de interés: 5 %.
11. Transcurridos los seis meses el comprador de la máquina no paga a la empresa. Esta considera el crédito de dudoso cobro y contabiliza el correspondiente deterioro.
12. La empresa logra cobrar 2.000 € del crédito anterior y el resto lo considera irrecuperable.
13. En noviembre devolvemos el préstamo del punto 1, junto con los intereses, a través de banco.
14. En mayo compramos, a través de banco, 2.000 obligaciones de la empresa «B», de 10 € nominales, que se emiten a la par. Las obligaciones devengarán un interés del 5 % anual, y se amortizarán dentro de 6 meses.
15. En noviembre cobramos los intereses y la amortización de los títulos anteriores a través de banco. Retención: 19 %.
16. Vendemos por 1.000 €, más 21 % de IVA, mobiliario que había costado 6.000 € y teníamos amortizado un 70 %. Lo cobraremos dentro de 3 meses.
17. Concedemos un préstamo a un empleado de 3.000 € a devolver en el plazo de 1 año.
18. El empleado del punto anterior nos entrega en efectivo 630 € de los que 600 € son para amortización y el resto para intereses.
19. Suscribe un paquete de 3.000 acciones de 5 € nominales. Se adquieren a 12,5 €/acción. Abona por banco el 60 % de la operación y deja pendiente el resto. Gastos de compra: 100 €. La empresa clasifica la inversión como activos financieros mantenidos para negociar.
20. Al final del ejercicio la cotización de las acciones anteriores es de 11,5 €.
21. Hacemos una imposición de 7.000 € en un banco, a plazo fijo de 3 meses, al 4 % anual. Ingresamos el importe con cheque.
22. A los 3 meses el banco nos abona en la cuenta corriente los 7.000 € y los intereses. Retención: 19 %.
23. Una sociedad anónima, de la que somos accionistas, acuerda distribuir dividendo. Nos corresponden 3.000 €.
24. Posteriormente, la empresa anterior nos abona en la c/c bancaria el dividendo. Retención: 19 %.

EJERCICIOS FINALES

25. Un cliente que nos debe 1.000 $ (contabilizados al cambio de 1$ = 0,75 €), nos paga en efectivo (cambio actual: 1$ = 0,70 €).
26. Ingresamos los dólares anteriores en una c/c a la vista, en moneda extranjera, abierta en un banco.
27. Al final del ejercicio el cambio del dólar es de 0,72 €.
28. Una empresa constructora se compromete a realizarnos una obra en el plazo de 3 meses. Como garantía nos entrega en efectivo 4.500 €. Se acuerda que cada día de retraso se penalizará con 200 €.
29. La empresa anterior se retrasa 9 días en la finalización de la obra. Le devolvemos por banco el resto de la fianza.
30. Contabilizar los ejercicios 28 y 29 desde el punto de vista de la empresa constructora.
31. Contabilizar el pago de intereses y del primer plazo de la deuda a que hace referencia el punto 9, suponiendo que la máquina se adquirió al principio del año. Los pagos se realizan a través de la cuenta corriente.
32. ¿Qué asiento habrá que realizar con respecto a la parte de la deuda de la máquina que vence durante el ejercicio siguiente?

Ejercicio 5.2

Redacta los asientos que proceda:

1. Una sociedad anónima emite, el día 1-01-X2, 10.000 obligaciones de 10 € nominales. La emisión se hace al 95 % y se amortizarán al 105 %, el 31-12-X2. Tipo de interés: 5 % anual, pagadero en el momento de la amortización. El empréstito fue totalmente suscrito y desembolsado.
2. Contabilizar el pago de intereses a 31-12-X2. Tener en cuenta la retención del 19 %.
3. Contabilizar la amortización del empréstito a 31-12-X2.
4. La empresa «PTR, SA» acuerda distribuir a los accionistas un dividendo activo, a cuanta de los resultados del ejercicio, de 10.000 €.
5. Realiza el pago por banco del dividendo anterior, reteniendo el 19 % de impuesto.
6. Al final del ejercicio el beneficio distribuible por la empresa «PTR, SA» asciende a 17.000 € y acuerda distribuir el dividendo complementario.
7. Posteriormente paga, a través de banco, el dividendo anterior. Retención: 19 %.
8. Una sociedad anónima, de la que somos accionistas con una participación del 21 %, hace una ampliación de capital emitiendo a la par acciones de 5 € nominales. Exige un desembolso del 40 % del nominal en el momento de la suscripción. Tenemos derecho a suscribir 300 acciones nuevas. Damos orden al banco de que nos cargue en cuenta el importe de la operación. La inversión tiene carácter temporal.
9. La sociedad anterior nos solicita que desembolsemos la cantidad pendiente en el plazo de un mes.
10. Desembolsamos, dentro del plazo fijado, la cantidad pendiente a través de banco.
11. Para materializar excesos transitorios de tesorería compramos en bolsa, a través de banco, 2.000 acciones de «MP, SA» de 5 € nominales cada una, al cambio de 8 €/acción. Los gastos de la operación son 2,5 ‰ de corretaje y 2,5 ‰ de comisión. Clasificamos la inversión como activos financieros mantenidos para negociar.
12. Vendemos, a través de banco, 500 de las acciones anteriores, al cambio de 9,50 €/acción, siendo el corretaje y la comisión el 2,5 ‰ cada uno.
13. Posteriormente vendemos, a través de banco, otras 600 acciones, al cambio de 7 €/acción, siendo el corretaje y la comisión el 2,5 ‰ cada uno, y otros gastos de 2 €.
14. Al final del ejercicio económico la cotización de las acciones anteriores es de 7,50 €.

EJERCICIOS FINALES

15. Al realizar el arqueo de caja faltan 17,30 €. Después de comprobar que no hay errores en nuestra contabilidad los damos por perdidos.

16. Nos comprometemos con uno de nuestros clientes a suministrarle un determinado producto en el plazo de 3 meses. Como garantía de que cumpliremos dicho compromiso le entregamos en efectivo 3.500 €, y acordamos que por cada día que transcurra de dicho plazo sin habérselo entregado tendremos una penalización de 50 €.

17. Nos retrasamos 10 días en la entrega del producto del punto anterior, por lo que solo nos devuelve, por banco, la parte correspondiente.

18. El banco nos comunica el abono en nuestra cuenta corriente de 3.500 €. Desconocemos su procedencia. Posteriormente un cliente nos comunica el envío a nuestra cuenta corriente de 3.500 € que nos debía.

19. Supongamos que somos un empresario individual y retiramos de la caja de la empresa, para gastos particulares, 6.000 €. Al final del ejercicio, compensamos su importe como indica el Plan General de Contabilidad.

20. El día 1-04-X2 compramos, a través de banco, 700 obligaciones de la empresa «Q», de 10 € nominales, emitidas a la par. Devengarán un interés del 5 % anual, pagadero al cabo de un año junto con la amortización de los títulos. Tenemos la intención de mantener la inversión hasta su vencimiento.

21. Realizar el asiento correspondiente a la contabilización de los intereses del año 20X2 a 31-12-X2.

22. Realizar los asientos que corresponda durante el año 20X3 hasta la amortización de los títulos. Tener en cuenta la retención del 19 % en el cobro de los intereses.

23. El día 1-09-X2 solicitamos un préstamo de 8.000 € a un banco, a devolver dentro de 6 meses. Pagamos 229,71 € de intereses anticipados.

24. Redactar el asiento que tendremos que realizar a 31-12-X2 con respecto a los intereses del préstamo.

25. Redactar los asientos que tenemos que realizar durante el año 20X3 con respecto al préstamo, hasta su devolución.

26. El día 1-11-X2 la empresa concede un préstamo, a 6 meses, de 7.000 €. Los intereses, cobrados por anticipado, ascienden a 201 €.

27. ¿Qué asiento tendremos que hacer a 31-12-X2 con respecto al crédito anterior?

28. ¿Qué asiento tendrá que hacer la empresa a principios del año 20X3 con respecto a los intereses del crédito?

29. Llegado el 1-05-X3 el deudor del crédito anterior no abona su importe. La empresa contabiliza el correspondiente deterioro.

30. Varios meses después, ante la imposibilidad de cobrar el crédito, la empresa lo considera irrecuperable.

Ejercicio 5.3

Contabiliza en el libro Diario las siguientes operaciones realizadas por la empresa:

1. La sociedad obtiene de un banco un préstamo de 120.000 €, que devengará un interés anual del 7 %. Los intereses se pagarán al final de cada año junto con la parte correspondiente del principal del préstamo. Este se devolverá en 3 años, a partes iguales.

2. Al final del primer año paga, mediante transferencia bancaria, los intereses del préstamo anterior correspondientes a este año.

3. Paga por banco la amortización del préstamo correspondiente al primer año.

4. Al final del ejercicio reclasifica la segunda anualidad del préstamo (parte del préstamo que vencerá el año próximo).

EJERCICIOS FINALES

5. Suscribe 150 obligaciones de 100 € nominales cada una, emitidas al 98 % y con 50 € de gastos. Operación financiera clasificada como activos financieros mantenidos para negociar. Paga por banco.
6. Cobra, a través de banco, los intereses de las obligaciones anteriores, correspondientes a 6 meses. Tipo de interés: 5 % anual. Retención: 19 %.
7. Vende en bolsa la anterior cartera de obligaciones a una cotización del 95 %. Operación realizada por banco.
8. La sociedad adquiere 2.000 acciones como inversión temporal. Valor nominal: 5 €/acción. Cotización bursátil: 160 %. Operación realizada a través de banco. Se clasifican en la cartera de negociación.
9. La sociedad emisora de los títulos anteriores acuerda distribuir un dividendo bruto de 0,80 € por acción.
10. Cobra por banco el dividendo anterior. Retención: 19 %.
11. Vende, a través de banco, la anterior cartera de acciones al 175 %.
12. Compra una máquina por 80.000 €, más 21 % de IVA. Pagará 27.461,83 € dentro de 6 meses y firmando una letra de cambio de 72.608,93 € con vencimiento a 9 meses.
13. La sociedad concede un préstamo a 3 meses a otra empresa. Importe, 16.000 €. Operación realizada por banco.
14. Transcurridos los 3 meses, la empresa a la que le concedió el crédito anterior no se lo devuelve y la sociedad lo considera irrecuperable.
15. Traspasa 30.000 € de una cuenta de ahorro a la vista a una cuenta de ahorro a plazo de 6 meses.
16. La sociedad «A» recibe una fianza de 3.600 € en una cuenta corriente bancaria, con vencimiento a 8 meses, como garantía de la prestación de un determinado servicio.
17. La empresa que presta el servicio incumple la obligación. La sociedad «A» se queda con la fianza.
18. La sociedad entrega un cheque de 4.300 € a la empresa «B» como garantía del cumplimiento de la prestación de un servicio. Plazo: 10 meses.
19. La sociedad cumple con el servicio y la empresa «B» le devuelve la fianza a través de banco.
20. La sociedad ingresa en una cuenta corriente bancaria en moneda extranjera 1.500 dólares en efectivo. Cambio del dólar, 0,70 €.
21. Al final del ejercicio el cambio del dólar es de 0,75 €.
22. Compra en 3.600 €, a través de banco, 4.000 € nominales en títulos de deuda pública española. Inversión para negociar.
23. El banco abona en cuenta 82 € netos por los cupones de los títulos adquiridos en el punto anterior. Retención: 19 %.
24. Vende la mitad de los títulos por importe de 2.000 €, que ingresa en cuenta corriente.
25. En la cuenta *(251) Valores representativos de deuda a largo plazo* hay un saldo a fin de ejercicio de 23.000 € que corresponde a unos bonos que vencen dentro de 3 meses.

Ejercicio 5.4

Contabiliza en el libro Diario las siguientes operaciones realizadas por la empresa:

1. Concede un préstamo a 18 meses de 15.000 € a otra empresa. Lo hace efectivo con cheque.
2. Suscribe acciones por importe de 25.000 €. Paga por banco 15.000 € y el resto lo deja pendiente. La empresa los considera como activos financieros disponibles para la venta.

EJERCICIOS FINALES

3. Compra deuda pública con vencimiento a 2 años por importe de 6.000 € entregando cheque bancario por dicho importe. La empresa los clasifica como activos financieros disponibles para la venta.
4. Debido a las dificultades financieras en las que se encuentra la empresa a la que le ha concedido el préstamo (punto 1) se considera de dudoso cobro y se contabiliza la correspondiente pérdida por deterioro.
5. Vende las acciones del punto 2 en 30.000 € que cobra por banco, después de descontar el desembolso pendiente.
6. Vende también los títulos de deuda pública adquiridos en el punto 3 por 7.000 €. Le ingresan dicho importe en su cuenta corriente.
7. La empresa a la que se le concedió el préstamo (puntos 1 y 4) ha quebrado y el crédito se considera definitivamente incobrable.

* * * * * * * * * *

8. La empresa suscribe, por 40.000 €, 2.000 acciones de 10 € nominales cada una, pertenecientes a una empresa del mismo grupo. Paga por banco 10.000 € en el momento de la suscripción.
9. Compra, por 16.000 €, 1.500 obligaciones de 10 € nominales cada una. Inversión a largo plazo en una empresa asociada, disponible para la venta. Paga por banco.
10. Cobra por banco los dividendos de las acciones del punto 8 a razón de 0,90 € brutas por acción. Retención: 19 %.
11. Cobra por banco los intereses semestrales de las obligaciones del punto 9, al 4 % anual. Retención: 19 %.
12. La empresa emisora de las acciones del punto 8 exige el desembolso pendiente.
13. La empresa hace efectivo el desembolso pendiente anterior a través de banco.
14. Vende las acciones que adquirió en el punto 8 a razón de 21 € por acción. Cobra por banco.
15. Vende, a través de banco, las obligaciones que adquirió en el punto 9 por 15.000 €.

* * * * * * * * * *

16. El 1-06-X2 la sociedad concede un préstamo de 30.000 € a otra empresa con vencimiento a los 16 meses, al 6 % de interés anual. Los intereses se cobrarán al final, junto con el principal. Operación realizada por banco.
17. ¿Qué asientos realizará la empresa al final del ejercicio 20X2 con respecto al préstamo del punto anterior?
18. Transcurridos los 16 meses cobra por banco el crédito anterior.
19. Ingresa en una cuenta de ahorro a plazo de 18 meses el líquido recibido en el punto anterior.

* * * * * * * * * *

20. El 1-01-20X2 nuestra sociedad entrega un cheque de 14.000 € a la empresa «B», como garantía del cumplimiento de una obligación, con vencimiento a los 18 meses. Se acuerda que por cada mes de retraso nos descontarán 2.000 €. Tipo de actualización: 4 %.
21. Operaciones a realizar al final del ejercicio 20X2 con respecto a la fianza del punto anterior.
22. La sociedad se retrasa 2 meses sobre el plazo convenido. La empresa «B» hace transferencia a nuestra cuenta corriente del resto de la fianza.

* * * * * * * * * *

23. Compra 1.000 acciones de una empresa asociada, a través de banco. Precio de compra: 20 €/acción.
24. Al final del ejercicio se tienen los siguientes datos con respecto a las acciones anteriores:
    - El valor razonable es de 16,25 €/acción, siendo los costes de venta de 0,4 €/acción.
    - Valor actual de los flujos de efectivo futuros: 16 €/acción.

EJERCICIOS FINALES

25. Durante el ejercicio económico siguiente vende las acciones anteriores a través de banco a 15,5 €/acción.

* * * * * * * * * *

26. Al principio del ejercicio compra en bolsa 500 obligaciones de 10 € nominales. Paga por banco. La empresa piensa mantener los títulos hasta el vencimiento, dentro de 3 años. Tipo de interés: 4 %.
27. Al final del ejercicio la empresa estima que el valor de los flujos de efectivo futuros es de 9,25 €/título.
28. Al final del ejercicio económico siguiente la estimación de los flujos de efectivo futuros es de 9,50 €/título.

* * * * * * * * * *

29. Compra 1.000 acciones de la empresa «EZ, SA», de 5 € nominales, a 25 €/acción. Se clasifican como mantenidos para negociar. Gastos, 60 €. Paga a través de banco.
30. Vende la mitad de las acciones de la empresa «EZ, SA» a 26 €/acción. Cobra por banco.
31. Suscribe 100 acciones de 5 € nominales procedentes de una ampliación de capital realizada por la empresa «EZ, SA». El precio de emisión es del 400 %. Paga a través de banco 1.500 € y el resto queda pendiente.
32. Compra en bolsa 300 obligaciones de 10 € nominales. La inversión tiene carácter permanente y se mantendrá hasta el vencimiento. Los títulos devengarán un interés del 4 % anual.
33. Cobra, a través de banco, los dividendos de las acciones que posee de la sociedad «EZ, SA» a razón de 0,90 € por acción. También cobra la renta, correspondiente a 6 meses, de las obligaciones adquiridas en el punto anterior. La retención es del 19 % en ambos casos.

Ejercicio 5.5

Contabiliza en el libro Diario las siguientes operaciones realizadas por la empresa:

1. La empresa «E» emite, el día 1-01-X1, un empréstito de 15.000 obligaciones de 10 € nominales. Devengarán un interés del 4 % anual pagadero al final de cada año y con retención del 19 %. Los títulos se emiten al 96 % y el precio de reembolso será del 105 %. La amortización se hará en 3 años, 5.000 títulos cada año.

   Contabilizar la emisión suponiendo que todos los títulos se han colocado y cobrado a través de banco.
2. El día 31-12-X1 la empresa «E» realiza el pago, a través de banco, del cupón anual del empréstito.
3. Amortizar los 5.000 títulos correspondientes a este año y reclasificar la parte de deuda que corresponda.
4. La empresa «E» realiza el pago del cupón correspondiente al ejercicio 20X2.
5. Contabilizar la amortización de los 5.000 títulos correspondientes al segundo año y la reclasificación de la deuda.
6. Realizar los asientos que tendrá que hacer la empresa «E» al final del ejercicio 20X3.
7. El día 1-09-X2 la empresa «F» solicita de un banco un préstamo de 40.000 €, a devolver en 4 años, a partes iguales. El tipo de interés será del 6 % anual, pagadero junto con la devolución de la parte correspondiente del principal. Los gastos de formalización han ascendido a 400 €.
8. Redactar los asientos que debe hacer la empresa «F» el 31-12-X2.
9. Contabilizar el pago de los intereses, correspondientes a un año, el 1-09-X3 y la devolución de la primera parte del principal.
10. Contabilizar los asientos que debe hacer la empresa «F» al final del ejercicio 20X3.
11. La sociedad «G» emite, el día 1-10-X2, 10 pagarés de 5.000 € nominales cada uno, con vencimiento a 6 meses. Los títulos son colocados a 4.879,5 € cada uno. Operación realizada a través de banco.

EJERCICIOS FINALES

12. El 1-01-X2 la empresa «H» adquiere 100 acciones de la empresa «Z», para negociar. Cotización: 50 €/acción. Los gastos de intermediación satisfechos ascendieron a 40 €. Al final del ejercico 20X2 la cotización de los títulos es de 43 €/acción. Al final del ejercicio 20X3 la cotización es de 54 €/acción.
13. En el año 20X1 compramos, a una empresa del grupo, 100 acciones de 5 € nominales, como inversión permanente, a 25 € cada una. Pagamos por banco.
14. Al final del año 20X1 el importe recuperable de las acciones del ejercicio anterior es de 22 €/título.
15. Al final del año 20X2 seguimos con las mismas acciones de los ejemplos anteriores. El importe recuperable es de 18 €/título.
16. Al final del año 20X3 el importe recuperable de las acciones anteriores es de 21 €/título.
17. La empresa emisora de las acciones anteriores acuerda distribuir un dividendo de 0,80 € por acción.
18. Cobramos a través de banco el dividendo anterior, con el 19 % de retención.
19. Durante el año 20X4 vendemos a través de banco los títulos de los ejercicios anteriores a 24 € por acción.
20. El día 1-03-X2 la empresa solicita un préstamo de 10.000 € a un banco, a devolver dentro de 18 meses junto con los intereses, al 6 % anual. El banco ingresa el importe en la cuenta corriente de la empresa descontado 42,3 € de gastos de formalización.
21. Redactar los asientos que debe realizar la empresa anterior al final del ejercicio 20X2.
22. Redactar los asientos que debe realizar la empresa en septiembre de 20X3 por el pago de intereses y la devolución del principal del préstamo. Operaciones realizadas a través de banco.

Ejercicio 5.6

Contabiliza en el libro Diario las siguientes operaciones realizadas por la empresa:

1. El día 1-03-20X2 la empresa «A» compra 60 obligaciones de 500 € nominales cada una, que se amortizarán el 1-07-20X3. Los títulos se adquirieron por su valor nominal y se amortizarán a 520 €/título. Los gastos ocasionados han ascendido a 60 €, más 21 % de IVA. La empresa mantendrá los títulos hasta el vencimiento. *Contabiliza las operaciones que corresponda.*
2. El 1-01-X2 la empresa «B» suscribe 30 obligaciones emitidas por la empresa «Y», de 100 € nominales, a 102 €/título. Gastos de la operación, 40 €. Las obligaciones se amortizarán el 31-12-X3 al 104 %. Los intereses se cobrarán al final de cada año, al 4 % anual. La empresa mantendrá los títulos hasta el vencimiento. *Contabiliza las operaciones correspondientes.*
3. Supongamos que a finales de 20X2 la empresa «B» del ejercicio anterior averigua que la empresa «Y» se encuentra en dificultades financieras y no va a pagar los intereses correspondientes al año 20X3 y que el reembolso será del 75 % del importe acordado. El 30-06-20X3 la empresa «Y» garantiza el reembolso de las obligaciones por el precio acordado en la emisión y el pago de los intereses. *Realiza los asientos que corresponda.*
4. La empresa «C» adquiere el 1-04-20X2 800 acciones de la empresa «Z» de 6 € nominales y que se emiten a la par. Los gastos de la operación han ascendido a 80 €. La empresa «C» desembolsa a través de banco el mínimo legal. Los títulos se adquieren para negociar. El 1-09-20X2 la empresa «Z» solicita el desembolso pendiente que debe hacerse efectivo en el plazo de un mes. El 31-12-20X2 las acciones cotizan a 8 €. El 28-02-20X3 «C» vende las acciones a 9 € con gastos de 110 €. *Realiza los asientos que corresponda.*
5. La empresa «D» adquiere el 30-06-20X2 40 obligaciones de 1.000 € nominales emitidas por la empresa «X», a la par y con 70 € de gastos. El interés anual es del 4 % pagadero por semestres. El 31-12-X2 el valor razonable es de 996 €/título. La empresa «D» vende los títulos el 30-03-20X3 por 1.010 €/título. *Realiza los asientos que corresponda.*

EJERCICIOS FINALES

6. La empresa «E» compra en bolsa, el 1-03-20X2, 4.000 acciones de la empresa «V» a 12 €/acción. Los gastos de compra ascendieron a 600 €. La inversión es a largo plazo y clasificada como disponible para la venta. El 1-07-20X2 «E» adquiere 12.000 acciones de «V» a 15 €/título, con gastos de 1.200 €. Con estas acciones más las anteriores «E» posee el 51 % de los derechos de voto de «V». El 31-12-20X3 el valor recuperable se estima en 14 €/acción. *Realiza los asientos que corresponda.*

7. La empresa «E» compra en bolsa, el 1-03-20X2, 4.000 acciones de la empresa «V» a 12 €/acción. Los gastos de compra ascendieron a 600 €. La inversión es a largo plazo y clasificada como disponible para la venta. El 1-07-20X2 «E» adquiere 15.000 acciones de «V» a 10 €/título, con gastos de 1.100 €. Con estas acciones más las anteriores «E» posee el 51 % de los derechos de voto de «V». El 31-12-20X3 el valor recuperable se estima en 14 €/acción. *Realiza los asientos que corresponda.*

8. El 1-01-X1, la empresa «G» compra 1.500 acciones de la sociedad «U» cuya cotización es de 20 €/título, clasificándolas como disponibles para la venta. Al final del ejercicio 20X1 el valor razonable es de 25 €/título. Al final del ejercicio 20X2 el valor razonable es de 22 €/título. Durante el ejercicio 20X3 vende los títulos a 21 €/título. *Contabiliza las operaciones anteriores.*

9. La empresa «H» adquiere, el 1-01-20X1, 50 obligaciones de 1.000 € nominales emitidas por la empresa «T», a la par y con 70 € de gastos. El vencimiento será el 31-12-20X3. El interés anual es del 4 % pagadero al final de cada año. El 31-12-X1 el valor razonable es de 998 €/título. El 31-12-X2 el valor razonable es de 1.005 €/título. La empresa «H» vende los títulos el 30-06-20X3 por 1.020 €/título. La empresa clasifica la inversión como disponible para la venta. *Contabiliza las operaciones anteriores.*

10. El 1-01-X1 la empresa «I» concede un préstamo, a 3 años, de 20.000 € a otra empresa. Lo hace efectivo a través de banco. El tipo de interés será del 6 % anual y lo cobrará al vencimiento del crédito, junto con el principal. *Contabiliza las operaciones anteriores.*

11. El 1-01-X2 la empresa «J» vende en 120.000 €, más IVA, una máquina cuyo precio de adquisición fue de 200.000 € y con amortización acumulada de 75.000 €. El adquirente abonó 55.200 € con cheque y 99.225 € dentro de 2 años. *Contabiliza las operaciones anteriores.*

12. El 1-01-X2 la empresa «K» concede un préstamo de 30.000 € a la empresa «S», al 7 % de interés anual, a devolver dentro de 2 años, junto con los intereses. El 31-12-X2, debido a las dificultades financieras de la empresa «S», la empresa «K» estima que solo podrá recuperar 15.000 € de la inversión al vencimiento de la misma. Finalmente la empresa «K» recibe 20.000 €, al vencimiento del préstamo. *Contabiliza las operaciones anteriores.*

13. El día 1-01-20X1 un banco concede a la empresa «L» un préstamo de 120.000 € a devolver en 3 años, con anualidades constantes. Tipo de interés: 6 %. Los gastos de formalización del préstamo han ascendido a 1.200 €. *Contabiliza las operaciones correspondientes a los 3 años.*

14. El día 1-01-20X2 un banco concede a la empresa «M» un préstamo de 60.000 € a devolver en 2 años, al 7 % de interés. La amortización se realizará mediante un pago único al final de los dos años. Los gastos de formalización del préstamo han ascendido a 900 €. Contabiliza las operaciones correspondientes a los 2 años.

15. La empresa «N, SA» emite el 1-01-20X2 un empréstito de 4.000 obligaciones de 100 € nominales. La emisión es a la par y se reembolsarán el 31-12-20X3 a 105 €/título. El interés es del 5 % y se pagará anualmente el 31-12 de cada año. Los gastos de emisión ascendieron a 8.000 €. *Contabiliza las operaciones relativas al empréstito durante los dos años.*

Ejercicio 5.7 (autoevaluación)

Contabiliza en el libro Diario las siguientes operaciones realizadas por la empresa:

1. La empresa compra en bolsa 1.000 acciones de 5 € nominales cada una. Cotización, 10 €. Operación realizada por banco. El corretaje es del 3 ‰. Activos financieros mantenidos para negociar.

EJERCICIOS FINALES

2. La empresa cobra por banco los dividendos correspondientes a las acciones anteriores: 0,50 € por acción. Retención: 19 %.
3. El día 1 de noviembre de 20X2 la empresa concede un préstamo de 5.000 €, a 6 meses, a la empresa «XBH». Los intereses, cobrados por anticipado, han sido de 143,57 €. Operación realizada por banco.
4. Redactar el asiento que debe realizar la empresa al final del ejercicio 20X2 con respecto al préstamo anterior.
5. Redactar el asiento que debe realizar la empresa durante el ejercicio 20X3 con respecto al préstamo de los dos puntos anteriores.
6. El 1-09-X2 la empresa recibe un préstamo de 6.000 € de otra empresa, a devolver a los 6 meses. Tipo de interés, 6 %, que pagará en el momento de la amortización del préstamo. Le ingresan el importe en cuenta corriente.
7. Compra, a través de banco, deuda pública para negociar por importe de 9.000 €, con 30 € de gastos de transacción.
8. Al final del ejercicio el valor razonable de los títulos anteriores es de 9.500 €.
9. Vende los títulos de deuda pública de los puntos anteriores por 9.500 € que le ingresan en una cuenta de ahorro a plazo de 6 meses abierta en un banco.
10. Vende las acciones que adquirió en el punto 1. Precio de venta: 9.000 €, que le ingresan en la cuenta corriente bancaria.
11. Suscribimos 500 acciones de una empresa del grupo («Z, SA»), de 10 € nominales cada una que emite al 250 % y libres de gastos. La inversión es a largo plazo. Paga con cheque el 50 % y el resto queda pendiente hasta que lo solicite la sociedad emisora.
12. «Z, SA», del ejemplo anterior, solicita el 50 % pendiente que habrá que hacer efectivo en el plazo de un mes.
13. Hacemos efectivo, a través de banco, el dividendo pasivo a que hace referencia el ejemplo anterior.
14. Al final del ejercicio el importe recuperable de las acciones de «Z, SA» es de 20 €/título.
15. Compramos 600 obligaciones emitidas por una sociedad mercantil. Valor nominal: 10 €. Precio de compra: 9,90 €/título. Los gastos de corretaje y comisión bancaria han sido de 25 €. La inversión es a largo plazo. Pagamos a través de banco. Inversión mantenida hasta el vencimiento.
16. Una empresa se compromete a suministrarnos un determinado producto en el plazo de 8 meses. Como garantía del cumplimiento de dicho compromiso nos entrega, el día 1-02-X2, 12.000 € en efectivo. Por cada mes que transcurra sin entregarnos el producto le descontaremos el 10 %. Tipo de interés: 4 % anual.
17. La empresa del ejemplo anterior se retrasa dos meses en la entrega del producto. Devolvemos a través de banco la parte restante de la fianza.

UNIDAD 6

FONDOS PROPIOS, SUBVENCIONES Y PROVISIONES

El grupo *(1) Financiación básica* comprende los recursos propios y la financiación ajena a largo plazo. En esta unidad estudiaremos los fondos propios, las subvenciones, donaciones y legados y las provisiones. La financiación ajena a largo plazo ya la hemos estudiado en la Unidad 5.

Estudiaremos, pues, una parte de los denominados capitales permanentes, destinados a financiar el activo fijo y una parte razonable del activo circulante.

Objetivos

- Comprender la composición de la estructura financiera de la empresa.
- Diferenciar entre financiación propia y ajena.
- Comprender de dónde proceden y cómo se generan los recursos propios.
- Conocer y contabilizar los distintos tipos de subvenciones, donaciones y legados.
- Comprender la función de las provisiones y su funcionamiento contable.
- Contabilizar los pagos basados en instrumentos de patrimonio.

Contenidos

6.1. Concepto

El grupo *(1) Financiación básica* del Plan General de Contabilidad comprende los recursos propios y la financiación ajena a largo plazo de la empresa destinados, en general, a financiar el activo no corriente y a cubrir un margen razonable de circulante; incluye también las acciones propias y otras situaciones transitorias de la financiación básica. También comprende las subvenciones y las provisiones.

Los fondos que integran este grupo tienen carácter permanente, es decir, van a permanecer a disposición de la empresa durante largos periodos de tiempo. Este grupo recoge, fundamentalmente, dos tipos de fuentes financieras:

- Los denominados **recursos propios**, que estarán formados por:
  - Las aportaciones de capital realizadas por los socios a la empresa.
  - Los beneficios no distribuidos.
- Los **recursos ajenos a largo plazo**, o pasivo exigible, que son las cantidades recibidas por la empresa de terceros y que esta está obligada a devolver, aunque a largo plazo.

Patrimonio neto y Pasivo	P. neto	Fondos propios Ajustes por cambios de valor Subvenciones, donaciones y legados recibidos
	Pasivo	Provisiones Deudas a largo plazo Deudas a corto plazo

6.2. Fuentes de financiación propias

La financiación propia comprende los recursos aportados por el titular de la empresa (empresas individuales) o por los socios o accionistas (sociedades) y los recursos que se generan en la propia empresa (autofinanciación).

6.2.1. Capital

Las cuentas de capital recogen las aportaciones del empresario (o de los socios) a la empresa en el momento de la constitución o posteriormente.

El Plan General de Contabilidad dispone de varias cuentas para reflejar estas aportaciones distinguiendo entre empresas individuales, sociedades mercantiles y entidades sin forma mercantil.

Ejemplo 6.1

El señor Julio Estébanez crea una empresa individual aportando 40.000 € que deposita, el 25 % en caja y el resto en una c/c bancaria a favor de la empresa.

10.000	(570) Caja, euros			
30.000	(572) Bancos, c/c	a	(102) Capital	40.000

Ejemplo 6.2

Se constituye una sociedad anónima aportando los socios los siguientes elementos:

- Dinero en efectivo que la empresa deposita en una c/c bancaria: 35.000 €.
- Un edificio valorado en 400.000 €. De este importe 100.000 € corresponden al terreno.

35.000	(572) Bancos, c/c			
100.000	(210) Terrenos y bienes naturales			
300.000	(211) Construcciones	a	(100) Capital social	435.000

Ejemplo 6.3

Se crea una sociedad sin forma mercantil. Los socios aportan 20.000 € que se depositan en una c/c bancaria a nombre de la sociedad.

20.000	(572) Bancos, c/c	a	(101) Fondo social	20.000

Las cuentas 103 y 104 recogen la parte de financiación que queda pendiente porque los socios o accionistas no han aportado a la empresa las cantidades que se comprometieron a aportar.

Cuando se constituye una sociedad anónima o se hace una ampliación de capital, mediante la emisión de acciones, todas las acciones deben ser suscritas y desembolsadas en un 25 %, como mínimo, cada una. La prima de emisión, si existe, deberá satisfacerse íntegramente en el momento de la suscripción.

La parte de las acciones suscritas que no está desembolsada se recogerá en las cuenta *(103) Socios por desembolsos no exigidos*.

(572) Bancos, c/c		
(103) Socios por desembolsos no exigidos	a	(100) Capital social

Cuando la sociedad exija el desembolso pendiente, se traspasará su importe a la cuenta *(558) Socios por desembolsos exigidos.*

(558) Socios por desembolsos exigidos	a	(103) Socios por desembolsos no exigidos

Si existen aportaciones no dinerarias, mientras estas no se realicen, se recogerán en la cuenta *(104) Socios por aportaciones no dinerarias pendientes*.

(572) Bancos, c/c (103) Socios por desembolsos no exigidos (104) Socios por aportaciones no dinerarias pendientes	a	(100) Capital social	

Ejemplo 6.4

Se constituye una sociedad anónima con un capital de 300.000 € representado por 60.000 acciones de 5 € nominales cada una. La empresa logra que se suscriban todas las acciones y exige un desembolso inicial del 40 %, que queda ingresado en c/c.

120.000	(572) Bancos, c/c (40 % s/300.000)			
180.000	(103) Socios por desembolsos no exigidos	a	(100) Capital social	300.000

Ejemplo 6.5

Al cabo de 3 meses la sociedad exige a sus accionistas un dividendo pasivo, por la mitad del capital pendiente, que deberán hacer efectivo en la c/c bancaria de la empresa, en el plazo de un mes.

90.000	(558) Socios por desembolsos exigidos	a	(103) Socios por desembolsos no exigidos	90.000

Ejemplo 6.6

Transcurrido el plazo, todos los accionistas han ingresado en la c/c de la empresa el dividendo pasivo exigido.

90.000	(572) Bancos, c/c	a	(558) Socios por desembolsos exigidos	90.000

Ejemplo 6.7

Se constituye una sociedad anónima con un capital de 500.000 €. Uno de los socios aportará un local valorado en 200.000 € como pago de sus acciones; el valor del terreno se estima en 50.000 €. Las aportaciones dinerarias se hacen efectivas a través de banco en el momento de la suscripción.

300.000	(572) Bancos, c/c			
200.000	(104) Socios por aportaciones no dinerarias pendientes	a	(100) Capital social	500.000
50.000	(210) Terrenos y bienes naturales			
150.000	(211) Construcciones	a	(104) Socios por aportaciones no dinerarias pendientes	200.000

6.2.1.1. Ampliaciones de capital

La cifra de capital social podrá aumentar por ampliaciones realizadas en el futuro, que podrán realizarse:

a) Mediante nuevas aportaciones (dinerarias y no dinerarias) que se contabilizarán como acabamos de ver.

b) Mediante la compensación de deudas.

(grupos 1, 4 o 5) Deudas	a	(100) Capital social
	a	(110) Prima de emisión o asunción
(57) Tesorería	o	(57) Tesorería

c) Mediante la capitalización de reservas (acciones total o parcialmente liberadas).

(57) Tesorería		
(113) Reservas voluntarias		
(110) Prima de emisión o asunción	a	(100) Capital social

TRLSC

Artículo 326 del texto refundido de la Ley de Sociedades de Capital (TRLSC), aprobado por Real decreto Legislativo 1/2010, de 2 de julio:

Para que la sociedad pueda repartir dividendos una vez reducido el capital será preciso que la reserva legal alcance el diez por ciento del nuevo capital.

Ejemplo 6.8

La empresa «A» tiene una deuda con la empresa «Z» de 225.300 €. La empresa «A» saldará su deuda entregando acciones propias, para lo que deberá ampliar su capital en la cuantía necesaria. Las acciones de «A» tienen un valor nominal de 6 € y se valoran a 8 € a efectos de canje.

«A» deberá emitir: 225.300/8 = 28.162,5 ⇨ 28.163 acciones

- Capital: 28.163 × 6 = 168.978 €
- Prima de emisión: 28.163 × 2 = 56.326 €

225.300	(171) Deudas a largo plazo			
4	(572) Bancos, c/c	a	(100) Capital social	168.978
			(110) Prima de emisión o asunción	56.326

6.2.1.2. Reducciones de capital

La empresa puede reducir el capital por diversas causas:

a) Compensación de pérdidas

(11.) Reservas		
(100) Capital social	a	(129) Resultado del ejercicio
	a	(121) Resultados negativos de ejercicios anteriores

En las sociedades anónimas no se podrá reducir el capital por pérdidas en tanto la sociedad cuente con cualquier clase de reservas voluntarias o cuando la reserva legal, una vez efectuada la reducción, exceda del diez por ciento del capital (art. 322.2 del TRLSC).

TRLSC

Artículo 327 del TRLSC:

En la sociedad anónima, la reducción del capital tendrá carácter obligatorio cuando las pérdidas hayan disminuido su patrimonio neto por debajo de las dos terceras partes de la cifra del capital y hubiere transcurrido un ejercicio social sin haberse recuperado el patrimonio neto.

b) Devolución de aportaciones o condonación de dividendos pasivos a los socios.

(100) Capital social	a	(57) Tesorería
	a	(103) Socios por desembolsos no exigidos
	a	(558) Socios por desembolsos exigidos

c) Amortización de las propias acciones previamente adquiridas.

Ejemplo 6.9

Los saldos de las cuentas que componen el patrimonio neto de la empresa «B» son los siguientes:

- Capital social, 200.000 €.
- Reserva legal, 40.000 €.
- Resultados negativos de ejercicios anteriores, 124.500 €.

Ha transcurrido un ejercicio económico en esta situación y decide eliminar las pérdidas con cargo a reservas legales y capital.

La reducción de capital es obligatoria porque el patrimonio neto (200.000 + 40.000 – 124.500 = 115.500) es inferior a los 2/3 de la cifra de capital (2/3 de 200.000 = 133.333,33).

$C_1 + 0{,}10 \times C_1 +$ Pérdidas $= C_0 + R_0 \rightarrow$ C_0 y C_1: capital antes y después de la reducción; R_0: reservas antes de la reducción.

$1{,}10 \times C_1 + 124.500 = 200.000 + 40.000$

$C_1 = 115.500 / 1{,}10 = 105.000$ € (capital después de la reducción)

Importe de la reserva legal después de la reducción: 10 % de 105.000 = 10.500 € (consultar art. 322.2 del TRLSC)

95.000	(100) Capital social [200.000 – 105.000]			
29.500	(112) Reserva legal [40.000 – 10.500]	a	(121) Resultados negativos de ejercicios anteriores	124.500

Ejemplo 6.10

La sociedad «C» considera excesiva la cifra de su capital social y decide reducirlo en 500.000 €, mediante la condonación de los dividendos pasivos pendientes, que todavía no ha exigido, por importe de 200.000 € y mediante la devolución de aportaciones a los accionistas por importe de 300.000 €.

500.000	(100) Capital social	a	(103) Socios por desembolsos no exigidos	200.000
		a	(572) Bancos, c/c	300.000

6.2.2. Instrumentos de patrimonio propio

Recuerda...

Para una mayor información consultar la NRV **9. Instrumentos financieros, apartado 4. Instrumentos de patrimonio propio.**

La adquisición de participaciones o acciones propias está regulada por el artículo 134 y siguientes del TRLSC.

En el caso de que la empresa realice cualquier tipo de transacción con sus propios instrumentos de patrimonio, el importe de estos instrumentos se registrará en el patrimonio neto, minorando los fondos propios, y en ningún caso podrán ser reconocidos como activos financieros de la empresa ni se registrará resultado alguno en la Cuenta de pérdidas y ganancias.

Los gastos derivados de estas transacciones se registrarán como menores reservas, conjuntamente con la transacción sobre instrumentos de patrimonio propio.

La adquisición de acciones se registrará en las cuentas:

- *(108) Acciones o participaciones propias en situaciones especiales.*
- *(109) Acciones o participaciones propias para reducción de capital.*

(108) Acciones o participaciones propias en situaciones especiales (109) Acciones o participaciones propias para reducción de capital	a	(57) Tesorería

Si se enajenan de las acciones:

(57) Tesorería (11.) Reservas	a o	(108) Acciones o participaciones propias en situaciones especiales (11.) Reservas

Si se amortizan:

(100) Capital social (11.) Reservas	a o	(109) Acciones o participaciones propias para reducción de capital (11.) Reservas

Por el valor nominal de la reducción de capital (si se hace con cargo a reservas o resultados):

(129) Resultado del ejercicio (11.) Reservas libres	a	(1142) Reservas por capital amortizado

Ejemplo 6.11

La sociedad «D» adquiere, el 1-03-20X2, 20.000 acciones de 5 € nominales al precio de 8 €/acción. Gastos de la operación, 2.500 €. El 30-03-20X2 vende 10.000 títulos a 10 € con gastos de 800 €. El 30-05-20X2 vende el resto de los títulos a 7 €, con gastos de 500 €.

	1-03-X2			
162.500	(108) Acciones o participaciones propias en situaciones especiales [20.000 × 8 + 2.500]	a	(572) Bancos, c/c	162.500
	30-03-X2			
99.200	(572) Bancos, c/c [10.000 × 10 – 800]	a	(108) Acciones o participaciones propias en situaciones especiales [(162.500/20.000 × 10.000)]	81.250
		a	(113) Reservas voluntarias	17.950

(continúa)

(continuación)

	30-05-X2			
69.500	(572) Bancos, c/c [10.000 × 7 – 500]			
11.750	(113) Reservas voluntarias	a	(108) Acciones o participaciones propias en situaciones especiales [(162.500/20.000 × 10.000)]	81.250

Ejemplo 6.12

La sociedad «D» anterior adquiere, el 30-06-X2, 10.000 acciones propias a 8 €, con el fin de reducir su capital social. Gastos de la operación, 800 €.

	30-06-X2			
80.800	(109) Acciones o participaciones propias para reducción de capital [10.000 × 8 + 800]	a	(572) Bancos, c/c	80.800
	30-06-X2			
50.000	(100) Capital social [10.000 × 5]			
30.800	(11.) Reservas	a	(109) Acciones o participaciones propias para reducción de capital	80.800
50.000	(129) Resultado del ejercicio o (11.) Reservas libres	a	(1142) Reserva por capital amortizado	50.000

TRLSC

Artículo 274 del TRLSC:

1. *En todo caso, una cifra igual al diez por ciento del beneficio del ejercicio se destinará a la reserva legal hasta que esta alcance, al menos, el veinte por ciento del capital social.*
2. *La reserva legal, mientras no supere el límite indicado, solo podrá destinarse a la compensación de pérdidas en el caso de que no existan otras reservas disponibles suficientes para este fin.*

6.2.3. Reservas

En el subgrupo *(11) Reservas* se recogen los beneficios no distribuidos, las aportaciones que realizan los accionistas cuando suscriben acciones por encima de su valor nominal, etc.

La mayoría de las reservas se constituyen por una parte del beneficio que queda en la empresa porque la Ley así lo exige, lo exigen los propios estatutos de la sociedad o porque la empresa lo decide libremente. Estas reservas se dotan con cargo a la cuenta *(129) Resultado del ejercicio*:

(129) Resultado del ejercicio	a	(112) Reserva legal
	a	(113) Reservas voluntarias
	a	(1141) Reservas estatutarias
		....

Otras reservas surgen por aportaciones de los accionistas superiores al nominal de las acciones (*Prima de emisión o asunción*) o las aportaciones de socios sin contraprestación por parte de la empresa (*Aportaciones de socios o propietarios*).

Ejemplo 6.13

La empresa realiza una ampliación de capital de 5.000 acciones de 10 € nominales. Las nuevas acciones se emiten a 12 €. Todas las acciones son suscritas, desembolsando los accionistas el 30 % del nominal y la totalidad de la prima. Operación realizada por banco.

25.000	(572) Bancos, c/c (0,30 × 50.000 + 10.000)			
35.000	(103) Socios por desembolsos no exigidos (70 % s/50.000)	a	(100) Capital social (10 × 5.000)	50.000
		a	(110) Prima de emisión o asunción (2 × 5.000)	10.000

Ejemplo 6.14

El beneficio obtenido por la empresa, después de impuestos, al final de un ejercicio económico fue de 200.000 €. Distribuye dicho beneficio de la siguiente forma:

- Reserva legal: 10 %.
- Reservas estatutarias: 15 %.
- Reservas voluntarias: 25 %.
- Dividendos: 50 %.

200.000	(129) Resultado del ejercicio	a	(112) Reserva legal	20.000
		a	(1141) Reservas estatutarias	30.000
		a	(113) Reservas voluntarias	50.000
		a	(526) Dividendo activo a pagar	100.000

Ejemplo 6.15

La empresa «E» ha tenido pérdidas durante el ejercicio 20X2 por importe de 150.000 €. Durante el ejercicio 20X3 la junta de accionistas decide compensarlas mediante aportaciones de los socios.

150.000	(572) Bancos, c/c	a	(118) Aportaciones de socios o propietarios	150.000
150.000	(118) Aportaciones de socios o propietarios	a	(121) Resultados negativos de ejercicios anteriores	150.000

LEY 22/2015

Disposición final decimotercera:

En los ejercicios iniciados a partir del 1 de enero de 2016, la reserva por fondo de comercio se reclasificará a las reservas voluntarias de la sociedad y será disponible a partir de esa fecha en el importe que supere el fondo de comercio contabilizado en el activo del balance.

Ejemplo 6.16

La empresa «F» adquiere 600 acciones de la empresa «G», su sociedad matriz, a 7 €/título. Paga a través de banco.

4.200	(240) Participaciones a largo plazo en partes vinculadas	a	(572) Bancos, c/c	4.200
4.200	(113) Reservas voluntarias	a	(1140) Reservas para acciones o participaciones de la sociedad dominante	4.200

Ejemplo 6.17

La empresa «H» tiene un capital social de 300.000 € y una reserva legal de 35.000 €. Durante el presente ejercicio ha obtenido un beneficio de 200.000 €. ¿Qué cantidad deberá destinar a reserva legal?

20.000	(129) Resultado del ejercicio [10 % de 200.000]	a	(112) Reserva legal	20.000

Ejemplo 6.18

La empresa «H», en el ejercicio económico siguiente, obtiene un beneficio de 150.000 €. ¿Qué cantidad deberá destinar a reserva legal?

5.000	(129) Resultado del ejercicio [20 % de 300.000 – (35.000 + 20.000)]	a	(112) Reserva legal	5.000

6.2.4. Resultados

Las cuentas del subgrupo *(12) Resultados pendientes de aplicación* recogen los resultados positivos o negativos pendientes de aplicar.

La cuenta *(129) Resultado del ejercicio* recoge los beneficios o pérdidas del último ejercicio cerrado, pendientes de aplicación. Al final del ejercicio todas las cuentas de los grupos 6 y 7 traspasan su saldo a la cuenta *(129) Resultado del ejercicio*:

(129) Resultado del ejercicio a Compras	a	Cuentas de gastos
	a	Descuentos s/ventas por pronto pago
	a	Devoluciones de ventas
	a	Rappels sobre ventas
	a	Variación de existencias (Sd)

Ventas Cuentas de ingresos Descuentos s/compras por pronto pago Devoluciones de compras Rappels por compras Variación de existencias (Sa)	a	(129) Resultado del ejercicio

El saldo de la cuenta *(129) Resultado del ejercicio* indicará el beneficio o la pérdida obtenida en el ejercicio.

Cuando la empresa ha tenido un resultado negativo en un ejercicio, la cuenta *(129) Resultado del ejercicio* tendrá un saldo deudor. En este caso, dicho saldo se traspasará a la cuenta *(121) Resultados negativos de ejercicios anteriores:*

(121) Resultados negativos de ejercicios anteriores	a	(129) Resultado del ejercicio

Si en ejercicios posteriores la empresa obtiene beneficios suficientes, compensará con ellos las pérdidas de ejercicios anteriores recogidas en las cuentas *(121) Resultados negativos del ejercicio.*

Ejemplo 6.19

El resultado obtenido por una sociedad en el ejercicio 20X2 ha sido negativo por importe de 27.400 €.

27.400	(1210) Resultados negativos del ejercicio X2	a	(129) Resultado del ejercicio	27.400

Ejemplo 6.20

La empresa del ejemplo anterior obtiene un beneficio durante el año 20X3 de 20.000 €. Decide aplicarlo a la compensación de la pérdida del año anterior.

20.000	(129) Resultado del ejercicio	a	(1210) Resultados negativos del ejercicio X2	20.000

Ejemplo 6.21

La empresa del ejemplo anterior solicita a los socios que aporten 7.400 € para compensar la pérdida del año 20X2, que no ha podido compensar con el beneficio del año 20X3. Los socios ingresan el importe en c/c.

7.400	(572) Bancos, c/c	a	(118) Aportaciones de socios o propietarios	7.400
7.400	(118) Aportaciones de socios o propietarios	a	(1210) Resultados negativos del ejercicio	7.400

Ejemplo 6.22

Supongamos que al final de un ejercicio los saldos de las cuentas de los grupos 3, 6 y 7 de una sociedad son los siguientes:

- (310) Materias primas 600
- (350) Productos terminados 1.800
- (601) Compras de materias primas 7.800
- (608) Devoluciones de compras y operaciones similares 500
- (609) «Rappels» por compras 200
- (621) Arrendamientos y cánones 400
- (628) Suministros 120
- (629) Otros servicios 150
- (640) Sueldos y salarios 2.700
- (642) Seguridad Social a cargo de la empresa 800
- (665) Intereses por descuento de efectos y operaciones de «factoring» 120
- (706) Descuentos sobre ventas por pronto pago 80
- (681) Amortización del inmovilizado material 320
- (694) Pérdidas por deterioro de créditos por operaciones comerciales 100
- (701) Ventas de productos terminados 15.000
- (708) Devoluciones de ventas y operaciones similares 200
- (709) «Rappels» sobre ventas 90
- (606) Descuentos sobre compras por pronto pago 120
- (754) Ingresos por comisiones 120.000
- (778) Ingresos excepcionales 16.000
- (794) Reversión del deterioro de créditos por operaciones comerciales 12.000

Además, tenemos la siguiente información:

a) Las existencias de materias primas, al final del ejercicio, ascienden a 900 € y las de productos terminados a 1.600 €.

b) El saldo de la cuenta *(473) Hacienda Pública, retenciones y pagos a cuenta* es de 650 €.

c) El impuesto sobre beneficios es del 25 %.

d) Si el resultado es positivo, la sociedad desea realizar la siguiente distribución:

- Reserva legal: 10 %
- Reservas estatutarias: 15 %.
- Reservas voluntarias: 20 %.
- A los administradores: 10 %
- Dividendo accionistas: 35 %.
- Pendiente de aplicación: 10 %.

e) Si el resultado es negativo, la empresa lo pasará a la cuenta *(121) Resultados negativos de ejercicios anteriores*.

Primero habrá que realizar los asientos de variación de existencias:

— Baja de existencias iniciales:

600	(611) Variación de existencias de materias primas	a	(310) Materias primas	600
1.800	(712) Variación de existencias de productos terminados	a	(350) Productos terminados	1.800

— Alta de existencias finales:

900	(310) Materias primas	a	(611) Variación de existencias de materias primas	900
1.500	(350) Productos terminados	a	(712) Variación de existencias de productos terminados	1.500

Para calcular el impuesto sobre beneficios debemos conocer la suma de todos los saldos deudores de las cuentas de los grupos 6 y 7 (gastos) y, por otro lado, la suma de todos los saldos acreedores del grupo 6 y 7 (ingresos):

Gastos = 7.800 + 400 + 120 + 150 + 2.700 + 800 + 120 + 80 + 320 + 100 + 200 + 90 + 200 = 13.080 €

Ingresos = 500 + 200 + 15.000 + 120 + 1.200 + 160 + 120 + 300 = 17.600 €

Diferencia = 17.600 – 13.080 = 4.520 €

Impuesto sobre beneficios = 25 % s/ 4.520 = 1.130 €

Contabilización del impuesto sobre beneficios:

1.130	(630) Impuesto sobre beneficios	a	(473) Hacienda Pública, retenciones y pagos a cuenta	650
		a	(4752) Hacienda Pública, acreedora por impuesto sobre sociedades	480

Paso a la cuenta de Resultado del ejercicio de todas las cuentas de gastos e ingresos:

14.210	(129) Resultado del ejercicio	a	(601) Compras de materias primas	7.800
		a	(621) Arrendamientos y cánones	400
		a	(628) Suministros	120
		a	(629) Otros servicios	150
		a	(640) Sueldos y salarios	2.700
		a	(642) Seguridad Social a cargo de la empresa	800
		a	(665) Intereses por descuento de efectos y operaciones de «factoring»	120
		a	(706) Descuentos sobre ventas por pronto pago	80
		a	(681) Amortización del inmovilizado material	320
		a	(694) Pérdidas por deterioro de créditos por operaciones comerciales	100
		a	(708) Devoluciones de ventas y operaciones similares	200
		a	(709) «Rappels» sobre ventas	90
		a	(712) Variación de existencias de productos terminados	200
		a	(630) Impuesto sobre beneficios	1.130

(continúa)

(continuación)

500	(608) Devoluciones de compras y operaciones similares			
200	(609) «Rappels» por compras			
15.000	(701) Ventas de productos tdos.			
120	(606) Descuentos sobre compras por pronto pago			
1.200	(754) Ingresos por comisiones			
160	(778) Ingresos extraordinarios			
120	(794) Reversión del deterioro de créditos por operaciones comerciales			
300	(611) Variación de existencias de materias primas			
		a	(129) Resultado del ejercicio	17.600

La cuenta *(129) Resultado del ejercicio* presenta un saldo acreedor de: 17.600 – 14.210 = 3.390 €, que es el resultado del ejercicio. Al ser un resultado positivo y, de acuerdo con el punto d), el asiento de reparto de beneficios sería:

3.390	(129) Resultado del ejercicio	a	(112) Reserva legal	339
		a	(1141) Reservas estatutarias	508,50
		a	(113) Reservas voluntarias	678
		a	(551) Cuenta corriente con socios y administradores	339
		a	(526) Dividendo activo a pagar	1.186,50
		a	(120) Remanente	339

Recuerda...

Para una información más exhaustiva consultar la NRV **18. Subvenciones, donaciones y legados.**

6.3. Subvenciones, donaciones y legados

El subgrupo *(13)* recoge las subvenciones, donaciones y legados, no reintegrables, otorgados por terceros distintos a los socios y otros ingresos y gastos contabilizados directamente en el patrimonio neto.

Las subvenciones, donaciones y legados que tengan carácter de **reintegrables** se registrarán como pasivos de la empresa hasta que adquieran la condición de no reintegrables: *(172/522) Deudas a largo/corto plazo transformables en subvenciones, donaciones o legados.*

Las subvenciones, donaciones y legados **no reintegrables** se contabilizarán inicialmente, con carácter general, como ingresos directamente imputados al patrimonio neto.

Se valorarán por el valor razonable del importe concedido (monetarias) o del bien recibido (en especie) en el momento de su reconocimiento.

La imputación a resultados de las subvenciones, donaciones y legados que tengan el carácter de no reintegrables se efectuará atendiendo a su finalidad:

a) **Subvenciones a la explotación:** su finalidad es asegurar una rentabilidad mínima o compensar el déficit de explotación. Se imputarán como ingresos en el ejercicio en el que se concedan (o en los ejercicios cuyo déficit financian).

(57) Tesorería (440) Deudores (4708) Hacienda Pública, deudora por subvenciones concedidas	a	(740) Subvenciones, donaciones y legados a la explotación

b) Para financiar gastos específicos: se imputarán como ingresos en el mismo ejercicio en el que devenguen los gastos que están financiando.

Cuando se conceden:

(57) Tesorería (440) Deudores (4708) Hacienda Pública, deudora por subvenciones concedidas	a	(942) Ingresos de otras subvenciones, donaciones y legados
31-12		
(942) Ingresos de otras subvenciones, donaciones y legados	a	(132) Otras subvenciones, donaciones y legados

En el ejercicio en el que se produce el gasto subvencionado:

(842) Transferencia de otras subvenciones, donaciones y legados	a	(747) Otras subvenciones, donaciones y legados transferidos al resultado del ejercicio
31-12		
(132) Otras subvenciones, donaciones y legados	a	(842) Transferencia de otras subvenciones, donaciones y legados

c) Adquisición de activos: se imputarán como ingresos del ejercicio en proporción a la dotación a la amortización efectuada en ese periodo para los citados elementos o, en su caso, cuando se produzca su enajenación, corrección valorativa por deterioro o baja en balance.

Cancelación de deudas: se imputarán como ingresos del ejercicio en que se produzca dicha cancelación.

Cuando se conceden:

(57) Tesorería (440) Deudores (4708) Hacienda Pública, deudora por subvenciones concedidas	a	(940) Ingresos de subvenciones oficiales de capital
31-12		
(940) Ingresos de subvenciones oficiales de capital	a	(130) Subvenciones oficiales de capital

Recuerda...

Las subvenciones, donaciones y legados no reintegrables recibidos de socios o propietarios, no constituyen ingresos, debiéndose registrar directamente en los fondos propios, independientemente del tipo de subvención, donación o legado de que se trate.

Cuando se va amortizando el bien:

31-12		
(68.) Amortización del inmov.	a	(28.) Amort. acum.. inmov. ...
(840) Transferencia de subvenciones oficiales de capital	a	(746) Subvenciones, donaciones y legados de capital transferidos al resultado del ejercicio
(130) Subvenciones oficiales de capital	a	(840) Transferencia de subvenciones oficiales de capital

d) **Genéricas:** los importes monetarios que se reciban sin asignación a una finalidad específica se imputarán como ingresos del ejercicio en que se reconozcan.

(57) Tesorería (440) Deudores (4708) Hacienda Pública, deudora por subvenciones concedidas	a	(740) Subvenciones, donaciones y legados a la explotación

Ejemplo 6.23

La empresa solicita al Estado una subvención de 60.000 € para la compra de una máquina que le costará 100.000 €, más 21 % de IVA. La subvención le es concedida y le será entregada cuando compre la máquina.

60.000	(4708) Hacienda Pública, deudora por subvenciones concedidas	a	(940) Ingresos de subvenciones oficiales de capital	60.000

Ejemplo 6.24

La empresa compra la máquina dejando su importe a deber, a 3 meses. La amortización de la máquina se hará en cuatro años siguiendo el método lineal.

100.000	(213) Maquinaria			
21.000	(472) Hacienda Pública, IVA soportado	a	(523) Proveedores de inmovilizado a corto plazo	121.000

Ejemplo 6.25

Recibe transferencia bancaria por el importe de la subvención.

60.000	(572) Bancos, c/c	a	(4708) Hacienda Pública, deudora por subvenciones concedidas	60.000

Ejemplo 6.26

Paga al proveedor de la máquina a través de banco.

121.000	(523) Proveedores de inmovilizado a corto plazo	a	(572) Bancos, c/c	121.000

Ejemplo 6.27

Contabiliza la amortización de la máquina correspondiente al primer año y la imputación a resultados de la parte correspondiente de la subvención.

	31-12			
25.000	(681) Amortización del inmovilizado material (100.000/4)	a	(281) Amortización acumulada del inmovilizado material	25.000
	(Amortización del primer año)			
	31-12			
15.000	(840) Transferencia de subvenciones oficiales de capital (60.000/4)	a	(746) Subvenciones, donaciones y legados de capital transferidos al resultado del ejercicio	15.000
	(Se imputa a resultados en la misma proporción que la amortización de la máquina)			
	31-12			
60.000	(940) Ingresos de subvenciones oficiales de capital			
15.000	(130) Subvenciones oficiales de capital	a	(130) Subvenciones oficiales de capital	60.000
		a	(840) Transferencia de subvenciones oficiales de capital	15.000
	[Regularización de las cuentas 840 y 940]			

Ejemplo 6.28

Una empresa no lucrativa recibe una donación de unos terrenos para la construcción de su sede. El valor razonable de los terrenos es de 150.000 €.

150.000	(210) Terrenos y bienes naturales	a	(941) Ingresos de donaciones y legados de capital	150.000
	[Cuando recibe la donación]			
	31-12			
150.000	(941) Ingresos de donaciones y legados de capital	a	(131) Donaciones y legados de capital	150.000
	[Regularización de la cuenta 941]			

Ejemplo 6.29

Una empresa recibe 80.000 € del Estado para compensar el déficit de explotación del ejercicio.

80.000	(572) Bancos, c/c	a	(740) Subvenciones, donaciones y legados a la explotación	80.000

Ejemplo 6.30

Una empresa recibe 90.000 € para financiar un proyecto de investigación. En el presente ejercicio la empresa ha tenido unos gastos de 40.000 € imputados al proyecto.

90.000	(572) Bancos, c/c	a	(942) Ingresos de otras subvenciones, donaciones y legados	90.000
	[Cuando recibe la subvención]			
	31-12			
40.000	(842) Transferencia de otras subvenciones, donaciones y legados	a	(747) Otras subvenciones, donaciones y legados transferidos al resultado del ejercicio	40.000
	[Imputación a resultados por el gasto realizado]			
	31-12			
90.000	(942) Ingresos de otras subvenciones, donaciones y legados			
40.000	(132) Otras subvenciones, donaciones y legados	a	(132) Otras subvenciones, donaciones y legados	90.000
		a	(842) Transferencia de otras subvenciones, donaciones y legados	40.000
	[Regularización de las cuentas 842 y 942]			

Ejemplo 6.31

Durante el ejercicio 20X2 la empresa «I» recibe una subvención de 15.000 €, sin asignación específica.

15.000	(572) Bancos, c/c	a	(740) Subvenciones, donaciones y legados a la explotación	80.000

Ejemplo 6.32

La empresa «J» recibe la donación de un vehículo, cuyo valor razonable es de 7.000 €, por parte de uno de sus socios.

7.000	(218) Elementos de transporte	a	(118) Aportaciones de socios o propietarios	7.000

6.4. Provisiones y pagos basados en instrumentos de patrimonio

Las provisiones del subgrupo *(14)* tienen por objeto el reconocimiento contable de pasivos no financieros de carácter no corriente que, en la fecha de cierre del ejercicio, son indeterminados en cuanto a su importe exacto o a la fecha en que se producirán. La parte de las provisiones cuya cancelación se prevea a corto plazo se traspasarán a la cuenta *(529) Provisiones a corto plazo*.

Las provisiones pueden venir determinadas por una disposición legal, contractual o por una obligación implícita o tácita.

Las provisiones se valorarán en la fecha de cierre del ejercicio, por el valor actual de la mejor estimación posible del importe necesario para cancelar o transferir a un tercero la obligación, registrándose los ajustes que surjan por la actualización de la provisión como un gasto financiero conforme se vayan devengando. Cuando se trate de provisiones con vencimiento inferior o igual a un año, y el efecto financiero no sea significativo, no será necesario llevar a cabo ningún tipo de descuento.

Se dotan con cargo a una cuenta de gastos. El exceso se eliminará con abono a la cuenta *(795) Exceso de provisiones.*

También veremos en este apartado las transacciones con pagos basados en instrumentos de patrimonio, por estar relacionados con algunas provisiones.

Recuerda...

Para una información más exhaustiva consultar la NRV **15. Provisiones y contingencias.**

6.4.1. Pasivos por retribuciones a largo plazo al personal

Tendrán esta consideración:

- Las prestaciones postempleo, tales como pensiones y otras prestaciones por jubilación o retiro.
- Cualquier otra prestación a largo plazo que suponga una compensación económica a satisfacer con carácter diferido respecto al momento en el que se presta el servicio.

Recuerda...

Para una información más exhaustiva consultar la NRV **16. Pasivos por retribuciones al personal a largo plazo.**

Las retribuciones a largo plazo al personal podrán ser:

a) **De aportación definida:** la responsabilidad de la empresa se limita a realizar una aportación fijada, a un plan de pensiones, a favor de sus empleados.

(643) Retribuciones a largo plazo mediante sistemas de aportación definida	a	(57) Tesorería
	a	(466) Remuneraciones mediante sistemas de aportación definida pendientes de pago

b) **De prestación definida:** cuando se define *a priori* la cuantía de la prestación a recibir por los empleados. El importe a reconocer como provisión por retribuciones al personal a largo plazo será la diferencia entre el valor actual de las retribuciones comprometidas y el valor razonable de los eventuales activos afectos a los compromisos con los que se liquidarán las obligaciones.

(644) Retribuciones a largo plazo mediante sistemas de prestación definida	a a	(57) Tesorería (140) Provisión por retribuciones a largo plazo al personal

La cuenta *(140) Provisión por retribuciones a largo plazo al personal* se dotará por las obligaciones con el personal de la empresa, tales como retribuciones postempleo de prestación definida o prestaciones por incapacidad.

Ejemplo 6.33

La empresa «K» ha realizado durante este ejercicio una aportación de 35.000 € a un plan de pensiones de aportación definida a favor de sus trabajadores.

35.000	(643) Retribuciones a largo plazo mediante sistemas de aportación definida	a	(572) Bancos, c/c	35.000

Ejemplo 6.34

La sociedad «L» tiene constituido con sus empleados un plan de prestación definida. Al final del ejercicio 20X2 tiene la siguiente información:

- Valor actual de las retribuciones comprometidas: 350.000 €.
- Valor razonable de los activos afectos a los compromisos con los que se liquidan las obligaciones: 320.000 €.

30.000	(644) Retribuciones a largo plazo mediante sistemas de prestación definida [350.000 – 320.000]	a	(140) Provisión por retribuciones a largo plazo al personal	30.000

Ejemplo 6.35

La sociedad «M» establece un plan de pensiones de prestación definida, mediante aportaciones anuales (de 10.000 € durante los años 20X2 y 20X3) a un plan de pensiones. A finales del año 20X2, debido a una pérdida de valor de los activos afectos a los fondos, debería hacer una aportación complementaria de 3.000 € en el momento de pagar las prestaciones. A finales del año 20X3, cuando se pagan las prestaciones, la empresa solo debe hacer un pago complementario de 2.000 €, debido a una revalorización de los activos afectos a los fondos.

	20X2			
10.000	(644) Retribuciones a largo plazo mediante sistemas de prestación definida	a	(572) Bancos, c/c	10.000
	[Contribución anual al fondo de pensiones]			
	31-12-X2			
3.000	(644) Retribuciones a largo plazo mediante sistemas de prestación definida	a	(140) Provisión por retribuciones a largo plazo al personal	3.000
	[Por la posible aportación futura de la empresa debido a la disminución del valor de los activos afectos a los fondos]			

	31-12-X2			
3.000	(140) Provisión por retribuciones a largo plazo al personal	a	(5290) Provisión a corto plazo por retribuciones al personal	3.000
	[Reclasificación de la provisión]			
	20X3			
10.000	(644) Retribuciones a largo plazo mediante sistemas de prestación definida	a	(572) Bancos, c/c	10.000
	[Contribución anual al fondo de pensiones]			
	31-12-X3			
3.000	(5290) Provisión a corto plazo por retribuciones al personal	a	(527) Bancos, c/c	2.000
		a	(7950) Exceso de provisión por retribuciones al personal	1.000

6.4.2. Pagos basados en instrumentos de patrimonio

Cuando se realizan pagos de bienes o servicios (incluidas retribuciones al personal) mediante la entrega de acciones o participaciones de la propia empresa, o mediante la entrega de un importe en efectivo que esté basado en el valor de las mismas en el futuro.

La cuenta *(147) Provisión por transacciones con pagos basados en instrumentos de patrimonio* recogerá el importe estimado de la obligación asumida por la empresa como consecuencia de una transacción con pagos basados en instrumentos de patrimonio que se liquiden en efectivo que esté basado en el valor de dichos instrumentos.

Recuerda...

Para una información más exhaustiva consultar la NRV **17. Transacciones con pagos basados en instrumentos de patrimonio.**

a) Transacciones liquidadas con instrumentos de patrimonio:

Si son con empleados se valorarán por el valor razonable de los instrumentos de patrimonio cedidos, referido a la fecha del acuerdo de concesión.

(645) Retribuciones al personal mediante instrumentos de patrimonio	a	(100) Capital social
	a	(11.) Reservas

Si son por bienes o servicios distintos de los prestados por los empleados se valorarán, si se puede estimar con fiabilidad, por el valor razonable de los bienes o servicios en la fecha en que se reciben (si no se puede estimar con fiabilidad, se valorarán por el valor razonable de los instrumentos de patrimonio cedidos).

(2) Inmovilizado	a	(100) Capital social
(6) Compras y gastos	a	(11.) Reservas

b) Transacciones liquidadas en efectivo:

Los bienes o servicios recibidos y el pasivo a reconocer se valorarán al valor razonable del pasivo, referido a la fecha en la que se cumplan los requisitos para su reconocimiento.

(645) Retribuciones al personal mediante instrumentos de patrimonio	a	(147) Provisión por transacciones con pagos basados en instrumentos de patrimonio

o

(62) Gastos	a	(147) Provisión por transacciones con pagos basados en instrumentos de patrimonio

Ejemplo 6.36

La sociedad «N» concede un incentivo de 50 acciones de la empresa a cada uno de sus 20 trabajadores. El valor nominal de las acciones de «I» es de 6 €. El valor razonable de las acciones el día que se tomó el acuerdo coincide con su valor nominal.

6.000	(645) Retribuciones al personal mediante instrumentos de patrimonio [50 × 20 × 6]	a	(100) Capital social	6.000

Ejemplo 6.37

El 1-02-20X2 la sociedad «Ñ» acuerda retribuir a sus directivos basándose en el valor razonable de 3.000 de sus acciones al finalizar el ejercicio 20X3. Las acciones son de 6 € nominales. La cotización de las acciones el 1-02-20X2 es de 9 € y el día 31-12-20X3 de 8 €.

	1-02-X2			
27.000	(645) Retribuciones al personal mediante instrumentos de patrimonio [3.000 × 9]	a	(147) Provisión por transacciones con pagos basados en instrumentos de patrimonio	27.000
	31-12-X2			
27.000	(147) Provisión por transacciones con pagos basados en instrumentos de patrimonio	a	(5297) Provisión a corto plazo por transacciones con pagos basados en instrumentos de patrimonio	27.000
	[Reclasificación a corto plazo]			
	31-12-X3			
27.000	(5297) Provisión a corto plazo por transacciones con pagos basados en instrumentos de patrimonio	a	(572) Bancos, c/c [3.000 × 8]	24.000
		a	(7957) Exceso de provisión por transacciones con pagos basados en instrumentos de patrimonio	3.000

Ejemplo 6.38

La sociedad «O» adquiere 500 acciones propias a 8 €, con gastos de 50 €. Posteriormente paga el gasto de mantenimiento de la maquinaria de la empresa entregando las acciones propias adquiridas. El valor razonable de estos servicios es de 4.050 €.

4.050	(108) Acciones o participaciones propias en situaciones especiales [500 × 8 + 50]	a	(572) Bancos, c/c	4.050
4.050	(623) Servicios de profesionales independientes	a	(108) Acciones o participaciones propias en situaciones especiales	4.050

6.4.3. Provisión para impuestos

Recoge el importe estimado de las deudas tributarias cuyo pago está indeterminado en cuanto a su importe o fecha en que se producirá.

Ejemplo 6.39

Al principio del ejercicio 20X2 la sociedad «P» tiene pendientes de liquidación diversas deudas tributarias por un importe aproximado de 3.000 €. Se estima que tendrá que pagarlas al final del 20X3. Los intereses de demora: 6 % interés simple. Sanción: 20 %. A final del 20X3 la empresa paga los importes estimados.

	20X2			
3.000	(631) Otros tributos			
600	(678) Gastos excepcionales [0,20 × 3.000]	a	(141) Provisión para impuestos	3.600
	31-12-X2			
180	(669) Otros gastos financieros	a	(141) Provisión para impuestos	180
	[Intereses de demora año 20X2: 0,06 × 3.000]			
	31-12-X2			
3.780	(141) Provisión para impuestos [3.600 + 180]	a	(5291) Provisión a corto plazo para impuestos	3.780
	31-12-X3			
180	(669) Otros gastos financieros	a	(5291) Provisión a corto plazo para impuestos	180
	[Intereses de demora año 20X3: 0,06 × 3.000]			
	31-12-X3			
3.960	(5291) Provisión a corto plazo para impuestos [3.780 + 180]	a	(572) Bancos, c/c	3.960

6.4.4. Provisión para otras responsabilidades

Pasivos no financieros surgidos por obligaciones de cuantía indeterminada no incluidas en otras provisiones (litigios en curso, indemnizaciones u obligaciones derivadas de avales y otras garantías similares).

Ejemplo 6.40

El 31-12-20X1 la empresa dota provisión para cubrir las responsabilidades que puedan surgir como consecuencia de un litigio, no habitual. El importe que la empresa estima que tendrá que pagar, dentro de 2 años, es de 8.000 €. El tipo de interés del mercado es del 4 %. Al final del año 20X3 la empresa paga una indemnización de 7.500 €.

	31-12-X1			
7.396,45	(678) Gastos excepcionales [$8.000 \times (1 + 0.04)^{-2}$]	a	(142) Provisión para otras responsabilidades	7.396,45
	31-12-X2			
295,86	(660) Gastos financieros por actualización de provisiones	a	(142) Provisión para otras responsabilidades	295,86
	[Actualización financiera año 20X2: 7.396,45 × 0,04]			
	31-12-X2			
7.692,31	(142) Provisión para otras responsabilidades	a	(5292) Provisión a corto plazo para otras responsabilidades	7.692,31
	31-12-X3			
307,69	(660) Gastos financieros por actualización de provisiones	a	(5292) Provisión a corto plazo para otras responsabilidades	307,69
	[Actualización financiera año 20X3: 7.692,31 × 0,04]			
	31-12-X3			
8.000	(5292) Provisión a corto plazo para otras responsabilidades	a	(572) Bancos, c/c	7.500
		a	(7952) Exceso de provisión para otras responsabilidades	500

Ejemplo 6.41

La empresa «Q» tiene constituido un aval a favor de la empresa «W». La empresa «W» ha incumplido con las obligaciones avaladas. Al final del año 20X2 «Q» estima que tendrá que pagar 45.000 € en un plazo de 6 meses. El 10-05-20X3 «Q» paga 43.000 €.

	31-12-X2			
45.000	(678) Gastos excepcionales	a	(5292) Provisión a corto plazo para otras responsabilidades	45.000
	10-05-X3			
45.000	(5292) Provisión a corto plazo para otras responsabilidades	a	(572) Bancos, c/c	43.000
		a	(7952) Exceso de provisión para otras responsabilidades	2.000

Ejemplo 6.42

La sociedad «R» ha rescindido el contrato laboral a varios empleados. Estima que tendrá que pagar indemnizaciones por importe de 75.000 € en un plazo de 6 meses. Transcurridos 4 meses se condena a la empresa a pagar indemnizaciones por importe de 80.000 €.

75.000	(641) Indemnizaciones	a	(5292) Provisión a corto plazo para otras responsabilidades	75.000
	[Cuando se dota la provisión]			
75.000	(5292) Provisión a corto plazo para otras responsabilidades			
5.000	(641) Indemnizaciones	a	(572) Bancos, c/c	80.000
	[Pago indemnizaciones y exceso de provisión]			

6.4.5. Provisión por desmantelamiento, retiro o rehabilitación del inmovilizado

Importe estimado de los costes de desmantelamiento o retiro del inmovilizado, así como la rehabilitación del lugar sobre el que se asienta (formará parte del valor del inmovilizado material).

Ejemplo 6.43

La empresa «S» adquiere al principio del ejercicio 20X2 maquinaria para cortar pizarra por importe de 300.000 €, a pagar dentro de 3 meses. La empresa estima que el coste de desmantelamiento, que tendrá lugar a finales del 20X3, ascenderá a 50.000 €. Tipo de interés del mercado: 5 %. A finales de 20X3 se lleva a cabo el desmantelamiento, cuyo coste es de 52.000 €.

	1-01-X2			
300.000	(213) Maquinaria	a	(523) Proveedores de inmovilizado a corto plazo	300.000
	1-01-X2			
45.351,47	(213) Maquinaria [$50.000 \times (1 + 0{,}05)^{-2}$]	a	(143) Provisión por desmantelamiento, retiro o rehabilitación del inmovilizado	45.351,47
	31-12-X2			
2.267,57	(660) Gastos financieros por actualización de provisiones	a	(143) Provisión por desmantelamiento, retiro o rehabilitación del inmovilizado	2.267,57
	[Actualización financiera año 20X2: 45.351,47 × 0,05]			
	31-12-X2			
47.619,05	(143) Provisión por desmantelamiento, retiro o rehabilitación del inmovilizado [45.351,47 + 2.267,57]	a	(5293) Provisión a corto plazo por desmantelamiento, retiro o rehabilitación del inmovilizado	47.619,05
	31-12-X3			
2.380,95	(660) Gastos financieros por actualización de provisiones	a	(5293) Provisión a corto plazo por desmantelamiento, retiro o rehabilitación del inmovilizado	2.380,95
	[Actualización financiera año 20X3: 47.619,05 × 0,05]			

(continúa)

(continuación)

	31-12-X3			
50.000	(5293) Provisión a corto plazo por desmantelamiento, retiro o rehabilitación del inmovilizado			
2.000	(213) Maquinaria	a	(572) Bancos, c/c	52.000

Ejemplo 6.44

¿Qué asiento haría la empresa «S» al final del año 20X3 si el coste de desmantelamiento hubiera ascendido a 49.000 €?

	31-12-X3			
50.000	(5293) Provisión a corto plazo por desmantelamiento, retiro o rehabilitación del inmovilizado	a	(572) Bancos, c/c	49.000
			(213) Maquinaria	1.000

6.4.6. Provisión para actuaciones medioambientales

Obligaciones o compromisos adquiridos por la empresa, de cuantía indeterminada, para prevenir o reparar daños sobre el medio ambiente.

Ejemplo 6.45

A principios del año 20X2 la empresa «T», como consecuencia de un accidente, contamina el medio ambiente. La empresa estima que los trabajos de descontaminación tendrán un coste de 400.000 € y no terminarán hasta finales del año siguiente. A finales del año 20X3 paga a la empresa que ha realizado los trabajos anteriores 380.000 €. Tipo interés del mercado: 5 %.

	01-X2			
362.811,80	(622) Reparaciones y conservación [400.000 × $(1 + 0,05)^{-2}$]	a	(145) Provisión para actuaciones medioambientales	362.811,80
	31-12-X2			
18.140,59	(660) Gastos financieros por actualización de provisiones	a	(145) Provisión para actuaciones medioambientales	18.140,59
	[Actualización financiera año 20X2: 362.811,80*0,05]			
	31-12-X2			
380.952,39	(145) Provisión para actuaciones medioambientales [362.811,80 + 18.140,59]	a	(5295) Provisión a corto plazo para actuaciones medioambientales	380.952,39
	31-12-X3			
19.047,62	(660) Gastos financieros por actualización de provisiones	a	(5295) Provisión a corto plazo para actuaciones medioambientales	19.047,62
	[Actualización financiera año 20X3: 380.952,39 × 0,05]			
	31-12-X3			
400.000	(5295) Provisión a corto plazo para actuaciones medioambientales	a	(572) Bancos, c/c	380.000
		a	(7955) Exceso de provisión para actuaciones medioambientales	20.000

Ejemplo 6.46

Supongamos que la empresa «T» tiene suscrito un seguro de responsabilidad civil y que en junio de 20X3 le comunica que se hará cargo de una parte del coste de la actuación, por importe de 300.000 €.

Además de los apuntes realizados en el ejemplo anterior haría los siguientes:

	Junio-X3			
300.000	(440) Deudores	a	(778) Ingresos excepcionales	300.000
	[Cuando recibe la comunicación de la compañía de seguros]			
	31-12-X3			
300.000	(572) Bancos, c/c	a	(440) Deudores	300.000
	[Cuando cobra la indemnización del seguro]			

6.4.7. Provisión para reestructuraciones

Importe estimado de los costes que surjan directamente de una reestructuración (que cumpla una serie de condiciones).

Ejemplo 6.47

A principios del año 20X2 la empresa «U» ha comenzado una reestructuración con el objeto de incrementar la productividad. La reestructuración durará dos años y tendrá un coste de 800.000 € (100.000 € para pagar abogados y el resto a indemnizaciones a empleados). Los costes de la reestructuración, abonados, han ascendido a 760.000 €. Tipo interés: 5 %.

	120X2			
90.702,95	(623) Servicios de profesionales independientes [$100.000 \times (1 + 0,05)^{-2}$]			
634.920,63	(641) Indemnizaciones [$700.000 \times (1 + 0,05)^{-2}$]	a	(146) Provisión para reestructuraciones	725.623,58
	31-12-X2			
36.281,18	(660) Gastos financieros por actualización de provisiones	a	(146) Provisión para reestructuraciones	36.281,18
	[Actualización financiera año 20X2: 725.623,58 × 0,05]			
	31-12-X2			
761.904,76	(146) Provisión para reestructuraciones [725.623,58 + 36.281,18]	a	(5296) Provisión a corto plazo para reestructuraciones	761.904,76
	31-12-X3			
38.095,24	(660) Gastos financieros por actualización de provisiones	a	(5296) Provisión a corto plazo para reestructuraciones	38.095,24
	[Actualización financiera año 20X3: 761.904,76 × 0,05]			
	31-12-X3			
800.000	(5296) Provisión a corto plazo para reestructuraciones	a	(572) Bancos, c/c	760.000
		a	(7956) Exceso de provisión para reestructuraciones	40.000

6.4.8. Provisiones para operaciones comerciales

Estas provisiones no pertenecen al subgrupo 14 pero las incluimos aquí porque su funcionamiento y significado son similares al resto de las cuentas de este subgrupo.

Son provisiones para el reconocimiento de obligaciones presentes derivadas del tráfico comercial de la empresa.

(4994) Provisión por contratos onerosos: surge cuando los costes que conlleva el cumplimiento de un contrato excedan a los beneficios económicos que se esperan recibir del mismo.

(4999) Provisión para otras operaciones comerciales: para cobertura de gastos por devoluciones de ventas, garantías de reparación, revisiones, etc. (vista en la Unidad 8).

Ejemplo 6.48

La empresa «V» suscribe, el 1-12-X2, un contrato con un cliente en el que se compromete a suministrarle una mercancía al precio de 50.000 € y que deberá entregar dentro de 3 meses; en caso de incumplir el contrato deberá pagar una indemnización de 10.000 €. Al final del ejercicio, debido al aumento del precio, adquirir la mercancía necesaria para cumplir el contrato le supondría un desembolso de 58.000 €.

	31-12-X2			
8.000	(9654) Dotación a la provisión por contratos onerosos [58.000 – 50.000]	a	(4994) Provisión por contratos onerosos	8.000

Ejemplo 6.49

A finales de febrero la empresa «V» adquiere la mercancía necesaria para cumplir el contrato porque le resulta más ventajoso que pagar la indemnización.

	Febrero-X3			
58.000	(600) Compras de mercaderías	a	(572) Bancos, c/c	58.000
50.000	(430) Clientes	a	(700) Ventas de mercaderías	50.000
8.000	(4994) Provisión por contratos onerosos	a	(7954) Exceso de provisión por operaciones comerciales	8.000

Ejemplo 6.50

Supongamos que a finales de febrero comprar la mercancía supondría desembolsar 62.000 €. En este caso a la empresa «V» le resulta más ventajoso no cumplir el contrato y pagar la indemnización.

	Febrero-X3			
8.000	(4994) Provisión por contratos onerosos			
2.000	(678) Gastos excepcionales	a	(572) Bancos, c/c	10.000

Test 6

1. Señala qué afirmaciones son verdaderas (V) y qué afirmaciones son falsas (F).

		V	F
1.1.	Los dividendos pasivos los percibe una empresa por ser propietaria de acciones de otras empresas.	☐	☐
1.2.	La cuenta de *Capital* es propia de empresas individuales.	☐	☐
1.3.	El valor nominal de la acción es aquel por el cual ha sido adquirida.	☐	☐
1.4.	Las acciones, a diferencia de las obligaciones, confieren el derecho a participar en los beneficios.	☐	☐
1.5.	El resultado altera el valor del capital social.	☐	☐
1.6.	Todas las cuentas del grupo 1 pertenecen al Patrimonio neto.	☐	☐
1.7.	Los dividendos que generan las acciones que posee la empresa son ingresos financieros.	☐	☐
1.8.	El capital de una empresa individual se recoge en la cuenta 101.	☐	☐
1.9.	La cuenta *(550) Titular de la explotación* recoge el capital en las empresas individuales.	☐	☐
1.10.	Se puede realizar una ampliación de capital capitalizando reservas.	☐	☐
1.11.	Se pueden comprar acciones propias con el fin de reducir el capital social.	☐	☐
1.12.	Cuando se constituye una sociedad anónima se debe desembolsar el 100 % del capital en el momento de la suscripción.	☐	☐
1.13.	La prima de emisión de acciones debe desembolsarse totalmente en el momento de la suscripción.	☐	☐
1.14.	Las sociedades anónimas están obligadas a dotar un 10 % del beneficio a reserva legal, hasta que esta alcance el 20 % de la cifra de capital social.	☐	☐
1.15.	Las subvenciones a la explotación son un ingreso del ejercicio.	☐	☐
1.16.	Las subvenciones de capital se imputan al resultado del ejercicio en proporción a la amortización del bien para cuya adquisición se han concedido.	☐	☐
1.17.	Los bienes entregados por los socios a título gratuito se consideran subvenciones en capital.	☐	☐
1.18.	Las provisiones figuran en el Activo del Balance con signo negativo.	☐	☐
1.19.	Las provisiones figuran en el Pasivo del Balance.	☐	☐
1.20.	Las provisiones se dotan con cargo a cuentas de gastos.	☐	☐
1.21.	En un plan de aportación definida, la empresa asume el compromiso de pagar a los trabajadores unas cantidades determinadas en el futuro.	☐	☐
1.22.	En un plan de prestación definida, el riesgo lo asume la empresa.	☐	☐

EJERCICIOS FINALES

Ejercicio 6.1

Contabiliza en el libro Diario las siguientes operaciones:

1. El señor Fernández del Coso crea una empresa individual aportando 80.000 € que deposita en una c/c bancaria.

   Durante el ejercicio retira del banco 12.000 € para sus gastos particulares.

   También se lleva mercaderías, para su consumo particular, por importe de 7.260 € (incluido IVA).

   El señor Fernández paga, a través de su c/c particular, 1.000 € más 21 % de IVA, correspondientes al alquiler del almacén que utiliza la empresa.

   Al final del ejercicio, el beneficio obtenido asciende a 35.000 €.

2. Se constituye la Sociedad Anónima «A» aportando los socios 1.600.000 €, que se depositan: 500.000 en caja y el resto en una c/c bancaria; un edificio valorado en 500.000 € (de los que 200.000 € corresponden al solar) y una máquina valorada en 120.000 €.

3. Se crea una sociedad sin forma mercantil con una aportación de los socios de 75.000 € que se depositan en banco a nombre de la sociedad.

4. La sociedad «B» realiza una ampliación de capital mediante la emisión de 5.000 acciones de 5 € nominales. El precio de emisión de las acciones es de 5,20 €/título. La emisión ha sido colocada en su totalidad y los accionistas ingresan el 60 % del nominal y la totalidad de la prima en la c/c de la empresa.

5. Transcurridos unos meses se exige a los accionistas la parte no desembolsada de las acciones anteriores, que deberán hacer efectivo en el plazo de un mes.

6. Concluido el plazo, todos los accionistas ingresaron la cantidad solicitada en el punto anterior en la c/c de la sociedad.

7. La Sociedad Anónima «C» ha obtenido un beneficio, después de impuestos de 200.000 € y decide distribuirlo de la siguiente forma:

   - Reserva legal: 10 %.
   - Reservas estatutarias: 15 %.
   - Reservas voluntarias: 20 %.
   - Dividendo a los accionistas: 50 %.
   - Pendiente de aplicación: el resto.

8. Las cuentas de Neto de la sociedad «D» presentan los siguientes saldos a 01-01-X1:

   - Capital social: 500.000 €.
   - Reserva legal: 50.000 €.
   - Reservas voluntarias: 30.000 €.

   Durante el ejercicio 20X1 ha obtenido unas pérdidas de 40.000 €.

9. Durante el ejercicio 20X2 la sociedad «D» ha tenido, de nuevo, unas pérdidas de 30.000 €.

10. Durante el año 20X3 la sociedad «D» obtiene un beneficio, después de impuestos, de 20.000 € que aplica íntegramente a la compensación de pérdidas de ejercicios anteriores.

11. La sociedad «D» decide eliminar el resto de los resultados negativos de ejercicios anteriores utilizando las reservas voluntarias y solicitando a los socios una aportación complementaria de 20.000 € para eliminar el resto de las pérdidas. Los socios ingresan en c/c el importe solicitado.

12. La sociedad «E» solicita al Estado una subvención no reintegrable de 80.000 € para la compra de maquinaria. La subvención le es concedida.

EJERCICIOS FINALES

13. El Estado ingresa la subvención concedida en una c/c bancaria de la sociedad.
14. La sociedad «E» compra la maquinaria por 120.000 €, más 21 % de IVA, pagando por banco la cantidad que ha recibido del Estado; por el resto firma letra de cambio con vencimiento a 2 años.

    La amortización de la maquinaria se realizará en 8 años mediante el sistema de cuotas constantes.
15. Al final del ejercicio, la empresa «E» realiza la amortización de la maquinaria correspondiente al primer año.
16. La sociedad «F» obtiene la concesión de una subvención reintegrable de una comunidad autónoma por 50.000 €.
17. La comunidad autónoma ingresa la subvención en una c/c de la sociedad «F».
18. La sociedad «F» cumple las condiciones exigidas por la comunidad autónoma para que la subvención se convierta en no reintegrable, por lo que no tendrá que devolverla.
19. La sociedad «G» está inmersa en un litigio del que pueden derivarse gastos extraordinarios, por lo que dota provisión para responsabilidades por importe de 6.500 €.
20. La sociedad «G», por sentencia en firme, paga por banco 5.700 €.

Ejercicio 6.2

1. Al final del primer semestre del ejercicio 20X2 la empresa «AB, SA» acuerda el reparto de un dividendo a cuenta del beneficio del ejercicio, por importe de 160.000 €. El día 10-07-X2 paga dicho dividendo a través de bancos.

   Los beneficios obtenidos por la empresa durante el ejercicio 20X2 han sido de 800.000 €, que reparte de la siguiente forma:

   - Reserva legal: el mínimo establecido legalmente.
   - Reservas estatutarias: 15 %.
   - Reservas voluntarias: 20 %.
   - Dividendos: el resto.
2. El 1 de marzo de 20X2 se constituye la sociedad «CD, SA» con un capital de 600.000 €, dividido en acciones de 6 € nominales. Todo el capital fue suscrito por tres socios:

   - Socio A: suscribe 20.000 acciones ingresando el 25 % en el banco.
   - Socio B: suscribe 50.000 acciones. Ingresa en el banco 75.000 €. Por el resto aportará un local (el valor del terreno se estima en 50.000 €).
   - Socio C: suscribe el resto de las acciones. Ingresa en el banco el 25 % de su importe y entregará una máquina por el resto.

   El 1 de mayo de 20X2 la empresa exige a sus accionistas el resto de su compromiso de aportación.

   A finales de mayo todos los socios han realizado las aportaciones pendientes.

   Durante el ejercicio económico 20X2 la empresa ha tenido unas pérdidas de 100.000 €. La junta general de accionistas decide compensar las mismas mediante aportaciones en metálico de los socios. Los socios realizan las aportaciones correspondientes durante el mes de enero de 20X3.
3. a) La empresa «EF, SA» tiene un capital de 600.000 €, formado por 100.000 acciones de 6 € nominales. Tiene constituidas reservas voluntarias por importe de 120.000 €.

   b) La junta general de accionistas decide reducir el 25 % del capital social por considerarlo excesivo. Adquiere en bolsa 15.000 acciones a 7,2 €/título.

   c) Amortiza las acciones adquiridas reduciendo el capital social.

   d) Reduce el capital social en otras 10.000 acciones mediante la devolución de aportaciones a los socios.

EJERCICIOS FINALES

e) Durante el ejercicio, la empresa obtiene un beneficio de 100.000 €, que distribuye de la siguiente forma:
- Reserva legal: el mínimo establecido por la ley.
- Reservas estatutarias: 15 %.
- Reservas voluntarias: 20 %.
- Dividendos: el resto.

f) Hace efectivo, a través de banco, el dividendo activo anterior.

4. Una comunidad autónoma concede una subvención de 50.000 € a la empresa «GH, SA» para que realice un servicio público a precios económicos y la empresa no tenga pérdidas.
   Posteriormente cobra la subvención anterior a través de banco.
5. Supongamos que la empresa «GH, SA» recibe la subvención anterior durante el ejercicio 20X2 para compensar las pérdidas que se producirán durante el ejercicio 20X3.
6. La empresa «IJ, SA» solicita al Estado una subvención para la adquisición de una máquina. La empresa adquiere la máquina en enero de 20X1, por importe de 40.000 €. En febrero le conceden la subvención por la mitad del importe de la máquina. En febrero le ingresan el importe de la subvención en la cuenta corriente de la empresa. La máquina tiene una vida útil de 5 años. En enero de 20X3 vende la máquina por importe de 25.000 €. Contabiliza las operaciones correspondientes a los ejercicios 20X1, 20X2 y 20X3.
7. La empresa «KL, SA» adquiere en enero de 20X2 una máquina subvencionada por el Estado. El precio de adquisición de la máquina es de 20.000 € y tendrá una vida útil de 5 años. Durante el mes de febrero cobra por banco la subvención. Al final del año 20X2 el importe recuperable de la máquina es de 14.000 €. Contabiliza las operaciones correspondientes al ejercicio 20X2.
8. A finales de 20X2 la sociedad «MN, SA» constituye un plan de pensiones de aportación definida para sus empleados. La empresa aportará al plan 10.000 € para el año 20X2 y 12.000 € para el año 20X3. La aportación correspondiente al año 20X2 la realizará en dos plazos: la mitad al final del ejercicio 20X2 y el resto el 30-06-20X3. Contabiliza las operaciones correspondientes a los ejercicios 20X2 y 20X3.
9. La empresa «OP, SA» tiene constituido con sus empleados un sistema de retribuciones postempleo de prestación definida. Las aportaciones realizadas al plan correspondientes al ejercicio ascienden a 8.000 €. La actualización de la provisión correspondiente al ejercicio asciende a 120 €.
10. A finales de 20X2 la inspección de Hacienda reclama a la empresa «QR, SA» una deuda tributaria, correspondiente a ejercicios anteriores, por importe de 9.000 €. Los intereses de demora correspondientes a ejercicios anteriores ascienden a 600 € y los correspondientes a este ejercicio a 400 €. La sanción asciende a 1.500 €. La empresa ha recurrido la deuda pero considera que tendrá que hacerla efectiva antes del final del ejercicio siguiente. Durante el ejercicio la empresa debe efectuar el pago de la deuda tributaria por importe de 11.000 €.
11. A finales del ejercicio 20X1 una empresa vecina responsabiliza a la empresa «ST, SA» de determinados daños en sus instalaciones y pide una indemnización. La empresa «ST, SA» presenta el oportuno recurso pero estima que tendrá que pagar una indemnización de 20.000 € a finales del ejercicio 20X3. Tipo de interés del mercado: 5 %. En diciembre de 20X3 paga una indemnización de 18.000 €.
12. Supongamos que la empresa «ST, SA» anterior tiene un seguro de responsabilidad civil pero la compañía de seguros comunica, en diciembre de 20X1, que el seguro no cubre esta contingencia. La empresa reclama a la compañía de seguros y esta comunica, en diciembre de 20X2, que se hará cargo del 50 % de la indemnización.
13. La empresa «UV, SA» adquiere al principio del ejercicio 20X2 maquinaria por importe de 500.000 €. La empresa estima el coste de desmantelamiento, que tendrá lugar a finales del 20X3, ascenderá a 60.000 €. Tipo de interés del mercado: 5 %. A finales de 20X2 la empresa estima que el coste de desmantelamiento ascenderá a 70.000 €. A finales de 20X3 se lleva a cabo el desmantelamiento, cuyo coste es de 72.000 €.
14. En enero de 20X2 la empresa «WX, SA» se compromete a repoblar una zona destruida por el desmonte de una cantera. El importe de los trabajos que llevará a cabo durante dos años se estima en 80.000 €. Tipo de actuali-

EJERCICIOS FINALES

zación: 5 %. A finales de 20X2 estima que el importe de los trabajos será de 90.000 €. A finales de 20X3 paga el importe de la repoblación, que asciende a 87.000 €.

15. Contabilizar el ejercicio anterior suponiendo que el importe pagado por la repoblación, en diciembre de 20X3, fuese 92.000 €.

16. Durante el mes de junio de 20X2 la empresa «YZ, SA» concede a sus directivos un incentivo consistente en el importe en efectivo equivalente al valor de cotización de 100 acciones de la empresa al final del ejercicio. En junio la cotización de las acciones es de 12 €/título. Solo tendrán derecho a dicho incentivo los directivos que permanezcan en la empresa en junio de 20X3. La cotización de las acciones de la empresa al final del ejercicio 20X2 es de 15 €/título. La empresa estima que sus 8 directivos permanecerán en la empresa en junio de 20X3. En junio de 20X3 paga el incentivo.

17. La empresa «YZ, SA» compra 100 acciones propias a 8 €/título. Paga los servicios prestados por un técnico informático, que envía factura de 900 €, entregando los títulos anteriores.

18. Contabilizar el ejercicio anterior suponiendo que el técnico pasa factura por importe de 700 €.

Ejercicio 6.3 (autoevaluación)

1. Se constituye una sociedad anónima con 500.000 acciones de 6 € nominales. Los socios suscriben todas las acciones y desembolsan el mínimo legal exigible.

2. Transcurridos 3 meses la empresa exige a los accionistas otro 25 % de su compromiso de aportación.

3. Todos los accionistas abonan el dividendo pasivo solicitado.

4. Al cabo de 6 meses la empresa considera que su capital es excesivo y decide reducirlo condonando a los accionistas el dividendo pasivo pendiente.

5. El beneficio obtenido por la empresa en el ejercicio ha sido de 300.000 € y se repartirá de la siguiente forma:
   - Reserva legal: mínimo exigido por la ley.
   - Reservas estatutarias: 15 %.
   - Reservas voluntarias: 20 %.
   - Dividendos: el resto.

6. Se hace efectivo a través de banco el dividendo activo anterior.

7. La empresa quiere ampliar el negocio y decide hacer una ampliación de capital emitiendo 50.000 acciones a 6,50 €/título. Los accionistas suscriben todas las acciones desembolsando el mínimo legal.

8. Transcurridos 3 meses la empresa exige a los accionistas el dividendo pasivo pendiente.

9. Todos los accionistas hacen efectivo el dividendo pasivo solicitado.

10. El Estado concede una subvención de 40.000 € a la empresa para compensar su déficit de explotación.

11. Cobra a través de banco la subvención anterior.

12. La sociedad recibe una subvención no reintegrable del Estado para la compra de maquinaria. El importe de la subvención, que le ingresan en banco, es de 200.000 €.

13. La empresa compra la maquinaria por el importe de la subvención. Paga con cheque. La vida útil de la maquinaria se estima en 8 años y sin valor residual. Se amortizará por el sistema lineal.

14. Contabilizar la amortización de la maquinaria correspondiente al primer año y el traspaso a resultados de la parte correspondiente de la subvención.

EJERCICIOS FINALES

15. ¿Qué asiento tendrá que hacer al final del ejercicio con respecto a las cuentas del grupo 8 y 9 de los ejercicios anteriores?
16. La empresa hace una aportación de 5.000 € a un plan de pensiones de aportación definida.
17. La empresa compra 100 acciones propias a 7 €. Paga por banco.
18. Entrega las acciones anteriores como pago a los servicios prestados por un abogado. El valor razonable de dichos servicios es de 700 €.
19. La empresa se encuentra implicada en un litigio. Al final del ejercicio estima que como consecuencia del litigio tendrá que abonar dentro de 3 meses 1.500 €.
20. Tres meses después la empresa abona 1.300 € como consecuencia de la resolución del litigio anterior.

UNIDAD 7

GASTOS E INGRESOS

Estudiaremos en esta unidad las cuentas del grupo 6 (gastos) y 7 (ingresos) del PGC que no hemos visto en la Unidad 2.

Los gastos representan disminuciones de neto y los ingresos aumentos de neto y nos permitirán el cálculo del resultado obtenido por la empresa en el ejercicio económico.

Las cuentas de gastos e ingresos desaparecerán al final del ejercicio al traspasar su saldo a la cuenta *(129) Resultado del ejercicio.* Estas cuentas no figuran, por tanto, en el Balance de situación.

Objetivos

- Comprender el concepto de gasto y no confundirlo con el de pago.
- Diferenciar los distintos tipos de gastos y contabilizarlos correctamente.
- Comprender el concepto de ingreso y no confundirlo con el de cobro.
- Diferenciar los distintos tipos de ingresos.
- Entender el funcionamiento de las cuentas de variación de existencias, su influencia en el cálculo del resultado y por qué pueden ser de gastos o de ingresos.
- Comprender cómo las dotaciones a las amortizaciones permiten acumular fondos para la reposición del inmovilizado.
- Entender cómo actúan las pérdidas por deterioro en el resultado.
- Conocer cómo funcionan las cuentas de exceso de provisión y reversiones por deterioro y cuál es su función.

Contenidos

7.1. Gastos

El Plan General de Contabilidad define el grupo *(6) Compras y gastos*, como aprovisionamientos de mercaderías y demás bienes adquiridos por la empresa para revenderlos, bien sea sin alterar su forma o sustancia, o previo sometimiento a procesos industriales de adaptación, transformación o construcción. Comprende también todos los gastos del ejercicio, incluidas las adquisiciones de servicios y de materiales consumibles, la variación de existencias adquiridas y otros gastos y pérdidas del ejercicio.

Las cuentas del grupo 6 son cuentas de gestión y no aparecerán, por tanto, en el Balance de situación. Podemos clasificarlas en dos grandes grupos:

Gastos de explotación

Son los gastos que se originan por la actividad normal de la empresa. Entre ellos podemos diferenciar:

- Los gastos relacionados directamente con las existencias, entre los que están las compras y las variaciones de existencias.
- Los demás gastos de explotación, entre los que se encuentran las adquisiciones de bienes y servicios, distintos de las compras, por ejemplo, servicios de transportes y otros conceptos de gastos, tales como los sueldos y salarios, así como las amortizaciones.

Los gastos de explotación estarán formados, fundamentalmente, por las cuentas incluidas en los siguientes subgrupos:

- *(60) Compras.*
- *(61) Variación de existencias.*
- *(62) Servicios exteriores.*
- *(63) Tributos.*
- *(64) Gastos de personal.*
- *(65) Otros gastos de gestión.*
- *(68) Dotaciones para amortizaciones.*
- *Algunas pérdidas por deterioro y provisiones: (690)-(691)-(692)-(693)-(694)-(695)*
- *Pérdidas procedentes de activos no corrientes y gastos excepcionales: (670)-(671)-(672)-(678).*

Gastos financieros

Son aquellos que vienen exigidos por la obtención de recursos destinados a adquirir todos los bienes y servicios que necesita la empresa, como, por ejemplo, el interés que cobrará el banco por un préstamo.

Los gastos financieros estarán formados por las cuentas incluidas en los subgrupos:

- *(66) Gastos financieros.*
- *Algunas pérdidas por deterioro: (696)-(697)-(698)-(699).*
- *Pérdidas procedentes de activos no corrientes y gastos excepcionales: (673)-(675).*

En general, todas las cuentas del grupo 6 tienen saldo deudor y se abonarán al cierre del ejercicio, con cargo a la cuenta *(129) Resultado del ejercicio*. Sin embargo, hay algunas excepciones:

- *(606) Descuentos sobre compras por pronto pago*, que tiene saldo acreedor.
- *(608) Devoluciones de compras y operaciones similares*, que tiene saldo acreedor.
- *(609) «Rappels» por compras*, que tiene saldo acreedor.
- Las del subgrupo *(61) Variación de existencias*, que pueden tener saldo deudor o acreedor.
- *(630) Impuesto sobre beneficios*, que puede tener saldo deudor o acreedor, según que la empresa haya tenido beneficios o pérdidas.
- *(636) Devolución de impuestos*, que tendrá saldo acreedor si se produce tal situación.
- *(638) Ajustes positivos en la imposición sobre beneficios*.
- *(639) Ajustes positivos en la imposición indirecta.*

No debemos confundir **gasto** con **pago**. Gasto es un concepto económico y significa una disminución del patrimonio neto. Pago es una disminución de tesorería que puede producirse por muchos motivos (por ejemplo, cuando la empresa compra un terreno al contado, hay pago pero no hay gasto. Sin embargo, cuando la empresa dota las amortizaciones del ejercicio, hay gasto pero no hay pago).

7.1.1. Compras y variación de existencias

El subgrupo *(60) Compras* ya lo hemos estudiado en la Unidad 2 (ver punto 2.5.1). Con respecto a este subgrupo recordemos que:

- Todos los gastos que acompañen a las compras supondrán un mayor importe de estas, incluidos los transportes y los impuestos que recaigan sobre ellas, excepto el IVA deducible. El IVA no deducible también supone un mayor importe de las compras.
- Descuentos en factura: suponen un menor importe de la compra.
- Descuentos fuera de factura:
  - Por pronto pago, se abonarán en la cuenta *(606) Descuentos sobre compras por pronto pago*.
  - Por defectos de calidad, incumplimientos en los plazos de entrega o causas análogas se abonarán en la cuenta *(608) Devoluciones de compras y operaciones similares*.
  - Por haber alcanzado un determinado volumen de pedidos se abonarán en la cuenta *(609) «Rappels» por compras*.

Los puntos anteriores son de aplicación en la contabilización de gastos por servicios.

Las cuentas (606), (608) y (609) tendrán saldo acreedor y se cargarán, al final del ejercicio, con abono a la cuenta *(129) Resultado del ejercicio*.

La cuenta *(607) Trabajos realizados por otras empresas* recoge el importe de los trabajos que formando parte del proceso de producción propia se encargan a otras empresas.

Las cuentas del subgrupo 60, si la operación no se hace al contado, tendrán como contrapartida cuentas del subgrupo 40.

Las cuentas del subgrupo *(61) Variación de existencias*, que también se han visto en la Unidad 2 (véase apartado 2.6), se cargan por el importe de las existencias iniciales y se abonan por el de las existencias finales. Dependiendo de su saldo se abonarán (si el saldo es deudor) o cargarán (si saldo es acreedor) con cargo o abono, respectivamente, a la cuenta *(129) Resultado del ejercicio*.

Ejemplo 7.1

La empresa «A» compra mercaderías al contado por importe de 6.000 €. En la factura figura un descuento por pronto pago del 5 %. IVA: 21 %. También figuran en factura los gastos de transporte: 200 €, más IVA.

5.900	(600) Compras de mercaderías [6.000 – 300 + 200]			
1.239	(472) Hacienda Pública, IVA soportado	a	(570) Caja, euros	7.139

Ejemplo 7.2

La empresa «B» compra mercaderías a crédito por 6.000 €. En la factura figura un descuento por defectos de calidad del 5 %. IVA: 21 %. Pagamos al contado los gastos de transporte que ascienden a 200 €, más 21 % de IVA.

5.900	(600) Compras de mercaderías [6.000 – 300 + 200]			
1.239	(472) Hacienda Pública, IVA soportado	a	(400) Proveedores [(6.000 – 300) × 1,21]	6.897
		a	(570) Caja, euros (200 × 1,21)	242

Ejemplo 7.3

La empresa «C» compra mercaderías a crédito por 50.000 €, más 21 % de IVA.

50.000	(600) Compras de mercaderías			
10.500	(472) Hacienda Pública, IVA soportado	a	(400) Proveedores	60.500

Ejemplo 7.4

Las mercaderías llegan con retraso y la empresa «C» consigue del proveedor un descuento del 10 %.

6.050	(400) Proveedores	a	(608) Devoluciones de compras y operaciones similares	5.000
		a	(472) Hacienda Pública, IVA soportado	1.050

Ejemplo 7.5

Más adelante la empresa «C» consigue que el proveedor le haga un descuento de 1.000 € por volumen de pedido.

1.210	(400) Proveedores	a	(609) «Rappels» por compras	1.000
			(472) Hacienda Pública, IVA soportado	210

Ejemplo 7.6

El proveedor ofrece a la empresa «C» un descuento por pronto pago del 3 % si le abona inmediatamente lo que le debe (Ejemplos 7.3, 7.4 y 7.5). La empresa acepta y le envía transferencia bancaria por el importe resultante. Gastos de transferencia: 7 €.

53.240	(400) Proveedores (60.500 – 6.050 – 1.210)	a	(606) Descuentos sobre compras por pronto pago [(53.240 × 0,03)/1,21]	1.320
		a	(472) Hacienda Pública, IVA soportado [21 % s/1.320]	277,20
		a	(572) Bancos, c/c	51.642,80
7	(626) Servicios bancarios y similares	a	(572) Bancos, c/c	7

Ejemplo 7.7

Un minorista de alimentación recibe la factura de un proveedor por importe de 1.200 €, más 4 % de IVA y 0,5 % de recargo de equivalencia.

1.254	(600) Compras de mercaderías [1.200 × 1,045]	a	(400) Proveedores	1.254

[Como no tendrá que liquidar IVA, el IVA soportado no lo puede deducir;
lo considera como mayor importe de la compra]

Ejemplo 7.8

La empresa «D» se dedica a fabricar el producto «P» transformando la materia prima «M». El proceso de fabricación tiene tres fases y la empresa «D» no tiene la maquinaria necesaria para realizar la primera fase. Encarga este trabajo a otra empresa, que le pasa factura de 14.000 €, más 21 % de IVA.

14.000	(607) Trabajos realizados por otras empresas			
2.940	(472) Hacienda Pública, IVA soportado	a	(400) Proveedores	16.940

7.1.2. Servicios exteriores

El subgrupo *(62) Servicios exteriores* recoge los servicios de diversa naturaleza adquiridos por la empresa, no incluidos en el subgrupo 60 o que no formen parte del precio de adquisición del inmovilizado o de las inversiones financieras temporales.

Las cuentas de este subgrupo se cargan con abono, en general, a la cuenta *(410) Acreedores por prestaciones de servicios*, siempre que no se paguen al contado.

Ejemplo 7.9

La empresa «E» encarga a un laboratorio la investigación de una mejora en su proceso productivo. El laboratorio le pasa factura de 7.500 €, más 21 % de IVA, que paga con cheque.

7.500	(620) Gastos en investigación y desarrollo del ejercicio			
1.575	(472) Hacienda Pública, IVA soportado	a	(572) Bancos, c/c	9.075

Ejemplo 7.10

La empresa «F» tiene alquilado un local para oficinas por el que paga 1.500 €, más 21 % de IVA, al mes. Realiza el pago de este mes a través de banco.

1.500	(621) Arrendamientos y cánones			
315	(472) Hacienda Pública, IVA soportado	a	(572) Bancos, c/c	1.815

Ejemplo 7.11

La empresa «G» realiza diversas reparaciones en el techo de su taller, por lo que le pasan factura de 3.600 €, más 21 % de IVA, que pagará dentro de 30 días.

3.600	(622) Reparaciones y conservación			
756	(472) Hacienda Pública, IVA soportado	a	(410) Acreedores por prestaciones de servicios	4.356

Ejemplo 7.12

Un bufete de abogados pasa factura de 1.300 €, más 21 % de IVA, a la empresa «H» por un servicio de asesoramiento que le han prestado. La empresa paga el importe a través de banco previa retención del 15 % a cuenta del IRPF.

1.300	(623) Servicios de profesionales independientes			
273	(472) Hacienda Pública, IVA soportado	a	(4751) Hacienda Pública, acreedora por retenciones practicadas [15 % s/1.300]	195
			(572) Bancos, c/c	1.378

Ejemplo 7.13

La empresa «I» encarga a una empresa de transportes la entrega de mercaderías a un cliente suyo. La empresa de transportes pasa factura de 242 € (incluido IVA), que deja a deber.

200	(624) Transportes			
42	(472) Hacienda Pública, IVA soportado	a	(410) Acreedores por prestaciones de servicios	242

Ejemplo 7.14

La empresa «J» contrata una póliza de seguros contra incendios con una aseguradora. Paga, a través de banco, la prima anual que asciende a 365 €.

365	(625) Primas de seguros	a	(572) Bancos, c/c	365

Ejemplo 7.15

La empresa «I» envía transferencia bancaria a la empresa de transportes por el importe de su deuda con ella (véase Ejemplo 7.13). El banco le carga en cuenta, además, 3 € en concepto de gastos de transferencia.

242	(410) Acreedores por prestaciones de servicios			
3	(626) Servicios bancarios y similares	a	(572) Bancos, c/c	245

Ejemplo 7.16

La empresa «K» encarga una campaña publicitaria a una agencia que le pasa factura de 4.400 €, más 21 % de IVA, que deja a deber.

4.400	(627) Publicidad, propaganda y relaciones públicas			
924	(472) Hacienda Pública, IVA soportado	a	(410) Acreedores por prestaciones de servicios	5.324

Ejemplo 7.17

El director de la empresa «L» invita a comer a un cliente importante. Paga en efectivo 145 €, más 10 % de IVA (no deducible).

159,50	(627) Publicidad, propaganda y relaciones públicas	a	(570) Caja, euros	159,50

[Como el IVA no es deducible se contabiliza como un mayor importe del gasto]

Ejemplo 7.18

La empresa «M» paga, a través de banco, el recibo de electricidad de los dos últimos meses por importe de 320,65 € (incluido el 21 % de IVA). También paga el recibo de agua por importe de 123,20 € (incluido el 10 % de IVA).

377	(628) Suministros [320,65/1,21+123,20/1,10]			
66,85	(472) Hacienda Pública, IVA soportado [265 × 0,21 + 112 × 0,10]	a	(572) Bancos, c/c	443,85

Ejemplo 7.19

La empresa «M» paga el recibo de teléfono, a través de banco, por 463 €, más 21 % de IVA.

463	(629) Otros servicios			
97,23	(472) Hacienda Pública, IVA soportado	a	(572) Bancos, c/c	560,23

Ejemplo 7.20

La empresa «N» contrata con una empresa de transportes el servicio de autobuses para el desplazamiento diario de sus trabajadores desde sus domicilios a la fábrica. La empresa de transporte le pasa factura de 1.470 €, más 10 % de IVA (no deducible).

1.617	(629) Otros servicios	a	(410) Acreedores por prestaciones de servicios	1.617
	[Como el IVA no es deducible se contabiliza como un mayor importe del gasto]			

Ejemplo 7.21

La empresa «Ñ» compra material de oficina por importe de 800 €, más 21 % de IVA. Paga con cheque.

800	(629) Otros servicios			
168	(472) Hacienda Pública, IVA soportado	a	(572) Bancos, c/c	968

Si el consumo de material de oficina es elevado, la empresa puede tratarlo como elemento inventariable. En este caso, las existencias se recogerán en la cuenta *(328) Material de oficina*; la compra se contabilizará en la cuenta *(602) Compras de otros aprovisionamientos* y al final del ejercicio deberá hacer el ajuste de existencias con la cuenta *(612) Variación de existencias de otros aprovisionamientos*.

7.1.3. Tributos

Los tributos constituyen la forma mediante la cual el Estado u otros organismos públicos obtienen ingresos.

En el subgrupo *(63) Tributos*, se incluyen aquellas cuentas que recogen, fundamentalmente, los gastos que en concepto de impuestos soporta la empresa.

La cuenta *(630) Impuesto sobre beneficios* recoge el impuesto que grava el beneficio obtenido por las sociedades.

Las empresas deben realizar pagos *a cuenta* de los beneficios del ejercicio antes de finalizar este. Las cantidades entregadas a cuenta durante el año se recogerán en la cuenta *(473) Hacienda Pública, retenciones y pagos a cuenta.*

(473) Hacienda Pública, retenciones y pagos a cuenta	a	(572) Bancos, c/c

Cuando se trata de sociedades, las cantidades entregadas a cuenta se compensarán cuando se determine el resultado final.

(630) Impuesto sobre beneficios	a	(473) Hacienda Pública, retenciones y pagos a cuenta (4752) Hacienda Pública, acreedora por impuesto sobre sociedades

O bien, si los pagos a cuenta hubiesen sido mayores que la cantidad total a pagar:

(630) Impuesto sobre beneficios (4709) Hacienda Pública, deudora por devolución de impuestos	a	(473) Hacienda Pública, retenciones y pagos a cuenta

Ejemplo 7.22

La empresa «ABC, SA» realiza un pago de 8.300 €, a cuenta del impuesto sobre sociedades, a través de banco.

8.300	(473) Hacienda Pública, retenciones y pagos a cuenta	a	(572) Bancos, c/c	8.300

Ejemplo 7.23

La empresa «ABC, SA» cobra a través de banco la renta de unas acciones que posee. Importe bruto: 3.000 €. Retención: 19 %.

570	(473) Hacienda Pública, retenciones y pagos a cuenta			
2.430	(572) Bancos, c/c	a	(760) Ingresos de participaciones en instrumentos de patrimonio	3.000

Ejemplo 7.24

Al final del ejercicio el total del impuesto sobre sociedades devengado por la empresa «ABC, SA» es de 23.200 €.

23.200	(630) Impuesto sobre beneficios	a	(473) Hacienda Pública, retenciones y pagos a cuenta [8.300 + 570]	8.870
			(4752) Hacienda Pública, acreedora por impuesto sobre sociedades	14.330

Ejemplo 7.25

La empresa «O» paga 740 € por el impuesto sobre bienes inmuebles (IBI) y 143 € por el impuesto municipal de circulación de vehículos. Pagos realizados por banco.

883	(631) Otros tributos (740 + 143)	a	(572) Bancos, c/c	883

Ejemplo 7.26

Posteriormente la empresa «O» se da cuenta de que ha cometido un error en la liquidación del IBI, ingresando 270 € de más, y solicita la devolución.

270	(4709) Hacienda Pública, deudora por devolución de impuestos	a	(636) Devolución de impuestos	270

La cuenta *(636) Devolución de impuestos* tendrá saldo acreedor, es decir, funcionará como ingreso para compensar el exceso de gasto que se contabilizó anteriormente en la cuenta *(631)*.

7.1.4. Gastos de personal

El subgrupo *(64) Gastos de personal* recoge las retribuciones al personal, cualquiera que sea la forma o el concepto por el que se satisfacen; cuotas de la Seguridad Social a cargo de la empresa y los demás gastos de carácter social.

Hay que destacar que las cuentas de este subgrupo recogen los gastos del personal que forma parte de la plantilla de la empresa.

Los gastos originados por personas que no formen parte de la plantilla de la empresa se recogerán en cuentas del subgrupo *(62)*.

Para la empresa los gastos de personal están compuestos, principalmente, por el sueldo bruto asignado a los trabajadores más la cuota que la empresa tiene que aportar a la Seguridad Social por tenerlos contratados.

Los trabajadores, por su parte, tendrán que pagar:

- La cuota del trabajador a la Seguridad Social.
- Los pagos a cuenta del IRPF.

La empresa pagará al trabajador su sueldo bruto menos:

- La cuota del trabajador a la Seguridad Social, que le retiene para ingresar en este organismo.
- Los pagos a cuenta del IRPF, que le retiene para ingresar en Hacienda.

Posteriormente la empresa ingresará:

- En los organismos de la Seguridad Social (durante el mes siguiente): la cuota de la empresa + la cuota del trabajador.
- En Hacienda (trimestralmente): la retención a cuenta del IRPF que le ha practicado al trabajador.

Por tanto, a final de mes, la empresa solo pagará al trabajador el neto (sueldo bruto – cuota del trabajador a la SS – retenciones de IRPF). Las cuotas de la Seguridad Social se abonarán en la cuenta *(476) Organismos de la Seguridad Social, acreedores* y la retención en la cuenta *(4751) Hacienda Pública, acreedor por retenciones practicadas.*

Ejemplo 7.27

Contabiliza el pago, a través de banco, de la nómina de un mes de un trabajador con los siguientes datos:

- Sueldo bruto: 1.500 €.
- Cuota de la empresa a la Seguridad Social: 30 %.
- Aportaciones del trabajador a la Seguridad Social: 6 %.
- Retención a cuenta del IRPF: 16 %.

La empresa le descuenta también al trabajador un anticipo de 200 € que le había concedido.

(continúa)

(continuación)

1.500	(640) Sueldos y salarios			
450	(642) Seguridad Social a cargo de la empresa [30 % s/1.500]	a	(476) Org. de la SS, acreed. (30 % + 6 %) s/1.500	540
		a	(4751) Hacienda Pública, acreedora por retenciones practicadas [16 % s/1.500]	240
		a	(460) Anticipos de remuneraciones	200
		a	(572) Bancos, c/c	970

Pago al trabajador:

Sueldo:	1.500
SS (6 %):	– 90
Ret. IRPF (16 %):	– 240
Anticipo:	– 200
	970

Ejemplo 7.28

La empresa «P» ofrece la jubilación anticipada a un trabajador pagándole 20.000 € en efectivo. También despide a otro trabajador al que indemniza con 50.000 € entregando cheque.

70.000	(641) Indemnizaciones	a	(570) Caja, euros	20.000
		a	(572) Bancos, c/c	50.000

Ejemplo 7.29

La sociedad «P» constituye un plan de pensiones de aportación definida para sus empleados con el Banco de Sabadell, aportando 6.000 € en efectivo.

6.000	(643) Retribuciones a largo plazo mediante sistemas de aportación definida	a	(570) Caja, euros	6.000

Ejemplo 7.30

La sociedad «Q» satisface el importe de la contribución anual a un sistema de prestación definida: 7.000 €.

7.000	(644) Retribuciones a largo plazo mediante sistemas de prestación definida	a	(570) Caja, euros	7.000

Ejemplo 7.31

La empresa «Q» ha pagado, a través de banco, 340 € en concepto de becas de estudio a los trabajadores y 1.100 € a una compañía de seguros por la prima anual del seguro de accidentes que tiene contratado para los trabajadores.

1.440	(649) Otros gastos sociales	a	(572) Bancos, c/c	1.440

7.1.5. Otros gastos de gestión

Las cuentas del subgrupo *(65)* recogen los gastos no comprendidos en otros subgrupos siempre que no tengan carácter extraordinario.

Ejemplo 7.32

Un cliente que debe a la empresa 600 € es declarado en quiebra y la empresa considera irrecuperable el crédito.

600	(650) Pérdidas de créditos comerciales incobrables	a	(430) Clientes	600

Ejemplo 7.33

Un taller compra diversas herramientas por importe de 750 €. Paga con cheque.

750	(214) Utillaje	a	(572) Bancos, c/c	750

Ejemplo 7.34

Al final del ejercicio, al hacer el recuento físico, el taller anterior descubre que se han deteriorado herramientas por valor de 100 €.

100	(659) Otras pérdidas en gestión corriente	a	(214) Utillaje	100

7.1.6. Gastos financieros

El subgrupo *(66)* recoge los gastos por intereses (de obligaciones, bonos, préstamos) y las pérdidas de carácter financiero.

Ejemplo 7.35

La empresa tiene contabilizada una provisión para responsabilidades. Al final del ejercicio debe hacer una actualización financiera de la provisión por importe de 800 €.

800	(660) Gastos financieros por actualización de provisiones	a	(142) Provisión para otras responsabilidades	800

Ejemplo 7.36

La empresa «R» paga a través de banco el cupón semestral de un empréstito por importe de 12.300 €. Retención: 19 %.

12.300	(661) Intereses de obligaciones y bonos	a	(4751) Hacienda Pública, acreedora por retenciones practicadas [19 % s/12.300]	2.337
			(572) Bancos, c/c	9.963

Ejemplo 7.37

La empresa «S» paga a través de banco los intereses anuales de un préstamo de 100.000 € concedido por un banco, a 5 años. Tipo de interés anual: 8 %.

8.000	(662) Intereses de deudas [100.000 × 0,08]	a	(572) Bancos, c/c	8.000

Ejemplo 7.38

La empresa «T» tiene unas acciones en la cartera de negociación que adquirió en 15.000 €. Al final del ejercicio su cotización es de 14.500 €.

500	(663) Pérdidas por valoración de instrumentos financieros por su valor razonable	a	(540) Inversiones financieras a corto plazo en instrumentos de patrimonio	500

Ejemplo 7.39

La empresa «U» descuenta en un banco una letra de 3.000 €, con vencimiento a 30 días. Descuento: 20 €. Otros gastos: 8 €.

20	(665) Intereses por descuento de efectos y operaciones de «factoring»			
8	(626) Servicios bancarios y similares			
2.972	(572) Bancos, c/c	a	(5208) Deudas por efectos descontados	3.000
3.000	(4311) Efectos comerciales descontados	a	(4310) Efectos comerciales en cartera	3.000

Ejemplo 7.40

La empresa «V» vende en 6.840 € unas obligaciones que había adquirido como inversión transitoria y cuyo valor en libros es de 7.000 €. Operación realizada por banco.

6.840	(572) Bancos, c/c			
160	(666) Pérdidas en participaciones y valores representativos de deuda	a	(541) Valores representativos de deuda a corto plazo	7.000

Ejemplo 7.41

La empresa «W» concede un préstamo de 4.000 € a otra empresa, a 18 meses. Operación realizada por banco.

4.000	(252) Créditos a largo plazo	a	(572) Bancos, c/c	4.000

Ejemplo 7.42

Transcurridos los 18 meses, la empresa «W» no logra cobrar el crédito anterior y lo da por perdido.

4.000	(667) Pérdidas de créditos no comerciales	a	(252) Créditos a largo plazo	4.000

Ejemplo 7.43

La empresa «X» realiza una venta de mercaderías cobrando 1.000 dólares. Cambio del dólar: 0,75 €.

750	(571) Caja, moneda extranjera	a	(700) Ventas de mercaderías	750

Ejemplo 7.44

Al final del ejercicio la empresa «X» sigue teniendo los 1.000 dólares. En este momento el cambio del dólar es de 0,72 €.

30	(668) Diferencias negativas de cambio	a	(571) Caja, moneda extranjera	30

Ejemplo 7.45

La empresa «Y» no ha pagado una letra de cambio de 5.000 € a su vencimiento. Llega a un acuerdo con el proveedor en firmar otra letra de cambio a 30 días. La nueva letra de cambio incluirá 50 € de intereses de demora.

5.000	(401) Proveedores, efectos comerciales a pagar			
50	(669) Otros gastos financieros	a	(401) Proveedores, efectos comerciales a pagar	5.050

El Plan General de Contabilidad establece que la conversión en moneda nacional de la moneda extranjera y otros medios líquidos en poder de la empresa se hará aplicando el tipo de cambio vigente en la fecha de incorporación al patrimonio. Al cierre del ejercicio figurará en el Balance de situación al tipo de cambio vigente en ese momento.

Si como consecuencia de esta valoración resultara una diferencia de cambio negativa o positiva, se cargará (cuenta 668) o abonará (cuenta 768), respectivamente, al resultado del ejercicio.

7.1.7. Pérdidas procedentes de activos no corrientes y gastos excepcionales

Las cuentas del subgrupo *(67)* recogen las pérdidas producidas por la enajenación de inmovilizados intangibles, materiales y financieros a largo plazo con partes vinculadas. También recoge los gastos excepcionales.

Ejemplo 7.46

La empresa «AB» posee una patente, valorada contablemente en 20.000 €, que carece totalmente de valor.

20.000	(670) Pérdidas procedentes del inmovilizado intangible	a	(203) Propiedad industrial	20.000

Ejemplo 7.47

Vendemos en 4.000 €, más 21 % de IVA, un camión que había costado 50.000 € y que estaba amortizado en 43.000 €. Operación realizada por banco.

4.840	(572) Bancos, c/c			
43.000	(281) Amortización acumulada del inmovilizado material			
3.000	(671) Pérdidas procedentes del inmovilizado material	a	(218) Elementos de transporte	50.000
			(477) Hacienda Pública, IVA repercutido	840

Ejemplo 7.48

La sociedad «AC» posee unas acciones, como inversión permanente, de una empresa del mismo grupo financiero, cuyo valor en libros es de 8.000 €. Vende estas acciones en 7.200 €. Cobra por banco.

7.200	(572) Bancos, c/c			
800	(673) Pérdidas procedentes de participaciones a largo plazo en partes vinculadas	a	(240) Participaciones a largo plazo en partes vinculadas	8.000

Ejemplo 7.49

Un incendio destruye parte del mobiliario de la empresa. El mobiliario destruido estaba contabilizado en 6.000 € y tenía una amortización acumulada de 2.000 €.

2.000	(281) Amortización acumulada del inmovilizado material			
4.000	(678) Gastos excepcionales	a	(216) Mobiliario	6.000

Ejemplo 7.50

La empresa «AD» paga una multa fiscal de 6.500 € a través de banco.

6.500	(678) Gastos excepcionales	a	(572) Bancos, c/c	6.500

7.1.8. Dotaciones para amortizaciones

Las cuentas del subgrupo *(68)* recogen las cuotas que la empresa destina, al final del ejercicio, a cubrir la depreciación sufrida por los elementos de inmovilizado.

Ejemplo 7.51

La empresa «AE» tiene una patente contabilizada en 60.000 €. Desea amortizarla en 10 años mediante el sistema de cuotas constantes. Contabiliza la amortización correspondiente al primer año.

6.000	(680) Amortización del inmovilizado intangible [60.000/10]	a	(280) Amortización acumulada del inmovilizado intangible	6.000

Ejemplo 7.52

La empresa «AF» tiene un vehículo que le costó 28.000 €. Estima que durará 5 años y que su valor residual será de 3.000 €. Contabiliza la amortización correspondiente al primer año.

5.000	(681) Amortización del inmovilizado material [(28.000 – 3.000)/5]	a	(281) Amortización acumulada del inmovilizado material	5.000

7.1.9. Pérdidas por deterioro y otras dotaciones

Las cuentas del subgrupo *(69)* recogen las pérdidas reversibles, es decir que se pueden recuperar.

Todas las correcciones valorativas por deterioro se dotan con cargo a cuentas de gastos recogidas en este subgrupo. La contrapartida de estas cuentas estará en el mismo grupo que el elemento de activo cuyo deterioro se trata de contabilizar.

Ejemplo 7.53

La empresa «AG» posee una propiedad industrial valorada en 50.000 €. Al final del ejercicio estima que ha sufrido una pérdida de valor, con carácter reversible, de 20.000 €.

20.000	(690) Pérdidas por deterioro del inmovilizado intangible	a	(290) Deterioro de valor del inmovilizado intangible	20.000

Ejemplo 7.54

La empresa «AH» tiene unos terrenos contabilizados en 200.000 €. Al final del ejercicio estima que los terrenos han perdido temporalmente valor. Su valor actual se estima en 150.000 €.

50.000	(691) Pérdidas por deterioro del inmovilizado material	a	(291) Deterioro de valor del inmovilizado material	50.000

Ejemplo 7.55

La empresa «AI» tiene, al final del ejercicio, existencias de mercaderías en almacén valoradas en 4.500 €. La empresa estima que su valor neto realizable es de 4.200 €. Considera la pérdida reversible.

300	(693) Pérdidas por deterioro de existencias	a	(390) Deterioro de valor de las mercaderías	300

Ejemplo 7.56

Un deudor que debe a la empresa 2.300 € es declarado en suspensión de pagos.

2.300	(446) Deudores de dudoso cobro	a	(440) Deudores	2.300
2.300	(694) Pérdidas por deterioro de créditos por operaciones comerciales	a	(490) Deterioro de valor de créditos por operaciones comerciales	2.300

Ejemplo 7.57

La empresa «AJ», al cierre del ejercicio, dota provisión para garantía de reparaciones por importe de 14.000 €.

14.000	(695) Dotación a la provisión por operaciones comerciales	a	(499) Provisiones por operaciones comerciales	14.000

Ejemplo 7.58

La empresa «AK» tiene participaciones en empresas del grupo, como inversión permanente, cuyo valor en libros es de 20.000 €. Al final del ejercicio se estima que su importe recuperable es de 18.000 €.

2.000	(696) Pérdidas por deterioro de participaciones y valores representativos de deuda a largo plazo	a	(293) Deterioro de valor de participaciones a largo plazo en partes vinculadas	2.000

Ejemplo 7.59

Contabiliza el ejemplo anterior en el supuesto de que las acciones constituyan una inversión temporal.

2.000	(698) Pérdidas por deterioro de participaciones y valores representativos de deuda a corto plazo	a	(593) Deterioro de valor de participaciones a corto plazo en partes vinculadas	2.000

Ejemplo 7.60

La empresa «AL» también tiene obligaciones de otra empresa valoradas (coste amortizado) en 8.000 € y que piensa mantener hasta el vencimiento (dentro de 6 meses). Al final del ejercicio actual estima que solo podrá recuperar el 60 % de su valor de reembolso (el valor actual de los flujos futuros se estima en 4.500 €).

3.500	(698) Pérdidas por deterioro de participaciones y valores representativos de deuda a corto plazo [8.000 – 4.500]	a	(597) Deterioro de valor de valores representativos de deuda a corto plazo	3.500

Ejemplo 7.61

La empresa «AM» ha concedido un crédito de 60.000 € a la empresa «XC», a 3 años. Dado que la empresa «XC» se encuentra en una situación financiera delicada, la empresa «AM» considera el crédito de difícil recuperación.

60.000	(697) Pérdidas por deterioro de créditos a largo plazo	a	(298) Deterioro de valor de créditos a largo plazo	60.000

Ejemplo 7.62

Contabiliza el ejemplo anterior suponiendo que el crédito es a 12 meses.

60.000	(699) Pérdidas por deterioro de créditos a corto plazo	a	(598) Deterioro de valor de créditos a corto plazo	60.000

7.2. Ingresos

El Plan General de Contabilidad define el grupo *(7) Ventas e ingresos* como la enajenación de bienes y prestaciones de servicios que son objeto del tráfico de la empresa; comprende también otros ingresos, variación de existencias y beneficios del ejercicio.

Las cuentas del grupo 7 son cuentas de gestión y no aparecen en el Balance. Podemos clasificarlas, lo mismo que las del grupo 6, en dos grandes apartados:

Ingresos de la explotación

Son los ingresos que la empresa espera obtener a lo largo de sucesivos ejercicios, por originarse en sus actividades ordinarias. Podemos diferenciar:

- Los ingresos procedentes de la venta de productos y de la prestación de servicios que son objeto de tráfico de la empresa, así como la variación de existencias de productos en curso, productos terminados, productos semiterminados, subproductos y residuos.
- Otros ingresos de la explotación, tales como los trabajos realizados por la empresa para su inmovilizado, subvenciones, donaciones y legados y otros ingresos de gestión.

Los ingresos de explotación estarán formados, fundamentalmente, por las cuentas incluidas en los siguientes subgrupos:

- *(70) Ventas de mercaderías, de producción propia, de servicios, etc.*
- *(71) Variación de existencias.*
- *(73) Trabajos realizados para la empresa.*
- *(74) Subvenciones, donaciones y legados.*
- *(75) Otros ingresos de gestión.*

- *Algunas reversiones del deterioro y excesos de provisiones: (790)-(791)-(792)-(793)-(794)-(795).*
- *Beneficios procedentes de activos no corrientes e ingresos excepcionales: (770)-(771)-(772)-(778).*

Ingresos financieros

Se incluyen aquí las rentas financieras provenientes de las inversiones financieras en general.

Los ingresos financieros estarán formados por las cuentas incluidas en el subgrupo

- *(76) Ingresos financieros.*
- *Algunas reversiones del deterioro: (796)-(797)-(798)-(799).*
- *Beneficios procedentes de activos no corrientes e ingresos excepcionales: (773)-(775).*

En general, todas las cuentas del grupo 7 tienen saldo acreedor y se cargarán, al cierre del ejercicio, con abono a la cuenta *(129) Resultado del ejercicio*. También aquí hay algunas excepciones:

- *(706) Descuentos sobre ventas por pronto pago,* que tiene saldo deudor.
- *(708) Devoluciones de ventas y operaciones similares*, que tiene saldo deudor.
- *(709) «Rappels» sobre ventas*, que tiene saldo deudor.
- Las del subgrupo *(71) Variación de existencias*, que pueden tener saldo deudor o acreedor.

No debemos confundir **ingreso** con **cobro**. Ingreso es un concepto económico que significa un aumento del patrimonio neto. Cobro es un incremento de tesorería que puede producirse por muchos motivos (por ejemplo, cuando la empresa vende mobiliario al contado hay un cobro, pero no un ingreso).

7.2.1. Ventas y variación de existencias

El subgrupo *(70) Ventas de mercaderías*, de producción propia, de servicios, etc., ya lo hemos estudiado en la Unidad 2 (véase apartado 2.5.2). Con respecto a este subgrupo recordemos que:

- Las ventas se contabilizarán sin incluir los impuestos que gravan estas operaciones. Los gastos inherentes a las mismas, incluidos los transportes a cargo de la empresa, se contabilizarán en cuentas del grupo 6.
- Descuentos en factura: suponen un menor importe de la venta.
- Descuentos fuera de factura:
  - — Por pronto pago, se cargarán en la cuenta *(706) Descuentos sobre ventas por pronto pago.*
  - — Por defectos de calidad, incumplimientos en los plazos de entrega o causas análogas se cargarán en la cuenta *(708) Devoluciones de ventas y operaciones similares.*
  - — Por haber alcanzado un determinado volumen de pedidos se cargarán en la cuenta *(709) «Rappels» sobre ventas.*

Los puntos anteriores son de aplicación en la contabilización de ingresos por servicios.

Las cuentas *(706)*, *(708)* y *(709)* tendrán saldo deudor y se abonarán, al final del ejercicio, con cargo a la cuenta *(129) Resultado del ejercicio*.

La cuenta *(705) Prestaciones de servicios* recoge el importe de los servicios prestados por la empresa cuando su actividad fundamental esté constituida por la prestación de tales servicios. Si los servicios se prestan con carácter eventual, o no son el objeto del tráfico de la empresa, se contabilizarán en cuentas del subgrupo *(75) Otros ingresos de gestión*.

Las cuentas del subgrupo 70, si la operación no se hace al contado, tendrán como contrapartida cuentas del subgrupo 43.

Las cuentas del subgrupo *(71) Variación de existencias*, que también se han visto en la Unidad 2 (véase apartado 2.6), se cargan por el importe de las existencias iniciales y se abonan por el de las existencias finales. Dependiendo de su saldo se abonarán (si el saldo es deudor) o cargarán (si el saldo es acreedor) con cargo o abono, respectivamente, a la cuenta *(129) Resultado del ejercicio*.

Ejemplo 7.63

La empresa «BA» vende mercaderías al contado por importe de 7.000 €. En la factura figura un descuento por pronto pago del 5 %. IVA: 21 %.

Los gastos de transporte, pagados por la empresa «A» en efectivo, han ascendido a 200 €, más 21 % de IVA.

La empresa «A» carga en factura al cliente los gastos de transporte.

200	(624) Transportes			
42	(472) Hacienda Pública, IVA soportado	a	(570) Caja, euros	242
8.288,50	(570) Caja, euros	a	(700) Ventas de mercaderías [7.000 – 5 % s/7.000]	6.650
		a	(759) Ingresos por servicios diversos	200
		a	(477) Hacienda Pública, IVA repercutido [21 % s/(7.000 – 350 + 200)]	1.438,50

Ejemplo 7.64

La empresa «BB» vende mercaderías a crédito por 7.000 €. En la factura figura un descuento por defectos de calidad del 5 %. IVA: 21 %. Paga al contado los gastos de transporte, que ascienden a 200, más 21 % de IVA.

8.046,50	(430) Clientes	a	(700) Ventas de mercaderías [7.000 × 0,95]	6.650
			(477) Hacienda Pública, IVA repercutido [21 % s/6.650]	1.396,50
200	(624) Transportes			
42	(472) Hacienda Pública, IVA soportado	a	(570) Caja, euros	242

Ejemplo 7.65

La empresa «BC» vende mercaderías a crédito por 50.000 €, más 21 % de IVA.

60.500	(430) Clientes	a	(700) Ventas de mercaderías	50.000
			(477) Hacienda Pública, IVA repercutido	10.500

Ejemplo 7.66

Las mercaderías llegan con retraso y la empresa «BC» concede al cliente un descuento del 10 %.

5.000	(708) Devoluciones de ventas y operaciones similares			
1.050	(477) Hacienda Pública, IVA repercutido	a	(430) Clientes	6.050

Ejemplo 7.67

Más adelante la empresa «BC» concede al cliente un descuento de 1.000 € por volumen de pedido.

1.000	(709) «Rappels» sobre ventas			
210	(477) Hacienda Pública, IVA repercutido	a	(430) Clientes	1.210

Ejemplo 7.68

La empresa «BC» ofrece al cliente un descuento por pronto pago del 3 % si le abona inmediatamente lo que le debe (véase Ejemplos 7.65, 7.66 y 7.67). El cliente acepta y le envía transferencia bancaria por el importe resultante.

1.320	(706) Descuentos sobre ventas por pronto pago [(53.240 × 0,03)/1,21]			
277,20	(477) Hacienda Pública, IVA repercutido [21 % s/1.320]			
51.642,80	(572) Bancos, c/c	a	(430) Clientes [60.500 – 6.050 – 1.210]	53.240

Ejemplo 7.69

La empresa «BD» vende mercaderías a un minorista de alimentación por importe de 1.200 €, más 4 % de IVA y 0,5 % de recargo de equivalencia.

1.254	(430) Clientes	a	(700) Ventas de mercaderías	1.200
			(477) Hacienda Pública, IVA repercutido [4,5 % s/1.200]	54

Ejemplo 7.70

La empresa «BE», que se dedica a prestar servicios de asesoría, envía factura de 2.300 €, más 21 % de IVA, a un cliente por un servicio prestado.

2.783	(430) Clientes	a	(705) Prestaciones de servicios	2.300
			(477) Hacienda Pública, IVA repercutido	483

Ejemplo 7.71

La empresa «BF», que se dedica a la compraventa de mercaderías, presta de forma eventual un servicio de asesoría a otra empresa y factura por este concepto 2.000 €, más 21 % de IVA.

2.420	(440) Deudores	a	(759) Ingresos por servicios diversos	2.000
			(477) Hacienda Pública, IVA repercutido	420

7.2.2. Trabajos realizados para la empresa

Las cuentas del subgrupo *(73)* constituyen la contrapartida de los gastos realizados por la empresa para su inmovilizado, utilizando sus equipos y su personal, que se activan. También se contabilizarán en este subgrupo los realizados, mediante encargo, por otras empresas con finalidad de investigación y desarrollo.

Ejemplo 7.72

La empresa «BG» encarga a un laboratorio la investigación para la obtención de una patente. Paga por banco 20.000 €.

20.000	(620) Gastos en investigación y desarrollo del ejercicio	a	(572) Bancos, c/c	20.000

Ejemplo 7.73

Al final del ejercicio la empresa «BG» tiene razones para suponer que la investigación del ejemplo anterior concluirá con éxito y activa dichos gastos.

20.000	(200) Investigación	a	(730) Trabajos realizados para el inmovilizado intangible	20.000

Ejemplo 7.74

La empresa «BH» compra un solar urbano en 50.000 €, más 21 % de IVA, que deja a deber a 6 meses.

50.000	(210) Terrenos y bienes naturales			
10.500	(472) Hacienda Pública, IVA soportado	a	(523) Proveedores de inmovilizado a corto plazo	60.500

Ejemplo 7.75

La empresa «BH» realiza obras de acondicionamiento del solar anterior que le han ocasionado los siguientes gastos, pagados por banco:

- Sueldos: 2.000 €.
- Materiales: 1.500 €.

2.000	(640) Sueldos y salarios			
1.500	(602) Compras de otros aprovisionamientos	a	(572) Bancos, c/c	3.500
3.500	(210) Terrenos y bienes naturales	a	(731) Trabajos realizados para el inmovilizado material	3.500

Ejemplo 7.76

La empresa «BH» comienza la construcción, con sus propios medios, de un edificio en el solar del punto anterior. Ha pagado por banco los siguientes gastos:

- Salarios: 8.500 €.
- Suministros: 900 €.
- Materiales: 4.800 €.

8.500	(640) Sueldos y salarios			
900	(628) Suministros			
4.800	(602) Compras de otros aprovisionamientos	a	(572) Bancos, c/c	14.200
14.200	(231) Construcciones en curso	a	(733) Trabajos realizados para el inmovilizado material en curso	14.200

7.2.3. Subvenciones, donaciones y legados

El subgrupo *(74)* recoge los importes que deben ser imputados al resultado del ejercicio por subvenciones, donaciones y legados.

Ejemplo 7.77

Una comunidad autónoma concede una subvención de 30.000 € a la empresa «BK» con el fin de asegurarle una rentabilidad mínima.

30.000	(4708) Hacienda Pública, deudora por subvenciones concedidas	a	(740) Subvenciones, donaciones y legados a la explotación	30.000

Ejemplo 7.78

La empresa «BL» recibe una subvención de 30.000 € para la compra de una máquina. La empresa adquiere la máquina, que amortizará en tres años. Contabiliza las operaciones del primer año.

30.000	(572) Bancos, c/c	a	(940) Ingresos de subvenciones oficiales de capital	30.000
30.000	(213) Maquinaria	a	(572) Bancos, c/c	30.000
10.000	(681) Amortización del inmovilizado material	a	(281) Amortización acumulada del inmovilizado material	10.000
10.000	(840) Transferencia de subvenciones oficiales de capital	a	(746) Subvenciones, donaciones y legados de capital transferidos al resultado del ejercicio	10.000
	31-12			
30.000	(940) Ingresos de subvenciones oficiales de capital	a	(130) Subvenciones oficiales de capital	30.000
10.000	(130) Subvenciones oficiales de capital	a	(840) Transferencia de subvenciones oficiales de capital	10.000

7.2.4. Otros ingresos de gestión

El subgrupo *(75)* recogerá los ingresos no comprendidos en otros subgrupos.

Ejemplo 7.79

La empresa «BM» posee un local que no necesita y lo alquila a otra empresa. Factura por el alquiler de este mes 1.200 €, más 21 % de IVA.

1.452	(440) Deudores	a	(752) Ingresos por arrendamientos	1.200
			(477) Hacienda Pública, IVA repercutido	252

Ejemplo 7.80

La sociedad «BN» cede temporalmente a otra empresa una patente de su propiedad, facturándole 4.300 €, más 21 % de IVA.

5.203	(440) Deudores	a	(753) Ingresos de propiedad industrial cedida en explotación	4.300
			(477) Hacienda Pública, IVA repercutido	903

Ejemplo 7.81

La empresa «BÑ», que se dedica a la fabricación y venta del producto «P», cobra a través de banco 701,80 € (incluido el 21 % de IVA) por comisiones de ventas.

701,80	(572) Bancos, c/c	a	(754) Ingresos por comisiones [701,80/1,21]	580
			(477) Hacienda Pública, IVA repercutido	121,80

Ejemplo 7.82

La empresa «BO» cobra a sus empleados 700 € en efectivo por el servicio de comedor.

700	(570) Caja, euros	a	(755) Ingresos por servicios al personal	700

Ejemplo 7.83

La empresa «BP», que se dedica a la compraventa de mercaderías, presta eventualmente un servicio de transporte a una empresa vecina y le pasa factura por importe de 400 €, más 21 % de IVA.

484	(440) Deudores	a	(759) Ingresos por servicios diversos	400
			(477) Hacienda Pública, IVA repercutido	84

7.2.5. Ingresos financieros

El subgrupo *(76)* recoge los intereses y rentas devengados a favor de la empresa por inversiones realizadas por la misma que tengan carácter financiero.

Ejemplo 7.84

La empresa «BQ» posee 1.000 acciones de la empresa «AB, SA», la cual anuncia un reparto de dividendos de 0,60 € brutos por acción.

600	(545) Dividendo a cobrar	a	(760) Ingresos de participaciones en instrumentos de patrimonio [0,60 × 1.000]	600

Ejemplo 7.85

La empresa «BQ» cobra a través de banco el dividendo anterior. Retención: 19 %.

114	(473) Hacienda Pública, retenciones y pagos a cuenta			
486	(572) Bancos, c/c	a	(545) Dividendo a cobrar	600

Ejemplo 7.86

La empresa «BR» posee fondos públicos como inversión a largo plazo. Cobra a través de banco el cupón semestral que asciende a 700 €. Retención: 19 %.

133	(473) Hacienda Pública, retenciones y pagos a cuenta			
567	(572) Bancos, c/c	a	(761) Ingresos de valores representativos de deuda	700

Ejemplo 7.87

La empresa «BS» ha concedido un préstamo a 3 años a otra empresa. Cobra por banco los intereses correspondientes a un año, por importe de 1.200 €. Retención: 19 %.

228	(473) Hacienda Pública, retenciones y pagos a cuenta			
972	(572) Bancos, c/c	a	(762) Ingresos de créditos	1.200

Ejemplo 7.88

La empresa «BT» tiene unas acciones en la cartera de negociación que adquirió en 15.000 €. Al final del ejercicio su cotización es de 16.300 €.

1.300	(540) Inversiones financieras a corto plazo en instrumentos de patrimonio	a	(763) Beneficios por valoración de instrumentos financieros por su valor razonable	1.300

Ejemplo 7.89

La empresa «BU» vende en 7.900 € unas obligaciones que había adquirido como inversión transitoria y cuyo valor en libros es de 7.000 €. Operación realizada por banco.

7.900	(572) Bancos, c/c	a	(541) Valores representativos de deuda a corto plazo	7.000
			(766) Beneficios en participaciones y valores representativos de deuda	900

Ejemplo 7.90

La empresa «BV» cobra a un cliente norteamericano que le debe 1.000 dólares. Cambio del dólar, 0,78 €.

780	(571) Caja, moneda extranjera	a	(430) Clientes	780

Ejemplo 7.91

Al final del ejercicio la empresa «BV» sigue teniendo los 1.000 dólares. En este momento el cambio del dólar es de 0,82 €.

40	(571) Caja, moneda extranjera [820–780]	a	(768) Diferencias positivas de cambio	40

Ejemplo 7.92

El banco abona en la cuenta de la empresa 30 € correspondientes a los intereses anuales de la cuenta corriente. Retención: 19 %.

5,7	(473) Hacienda Pública, retenciones y pagos a cuenta			
24,3	(572) Bancos, c/c	a	(769) Otros ingresos financieros	30

7.2.6. Beneficios procedentes de activos no corrientes e ingresos excepcionales

Las cuentas del subgrupo *(77)* recogen los beneficios producidos en la enajenación de inmovilizados intangibles, materiales y financieros a largo plazo con partes vinculadas. También recoge los ingresos excepcionales.

Ejemplo 7.93

La empresa «CA» vende en 8.000 €, más 21 % de IVA, una patente contabilizada en 50.000 € y con amortización acumulada de 45.000 €. Operación realizada por banco.

45.000	(280) Amortización acumulada del inmovilizado intangible			
9.680	(572) Bancos, c/c	a	(203) Propiedad industrial	50.000
		a	(477) Hacienda Pública, IVA repercutido [21 % s/8.000]	1.680
		a	(770) Beneficios procedentes del inmovilizado intangible	3.000

Ejemplo 7.94

La empresa «CB» vende en 50.000 €, más 21 % de IVA, un terreno que tenía contabilizado en 60.000 €. La empresa había contabilizado una pérdida por deterioro de 14.000 € para cubrir la posible pérdida de valor del terreno. La empresa cobrará el importe de la venta en 9 meses.

14.000	(291) Deterioro de valor del inmovilizado material			
60.500	(543) Créditos a corto plazo por enajenación de inmovilizado	a	(210) Terrenos y bienes naturales	60.000
		a	(477) Hacienda Pública, IVA repercutido [21 % s/50.000]	10.500
		a	(771) Beneficios procedentes del inmovilizado material	4.000

Ejemplo 7.95

La sociedad «CC» posee unas acciones, como inversión permanente, de una empresa del mismo grupo financiero, cuyo valor en libros es de 8.000 €. Vende estas acciones en 10.000 €. Cobra por banco.

10.000	(572) Bancos, c/c	a	(240) Participaciones a largo plazo en partes vinculadas	8.000
		a	(773) Beneficios procedentes de participaciones a largo plazo en partes vinculadas	2.000

Ejemplo 7.96

La empresa «CD» considera irrecuperable un crédito sobre un cliente que le debe 3.000 €.

3.000	(650) Pérdidas de créditos comerciales incobrables	a	(430) Clientes	3.000

Ejemplo 7.97

En el ejercicio económico siguiente el cliente del ejemplo anterior envía transferencia bancaria a la cuenta corriente de la empresa por importe de 2.000.

2.000	(572) Bancos, c/c	a	(778) Ingresos excepcionales	2.000

7.2.7. Reversión del deterioro y exceso de provisiones

El subgrupo *(79)* recoge la reversión del deterioro y los excesos de las pérdidas reversibles.

Las cuentas de reversión del deterioro nos permiten eliminar la parte del deterioro de valor que sobra (que se dotó en exceso), porque la cuenta de activo para la que se contabilizó el deterioro ha recuperado su valor o porque la pérdida ha sido de menor cuantía de la que suponíamos cuando se contabilizó el deterioro.

Ejemplo 7.98

La sociedad «CE» tiene contabilizado un deterioro de valor para su propiedad industrial por importe de 15.000 €. Considera que han desaparecido las causas que motivaron su dotación.

15.000	(290) Deterioro de valor del inmovilizado intangible	a	(790) Reversión del deterioro del inmovilizado intangible	15.000

Ejemplo 7.99

La sociedad «CF» tiene unos terrenos contabilizados en 250.000 € y para los que el año pasado ha contabilizado un deterioro de 50.000 €. La empresa considera que dichos terrenos han recuperado parte de su valor, siendo este, en la actualidad, de 230.000 €.

30.000	(291) Deterioro de valor del inmovilizado material	a	(791) Reversión del deterioro del inmovilizado material	30.000

Ejemplo 7.100

El día 1-01-X2 el saldo deudor de la cuenta *(300) Mercaderías* es de 3.000 € y el saldo acreedor de la cuenta *(390) Deterioro de valor de mercaderías,* de 200 €.

El día 31-12-X2 las existencias de mercaderías en almacén se valoran, a precio de adquisición, en 7.500 €. La empresa estima que su valor neto realizable es de 7.000 €. La empresa considera esta pérdida reversible.

Realiza los asientos de variación de existencias y los relativos al deterioro de valor.

3.000	(610) Variación de existencias de mercaderías	a	(300) Mercaderías	3.000
	[Por la baja de las existencias iniciales]			
7.500	(300) Mercaderías	a	(610) Variación de existencias de mercaderías	7.500
	[Alta de las existencias finales]			
200	(390) Deterioro de valor de las mercaderías	a	(793) Reversión del deterioro de existencias	200
	[Eliminación de la pérdida por deterioro dotada al final del año X1]			
500	(693) Pérdidas por deterioro de existencias	a	(390) Deterioro de valor de las mercaderías	500
	[Contabilización del deterioro de mercaderías de este año]			

Ejemplo 7.101

La empresa «CG» considera de difícil cobro el crédito sobre un cliente que le debe 3.200 € y contabiliza el deterioro correspondiente.

3.200	(436) Clientes de dudoso cobro	a	(430) Clientes	3.200
3.200	(694) Pérdidas por deterioro de créditos por operaciones comerciales	a	(490) Deterioro de valor de créditos por operaciones comerciales	3.200

Ejemplo 7.102

Durante el ejercicio económico siguiente la empresa «CG» logra cobrar 1.200 € en efectivo al cliente dudoso y considera irrecuperable el resto.

1.200	(570) Caja, euros			
2.000	(650) Pérdidas de créditos comerciales incobrables	a	(436) Clientes de dudoso cobro	3.200
3.200	(490) Deterioro de valor de créditos por operaciones comerciales	a	(794) Reversión del deterioro de créditos por operaciones comerciales	3.200

Ejemplo 7.103

El día 31-12-X2 la empresa «CH» dota provisión para posibles devoluciones de ventas por importe de 6.000 €. Por el mismo concepto dotó, al final del ejercicio anterior, 8.000 €.

8.000	(499) Provisiones por operaciones comerciales	a	(7954) Exceso de provisión por operaciones comerciales	8.000
	[Eliminación de la provisión dotada el año anterior]			
6.000	(695) Dotación a la provisión por operaciones comerciales	a	(499) Provisiones por operaciones comerciales	6.000
	[Dotación de la nueva provisión]			

Ejemplo 7.104

La empresa «CJ» tiene constituida una provisión para responsabilidades por importe de 9.000 €. Al final del ejercicio, el valor actualizado del importe que la empresa tendrá que pagar es de 8.500 €.

500	(142) Provisión para otras responsabilidades	a	(7952) Exceso de provisión para otras responsabilidades	500

Ejemplo 7.105

La empresa «CK» tiene acciones en empresas del grupo, como inversión permanente, cuyo valor en libros es de 20.000 €. Al final del ejercicio se estima que su importe recuperable es de 18.000 €.

2.000	(696) Pérdidas por deterioro de participaciones y valores representativos de deuda a largo plazo	a	(293) Deterioro de valor de participaciones a largo plazo en partes vinculadas	2.000

Ejemplo 7.106

Al final del ejercicio siguiente la empresa «CK» estima que el importe recuperable de las acciones a que hace referencia el ejemplo anterior es de 19.500 €.

1.500	(293) Deterioro de valor de participaciones a largo plazo en partes vinculadas	a	(796) Reversión del deterioro de participaciones y valores representativos de deuda a largo plazo	1.500

Ejemplo 7.107

La empresa «CL» también tiene obligaciones de otra empresa valoradas (coste amortizado) en 8.000 € y que piensa mantener hasta el vencimiento (dentro de 6 meses). La empresa tiene contabilizado un deterioro de 3.500 €. Al final del ejercicio actual el valor actual de los flujos futuros se estima en 5.500 €.

1.000	(597) Deterioro de valor de valores representativos de deuda a corto plazo [(8.000 – 3.500) – 5.500]	a	(798) Reversión del deterioro de participaciones y valores representativos de deuda a corto plazo	1.000

Ejemplo 7.108

La empresa «CM» concede un préstamo de 20.000 € a la empresa «X», con vencimiento dentro de 12 meses. Operación realizada por banco.

20.000	(542) Créditos a corto plazo	a	(572) Bancos, c/c	20.000

Ejemplo 7.109

Transcurridos los 12 meses, la empresa «X» no devuelve el préstamo y la empresa «CM» lo considera de dudoso cobro y contabiliza el deterioro.

20.000	(699) Pérdidas por deterioro de créditos a corto plazo	a	(598) Deterioro de valor de créditos a corto plazo	20.000

Ejemplo 7.110

La empresa «CM» logra cobrar 13.000 € en efectivo a la empresa «X» y considera el resto irrecuperable.

13.000	(570) Caja, euros			
7.000	(598) Deterioro de valor de créditos a corto plazo	a	(542) Créditos a corto plazo	20.000
13.000	(598) Deterioro de valor de créditos a corto plazo	a	(799) Reversión del deterioro de créditos a corto plazo	13.000

Test 7

1. Señala qué afirmaciones son verdaderas (V) y qué afirmaciones son falsas (F).

		V	F
1.1.	Las cuentas del subgrupo (60) tendrán como contrapartida la cuenta *(400) Proveedores*, si no se pagan al contado.	☐	☐
1.2.	Las cuentas del grupo 6 aparecerán en el Balance de situación final.	☐	☐
1.3.	Las cuentas del subgrupo (62) tendrán como contrapartida la cuenta *(400) Proveedores*, si no se pagan al contado.	☐	☐
1.4.	Las cuentas del subgrupo (62) tendrán como contrapartida la cuenta *(410) Acreedores por prestaciones de servicios*, si no se pagan al contado.	☐	☐
1.5.	La cuenta *(626) Servicios bancarios y similares* recogerá los intereses que los bancos cobran a las empresas por el dinero prestado.	☐	☐
1.6.	La cuenta *(624) Transportes* registra los transportes de compra, cuando son por cuenta de la empresa.	☐	☐
1.7.	Las cantidades que los empleados deben pagar a la Seguridad Social se registrarán en la cuenta *(642) Seguridad Social a cargo de la empresa.*	☐	☐
1.8.	Las horas extras se registran en la cuenta *(641) Indemnizaciones.*	☐	☐
1.9.	Las horas extras se registran en la cuenta *(640) Sueldos y salarios.*	☐	☐
1.10.	Los impuestos indirectos que afectan a la empresa se registran en la cuenta *(630) Impuesto sobre beneficios.*	☐	☐
1.11.	Si la empresa concede a un empleado una ayuda para realizar estudios se registrará en la cuenta *(645) Retribuciones al personal mediante instrumentos de patrimonio.*	☐	☐
1.12.	Si la empresa considera imposible el cobro a un cliente, lo registrará en la cuenta *(650) Pérdidas de créditos comerciales incobrables.*	☐	☐
1.13.	Los intereses devengados por los préstamos bancarios concedidos a la empresa se registran en la cuenta *(661) Intereses de obligaciones y bonos.*	☐	☐
1.14.	Las multas se registran en la cuenta *(678) Gastos excepcionales.*	☐	☐
1.15.	Las pérdidas en la venta de un ordenador se registran en la cuenta *(670) Pérdidas procedentes del inmovilizado intangible.*	☐	☐
1.16.	Las pérdidas en la venta de un programa informático se registran en la cuenta *(670) Pérdidas procedentes del inmovilizado intangible.*	☐	☐
1.17.	Las dotaciones para amortizaciones registran pérdidas eventuales de los elementos de activo no corriente.	☐	☐
1.18.	Las dotaciones para amortizaciones registran pérdidas sistemáticas de los elementos de activo no corriente.	☐	☐
1.19.	Las cuentas de *Pérdidas por deterioro* registran pérdidas de valor irreversibles de los elementos de activo.	☐	☐

TEST

1.20. Las cuentas de *Pérdidas por deterioro* registran pérdidas de valor reversibles de los elementos de activo. . . . . ☐ ☐

1.21. Las cuentas del subgrupo (70) tendrán como contrapartida la cuenta *(430) Clientes*, cuando no se cobran al contado. . . . . ☐ ☐

1.22. Las cuentas del grupo 7 no aparecerán en el Balance de situación final. . . . . ☐ ☐

1.23. Las cuentas del subgrupo (75) tendrán como contrapartida la cuenta *(430) Clientes*, si no se cobran al contado. . . . . ☐ ☐

1.24. Las cuentas del subgrupo (75) tendrán como contrapartida la cuenta *(440) Deudores*, si no se cobran al contado. . . . . ☐ ☐

1.25. La cuenta *(740) Subvenciones, donaciones y legados a la explotación* recogerá el importe de las subvenciones en capital concedidas a la empresa. . . . . ☐ ☐

1.26. Para la activación de un programa informático obtenido por la empresa con sus propios medios se utilizará la cuenta *(730) Trabajos realizados para el inmovilizado intangible.* . . ☐ ☐

1.27. Las subvenciones concedidas a la empresa para compensar un déficit de explotación se registrarán en la cuenta *(740) Subvenciones, donaciones y legados a la explotación.* . . ☐ ☐

1.28. Los servicios de transporte repercutidos a los clientes se registrarán en la cuenta *(759) Ingresos por servicios diversos.* . . . . ☐ ☐

1.29. Los dividendos que perciba la empresa se registran en la cuenta *(760) Ingresos de participaciones en instrumentos de patrimonio.* . . . . ☐ ☐

1.30. Los intereses de créditos concedidos por la empresa se registran en la cuenta *(761) Ingresos de valores representativos de deuda.* . . . . ☐ ☐

1.31. El beneficio obtenido en la venta de un programa informático se registra en la cuenta *(771) Beneficios procedentes del inmovilizado material.* . . . . ☐ ☐

1.32. Los intereses de créditos concedidos por la empresa se registran en la cuenta *(762) Ingresos de créditos.* . . . . ☐ ☐

1.33. La cuenta *(773) Beneficios procedentes de participaciones a largo plazo en partes vinculadas* recoge los beneficios obtenidos en la venta de cualquier tipo de acciones. . . . ☐ ☐

1.34. Los beneficios obtenidos en la venta de acciones a largo plazo de empresas del grupo se registran en la cuenta *(773) Beneficios procedentes de participaciones a largo plazo en partes vinculadas.* . . . . ☐ ☐

1.35. Las cuentas de *Reversión del deterioro* registran incrementos en la pérdida de valor de determinados activos. . . . . ☐ ☐

1.36. La recuperación del valor de un activo que tiene contabilizado un deterioro de registrará en las cuentas *(79) Reversión del deterioro.* . . . . ☐ ☐

EJERCICIOS FINALES

Ejercicio 7.1

1. Compra de mercaderías a crédito por 2.500 €, más 21 % de IVA. Paga en efectivo 120 €, más IVA, de gastos de transporte.
2. Paga por banco la deuda anterior.
3. Compra materias primas a crédito por 55.000 €. En la factura figura un descuento comercial del 10 %. IVA: 21 %.
4. La empresa devuelve una partida de la compra anterior valorada en 2.500 €, más IVA, por estar en mal estado.
5. El proveedor concede a la empresa un descuento de 500 €, más IVA, por volumen de pedido.
6. La empresa envía transferencia bancaria al proveedor de los apartados anteriores (puntos 3, 4 y 5) por el importe de su deuda, previa deducción del 3 % (incluido IVA) por pronto pago. El banco carga en cuenta 8 € de gastos de transferencia.
7. La empresa paga con cheque 4.000 €, más 21 % de IVA, por trabajos realizados por otras empresas para su proceso productivo.
8. La sociedad encarga a una Universidad la investigación de un procedimiento de fabricación. La Universidad factura 12.000 €, más 21 % de IVA, por este concepto.
9. Facturan a la empresa 2.300 €, más 21 % de IVA, por el arrendamiento de un local.
10. La empresa ha abonado 2.800 €, más 21 % de IVA, por diversas reparaciones realizadas en sus edificios.
11. Se han abonado 4.300 €, más 21 % de IVA, por el asesoramiento de un equipo de abogados. Retención: 15 %.
12. Paga con cheque los siguientes gastos de transporte:
    - Transportes de compras: 200 €, más 21 % de IVA.
    - Transportes de ventas: 300 €, más 21 % de IVA.
    - Traslado del personal desde su domicilio a la empresa: 750 €, más 10 % de IVA (IVA no deducible).
13. El banco nos carga en la cuenta corriente 250 €, más 21 % de IVA, por la custodia de un paquete de acciones.
14. Abona por banco 870 € por la prima del seguro contra incendios que tiene contratado.
15. Facturan a la empresa 450 €, más 10 % de IVA, por el consumo de agua realizado.
16. Abona el recibo de teléfono, a través de banco, cuyo importe es de 530 €, más 21 % de IVA.
17. La publicidad del periodo ha ascendido a 2.830 €, más 21 % de IVA. Le pasan factura a la empresa por dicho importe.
18. El director de la empresa invita a comer al jefe de almacén a un restaurante y paga 133,75 € (incluido el 10 % de IVA) en efectivo (IVA no deducible).
19. Compra material de oficina para consumir en el ejercicio por importe de 420 €, más 21 % de IVA, que deja a deber.
20. Contabiliza el impuesto sobre beneficios de una empresa suponiendo que la diferencia entre los ingresos y los gastos deducibles del ejercicio es de 35.000 €; la cuenta *(473) Hacienda Pública, retenciones y pagos a cuenta* tiene un saldo deudor de 4.000 € y el tipo impositivo es del 25 %.
21. Paga en efectivo el IBI de un inmueble por importe de 780 €.
22. Posteriormente la empresa descubre un error en la liquidación del impuesto anterior. Dicho error consiste en que ingresó 120 € más de lo que le correspondía. Solicita la devolución.
23. Se abona por banco la nómina del personal de la empresa, según el siguiente detalle:
    - Nómina bruta: 230.000 €.
    - Retenciones del IRPF: 17 %.

EJERCICIOS FINALES

- Seguridad Social, cuota de los trabajadores: 6 %.
- Seguridad Social, cuota de la empresa: 30 %.
- Compensa préstamos a largo plazo concedidos a empleados por importe de 5.000 €.
- Quedan pendientes de pago salarios por importe de 10.000 €.

24. Abona por banco 30.000 € por el despido de un trabajador.
25. Paga por banco 18.000 € por becas de estudio concedidas a sus empleados.
26. Paga 7.500 € correspondientes a la aportación de la empresa a un sistema de aportación definida.
27. La sociedad abona, a través de banco, 5.200 € por los intereses producidos por un préstamo a largo plazo, concedido a la empresa.
28. La sociedad tiene concedido un préstamo a 9 meses que devolverá, junto con los intereses, durante el año próximo. Al final del ejercicio, los intereses de los tres últimos meses ascienden a 360 €.
29. Venta de mercaderías por 8.300 €, más 21 % de IVA. En la factura figura un descuento por pronto pago de 300 €. Cobra al contado 1.280 € y por el resto gira una letra a 30 días.
30. Descuenta la letra anterior en un banco. Descuento: 50 €. Comisión bancaria: 12 €.
31. Compra acciones en bolsa por 9.000 €, como inversión temporal. Los gastos de corretaje han sido del 2,5 ‰ y las comisiones bancarias del mismo importe que el corretaje. Operación realizada por banco. La empresa clasifica estos valores como disponibles para la venta.
32. Venta de las acciones anteriores, a través de banco, por 8.500 €. Corretaje: 2,5 ‰. Comisión bancaria: 2,5 ‰.
33. La sociedad concede un préstamo de 7.000 € a la empresa «C», con vencimiento a los 6 meses. Operación realizada por banco.
34. La empresa «C» es declarada insolvente, por lo que el préstamo se considera definitivamente irrecuperable.
35. Al hacer un arqueo de caja faltan 8,35 €. Hechas las oportunas comprobaciones no se detecta ningún error, por lo que se dan por perdidos.
36. La empresa vende en 65.000 € una patente cuyo precio de adquisición fue de 150.000 € y que estaba amortizada en 70.000 €. Operación realizada por banco.
37. La empresa vende en 600 € un ordenador que le costó 5.000 € y estaba amortizado en 3.500 €. Cobra por banco.
38. Un incendio destruye el almacén de la empresa. Precio de adquisición del almacén: 300.000 €. Amortización acumulada del mismo: 200.000 €. El mobiliario, también destruido, estaba contabilizado en 4.000 € y estaba amortizado en 1.500 €.
39. Una patente, propiedad de la empresa, se ha depreciado en este ejercicio 2.500 €, dotándose la oportuna amortización.
40. Los edificios de la empresa se han depreciado en este ejercicio 7.500 €. Realiza la dotación para amortización correspondiente.
41. Un terreno de la empresa ha sufrido una pérdida de valor de 40.000 €. La sociedad considera esta pérdida como reversible.
42. El día 1-01-X2 la cuenta *(300) Mercaderías* tiene un saldo deudor de 15.000 € y la cuenta *(390) Deterioro de valor de las mercaderías* un saldo acreedor de 700 €. El 31-12-X2 las existencias de mercaderías en almacén, a precio de adquisición, son de 8.000 €; el valor neto realizable se estima en 7.600 €. La empresa considera la pérdida reversible. Realiza también los asientos de variación de existencias.
43. Ha vencido la letra descontada en el punto 30 y el librado no la paga. El banco la devuelve cargando en cuenta el importe de la letra más 60 € de gastos de devolución.

EJERCICIOS FINALES

44. La empresa considera de dudoso cobro el efecto impagado anterior y efectúa la corrección valorativa correspondiente.

45. Compra de acciones en bolsa por 13.000 €, como inversión financiera permanente. Operación realizada por banco. Los títulos pertenecen a una empresa del grupo.

46. Al cierre del ejercicio, el importe recuperable de la anterior cartera es de 11.000 €. La sociedad considera la depreciación de carácter reversible y realiza la correspondiente corrección valorativa.

47. La sociedad concede un préstamo de 10.000 € con vencimiento a 6 meses. Operación realizada por banco.

48. El préstamo anterior es considerado de difícil cobro, y se efectúa corrección valorativa.

Ejercicio 7.2

Explica las operaciones realizadas por la empresa que dieron lugar a los siguientes asientos:

	1			
9.000	(210) Terrenos y bienes naturales			
40.000	(211) Construcciones			
10.290	(472) Hacienda Pública, IVA soportado	a	(572) Bancos, c/c	10.000
		a	(173) Proveedores de inmovilizado a largo plazo	49.290
	2			
8.000	(218) Elementos de transporte			
1.680	(472) Hacienda Pública, IVA soportado	a	(175) Efectos a pagar a largo plazo	9.680
	3			
580	(400) Proveedores	a	(401) Proveedores, efectos comerciales a pagar	580
	4			
2.420	(572) Bancos, c/c	a	(700) Ventas de mercaderías	2.000
		a	(477) Hacienda Pública, IVA repercutido	420
	5			
484	(400) Proveedores	a	(609) «Rappels» por compras	400
		a	(472) Hacienda Pública, IVA soportado	84
	6			
740	(572) Bancos, c/c			
1.000	(650) Pérdidas de créditos comerciales incobrables	a	(430) Clientes	1.740
	7			
4.840	(400) Proveedores	a	(572) Bancos, c/c	4.598
		a	(606) Descuentos sobre compras por pronto pago	200
		a	(472) Hacienda Pública, IVA soportado	42
	8			
6.000	(213) Maquinaria			
1.260	(472) Hacienda Pública, IVA soportado	a	(572) Bancos, c/c	1.000
		a	(523) Proveedores de inmovilizado a corto plazo	2.000
		a	(175) Efectos a pagar a largo plazo	4.260

EJERCICIOS FINALES

	9			
5.000	(281) Amortización acumulada del inmovilizado material			
2.420	(543) Créditos a corto plazo por enajenación de inmovilizado			
1.000	(671) Pérdidas procedentes del inmovilizado material	a	(216) Mobiliario	8.000
		a	(477) Hacienda Pública, IVA repercutido	420
	10			
605	(440) Deudores	a	(752) Ingresos por arrendamientos	500
		a	(477) Hacienda Pública, IVA repercutido	105
	11			
200	(752) Ingresos por arrendamientos	a	(485) Ingresos anticipados	200
	12			
300	(680) Amortizado del inmovilizado intangible	a	(280) Amortización acumulada del inmovilizado intangible	300

Ejercicio 7.3

1. Venta de mercaderías a crédito por 2.500 €, más 21 % de IVA. Pagamos en efectivo 120 €, más IVA, de gastos de transporte.
2. Ventas de embalajes y envases 600 € y 900 €, más 21 % de IVA, respectivamente. Cobra 1.000 € directamente y el resto por banco.
3. La empresa ha facturado 50.000 € por la venta de productos terminados, 3.600 € de subproductos y 1.400 € de residuos. En la factura figura un descuento comercial del 10 %. IVA: 21 %.
4. El cliente devuelve una partida de la venta anterior valorada en 2.500 €, más IVA, por estar en mal estado.
5. La empresa concede al cliente anterior un descuento de 500 €, más IVA, por volumen de pedido.
6. El cliente de los apartados anteriores (puntos 3, 4 y 5) envía transferencia bancaria a la empresa por el importe de su deuda, previa deducción del 3 % (incl. IVA) por pronto pago.
7. La empresa «A», que es una agencia publicitaria, factura por servicios prestados a un cliente 4.800 €, más 21 % de IVA.
8. Las existencias de la empresa, al cierre del ejercicio, son las siguientes:
   - Productos en curso: 12.000 €.
   - Productos terminados: 24.000 €.

   Las existencias al principio del ejercicio eran:
   - Productos en curso: 9.000 €.
   - Productos terminados: 21.000 €.
9. La empresa «B» investiga con sus propios medios la forma de mejorar una etapa de su proceso de producción. Los gastos ocasionados por la investigación, pagados por banco, han sido:
   - Sueldos: 3.500 €.
   - Suministros: 460 €.
   - Material de oficina: 200 €.

EJERCICIOS FINALES

10. Al final del ejercicio la empresa «A» considera que la investigación anterior tendrá éxito y desea activar los gastos que ha ocasionado.

11. La empresa «B» tiene un solar y comienza a edificar en él, con sus propios medios, un almacén. Los gastos ocasionados durante este ejercicio, pagados por banco, han sido:

- Sueldos: 8.000 €.
- Materiales: 15.000 €.
- Suministros: 1.500 €.

12. La comunidad autónoma de Madrid concede a la empresa una subvención de 20.000 € para cubrir su déficit de explotación.

13. La comunidad autónoma ingresa, en una cuenta de ahorro a la vista de la empresa, la subvención anterior.

14. La sociedad factura 2.400 €, más 21 % de IVA, por el alquiler de un almacén propiedad de la empresa.

15. La empresa factura por la cesión de una patente de su propiedad 13.000 €, más 21 % de IVA.

16. La sociedad ha intervenido en una operación comercial. Cobra por banco 2.300 €, más 21 % de IVA, de comisión.

17. La sociedad «C», que se dedica a la compraventa de mercaderías, factura 7.000 €, más 21 % de IVA, por la realización de un informe técnico.

18. Contabilizar el punto anterior en el supuesto de que la actividad fundamental de la empresa «C» estuviese constituida por la realización de informes técnicos.

19. Una empresa vecina nos pide que le realicemos un servicio de transporte y le pasamos factura por importe de 350 €, más 21 % de IVA. Nuestra actividad está constituida por la compraventa de mercaderías.

20. Ingresa 2.700 € en una cuenta corriente bancaria procedentes del economato de la empresa.

21. Compra acciones, para la cartera de negociación, por 14.000 €. Operación realizada por banco.

22. Cobra por banco 1.640 € líquidos correspondientes a la rentabilidad de la anterior cartera de acciones. La retención practicada ha sido del 19 %.

23. La empresa posee 2.000 obligaciones de 6 € nominales, como inversión permanente. Los intereses de dichas obligaciones se cobrarán en abril del próximo año. Los intereses correspondientes a los tres últimos meses de este ejercicio ascienden a 150 €.

24. La empresa concede un préstamo de 30.000 € al 8 % anual, a devolver dentro de 3 años. Operación realizada por banco.

25. Cobra a través de banco los intereses del préstamo anterior, correspondientes a este año. Retención: 19 %.

26. El día 1-09-X2 la empresa concede un préstamo de 7.000 € a devolver dentro de 6 meses. Los intereses correspondientes a este ejercicio, que se cobrarán junto con el principal del crédito, ascienden a 181,90 €. Operación realizada por banco.

27. Contabilizar, al final del año 20X2, los intereses del crédito anterior correspondientes a este ejercicio.

28. Compra mercaderías por 4.500 €. Descuento por pronto pago en factura: 300 €. IVA: 21 %. Paga por banco.

29. Venta de las acciones adquiridas en el punto 21 en 16.000 €. Operación realizada por banco.

30. Descuenta una letra de 2.000 € en un banco. Descuento bancario: 56 €.

31. Al vencimiento de la letra anterior, el librado no la paga. El banco carga en cuenta la letra y 30 € de gastos de devolución.

EJERCICIOS FINALES

32. La empresa envía al librado de la letra anterior un nuevo efecto, por el nominal del impagado y los gastos de devolución ocasionados.
33. Vende una máquina por 12.000 €. Amortización acumulada: 60.000 €. Precio de adquisición: 70.000 €. Operación realizada por banco.
34. La sociedad recibe de la empresa «E» 3.600 € en efectivo, correspondientes a una fianza a 3 meses, como garantía del cumplimiento de una obligación.
35. La empresa «E» incumple la obligación y pierde la fianza.
36. Al final del ejercicio 20X2 la empresa considera que las existencias finales de mercaderías tienen un valor neto realizable 1.200 € inferior a su precio de adquisición y contabiliza el correspondiente deterioro.

    La empresa había registrado deterioro de valor de mercaderías, al final del ejercicio 20X1, por importe de 800 €.
37. La empresa vende mercaderías a crédito por 5.000 €, más 21 % de IVA.
38. La empresa considera al cliente anterior de difícil cobro y registra el deterioro.
39. El cliente anterior abona en efectivo 2.000 € y la empresa considera el resto irrecuperable.
40. Compra 2.000 acciones en bolsa de 6 € nominales, como inversión financiera permanente. Cotización: 9 €/título. Operación abonada por banco. Las acciones pertenecen a una empresa del grupo.
41. Un terreno de la sociedad se ha depreciado en 50.000 €. La sociedad considera la depreciación de carácter reversible, registrando el correspondiente deterioro, al final de ejercicio.
42. Al final del ejercicio económico siguiente la sociedad considera que el terreno ha recuperado su valor anterior.
43. Al cierre del ejercicio se estima que el importe recuperable de las acciones del punto 40 es de 7 €/título.
44. Al cierre del ejercicio siguiente el importe recuperable de las acciones a que hace referencia el punto anterior es de 8,5 €/título.
45. La sociedad «Z» concede un préstamo a 6 meses de 16.000 € a la empresa «M». Operación realizada por banco.
46. La empresa «M» se declara insolvente. La sociedad «Z» contabiliza deterioro por el total del préstamo.
47. La sociedad «Z» logra cobrar 9.000 € por banco y considera el resto irrecuperable.

Ejercicio 7.4

Identifica los hechos contables que dieron lugar a los siguientes asientos:

	1			
1.500	(4312) Efectos comerciales en gestión de cobro	a	(4310) Efectos comerciales en cartera	1.500
	2			
300	(485) Ingresos anticipados	a	(752) Ingresos por arrendamientos	300
	3			
1.500	(4315) Efectos com. impagados			
50	(626) Servicios bancarios y similares	a	(4312) Efectos comerciales en gestión de cobro	1.500
		a	(572) Bancos, c/c	50
	4			
400	(752) Ingresos por arrendamientos	a	(485) Ingresos anticipados	400

EJERCICIOS FINALES

	5			
2.000	(5208) Deudas por efectos descontados	a	(4311) Efectos comerciales descontados	2.000
	6			
500	(480) Gastos anticipados	a	(627) Publicidad, propaganda y relaciones públicas	500
	7			
2.000	(650) Pérdidas de créditos comerciales incobrables	a	(436) Clientes de dudoso cobro	2.000
2.000	(490) Deterioro de valor de créditos por operaciones comerciales	a	(794) Reversión del deterioro de créditos por operaciones comerciales	2.000
	8			
800	(625) Primas de seguros	a	(480) Gastos anticipados	800
	9			
5.000	(250) Inversiones financieras a largo plazo en instrumentos de patrimonio	a	(572) Bancos, c/c	2.000
		a	(259) Desembolsos pendientes sobre participaciones en el patrimonio neto a largo plazo	3.000
	10			
1.815	(572) Bancos, c/c			
1.815	(543) Créditos a corto plazo por enajenación de inmovilizado	a	(217) Equipos para procesos de información	3.000
		a	(477) Hacienda Pública, IVA repercutido	630
	11			
2.700	(180) Fianzas recibidas a largo plazo	a	(759) Ingresos por servicios diversos	2.700
	12			
6.000	(542) Créditos a corto plazo	a	(572) Bancos, c/c	6.000
	13			
6.000	(699) Pérdidas por deterioro de créditos a corto plazo	a	(598) Deterioro de valor de créditos a corto plazo	6.000
	14			
4.000	(572) Bancos, c/c			
2.000	(598) Deterioro de valor de créditos a corto plazo	a	(542) Créditos a corto plazo	6.000
4.000	(598) Deterioro de valor de créditos a corto plazo	a	(799) Reversión del deterioro de créditos a corto plazo	4.000

EJERCICIOS FINALES

Ejercicio 7.5 (autoevaluación)

1. Un taller pasa factura a la empresa de 1.500 €, más IVA, por reparaciones efectuadas en uno de sus vehículos. La factura queda pendiente de pago.
2. Paga 530 €, más IVA, a una empresa de transportes para enviar mercancías a uno de sus clientes.
3. Paga por banco el IBI correspondiente a un local de su propiedad por importe de 840 €.
4. Posteriormente la empresa descubre un error en la liquidación del impuesto anterior. El importe que debería haber ingresado es de 480 €. Solicita la devolución.
5. La empresa abona por banco la nómina de su empleado, con el siguiente detalle:
   - Importe bruto: 1.850 €.
   - Base de cotización: 2.158 €.
   - Seguridad social, cuota patronal: 30 %.
   - Retenciones: Seguridad Social: 6 %.
IRPF: 18 %.
6. Descuenta en el banco una letra de 10.000 €, con vencimiento dentro de 60 días. El banco le aplica un descuento del 8 % y 50 € de comisiones.
7. Venta de mercaderías a crédito por importe de 20.000 €, más 21 % de IVA. Se incluyen en factura 250 € de transportes y 40 € de seguros.
8. La empresa ofrece al cliente anterior un 3 % de descuento si le paga en este momento la factura anterior. El cliente acepta y le envía transferencia bancaria por el importe resultante.
9. La empresa posee en la cartera de negociación acciones cuyo valor contable es de 5.200 €. Vende las acciones en 5.700 €, a través de banco.
10. La empresa tiene un terreno que adquirió en 30.000 € y para el que tenía constituido un deterioro de 3.000 €. Vende el terreno en 30.000 €, más IVA, que cobrará dentro de 6 meses.
11. La empresa tiene un almacén cuyo precio de adquisición fue de 60.000 € (20.000 € corresponden al terreno) y cuya amortización acumulada es de 5.000 €. Vende el almacén en 60.000 €, más IVA. El comprador acepta letra de cambio, con vencimiento a 6 meses.
12. Vende un vehículo por 8.000 €, más IVA. La empresa tiene contabilizado el vehículo en 20.000 €, con una amortización acumulada de 10.500 €. El cobro se realizará dentro de 3 meses.

UNIDAD 8

IMPUESTOS LOCALES SOBRE ACTIVIDADES ECONÓMICAS

En esta unidad estudiaremos la estructura del sistema tributario español diferenciando los distintos tipos de tributos y los conceptos generales aplicables a los tributos.

Estudiaremos de forma más detallada el Impuesto sobre Actividades Económicas (IAE), el Impuesto sobre Bienes Inmuebles (IBI) y el Impuesto sobre Transmisiones Patrimoniales y Actos Jurídicos Documentados (ITPyAJD).

Objetivos

- Conocer la estructura del sistema tributario español.
- Identificar los diferentes tipos de tributos.
- Diferenciar entre impuestos directos e indirectos.
- Identificar los elementos tributarios.
- Diferenciar las operaciones sujetas, no sujetas y exentas.
- Identificar los elementos del impuesto sobre actividades económicas.
- Conocer los modelos de declaración censales y del IAE.
- Identificar los elementos del impuesto sobre bienes inmuebles.
- Identificar los elementos del impuesto de transmisiones patrimoniales y actos jurídicos documentados.
- Conocer las distintas modalidades del ITPyAJD.

Contenidos

8.1. El sistema tributario español

Legislación

Art. 31.1 de la Constitución: *«Todos contribuirán al sostenimiento de los gastos públicos de acuerdo con su capacidad económica mediante un sistema tributario justo inspirado en los principios de igualdad y progresividad que, en ningún caso, tendrá alcance confiscatorio».*

Los tributos son ingresos públicos constituidos por prestaciones obligatorias exigidas por la Administración Pública a los contribuyentes.

La finalidad de los tributos es la de obtener los recursos necesarios para hacer frente a los gastos públicos. De esta forma las Administraciones Públicas pueden hacer frente a la gran cantidad de servicios que prestan a los ciudadanos (sanidad, educación, obras públicas, etc.).

8.1.1. Clases

La Ley General Tributaria (*Ley 58/2003, de 17 de diciembre*) establece la siguiente clasificación de los tributos (Art. 2):

A) **Impuestos:** son los tributos exigidos sin contraprestación cuyo hecho imponible está constituido por negocios, actos o hechos que ponen de manifiesto la capacidad económica del contribuyente. Pueden ser:

a) **Directos:** recaen directamente sobre la persona por la obtención de una renta o la posesión de un patrimonio. Estos impuestos tienen en cuenta las circunstancias personales y familiares de los contribuyentes:

- Impuesto sobre la renta de las personas físicas (IRPF).
- Impuesto sobre sociedades (IS).
- Impuesto sobre actividades económicas (IAE).
- Impuesto sobre sucesiones y donaciones.
- Impuesto sobre bienes inmuebles (IBI).

b) **Indirectos:** son tributos que recaen sobre el consumo. No tienen en cuenta las circunstancias del contribuyente:

- Impuesto sobre el valor añadido (IVA).
- Impuesto sobre transmisiones patrimoniales y actos jurídicos documentados (ITPyAJD).
- Impuestos especiales (alcohol y bebidas alcohólicas, labores del tabaco, hidrocarburos, matriculación de vehículos nuevos, etc.).

Los impuestos también se pueden clasificar en:

- **Progresivos:** aumenta el tipo impositivo a medida que aumenta la base imponible (por ej., IRPF).
- **Proporcionales:** el tipo impositivo se mantiene constante (por ej., IS).

B) **Tasas:** tributos que se pagan como contrapartida a la prestación de un servicio o a la realización de alguna actividad por parte de las Administraciones Públicas:

- Derechos de matrícula.
- Expedición de un título académico.
- Expedición del DNI, carnet de conducir, etc.
- Recogida de basuras.

Legislación

Art. 7 de la Ley General Tributaria (LGT) establece que los tributos se regirán por:

1. La Constitución.
2. Los tratados o convenios internacionales.
3. Las normas de la Unión Europea.
4. Esta Ley, por las leyes reguladoras de cada tributo y por las demás leyes que contengan disposiciones en materia tributaria.
5. Las disposiciones reglamentarias que desarrollan las leyes anteriores.

C) **Contribuciones especiales:** son tributos cuyo hecho imponible consiste en la obtención por el obligado tributario de un beneficio o de un aumento de valor de sus bienes como consecuencia de la realización de obras públicas o del establecimiento o ampliación de servicios públicos:

- Alumbrado público.
- Alcantarillado.
- Asfaltado de calles.

Ejemplo 8.1

Un mecánico de un taller tiene un sueldo anual bruto de 20.000 € y el sueldo del jefe de taller es de 40.000 € anuales. Ambos tributan por el IRPF. Como este impuesto tiene carácter progresivo, ¿el jefe de taller pagará el doble que el mecánico?

Respuesta: No. Si pagase el doble sería proporcional. Al ser progresivo pagará más del doble porque se aplicará un porcentaje mayor al sueldo del jefe de taller que al sueldo del mecánico.

8.1.2. Elementos tributarios

Son términos que se utilizan en el lenguaje fiscal y que define la Ley General Tributaria:

- **Hecho imponible:** circunstancias que originan el nacimiento de la obligación tributaria (por ej., obtener una renta, propiedad de una vivienda, etc.).
- **No sujeción:** cuando la ley establece que un determinado hecho no está sujeto a un determinado impuesto, está excluyendo del hecho imponible ese supuesto (por ej., no están sujetas al IVA las operaciones realizadas por los entes públicos).
- **Exención tributaria:** se da cuando, aun habiéndose realizado el hecho imponible, este no genera obligación tributaria (por ej., los servicios de hospitalización y asistencia sanitaria están exentos del IVA).
- **Contribuyente:** persona física o jurídica sobre la que recae el impuesto (por ej., el trabajador en el IRPF, los consumidores en el IVA, etc.).
- **Sujeto pasivo:** persona física o jurídica sobre la que recae la obligación de ingresar la cuota tributaria (por ej., las empresas en el IVA). Puede coincidir con el contribuyente.
- **Base imponible:** valoración monetaria del hecho imponible (por ej., total compra en el IVA, beneficio de la empresa en el IS). La base imponible podrá determinarse por los siguientes métodos (Art. 50 LGT):
  - **Estimación directa:** de aplicación general.
  - **Estimación objetiva:** se utilizará, con carácter voluntario, por los obligados tributarios en los supuestos establecidos por la Ley (por ej., signos, índices o módulos).
  - **Estimación indirecta:** tendrá carácter subsidiario respecto de los demás métodos y se aplicará cuando la Administración tributaria no pueda disponer de los datos necesarios para la determinación completa de la base imponible como consecuencia de determinadas irregularidades.
- **Reducciones:** cantidad que la ley permite deducirse de la base imponible (por ej., discapacidad en el IRPF).

Legislación

Ley 58/2003, *de 17 de diciembre, General Tributaria.*

Real Decreto 2063/2004, *de 15 de octubre, por el que se aprueba el Reglamento general del régimen sancionador tributario.*

Real Decreto Legislativo 2/2004, *de 5 de marzo, por el que se aprueba el texto refundido de la Ley Reguladora de las Haciendas Locales.*

Ley 8/1989, *de 13 de abril, de Tasas y Precios Públicos.*

Ley 25/1998, *de 13 de julio, de modificación del Régimen Legal de las Tasas Estatales y Locales de Reordenación de las Prestaciones Patrimoniales de Carácter Público.*

Ley 19/1991, *de 6 de junio, del Impuesto sobre el Patrimonio.*

Ley 29/1987, *de 18 de diciembre, del Impuesto sobre Sucesiones y Donaciones.*

- **Base liquidable:** base imponible menos las reducciones.
- **Tipo de gravamen o tipo impositivo:** cifra, coeficiente o porcentaje que se aplica a la base liquidable para obtener la cuota íntegra. Puede ser:
  - **Tipo fijo:** cantidad fija que se aplica a una base no monetaria.
  - **Tipo proporcional:** porcentaje que se aplica a la base independientemente de su cuantía (por ej., tipo general de IVA: 21 %).
  - **Tipo progresivo:** varía en función de la base, formando una escala progresiva (por ej., IRPF).
- **Cuota íntegra:** es el resultado de aplicar el tipo de gravamen a la base liquidable.
- **Deducciones:** bonificaciones a la cuota íntegra (por ej., vivienda habitual en el IRPF).
- **Cuota líquida:** cuota íntegra menos deducciones.
- **Retenciones y pagos a cuenta:** cantidades que se adelantan a cuenta del impuesto (por ej., retenciones a los trabajadores, pagos fraccionados de las empresas).
- **Cuota diferencial:** cuota líquida menos retenciones y pagos a cuenta.
- **Deuda tributaria:** cantidad a ingresar por el impuesto.
- **Domicilio fiscal:** es el lugar de localización del obligado tributario en sus relaciones con la Administración tributaria: para las personas físicas, el lugar donde tengan su residencia habitual y para las personas jurídicas, su domicilio social.

El artículo 58.1 de la Ley 58/2003 (LGT) establece que *la deuda tributaria estará constituida por la cuota o cantidad a ingresar que resulte de la obligación tributaria principal o de las obligaciones de realizar pagos a cuenta.*

Legislación

Art. 58.2, Ley 58/2003: *Además, la deuda tributaria estará integrada, en su caso, por:*

a) *El interés de demora.*

b) *Los recargos por declaración extemporánea.*

c) *Los recargos del periodo ejecutivo.*

d) *Los recargos exigibles legalmente sobre las bases o las cuotas, a favor del Tesoro o de otros entes públicos.*

8.1.3. Extinción de la deuda tributaria

La Ley General Tributaria establece cuatro formas de extinción de la deuda tributaria:

- El pago: podrá hacerse en efectivo, por transferencia o a través de internet. En determinados casos también podrá hacerse en especie.
- La prescripción: extinción de las obligaciones basadas en el paso del tiempo. El plazo general de prescripción es de 4 años.
- La compensación: las deudas de un obligado tributario podrán compensarse con créditos reconocidos por acto administrativo a favor del mismo obligado.
- La condonación: supone el perdón de la deuda tributaria, cuando la ley lo establezca.
- Baja provisional por insolvencia de los obligados tributarios.

8.1.4. Infracciones y sanciones

Se considera infracción tributaria el incumplimiento de una obligación tributaria (por ej., no presentar la declaración, no ingresar la deuda tributaria, solicitar devoluciones indebidas, etc.). Pueden ser leves, graves o muy graves.

Las infracciones tributarias se sancionarán mediante la imposición de sanciones pecuniarias (multa fija o proporcional) y, cuando proceda, de sanciones no pecuniarias de carácter accesorio (pérdida de la posibilidad de obtener subvenciones o ayudas públicas, prohibición de contratar con la Administración Pública, etc.).

La Ley 58/2003 (LGT) establece en los artículos 191 a 206 las diferentes infracciones tributarias y sus correspondientes sanciones. Clasifica las infracciones en leves, graves y muy graves.

Recuerda...

Modelo 303 de Autoliquidación del IVA

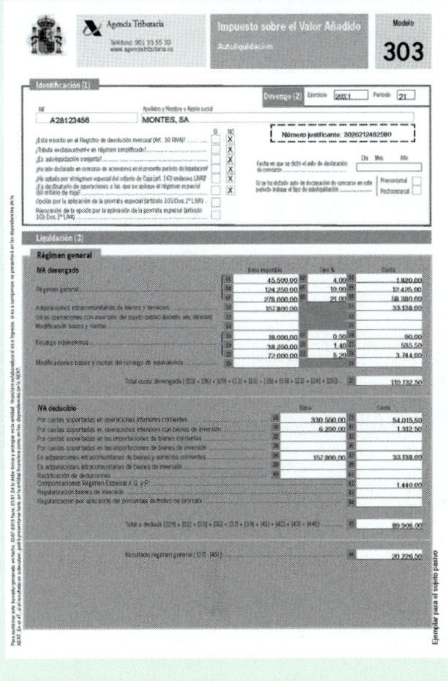

8.1.5. Declaración-liquidación de impuestos

La deuda tributaria obliga al obligado tributario a una serie de deberes como presentar la declaración del impuesto a la Hacienda Pública. En la mayoría de los casos tendrá que presentar la **autoliquidación** en la que el sujeto pasivo declara los hechos, los cuantifica, determina la deuda tributaria. Posteriormente la Administración comprobará la liquidación presentada.

Actualmente existe la posibilidad de presentar la declaración por medios telemáticos, a través de la sede electrónica de la Agencia Tributaria. En algunos casos, la presentación telemática es obligatoria para determinadas empresas.

8.1.6. Estructura impositiva española

Impuestos estatales	• Impuesto sobre la Renta de las Personas Físicas (IRPF) • Impuesto sobre Sociedades (IS) • Impuesto sobre el Valor Añadido (IVA) • Impuestos especiales
Impuestos cedidos a las Comunidades Autónomas	• Impuesto sobre el Patrimonio • Impuesto sobre Sucesiones y Donaciones • Impuesto sobre Transmisiones Patrimoniales y Actos Jurídicos Documentados (ITPyAJD)
Impuestos de carácter local	• Impuesto sobre Bienes Inmuebles (IBI) • Impuesto sobre Actividades Económicas (IAE) • Impuesto sobre Construcciones, Instalaciones y Obras • Impuesto sobre Vehículos de Tracción Mecánica • Impuesto sobre el Incremento de Valor de los Terrenos de Naturaleza Urbana

8.2. Impuesto sobre Actividades Económicas (IAE)

Es un tributo directo de carácter real, cuyo hecho imponible está constituido por el mero ejercicio, en territorio nacional, de actividades empresariales, profesionales o artísticas, se ejerzan o no en local determinado y se hallen o no especificadas en las tarifas del impuesto.

El IAE ordena las actividades económicas en varias categorías, de forma que cada actividad tenga un número asignado. Ese número o epígrafe es el **índice de actividad económica**, que indica el tipo de actividad que se desarrolla.

Legislación

El Impuesto sobre Actividades Económicas está regulado en el **Real Decreto Legislativo 2/2004, de 5 de marzo**, por el que se aprueba el texto refundido de la Ley Reguladora de las Haciendas Locales (Art. 78 a 91).

RD Legislativo 1175/1990, de 28 de septiembre, por el que se aprueban las tarifas y la instrucción del Impuesto sobre Actividades Económicas.

Real Decreto 243/1995, de 17 de febrero, por el que se dictan normas para la Gestión del Impuesto sobre Actividades Económicas y se regula la Delegación de Competencias en materia de Gestión Censal de dicho Impuesto.

8.2.1. Supuestos de no sujeción

No constituye hecho imponible en este impuesto el ejercicio de las siguientes actividades:

- La enajenación de bienes integrados en el activo fijo de las empresas que hubieran figurado debidamente inventariados como tal inmovilizado con más de dos años de antelación a la fecha de transmisión.
- La venta de bienes de uso particular y privado del vendedor siempre que los hubiese utilizado durante igual periodo de tiempo.
- La venta de los productos que se reciben en pago de trabajos personales o servicios profesionales.
- La exposición de artículos con el fin exclusivo de decoración o adorno del establecimiento.
- Cuando se trate de un solo acto u operación aislada de venta al por menor.

8.2.2. Exenciones

Están exentos del impuesto:

- El Estado, las Comunidades Autónomas y las entidades locales, así como sus organismos autónomos.
- Los sujetos pasivos que inicien el ejercicio de su actividad en territorio español, durante los dos primeros periodos impositivos de este impuesto en que se desarrolle aquella.
- Los siguientes sujetos pasivos:
  - Las personas físicas.
  - Los sujetos pasivos del Impuesto sobre Sociedades, las sociedades civiles y las entidades que tengan un importe neto de la cifra de negocios inferior a 1.000.000 de euros.
- Las entidades gestoras de la Seguridad Social y las mutualidades de previsión social.
- Los organismos públicos de investigación.
- Los establecimientos de enseñanza en todos sus grados costeados íntegramente con fondos del Estado, de las Comunidades Autónomas o de las entidades locales, o por fundaciones declaradas benéficas o de utilidad pública, y los establecimientos de enseñanza en todos sus grados que, careciendo de ánimo de lucro, estuvieren en régimen de concierto educativo.
- Las asociaciones y fundaciones de disminuidos físicos, psíquicos y sensoriales, sin ánimo de lucro, por las actividades de carácter pedagógico, científico, asistenciales y de empleo que para la enseñanza, educación, rehabilitación y tutela de minusválidos realicen.
- La Cruz Roja Española.
- Los sujetos pasivos a los que les sea de aplicación la exención en virtud de tratados o convenios internacionales.

Sabías que...?

El NIF de las personas jurídicas está compuesto por una letra mayúscula seguida de un número de 7 dígitos y un carácter de control.

La letra varía en función del tipo de sociedad:

A > Sociedad Anónima
B > Sociedad limitada
C > Sociedad colectiva
D > Sociedad comanditaria
E > Comunidades de bienes
F > Cooperativas
G > Asociaciones
J > Sociedades civiles
P > Corporaciones locales
Q > Organismos públicos
U > UTE
....

8.2.3. Cuota tributaria

En el IAE no existe la base imponible ni el tipo de gravamen, obteniéndose la cuota tributaria directamente de la aplicación de las tarifas del impuesto, recogidas en el Real Decreto Legislativo 1175/1990.

La cuota tributaria será la resultante de aplicar los distintos elementos que intervienen en su determinación:

- **Cuota de tarifa**, que consta de dos partes:
  - Cuota de actividad: viene determinada por el epígrafe al que pertenece la actividad de la empresa.
  - Cuota de superficie: se obtiene en función de la superficie de los locales en los que se realicen las actividades gravadas.
- **Coeficiente de ponderación:** es un elemento tributario cuyo fin es incrementar todas las cuotas de los obligados al pago del impuesto tomando como referencia el importe neto de la cifra de negocios obtenido por los sujetos pasivos en los dos años anteriores:

Importe neto de la cifra de negocios (euros)	Coeficiente
Desde 1.000.000 hasta 5.000.000	1,29
Desde 5.000.000 hasta 10.000.000	1,30
Desde 10.000.000 hasta 50.000.000	1,32
Desde 50.000.000 hasta 100.000.000	1,33
Más de 100.000.000	1,35
Sin cifra neta de negocio	1,31

- **Coeficiente de situación:** cantidad establecida por los ayuntamientos en función de la categoría de la calle donde se encuentre el local (entre 0,4 y 3,8).
- **Recargo provincial:** las Diputaciones Provinciales, las Comunidades Autónomas uniprovinciales, Baleares y Canarias podrán establecer un recargo de hasta el 40 %.

Recargo provincial = (Cuota de tarifa × Coef. de ponderación) × Recargo provincial

Cuota tributaria = Cuota de tarifa (C. actividad + Elem. superficie) × Coeficiente de ponderación × Coeficiente de situación + Recargo provincial

La cuota tributaria puede ser objeto de bonificaciones (95 % en cuota de cooperativas, 50 % por inicio de actividad, 50 % en Ceuta y Melilla, 50 % por creación de empleo, respeto al medio ambiente, etc.) y reducciones.

Recuerda...

Las ***tarifas*** del IEA comprenden:

- La descripción y contenido de las distintas actividades económicas.
- Las cuotas correspondientes a cada actividad, determinadas mediante la aplicación de los correspondientes **elementos tributarios.**

Se consideran elementos tributarios aquellos módulos indicadores de la actividad, para la determinación de las cuotas (superficie de los locales, potencia instalada, número de obreros, aforo de locales, etc.).

Ejemplo 8.2

Una sociedad realiza instalaciones eléctricas en general (epígrafe 504.1 de las tarifas del IAE), para lo cual tiene afectado un local de su propiedad en Córdoba, que es valorado conforme a la instrucción en 900 €. El importe neto de la cifra de negocios asciende a 1.280.200 €. El Ayuntamiento ha establecido un coeficiente de ponderación de 1,29 y un coeficiente de situación física de 2,8, y la Diputación Provincial de Córdoba ha establecido un recargo del 30 %. Calcula la cantidad a pagar.

Respuesta:

Cuota de tarifa (Anexo I y II del RDL 1175/1990)	690,47 + 900 = 1.590,47
Cuota de tarifa x Coef. de ponderación (1.590,47 x 1,29)	2.051,71
Cuota tributaria 2.051,71 x 2,8 (coef. de situación)	5.744,79
Recargo provincial (2051,71 x 0,30)	615,51
Deuda tributaria a pagar (5.744,79 + 615,51)	6.360,30

Sabías que...?

Existe un **censo de grandes empresas** que está compuesto por las empresas que tienen un volumen de facturación mayor que 6.010.121,04 euros.

8.2.4. Periodo impositivo

El periodo impositivo del impuesto coincide con el año natural, excepto en aquellos casos en los que el comienzo de la actividad no coincida con el primer día del año natural, en los que el referido periodo impositivo abarcará desde la fecha de comienzo de la actividad hasta el final del año natural.

El impuesto se devenga el primer día del periodo impositivo. En el caso de que la actividad se inicie un día diferente al 1 de enero, las cuotas son prorrateables por trimestres completos. En los casos de baja de la actividad, se podrá solicitar la devolución de los trimestres en los que no haya ejercido la actividad.

Ejemplo 8.3

Si una empresa inicia su actividad el 10 de junio de 2012 y cesa el 20 de enero de 2013, deberá liquidar el impuesto correspondiente al 2.°, 3.° y 4.° trimestres de 2012 y al primer trimestre de 2013.

Recuerda...

Modelo 036. Declaración Censal

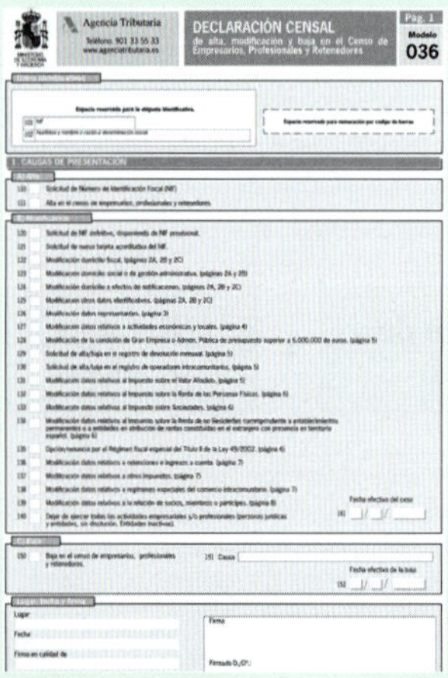
Agencia Tributaria
DECLARACIÓN CENSAL
de alta, modificación y baja en el Censo de Empresarios, Profesionales y Retenedores
Modelo 036

8.2.5. Gestión del impuesto

El IAE es un impuesto de gestión compartida entre la Administración tributaria del Estado, que tiene atribuida la gestión censal y la Administración tributaria local, que recauda el impuesto.

Para gestionar el impuesto se tiene en cuenta la **matrícula** de cada año en el término municipal correspondiente. La matrícula está constituida por los censados de las actividades económicas, los sujetos pasivos, las cuotas y el recargo provincial, si existe.

8.2.6. Modelos de declaración

La declaración censal es un documento por el que se comunica a la Agencia Tributaria el inicio, la modificación o la finalización de una actividad económica.

- **Censo de obligados tributarios:** incluye a todas las personas relacionadas con la Agencia Tributaria. Para darse de alta en este censo se utiliza el modelo 030. También se utilizarán este modelo las personas físicas que no desarrollen actividades empresariales o profesionales y no satisfagan rendimientos sujetos a retención o ingresos a cuenta para comunicar el cambio de domicilio fiscal, la modificación de datos personales, solicitar etiquetas identificativas, etc.

- **Censo de empresarios, profesionales y retenedores:** pertenecen a este censo las personas o entidades que desarrollen actividades empresariales o profesionales en territorio español. Deberán comunicar a través de las declaraciones censales, modelos 036 o modelo 037, su alta en el censo de empresarios, profesionales y retenedores, las modificaciones que se produzcan en su situación tributaria y la baja en dicho censo. Deberán utilizar el modelo 036 para solicitar el alta inicial y la asignación del número de identificación fiscal.

La declaración del IAE se realizará en el modelo 840.

8.3. Impuesto sobre Bienes Inmuebles (IBI)

El Impuesto sobre Bienes Inmuebles es un tributo directo de carácter real, de titularidad municipal y exigencia obligatoria, que grava el valor de los bienes inmuebles. Se trata de un impuesto de devengo periódico y de gestión compartida con la Administración del Estado (catastro).

- **Hecho imponible:** la titularidad (de la propiedad, derecho real de usufructo o superficie, concesión administrativa) de bienes inmuebles, rústicos o urbanos, situados en el término municipal.
- **No sujeción:** las carreteras, los caminos, etc., siempre que sean de aprovechamiento público y gratuito. Los bienes inmuebles propiedad de los municipios en que estén enclavados que sean de dominio y uso público.
- **Exención:** están reguladas en el artículo 62 de la Ley Reguladora de las Haciendas Locales (los que sean propiedad del Estado, Comunidades Autónomas o entidades locales, Iglesia, Cruz Roja, terrenos ocupados por líneas de ferrocarril, etc.).
- **Sujetos pasivos:** las personas físicas y jurídicas titulares (de la propiedad, derecho real de usufructo o superficie, concesión administrativa) de bienes gravados.
- **Base imponible:** está constituida por el **valor catastral** de los bienes inmuebles gravados.
- **Base liquidable:** será el resultado de practicar en la base imponible la reducción a que se refieren los artículos 67 a 70 de la Ley Reguladora de las Haciendas Locales (LRHL).
- **Cuota íntegra:** será el resultado de aplicar a la base liquidable el tipo de gravamen.
- **Tipo de gravamen:**

  1. El tipo de gravamen mínimo será el 0,4 % para los bienes inmuebles urbanos y el 0,3 % para los bienes inmuebles rústicos, y el máximo será el 1,10 % para los urbanos y 0,90 % para los rústicos.
  2. El tipo de gravamen aplicable a los bienes inmuebles de características especiales, que tendrá carácter supletorio, será del 0,6 %. Los ayuntamientos podrán establecer para cada grupo de ellos existentes en el municipio un tipo diferenciado que, en ningún caso, será inferior al 0,4 % ni superior al 1,3 %.
  3. Los ayuntamientos podrán incrementar los tipos fijados en el apartado 1 con los puntos porcentuales que para cada caso se indican, cuando concurra alguna de las circunstancias siguientes:

Legislación

El Impuesto sobre Bienes Inmuebles está regulado en el **Real Decreto Legislativo 2/2004, de 5 de marzo,** por el que se aprueba el texto refundido de la Ley Reguladora de las Haciendas Locales (Art. 60 a 77).

Real Decreto Legislativo 1/2004, de 5 de marzo, por el que se aprueba el texto refundido de la Ley del Catastro Inmobiliario.

Puntos porcentuales	Bienes urbanos (%)	Bienes rústicos (%)
Municipios que sean capital de provincia o comunidad autónoma	0,07	0,06
Municipios en los que se preste servicio de transporte público colectivo de superficie	0,07	0,05
Municipios cuyos ayuntamientos presten más servicios de aquellos a los que están obligados (art. 26 Ley 7/1985)	0,06	0,06
Municipios en los que los terrenos de naturaleza rústica representan más del 80 % de la superficie total del término	0,00	0,15

- **Cuota líquida:** se obtendrá minorando la cuota íntegra en el importe de las bonificaciones previstas en los artículos 73 y 74 de la LRHL.
- **Devengo y periodo impositivo:** se devengará el primer día del periodo impositivo, que coincide con el año natural. Las variaciones producidas en los bienes gravados no se tendrán en cuanta hasta el ejercicio siguiente.
- **Gestión del IBI:** la gestión tributaria es competencia de los ayuntamientos, que lo recaudarán mediante recibos anuales.

Ejemplo 8.4

Calcula la cuota que pagará por IBI el propietario de un inmueble cuyo valor catastral es de 70.000 € si en ese municipio se aplica el tipo mínimo y no se aplican incrementos ni bonificaciones.

Respuesta:

Cuota: 0,4 % de 70.000 = 280 €

8.4. Impuesto sobre Transmisiones Patrimoniales y Actos Jurídicos Documentados (ITPyAJD)

Es un impuesto indirecto que grava los siguientes hechos imponibles:

- **Transmisiones patrimoniales onerosas (TPO):** transmisiones de bienes y derechos realizados entre particulares (no empresarios ni profesionales) por actos *inter vivos* (por ej., la venta de un local comercial por un particular a otro particular o a una empresa). También grava la constitución de derechos reales, préstamos, fianzas, usufructo, arrendamientos, etc. (por ej., la constitución de una hipoteca sobre una vivienda).
- **Operaciones societarias (OS):** las realizadas por las sociedades en su constitución, ampliación de capital, disolución, etc.
- **Actos jurídicos documentados (AJD):** la formalización de los actos mediante documentos notariales (escrituras públicas, actas notariales, etc.), documentos mercantiles (letras de cambio, emisión de obligaciones, etc.) y documentos administrativos (anotaciones en registros públicos, etc.).

En realidad se trata de tres impuestos diferentes agrupados en un solo título. La ley utiliza el término de modalidades para distinguir las tres formas de gravamen. La modalidad TPO es incompatible con la modalidad OS. TPO y OS son incompatibles con la cuota variable de documentos notariales de AJD. TPO y OS son compatibles con el resto de las modalidades de AJD (cuota fija de documentos notariales, documentos mercantiles y documentos administrativos).

Legislación

Las normas básicas que regulan el ITPyAJD son:

Real Decreto Legislativo 1/1993, de 24 de septiembre, por el que se aprueba el Texto Refundido de la Ley del Impuesto sobre Transmisiones Patrimoniales y Actos Jurídicos Documentados.

Real Decreto 828/1995, de 29 de mayo, por el que se aprueba el Reglamento del Impuesto sobre Transmisiones Patrimoniales y Actos Jurídicos Documentados.

El ITPyAJD (modalidad TPO) y el IVA son incompatibles; el primero grava operaciones realizadas por particulares y el segundo las realizadas por empresarios y profesionales.

Ejemplo 8.5

Vicente tiene un derecho de cobro sobre un cliente. El cliente ofrece a Vicente un piso en pago de su deuda, que él acepta. La entrega del piso constituye un hecho imponible del ITPyAJD (modalidad TPO).

Ejemplo 8.6

Una sociedad hace una ampliación de capital y uno de los accionistas (persona física) realiza una aportación no dineraria consistente en un inmueble de su propiedad. Aunque parece que esta operación estaría sujeta a la modalidad TPO (transmisión de un bien de una persona física) y a la modalidad OS (ampliación de capital de una sociedad), en realidad solo tributaría por la modalidad OS.

Ejemplo 8.7

La compraventa de una vivienda entre particulares está sujeta al ITPyAJD. Si una empresa promotora vende una vivienda a un particular está gravada por el IVA. Si una persona recibe una vivienda en herencia por la muerte de su padre estará gravada por el Impuesto sobre Sucesiones y Donaciones.

A veces una misma operación da lugar al nacimiento de varios hechos imponibles.

Ejemplo 8.8

Luis compra a una promotora un piso destinado a vivienda habitual y que formalizará en escritura pública. La misma operación dará lugar a un hecho imponible sujeto al IVA (transmisión del piso) y a otro hecho imponible sujeto al ITPyAJD, modalidad AJD (documento notarial).

El ITPyAJD es un impuesto estatal cuyo rendimiento se cede a las Comunidades Autónomas para su gestión, liquidación, recaudación, inspección y revisión en vía administrativa. También pueden asumir determinadas competencias normativas (tipo de gravamen, deducciones, bonificaciones, etc.).

Exenciones

Las exenciones, que serán comunes a todas las modalidades, se establecen en el artículo 45 del Real Decreto Legislativo 1/1993.

La ley establece exenciones atendiendo a su naturaleza subjetiva (el Estado y demás Administraciones Públicas, entidades sin fines lucrativos, la Iglesia, Cruz Roja, ONCE, partidos políticos, etc.) y objetiva (viviendas de protección oficial, préstamos, transmisiones de valores, etc.).

8.4.1. Transmisiones patrimoniales onerosas

Esta modalidad grava las transmisiones onerosas por actos *inter vivos* de toda clase de bienes y derechos que integren el patrimonio de las personas físicas o jurídicas y la constitución de derechos reales, préstamos, fianzas, arrendamientos, pensiones y concesiones administrativas.

Legislación

RD Legislativo 1/1993:

Art. 11: La cuota tributaria se obtendrá aplicando sobre la base liquidable los siguientes tipos:

Si se trata de la transmisión de bienes muebles o inmuebles, así como la constitución y cesión de derechos reales que recaigan sobre los mismos, excepto los derechos reales de garantía, con el tipo que haya sido aprobado por la comunidad autónoma. En su defecto se aplicará el 6 % a la transmisión de bienes inmuebles y el 4 % a los bienes muebles y semovientes.

La transmisión de valores tributará según la escala del art. 12.3.

El 1 %, si se trata de la constitución de derechos reales de garantía, pensiones, fianzas o préstamos.

Art. 13: Las concesiones administrativas tributarán con el tipo que haya sido aprobado por la comunidad autónoma. En su defecto tributarán al 4 %.

Operaciones no sujetas: no tributan por la modalidad de TPO las operaciones incluidas en el hecho imponible de dicha modalidad cuando sean realizadas por empresarios o profesionales en el ejercicio de su actividad.

Sin embargo, sí quedan sujetas a la modalidad de TPO las entregas o arrendamientos de inmuebles y la constitución o cesión de derechos reales de uso y disfrute sobre los mismos cuando gocen de exención en el IVA y las entregas de inmuebles incluidas en la transmisión de la totalidad del patrimonio empresarial del sujeto pasivo, siempre que dicha transmisión esté no sujeta a IVA.

Ejemplo 8.9

Pedro quiere comprarse un piso y quiere saber si tributará por IVA o por la modalidad de TPO del ITPyAJD en caso de que:

a) Se adquiera a un empresario-promotor.

b) Se compre a un empresario, pero de segunda mano (segunda o ulterior entrega).

Respuesta:

a) Se trata de una transmisión no sujeta a TPO, puesto que se trata de una entrega de bienes realizada por un empresario en el ejercicio de su actividad y además se encuentra sujeta y no exenta al IVA (es una primera entrega de edificación).

b) Tributará por la modalidad de TPO, ya que, aunque lo vende un empresario, se trata de una operación sujeta pero exenta del IVA (exención de las segundas y ulteriores transmisiones de bienes inmuebles). Si el vendedor hubiera sido un particular, la operación estaría no sujeta al IVA, tributando también por TPO.

Legislación

RD Legislativo 1/1993:

Art. 12.1: La cuota tributaria de los arrendamientos se obtendrá aplicando sobre la base liquidable la tarifa que fije la comunidad autónoma.

Si la comunidad autónoma no hubiese aprobado la tarifa a que se refiere el párrafo anterior, se aplicará la siguiente escala:

Euros	
Hasta 30,05 euros	0,09
De 30,06 a 60,10	0,18
De 60,1 1 a 120,20	0,39
De 120,21 a 240,40	0,78
De 240,41 a 480,81	1,68
De 480,82 a 961,62	3,37
De 961,63 a 1.923,24	7,21
De 1.923,25 a 3.846,48	14,42
De 3.846,49 a 7.692,95	30,77
De 7.692,96 en adelante > 0,024040 euros por cada 6,01 euros o fracción	

Podrá satisfacerse la deuda tributaria mediante la utilización de efectos timbrados en los arrendamientos de fincas urbanas, según la escala anterior.

Sujeto pasivo: será el adquirente, comprador o beneficiario del bien, derecho, etc. (por ej., si A vende un piso a B, el sujeto pasivo será B).

Base imponible: está constituida por el valor real del bien transmitido o del derecho que se constituya o ceda. Unicamente serán deducibles las cargas que disminuyan el valor real de los bienes, pero no las deudas aunque estén garantizadas con prenda o hipoteca.

Tipos de gravamen: el texto refundido de la ley del ITPyAJD establece (art. 11 y sigs.):

- Transmisión de inmuebles o la constitución y cesión de derechos reales sobre los mismos: 6 % (las comunidades autónomas exigen, en general, un 7 % o más).
- Constitución de derechos reales de garantía, pensiones, fianzas o préstamos: 1 %.
- Transmisión de bienes muebles y semovientes, así como la constitución y cesión de derechos reales sobre los mismos: 4 % (por ej., un vehículo vendido por un particular).
- En caso de arrendamientos, la cuota tributaria se obtendrá aplicando sobre la base liquidable la tarifa que fije la comunidad autónoma; en su defecto se aplicará la escala del art. 12.1 del RDL 1/1993.
- Concesiones administrativas: 4 %.

Deuda tributaria: se determina aplicando el tipo de gravamen a la base liquidable. La base liquidable, al no haber reducciones, coincide con la base imponible.

Ejemplo 8.10

Andrés vende un reloj de oro a Juan por 850 €. ¿Está sujeta esta operación al ITPyAJD? ¿Quién es el sujeto pasivo? ¿Cuál será la deuda tributaria?

Respuesta:

Es una transmisión patrimonial onerosa de bienes muebles.

El sujeto pasivo es Juan, que liquidará el impuesto.

Base liquidable = 850 €.

Tipo de gravamen: 4 %.

Cuota tributaria: 4 % de 850 = 34 €.

Ejemplo 8.11

Abel compra un coche a Vicente por 5.000 €. ¿Está sujeta esta operación al ITPyAJD? ¿Quién es el sujeto pasivo? ¿Cuál será la deuda tributaria?

Respuesta:

Es una transmisión patrimonial onerosa de bienes muebles.

El sujeto pasivo es Abel, que liquidará el impuesto.

Base liquidable = 5.000 €.

Tipo de gravamen: 4 %.

Cuota tributaria: 4 % de 5.000 = 200 €.

8.4.2. Operaciones societarias

Esta modalidad del ITPyAJD grava determinadas actuaciones realizadas por sociedades.

Hecho imponible: son operaciones societarias sujetas:

- La constitución de sociedades, aumento y disminución de su capital y la disolución de sociedades.
- Las aportaciones que efectúen los socios que no supongan un aumento del capital social.
- El traslado a España de la sede de dirección efectiva o del domicilio social de una sociedad cuando ni una ni otro estuviesen previamente situados en un Estado miembro de la Unión Europea.

Operaciones no sujetas: no estará sujeta la ampliación de capital que se realice con cargo a reservas constituidas exclusivamente por prima de emisión de acciones, la transformación de la sociedad y las operaciones de reestructuración (fusión, escisión, aportación de activos y canje de valores), entre otras.

Sujeto pasivo: en la constitución de sociedades, aumento de capital, etc., la sociedad. En la disolución de sociedades y reducción de capital social, los socios, copropietarios, etc.

Base imponible: en la constitución y aumento de capital de sociedades que limiten de alguna manera la responsabilidad de los socios, la base imponible coincidirá con el nominal más la prima de emisión, si existe.

Legislación

Real Decreto Legislativo 1/199: Art. 12.3. La transmisión de valores tributará según la siguiente escala:

	Euros
Hasta 60,10	0,06
De 60,11 a 180,30	0,18
De 180,30 a 450,76	0,48
De 450,77 a 901,52	0,96
De 901,53 a 1.803,04	1,98
De 1.803,05 a 6.010,12	7,21
De 6.010,13 a 12.020,24	14,42
Exceso: 0,066111 euros por cada 60,10 o fracción.	

En operaciones realizadas por sociedades distintas de las anteriores y en las aportaciones de los socios que no supongan un aumento del capital social, será el valor neto de la aportación.

En la disminución de capital y en la disolución, la base imponible coincidirá con el valor real de los bienes y derechos entregados a los socios.

Deuda tributaria: la cuota tributaria se obtendrá aplicando a la base liquidable el tipo de gravamen del 1 %.

Legislación

RD Legislativo 1/1993:

Art. 31.2: Las primeras copias de escrituras y actas notariales, cuando tengan por objeto cantidad o cosa valuable, contengan actos o contratos inscribibles en los Registros de la Propiedad, Mercantil, de la Propiedad Industrial y de Bienes Muebles no sujetos al Impuesto sobre Sucesiones y Donaciones o a los conceptos «transmisiones patrimoniales onerosas» u «operaciones societarias» del ITPyAJD, tributarán al tipo de gravamen que haya sido aprobado por la comunidad autónoma y en su defecto al 0,50 %.

Ejemplo 8.12

Una sociedad anónima amplía su capital en 3.000 acciones de 6 € nominales cada una. ¿Cuál será la base imponible? ¿Y la cuota tributaria?

Respuesta:

Base imponible (y liquidable): 3.000 x 6 = 18.000 €.

Deuda tributaria: 1 % de 18.000 = 180 €.

8.4.3. Actos jurídicos documentados

Grava los actos jurídicos documentados en tres tipos de documentos: notariales, mercantiles y administrativos.

A) **Documentos notariales:**

Hecho imponible: las escrituras, actas y testimonios notariales.

- **Sujeto pasivo:** el adquirente del bien o derecho o las personas que soliciten los documentos notariales..
- **Base imponible:** valor declarado en el documento, capital garantizado, etc.

Tipo de gravamen:

- **Cuota fija:** las matrices y las copias de las escrituras y actas notariales, así como los testimonios, se extenderán en papel timbrado de 0,30 € por pliego o 0,15 € por folio.
- **Cuota variable:** las primeras copias de escrituras y actas notariales tributarán al tipo de gravamen que haya sido aprobado por la comunidad autónoma y en su defecto al 0,50 %. Por ejemplo, todas las transmisiones de inmuebles que tributen por IVA (ventas por promotores inmobiliarios) y se escrituren están sometidas a la cuota variable.

Ejemplo 8.13

Un banco concede al Sr. Benítez un préstamo con garantía hipotecaria por un importe de 110.000 €, estableciéndose que la hipoteca garantizará, además del principal, los intereses de cinco años al 2,4 %, un 20 % del principal para costas y gastos, y 8.000 €, en concepto de seguros y comisiones.

Respuesta:

Préstamo: sujeto y exento de IVA. Y no sujeto a la modalidad de TPO.

Garantía hipotecaria: Hecho imponible: primera copia de la escritura notarial.

Sujeto pasivo: Sr. Benítez

Principal del préstamo	110.000
Intereses: 110.000 x 0,024 x 5	13.200
Costas y gastos: 20 % de 110.000	22.000
Seguros y comisiones	8.000
	153.200
Cuota variable (tipo estatal): 0,50 %	766

Legislación

Escala de gravamen para letras de cambio (art. 37.1 del RDL 1/1993)

Nominal euros	Timbre
Hasta 24,04	0,06 €
De 24,05 a 48,08	0,12 €
De 48,09 a 90,15	0,24 €
De 90,16 a 180,30	0,48 €
De 180,31 a 360,61	0,96 €
De 360,62 a 751,27	1,98 €
De 751,28 a 1.502,53	4,21 €
De 1.502,54 a 3.005,06	8,41 €
De 3.005,07 a 6.010,12	16,83 €
De 6.010,13 a 12.020,24	33,66 €
De 12.020,25 a 24.040,48	67,31 €
De 24.040,49 a 40.080,97	134,63 €
De 40.080,98 a 96.161,94	269,25 €
De 96.161,95 a 192.323,87	538,51 €
Por lo que exceda de 192.323,87 €, la cuota será de 0,018 € por cada 6,01 € o fracción, que se liquidará en metálico.	
Letras con vencimiento superior a 6 meses desde la fecha de emisión, la cuota del impuesto será la que corresponda al doble del importe de la letra.	

B) Documentos mercantiles:

- **Hecho imponible:** están sujetas las letras de cambio, los documentos que realicen función de giro o suplan a aquellas, los resguardos o certificados de depósitos transmisibles, así como los pagarés, bonos, obligaciones y demás títulos análogos.
- **Sujeto pasivo:** el librador de la letra de cambio o las personas o entidades que los expidan en los demás casos.
- **Base imponible:** valor nominal para los certificados de depósito; valor de reembolso para los pagarés, bonos, obligaciones…; cantidad girada para las letras de cambio y resto de documentos.
- **Tipo de gravamen:** los pagarés, bonos, obligaciones y demás títulos análogos: 3 por mil. Las letras de cambio se extenderán necesariamente en el efecto timbrado de la clase que corresponda a su cuantía, mediante la aplicación de la escala del art. 37.1 del RDL 1/1993.

Ejemplo 8.14

Una empresa gira una letra de cambio a un cliente que le debe 5.700 €. Determina el hecho imponible, el sujeto pasivo, la base imponible y el importe del impuesto

Respuesta:

Hecho imponible: documento mercantil (letra de cambio) sujeto a la modalidad AJD.

Sujeto pasivo: la empresa (librador de la letra) que lo satisface al comprar el papel timbrado en el estanco.

Base imponible: el nominal de la letra (5.700 €).

Importe del impuesto: 16,83 € (de 3.005,07 a 6.010,12 € de nominal).

C) Documentos administrativos:

- **Hecho imponible:** la rehabilitación y transmisión de grandezas y títulos nobiliarios y las anotaciones preventivas que se practiquen en los Registros Públicos.
- **Sujeto pasivo:** en las grandezas y títulos nobiliarios, sus beneficiarios. En las anotaciones, la persona que las solicite.

Recuerda...

El modelo de autoliquidación general del ITPyAJD es el modelo 600, pero existen otros modelos:

- Mod. 610, 611: pago en metálico del impuesto que grava los documentos negociados por entidades colaboradoras.
- Mod. 615, 616: pago en metálico del impuesto que grava la emisión de documentos que lleven aparejada acción cambiaria o sean endosables a la orden.
- Mod. 620: transmisión de determinados medios de transporte usados.
- Mod. 630: pago en metálico del exceso previsto para letras de cambio con nominal superior a 192.323,87 €.

- **Base imponible:** en las anotaciones preventivas, el valor del derecho o interés que se garantice, publique o constituya.
- **Tipo de gravamen:** la rehabilitación y transmisión de grandezas y títulos nobiliarios tributarán según una escala (art. 43 del RD Legislativo 1/1993). Las anotaciones preventivas que se practiquen en los Registros Públicos tributarán al tipo de gravamen del 0,50 %, que se liquidará en metálico.

8.4.4. Gestión del impuesto

El impuesto se devengará, en las transmisiones patrimoniales, el día en que se realice el acto o contrato gravado. En las operaciones societarias y actos jurídicos documentados, el día en que se formalice el acto sujeto a gravamen.

Los sujetos pasivos deberán presentar, ante los órganos competentes de la Administración tributaria de la comunidad autónoma o del Estado, la autoliquidación del impuesto en el modelo de impreso aprobado.

El modelo de autoliquidación general es el modelo 600. El plazo para la presentación de las autoliquidaciones será de 30 días hábiles a contar desde el momento en que se cause el acto o contrato.

8.4.5. Normativa de las Comunidades Autónomas

Habrá que tener en cuenta la normativa aprobada por las Comunidades Autónomas de régimen común relativa al ITP y ADJ, con especial referencia a:

- Tipos impositivos en la modalidad TPO para la transmisión de bienes inmuebles y constitución y transmisión de derechos reales sobre los mismos.
- Tipos impositivos relativos a la cuota variable o gradual de documentos notariales de la modalidad ADJ.

Enlaces de interés

https://www.boe.es/buscar/act.php?id=BOE-A-2003-23186

Ley 58/2003, de 17 de diciembre, General Tributaria.

https://www.boe.es/buscar/act.php?id=BOE-A-2004-18398

Real Decreto 2063/2004, de 15 de octubre, por el que se aprueba el Reglamento General del Régimen Sancionador Tributario.

https://www.boe.es/buscar/act.php?id=BOE-A-2004-4214

Real Decreto Legislativo 2/2004, de 5 de marzo, por el que se aprueba el texto refundido de la Ley Reguladora de las Haciendas Locales.

https://www.boe.es/buscar/act.php?id=BOE-A-1989-8508

Ley 8/1989, de 13 de abril, de Tasas y Precios Públicos.

https://www.boe.es/buscar/act.php?id=BOE-A-1998-16714

Ley 25/1998, de 13 de julio, de modificación del Régimen Legal de las Tasas Estatales y Locales de Reordenación de las Prestaciones Patrimoniales de Carácter Público.

https://www.boe.es/buscar/act.php?id=BOE-A-1991-14392

Ley 19/1991, de 6 de junio, del Impuesto sobre el Patrimonio.

https://www.boe.es/buscar/act.php?id=BOE-A-1987-28141

Ley 29/1987, de 18 de diciembre, del Impuesto sobre Sucesiones y Donaciones.

https://www.boe.es/buscar/act.php?id=BOE-A-1990-23930

Real Decreto Legislativo 1175/1990, de 28 de septiembre, por el que se aprueban las tarifas y la instrucción del Impuesto sobre Actividades Económicas.

https://www.boe.es/buscar/act.php?id=BOE-A-2004-4163

Real Decreto Legislativo 1/2004, de 5 de marzo, por el que se aprueba el texto refundido de la Ley del Catastro Inmobiliario.

https://www.boe.es/buscar/act.php?id=BOE-A-1993-25359

Real Decreto Legislativo 1/1993, de 24 de septiembre, por el que se aprueba el Texto Refundido de la Ley del Impuesto sobre Transmisiones Patrimoniales y Actos Jurídicos Documentados.

https://www.boe.es/buscar/act.php?id=BOE-A-1995-15071

Real Decreto 828/1995, de 29 de mayo, por el que se aprueba el Reglamento del Impuesto sobre Transmisiones Patrimoniales y Actos Jurídicos Documentados.

Nota: En www.boe.es o en http://noticias.juridicas.com encontrarás la legislación siempre actualizada.

TEST

Test 8

1. Señala qué afirmaciones son verdaderas (V) y qué afirmaciones son falsas (F).

		V	F
1.1.	Los tributos son ingresos públicos exigidos por la Administración Pública.	☐	☐
1.2.	Las tasas son tributos por los que el sujeto pasivo recibe una contraprestación.	☐	☐
1.3.	El IVA es un impuesto directo que graba el consumo.	☐	☐
1.4.	Los impuestos indirectos se pagan en función de la renta que se tenga.	☐	☐
1.5.	En un impuesto progresivo, si A gana el doble que B, también paga el doble.	☐	☐
1.6.	Las operaciones no sujetas son las que no constituyen el hecho imponible.	☐	☐
1.7.	El Impuesto sobre la Renta de las Personas Físicas es un impuesto progresivo y el Impuesto sobre Sociedades es un impuesto proporcional.	☐	☐
1.8.	La recogida de basuras que cobra el ayuntamiento es una tasa.	☐	☐
1.9.	El ITPyAJD es un impuesto estatal cedido a las Comunidades Autónomas.	☐	☐
1.10.	La cuota íntegra del IBI será el resultado de aplicar a la base liquidable el tipo de gravamen.	☐	☐
1.11.	El impuesto que se paga al comprar una letra de cambio en un estanco es la modalidad ADJ del ITPyAJD.	☐	☐
1.12.	El tributo que se paga al matricularse en la universidad es un impuesto directo.	☐	☐
1.13.	Al recibir una herencia se tributa por el ITPyAJD.	☐	☐
1.14.	El IAE es un tributo que pagan las empresas cuya cifra de negocios es superior a un millón de euros.	☐	☐
1.15.	Lo que paga un alumno de Formación Profesional por la expedición del título de Técnico Superior es una tasa.	☐	☐

2. Señala la opción correcta:

2.1. Los tributos se dividen en:

- ☐ Tasas, precios públicos e impuestos.
- ☐ Tasas, impuestos y contribuciones.
- ☐ Tasas, contribuciones especiales e impuestos.

2.2. Cuando el sujeto pasivo recibe una contraprestación por el pago de un tributo se trata de:

- ☐ Un impuesto.
- ☐ Una tasa.
- ☐ Una contribución especial.

2.3. Un tributo que tiene en cuenta las circunstancias personales del contribuyente es:

- ☐ Un impuesto directo.
- ☐ Una tasa.
- ☐ Un impuesto proporcional.

TEST

2.4. Un impuesto progresivo es aquel en el que se cumple que:
- ☐ Si A gana la mitad que B, B pagará el doble de A.
- ☐ Si A gana la mitad que B, B pagará más del doble de A.
- ☐ Si A gana la mitad que B, B pagará igual que A.

2.5. El IVA es un impuesto:
- ☐ Directo proporcional.
- ☐ Directo progresivo.
- ☐ Indirecto.

2.6. Según la Ley General Tributaria:
- ☐ Los tributos son impuestos.
- ☐ Los impuestos son tributos.
- ☐ Las tasas son impuestos.

2.7. El Impuesto sobre Bienes Inmuebles grava:
- ☐ La compra de bienes.
- ☐ La propiedad de los bienes.
- ☐ El alquiler de los bienes.

2.8. La venta de un vehículo usado realizada por un particular está gravada por:
- ☐ El IAE.
- ☐ El IVA.
- ☐ El ITPyAJD.

2.9. El tipo impositivo de un vehículo usado vendido por un particular es del:
- ☐ 3 %.
- ☐ 4 %.
- ☐ 7 %.

2.10. El tipo de gravamen aplicable a los bienes inmuebles urbanos estará comprendido entre:
- ☐ El 0,40 % y 1,10 % del valor catastral.
- ☐ El 0,30 % y 0,90 % del valor catastral.
- ☐ Se aplica siempre el 0,60 % del valor catastral.

EJERCICIOS FINALES

1. ¿Qué diferencia existe entre la base imponible y la base liquidable de un impuesto?
2. ¿Qué diferencia existe entre la cuota íntegra, la cuota líquida y la cuota diferencial de un impuesto?
3. Pedro hereda una vivienda de su abuela fallecida. ¿Qué impuesto está obligado a pagar?
4. Juan compra a Pedro una vivienda. ¿Qué impuesto debe pagar?
5. Indica a qué tributo están sujetos los siguientes hechos imponibles:
   a) Tenencia de bienes inmuebles.
   b) Sueldo de un trabajador.
   c) Ampliación del capital social de una sociedad.
   d) Recibir una herencia.
   e) Una empresa realiza una venta de mercaderías a un cliente.
6. Indica cuál es la diferencia entre exención y no sujeción en un impuesto.
7. Indica si las siguientes situaciones están exentas o no sujetas al IAE:
   a) Exposición de artículos para adornar.
   b) Operación aislada de venta al por menor.
   c) Operaciones realizadas por las entidades locales.
   d) Organismos públicos de investigación.
   e) Venta de bienes de uso particular del vendedor.
   f) Las asociaciones y fundaciones de disminuidos físicos, psíquicos y sensoriales.
8. ¿Qué regímenes de determinación de la base imponible existen en el ordenamiento tributario español?
9. ¿Cómo se denomina a la base sobre la que se aplica el tipo de gravamen?, ¿y a la cuota resultante del cálculo anterior?
10. ¿Qué tipo de gravamen (fijo, proporcional, progresivo) tienen los siguientes tributos:
    a) IAE.
    b) IRPF.
    c) IS.
11. La empresa A tiene un beneficio de 20.000 € y paga 6.000 € de impuestos. La empresa B ha obtenido un beneficio de 30.000 € y paga 9.000 € de impuestos. ¿Se trata de un impuesto progresivo o proporcional?
12. María se compra una casa nueva por 160.000 €. La compra se formaliza mediante escritura pública. Calcula lo que tendrá que pagar de impuestos si el IVA es del 10 % y el ITPyAJD del 0,5 %.
13. Si un litro de leche cuesta 0,80 € y está sometido al 4 % de IVA, calcula la base imponible, el tipo de gravamen y la cuota tributaria.
14. ¿A qué tipo de sociedad corresponden los siguientes NIF?

    B-23656458; F-56983265; A-23659858; G-12698569
15. Una empresa tiene una cuota de actividad de 850 € y una cuota de superficie de 370 €. ¿Cuál será la cuota de tarifa?
16. Una empresa tiene una cuota de actividad de 980 € y una cuota de superficie de 260 €. Para calcular el coeficiente de ponderación sabemos que su cifra de negocios es de 6.000.000 €. El coeficiente de situación es de 1,8. Calcula la cuota de tarifa, la cuota incrementada por el coeficiente de ponderación y la cuota tributaria.

EJERCICIOS FINALES

17. ¿Estará exenta del IAE una sociedad que facturó el ejercicio pasado 1.500.000 € e inició su actividad el mismo año?

18. Agustín vende un apartamento a Félix el día 15 de mayo del 20X3. ¿Quién estará obligado a pagar el IBI correspondiente al año 20X3?

19. Calcula el IBI que pagará el propietario de una vivienda cuyo valor catastral es de 45.000 € si en ese municipio se aplica el tipo máximo sin incrementos.

20. Un inmueble rústico tiene una valoración catastral de 60.000 €. Calcula la cuota del IBI si el tipo impositivo aplicado es el menor que marca la ley.

21. Halla el tipo impositivo incrementado de una finca rústica en un municipio que aplica el tipo mínimo + 0,21 % y, por tener transporte público, un 0,05 % de incremento.

22. Calcula el tipo impositivo incrementado de un local comercial en León que aplica el tipo máximo y un 0,07 % por se capital de provincia.

23. Un bien inmueble urbano tiene un valor catastral de 120.000 €. Calcula la deuda tributaria del IBI si el ayuntamiento aplica el tipo mínimo.

24. Calcula la deuda tributaria del ejercicio anterior suponiendo que el bien inmueble se encuentre en una capital de provincia y el ayuntamiento aplique el tipo incrementado.

25. María compra una vivienda a Oscar por 160.000 €. ¿Quién es el sujeto pasivo? ¿Cuánto debe pagar a Hacienda?

26. Las transmisiones de bienes *inter vivos* tributan por el ITPyAJD (TPO). Si la transmisión estuviese motivada por causa de muerte, ¿por qué impuesto tributarían?

27. El Sr. Gómez compra un local en Madrid al Sr. Pérez por importe de 200.000 €. ¿Quién es el sujeto pasivo? Calcula el importe a ingresar a la Comunidad de Madrid si esta aplica un tipo del 6 %.

28. Determina quién es el sujeto pasivo en cada una de las siguientes operaciones, calcula la cuota del ITPyAJD e indica la modalidad (TPO, OS, AJD):

    a) María vende un anillo de diamantes a Andrea por importe de 3.400 €.

    b) Una empresa de transportes cobra por la realización de un servicio de transporte de mercancías 800 €.

    c) Ramiro vende a Juan una vivienda por importe de 130.000 €.

    d) La empresa A vende mercancías al Sr. Gómez por importe de 3.250 €. El Sr. Gómez acepta letra de cambio a 90 días por dicho importe.

    e) La empresa ADL, SA traslada su domicilio social de Italia a España.

    f) ADL, SA efectúa una ampliación de capital mediante la emisión de 5.000 acciones de 6 € nominales.

    g) Juan pide un préstamo hipotecario al banco para la adquisición de una vivienda por importe de 90.000 €. Se firma escritura pública.

29. El Sr. Hernández tiene una deuda de 80.000 € con el Sr. Gutiérrez. El Sr. Hernández tiene problemas de liquidez y propone al Sr. Gutiérrez saldar su deuda mediante la entrega de un local de su propiedad que tiene el mismo valor. El Sr. Gutiérrez acepta. ¿Está sujeta esta operación a algún impuesto? ¿Quién es el sujeto pasivo? ¿Cuál es el importe a pagar?

30. Antonio presta a su hijo Alberto 110.000 € que este destina a la adquisición de un local. Formalizan un contrato privado de préstamo en el que se pactan las condiciones de devolución del principal durante 25 años sin intereses. ¿Debe tributar por ITPyAJD?

31. La sociedad ANTA, SL realiza una ampliación de capital y recibe de un socio un inmueble a cambio de participaciones. El inmueble se valora en la escritura de ampliación en 340.000 € y está hipotecado. En el momento de la ampliación el principal del préstamo era de 200.000 €. La sociedad ANTA, SL entrega las participaciones

EJERCICIOS FINALES

correspondientes y se subroga en la hipoteca, haciéndose cargo de la devolución del préstamo. ¿Entra esta operación en alguna de las modalidades del ITPyAJD?

32. Una sociedad anónima decide ampliar su capital mediante la emisión de 200.000 acciones de 5 € nominales. La emisión se realiza al 150 % exigiendo el mínimo legal. Calcula la base imponible del ITPyAJD.

33. La empresa PROMO, SA ha construido un edificio de pisos en un solar de su propiedad y, para poder inscribirlo en el Registro de la Propiedad (Comunidad de Madrid) y vender los pisos de forma independiente, procede a declarar la obra nueva de la construcción, constituyendo el edificio en régimen de propiedad horizontal. Se valora la obra nueva en 1.200.000 € y el solar en 600.000 €. Determina lo que tendrá que pagar por el ITPyAJD.

34. El Sr. Herrero compra una máquina para su empresa por 60.000 €, más IVA. El pago se realizará mediante la aceptación de tres letras de cambio de igual importe con vencimientos trimestrales. La primera vencerá dentro de un mes. Calcula el importe a pagar por las letras de cambio (AJD).

UNIDAD 9

IMPUESTO SOBRE SOCIEDADES

En esta unidad estudiaremos el Impuesto sobre Sociedades. Analizaremos su ámbito de aplicación, el hecho imponible, el contribuyente y los demás elementos tributarios de este impuesto directo.

Analizaremos la forma de obtener la base imponible y la cuota tributaria. También estudiaremos, de forma esquemática, el cálculo del gasto contable del IS y su contabilización.

Objetivos

- Conocer la naturaleza del Impuesto sobre Sociedades.
- Identificar los elementos del Impuesto sobre Sociedades.
- Identificar el hecho imponible y el contribuyente del IS.
- Diferenciar las operaciones sujetas, no sujetas y exentas.
- Comprender que los criterios contables y fiscales no siempre coinciden y que, por esta razón, es necesario realizar ajustes.
- Conocer los distintos ajustes que es necesario realizar para determinar la base imponible.
- Identificar el tipo impositivo que hay que aplicar para obtener la cuota íntegra.
- Conocer las deducciones y bonificaciones aplicables para calcular la cuota líquida.
- Comprender las obligaciones contables y registrar las derivadas del IS.

Contenidos

9.1. Conceptos generales

El Impuesto sobre Sociedades es un tributo de carácter directo y naturaleza personal que grava la renta de las sociedades y demás entidades jurídicas. El hecho imponible se define por referencia a una persona determinada, que es la persona jurídica receptora de la renta. Es un tributo de devengo periódico.

Legislación

El Impuesto sobre Sociedades está regulado por la Ley 27/2014, de 27 de noviembre, del Impuesto sobre Sociedades (LIS).

Real Decreto 634/2015, de 10 de julio, por el que se aprueba el Reglamento del Impuesto sobre Sociedades (RIS).

9.1.1. Ámbito de aplicación

El Impuesto sobre Sociedades se aplicará en todo el territorio español, sin perjuicio de los conciertos y convenios con las Comunidades Autónomas (País Vasco, Navarra, Canarias, Ceuta y Melilla) y de los tratados y convenios internacionales.

9.1.2. Hecho imponible

Constituirá el hecho imponible la obtención de renta por el contribuyente, cualquiera que fuese su fuente u origen.

Cuando la base imponible se determine a través del método de estimación indirecta, las cesiones de bienes y derechos y las prestaciones de servicios, en sus distintas modalidades, se presumirán retribuidas por su valor de mercado (art. 123 de la LIS).

9.1.3. Concepto de actividad económica y entidad patrimonial

Se entiende por **actividad económica** la ordenación por cuenta propia de los medios de producción y de recursos humanos o de uno de ambos con la finalidad de intervenir en la producción o distribución de bienes o servicios.

En el caso de arrendamiento de inmuebles, se entenderá que existe actividad económica, únicamente cuando para su ordenación se utilice, al menos, una persona empleada con contrato laboral y jornada completa.

Se entenderá por **entidad patrimonial** y que, por tanto, no realiza una actividad económica, aquella en la que más de la mitad de su activo esté constituido por valores o no esté afecto a una actividad económica. Esto es, cuando su actividad principal consista en la gestión de un patrimonio mobiliario o inmobiliario.

Legislación

Artículo 6. Atribución de rentas:

1. Las rentas correspondientes a las sociedades civiles que no tengan la consideración de contribuyentes de este Impuesto, herencias yacentes, comunidades de bienes y demás entidades a que se refiere el artículo 35.4 de la Ley 58/2003, así como las retenciones e ingresos a cuenta que hayan soportado, se atribuirán a los socios, herederos, comuneros o partícipes, respectivamente, de acuerdo con lo establecido en la LIRPF.
2. Las entidades en régimen de atribución de rentas no tributarán por el Impuesto sobre Sociedades.

9.1.4. Contribuyentes

Serán contribuyentes del impuesto, cuando tengan su residencia en territorio español:

- Las personas jurídicas, excluidas las sociedades civiles que no tengan objeto mercantil.
- Las sociedades agrarias de transformación.
- Los fondos de inversión, uniones temporales de empresas, fondos de capital-riesgo, fondos de pensiones, fondos de regulación del mercado hipotecario, fondos de titulización regulados en la Ley 5/2015, fondos de garantía de inversiones, fondos de activos bancarios, comunidades titulares de montes vecinales en mano común.

Los contribuyentes serán gravados por la totalidad de la renta que obtengan, con independencia del lugar donde se hubiere producido y cualquiera que sea la residencia del pagador.

Las rentas obtenidas por entidades residentes en España tributarán por el IS, mientras que las rentas que obtengan las entidades no residentes tributarán por el impuesto sobre la renta de no residentes (IRNR).

Se considerarán residentes en territorio español las entidades en las que concurra alguno de los siguientes requisitos:

- Que se hubieran constituido conforme a las leyes españolas.
- Que tengan su domicilio social en territorio español.
- Que tengan su sede de dirección efectiva en territorio español (cuando en él radique la dirección y el control del conjunto de sus actividades).

Ejemplo 9.1

Una comunidad de bienes que explota un negocio, ¿será contribuyente del IS?

Respuesta:

Las comunidades de bienes carecen de personalidad jurídica distinta de sus comuneros. No están por tanto sujetas al IS, tributando en régimen de atribución de rentas.

Ejemplo 9.2

¿Es contribuyente del IS Renfe?

Respuesta:

Renfe es una entidad sujeta y no exenta al IS. Su naturaleza jurídica es la de entidad pública empresarial y no un organismo autónomo del Estado.

9.1.5. Exenciones

Existen dos tipos de exenciones:

- **Objetivas**: para cierto hecho imponible no se produce el nacimiento de la obligación tributaria. Destacan en este supuesto:
  - Exención para evitar la doble imposición sobre dividendos y rentas derivadas de la transmisión de valores representativos de los fondos propios de entidades residentes y no residentes en territorio español (art. 21 de la LIS).
  - Exención de las rentas obtenidas en el extranjero a través de un establecimiento permanente (art. 22 de la LIS).
- **Subjetivas**: para ciertos contribuyentes no se produce el nacimiento de la obligación tributaria. La LIS ha establecido una lista de entidades exentas, si bien, algunas de ellas solo parcialmente (entidades sin ánimo de lucro, colegios profesionales, asociaciones empresariales, sindicatos, partidos políticos, etc.). Entre las entidades totalmente exentas cabe destacar: el Estado, las comunidades autónomas y las entidades locales, los organismos autónomos del Estado, Banco de España, etc. (art. 9 de la LIS).

Recuerda...

Las sociedades civiles, aunque pueden tener personalidad jurídica, no requieren actuación notarial para constituirse.

Las sociedades civiles que no tengan objeto mercantil tributan por el régimen de atribución de rentas.

Las sociedades civiles con objeto mercantil (que realicen una actividad económica) serán contribuyentes del IS.

9.1.6. Periodo impositivo y devengo del impuesto

El periodo impositivo coincidirá con el ejercicio económico de la entidad, sin poder exceder en ningún caso de 12 meses (art. 27 de la LIS).

El devengo del impuesto, es decir, el nacimiento de la obligación tributaria, corresponde al último día del periodo impositivo (art. 28 de la LIS).

9.1.7. Esquema de liquidación

Para liquidar el Impuesto sobre Sociedades seguiremos el siguiente esquema:

Resultado contable ± Ajustes de carácter fiscal
= Base imponible previa – Reserva de capitalización (art. 25) – Compensación de bases imponibles negativas de periodos anteriores (art. 26)
= Base imponible (art. 10) × Tipo de gravamen (art. 29)
= Cuota íntegra (art. 30) – Deducciones para evitar la doble imposición internacional (arts. 31 y 32) – Bonificaciones (arts. 33 y 34)
= Cuota íntegra ajustada positiva – Deducciones para incentivar la realización de determinadas actividades (arts. 35 a 39)
= Cuota líquida – Pagos fraccionados (art. 40) – Retenciones e ingresos a cuenta (arts. 128 y 129)
= Cuota diferencial (a ingresar o devolver) [arts. 125 y 127]

9.2. Base imponible

La base imponible estará constituida por el importe de la renta en el periodo impositivo minorada por la compensación de bases imponibles negativas de periodos impositivos anteriores. La base imponible del IS se determinará, con carácter general, en régimen de estimación directa.

En el método de estimación directa, la base imponible se calculará corrigiendo, mediante la aplicación de los preceptos establecidos en la presente ley, el resultado contable determinado de acuerdo con las normas previstas en el Código de Comercio y en las demás leyes relativas a dicha determinación.

Una vez determinado el resultado contable, la base imponible se obtendrá corrigiéndolo con los ajustes establecidos en la propia ley. Si el gasto contabilizado conforme al PGC y demás normas aplicables no resulta fiscalmente deducible, el contribuyente deberá realizar un ajuste positivo, incrementando su base imponible en el importe del gasto que no sea deducible. Por otra parte, si la ley permite considerar que el gasto fiscalmente deducible es mayor que el que se ha contabilizado, o que el ingreso imputable es menor que el registrado contablemente, el contribuyente realizará un ajuste negativo reduciendo su base imponible en el importe correspondiente.

Legislación

Art. 10 de la LIS:

2. *La base imponible se determinará por el método de estimación directa, por el de estimación objetiva cuando esta Ley determine su aplicación y, subsidiariamente, por el de estimación indirecta, de conformidad con lo dispuesto en la LGT.*
4. *En el método de estimación objetiva la base imponible se podrá determinar total o parcialmente mediante la aplicación de los signos, índices o módulos a los sectores de actividad que determine esta Ley.*

Ejemplo 9.3

Determinadas sanciones administrativas se registran como gastos en contabilidad pero no son deducibles fiscalmente. Esto originará una diferencia entre la base imponible del IS y el beneficio contable.

9.2.1. Imputación temporal de ingresos y gastos

El artículo 11 de la LIS señala los criterios de imputación de ingresos y gastos a la base imponible, estableciendo lo que es el criterio general, el de devengo, junto con algunas excepciones, entre las que destacamos las operaciones a plazo o con precio aplazado.

Criterio de devengo: los ingresos y gastos derivados de las transacciones o hechos económicos se imputarán al período impositivo en que se produzca su devengo, con arreglo a la normativa contable, con independencia de la fecha de su pago o de su cobro, respetando la debida correlación entre unos y otros (art. 11.1 de la LIS). La regla general de imputación temporal coincide contable y fiscalmente.

Operaciones a plazos o con precio aplazado: las rentas se entenderán obtenidas proporcionalmente a medida que sean exigibles los correspondientes cobros, excepto que la entidad decida aplicar el criterio del devengo (art. 11.4 de la LIS). El PGC no reconoce el principio de caja en las operaciones a plazos o con precio aplazado.

Principio de inscripción contable: no serán fiscalmente deducibles los gastos que no se hayan imputado contablemente en la cuenta de pérdidas y ganancias o en una cuenta de reservas si así lo establece una norma legal o reglamentaria, a excepción de lo previsto en esta Ley respecto de los elementos patrimoniales que puedan amortizarse libremente o de forma acelerada (art. 11.3.1°).

La LIS establece las normas a seguir en caso de discrepancia entre las normas previstas de imputación temporal y las de inscripción contable:

- Si hay discrepancia entre el principio de imputación temporal y el de inscripción contable, prevalece el del imputación temporal.
- Prevalece el principio de inscripción contable en dos casos:
  - Cuando un gasto se contabilice en periodo impositivo posterior a aquel en que proceda su imputación temporal, se imputará fiscalmente en el que figure contabilizado.
  - Cuando un ingreso se contabilice en periodo impositivo anterior a aquel en que se hubiera imputado temporalmente, se imputará fiscalmente en aquel en el que figure contabilizado.

  La prevalencia del principio de inscripción contable sobre el de imputación temporal está condicionado a que de ello no se derive una tributación inferior a la que hubiere correspondido por aplicación de las normas de imputación temporal.

Recuerda...

Ajustes extracontables

	Ajuste
Gasto contable > Gasto fiscal	Positivo
Gasto contable < Gasto fiscal	Negativo
Ingreso contable > Ingreso fiscal	Negativo
Ingreso contable < Ingreso fiscal	Positivo

Recuerda...

Se considerarán operaciones a plazos o con precio aplazado, aquellas cuya contraprestación sea exigible, total o parcialmente, mediante pagos sucesivos o mediante un solo pago, siempre que el periodo transcurrido entre el devengo y el vencimiento del último o único plazo sea superior al año.

9.2.2. Amortizaciones

Serán deducibles las cantidades que, en concepto de amortización del inmovilizado material, intangible y de las inversiones inmobiliarias, correspondan a la depreciación efectiva que sufran los distintos elementos por funcionamiento, uso, disfrute u obsolescencia (art. 12 de la LIS).

Se considerará que la depreciación es efectiva cuando se practique conforme a alguno de los métodos establecidos en la LIS y desarrollados reglamentariamente:

a) **Amortización según tablas oficiales:** las cuotas de amortización se obtienen aplicando los coeficientes de amortización lineal según la tabla del artículo 12.1.a) de la LIS. Las tablas establecen para cada elemento patrimonial un coeficiente de amortización lineal máximo y un periodo máximo de amortización (del que se deriva el coeficiente de amortización lineal de carácter mínimo). La amortización según tablas implica una amortización constante (todos los años la misma cantidad). (Consultar arts. 4.2 y 4.3 del RIS.)

Legislación

Algunos coeficientes de amortización lineal establecidos en el artículo 12.1.a) de la LIS

Tipo de elemento	Coeficiente lineal máximo	Periodo de años máximo
Edificios industriales	3 %	68
Almacenes y depósitos	7 %	30
Edificios comerciales, administrativos, de servicios y viviendas	2 %	100
Maquinaria	12 %	18
Elementos de transporte externo	16 %	14
Mobiliario	10 %	20
Útiles y herramientas	25 %	8
Moldes, matrices y modelos	33 %	6
Equipos electrónicos	20 %	10
Equipos para procesos de información	25 %	8
Sistemas y programas informáticos	33 %	6

Art. 12 de la LIS

Ejemplo 9.4

Una empresa de fabricación de calzado posee una máquina para preparación de cueros cuyo precio de adquisición fue de 8.000 €. Supone que el valor residual de la máquina al final de su vida útil será de 600 €. Calcula cuáles serán las cuotas de amortización máximas y mínimas si aplica las tablas oficiales.

Respuesta:

Valor a amortizar = Precio de adquisición – valor residual = 8.000 – 600 = 7.400 €.

Cuota de amortización máxima anual (según tablas) = 12 % de 7.400 = 888 €.

Cuota mínima de amortización anual (según tablas) = 7.400 €/18 años = 411,11 €.

Será deducible fiscalmente una cuota anual de amortización entre 411,11 € y 888 €.

b) **Amortización según porcentaje constante** (art. 12.1.b) de la LIS y art. 5 del RIS): se aplica un porcentaje constante sobre el valor pendiente de amortización o valor contable del elemento patrimonial. El porcentaje constante se determinará ponderando el coeficiente de amortización lineal obtenido a partir del periodo de amortización según tablas de amortización oficialmente aprobadas, por los siguientes coeficientes:

- 1,5, si el elemento tiene un periodo de amortización inferior a 5 años.
- 2, si el elemento tiene un periodo de amortización igual o superior a 5 años e inferior a 8 años.
- 2,5, si el elemento tiene un periodo de amortización igual o superior a ocho años.

El porcentaje constante no podrá ser inferior al 11 %.

El saldo pendiente de amortizar en el último periodo de vida útil se amortizará íntegramente en ese periodo.

Este método de amortización no será aplicable a edificios, mobiliario y enseres.

Ejemplo 9.5

Supongamos que la empresa de fabricación de calzado del ejemplo anterior elige este método para amortizar la máquina y desea hacerlo en 10 años. Calcula las cuotas de amortización de los 5 primeros años.

Respuesta:

Valor a amortizar = Precio de adquisición – valor residual = 8.000 – 600 = 7.400 €.

El número máximo de años para amortizar (según tablas) es 18.

El número mínimo de años para amortizar será 100/12 = 8,33 años (12 es el porcentaje máximo según tablas.

La empresa puede elegir un número de años de amortización entre 8,33 y 18. Elige 10.

El coeficiente de amortización en 10 años será = 100/10 = 10 %.

Ponderamos el coeficiente anterior por 2,5 (por tener un periodo de amortización superior a 8 años):

Porcentaje de amortización constante a aplicar: 10 % x 2,5 = 25 %.

Cuota amortización año 1: 25 % de 7.400 = 1.850 €.

Cuota amortización año 2: 25 % de 5.550 (7.400 – 1.850) = 1.387,50 €.

Cuota amortización año 3: 25 % de 4.162,50 (5.550 – 1.387,50) = 1.040,63 €.

Cuota amortización año 4: 25 % de 3.121,87 (4.162,50 – 1.040,63) = 780,47 €.

Cuota amortización año 5: 25 % de 2.341,40 (3.121,87 – 780,47) = 585,35 €.

De la misma forma calcularíamos las cuotas de amortización hasta el año 10 (en este año amortizaríamos el resto).

c) **Método de los números dígitos** (art. 12.1.c) de la LIS y art. 6 del RIS): la suma de dígitos se determinará en función del periodo de amortización establecido en las tablas de amortización oficialmente aprobadas. Dicho método permite determinar cuotas de amortización tanto decrecientes como crecientes.

Este método de amortización no será aplicable a edificios, mobiliario y enseres.

Los pasos a seguir para su cálculo son:

- La sociedad decidirá el periodo en el que se desea amortizar el bien (entre el máximo y el mínimo de las tablas).
- Se asigna un valor numérico, a partir de la unidad, a cada uno de los años que constituyen el periodo de amortización. La suma de dichos valores será la suma de dígitos.
- Se divide el valor a amortizar entre la suma de dígitos obtenida, determinándose así la cuota por dígito.
- La cuota de amortización anual se obtendrá multiplicando la cuota por dígito por el valor numérico que corresponda a cada periodo.
  - Si la asignación de cada valor numérico a cada uno de los años de la vida útil se realiza de forma creciente, obtendremos cuotas de amortización crecientes.
  - En caso contrario obtendremos unas cuotas de amortización decrecientes.

Legislación

Amortización de elementos usados (art. 4.3 del RIS):

Cuando el contribuyente adquiere bienes de inmovilizado usados el cálculo de la amortización se efectuará:

- Sobre el precio de adquisición, hasta el límite resultante de multiplicar por 2 la cantidad derivada de aplicar el coeficiente de amortización lineal máximo.
- Si se conoce el precio de adquisición o coste de producción originario, este podrá ser tomado como base para la aplicación del coeficiente de amortización lineal máximo.

Ejemplo 9.6

Supongamos que la empresa de fabricación de calzado de los ejemplos anteriores elige el método de números dígitos creciente para amortizar unos troqueles que adquirió por 1.150 € y un valor residual de 100 €. Decide amortizarlos en 5 años. Calcula las cuotas de amortización.

Respuesta:

Valor a amortizar = Precio de adquisición – valor residual = 1.150 – 100 = 1.050 €.

El número máximo de años para amortizar (según tablas) es 6.

El número mínimo de años para amortizar será 100/33 = 3,03 años (33 es el porcentaje máximo según tablas.

La empresa ha decidido hacerlo en 5 años.

A cada año se le asigna un dígito (1, 2, 3, 4 y 5) y se realiza un reparto proporcional a los dígitos asignados a cada periodo:

Cuota por dígito = Valor a amortizar/suma de dígitos =1.050 / (1 + 2 + 3 + 4 + 5) = 1.050 / 15 = 70 €.

Cuotas anuales: año 1 = 70 x 1 = 70 €; año 2 = 70 x 2 = 140 €; año 3 = 70 x 3 = 210 €; año 4 = 70 x 4 = 280 €; año 5 = 70 x 5 = 350 €.

Legislación

Art. 7 del RIS. Planes de amortización:

1. *Los contribuyentes podrán proponer a la Administración tributaria un plan para la amortización de los elementos patrimoniales del inmovilizado material, intangible o inversiones inmobiliarias.*

Art. 12 de la LIS:

2. *El inmovilizado intangible se amortizará atendiendo a su vida útil. Cuando la misma no pueda estimarse de manera fiable, la amortización será deducible con el límite anual máximo de la veinteava parte de su importe.*

   La amortización del fondo de comercio será deducible con el límite anual máximo de la veinteava parte de su importe.

d) **Planes especiales de amortización** (art. 12.1.d) de la LIS y art. 7 del RIS): la amortización podrá ajustarse a un plan formulado por el contribuyente y aceptado por la Administración tributaria. Podrá solicitarlo el contribuyente cuando considere que la depreciación efectiva de alguno de sus elementos de su inmovilizado no se corresponde con la amortización que pudiera resultar de la aplicación de los métodos anteriores.

e) **Casos especiales de amortización:**

Amortización del inmovilizado intangible

El artículo 12.2 de la LIS establece que el inmovilizado intangible se amortizará atendiendo a su vida útil.

Libertad de amortización

El artículo 12.3 de al LIS señala la posibilidad de amortizar libremente los siguientes elementos:

- Los elementos del inmovilizado material, intangible e inversiones inmobiliarias de las sociedades laborales afectos a la realización de sus actividades, adquiridos durante los cinco primeros años a partir de la fecha de su calificación como tales.
- Los elementos del inmovilizado material e intangible, excluidos los edificios, afectos a las actividades de investigación y desarrollo.

  Los edificios podrán amortizarse de forma lineal durante un periodo de 10 años, en la parte que se hallen afectos a las actividades de investigación y desarrollo.
- Los gastos de investigación y desarrollo activados como inmovilizado intangible, excluidas las amortizaciones de los elementos que disfruten de libertad de amortización.
- Los elementos del inmovilizado material o intangible de las entidades que tengan la calificación de explotaciones asociativas prioritarias de acuerdo con lo dispuesto en la Ley 19/1995, de 4 de julio, de modernización de las explotaciones agrarias, adquiridos durante los cinco primeros años a partir de la fecha de su reconocimiento como explotación prioritaria.
- Los elementos del inmovilizado material nuevos, cuyo valor unitario no exceda de 300 €, hasta el límite de 25.000 € referido al período impositivo. Si el período impositivo tuviera una duración inferior a un año, el límite señalado será el resultado de multiplicar 25.000 € por la proporción existente entre la duración del período impositivo respecto del año.

Las cantidades aplicadas a la libertad de amortización minorarán, a efectos fiscales, el valor de los elementos amortizados.

Ejemplo 9.7

La sociedad laboral ZACO, SLL compra una furgoneta por 23.000 € durante el tercer año desde su creación. La duración prevista será de 5 años y lo amortizará mediante cuotas lineales. Se estima que el valor residual será de 3.000 €. La sociedad decide amortizar totalmente el vehículo este año. ¿Qué ajustes extracontables habrá que realizar durante los 5 años?

Respuesta:

Las sociedades laborales tendrán libertad de amortización durante los 5 primeros años. La sociedad amortizará el vehículo contablemente en 5 años mediante cuotas anuales de 4.000 € [(23.000 – 3.000)/5], pero amortizará la totalidad del vehículo, desde el punto de vista fiscal, el primer año. Esto obligará a realizar los ajustes que figuran en la siguiente tabla:

Año	Amortización contable	Amortización fiscal	Ajustes sobre el resultado contable
1	4.000	20.000	– 16.000
2	4.000	0	+ 4.000
3	4.000	0	+ 4.000
4	4.000	0	+ 4.000
5	4.000	0	+ 4.000

El primer año hemos contabilizado un gasto de 4.000 € y fiscalmente deducimos 20.000 € (por tanto disminuimos en 16.000 € el beneficio contable para calcular la base imponible del IS). En los 4 años siguientes contabilizamos 4.000 € pero no podemos deducir fiscalmente nada (por tanto aumentamos en 4.000 € el beneficio contable para calcular la base imponible del IS).

Amortización de activos adquiridos mediante contrato de arrendamiento financiero

El artículo 106 de la LIS recoge un régimen especial para determinados contratos de arrendamiento financiero que va a permitir una amortización acelerada de los bienes adquiridos, siempre que cumplan determinadas condiciones.

Fiscalmente, las cuotas satisfechas en este tipo de contrato se tratarán de la siguiente manera:

a) La carga financiera tendrá siempre la consideración de gasto deducible.

b) Las cuotas de recuperación del coste del bien tendrán la consideración de gasto deducible, salvo en el caso de que el contrato tenga por objeto terrenos, solares y otros activos no amortizables.

El importe de la cantidad deducible no podrá ser superior al resultado de aplicar al coste del bien el duplo del coeficiente de amortización lineal según tablas de amortización oficialmente aprobadas que corresponda al citado bien. El exceso será deducible en los periodos impositivos sucesivos, respetando igual límite.

Para las entidades de reducida dimensión, el límite de la deducción será el resultado de aplicar el duplo del coeficiente de amortización lineal según tablas multiplicado por 1,5.

c) La deducción de las cantidades a que se refiere el apartado anterior no estará condicionada a su imputación contable en la cuenta de pérdidas y ganancias.

Legislación

Artículo 106 de la LIS:

Requisitos que han de cumplir los contratos de arrendamiento financiero para poder aplicar los beneficios establecidos en el art. 106:

- El arrendador ha de ser una entidad de crédito o un establecimiento financiero de crédito.
- Los contratos tendrán una duración mínima de 2 años para bienes muebles, o de 10 años para inmuebles o establecimientos industriales.
- Las cuotas de arrendamiento financiero deberán aparecer expresadas en los respectivos contratos diferenciando la parte que corresponda a la recuperación del coste del bien, excluido el valor de la opción de compra y la carga financiera exigida por ella.
- Las cuotas de recuperación del coste del bien deberán ser constantes o crecientes a lo largo de todo el contrato.

Ejemplo 9.8

Una empresa adquiere, mediante *leasing*, una máquina en 10.500 €, la cual tiene en tablas un coeficiente máximo del 12 %. La duración del contrato será de 5 años, con una cuota anual de 2.000 € y una opción de compra de 500 €. Calcula el gasto fiscalmente deducible.

Respuesta:

Será deducible hasta el duplo del importe de la amortización máxima permitida: (2 x 12 %): 24 % de (10.500 - 500) = 2.400 € (se podrá deducir toda la cuota: 2.000 €).

Ejemplo 9.9

Una sociedad adquiere un vehículo en régimen de arrendamiento financiero. El precio de adquisición es de 30.000 €, el coste financiero de 12.000 € y la duración del contrato de 4 años. Suponiendo que las cuotas del arrendamiento son las que aparecen en la tabla siguiente:

	Año 1	Año 2	Año 3	Año 4
Cuota financiera	3.000	3.000	3.000	3.000
Recuperación del coste	7.500	7.500	7.500	7.500
Cuota total	10.500	10.500	10.500	10.500

Suponiendo que el coeficiente máximo de amortización según tablas es del 16 %, calcula los ajustes que tendrá que realizar la empresa durante este ejercicio y los siguientes.

Respuesta:

La empresa habrá contabilizado un gasto de 3.000 € cada año, correspondiente a la cuota financiera y una cuota de amortización anual, según tablas, de 4.800 € (16 % de 30.000) durante 4 años.

El artículo 106 de la LIS le permite deducir como gasto de recuperación del coste hasta el doble del coeficiente de amortización según tablas (2 x 16 % de 30.000 = 9.600 € cada año). Como está pagando 7.500 €, este será el importe máximo que podrá deducirse cada año.

Por tanto, durante los 4 años de duración del contrato, contabilizará una amortización de 4.800 € y se deducirá fiscalmente 7.500 €. Deberá practicar un ajuste negativo de 2.700 € (7.500 – 4.800).

A partir del 4.º año el bien estará totalmente amortizado desde el punto de vista fiscal (7.500 x 4= 30.000) pero la amortización contable continúa realizándose durante 3 años más (100/16 = 6,25). Deberá practicar un ajuste positivo de 4.800 € el 5.º y 6.º año y de 1.200 € el 7.º año (30.000 – 4.800 x 6).

Años	Amortización contable	Amortización fiscal	Ajustes sobre el resultado contable
1	4.800	7.500	– 2.700
2	4.800	7.500	– 2.700
3	4.800	7.500	– 2.700
4	4.800	7.500	– 2.700
5	4.800	0	+ 4.800
6	4.800	0	+ 4.800
7	1.200	0	+ 1.200

9.2.3. Correcciones de valor por deterioro y provisiones

Son la expresión contable de las correcciones de valor por pérdidas reversibles producidas en elementos de activo, cobertura de insolvencias o cobertura de gastos o pérdidas.

A) Pérdidas por deterioro del valor de los elementos patrimoniales (art. 13 de la LIS):

Se producirá una pérdida por deterioro del valor de un elemento patrimonial cuando su valor contable supere a su importe recuperable.

A efectos de determinar su deducibilidad fiscal rige el principio de inscripción contable (art. 11.3 de la LIS): con carácter general, cualquier pérdida no contabilizada no podrá ser gasto fiscalmente deducible.

Deterioro de existencias

La LIS no establece ninguna limitación específica por lo que las mismas serán deducibles atendiendo a su regulación contable.

Insolvencias de créditos

Serán deducibles las pérdidas por deterioro de los créditos derivadas de las posibles insolvencias de los deudores, cuando en el momento del devengo del Impuesto concurra alguna de las siguientes circunstancias (art. 13.1 de la LIS):

a) Que haya transcurrido el plazo de 6 meses desde el vencimiento de la obligación.
b) Que el deudor esté declarado en situación de concurso.
c) Que el deudor esté procesado por el delito de alzamiento de bienes.
d) Que las obligaciones hayan sido reclamadas judicialmente o sean objeto de un litigio judicial o procedimiento arbitral de cuya solución dependa su cobro.

No serán deducibles las siguientes pérdidas por deterioro de créditos:

1.º Las correspondientes a créditos adeudados por entidades de derecho público, excepto que sean objeto de un procedimiento arbitral o judicial que verse sobre su existencia o cuantía.

2.º Las correspondientes a créditos adeudados por personas o entidades vinculadas, salvo que estén en situación de concurso y se haya producido la apertura de la fase de liquidación por el juez, en los términos establecidos en la Ley 22/2003, de 9 de julio, Concursal.

3.º Las correspondientes a estimaciones globales del riesgo de insolvencias de clientes y deudores. Como excepción, permite la deducción de dotaciones globales por insolvencias a las entidades de reducida dimensión, hasta el límite del 1 % sobre los deudores existentes a la conclusión del periodo impositivo (art. 104).

Ejemplo 9.10

El beneficio contable de una sociedad es de 3.500 €. Entre los gastos hay uno de 300 €, contabilizado en la cuenta *694. Pérdidas por deterioro de créditos por operaciones comerciales*, correspondiente a la deuda de un cliente por una venta realizada en septiembre. ¿Tendrá que hacer algún ajuste para obtener la base imponible del IS? ¿Qué ajuste hará en el ejercicio siguiente si el cliente paga la deuda?

Respuesta:

Tendrá que hacer un ajuste positivo de 300 € resultando una base imponible de 3.800 €, ya que no han transcurrido 6 meses desde el vencimiento de la obligación.

Durante el ejercicio siguiente la sociedad contabilizará un ingreso (cuenta 794) por la reversión del deterioro y tendrá que hacer un ajuste negativo de 300 € sobre el resultado del ejercicio.

B) Provisiones:

Desde el punto de vista contable, las provisiones son pasivos que representan obligaciones expresas o tácitas, claramente especificadas en cuanto a su naturaleza,

Legislación

Artículo 13.2 de la LIS:

No serán deducibles:

a) *Las pérdidas por deterioro del inmovilizado material, inversiones inmobiliarias e inmovilizado intangible, incluido el fondo de comercio.*

b) *Las pérdidas por deterioro de los valores representativos de la participación en el capital o en los fondos propios de entidades respecto de la que se den las siguientes circunstancias:*

1.ª que, en el período impositivo en que se registre el deterioro, no se cumpla el requisito establecido en la letra a) del apartado 1 del artículo 21 de esta Ley, y

2.ª que, en caso de participación en el capital o en los fondos propios de entidades no residentes en territorio español, en dicho período impositivo se cumpla el requisito establecido en la letra b) del apartado 1 del citado artículo.

c) *Las pérdidas por deterioro de los valores representativos de deuda.*

Las pérdidas por deterioro señaladas en este apartado serán deducibles en los términos establecidos en el artículo 20 de esta Ley. En el supuesto previsto en la letra b) anterior, aquellas serán deducibles siempre que las circunstancias señaladas se den durante el año anterior al día en que se produzca la transmisión o baja de la participación.

pero en la fecha del cierre del ejercicio, indeterminadas en cuanto a su importe o a la fecha en que se producirán.

Desde el punto de vista fiscal no serán deducibles, como criterio general, los gastos derivados de obligaciones implícitas o tácitas.

El artículo 14 de la LIS establece una lista de dotaciones a provisiones que no serán deducibles:

- Los derivados de obligaciones implícitas o tácitas.
- Los gastos por provisiones y fondos internos para la cobertura de las contingencias idénticas o análogas a las que son objeto del texto refundido de la Ley de regulación de los planes y fondos de pensiones.
- Los relativos a retribuciones a largo plazo al personal mediante sistemas de aportación definida o prestación definida. No obstante, serán deducibles las contribuciones de los promotores de planes de pensiones, así como las realizadas a planes de previsión social empresarial.
- Los concernientes a los costes de cumplimiento de contratos que excedan a los beneficios económicos que se esperan recibir de los mismos.
- Los derivados de reestructuraciones, excepto si se refieren a obligaciones legales o contractuales y no meramente tácitas.
- Los relativos al riesgo de devoluciones de ventas.
- Los de personal que se correspondan con pagos basados en instrumentos de patrimonio.

Serán deducibles, con límites:

- Los gastos correspondientes a actuaciones medioambientales.
- Los gastos relativos a provisiones técnicas realizadas por entidades aseguradoras.
- Los gastos relativos a provisiones técnicas efectuados por las sociedades de garantía recíproca.
- Los gastos inherentes a los riesgos derivados de garantías de reparación y revisión.
- Las dotaciones para la cobertura de gastos accesorios por devoluciones de ventas.

Legislación

Artículo 14.9 de la LIS:

Los gastos inherentes a los riesgos derivados de garantías de reparación y revisión, serán deducibles hasta el importe necesario para determinar un saldo de la provisión no superior al resultado de aplicar a las ventas con garantías vivas a la conclusión del periodo impositivo el porcentaje determinado por la proporción en que se hubieran hallado los gastos realizados para hacer frente a las garantías habidas en el periodo impositivo y en los dos anteriores en relación a las ventas con garantías realizadas en dichos periodos impositivos.

Lo dispuesto en el párrafo anterior también se aplicará a las dotaciones para la cobertura de gastos accesorios por devoluciones de ventas.

Ejemplo 9.11

Una sociedad que vende productos con garantía ha realizado unas ventas de 12.000 €, 15.000 € y 20.000 € durante los ejercicios 20X1, 20X2 y 20X3, respectivamente. Durante los mismos años ha incurrido en los siguientes gastos para cubrir dichas garantías: 720 €, 750 € y 1.200 €, respectivamente. Calcula la dotación fiscalmente deducible al final del ejercicio 20X3 si las ventas con garantías vivas al final de dicho ejercicio son de 10.000 €.

Respuesta:

Calculamos el porcentaje a aplicar a las ventas vivas según el artículo 14.9 de la LIS:

$$\frac{\text{Gastos efectuados para hacer frente a las garantías en este periodo y los dos anteriores}}{\text{Ventas con garantías efectuadas en dichos periodos}}$$

$$\frac{720 + 750 + 1.200}{12.000 + 15.000 + 20.000} = 0{,}05681$$

Dotación máxima deducible en el periodo impositivo 20X3: 10.000 x 0,05681 = 568,10 €.

9.2.4. Gastos no deducibles

Con carácter general, para que un gasto sea deducible fiscalmente deberá cumplir tres requisitos: que estén contabilizados, que estén justificados (soporte documental) y que se pueda imputar al periodo impositivo que se liquida. Aún cumpliendo estos requisitos hay determinados gastos que no tendrán la consideración de deducibles en el IS.

El artículo 15 de la LIS establece que no tendrán la consideración de gastos fiscalmente deducibles:

a) Los que representen una retribución de los fondos propios.

b) Los derivados de la contabilización del IS. No tendrán la consideración de ingresos los procedentes de dicha contabilización.

c) Las multas y sanciones penales y administrativas, los recargos del periodo ejecutivo y el recargo por declaración extemporánea sin requerimiento previo.

d) Las pérdidas del juego.

e) Los donativos y liberalidades. No se consideran como tales los siguientes:

- Los gastos por atenciones a clientes o proveedores (con el límite del 1 % del importe neto de la cifra de negocios del periodo impositivo).
- Los que con arreglo a los usos y costumbres se efectúen con respecto al personal de la empresa.
- Los realizados para promocionar, directa o indirectamente, la venta de bienes y prestación de servicios.
- Los que se hallen correlacionados con los ingresos.
- Las retribuciones a los administradores por el desempeño de funciones de alta dirección, u otras funciones derivadas de un contrato de carácter laboral con la entidad.

f) Los gastos de actuaciones contrarias al ordenamiento jurídico.

g) Los gastos de servicios correspondientes a operaciones realizadas con personas o entidades residentes en paraísos fiscales, o que se paguen a través de personas o entidades residentes en estos, excepto que el contribuyente pruebe que el gasto devengado responde a una operación o transacción efectivamente realizada.

h) Los gastos financieros derivados de deudas con entidades del grupo destinadas a la adquisición, a otras entidades del grupo, de participaciones en el capital o fondos propios de cualquier tipo de entidades, o a la realización de aportaciones en el capital o fondos propios de otras entidades del grupo,

Legislación

Artículo 16 de la LIS, Limitación en la deducibilidad de gastos financieros:

1. *Los gastos financieros netos serán deducibles con el límite del 30 por ciento del beneficio operativo del ejercicio.*

A estos efectos, se entenderá por gastos financieros netos el exceso de gastos financieros respecto de los ingresos derivados de la cesión a terceros de capitales propios devengados en el periodo impositivo, excluidos aquellos gastos a que se refieren las letras g), h) y j) del artículo 15 de esta Ley.

...

En todo caso, serán deducibles gastos financieros netos del periodo impositivo por importe de 1 millón de euros.

Los gastos financieros netos que no hayan sido objeto de deducción podrán deducirse en los periodos impositivos siguientes, conjuntamente con los del periodo impositivo correspondiente, y con el límite previsto en este apartado.

(Consultar el artículo 16 para mayor información.)

Art. 16 de la LIS

salvo que el contribuyente acredite que existen motivos económicos válidos para la realización de dichas operaciones.

i) Los gastos derivados de la extinción de la relación laboral, común o especial, o de la relación mercantil, o de ambas, aun cuando se satisfagan en varios periodos impositivos, que excedan, para cada perceptor, del mayor de los siguientes importes:

- 1 millón de euros.
- El importe establecido con carácter obligatorio en el Estatuto de los Trabajadores.

j) Los gastos correspondientes a operaciones realizadas con personas o entidades vinculadas que, como consecuencia de una calificación fiscal diferente en estas, no generen ingreso o generen un ingreso exento o sometido a un tipo de gravamen nominal inferior al 10 por ciento.

k) Las pérdidas por deterioro de los valores representativos de la participación en el capital o en los fondos propios de entidades respecto de la que se de alguna de las siguientes circunstancias:

1.º que, en el período impositivo en que se registre el deterioro, se cumplan los requisitos establecidos en el artículo 21 de esta Ley, o

2.º que, en caso de participación en el capital o en los fondos propios de entidades no residentes en territorio español, en dicho período impositivo no se cumpla el requisito establecido en la letra b) del apartado 1 del artículo 21 de esta Ley.

l) Las disminuciones de valor originadas por aplicación del criterio del valor razonable correspondientes a valores representativos de las participaciones en el capital o en los fondos propios de entidades a que se refiere la letra anterior, que se imputen en la cuenta de pérdidas y ganancias, salvo que, con carácter previo, se haya integrado en la base imponible, en su caso, un incremento de valor correspondiente a valores homogéneos del mismo importe.

Ejemplo 9.12

La cuenta de resultados de una empresa refleja un saldo acreedor (beneficio) de 220.000 €. En esta cuenta aparecen reflejadas las siguientes cuentas de gastos:

- (630) Impuesto sobre beneficios (50.000 €).
- (678) Gastos excepcionales (recargo por presentar fuera de plazo una declaración) (800 €).

Realiza los ajustes que correspondan para obtener la base imponible del IS.

Respuesta:

Base imponible IS: 220.000 + 50.000 + 800 = 270.800 €.

9.2.5. Reglas de valoración: regla general y reglas especiales

Los elementos patrimoniales se valorarán de acuerdo con los criterios previstos en el Código de Comercio, corregidos por la aplicación de los preceptos establecidos en esta Ley. No obstante, las variaciones de valor originadas por aplicación del criterio del valor razonable no tendrán efectos fiscales mientras no deban imputarse a la Cuenta de pérdidas y ganancias, sin perjuicio de lo señalado en la letra l) del artículo 15 de esta Ley. El importe de las revalorizaciones contables no se integrará en la base imponible, excepto cuando se lleven a cabo en virtud de normas legales o reglamentarias que lo obliguen (art. 17.1 de la LIS).

Cómputo por el valor de mercado

El artículo 17.4 de la LIS establece una serie de supuestos en que los bienes deben computarse fiscalmente a su valor de mercado.

Se entenderá por valor de mercado el que hubiera sido acordado entre partes independientes, pudiendo admitirse cualquiera de los métodos previstos en el artículo 18.4 de esta Ley.

Operaciones vinculadas

Según el artículo 18.1 de la LIS las operaciones efectuadas entre personas o entidades vinculadas se valorarán por su valor de mercado. Se entenderá por valor de mercado aquel que se habría acordado por personas o entidades independientes en condiciones que respeten el principio de libre competencia.

Los supuestos de vinculación están recogidos en el artículo 18.2 de la LIS.

Para la determinación del valor de mercado se aplicará cualquiera de los métodos enumerados en el artículo 18.4 de la LIS:

- **a)** Método del precio libre comparable.
- **b)** Método del coste incrementado.
- **c)** Método del precio de reventa.
- **d)** Método de la distribución del resultado.
- **e)** Método del margen neto operacional.

La elección del método de valoración tendrá en cuenta, entre otras circunstancias, la naturaleza de la operación vinculada, la disponibilidad de información fiable y el grado de comparabilidad entre las operaciones vinculadas y no vinculadas.

Cuando no resulte posible aplicar los métodos anteriores, se podrán utilizar otros métodos y técnicas de valoración generalmente aceptados que respeten el principio de libre competencia.

El artículo 20 de la LIS establece la forma en que la sociedad adquirente de un elemento patrimonial o un servicio integrará en su base imponible la diferencia entre la valoración contable y fiscal del mismo.

Exención en valores representativos de los fondos propios de entidades y establecimientos permanentes

Los artículos 21 y 22 de la LIS establecen unos supuestos de exención para:

- **a)** Los dividendos o participaciones en beneficios de entidades, que cumplan los requisitos establecidos (art. 21.1).
- **b)** Renta positiva obtenida en la transmisión de la participación en una entidad, cuando se cumplan los requisitos establecidos en el apartado 1 del artículo 21 (art. 21.3).
- **c)** Las rentas obtenidas en el extranjero a través de un establecimiento permanente (art. 22).

Las rentas obtenidas, amparadas en dichos supuestos, no se integrarán en la base imponible del IS.

9.2.6. Reducciones en la base imponible

A continuación destacamos dos situaciones que pueden dar lugar a reducciones en la base imponible del IS.

Legislación

Artículo 17.4 de la LIS:

Se valorarán por su valor de mercado los siguientes elementos patrimoniales:

a) *Los transmitidos o adquiridos a título lucrativo. No tendrán esta consideración las subvenciones.*

b) *Los aportados a entidades y los valores recibidos en contraprestación.*

c) *Los transmitidos a los socios por causa de disolución, separación de estos, reducción del capital con devolución de aportaciones, reparto de la prima de emisión y distribución de beneficios.*

d) *Los transmitidos en virtud de fusión y escisión total o parcial.*

e) *Los adquiridos por permuta.*

f) *Los adquiridos por canje o conversión.*

Salvo que en los supuestos recogidos en los puntos b), d) y f) resulte de aplicación el régimen previsto en el Capítulo VII del Título VII de esta Ley. (Régimen especial de reestructuración empresarial).

Capítulo VII del Título VII de la LIS

Legislación

Artículo 25.2 de la LIS:

El incremento de fondos propios vendrá determinado por la diferencia positiva entre los fondos propios existentes al cierre del ejercicio sin incluir los resultados del mismo, y los fondos propios existentes al inicio del mismo, sin incluir los resultados del ejercicio anterior.

No obstante, a los efectos de determinar el referido incremento, no se tendrán en cuenta como fondos propios al inicio y al final del periodo impositivo:

a) *Las aportaciones de los socios.*

b) *Las ampliaciones de capital o fondos propios por compensación de créditos.*

c) *Las ampliaciones de fondos propios por operaciones con acciones propias o de reestructuración.*

d) *Las reservas de carácter legal o estatutario.*

e) *Las reservas indisponibles que se doten por aplicación de lo dispuesto en el artículo 105 de esta Ley y en el artículo 27 de la Ley 19/1994.*

f) *Los fondos propios que correspondan a una emisión de instrumentos financieros compuestos.*

g) *Los fondos propios que se correspondan con variaciones en activos por impuesto diferido derivadas de una disminución o aumento del tipo de gravamen de este Impuesto.*

Estas partidas tampoco se tendrán en cuenta para determinar el mantenimiento del incremento de fondos propios en cada periodo impositivo en que resulte exigible.

Reserva de capitalización (art. 25 de la LIS)

Los contribuyentes que tributen al tipo de gravamen general o del 30 % (apartados 1 o 6 del artículo 29 de esta Ley) tendrán derecho a una reducción en la base imponible del 10 % del importe del incremento de sus fondos propios, siempre que se cumplan los siguientes requisitos:

a) Que el importe del incremento de los fondos propios de la entidad se mantenga durante un plazo de 5 años desde el cierre del periodo impositivo al que corresponda esta reducción, salvo por la existencia de pérdidas contables en la entidad.

b) Que se dote una reserva por el importe de la reducción, que deberá figurar en el balance con absoluta separación y título apropiado y será indisponible durante el plazo previsto en la letra anterior.

Esta reducción no podrá superar el importe del 10 % de la base imponible positiva del periodo impositivo previa a esta reducción, a la integración a que se refiere el artículo 11.12 de esta Ley (dotación por deterioro de los créditos u otros activos derivados de las posibles insolvencias de los deudores no vinculados con el contribuyente y de las aportaciones a planes de pensiones) y a la compensación de bases imponibles negativas.

No obstante, en caso de insuficiente base imponible para aplicar la reducción, las cantidades pendientes podrán ser objeto de aplicación en los periodos impositivos que finalicen en los dos años inmediatos y sucesivos al cierre del periodo impositivo en que se haya generado el derecho a la reducción, conjuntamente con la reducción que pudiera corresponder, en su caso, por aplicación de lo dispuesto en este artículo en el periodo impositivo correspondiente, y con el límite previsto en el párrafo anterior.

Compensación de bases imponibles negativas (art. 26 de la LIS)

El artículo 26.1 establece que las bases imponibles negativas que hayan sido objeto de liquidación o autoliquidación podrán ser compensadas con las rentas positivas de los periodos impositivos siguientes con el límite del 70 % (50 % si la cifra neta de negocios en los 12 meses anteriores a la fecha en que se inicie el período impositivo fue ≥ 20.000.000 € y < 60.000.000 €; 25 % si dicha cifra de negocios fue ≥ 60.000.000 €) de la base imponible previa a la aplicación de la reserva de capitalización y a su compensación.

En todo caso, se podrán compensar en el periodo impositivo bases imponibles negativas hasta el importe de 1 millón de euros.

El límite establecido en el primer párrafo del artículo 26.1 no resultará de aplicación en el caso de entidades de nueva creación a que se refiere el artículo 29.1 de esta Ley, en los tres primeros periodos impositivos en que se genere una base imponible positiva previa a su compensación.

Otras reducciones en la base imponible

Además de las dos reducciones anteriores, tenemos:

- Reducción de las rentas procedentes de determinados activos intangibles (art. 23).
- Obra benéfico-social de las cajas de ahorro y fundaciones bancarias (art. 24).

Ejemplo 9.13

Los fondos propios de una sociedad son los siguientes:

31-12-20X2		13-12-20X3	
Capital	180.000	Capital	180.000
Beneficios del ejercicio	35.000	Reservas	20.000
		Beneficio del ejercicio	25.000

Determina la reducción de la reserva de capitalización.

Respuesta:

Incremento de fondos propios: 180.000 + 20.000 – 180.000 = 20.000 €

Reducción de la base imponible: 10 % de 20.000 = 2.000 €

Siempre que se dote una reserva indisponible por dicho importe y que se mantenga durante 5 años a partir del 31-12-20X3 y que el incremento de los fondos propios se mantenga durante 5 años.

Ejemplo 9.14

El resultado contable de una empresa durante el ejercicio 20X1 ha sido de 3.600 € debiendo realizar unos ajustes extracontables negativos de 5.000 €. Durante el ejercicio 20X2 el resultado contable ha sido de 1.200 €, con ajustes negativos de 1.800 €. Durante el ejercicio 20X3 el resultado contable ha sido de 3.200 €, con ajustes positivos de 500 €. Calcula las bases imponibles de los tres ejercicios.

Respuesta:

Ejercicio	Rdo. contable	Ajustes	B. I. previa	Comp. B. I. negativas	B. I.
20X1	3.600	– 5.000	– 1.400	0	– 1.400
20X2	1.200	– 1.800	– 600	0	– 600
20X3	3.200	+ 500	3.700	– 2.000	1.700

9.3. Deuda tributaria

Para su determinación seguiremos el esquema de liquidación del impuesto que hemos visto en el apartado 9.1.7.

9.3.1. Tipos de gravamen y cuota íntegra

Tipo de gravamen general: el artículo 29.1 de la LIS establece que el tipo general de gravamen para los sujetos pasivos de este impuesto será el 25 %.

No obstante, las entidades de nueva creación que realicen actividades económicas tributarán, en el primer periodo impositivo en que la base imponible resulte positiva y en el siguiente, al tipo del 15 %, excepto si, de acuerdo con lo previsto en este artículo, deban tributar a un tipo inferior.

El tipo de gravamen del 15 % previsto en este apartado no resultará de aplicación a aquellas entidades que tengan la consideración de entidad patrimonial, en los términos establecidos en el artículo 5.2 de esta Ley.

Tipos de gravámenes especiales:

Contribuyente	Tipo
Las entidades de crédito. Las entidades que se dediquen a la exploración, investigación y explotación de yacimientos y almacenamientos subterráneos de hidrocarburos (Ley 34/1998). Las cooperativas de crédito y cajas rurales, al tipo general; los resultados extracooperativos tributarán al tipo del 30 %.	30 %
Sociedades cooperativas fiscalmente protegidas (los resultados extracooperativos tributarán al tipo general).	20 %

Legislación

Disposición transitoria vigésima segunda de la LIS:

1. *Las entidades de nueva creación constituidas entre el 1 de enero de 2013 y el 31 de diciembre de 2014, que realicen actividades económicas, tributarán de acuerdo con lo establecido en la Disposición adicional decimonovena del texto refundido de la Ley del Impuesto sobre Sociedades, aprobado por el Real Decreto Legislativo 4/2004, de 5 de marzo.*

Disposición adicional decimonovena del RD Leg. 4/2004:

1. *Las entidades de nueva creación, constituidas a partir de 1 de enero de 2013, que realicen actividades económicas tributarán, en el primer período impositivo en que la base imponible resulte positiva y en el siguiente, con arreglo a la siguiente escala, excepto si, de acuerdo con lo previsto en el artículo 28 de esta ley, deban tributar a un tipo inferior:*
   a) *Por la parte de base imponible comprendida entre 0 y 300.000 euros, al tipo del 15 por ciento.*
   b) *Por la parte de base imponible restante, al tipo del 20 por ciento.*

Entidades sin fines lucrativos (Ley 49/2002).	10 %
Las sociedades de inversión de capital variable (Ley 35/2003). Los fondos de inversión de carácter financiero. Las sociedades de inversión inmobiliaria y fondos de inversión inmobiliaria. El fondo de regulación del mercado hipotecario (art. 25, Ley 2/1981).	1 %
Los fondos de pensiones regulados en el texto refundido de la Ley de Regulación de los Planes y Fondos de Pensiones.	0 %

Cuota íntegra: se entenderá por cuota íntegra la cantidad resultante de aplicar a la base imponible el tipo de gravamen.

En el supuesto de entidades que apliquen lo dispuesto en el artículo 105 de esta Ley (reserva de nivelación de bases imponibles aplicable en el régimen especial de entidades de reducida dimensión), la cuota íntegra vendrá determinada por el resultado de aplicar el tipo de gravamen a la base imponible minorada o incrementada, según corresponda, por las cantidades derivadas del citado artículo 105.

Ejemplo 9.15

La base imponible del IS de una sociedad durante el periodo impositivo 20X3 ha sido de 850.000 €. Calcula la cuota íntegra.

a) Si se trata de una sociedad sometida al tipo de gravamen general.

b) Si se trata de una entidad de crédito.

Respuesta:

a) Cuota íntegra: 850.000 x 0,25 = 212.500 €.

b) Cuota íntegra: 850.000 x 0,30 = 255.000 €.

9.3.2. Deducciones para evitar la doble imposición internacional

Las rentas obtenidas en el extranjero son objeto de imposición en diferentes países atendiendo al Estado fuente de las mismas, y vuelven a ser objeto de imposición al integrarse en la base imponible del IS en la entidad perceptora residente en España, por tratarse del Estado de residencia de la entidad. Los artículos 31 y 32 de la LIS tratan de corregir esta doble imposición generada.

Las rentas se integran en la base imponible, pero permitiendo una deducción sobre la cuota íntegra resultante.

Deducción para evitar la doble imposición jurídica: impuesto soportado por el contribuyente (art. 31 de la LIS)

Trata de corregir el hecho de que una renta obtenida por un contribuyente del impuesto sea gravada en dos Estados diferentes.

Cuando en la base imponible del contribuyente se integren rentas obtenidas y gravadas en el extranjero, se deducirá de la cuota íntegra la menor de las dos cantidades siguientes:

a) El importe efectivo de lo satisfecho en el extranjero por razón de gravamen de naturaleza idéntica o análoga a este impuesto.

Legislación

Artículo 32.1 de la LIS:

Cuando en la base imponible se computen dividendos o participaciones en los beneficios pagados por una entidad no residente en territorio español, se deducirá el impuesto efectivamente pagado por esta última respecto de los beneficios con cargo a los cuales se abonan los dividendos, en la cuantía correspondiente de tales dividendos, siempre que dicha cuantía se incluya en la base imponible del contribuyente. Para la aplicación de esta deducción será necesario el cumplimiento de los siguientes requisitos:

a) *Que la participación directa o indirecta en el capital de la entidad no residente sea, al menos, del 5 %, o bien que el valor de adquisición de la participación, sea superior a 20 millones de euros.*

b) *Que la participación se hubiera poseído de manera ininterrumpida durante el año anterior al día en que sea exigible el beneficio que se distribuya o, en su defecto, que se mantenga durante el tiempo que sea necesario para completar un año.*

Art. 32.5. *Las cantidades no deducidas por insuficiencia de cuota íntegra podrán deducirse en los periodos impositivos siguientes.*

- No se deducirán los impuestos no pagados en virtud de exención, bonificación o cualquier otro beneficio fiscal.
- Siendo de aplicación un convenio para evitar la doble imposición, la deducción no podrá exceder del impuesto que corresponda según aquel.

b) El importe de la cuota íntegra que en España correspondería pagar por las mencionadas rentas si se hubieran obtenido en territorio español.

El importe del impuesto satisfecho en el extranjero se incluirá en la renta a los efectos de determinar la base de deducción e, igualmente, formará parte de la base imponible, aun cuando no fuese plenamente deducible.

Tendrá la consideración de gasto deducible aquella parte del importe del impuesto satisfecho en el extranjero que no sea objeto de deducción en la cuota íntegra por aplicación de lo señalado en el apartado anterior, siempre que se corresponda con la realización de actividades económicas en el extranjero.

Las cantidades no deducidas por insuficiencia de cuota íntegra podrán deducirse en los periodos impositivos siguientes.

Legislación

La Disposición adicional decimoquinta de la LIS establece, en su apartado 2, que para las entidades con un importe neto de la cifra de negocios de al menos 20 millones de euros durante los 12 meses anteriores a la fecha en la que se inicie el período impositivo, el importe de las deducciones para evitar la doble imposición internacional prevista en los artículos 31 y 32 no podrá exceder conjuntamente del 50 % de la cuota íntegra del contribuyente.

Deducción para evitar la doble imposición económica internacional: dividendos y participaciones en beneficios (art. 32 de la LIS)

Regula una deducción en caso de percibir dividendos o participaciones en los beneficios pagados por una entidad no residente en territorio español, siempre que se cumpla una serie de requisitos relativos al porcentaje de participación (al menos del 5 % o superior a 20 millones de euros) y al periodo de tenencia de la misma (un año).

Permite deducir el impuesto efectivamente pagado por la entidad no residente en territorio español respecto de los beneficios con cargo a los cuales se abonan los dividendos.

Esta deducción, conjuntamente con la establecida en el artículo 31 respecto de los dividendos o participaciones en los beneficios, no podrá exceder de la cuota íntegra que correspondería pagar en España por estas rentas si se hubieren obtenido en territorio español.

El exceso sobre dicho límite no tendrá la consideración de gasto fiscalmente deducible, sin perjuicio de lo establecido en el artículo 31.2 de esta Ley.

Ejemplo 9.16

La Sociedad «A» ha obtenido durante el ejercicio 20X3 una base imponible del IS de 40.000 €. En esta cantidad están incluidos 3.000 € correspondientes a rentas por servicios prestados a una sociedad residente en la UE y por las que ha tributado por un impuesto similar al IS 1.200 €. Calcula la cuota íntegra ajustada de la empresa «A».

Respuesta:

Base imponible	40.000	
Tipo de gravamen	25 %	
Cuota íntegra	10.000	
Deducción doble imposición internacional (3.000 x 0,25)	(750)	(menor que 1.200)
Cuota íntegra ajustada	9.250	

Legislación

Normas comunes a las deducciones para incentivar la realización de determinadas actividades (art. 39 de la LIS).

Las cantidades correspondientes al periodo impositivo no deducidas podrán aplicarse en las liquidaciones de los periodos impositivos que concluyan en los 15 años inmediatos y sucesivos. No obstante, las cantidades correspondientes a la deducción prevista en el artículo 35 de esta Ley podrán aplicarse en las liquidaciones de los periodos impositivos que concluyan en los 18 años inmediatos y sucesivos.

El importe de las deducciones para incentivar la realización de determinadas actividades, aplicadas en el periodo impositivo, no puede exceder conjuntamente del 25 % de la cuota íntegra minorada en las deducciones para evitar la doble imposición internacional y en las bonificaciones. El límite se elevará al 50 % cuando el importe de la deducción por actividades de I+D+i, que corresponda a gastos e inversiones efectuados en el propio periodo impositivo, exceda del 10 % de la cuota íntegra, minorada en las deducciones para evitar la doble imposición internacional y las bonificaciones.

En el caso de insuficiencia de cuota en la aplicación de la deducción prevista en el artículo 36.2 de esta Ley, se podrá solicitar su abono a la Administración tributaria a través de la declaración de este Impuesto.

Una misma inversión no podrá dar lugar a la aplicación de más de una deducción en la misma entidad salvo disposición expresa, ni podrá dar lugar a la aplicación de una deducción en más de una entidad.

Los elementos patrimoniales afectos a las deducciones previstas en los artículos anteriores deberán permanecer en funcionamiento durante 5 años, o 3 años, si se trata de bienes muebles, o durante su vida útil si fuera inferior.

(Consultar el artículo 39.2 para más información.)

Art. 39.2 de la LIS

9.3.3. Bonificaciones

Las bonificaciones suponen una minoración de la cuota íntegra consistente en aplicar un porcentaje sobre la misma derivada de las rentas bonificadas. Además, en los casos de insuficiencia de cuota íntegra no se podrán trasladar para su cómputo a ejercicios futuros, y operan sobre dicha cuota, sin minoración de las deducciones por doble imposición.

Las bonificaciones aplicables son básicamente las siguientes:

- **Bonificación por rentas obtenidas en Ceuta y Melilla:** tendrá una bonificación del 50 %, la parte de cuota íntegra que corresponda a las rentas obtenidas en Ceuta o Melilla por entidades que operen efectiva y materialmente en dichos territorios (art. 33 de la LIS).
- **Bonificación por prestación de servicios públicos locales:** tendrá una bonificación del 99 % la parte de cuota íntegra que corresponda a las rentas derivadas de la prestación de determinados servicios públicos locales (art. 34 de la LIS).

9.3.4. Deducciones para incentivar la realización de determinadas actividades

Estas deducciones se practicarán una vez realizadas las deducciones por doble imposición internacional (artículos 31 y 32) y las bonificaciones (artículos 33 y 34).

a) **Deducción por actividades de investigación y desarrollo e innovación tecnológica** (artículo 35 de la LIS)

La realización de actividades de **investigación y desarrollo** dará derecho a practicar una deducción de la cuota íntegra. La base de la deducción estará constituida por el importe de los gastos de investigación y desarrollo y, en su caso, por las inversiones en elementos de inmovilizado material e intangible excluidos los edificios y terrenos.

Se considerarán gastos de investigación y desarrollo los realizados por el contribuyente, incluidas las amortizaciones de los bienes afectos a las citadas actividades, en cuanto estén directamente relacionados con dichas actividades y se apliquen efectivamente a la realización de estas, constando específicamente individualizados por proyectos.

La base de la deducción se minorará en el importe de las subvenciones recibidas para el fomento de dichas actividades e imputables como ingreso en el periodo impositivo.

El porcentaje de deducción será el 25 % de los gastos efectuados en el periodo impositivo por este concepto. Si los gastos fuesen superiores a la media de los efectuados en los dos años anteriores, se aplicará el 25 % hasta dicha media y el 42 % sobre los gastos que excedan de esa media.

Se practicará una deducción adicional del 17 % del importe de los gastos de personal de la entidad correspondientes a investigadores cualificados adscritos en exclusiva a actividades de I+D.

Además, será aplicable una deducción del 8 % de las inversiones en elementos de inmovilizado material e intangible, excluidos los edificios y terrenos, siempre que estén afectos exclusivamente a las actividades de I+D.

La realización de actividades de **innovación tecnológica** dará derecho a practicar una deducción de la cuota íntegra. El porcentaje de deducción será el 12 % aplicado sobre los gastos de innovación tecnológica, en los conceptos enumerados en la LIS, efectuados en el periodo impositivo.

b) Deducción por inversiones en producciones cinematográficas, series audiovisuales y espectáculos en vivo de artes escénicas y musicales (art. 36 de la LIS)

1. Las inversiones en producciones españolas de largometrajes cinematográficos y de series audiovisuales de ficción, animación o documental, que permitan la confección de un soporte físico previo a su producción industrial seriada darán derecho al productor a una deducción del 25 % respecto del primer millón de base de la deducción y del 20 % sobre el exceso de dicho importe.

   La base de la deducción estará constituida por el coste total de la producción, así como por los gastos para la obtención de copias y los gastos de publicidad y promoción a cargo del productor hasta el límite para ambos del 40 % del coste de producción. La base de la deducción se minorará en el importe de las subvenciones recibidas.

   Al menos el 50 % de la base de la deducción deberá corresponderse con gastos realizados en territorio español.

   El importe de esta deducción no podrá ser superior a 3 millones de euros.

2. El artículo 36.2 establece una deducción del 20 % de los gastos realizados en territorio español, en el caso de producciones internacionales, siempre que dichos gastos sean, al menos, de 1 millón de euros. La base de la deducción estará constituida por los gastos de personal creativo, siempre que tenga residencia fiscal en España o en algún Estado miembro del Espacio Económico Europeo, con el límite de 100.000 euros por persona y por los gastos derivados de la utilización de industrias técnicas y otros proveedores. El importe de esta deducción no podrá ser superior a 3 millones de euros.

3. El artículo 36.3 establece una deducción del 20 % de los gastos realizados en la producción y exhibición de espectáculos en vivo de artes escénicas y musicales. La base de la deducción estará constituida por los costes directos de carácter artístico, técnico y promocional incurridos en las referidas actividades, minorada en el importe de las subvenciones recibidas. La deducción generada en cada periodo impositivo no podrá superar el importe de 500.000 euros por contribuyente.

c) Deducciones por creación de empleo (art. 37 de la LIS)

1. Las entidades que contraten a su primer trabajador a través de un contrato de trabajo por tiempo indefinido de apoyo a los emprendedores, definido en el RD Ley 3/2012, que sea menor de 30 años, podrán deducir de la cuota íntegra la cantidad de 3.000 euros.

2. Sin perjuicio de lo dispuesto en el apartado anterior, las entidades que tengan una plantilla inferior a 50 trabajadores en el momento en que concierten contratos de trabajo por tiempo indefinido de apoyo a los emprendedores con desempleados beneficiarios de una prestación contributiva por desempleo podrán deducir de la cuota íntegra el 50 % del menor de los siguientes importes:

   - El importe de la prestación por desempleo que el trabajador tuviera pendiente de percibir en el momento de la contratación.
   - El importe correspondiente a doce mensualidades de la prestación por desempleo que tuviera reconocida.

   Esta deducción resultará de aplicación respecto de aquellos contratos realizados en el periodo impositivo hasta alcanzar una plantilla de 50 trabajadores, y siempre que, en los 12 meses siguientes al inicio de la relación laboral, se produzca, respecto de cada trabajador, un incremento de la plantilla media total de la entidad en, al menos, una unidad respecto a la existente en los 12 meses anteriores.

Legislación:

Artículo 37.3 de la LIS:

*Las deducciones previstas en los apartados anteriores (*apartados 1 y 2 del artículo 37*) se aplicarán en la cuota íntegra del periodo impositivo correspondiente a la finalización del periodo de prueba de un año exigido en el correspondiente tipo de contrato y estarán condicionadas al mantenimiento de esta relación laboral durante al menos 3 años desde la fecha de su inicio.*

El trabajador contratado que diera derecho a una de las deducciones previstas en este artículo no se computará a efectos del incremento de plantilla para la libertad de amortización de las entidades de reducida dimensión (art. 102 de esta Ley).

Artículo 37.4

En el supuesto de contratos a tiempo parcial, las deducciones previstas en este artículo se aplicarán de manera proporcional a la jornada de trabajo pactada en el contrato.

La aplicación de esta deducción estará condicionada a que el trabajador contratado hubiera percibido la prestación por desempleo durante, al menos, 3 meses antes del inicio de la relación laboral.

d) **Deducción por creación de empleo para trabajadores con discapacidad** (art. 38 de la LIS)

1. Será deducible de la cuota íntegra la cantidad de 9.000 euros por cada persona/año de incremento del promedio de plantilla de trabajadores con discapacidad en un grado igual o superior al 33 por ciento e inferior al 65 por ciento, contratados por el contribuyente, experimentado durante el periodo impositivo, respecto a la plantilla media de trabajadores de la misma naturaleza del periodo inmediato anterior.
2. La cantidad a deducir será de 12.000 euros si el grado de discapacidad es igual o superior al 65 %.
3. Los trabajadores contratados que dieran derecho a la deducción prevista en este artículo no se computarán a efectos de la libertad de amortización con creación de empleo regulada en el artículo 102 de esta Ley.

Ejemplo 9.17

Los gastos en investigación y desarrollo de una empresa han sido de 9.000 € en 20X1 y 12.000 € en 20X2. En 20X3 los gastos por estos conceptos han ascendido a 15.000 €. Calcula el importe que podrá deducirse de la cuota íntegra correspondiente al periodo impositivo 20X3 por este concepto.

Respuesta:

Media de los dos años anteriores: (9.000 + 12.000)/2 = 10.500 €.

Deducción: 25 % de 10.500 + 42 % de (15.000 – 10.500) = 2.625 + 1.890 = 4.515 €.

Ejemplo 9.18

Una empresa inicia su actividad en mayo de 20X3. En septiembre del mismo año suscribe un contrato de trabajo por tiempo indefinido de apoyo a emprendedores con un trabajador de 27 años que acaba de graduarse. Indica si tiene derecho a alguna deducción, su importe y en qué periodo impositivo podrá practicarla.

Respuesta:

Tendrá derecho a una deducción por creación de empleo de 3.000 € sobre la cuota íntegra del periodo impositivo 20X4 (correspondiente a la finalización del periodo de prueba de un año del contrato).

Ejemplo 9.19

Una entidad tiene en su plantilla durante el ejercicio 20X1 a los siguientes trabajadores: 6 trabajadores a jornada completa y 4 a jornada parcial, 5 trabajadores con un grado de discapacidad del 33 % y 1 trabajador con un grado de discapacidad del 65 %.

Durante el ejercicio 20X2 la empresa contrata a los siguientes trabajadores: el día 1 de abril, 2 trabajadores a jornada completa con un grado de discapacidad del 33 % y el 1 de septiembre, un trabajador a jornada completa con un grado de discapacidad del 65 %.

¿Qué deducción podrá practicar la sociedad en el ejercicio 20X2 por creación de empleo para trabajadores con discapacidad?

Respuesta:

Deducción: (9.000 × 2 × 9/12) + (12.000 × 1 × 4/12) = 13.500 + 4.000 = 17.500 €.

Cuota líquida: Cuota íntegra – Deducciones por doble imposición internacional – Bonificaciones – Deducciones para incentivar la realización de determinadas actividades.

9.3.5. Retenciones e ingresos a cuenta. Pagos fraccionados

El artículo 41 de la LIS establece que serán deducibles de la cuota íntegra las retenciones a cuenta, los ingresos a cuenta y los pagos fraccionados.

Cuando dichos conceptos superen la cantidad resultante de practicar en la cuota íntegra del Impuesto las bonificaciones y las deducciones que resulten de aplicación al contribuyente por este Impuesto, la Administración tributaria procederá a devolver, de oficio, el exceso.

Retenciones e ingresos a cuenta

La entidad pagadora de una determinada renta debe detraer, del importe total a satisfacer, una determinada cantidad en concepto de retenciones que luego ingresará en el Tesoro en los plazos que corresponda.

El sujeto obligado a retener deberá presentar declaración de las cantidades retenidas o declaración negativa cuando no se hubiera producido la práctica de estas. Asimismo presentará un resumen anual de retenciones.

Asimismo, la entidad perceptora de la renta, al hacer su declaración del IS, restará las cantidades que le han sido retenidas en ese mismo periodo del importe de la cuota que resulte. Las retenciones son una parte del impuesto que ya ha pagado anticipadamente vía retención.

Cuando las rentas que se satisfacen no son dinero, sino que son en especie (es decir se entregan bienes), en vez de hacer la denominada retención, se hará un «ingreso a cuenta» del IS.

Con carácter general, el porcentaje de retención o ingreso a cuenta es el 19 %.

Pagos fraccionados

El artículo 40.1 de la LIS establece que en los primeros 20 días naturales de los meses de abril, octubre y diciembre, los sujetos pasivos deberán efectuar un pago fraccionado a cuenta de la liquidación correspondiente al periodo impositivo que esté en curso el día 1 de cada uno de los meses indicados.

No deberán efectuar el referido pago fraccionado ni estarán obligadas a presentar la correspondiente declaración las entidades que tributen al tipo del 1% o del 0% (art. 29.4 y 29.5 de la LIS).

Existen dos métodos diferentes para el cálculo del importe de los pagos fraccionados:

a) La base para calcular el pago fraccionado será la cuota íntegra del último periodo impositivo cuyo plazo de declaración estuviese vencido el primer día del mes que corresponda (abril, octubre o diciembre), minorada en las deducciones y bonificaciones, así como en las retenciones e ingresos a cuenta correspondientes. La cuantía del pago fraccionado previsto en este apartado será el resultado de aplicar a la base el porcentaje del 18 % (art. 40.2 de la LIS).

b) La cuantía del pago fraccionado (art. 40.3) es igual al resultado de aplicar el *porcentaje que resulte de multiplicar por cinco séptimos el tipo de gravamen redondeado por defecto* sobre la parte de base imponible del periodo de los tres, nueve u once primeros meses de cada año natural (en caso de que el periodo impositivo no coincida con el año natural, la base imponible se calculará desde el inicio del ejercicio económico hasta el 31-03, el 30-09 y el 30-11,

Legislación

El artículo 128.1 establece que están obligadas a retener o a efectuar ingresos a cuenta las entidades, incluidas las comunidades de bienes y las de propietarios, que satisfagan o abonen rentas sujetas a este impuesto, las personas físicas respecto de las rentas que satisfagan o abonen en el ejercicio de sus actividades económicas, así como las personas físicas, jurídicas y demás entidades no residentes en territorio español que operen en él mediante establecimiento permanente.

Plazo para presentar la declaración-liquidación:

- Trimestral: primeros 20 días de abril, julio, octubre y enero.
- Durante el mes de enero deberá presentar un resumen anual.

Legislación

Disposición adicional decimocuarta de la LIS:

Los contribuyentes cuyo importe neto de la cifra de negocio en los 12 meses anteriores a la fecha en que se inicie el período impositivo sea al menos de 10.000.000 €, deberán tener en cuenta, en relación con los pagos fraccionados que se realicen en la modalidad prevista en el artículo 40.3 de esta Ley:

a) La cantidad a ingresar no podrá ser inferior, en ningún caso, al 23 % del resultado positivo de la cuenta de pérdidas y ganancias del ejercicio de los 3, 9 u 11 primeros meses de cada año natural minorado exclusivamente en los pagos fraccionados realizados con anterioridad, correspondientes al mismo período impositivo. En el caso de las entidades de crédito, así como para las entidades que se dediquen a la exploración, investigación y explotación de yacimientos y almacenamientos subterráneos de hidrocarburos, el porcentaje será del 25 %.

b) El porcentaje de pago fraccionado será el resultado de multiplicar por *diecinueve veinteavos el tipo de gravamen* redondeado por exceso.

respectivamente). Sobre la cuota así calculada se deducen las bonificaciones, las retenciones e ingresos a cuenta y los pagos fraccionados efectuados correspondientes al periodo impositivo.

Esta modalidad tendrá crácter opcional, pero será obligatoria para los contribuyentes cuyo importe neto de la cifra de negocios haya superado la cantidad de 6 millones de euros durante los 12 meses anteriores a la fecha en que se inicie el periodo impositivo al que corresponda el pago fraccionado.

El artículo 40.4 establece que los porcentajes previstos en los dos apartados anteriores podrán ser modificados por la LPGE.

Ejemplo 9.20

Calcula el importe de los pagos fraccionados, correspondientes al periodo impositivo 20X3, de una sociedad de la que conocemos la siguiente información:

	Ejercicio 20X1	Ejercicio 20X2
Cuota íntegra	25.000	40.000
Bonificaciones Deducciones	450 1.000	500 1.200
Retenciones	1.100	1.400

Respuesta:

Primer pago (20-04-20X3): 18 % de (25.000 – 450 – 1.000 – 1.100) = 4.041 € (se calcula sobre la cuota del último periodo declarado, el 20X1. La declaración del 20X2 se presentará en julio de 20X3.

Segundo pago (20-10-20X3): 18 % de (40.000 – 500 –1.200 – 1.400) = 6.642 € (se calcula sobre la cuota del último periodo declarado, el 20X2.

Tercer pago (20-12-20X3): 18 % de (40.000 – 500 –1.200 – 1.400) = 6.642 €.

Ejemplo 9.21

Conocemos los siguientes datos de una empresa, relativos al ejercicio 20X3:

	Base imponible	Retenciones
1 de enero a 31 de marzo	60.000	230
1 de enero a 30 de septiembre	150.000	410
1 de enero a 30 de noviembre	210.000	630

Calcula los pagos fraccionados a realizar durante el año 20X3 por la modalidad del art. 40.3 de la LIS, suponiendo que el tipo de gravamen es el 25 %.

Respuesta:

Porcentaje a aplicar: 5/7 x tipo de gravamen = 5/7 x 25 = 17 %.

Primer pago fraccionado: 17 % de 60.000 – 230 = 10.200 – 230 = 9.970 €.

Segundo pago fraccionado: 17 % de 150.000 – 410 – 9.970 = 25.500 – 410 – 9.970 = 15.120 €.

Tercer pago fraccionado: 17 % de 210.000 – 630 – 9.970 – 15.120 = 35.700 – 630 – 9.970 – 15.120 = 9.980 €.

Ejemplo 9.22

Una empresa ha obtenido en el ejercicio 20X3 un beneficio contable de 73.800 €. Conocemos los siguientes datos con respecto a dicho ejercicio:

- Ha contabilizado 2.690 € correspondientes a diversas multas.
- Ha realizado regalos a varios socios valorados en 4.300 €.

Realizó un contrato indefinido a un trabajador con discapacidad, por lo que tiene derecho a una deducción de 6.000 € (art. 38 de la LIS).

Le han practicado 590 € de retenciones y ha realizado pagos fraccionados por importe de 6.350 €.

El tipo impositivo es del 25 %.

Calcula la deuda tributaria correspondiente al ejercicio 20X3.

Respuesta:

Al beneficio contable habrá que practicarle diversos ajustes (multas y regalos) para calcular la base imponible:

Beneficio contable	73.800
Ajustes: Multas	+ 2.690
Regalos	+ 4.300
Base imponible	**80.790**
Cuota íntegra (25 % de 80.790)	20.197,50
Deducciones contrato trabajador con discapacidad	– 6.000
Cuota líquida	**14.197,50**
Retenciones	– 590
Pagos fraccionados	– 6.350
Cuota diferencial (a ingresar)	**7.257,50**

9.4. Régimen especial. Incentivos fiscales para las entidades de reducida dimensión

La LIS establece algunos regímenes especiales aplicables a determinadas entidades. Entre estas están las empresas de reducida dimensión, para las que los artículos 101 a 105 establecen determinados incentivos fiscales.

El artículo 101 establece su ámbito de aplicación: los incentivos fiscales establecidos en este capítulo se aplicarán siempre que el importe neto de la cifra de negocios habida en el periodo impositivo inmediato anterior sea inferior a 10 millones de euros. No obstante, dichos incentivos no resultarán de aplicación cuando la entidad tenga la consideración de entidad patrimonial.

Los incentivos fiscales establecidos en este capítulo también serán de aplicación en los tres periodos impositivos inmediatos y siguientes a aquel periodo impositivo en que la entidad o conjunto de entidades alcancen la referida cifra de negocios de 10 millones de euros, siempre que las mismas hayan cumplido las condiciones para ser consideradas como de reducida dimensión tanto en aquel periodo como en los dos periodos impositivos anteriores a este último.

Recuerda...

PGC. Norma 11.ª de elaboración de las cuentas anuales.

El **importe neto de la cifra anual de negocios** se determina deduciendo del importe de las ventas de los productos y de las prestaciones de servicios u otros ingresos correspondientes a las actividades ordinarias de la empresa, el importe de cualquier descuento (bonificaciones y demás reducciones sobre las ventas) y el del IVA y otros impuestos directamente relacionados con las mismas, que deban ser objeto de repercusión.

Libertad de amortización (art. 102)

Los elementos nuevos del inmovilizado material y de las inversiones inmobiliarias, afectos a actividades económicas, puestos a disposición del contribuyente en el periodo impositivo en el que se cumplan las condiciones del artículo 101 de esta Ley, podrán ser amortizados libremente siempre que, durante los 24 meses siguientes a la fecha del inicio del periodo impositivo en que los bienes adquiridos entren en funcionamiento, la plantilla media total de la empresa se incremente respecto de la plantilla media de los 12 meses anteriores, y dicho incremento se mantenga durante un periodo adicional de otros 24 meses. La cuantía de la inversión que podrá beneficiarse del régimen de libertad de amortización será la que resulte de multiplicar la cifra de 120.000 euros por el referido incremento calculado con dos decimales.

Lo previsto en este artículo también será de aplicación a los elementos nuevos del inmovilizado material y de las inversiones inmobiliarias objeto de un contrato de arrendamiento financiero, a condición de que se ejercite la opción de compra.

Amortización acelerada de los elementos nuevos (art. 103)

Los elementos nuevos del inmovilizado material y de las inversiones inmobiliarias, así como los elementos del inmovilizado intangible, afectos en ambos casos a actividades económicas, puestos a disposición del contribuyente en el periodo impositivo en el que se cumplan las condiciones del artículo 101 de esta Ley, podrán amortizarse en función del coeficiente que resulte de multiplicar por 2 el coeficiente de amortización lineal máximo previsto en las tablas de amortización oficialmente aprobadas.

Lo previsto en el apartado anterior será igualmente de aplicación a los elementos del inmovilizado material, intangible y de las inversiones inmobiliarias construidos o producidos por la propia empresa.

El régimen de amortización previsto en este artículo será compatible con cualquier beneficio fiscal que pudiera proceder por razón de los elementos patrimoniales sujetos a la misma.

Pérdidas por deterioro de los créditos por posibles insolvencias de deudores (art. 104)

En el periodo impositivo en el que se cumplan las condiciones del artículo 101 de esta Ley, será deducible la pérdida por deterioro de los créditos para la cobertura del riesgo derivado de las posibles insolvencias hasta el límite del 1 % sobre los deudores existentes a la conclusión del periodo impositivo.

Los deudores sobre los que se hubiere reconocido la pérdida por deterioro de los créditos por insolvencias establecidas en el artículo 13.1 de esta Ley y aquellos otros cuyas pérdidas por deterioro no tengan el carácter de deducibles según lo dispuesto en dicho artículo, no se incluirán entre los deudores referidos en el apartado anterior (consultar apartado 9.2.3 de esta unidad).

Reserva de nivelación de bases imponibles (art. 105)

1. Las entidades que cumplan las condiciones establecidas en el artículo 101 de esta Ley en el periodo impositivo y apliquen el tipo general de gravamen (art. 29.1), podrán minorar su base imponible positiva hasta el 10 % de su importe. La minoración no podrá superar el importe de 1 millón de euros.
2. Las cantidades a que se refiere el apartado anterior se adicionarán a la base imponible de los periodos impositivos que concluyan en los 5 años inmediatos y sucesivos a la finalización del periodo impositivo en que se realice dicha minoración, siempre que el contribuyente tenga una base imponible negativa, y hasta el importe de la misma. El importe restante se adicionará a la base imponible del periodo impositivo correspondiente a la fecha de conclusión del referido plazo.

Legislación

Artículo 105.4 de la LIS:

La minoración prevista en este artículo se tendrá en cuenta a los efectos de determinar los pagos fraccionados a que se refiere el apartado 3 del artículo 40 de esta Ley.

Artículo 105.5 de la LIS:

Las cantidades destinadas a la dotación de la reserva prevista en este artículo no podrán aplicarse, simultáneamente, al cumplimiento de la reserva de capitalización establecida en el artículo 25 de esta Ley...

3. El contribuyente deberá dotar una reserva por el importe de la minoración a que se refiere el apartado 1 de este artículo, que será indisponible hasta el periodo impositivo en que se produzca la adición a la base imponible de la entidad de las cantidades a que se refiere el apartado anterior. La reserva deberá dotarse con cargo a los resultados positivos del ejercicio en que se realice la minoración en base imponible.

Régimen fiscal de determinados contratos de arrendamiento financiero (art. 106)

El artículo 106 de la LIS señala que, para las entidades de reducida dimensión, el límite de la deducción de la parte de la cuota satisfecha correspondiente a la recuperación del coste del bien será el resultado de aplicar el duplo del coeficiente de amortización lineal según tablas de amortización oficialmente aprobadas multiplicado por 1,5, en lugar del doble establecido con carácter general para el resto de las entidades (art. 106.6).

Ejemplo 9.23

La base imponible de una sociedad de reducida dimensión es de 70.000 €. Calcula la cuota íntegra de la sociedad si ha decidido aplicar la reserva de nivelación de bases imponibles regulada en el artículo 105 de la LIS.

Respuesta:

Base imponible previa	70.000
Reserva de nivelación (10 % de 70.000)	(7.000)
Base imponible	63.000
Cuota íntegra (25 % de 63.000)	15.750

9.5. Gestión del impuesto

El artículo 124.1 de la LIS establece que los contribuyentes estarán obligados a presentar una declaración por este impuesto en el lugar y la forma que se determinen por el Ministro de Hacienda.

La declaración se presentará en el plazo de los 25 días naturales siguientes a los seis meses posteriores a la conclusión del periodo impositivo (normalmente el 25 de julio del año siguiente).

Los contribuyentes, al tiempo de presentar su declaración, deberán determinar la deuda correspondiente e ingresarla en el lugar y en la forma determinados por el Ministro de Hacienda (art. 125.1 de la LIS).

Los modelos aprobados por el Ministerio de Hacienda en la actualidad para realizar las declaraciones de IS son los siguientes:

Pagos fraccionados:

202 > Pago fraccionado Régimen General (se realizará exclusivamente por vía telemática).

222 > Pago fraccionado Régimen de Tributación de los Grupos de Sociedades (exclusivamente por vía telemática).

Declaración-liquidación:

200 > Declaración-liquidación del Impuesto sobre Sociedades e Impuesto sobre la Renta de no Residentes (presentación electrónica por Internet.

220 > Declaración-liquidación del Impuesto sobre Sociedades-Régimen de tributación de los grupos de sociedades (presentación electrónica por Internet).

Recuerda...

De acuerdo con el artículo 124 de la LIS estarán exentos de presentar declaración del IS los contribuyentes totalmente exentos (art. 9.1 de la LIS). Los contribuyentes parcialmente exentos, a que se refieren los apartados 2, 3 y 4 del artículo 9 de la LIS, estarán obligados a declarar la totalidad de sus rentas, exentas y no exentas.

Art. 9 de la LIS

Devoluciones: cuando la suma de las retenciones, ingresos a cuenta y pagos fraccionados sea superior al importe de la cuota resultante de la autoliquidación, la Administración tributaria deberá devolver el exceso de oficio en el plazo de seis meses (art. 127 de la LIS).

Obligaciones contables: los contribuyentes de este impuesto deberán llevar su contabilidad de acuerdo con lo previsto en el Código de Comercio o con lo establecido en las normas por las que se rigen (art. 120 de la LIS).

9.6. Contabilización del impuesto

Recuerda...

Diferencia temporaria **imponible**	
Activo	Base fiscal < Valor contable
Pasivo	Base fiscal > Valor contable
Diferencia temporaria **deducible**	
Activo	Base fiscal > Valor contable
Pasivo	Base fiscal < Valor contable

En los puntos anteriores hemos estudiado el esquema de liquidación del impuesto sobre sociedades desde el punto de vista fiscal. A continuación lo estudiaremos desde el punto de visa contable.

Cálculo del gasto contable por el impuesto sobre sociedades:

El Plan General de Contabilidad considera que el gasto (o ingreso) por impuesto devengado tiene dos componentes distintas:

- **Impuesto corriente (gasto o ingreso):** es el impuesto a pagar (o a devolver) como consecuencia de las liquidaciones fiscales del impuesto sobre el beneficio relativas a un ejercicio. Su importe se recogerá en la cuenta *(6300) Impuesto corriente.*

El registro contable del impuesto corriente se hará mediante un asiento como el siguiente:

(6300) Impuesto corriente [Cuota líquida]	a	(473) Hacienda Pública, retenciones y pagos a cuenta
(4709) Hacienda Pública, deudora por devolución de impuestos [Si cuota líquida < Ret. y pagos a cta.]	o	(4752) Hacienda Pública, acreedora por impuesto sobre sociedades [Si cuota líquida > Ret. y pagos a cta.]

Recuerda...

Las diferencias temporarias tienen su origen en:

- Amortizaciones a ritmos distintos (fiscal y contable).
- Deterioros de valor y provisiones no deducibles fiscalmente en el ejercicio.
- Ventas a plazos.
- Adquisiciones a título gratuito.
- Operaciones de arrendamiento financiero.

- **Impuesto diferido (gasto o ingreso):** parte del impuesto que se espera recuperar o pagar en un futuro como consecuencia de las **diferencias temporarias** que surgen a causa de la diferente valoración contable y fiscal de los activos, pasivos y determinados instrumentos de patrimonio, en la medida en que tengan incidencia en la carga fiscal futura. Se contabiliza en la cuenta *(6301) Impuesto diferido.*

Las diferencias temporarias pueden ser de dos tipos:

— **Diferencias temporarias imponibles:** las que darán lugar a mayores cantidades a pagar (o menores cantidades a devolver) por impuestos en ejercicios futuros. Generarán un **pasivo por impuesto diferido.** El importe de los pasivos por diferencias imponibles originadas en el ejercicio se recogerá en la cuenta *(479) Pasivos por diferencias temporarias imponibles.*

— **Diferencias temporarias deducibles:** darán lugar a menores cantidades a pagar (o mayores cantidades a devolver) por impuestos en ejercicios futuros. Generan **activos por impuestos diferidos.** Se recogen en la cuenta *(4740) Activos por diferencias temporarias deducibles.*

También generarán un activo por impuesto diferido las **pérdidas fiscales contabilizadas** y las **deducciones pendientes de aplicación** fiscal.

El crédito impositivo derivado de las deducciones pendientes de aplicación se recogerá en la cuenta *(4742) Derechos por deducciones y bonificaciones pendientes de aplicar.*

El crédito impositivo derivado de la base imponible negativa obtenida en el ejercicio se recogerá en la cuenta *(4745) Crédito por pérdidas a compensar del ejercicio.*

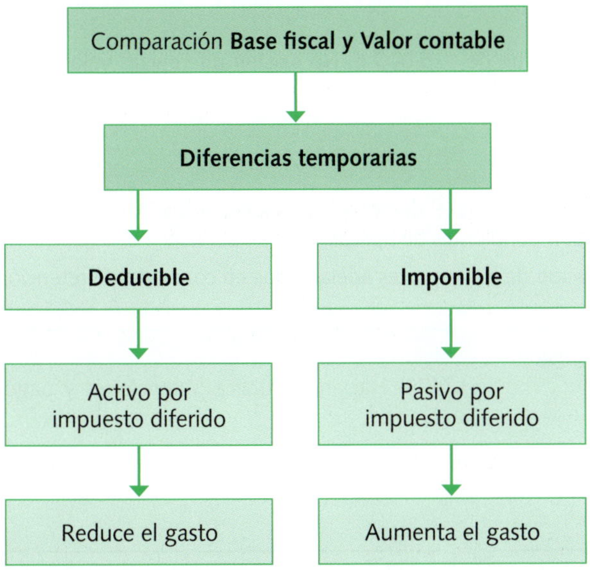

Figura 9.1. Tipos de diferencias temporarias.

Recuerda...

El artículo 130 de la LIS establece la posibilidad de que los activos por impuesto diferido correspondientes a dotaciones por deterioro de los créditos u otros activos derivadas de las posibles insolvencias de los deudores no vinculados con el contribuyente ni adeudados con entidades de derecho público, así como los correspondientes a dotaciones o aportaciones a sistemas de previsión social y, en su caso, prejubilación, puedan convertirse en un crédito exigible frente a la Administración Tributaria en un determinado importe y en determinadas circunstancias.

Para el cálculo de la cuota a pagar (o a devolver) utilizaremos el siguiente esquema:

Liquidación del impuesto/Cálculo de la cuota a pagar (o a devolver)	
Resultado contable antes de impuestos ± Diferencias permanentes ± Diferencias temporarias – Diferencia temporaria imponible + Diferencia temporaria imponible (reversión) + Diferencia temporaria deducible – Diferencia temporaria deducible (reversión)	
= RESULTADO FISCAL – Bases imponibles negativas ejercicios anteriores	
= BASE IMPONIBLE × Tipo de gravamen	
= CUOTA ÍNTEGRA – Deducciones y bonificaciones	
= CUOTA LÍQUIDA (positiva o cero) – Retenciones y pagos a cuenta	
= CUOTA DIFERENCIAL (positiva o negativa)	

A continuación veremos algunos ejemplos:

Ejemplo 9.24

La empresa AB presenta en el ejercicio 20X2 un resultado antes de impuestos de –80.000 € y generó derechos por deducciones por 4.000 €. Retenciones, 1.800 €.

El resultado de la empresa AB, durante el ejercicio 20X3, fue de 125.000 €. No existen diferencias valorativas en este ejercicio. Deducciones: 4.000 €. Retenciones: 1.200 €.

Contabiliza el impuesto sobre beneficios en los dos años.

Respuesta:

En el ejercicio 20X2 la empresa AB podrá contabilizar como activo el derecho a compensar las pérdidas del ejercicio y otro activo por las deducciones generadas en el ejercicio que quedan pendientes de aplicar.

No existirá impuesto corriente pero solicitará la devolución de los importes adelantados en concepto de retención.

1.800	(4709) Hacienda Pública, deudora por devolución de impuestos	a	(473) Hacienda Pública, retenciones y pagos a cuenta	1.800

Impuesto diferido:

20.000	(4745) Crédito por pérdidas a compensar del ejercicio 20X2			
4.000	(4742) Derechos por deducciones y bonificaciones pendientes de aplicar	a	(6301) Impuesto diferido	24.000

El resultado contable después de impuestos será: –80.000 – (–24.000) = –56.000 €

En el ejercicio 20X3 podrá compensar las pérdidas y las deducciones pendientes de aplicar:

Liquidación del impuesto	
Resultado contable antes de impuestos	125.000,00
± Diferencias permanentes	0
± Diferencias temporarias	0
= RESULTADO FISCAL	125.000,00
– Bases imponibles negativas ejercicios anteriores	–80.000,00
= BASE IMPONIBLE	45.000,00
× Tipo de gravamen	25 %
= CUOTA ÍNTEGRA	11.250,00
– Deducciones y bonificaciones	–8.000,00
= CUOTA LÍQUIDA	3.250,00
– Retenciones y pagos a cuenta	–1.200,00
= CUOTA DIFERENCIAL	2.050,00

Contabilización del impuesto corriente y diferido:

3.250	(6300) Impuesto corriente	a	(473) Hacienda Pública, retenciones y pagos a cuenta	1.200
			(4752) Hacienda Pública, acreedora por impuesto sobre sociedades	2.050

24 .000	(6301) Impuesto diferido	a	(4745) Crédito por pérdidas a compensar del ejercicio 20X2	20.000
			(4742) Derechos por deducciones y bonificaciones pendientes de aplicar	4.000

Ejemplo 9.25

La empresa AC presenta en el ejercicio 20X2 un resultado antes de impuestos de 300.000 €. Durante el ejercicio ha pagado una sanción administrativa de 350 €. Ha adquirido al principio de este año una máquina por 40.000 €, que tendrá una vida útil de 10 años (aplicará la libertad de amortización por ser de reducida dimensión y cumplir los requisitos del artículo 102: incremento de plantilla). También ha contabilizado una pérdida por deterioro de créditos comerciales, por importe de 2.000 € que no será deducible en este ejercicio pero lo será en los siguientes.

Tiene derecho a deducciones por 900 €. Le han practicado retenciones por importe de 200 €. Los pagos a cuenta realizados durante el ejercicio han ascendido a 8.000 €.

Calcula y contabiliza el impuesto sobre sociedades correspondiente al ejercicio 20X2.

Respuesta:

La empresa amortizará la máquina durante 10 años a 4.000 €/año. Fiscalmente deducirá toda la amortización el primer año. Por tanto, el primer año se producirá una diferencia temporaria imponible de 36.000 € (40.000 – 4.000). El deterioro será una diferencia temporaria deducible.

Liquidación del impuesto	
Resultado contable antes de impuestos	300.000,00
± Diferencias permanentes (sanción)	+ 350,00
± Diferencias temporarias	
– Diferencia temporaria imponible [máquina]	– 36.000,00
+ Diferencia temporaria imponible (reversión)	
+ Diferencia temporaria deducible [deterioro]	+ 2.000,00
– Diferencia temporaria deducible (reversión)	
= RESULTADO FISCAL	266.350,00
– Bases imponibles negativas ejercicios anteriores	0
= BASE IMPONIBLE	266.350,00
× Tipo de gravamen	25 %
= CUOTA ÍNTEGRA	66.587,50
– Deducciones y bonificaciones	– 900,00
= CUOTA LÍQUIDA	65.687,50
– Retenciones y pagos a cuenta	– 8.200,00
= CUOTA DIFERENCIAL	57.487,50

Contabilización del impuesto corriente:

65.687,50	(6300) Impuesto corriente	a	(473) Hacienda Pública, retenciones y pagos a cuenta	8.200
			(4752) Hacienda Pública, acreedora por impuesto sobre sociedades	57.487,50

(continúa)

(continuación)

Impuesto diferido:

9.000	(6301) Impuesto diferido (25 % de 36.000) máquina	a	(479) Pasivos por diferencias temporarias imponibles	9.000
500	(4740) Activos por diferencias temporarias deducibles (25 % de 2.000) deterioro	a	(6301) Impuesto diferido	500

Ejemplo 9.26

La empresa AC del ejemplo anterior ha obtenido un resultado antes de impuestos de 400.000 € durante el ejercicio 20X3. El cliente para el que había dotado deterioro el ejercicio anterior ha resultado definitivamente fallido. Ha vendido un elemento de inmovilizado obteniendo un beneficio de 9.000 €.

Tiene derecho a deducciones por 1.500 €. Le han practicado retenciones por importe de 300 €. Los pagos a cuenta realizados durante el ejercicio han ascendido a 10.000 €.

Calcula y contabiliza el impuesto sobre sociedades correspondiente al ejercicio 20X3.

Respuesta:

Habrá que tener en cuenta también la reversión de la diferencia temporaria imponible (4.000 €) correspondiente a la máquina que adquirió el ejercicio anterior.

Liquidación del impuesto	
Resultado contable antes de impuestos	400.000,00
± Diferencias permanentes	
± Diferencias temporarias	
– Diferencia temporaria imponible	
+ Diferencia temporaria imponible (reversión) [máquina]	+ 4.000,00
+ Diferencia temporaria deducible	
– Diferencia temporaria deducible (reversión) [deterioro]	– 2.000,00
= RESULTADO FISCAL	402.000,00
– Bases imponibles negativas ejercicios anteriores	0
= BASE IMPONIBLE	402.000,00
× Tipo de gravamen	25 %
= CUOTA ÍNTEGRA	100.500,00
– Deducciones y bonificaciones	– 1.500,00
= CUOTA LÍQUIDA	99.000,00
– Retenciones y pagos a cuenta	– 10.300,00
= CUOTA DIFERENCIAL	88.700,00

Contabilización del impuesto corriente:

99.000	(6300) Impuesto corriente	a	(473) Hacienda Pública, retenciones y pagos a cuenta	10.300
			(4752) Hacienda Pública, acreedora por impuesto sobre sociedades	88.700

Impuesto diferido:

1.000	(479) Pasivos por diferencias temporarias imponibles (25 % de 4.000) máquina - reversión	a	(6301) Impuesto diferido	1.000
500	(6301) Impuesto diferido (25 % de 2.000) deterioro - reversión	a	(4740) Activos por diferencias temporarias deducibles	500

Enlaces de interés

https://www.boe.es/buscar/act.php?id=BOE-A-2014-12328

Ley 27/2014, de 27 de noviembre, del Impuesto sobre Sociedades.

https://www.boe.es/buscar/act.php?id=BOE-A-2015-7771

Real Decreto 634/2015, de 10 de julio, por el que se aprueba el Reglamento del Impuesto sobre Sociedades.

https://www.boe.es/buscar/act.php?id=BOE-A-2012-9110

Ley 3/2012, de 6 de julio, de medidas urgentes para la reforma del mercado laboral.

https://www.boe.es/diario_boe/txt.php?id=BOE-A-2016-8957

Real Decreto-Ley 2/2016, de 30 de septiembre, por el que se introducen medidas tributarias dirigidas a la reducción del déficit público.

https://www.boe.es/diario_boe/txt.php?id=BOE-A-2016-11475

Real Decreto-Ley 3/2016, de 2 de diciembre, por el que se adoptan medidas en el ámbito tributario dirigidas a la consolidación de las finanzas públicas y otras medidas urgentes en materia social.

https://www.boe.es/buscar/act.php?id=BOE-A-2017-7387

Ley 3/2017, de 27 de junio, de Presupuestos Generales del Estado para el año 2017.

https://www.boe.es/diario_boe/txt.php?id=BOE-A-2017-15842

Real Decreto 1074/2017, de 29 de diciembre, por el que se modifican el Reglamento del Impuesto sobre la Renta de las Personas Físicas, aprobado por el Real Decreto 439/2007, de 30 de marzo, el Reglamento del Impuesto sobre Sociedades, aprobado por el Real Decreto 634/2015, de 10 de julio, y el Reglamento del Impuesto sobre Sucesiones y Donaciones, aprobado por el Real Decreto 1629/1991, de 8 de noviembre.

Nota: En la Web **www.boe.es** o en **http://noticias.juridicas.com** encontrarás la legislación siempre actualizada.

TEST

Test 9

1. Señala qué afirmaciones son verdaderas (V) y qué afirmaciones son falsas (F).

		V	F
1.1.	El Impuesto sobre Sociedades es un impuesto directo progresivo.	☐	☐
1.2.	El Impuesto sobre Sociedades es un impuesto directo proporcional.	☐	☐
1.3.	Son contribuyentes del IS las personas jurídicas, excluidas las sociedades civiles que no tengan objeto mercantil.	☐	☐
1.4.	Los fondos de inversión y las uniones temporales de empresas son contribuyentes del IS.	☐	☐
1.5.	Las rentas obtenidas por las sociedades no residentes en España tributarán por el IS.	☐	☐
1.6.	Las rentas obtenidas por las sociedades no residentes en España tributarán por el Impuesto sobre la Renta de No Residentes (IRNR).	☐	☐
1.7.	El Estado y las comunidades autónomas están exentos de tributar por el IS.	☐	☐
1.8.	La base imponible se calcula restando al beneficio contable antes de impuestos las deducciones y bonificaciones.	☐	☐
1.9.	La base imponible será igual al beneficio contable ± ajustes extracontables.	☐	☐
1.10.	La cuota íntegra del IS será el resultado de aplicar a la base imponible el tipo de gravamen del 28 %.	☐	☐
1.11.	La cuota íntegra del IS será el resultado de aplicar a la base imponible el tipo de gravamen que le corresponda a cada empresa.	☐	☐
1.12.	Los organismos del Estado deben declarar por el IS.	☐	☐
1.13.	La cuota líquida será igual a la cuota íntegra menos las deducciones y las bonificaciones a las que tenga derecho la empresa.	☐	☐
1.14.	Una de las deducciones a las que tienen derecho todas las empresas es la amortización acelerada.	☐	☐
1.15.	Las entidades de crédito tendrán un tipo de gravamen del 30 %.	☐	☐

2. Señala la opción correcta:

2.1. El impuesto sobre sociedades es:

- ☐ Un impuesto directo.
- ☐ Un impuesto indirecto.
- ☐ Una tasa.

2.2. Son contribuyentes del IS:

- ☐ Las sociedades mercantiles.
- ☐ Las sociedades civiles en general.
- ☐ Las sociedades no residentes.

TEST

2.3. Estarán exentos de tributar por el IS:

- ☐ Las empresas cuyo volumen de operaciones no haya superado los 6.000.000 €.
- ☐ Las entidades públicas encargadas de la gestión de la Seguridad Social.
- ☐ Los fondos de pensiones.

2.4. Se considerarán residentes en territorio español las entidades que:

- ☐ Tengan su domicilio social en territorio español.
- ☐ Realicen operaciones en territorio español.
- ☐ Tengan socios españoles.

2.5. El domicilio fiscal de una sociedad será:

- ☐ El domicilio de los almacenes de la empresa.
- ☐ El lugar donde realice la mayoría de sus ventas.
- ☐ Aquel en el que esté centralizada la gestión administrativa y la dirección.

2.6. Son gastos fiscalmente deducibles:

- ☐ Las multas y sanciones penales y administrativas.
- ☐ Los gastos por relaciones públicas con clientes o proveedores.
- ☐ Las pérdidas del juego.

2.7. Se consideran empresas de reducida dimensión cuando el importe neto de la cifra de negocios sea inferior a:

- ☐ 6 millones de euros.
- ☐ 10 millones de euros.
- ☐ 6.010.121,04 euros.

2.8. La cuota líquida del IS es igual a:

- ☐ La cuota íntegra menos las retenciones.
- ☐ La cuota íntegra menos los pagos fraccionados.
- ☐ La cuota íntegra menos las deducciones y bonificaciones.

2.9. Los contribuyentes deberán efectuar un pago fraccionado a cuenta de la liquidación del IS en los primeros 20 días naturales de los meses:

- ☐ Abril, julio, octubre y enero.
- ☐ Abril, octubre y diciembre.
- ☐ Abril, septiembre y diciembre.

2.10. En el IS el tipo de gravamen del 10 % se aplicará a:

- ☐ Las cooperativas de crédito.
- ☐ Las entidades sin fines lucrativos.
- ☐ Las sociedades cooperativas fiscalmente protegidas.

EJERCICIOS FINALES

1. La empresa «A» adquiere una máquina usada por 5.000 € y se estima que no tendrá valor residual. El coeficiente lineal máximo según tablas es del 12 % y el periodo máximo de 18 años. Calcula las cuotas de amortización anual admisible como gasto fiscal.

2. La empresa «B» compra un bien a la empresa «Z» por 12.000 €. La empresa «Y» había adquirido este bien por 20.000 €. El coeficiente máximo de amortización según tablas es del 15 %. Calcula las cuotas de amortización que serán fiscalmente deducibles.

3. La empresa «C» desea amortizar por el sistema de porcentaje constante una maquinaria cuyo coeficiente máximo de amortización por tablas es del 12 % y su periodo máximo de amortización es de 18 años. Su precio de adquisición es de 50.000 € y su valor residual del 8 % del precio de adquisición. La empresa desea amortizar la máquina en 10 años. Calcula las cuotas de amortización.

4. La empresas «D» quiere amortizar por el método de números dígitos, en el periodo más corto posible, un equipo electrónico cuyo precio de adquisición fue de 7.500 €, sin valor residual. El coeficiente máximo según tablas es del 20 % y el periodo máximo 10 años. Calcula las cuotas de amortización.

5. La empresa «E» compró un equipo electrónico por 9.000 € y desea amortizarlo por el sistema de porcentaje constante. Desea amortizarlo en 6 años y estima que el valor residual del equipo será de 500 €. Las tablas oficiales fijan para este elemento un coeficiente máximo del 20 % y un periodo máximo de 10 años. Calcula las cuotas de amortización.

6. Resuelve el ejercicio anterior por el método de números dígitos.

7. Una sociedad adquiere un elemento de inmovilizado en régimen de arrendamiento financiero. El precio de adquisición es de 42.000 €, el coste financiero de 16.000 € y la duración del contrato de 5 años. Las cuotas del arrendamiento son las que aparecen en la tabla siguiente:

	Año 1	Año 2	Año 3	Año 4	Año 5
Cuota financiera	3.200	3.200	3.200	3.200	3.200
Recuperación del coste	8.400	8.400	8.400	8.400	8.400
Cuota total	11.600	11.600	11.600	11.600	11.600

   Suponiendo que el coeficiente máximo de amortización según tablas es del 18 %, calcula los ajustes que tendrá que realizar la empresa durante este ejercicio y los siguientes.

8. Durante el periodo impositivo 20X3 la sociedad «F» ha contabilizado una pérdida por deterioro de créditos por operaciones comerciales por importe de 700 €, que corresponde a un deudor en situación de concurso de acreedores. El vencimiento de la deuda se produjo en mayo de 20X3. ¿Es deducible este gasto en el IS?

9. ¿Será deducible el gasto del ejercicio anterior si el deudor fuese un organismo público?

10. ¿Será deducible el gasto anterior si el deudor fuese un cliente moroso cuya deuda venció en agosto de 20X3?

11. Durante el ejercicio 20X3 la sociedad «G» gira una letra de cambio a 90 días por importe de 70.000 € a la empresa «Y» por un servicio prestado. La sociedad «Y» ha sido declarada en situación de concurso. Esta sociedad tiene contratado un seguro con una entidad de crédito y caución para sus operaciones con clientes por importe de 50.000 €. ¿Es deducible la pérdida por deterioro?

12. Los saldos de deudores de la sociedad «H», al final de un ejercicio ascienden a 200.000 €. La sociedad realiza una dotación global por insolvencias por importe de 3.000 €. ¿Es deducible fiscalmente esta dotación?

13. ¿Qué cantidad podría deducirse la empresa «H» del ejercicio anterior si se tratase de una empresa de reducida dimensión?

EJERCICIOS FINALES

14. La sociedad «I» posee los siguientes valores de renta fija admitidos a cotización en bolsa:

- 150 títulos adquiridos a 5,7 € y con cotización al cierre del ejercicio de 5,4 €.
- 130 títulos adquiridos a 5,3 € y con cotización al cierre del ejercicio de 5,6 €.
- 190 títulos adquiridos a 5,6 € y con cotización al cierre del ejercicio de 5,3 €.

Calcula la cantidad que podrá deducirse por deterioro.

15. Una sociedad vende máquinas con garantía de reparaciones. Las ventas realizadas y los gastos por reparaciones de los tres últimos ejercicios aparecen en la siguiente tabla:

Año	Ventas con garantía	Gastos derivados de la garantía
1	8.500.000	15.000
2	6.800.000	18.000
3	7.300.000	16.000

Al final del año 3 quedan ventas con garantía vigente por importe de 3.800.000 €. Calcula el importe que podrá deducirse por dotación a la provisión por garantía de reparaciones.

16. En la cuenta de resultados del ejercicio de una empresa se han incluido los siguientes gastos:

- Sanción tributaria (IS): 8.000 €.
- Intereses de demora: 700 €.

¿Son deducibles estos gastos?

17. Una sociedad adquirió en 20X1 un inmueble por importe de 130.000 € de los que 30.000 € corresponden al terreno. La amortización de la construcción se realiza al 2 % anual. El 13-12-20X5 vende el inmueble en 150.000 €. Calcula el beneficio a declarar:

18. Una sociedad vende a uno de sus socios una oficina que tiene contabilizada en 70.000 € y que está amortizada en 10.000 €. El precio que se formaliza en escritura pública es de 80.000 €. La Inspección Tributaria determina que el valor de mercado del bien trasmitido asciende a 90.000 €. ¿Qué ajuste tendría que hacer la sociedad?

19. La sociedad «J» vende una máquina en 20X1 por importe de 20.000 €. El precio de adquisición fue de 16.000 € y su amortización acumulada asciende a 2.000 €. En el momento de la venta se cobra el 30 % del importe total, 20 % en 20X2 y 50 % en 20X3. Calcula los ajustes que tendrá que realizar.

20. Una sociedad en el ejercicio 20X1 ha obtenido un resultado contable de 350.000 €. Hay una multa de 6.000 €. Los deterioros de valor registrados en el ejercicio, que aplicando la normativa fiscal no son deducibles este ejercicio ascienden a 3.000 €. Compensa bases imponibles negativas de ejercicios anteriores por 50.000 €. Las retenciones y pagos a cuenta del ejercicio ascienden a 1.800 €. Realiza la liquidación del IS.

21. La sociedad «K» percibe de la sociedad «X», en la que participa en un 1 %, 6.000 € por dividendos en el ejercicio 20X1, habiéndosele retenido un 19 % en concepto de retención a cuenta del IS. La sociedad «K» ha tenido 200 € de gastos en relación con los dividendos. ¿Estarán exentos estos dividendos para evitar la doble imposición sobre dividendos?

22. La sociedad «L» posee el 7 % de las participaciones sociales de la sociedad «V» desde hace 4 años. Recibe en concepto de dividendos íntegros 40.000 €. La institución financiera encargada de la gestión, custodia y administración de los bienes, le cobra al final del año 1.600 €. ¿Estarán exentos estos dividendos?

23. Una sociedad residente obtiene una renta de 12.000 € en un país extranjero, soportando una tributación por un impuesto análogo al IS de 4.000 €. ¿Qué importe puede deducirse?

EJERCICIOS FINALES

24. La empresa «M» está desarrollando en estos momentos un proyecto de investigación que cumple todos los requisitos contables para ser activado como inmovilizado intangible. El gasto correspondiente al ejercicio ha sido de 18.000 €; de ellos 2.000 € corresponden a amortizaciones de inmovilizado, y 1.200 € a personal especializado adscrito exclusivamente al proyecto. La empresa ha recibido por este proyecto subvenciones de 4.000 €. El 31 de diciembre adquiere una máquina por 15.000 € destinada a este proyecto. La media de gastos en investigación y desarrollo de los últimos dos años ha sido de 12.000 €. Calcula la deducción que podrá practicar

25. La empresa «M» del ejercicio anterior también ha gastado 16.000 € en un proyecto para adaptar las mejoras tecnológicas de los últimos años a la empresa logrando con ello desarrollar nuevos productos. ¿Qué deducción podrá practicar?

26. La empresa «N» está desarrollando un nuevo producto a punto de salir al mercado. En el proyecto de desarrollo ha incurrido en gastos por 20.000 €. De estos gastos, 5.000 € corresponden a salarios del personal especializado y otros 2.500 € a la realización de una encuesta sobre las preferencias de los consumidores. El proyecto recibe subvenciones de 4.000 €. En años anteriores no hubo gastos de investigación y desarrollo en esta empresa. El proyecto no cumple los requisitos establecidos en la normativa contable para activar el gasto como inmovilizado intangible. ¿Qué deducción podrá practicar?

27. La empresa «Ñ» inicia su actividad en 20X2. En noviembre del mismo año suscribe un contrato de trabajo por tiempo indefinido de apoyo a emprendedores con un trabajador de 25 años. Indica si tiene derecho a alguna deducción, su importe y en qué periodo impositivo podrá practicarla.

28. El 1 de julio de 20X3 se ha contratado a un trabajador con un grado de discapacidad del 33 %, con contrato indefinido y a jornada completa. Esto supone un incremento del promedio de la plantilla de trabajadores con discapacidad con respecto al periodo anterior de 0,5. ¿A qué deducción tiene derecho esta empresa?

29. Una empresa española realiza una inversión de 1.800.000 € para la realización de una película que se rodará en España y por la que recibirá una subvención de 500.000 €. Calcula la deducción a la que tendrá derecho.

30. Calcula el importe de los pagos fraccionados, correspondientes al periodo impositivo 20X3, de una sociedad de la que conocemos la siguiente información:

	Ejercicio 20X1	Ejercicio 20X2
Cuota íntegra	40.000	60.000
Bonificaciones Deducciones	800 1.500	900 2.400
Retenciones	1.200	1.600

31. El importe neto de la cifra de negocios obtenido por la sociedad «O» en el año 20X2 ascendió a 7.560.000 €. Su ejercicio coincide con el año natural. El tipo de gravamen es del 25 %.

Como el importe neto de la cifre de negocios del ejercicio anterior supera la cantidad de 6 millones de euros, se obliga a la sociedad «O» a presentar en el 20X3 las declaraciones de pagos fraccionados del ejercicio de acuerdo al método de la base imponible (art. 40.3).

La entidad presenta los siguientes datos en 20X3:

	Base imponible	Bonificaciones	Deducciones	Retenciones
1 de enero a 31 de marzo	3.000.000	250.000	250.000	150.000
1 de enero a 30 de septiembre	7.000.000	250.000	350.000	350.000
1 de enero a 30 de noviembre	9.000.000	350.000	400.000	400.000

Calcula el importe de los pagos fraccionados.

EJERCICIOS FINALES

32. La empresa LABO, SL ha obtenido en el ejercicio 20X3 un beneficio antes de impuestos de 52.630 €.

La cifra de negocios de la empresa durante el ejercicio 20X2 ha sido de 2.850.000 € y durante el ejercicio 20X3 de 7.512.000 €.

Otros datos concernientes al ejercicio 20X3:

- La empresa dotó durante el ejercicio una provisión por retribuciones a largo plazo al personal para cubrir jubilaciones anticipadas por importe de 18.350 €.
- Durante el ejercicio ha entregado, de forma gratuita, productos de fabricación propia a los socios de la empresa. El precio de venta de estos productos es de 5.300 €.
- Al final del ejercicio ha contabilizado una pérdida global por deterioro de créditos comerciales por importe de 6.500 € (este importe no supera el 1 % de los deudores existentes al final del ejercicio).
- Tiene que compensar una base imponible negativa del ejercicio 20X2 por importe de 10.230 €.
- La empresa ha realizado inversiones en proyectos de investigación por importe de 30.000 € (podrá deducirse el 25 % con un límite del 50 % de la cuota íntegra).
- Durante el ejercicio ha adquirido inmovilizados de escaso valor unitario por importe de 9.000 €. Ha contabilizado 1.500 € por la amortización de los mismos.
- Las retenciones practicadas a la empresa durante el ejercicio han ascendido a 850 €.
- Los pagos fraccionados realizados han ascendido a 1.750 €.

Calcula la cuota diferencial correspondiente al periodo impositivo 20X3 y los pagos fraccionados que la empresa realizará durante el ejercicio 20X4, suponiendo que los realiza según lo establecido en el artículo 40.2 de la LIS.

33. La empresa LABO, SL ha obtenido, durante el ejercicio 20X4, un beneficio antes de impuestos de 3.850 €. Datos del ejercicio:

- La empresa ha contabilizado una pérdida por deterioro de créditos por un cliente declarado en situación de concurso de acreedores por importe de 2.340 €.
- Ha contabilizado la amortización del inmovilizado de escaso valor adquirido durante el ejercicio anterior por importe de 1.500 €.
- Le han realizado retenciones por importe de 1.750 €.
- Tener en cuenta los pagos a cuenta realizados durante el ejercicio y que calculamos en el Ejercicio 32.

Calcula la cuota diferencial del IS para el periodo impositivo 20X4 y los pagos fraccionados que realizará durante el Ejercicio 20X5.

34. La empresa COMUNICA, SA ha obtenido en el ejercicio 20X3 un beneficio antes de impuestos de 430.500 €.

Datos del ejercicio:

- Un cliente que debía 2.300 € ha resultado impagado a su vencimiento (octubre de 20X3) y la empresa ha contabilizado el deterioro correspondiente.
- Un cliente cuya deuda venció en noviembre de 20X2 y por el que se había contabilizado una pérdida por deterioro en el mismo año por 1.800 €, se ha declarado en quiebra.
- La empresa ha contabilizado un gasto de 600 € debido a una sanción por realizar una declaración del IVA fuera de plazo.
- La empresa adquirió el día 1 de enero equipos informáticos por 90.000 € mediante un contrato de arrendamiento financiero con las condiciones siguientes:
  - 24 cuotas constantes de 3.728 € cada una.
  - Cargas financieras de 3.200 €.

EJERCICIOS FINALES

- Opción de compra de 3.728 €, al finalizar el contrato.
- El coeficiente máximo de amortización según tablas para este elemento es del 25 % y un máximo de 8 años.
- La amortización se realizará mediante cuotas constantes, aplicando el coeficiente máximo según tablas oficiales.
- Cuotas:

	Año 20X3	Año 20X4	Año 20X5
Cuota financiera	2.215	985	0
Recuperación del coste	42.521	43.751	3.728
Cuota total	44.736	44.736	3.728

- Entre los ingresos está contabilizada una venta a plazos por importe de 40.000 €, con costes directos e indirectos de 10.000 €, con la siguiente forma de cobro:
  - 50 % al contado, en este ejercicio.
  - 30 % en el ejercicio 20X4.
  - 20 % en el ejercicio 20X5.

  La empresa aplica el criterio de caja (periodo en que se produce el cobro).
- La sociedad ha recibido 5.700 € correspondientes al último cobro de una venta a plazos que realizó hace tres años y que tiene contabilizado en la cuenta 479 por importe de 1.425 €.
- En el ejercicio 20X2 la empresa tuvo una base imponible negativa de 60.350 €.
- Los gastos efectuados en actividades de innovación tecnológica han ascendido a 5.000 €.
- Ha contabilizado 4.000 € de rentas obtenidas en el extranjero y por los que ha tributado por un impuesto similar al IS 1.200 €.
- El tipo de gravamen es del 25 %.
- Tiene bonificaciones por importe de 400 €.
- Las retenciones del ejercicio ascienden a 3.400 €.
- No ha realizado pagos fraccionados.

Calcula la cuota diferencial correspondiente al periodo impositivo 20X3.

35. Realiza los asientos contables correspondientes a la liquidación del impuesto sobre sociedades del ejercicio anterior.

UNIDAD 10

IMPUESTO SOBRE LA RENTA DE LAS PERSONAS FÍSICAS

En esta unidad estudiaremos el Impuesto sobre la Renta de las Personas Físicas. Analizaremos su ámbito de aplicación, el hecho imponible, el sujeto pasivo y los demás elementos tributarios de este impuesto directo.

Analizaremos la forma de obtener la base imponible y liquidable y la cuota tributaria, teniendo en cuenta que es un impuesto cedido parcialmente a las Comunidades Autónomas.

Objetivos

- Conocer la naturaleza del IRPF.
- Identificar los elementos del IRPF.
- Identificar los distintos rendimientos integrantes de la base imponible.
- Diferenciar la base imponible y liquidable general y del ahorro.
- Conocer el procedimiento para obtener la cuota íntegra, estatal y autonómica.
- Identificar las deducciones aplicables para obtener la cuota líquida, estatal y autonómica.
- Obtener el resultado de la declaración.

Contenidos

10.1. Conceptos generales

Legislación

El Impuesto sobre la Renta de las Personas Físicas está regulado por la **Ley 35/2006, de 28 de noviembre,** del Impuesto sobre la Renta de las Personas Físicas y de modificación parcial de las leyes de los Impuestos sobre Sociedades, sobre la Renta de no Residentes y sobre el Patrimonio (LIRPF).

Real Decreto 439/2007, de 30 de marzo, por el que se aprueba el Reglamento del Impuesto sobre la Renta de las Personas Físicas y se modifica el Reglamento de Planes y Fondos de Pensiones, aprobado por Real Decreto 304/2004, de 20 de febrero (RIRPF).

El Impuesto sobre la Renta de las Personas Físicas es un tributo de carácter personal y directo que grava, según los principios de igualdad, generalidad y progresividad, la renta de las personas físicas de acuerdo con su naturaleza y sus circunstancias personales y familiares.

El objeto de este impuesto es la renta del contribuyente con independencia del lugar donde se hubiese producido y cualquiera que sea la residencia del pagador.

10.1.1. Ámbito de aplicación

El impuesto se aplicará en todo el territorio español, teniendo en cuenta que:

- País Vasco y Navarra aplicarán sus propias normas forales.
- El rendimiento del impuesto está parcialmente cedido a las restantes Comunidades Autónomas que podrán regular, con sus propias normas, algunos aspectos del mismo.

10.1.2. Hecho imponible

El artículo 6 de la Ley del IRPF establece que constituye el hecho imponible la obtención de renta por el contribuyente y que los componentes de la renta del contribuyente son:

a) Los rendimientos del trabajo.

b) Los rendimientos del capital.

c) Los rendimientos de las actividades económicas (resultado de la actividad empresarial o profesional que desarrolla la persona física por cuenta propia).

d) Las ganancias y pérdidas patrimoniales (variaciones en el valor de patrimonio, empresarial o particular, de la persona física que se computan cuando se altera la composición del mismo).

e) Las imputaciones de renta que se establezcan por ley.

10.1.3. Rentas no sujetas

No estarán sujetas al IRPF:

- La renta que se encuentre sujeta al impuesto sobre sucesiones y donaciones.
- Las ganancias y las pérdidas que se pongan de manifiesto en la división de la cosa común o en la disolución de la sociedad legal de gananciales.
- Las variaciones patrimoniales que se pongan de manifiesto con ocasión de transmisiones lucrativas por causa de muerte del contribuyente.
- Las entregas de productos a precios rebajados que se realicen en cantinas o comedores de empresa o economatos de carácter social.
- Las primas satisfechas a entidades aseguradoras por seguros de accidente laboral o responsabilidad civil del trabajador o para la cobertura de enfermedad.

Recuerda...

Para conocer en detalle las rentas no sujetas consulta los artículos 6, 33 y 42 de la LIRPF.

Ejemplo 10.1

Si una persona recibe de su padre una donación de 12.000 €, aunque ha percibido una renta, no está sujeta al IRPF sino al Impuesto sobre Sucesiones y Donaciones.

Ejemplo 10.2

Un matrimonio adquiere una vivienda en 130.000 € y un apartamento en la playa en 80.000 €. Al divorciarse el valor de la vivienda es de 150.000 € y el del apartamento 100.000 €. Al separarse el marido se queda con la vivienda y la mujer con el apartamento y un depósito bancario de 50.000 €. Como la disolución de la sociedad de gananciales no genera ganancias ni pérdidas, la vivienda quedará valorada en el patrimonio del marido en 130.000 € y el apartamento en el patrimonio de la mujer en 80.000 €.

10.1.4. Exenciones

El artículo 7 establece las rentas exentas entre las que destacamos:

- Las prestaciones públicas extraordinarias por actos de terrorismo.
- Las ayudas de cualquier clase percibidas por los afectados por el VIH.
- Las pensiones reconocidas en favor de aquellas personas que sufrieron lesiones o mutilaciones con ocasión o como consecuencia de la Guerra Civil.
- Las indemnizaciones como consecuencia de responsabilidad civil por daños personales, en la cuantía legal o judicialmente reconocida.
- Las indemnizaciones por despido o cese del trabajador, en la cuantía establecida con carácter obligatorio en el Estatuto de los Trabajadores. El importe de la indemnización exenta tendrá como límite 180.000 €.
- Las prestaciones reconocidas al contribuyente por la Seguridad Social o por las entidades que la sustituyan como consecuencia de incapacidad permanente absoluta o gran invalidez.
- Las pensiones por inutilidad o incapacidad permanente del régimen de clases pasivas.
- Las prestaciones públicas por nacimiento, parto o adopción múltiple, adopción, hijos a cargo y orfandad. También estarán exentas las prestaciones públicas por maternidad percibidas de las comunidades autónomas o entidades locales.
- Las prestaciones económicas percibidas de instituciones públicas con motivo del acogimiento de personas con discapacidad, mayores de 65 años o menores.
- Las becas públicas y las becas concedidas por las entidades sin fines lucrativos y las fundaciones bancarias..
- Las anualidades por alimentos percibidas de los padres en virtud de decisión judicial.
- Los premios literarios, artísticos o científicos relevantes, con las condiciones que reglamentariamente se determinen.
- Las ayudas de contenido económico a los deportistas de alto nivel.
- Las prestaciones por desempleo cuando se perciban en la modalidad de pago único.
- Los rendimientos positivos del capital mobiliario procedentes de los seguros de vida, depósitos y contratos financieros a través de los cuales se instrumenten los planes de ahorro a largo plazo.

Recuerda...

Para conocer en detalle las exenciones, consulta los artículos 7, 33 y la disposición adicional trigésima séptima de la LIRPF.

- Las gratificaciones extraordinarias satisfechas por el Estado español por la participación en misiones internacionales de paz o humanitarias
- Los rendimientos del trabajo percibidos por trabajos efectivamente realizados en el extranjero (si cumplen una serie de requisitos).
- Las prestaciones percibidas por entierro o sepelio.
- Las ayudas públicas concedidas por las comunidades autónomas y las entidades locales para atender a ciudadanos en situación de emergencia, riesgo o exclusión social.

Ejemplo 10.3

Un trabajador ve extinguido su contrato laboral con la empresa en la que trabajaba desde hace seis años. La empresa abona al trabajador 4.800 euros en concepto de indemnización. Según el Estatuto de los Trabajadores la indemnización es de 3.600 €. Se considerará renta exenta los 3.600 € que fija el ET.

Legislación

Se presumirá, salvo prueba en contrario, que el contribuyente tiene su residencia habitual en territorio español cuando, de acuerdo con los criterios anteriores, resida habitualmente en España el cónyuge no separado legalmente y los hijos menores de edad que dependan de aquel (artículo 9.1 de la LIRPF).

10.1.5. Contribuyentes

Son contribuyentes por este impuesto:

1. Las personas físicas que tengan su residencia habitual en territorio español. Para ello debe darse alguna de las siguientes circunstancias:
   - Que permanezca más de 183 días, durante el año natural, en territorio español.
   - Que radique en España el núcleo principal o la base de sus actividades o intereses económicos, de forma directa o indirecta.
2. Las personas físicas de nacionalidad española que tuviesen su residencia en el extranjero por ser miembros de misiones diplomáticas o de oficinas consulares españolas, representantes del Estado español en organismos internacionales o funcionarios españoles destinados en el extranjero (artículo 10.1 de la LIRPF).

Ejemplo 10.4

Un empresario español reside desde hace dos años en Italia y su única actividad es una fábrica situada en Salamanca. El empresario reside habitualmente en España, pues es donde radica el núcleo principal de su actividad empresarial.

Ejemplo 10.5

Un español trabaja en Francia durante todo el año 20X3 y su cónyuge e hijos residen en España. Tendrá que demostrar su residencia en Francia para no ser considerado sujeto al IRPF.

10.1.6. Individualización de rentas

El artículo 11 de la LIRPF establece criterios para individualizar las rentas:

- La renta se entenderá obtenida por los contribuyentes en función del origen o fuente de aquella, cualquiera que sea, en su caso, el régimen económico del matrimonio.

- Los rendimientos del trabajo se atribuirán exclusivamente a quien haya generado el derecho a su percepción.
- Los rendimientos del capital se atribuirán a los contribuyentes que sean titulares de los elementos patrimoniales, bienes o derechos, de que provengan dichos rendimientos.
- Los rendimientos de las actividades económicas se considerarán obtenidos por quienes realicen de forma habitual, personal y directa la ordenación por cuenta propia de los medios de producción y los recursos humanos afectos a las actividades.
- Las ganancias y pérdidas patrimoniales se considerarán obtenidas por los contribuyentes que sean titulares de los bienes, derechos y demás elementos patrimoniales de que provengan. Las ganancias patrimoniales no justificadas se atribuirán en función de la titularidad de los bienes o derechos en que se manifiesten.

Legislación

Atribución de rentas:

Es un régimen especial para que las rentas netas de ciertas entidades, que no son sujetos pasivos del IRPF ni del Impuesto sobre Sociedades, se sometan a tributación mediante su imputación a los miembros que formen parte de ellas.

Están sometidas a este régimen, las sociedades civiles no sujetas al Impuesto sobre Sociedades, herencias yacentes, comunidades de bienes y demás entidades que, carentes de personalidad jurídica, constituyen una unidad económica o patrimonio separado, o susceptible de imposición.

Las rentas correspondientes a las entidades en régimen de atribución de rentas, se atribuirán a los socios, herederos, comuneros y partícipes respectivamente de acuerdo con su grado de participación en dichas entidades.

Se regulan en los artículos 86 a 90 de la LIRPF.

Ejemplo 10.6

Juan posee una vivienda, que tiene alquilada, valorada en 150.000 € y Rocío posee acciones de un banco. Juan y Rocío contraen matrimonio en régimen de gananciales. Durante el primer año de matrimonio han obtenido las siguientes rentas:

- Rendimientos del trabajo de Juan: 28.000 €.
- Rendimientos de actividades económicas de Rocío: 35.000 €.
- Ingresos por alquiler del piso de Juan: 9.000 €.
- Dividendos brutos de las acciones de Rocío: 1.500 €.
- Rendimientos del capital conseguido en el primer año de matrimonio: 2.000 €.

Calcula las rentas por las que tendrá que tributar cada uno de los cónyuges en el IRPF.

Respuesta:

Rentas de Juan: 28.000 + 9.000 + 50 % de 2.000 = 38.000 €.

Rentas de Rocío: 35.000 + 1.500 + 50 % de 2.000 = 37.500 €.

10.1.7. Periodo impositivo, devengo del impuesto e imputación temporal

El periodo impositivo será el año natural. El Impuesto se devengará el 31 de diciembre de cada año (art. 12 de la LIRPF).

El periodo impositivo será inferior al año natural cuando se produzca el fallecimiento del contribuyente en un día distinto al 31 de diciembre, en cuyo caso el periodo impositivo terminará y se devengará el impuesto en la fecha del fallecimiento (art. 13 de la LIRPF).

Imputación temporal (artículo 14 de la LIRPF):

1. Regla general:
    - Los rendimientos del trabajo y del capital se imputarán al periodo impositivo en que sean exigibles por su perceptor, con independencia de los cobros.

- Los rendimientos de actividades económicas se imputarán conforme a lo dispuesto en la normativa reguladora del IS (devengo).
- Las ganancias y pérdidas patrimoniales se imputarán al periodo impositivo en que tenga lugar la alteración patrimonial (la transmisión, la pérdida, la recepción del premio, etc.).

2. Reglas especiales (consultar artículo 14):
   - Cuando por circunstancias justificadas no imputables al contribuyente los rendimientos derivados del trabajo se perciban en periodos impositivos distintos a aquellos en que fueron exigibles, se imputarán a estos, practicándose, en su caso, declaración-liquidación complementaria, sin sanción ni intereses de demora ni recargo alguno.
   - En el caso de operaciones a plazos o con precio aplazado, el contribuyente podrá optar por imputar proporcionalmente las rentas obtenidas en tales operaciones, a medida que se hagan exigibles los cobros correspondientes.
   - Las ganancias patrimoniales derivadas de ayudas públicas se imputarán, como regla general, al periodo impositivo en que tenga lugar su cobro.

Ejemplo 10.7

Un contribuyente es propietario de un piso que tiene arrendado por 750 € al mes. No le han pagado la renta en los últimos 3 meses. Debe imputar la renta de todo el año (750 x 12) porque ha sido exigible.

Ejemplo 10.8

Un contribuyente recibe en 20X3 atrasos correspondientes al año 20X2. Deberá presentar una declaración complementaria al año 20X2, incluyendo los atrasos que en su día no declaró.

Ejemplo 10.9

Un contribuyente transmite una vivienda en al año 20X1 por importe de 150.000 €, que cobrará en tres años (50.000 € cada año: 20X1, 20X2 y 20X3). Ha obtenido una ganancia patrimonial de 15.000 €. Tendrá que declarar la ganancia en tres años, en proporción a la parte cobrada cada año (5.000 € cada año).

10.2. Determinación de la renta sometida a gravamen

La **base imponible** estará constituida por el importe de la renta del contribuyente. Para la cuantificación de la base imponible se procederá, en los términos previstos en esta Ley, por el siguiente orden:

1. Las rentas se calificarán y cuantificarán con arreglo a su origen. Los rendimientos netos se obtendrán por diferencia entre los ingresos computables y los gastos deducibles. Las ganancias y pérdidas patrimoniales se determinarán, con carácter general, por diferencia entre los valores de transmisión y de adquisición.

2. Se aplicarán las reducciones sobre el rendimiento íntegro o neto que, en su caso, correspondan para cada una de las fuentes de renta.
3. Se procederá a la integración y compensación de las diferentes rentas según su origen y su clasificación como renta general o del ahorro.

El resultado de estas operaciones dará lugar a las **bases imponibles general y del ahorro**.

La **base liquidable** será el resultado de practicar en la base imponible, en los términos previstos en esta Ley, las reducciones por atención a situaciones de dependencia y envejecimiento y pensiones compensatorias, lo que dará lugar a las **bases liquidables general y del ahorro**.

No se someterán a tributación las rentas que no excedan del importe del mínimo personal y familiar que resulte de aplicación.

10.3. Determinación de la base imponible

El artículo 16 de la LIRPF establece los métodos de determinación de la base imponible:

1. La cuantía de los distintos componentes de la base imponible se determinará con carácter general por el método de estimación directa.
2. La determinación de los rendimientos de actividades económicas se llevará a cabo a través de los siguientes métodos:
   - Estimación directa, que se aplicará como método general, y que admitirá dos modalidades, la normal y la simplificada.
   - Estimación objetiva de rendimientos para determinadas actividades económicas.
3. El método de estimación indirecta.

En la estimación indirecta de los rendimientos procedentes de actividades económicas se tendrán en cuenta, preferentemente, los signos, índices o módulos establecidos para la estimación objetiva.

A continuación analizaremos los diferentes rendimientos.

10.3.1. Rendimientos del trabajo

Se considerarán rendimientos íntegros del trabajo todas las contraprestaciones o utilidades, cualquiera que sea su denominación o naturaleza, dinerarias o en especie, que deriven, directa o indirectamente, del trabajo personal o de la relación laboral o estatutaria y no tengan el carácter de rendimientos de actividades económicas.

Son, entre otros, rendimientos del trabajo: los sueldos y salarios, las prestaciones por desempleo, las remuneraciones en concepto de gastos de representación, las dietas y asignaciones para gastos de viaje (excepto los de locomoción y los normales de manutención y estancia), las contribuciones o aportaciones satisfechas por los promotores de planes de pensiones, etc.

El artículo 17.2 establece otros rendimientos del trabajo como: las pensiones o prestaciones recibidas, las prestaciones recibidas de planes de pensiones, los rendimientos procedentes de impartir cursos o conferencias, las cantidades percibidas por prestaciones de seguros de dependencia, por elaboración de obras científicas o literarias, etc.

Legislación

Clases de renta:

Renta general (art. 45):

Estará formada por los rendimientos y las ganancias y pérdidas patrimoniales que no tengan la consideración de renta del ahorro:

- Rendimientos del trabajo.
- Rendimientos del capital inmobiliario.
- Algunos rendimientos del capital mobiliario.
- Rendimientos de actividades económicas.
- Ganancias y pérdidas patrimoniales que no procedan de la transmisión de elementos patrimoniales.

Renta del ahorro (art. 46):

- Los rendimientos del capital mobiliario derivados de la participación en fondos propios.
- Los rendimientos de capital mobiliario obtenidos por la cesión a terceros de capitales propios.
- Los rendimientos del capital mobiliario obtenidos en operaciones de capitalización, seguros de vida o invalidez, y rentas derivadas de imposición de capitales.
- Las ganancias y pérdidas patrimoniales que se pongan de manifiesto con ocasión de transmisiones de elementos patrimoniales.

Recuerda...

Los rendimientos del trabajo están regulados en los artículos 17 a 20 de la LIRPF.

Recuerda...

El cálculo del rendimiento gravable se realiza según el siguiente esquema:

Rendimiento íntegro
– Reducciones especiales
– Gastos deducibles
= **Rendimiento neto**
– Reducciones generales
= **Rendimiento neto reducido**

Legislación

Según el **artículo 19.2** de la LIRPF tendrán la consideración de gastos deducibles exclusivamente los siguientes:

a) Las cotizaciones a la SS o a mutualidades generales obligatorias de funcionarios.

b) Las detracciones por derechos pasivos.

c) Las cotizaciones a los colegios de huérfanos o entidades similares.

d) Las cuotas satisfechas a sindicatos y colegios profesionales, cuando la colegiación tenga carácter obligatorio, en la parte que corresponda a los fines esenciales de estas instituciones, y con el límite que reglamentariamente se establezca.

e) Los gastos de defensa jurídica derivados directamente de litigios suscitados en la relación del contribuyente con la persona de la que percibe los rendimientos, con el límite de 300 € anuales.

f) En concepto de otros gastos distintos de los anteriores, 2.000 euros anuales.

Desempleados que acepten un puesto de trabajo que exija el traslado de su residencia habitual a un nuevo municipio, se incrementará dicha cuantía, en el periodo impositivo en el que se produzca el cambio de residencia y en el siguiente, en 2.000 euros anuales adicionales.

Para personas con discapacidad que obtengan rendimientos del trabajo como trabajadores activos, se incrementará dicha cuantía en 3.500 € anuales (7.750 € si acreditan necesitar ayuda de terceras personas o movilidad reducida, o un grado de discapacidad igual o superior al 65 %).

Reducciones especiales

Como regla general, los rendimientos íntegros se computarán en su totalidad, salvo que les sea de aplicación alguno de los porcentajes de reducción previstos en el artículo 18:

- El 30 % de reducción, en el caso de rendimientos íntegros distintos de los previstos en el artículo 17.2. a) que tengan un periodo de generación superior a dos años, así como aquellos que se califican reglamentariamente como obtenidos de forma notoriamente irregular en el tiempo (por ejemplo, las indemnizaciones por traslado, por renuncia a derechos, por cese voluntario), cuando, en ambos casos, se imputen en un único periodo impositivo, excepto indemnizaciones de carácter laboral.

  La cuantía del rendimiento íntegro sobre la que se aplicará la reducción no podrá superar el importe de 300.000 euros anuales. En el caso de rendimientos del trabajo cuya cuantía esté comprendida entre 700.000,01 € y 1.000.000 €, y deriven de la extinción de la relación laboral o de la relación mercantil de los miembros del consejo de administración o administradores, el importe sobre el que se aplicará la reducción será el que resulte de minorar 300.000 € en la diferencia entre la cuantía del rendimiento y 700.000 €.

- El 30 % cuando se trate de prestaciones recibidas en forma de capital procedentes de pensiones de la Seguridad Social, clases pasivas, mutualidades de funcionarios y colegios de huérfanos, siempre que hayan transcurrido más de dos años desde la primera aportación. Los dos años no serán exigibles en el caso de prestaciones por invalidez.

Ejemplo 10.10

Una empresa concede una gratificación extraordinaria de 3.000 € a los trabajadores que han prestado servicios en la empresa durante 25 años.

Calcula el rendimiento que tendrá que declarar el trabajador el año que perciba dicha gratificación.

Respuesta:

Rendimiento íntegro: 3.000 €.

Reducción: 30 % de 3.000 = 900 €.

Rendimiento íntegro reducido. 3.000 – 900 = 2.100 €.

Rendimiento neto del trabajo

El rendimiento neto del trabajo será el resultado de disminuir el rendimiento íntegro en el importe de los gastos deducibles. Serán gastos deducibles: cotizaciones a la SS o a mutualidades obligatorias, detracciones por derechos pasivos, cotizaciones a colegios de huérfanos, cuotas satisfechas a sindicatos y colegios profesionales (con limite de 500 € anuales), gastos de defensa jurídica (con límite de 300 € anuales), etc. (consultar el art.19.2 de la LIRPF y los arts. 10 y 11 del RIRPF).

Ejemplo 10.11

Manuel ha obtenido durante un año unas retribuciones dinerarias de 50.000 € y 2.600 € en especie. Sus cotizaciones a la SS han ascendido a 3.400 € y ha satisfecho a su colegio profesional 200 €. Calcula el rendimiento neto del trabajo que tendrá que declarar.

Respuesta:

Rendimiento íntegro: 5.000 + 2.600 = 52.600 €.

– Gatos deducibles: 3.400 + 200 + 2000 = 5.600 €.

Rendimiento neto: 52.600 – 5.600 = 47.000 €.

Reducciones generales

El artículo 20 de la LIRPF establece que los contribuyentes con rendimientos netos del trabajo inferiores a 16.825 euros siempre que no tengan rentas, excluidas las exentas, distintas de las del trabajo superiores a 6.500 euros, minorarán el rendimiento neto del trabajo en las siguientes cuantías:

a) Contribuyentes con rendimientos netos del trabajo iguales o inferiores a 13.115 euros: 5.565 euros anuales.

b) Contribuyentes con rendimientos netos del trabajo comprendidos entre 13.115 y 16.825 euros: 5.565 euros menos el resultado de multiplicar por 1,5 la diferencia entre el rendimiento del trabajo y 13.115 euros anuales.

A estos efectos, el rendimiento neto del trabajo será el resultante de minorar el rendimiento íntegro en los gastos previstos en las letras a), b), c), d) y e) del artículo 19.2 de esta Ley.

Como consecuencia de la aplicación de las reducciones anteriores, el saldo resultante no podrá ser negativo.

Recuerda...

Consultar la disposición adicional cuadragésima séptima de la Ley 35/2006, introducida por la Ley 6/2018, de 3 de julio, de Presupuestos Generales del Estado para 2018, para calcular la reducción por obtención de rendimientos del trabajo y determinación del tipo de retención sobre los rendimientos del trabajo durante el periodo impositivo 2018.

Ejemplo 10.12

Miguel ha sido trasladado por la empresa en la que trabaja como abogado a otra ciudad al principio de este año, por esta razón ha recibido 8.000 € de indemnización, más 1.200 € para gastos de traslado. El sueldo bruto es de 45.000 €, con una retención de 9.400 €. Las retenciones para la SS han ascendido a 2.530 €. Ha aportado 350 € al sindicato al que pertenece y 650 € al colegio de abogados. La empresa ha aportado a un plan de pensiones, del que Miguel es partícipe, 4.300 €. Calcula el rendimiento neto reducido.

Respuesta:

Rendimiento íntegro	
Dinerarios (45.000 + 8.000)*	53.000
En especie	4.300
– Reducciones especiales (30 % de 8.000)	– 2.400
– Gastos deducibles:	
Seguridad Social	– 2.530
Sindicato	– 350
Colegio profesional	– 500
Otros gastos	– 2.000
= Rendimiento neto	**49.520**
– Reducciones generales	– 0
= Rendimiento neto reducido	**49.520**

(*) Los gastos del traslado no están gravados (art. 9.B.2 del RIRPF).

10.3.2. Rendimientos del capital

El artículo 21.1 de la LIRPF establece que tendrán la consideración de rendimientos íntegros del capital la totalidad de las utilidades o contraprestaciones, cualquiera que sea su denominación o naturaleza, dinerarias o en especie, que provengan, directa o indirectamente, de elementos patrimoniales, bienes o derechos, cuya titularidad corresponda al contribuyente y no se hallen afectos a actividades económicas realizadas por este.

Legislación

Artículo 21.2 de la LIRPF:

En todo caso, se incluirán como rendimientos del capital:

a) *Los provenientes de los bienes inmuebles, tanto rústicos como urbanos, que no se hallen afectos a actividades económicas realizadas por el contribuyente.*

b) *Los que provengan del capital mobiliario y, en general, de los restantes bienes o derechos de que sea titular el contribuyente, que no se encuentren afectos a actividades económicas realizadas por este.*

No obstante, las rentas derivadas de la transmisión de la titularidad de los elementos patrimoniales tributarán como ganancias o pérdidas patrimoniales, salvo que por esta Ley se califiquen como rendimientos del capital.

10.3.2.1. Rendimientos del capital inmobiliario

Según el artículo 22 tendrán la consideración de rendimientos íntegros procedentes de la titularidad de bienes inmuebles rústicos y urbanos o de derechos reales que recaigan sobre ellos, todos los que se deriven del arrendamiento o de la constitución o cesión de derechos o facultades de uso o disfrute sobre aquellos, cualquiera que sea su denominación o naturaleza.

Se computará como rendimiento íntegro el importe que por todos los conceptos deba satisfacer el adquirente, cesionario, arrendatario o subarrendatario, excluido el IVA o IGIC.

Rendimiento neto

Para la determinación del rendimiento neto, se deducirán de los rendimientos íntegros los gastos siguientes:

a) Todos los gastos necesarios para la obtención de los rendimientos, como los siguientes:

1. Los intereses de los capitales ajenos, y demás gastos de financiación, así como los gastos de reparación y conservación del inmueble. El importe no podrá exceder, para cada bien o derecho, de la cuantía de los rendimientos íntegros obtenidos. El exceso se podrá deducir en los cuatro años siguientes.
2. Los tributos y recargos no estatales, así como las tasas y los recargos estatales, que no tengan carácter sancionador.
3. Los saldos de dudoso cobro.
4. Las cantidades devengadas por terceros como consecuencia de servicios personales.

b) Las amortizaciones, siempre que respondan a su depreciación efectiva:

- Inmuebles, como máximo el 3 % sobre el mayor de los siguientes valores: el coste de adquisición satisfecho o el valor catastral, sin incluir el valor del suelo.
- Bienes de naturaleza mobiliaria cedidos conjuntamente con el inmueble: se les aplicará los coeficientes de amortización de la tabla de amortización simplificada. (Consultar el art. 14 del RIRPF).

Recuerda...

El cálculo del rendimiento gravable se realiza según el siguiente esquema:

Rendimiento íntegro
– Gastos deducibles
= **Rendimiento neto**
– Reducciones
= **Rendimiento neto reducido**

Ejemplo 10.13

Miguel es propietario de un local que adquirió en 150.000 € (el 20 % corresponde al terreno) y que tiene alquilado por 10.000 € anuales. Ha incurrido en los siguientes gastos: IBI, 430 €; comunidad de propietarios, 1.200 €; reparaciones, 12.000 €. El valor catastral del local es de 70.000 €. Calcula el rendimiento neto.

Respuesta:

Rendimiento íntegro	10.000
– Gastos deducibles:	
Impuesto sobre bienes inmuebles	– 430
Comunidad de propietarios	– 1.200
Reparaciones*	– 10.000
Amortización [3 % de (150.000 – 30.000)]	– 3.600
= Rendimiento neto	**– 5.230**

(*) El gasto por reparaciones no podrá exceder del rendimiento íntegro. El exceso (2.000 €) se podrá deducir en los 4 años siguientes.

Reducciones

En los supuestos de arrendamiento de bienes inmuebles destinados a vivienda, el rendimiento neto positivo se reducirá en un 60 %.

Se reducirán en un 30 % los rendimientos netos con un periodo de generación superior a dos años, así como los que se califiquen reglamentariamente como obtenidos de forma notoriamente irregular en el tiempo (por ej., las indemnizaciones percibidas del arrendatario, subarrendatario o cesionario por daños o desperfectos en el inmueble) siempre que se imputen a un único periodo impositivo. La cuantía del rendimiento neto a que se refiere este apartado sobre la que se aplicará la citada reducción no podrá superar el importe de 300.000 € anuales.

El artículo 24 establece que cuando el adquirente, cesionario, arrendatario o subarrendatario del bien inmueble o del derecho real que recaiga sobre el mismo sea el cónyuge o un pariente (hasta el tercer grado inclusive) del contribuyente, el rendimiento neto total no podrá ser inferior al 2 % del valor catastral del inmueble o al 1,1 % si este valor ha sido revisado y ha entrado en vigor en el periodo impositivo o en el plazo de los 10 periodos impositivos anteriores.

Legislación

Imputación de rentas inmobiliarias:

En el supuesto de los bienes inmuebles urbanos, no afectos a actividades económicas, ni generadores de rendimientos del capital, excluida la vivienda habitual y el suelo no edificado, tendrá la consideración de renta imputada la cantidad que resulte de aplicar el 2 % al valor catastral (el 1,1% si éste ha sido revisado y ha entrado en vigor en este o en los 10 periodos impositivos anteriores), determinándose proporcionalmente al número de días que corresponda en cada periodo impositivo (art. 85 de la LIRPF).

Ejemplo 10.14

Miguel es propietario de un piso que adquirió en 130.000 € (20.000 € corresponden al terreno) y que tiene alquilado por 7.200 € anuales a Esteban, de 50 años. Los gastos de comunidad han ascendido a 540 € y el IBI a 350 €. Calcula el rendimiento neto reducido.

Respuesta:

Rendimiento íntegro	7.200
– Gastos deducibles:	
Impuesto sobre bienes inmuebles	– 350
Comunidad de propietarios	– 540
Amortización [3 % de (130.000 – 20.000)]	– 3.300
= Rendimiento neto	**3.010**
– Reducciones (60 % de 3.010)	– 1.806
= Rendimiento neto reducido	**1.204**

10.3.2.2. Rendimientos del capital mobiliario

El artículo 25 establece que tendrán la consideración de rendimientos íntegros del capital mobiliario los siguientes:

a) Rendimientos (dinerarios o en especie) obtenidos por la participación en fondos propios de cualquier tipo de entidad (art. 25.1):

- Dividendos, primas de asistencia a juntas, otras participaciones en beneficios.
- Derivados de la concesión de derechos de disfrute.
- Obtenidos por la condición de socio, accionista o asociado.

b) Rendimientos obtenidos por la cesión a terceros de capitales propios (art. 25.2):

- Las contraprestaciones de todo tipo, dinerarias o en especie, como los intereses y cualquier otra forma de retribución pactada como remuneración por tal cesión (imposición de capitales, cuentas corrientes, imposiciones a plazo, etc.).

Legislación

Artículo 25.3 de la LIRPF:

En el caso de rentas vitalicias inmediatas, que no hayan sido adquiridas por herencia, legado o cualquier otro título sucesorio, se considerará rendimiento de capital mobiliario el resultado de aplicar a cada anualidad los porcentajes siguientes (art. 25.3.a.2º):

- 40 %, cuando el perceptor tenga menos de 40 años.
- 35 %, cuando el perceptor tenga entre 40 y 49 años.
- 28 %, cuando el perceptor tenga entre 50 y 59 años.
- 24 %, cuando el perceptor tenga entre 60 y 65 años.
- 20 %, cuando el perceptor tenga entre 66 y 69 años.
- 8 %, cuando el perceptor tenga más de 70 años.

Estos porcentajes serán los correspondientes a la edad del rentista en el momento de la constitución de la renta y permanecerán constantes durante toda su vigencia.

Si se trata de rentas temporales inmediatas, los porcentajes a aplicar serán (25.3.a.3º):

- 12 %, cuando la renta tenga una duración inferior o igual a 5 años.
- 16 %, cuando la renta tenga una duración superior a 5 e inferior o igual a 10 años.
- 20 %, cuando la renta tenga una duración superior a 10 e inferior o igual a 15 años.
- 25 %, cuando la renta tenga una duración superior a 15 años.

Consultar el artículo 25.3 y la disposición transitoria quinta de la LIRPF y los artículos 18 y 19 del RIRPF para ver más posibilidades.

- Las derivadas de la transmisión, reembolso, amortización, canje o conversión de cualquier clase de activos representativos de la captación o utilización de capitales ajenos (bonos, obligaciones, letras, etc.).

En el caso de transmisión, reembolso, amortización, canje o conversión de valores, se computará como rendimiento la diferencia entre el valor de transmisión, reembolso, amortización, canje o conversión de los mismos, minorado en los gastos accesorios a estas operaciones que estén justificados y su valor de adquisición o suscripción, incrementado en los gastos accesorios a la adquisición.

Ejemplo 10.15

El día 1 de abril Miguel hace una imposición de 50.000 € a plazo de 18 meses, con abono de intereses trimestrales al 4 % de interés. La entidad financiera le regala, al hacer la imposición, una televisión LED valorada en 600 € (por este motivo la entidad realiza un ingreso a cuenta de 114 €). Calcula el rendimiento del capital mobiliario que deberá declarar Miguel este año.

Respuesta:

Intereses trimestrales: 50.000 x 0,04 x 3/12 = 500 €.

Rendimientos dinerarios: 500 x 3 = 1.500 €.

Rendimientos en especie: (600 + 114): 714 €.

Ejemplo 10.16

El día 1 de abril Miguel adquiere 25 letras del Tesoro por 950 € cada una y al cabo de 6 meses le reembolsan 1.000 € por letra. También vende en 950 € un pagaré de una empresa, con vencimiento a 12 meses y un valor de reembolso de 1.150 €. El pagaré fue adquirido hace 6 meses por 850 € con unos gastos de adquisición de 10 €. Calcula el rendimiento del capital mobiliario que deberá declarar Miguel este año.

Respuesta:

Rendimiento: Letras del Tesoro: 25 x (1.000 – 950) = 1.250 €.

Pagaré: 950 – (850 + 10) = 90.

c) Rendimientos (dinerarios o en especie) procedentes de operaciones de capitalización, de contratos de seguro de vida o invalidez, salvo que deban tributar como rendimientos de trabajo (seguros colectivos que instrumenten los compromisos por pensiones asumidos por empresas), y de rentas vitalicias u otras temporales derivadas de la imposición de capitales (art.25.3).

Dependiendo del modo en que se perciba el capital, se integrará su rendimiento:

- Cuando se perciba un capital diferido, el rendimiento del capital mobiliario vendrá determinado por la diferencia entre el capital percibido y el importe de las primas satisfechas.
- Cuando se perciban rentas inmediatas, temporales o vitalicias, se aplicarán los porcentajes establecidos en el artículo 25.3 al importe de la renta anual.

Ejemplo 10.17

Miguel contrata un seguro de vida por el que paga una prima anual de 2.300 €. Al cabo de 15 años la compañía de seguros le entrega 40.000 €. ¿Qué rendimiento tendrá que declarar?

Respuesta:

Rendimiento: 40.000 – (2.300 x 15) = 5.500 €.

Ejemplo 10.18

Al cumplir 50 años Miguel contrata un seguro de vida de renta vitalicia diferida por el que paga una prima anual de 4.500 €. A los 65 años se jubila y recibirá de la compañía de seguros una renta anual de 6.700 € hasta su fallecimiento. El valor actual financiero-actuarial de la renta vitalicia a cobrar asciende a 90.490 €. ¿Qué rendimiento tendrá que declarar cada año?

Respuesta:

Rendimiento anual:

Porcentaje sobre la anualidad (entre 60 y 65 años: 24 %): 6.700 x 0,24 = 1.608 €.

Rentabilidad hasta la constitución de la renta: (90.490 – 4.500 x 15)/10 = 2.299 €.

Rendimiento de capital mobiliario: 1.608 + 2.299 = 3.907 €.

(El rendimiento del capital mobiliario estará constituido por 3.907 € durante los 10 primeros años. A partir del undécimo año el rendimiento del capital mobiliario será de 1.608 €.)

Legislación

Artículo 25.3.a.4° de la LIRPF:

Cuando se perciban rentas diferidas, vitalicias o temporales, que no hayan sido adquiridas por herencia, legado o cualquier otro título sucesorio, se considerará rendimiento del capital mobiliario el resultado de aplicar a cada anualidad el porcentaje que corresponda de los previstos en los números 2° y 3° anteriores, incrementado en la rentabilidad obtenida hasta la constitución de la renta, en la forma que establece el artículo 18 del RIRPF.

Artículo 18 del RIRPF:

La rentabilidad vendrá determinada por la diferencia entre el valor actual financiero-actuarial de la renta que se constituye y el importe de las primas satisfechas. Dicha rentabilidad se repartirá linealmente durante los diez primeros años de cobro de la renta vitalicia o entre los años de duración de la misma, con el máximo de diez años, si es temporal.

d) Otros rendimientos de capital mobiliario: aquí se incluye una lista de supuestos inconexos, como son los derivados de la propiedad intelectual que no pertenezca al autor; de la propiedad industrial; de la prestación de asistencia técnica; del arrendamiento de bienes muebles, negocios y minas, y los procedentes de la cesión del derecho a la imagen o del consentimiento o autorización para su utilización (art. 25.4).

Rendimiento neto

Para la determinación del rendimiento neto, se deducirán de los rendimientos íntegros exclusivamente los gastos siguientes (art. 26.1):

- Los gastos de administración y depósito de valores negociables.
- Cuando se trate de rendimientos derivados de la prestación de asistencia técnica, del arrendamiento de bienes muebles, negocios o minas o de subarrendamientos, se deducirán de los rendimientos íntegros los gastos necesarios para su obtención y, en su caso, el importe del deterioro sufrido por los bienes o derechos de que los ingresos procedan.

Reducciones

Cuando los rendimientos se correspondan con otros rendimientos de capital mobiliario (arrendamientos de bienes muebles, negocios o minas, cesión de propiedad intelectual o industrial, derechos de imagen, etc.) y tengan un periodo de generación superior a dos años o que se califiquen reglamentariamente como obtenidos de forma notoriamente irregular en el tiempo, se reducirán en un 30 %, siempre que se imputen a un único periodo impositivo.

La cuantía del rendimiento neto a que se refiere este apartado sobre la que se aplicará la citada reducción no podrá superar el importe de 300.000 euros anuales.

Ejemplo 10.19

Miguel posee 4.300 títulos de una sociedad que cotiza en bolsa por lo que percibe: un dividendo de 0,60 € brutos por acción; prima de asistencia a junta general de 0,15 € por acción y 1.600 € con cargo a reservas libres. Ha pagado a su banco 120 € por administración y custodia de los títulos. Calcula el rendimiento neto.

Respuesta:

Rendimiento íntegro: (0,60 x 4.300) + (0,15 x 4.300) + 1.600 = 4.825 €.

Rendimiento neto: 4.825 – 120 = 4.705 €.

10.3.3. Rendimientos de actividades económicas

Se considerarán rendimientos íntegros de actividades económicas aquellos que, procediendo del trabajo personal y del capital conjuntamente, o de uno solo de estos factores, supongan por parte del contribuyente la ordenación por cuenta propia de medios de producción y de recursos humanos o de uno de ambos, con la finalidad de intervenir en la producción o distribución de bienes o servicios (artículo 27.1 de la LIRPF).

En particular, tienen esta consideración los rendimientos de las actividades extractivas, de fabricación, comercio o prestación de servicios, incluidas las de artesanía, agrícolas, forestales, ganaderas, pesqueras, de construcción, mineras, y el ejercicio de profesiones liberales, artísticas y deportivas.

Como hemos visto anteriormente, los rendimientos de las actividades económicas se pueden determinar aplicando uno de los regímenes siguientes:

- Estimación directa, que podrá ser normal o simplificada.
- Estimación objetiva.

La estimación directa normal es el régimen general.

Reglas generales de cálculo del rendimiento neto

El rendimiento neto de las actividades económicas se determinará según las normas del Impuesto sobre Sociedades, sin perjuicio de las reglas especiales contenidas en esta Ley, en particular, para la estimación directa y para la estimación objetiva.

Para determinar el importe neto de la cifra de negocios se tendrá en cuenta el conjunto de actividades económicas ejercidas por el contribuyente.

Para la determinación del rendimiento neto de las actividades económicas no se incluirán las ganancias o pérdidas patrimoniales derivadas de los elementos patrimoniales afectos a las mismas.

10.3.3.1. Estimación directa

La determinación de los rendimientos de actividades económicas se efectuará, con carácter general, por el método de estimación directa, admitiendo dos modalidades, la normal y la simplificada.

Rendimiento neto en estimación directa = Ingresos computables – Gastos deducibles

Se tendrán en cuenta las siguientes reglas especiales (artículo 30.2):

Legislación

Artículo 27.2 de la LIRPF:

Se entenderá que el arrendamiento de inmuebles se realiza como actividad económica, únicamente cuando para la ordenación de esta se utilice, al menos, una persona empleada con contrato laboral y a jornada completa.

Legislación

Artículo 29 de la LIRPF:

1. *Se considerarán elementos patrimoniales afectos a una actividad económica:*
   a) *Los bienes inmuebles en los que se desarrolla la actividad del contribuyente.*
   b) *Los bienes destinados a los servicios económicos y socioculturales del personal al servicio de la actividad...*
   c) *Cualesquiera otros elementos patrimoniales que sean necesarios para la obtención de los respectivos rendimientos...*
2. *Cuando se trate de elementos patrimoniales que sirvan solo parcialmente al objeto de la actividad económica, la afectación se entenderá limitada a aquella parte de los mismos que realmente se utilice en la actividad de que se trate. En ningún caso serán susceptibles de afectación parcial elementos patrimoniales indivisibles.*

- No tendrán la consideración de gastos deducibles las aportaciones a mutualidades de previsión social del propio empresario o profesional, salvo las cantidades abonadas en virtud de contratos de seguro concertados con mutualidades de previsión social por profesionales no integrados en el régimen especial de la Seguridad Social de los trabajadores por cuenta propia o autónomos, cuando actúen como alternativas al régimen especial de la Seguridad Social mencionado, en la parte que tenga por objeto la cobertura de contingencias atendidas por dicho régimen especial, con el límite de la cuota máxima por contingencias comunes que esté establecida, en cada ejercicio económico, en el citado régimen especial.
- Tendrán la consideración de gasto deducible:
  - Las retribuciones al cónyuge e hijos menores del contribuyente que convivan con él, si existe contrato laboral y afiliación a la Seguridad Social.
  - La contraprestación por las cesiones de bienes o derechos que sirvan al objeto de la actividad económica, pertenecientes al cónyuge e hijos menores.
  - Las primas de seguro de enfermedad que cubran al titular, cónyuge e hijos menores de 25 años, hasta 500 € por individuo (o de 1.500 € con discapacidad).
  - En los casos en que el contribuyente afecte parcialmente su vivienda habitual al desarrollo de la actividad económica, los gastos de suministros de dicha vivienda, tales como agua, gas, electricidad, telefonía e Internet, en el porcentaje resultante de aplicar el 30% a la proporción existente entre los metros cuadrados de la vivienda destinados a la actividad respecto a su superficie total, salvo que se pruebe un porcentaje superior o inferior.
  - Los gastos de manutención del propio contribuyente incurridos en el desarrollo de la actividad económica, siempre que se produzcan en establecimientos de restauración y hostelería y se abonen utilizando cualquier medio electrónico de pago, con los límites cuantitativos establecidos reglamentariamente para las dietas y asignaciones para gastos normales de manutención de los trabajadores.
- Tendrán los beneficios de las empresas de reducida dimensión (cifra de negocios inferior a 10.000.000 € para el conjunto de sus actividades económicas).

Reducciones (art. 32)

1. Los rendimientos netos con un periodo de generación superior a dos años, así como aquellos que se califiquen reglamentariamente como obtenidos de forma notoriamente irregular en el tiempo, se reducirán en un 30 % (por ejemplo, las subvenciones de capital para la adquisición de elementos del inmovilizado no amortizables), cuando se imputen en un único periodo impositivo.

   La cuantía del rendimiento neto a que se refiere este apartado sobre la que se aplicará la citada reducción no podrá superar el importe de 300.000 euros anuales.

2. Según el art. 32.2.1.º de la LIRPF, cuando se cumplan los requisitos enumerados en el artículo 32.2.2.º, los contribuyentes podrán reducir el rendimiento neto de las actividades económicas en 2.000 euros.

   Adicionalmente, el rendimiento neto de estas actividades económicas se minorará en las siguientes cuantías:

   a) Cuando los rendimientos netos de actividades económicas sean inferiores a 14.450 euros, siempre que no tengan rentas, excluidas las exentas, distintas de las de actividades económicas superiores a 6.500 euros:

   - Contribuyentes con rendimientos netos de actividades económicas iguales o inferiores a 11.250 euros: 3.700 euros anuales.

Legislación

Artículo 32.2.2º de la LIRPF:

Para la aplicación de la reducción prevista en el número 1º de este apartado será necesario que se cumplan los requisitos siguientes:

- Que la totalidad de sus entregas de bienes o prestaciones de servicios se efectúe a una única persona, física o jurídica, no vinculada o el contribuyente tenga la consideración de trabajador autónomo económicamente dependiente.
- Que el conjunto de gastos deducibles correspondientes a todas sus actividades económicas no exceda del 30 % de sus rendimientos íntegros declarados.
- Que se cumplan durante el periodo impositivo todas las obligaciones formales y de información, control y verificación que reglamentariamente se determinen.
- Que no perciban rendimientos del trabajo en el periodo impositivo.
- Que al menos el 70 % de los ingresos del periodo impositivo estén sujetos a retención o ingreso a cuenta.
- Que no realice actividad económica alguna a través de entidades en régimen de atribución de rentas.

Recuerda...

Pagos fraccionados en estimación directa:

El pago fraccionado será el 20 % del rendimiento neto correspondiente al periodo de tiempo transcurrido desde el día 1 de enero hasta el último día del trimestre de cada pago, menos el importe de los pagos fraccionados realizados con anterioridad relativos al mismo ejercicio y las retenciones e ingresos a cuenta practicadas sobre los ingresos del ejercicio hasta esa fecha (art. 110 del RIRPF).

Declaración-Liquidación en mod. 130.

- Contribuyentes con rendimientos netos de actividades económicas comprendidos entre 11.250 y 14.450 euros: 3.700 euros menos el resultado de multiplicar por 1,15625 la diferencia entre el rendimiento de actividades económicas y 11.250 euros anuales.

b) Cuando se trate de personas con discapacidad que obtengan rendimientos netos derivados del ejercicio efectivo de estas actividades económicas, 3.500 euros anuales.

Dicha reducción será de 7.750 € anuales, para las personas con discapacidad que ejerzan de forma efectiva estas actividades económicas y acrediten necesitar ayuda de terceras personas o movilidad reducida, o un grado de discapacidad igual o superior al 65 %.

3. Cuando no se cumplan los requisitos previstos en el art. 32.2.2.º, los contribuyentes con rentas no exentas inferiores a 12.000 €, incluidas las de la propia actividad económica, podrán reducir el rendimiento neto de las actividades económicas en las siguientes cuantías:

a) Cuando la suma de las citadas rentas sea igual o inferior a 8.000 euros anuales: 1.620 euros anuales.

b) Cuando la suma de las citadas rentas esté comprendida entre 8.000,01 y 12.000 euros anuales: 1.620 euros menos el resultado de multiplicar por 0,405 la diferencia entre las citadas rentas y 8.000 euros anuales.

La reducción prevista en este apartado conjuntamente con la reducción prevista en el artículo 20 de esta Ley (ver «Reducciones generales» dentro del apartado 10.3.1) no podrá exceder de 3.700 euros.

Como consecuencia de la aplicación de las reducciones previstas en los puntos 2 y 3 anteriores, el saldo resultante no podrá ser negativo.

4. Reducción por inicio actividad (art. 32.3 de la LIRPF). Los contribuyentes que inicien el ejercicio de una actividad económica y determinen el rendimiento neto de la misma con arreglo al método de estimación directa podrán reducir en un 20 % el rendimiento neto positivo declarado, minorado en su caso por las reducciones previstas en los apartados anteriores, en el primer periodo impositivo en que el mismo sea positivo y en el periodo impositivo siguiente.

La cuantía de los rendimientos netos sobre la que se aplicará la citada reducción no podrá superar el importe de 100.000 euros anuales.

Ejemplo 10.20

Miguel es propietario de una fábricaque desarrolla su actividad en un local propiedad privativa de su mujer. Al final del ejercicio los ingresos contabilizados ascienden a 320.000 €. Tiene contabilizados los siguientes gastos: 64.500 € de personal, 78.600 € de compras, 53.800 € de suministros, 20.700 € de reparaciones y 42.000 € del alquiler del local. Entre los ingresos aparece contabilizado, en la cuenta 771, el beneficio procedente de la venta de una máquina por importe de 15.000 €. Se estima que el valor de mercado del alquiler de un local similar es de 35.000 €. Determina el rendimiento neto de actividades económicas por el método de estimación directa normal.

Respuesta:

Ingresos: 320.000 – 15.000* = 305.000 €.

Gastos: 64.500 + 78.600 + 53.800 + 20.700 + 35.000** = 252.600 €.

Rendimiento neto: 305.000 – 252.600 = 52.400 €.

* El beneficio por la venta de inmovilizado tributará como ganancia patrimonial.

** La contraprestación por la cesión de bienes propiedad del cónyuge o hijos menores tiene como límite el valor de mercado (art. 30.2.3ª de la LIRPF.

Estimación directa simplificada

La modalidad simplificada del régimen de estimación directa es un sistema alternativo a la modalidad normal de la estimación directa. Se caracteriza por la reducción de las obligaciones formales (libros) y la simplificación del cómputo de algunos gastos.

Esta modalidad será de aplicación a las actividades económicas desarrolladas por personas físicas o entidades en atribución de rentas, siempre que todos sus miembros sean personas físicas, cuando se cumplan las siguientes condiciones:

a) No determinen el rendimiento neto por el régimen de estimación objetiva.

b) Que el importe neto de la cifra de negocios de todas las actividades económicas no sepere los 600.000 €en el año inmediato anterior.

c) No hayan renunciado a esta modalidad.

El rendimiento neto de las actividades económicas, a las que sea de aplicación la modalidad simplificada del método de estimación directa, se determinará según las mismas normas que en estimación directa normal (arts. 28 y 30 de la LIRPF), con las especialidades siguientes (artículo 30 del RIRPF):

1.ª Las amortizaciones del inmovilizado material se practicarán de forma lineal, en función de la tabla de amortizaciones simplificada que se apruebe por el Ministro de Economía y Hacienda (Orden del MEH de 27-03-1998). Sobre las cuantías de amortización que resulten de estas tablas serán de aplicación las normas del régimen especial de empresas de reducida dimensión previstas en la Ley del IS que afecten a este concepto.

2.ª El conjunto de las provisiones deducibles y los gastos de difícil justificación se cuantificará aplicando el porcentaje del 5 % sobre el rendimiento neto, excluido este concepto, con un máximo de 2.000 €.

Reducciones

Son las mismas que en estimación directa normal, si bien la reducción prevista en el artículo 32.2.1.º de la LIRPF será incompatible con el porcentaje del 5 % de gastos de difícil justificación.

Recuerda...

El cálculo del rendimiento gravable en estimación directa simplificada se realiza según el siguiente esquema:

Ingresos computables
– Gastos deducibles
= Rendimiento neto
– 5 % Rendimiento neto
– Reducciones
= Rendimiento neto reducido

Legislación

Artículo 30.2.4ª de la LIRPF:

Reglamentariamente podrán establecerse reglas especiales para la cuantificación de determinados gastos deducibles en el caso de empresarios y profesionales en estimación directa simplificada, incluidos los de difícil justificación. La cuantía que con arreglo a dichas reglas especiales se determine para el conjunto de provisiones deducibles y gastos de difícil justificación no podrá ser superior a 2.000 euros anuales.

Ejemplo 10.21

Un empresario que determina los rendimientos de su actividad por el régimen de estimación directa simplificada, presenta los siguientes datos para el ejercicio 20X3:

- Ingresos: 140.000 €. Entre los ingresos está contabilizado uno de 4.600 € que corresponde al beneficio obtenido en la venta de un elemento de transporte afecto a la actividad.
- Gastos: 110.000 €. Entre los gastos ha contabilizado una pérdida por deterioro de 1.500 € que corresponde a un cliente que se encuentra en situación de concurso de acreedores. No ha contabilizado la amortización de un elemento de transporte que adquirió el día 1 de marzo por 15.000 €.

Calcula el rendimiento neto reducido de la actividad económica.

Recuerda...

El régimen de estimación objetiva está regulado en los artículos 31 y 32 de la LIRPF, en los artículos 32 a 39 del RIRPF y en la orden ministerial del MEH que se aprueba para este régimen cada ejercicio:

- Orden HFP/1159/2017, de 28 de noviembre, para el ejercicio 2018.

Respuesta:

Ingresos computables (no se tiene en cuanta los 4.600 € que tributarán como ganancia patrimonial)	**135.400**
Gastos deducibles (no se tiene en cuenta la pérdida por deterioro) Amortización (15.000 x 0,16 x 10/12) (aplica el coeficiente máximo de la tabla de amortización simplificada para elementos de transporte, 16 %)	- 108.500 - 2.000
Rendimiento neto	**24.900**
Reducción (5 % del rendimiento neto para deterioros y gastos de difícil justificación)	- 1.245
Rendimiento neto reducido	**23.655**

10.3.3.2. Estimación objetiva

El régimen de estimación objetiva se aplicará a las actividades empresariales desarrolladas por personas físicas y entidades en régimen de atribución de rentas, siempre que todos sus socios, herederos, comuneros o partícipes sean personas físicas. Además deben reunir los siguientes requisitos:

- Que se realicen las actividades enumeradas en la orden ministerial que desarrolla el régimen de estimación objetiva (comercio al por menor, bares, restaurantes, hoteles, peluquerías, pequeña industria, etc.).
- Que no determinen el rendimiento neto de alguna actividad económica por el método de estimación directa.
- No haber superado, en el año inmediato anterior, los límites fijados en la orden ministerial. El volumen de rendimientos íntegros en el año inmediato anterior no debe superar:
  - 150.000 € anuales para el conjunto de sus actividades económicas, excepto las agrícolas, ganaderas y forestales. El límite será de 75.000 euros para el conjunto de operaciones por las que exista obligación de expedir factura por ser el destinatario un empresario o profesional que actúe como tal.
  - 250.000 € anuales para el conjunto de sus actividades agrícolas, ganaderas y forestales.
- Que el volumen de compras en bienes y servicios para el conjunto de todas las actividades económicas desarrolladas, excluidas las adquisiciones de inmovilizado, en el ejercicio anterior no supere la cantidad de 150.000 euros anuales.
- No haber sido excluido del régimen especial simplificado del IVA o del IGIC.
- No haber renunciado al régimen.

Determinación del rendimiento neto en el método de estimación objetiva

El rendimiento neto resultará de la suma de los rendimientos netos que correspondan a cada una de las actividades, y se ajustará a las siguientes reglas:

- En el cálculo del rendimiento neto de las actividades económicas en estimación objetiva se utilizarán los **signos**, **índices** o **módulos** generales o referidos a determinados sectores de actividad que determine el Ministro de Economía y Hacienda, habida cuenta de las inversiones realizadas que sean necesarias para el desarrollo de la actividad.

Legislación

Disposición transitoria trigésima segunda de la LIRPF:

Límites para la aplicación del método de estimación objetiva en los ejercicios 2016, 2017 y 2018:

- Que el volumen de rendimientos íntegros en el año inmediato anterior no supere cualquiera de los siguientes importes:
  - Para el conjunto de sus actividades económicas, excepto las agrícolas, ganaderas y forestales, 250.000 € anuales (125.000 € para el conjunto de operaciones por las que exista obligación de expedir factura por ser el destinatario un empresario o profesional que actúe como tal).
  - Para el conjunto de sus actividades agrícolas, ganaderas y forestales, 250.000 € anuales.
- Que el volumen de las compras en bienes y servicios, excluidas las adquisiciones de inmovilizado, en el ejercicio anterior no supere la cantidad de 250.000 € anuales.

Legislación

Artículo 37.5 del RIRPF:

La Orden ministerial en cuya virtud se fijen los signos, índices o módulos aplicables a cada actividad contendrá las instrucciones necesarias para su adecuado cómputo y deberá publicarse en el Boletín Oficial del Estado antes del 1 de diciembre anterior al periodo a que resulte aplicable.

- La aplicación del método de estimación objetiva nunca podrá dar lugar al gravamen de las ganancias patrimoniales que, en su caso, pudieran producirse por las diferencias entre los rendimientos reales de la actividad y los derivados de la correcta aplicación de estos métodos.

Para realizar el cálculo del rendimiento neto hemos de seguir los siguientes pasos:

Fase 1: Rendimiento neto previo: se calculará multiplicando la cantidad asignada (en la orden ministerial) a cada unidad de signos o módulos por el número de unidades del mismo empleadas en la actividad.

Ejemplo 10.22

Ángel Pérez se dedica al comercio al por menor de accesorios y piezas de recambio para vehículos (epígrafe IAE 654.2) y determina los rendimientos de su actividad por el régimen de estimación objetiva. Tiene dos empleados (uno de ellos, que trabajaba el año anterior a media jornada, a partir del 1 de enero está contratado a jornada completa) y un vehículo de 12 CV fiscales de potencia que compró el ejercicio anterior por importe de 18.000 € (sin valor residual). El local del negocio fue adquirido hace 3 años por 100.000 €, de los que 20.000 € corresponden al terreno. Durante el ejercicio ha consumido 10.560 kWh de electricidad. Ángel Pérez dedica todo su tiempo al negocio. Calcula el rendimiento neto de la actividad.

La información extraída del Anexo II de la Orden HFP/1823/2016 para esta actividad es la siguiente:

Actividad: comercio al por menor de accesorios y piezas de recambio para vehículos terrestres. Epígrafe IAE 654.2

Módulo	Definición	Unidad	Rendimiento anual por unidad antes de amortización (euros)
1	Personal asalariado	Persona	3.098,92
2	Personal no asalariado	Persona	17.018,84
3	Consumo de energía eléctrica	100 kWh	201,55
4	Potencia fiscal vehículo	CVF	617,26

Respuesta:

Personal asalariado (2 x 3.098,92) .... 6.197,84 €

Personal no asalariado (1 x 17.018,84) .... 17.018,84 €

Consumo de energía eléctrica (10.560 x 201,55/100) .... 21.283,68 €

Potencia fiscal vehículo (12 x 617,26) .... 7.407,12 €

Total rendimiento neto previo .... 51.907,48 €

Fase 2: Rendimiento neto minorado: el rendimiento neto previo se minorará en el importe de los incentivos al empleo y la inversión, dando lugar al rendimiento neto minorado.

a) Minoración por incentivos al empleo:

1. Se calcula la diferencia entre el personal asalariado de este año y el del año anterior. Si la diferencia es positiva se multiplica por 0,40 para obtener el *coeficiente por incremento del número de personas asalariadas*. A la diferencia anterior no se le aplicará la tabla de coeficientes por tramos.

2. Reducción por tramos: además, a cada uno de los tramos del número de unidades del módulo que a continuación se indica se le aplicarán los coeficientes que se expresan en la tabla que aparece al margen.

Recuerda...

Estimación objetiva

Cálculo de rendimiento neto
Fase 1: Rendimiento por unidad de módulo x Unidades de módulo empleadas
= Rendimiento neto previo
Fase 2: Minoraciones – Incentivos al empleo – Incentivos a la inversión
= Rendimiento neto minorado
Fase 3: Índices correctores x Índices correctores especiales x Índices correctores generales
= Rendimiento neto de módulos
Fase 4: – Reducción general: 5 % del rendimiento neto de módulos (Disposición adicional primera de la Orden HFP/1159/2017) – Gastos extraordinarios + Otras percepciones empresariales
= Rendimiento neto actividad
Fase 5: – Reducción del 30 % de rendimientos netos con periodo de generación > 2 años (art. 32.1 de la LIRPF y art. 25 del RIRPF)
= Rendimiento neto reducido de la actividad

Legislación

Coeficientes de reducción por tramos

Hasta 1,00	0,10
Entre 1,01 y 3,00	0,15
Entre 3,01 y 5,00	0,20
Entre 5,01 y 8,00	0,25
Más de 8,00	0,30

Legislación

Disposición adicional cuarta de la Orden HFP/1159/2017:

1. Los contribuyentes del Impuesto sobre la Renta de las Personas Físicas que desarrollen actividades económicas incluidas en el anexo II de esta Orden en el término municipal de Lorca y determinen el rendimiento neto por el método de estimación objetiva, podrán reducir el rendimiento neto de módulos de 2018 correspondiente a tales actividades en un 20 por ciento.

La reducción prevista en el apartado 1 anterior se aplicará sobre el rendimiento neto de módulos resultante después de aplicar la reducción prevista en el apartado 1 de la disposición adicional primera de esta Orden.

Esta reducción se tendrá en cuenta para cuantificar el rendimiento neto a efectos de los pagos fraccionados correspondientes a 2018.

La suma del coeficiente por incremento del número de personas asalariadas y el coeficiente de reducción por tramos nos dará el coeficiente de minoración por incentivos al empleo.

Este coeficiente de minoración se multiplica por el «Rendimiento anual por unidad antes de amortización» correspondiente al módulo «Personal asalariado». La cantidad anterior se minora del rendimiento neto previo.

b) Minoración por incentivos a la inversión:

Son las cantidades calculadas para la amortización de los bienes de inmovilizado y que se corresponden con la depreciación efectiva calculada según la siguiente tabla:

Grupo	Descripción	Coeficiente lineal máximo	Periodo máximo
1	Edificios y otras construcciones	5 %	40 años
2	Útiles y herramientas, equipos informáticos	40 %	5 años
5	Elementos de transporte y resto de inmov. mat.	25 %	8 años
6	Inmovilizado intangible	15 %	10 años

Los elementos de inmovilizado material nuevos, puestos a disposición del contribuyente en el ejercicio, cuyo valor unitario no exceda de 601,01 euros, podrán amortizarse libremente, hasta el límite de 3.005,06 euros anuales.

Ejemplo

Continuamos con el Ejemplo 10.22.

Reducción por incremento del personal asalariado: 2 personas (este año) – 1,5 (año anterior) = 0,50

Coeficiente por incremento del número de personas asalariadas = 0,50 x 0,40 = 0,20

Reducción por tramos: (1 x 0,10) + (0,50 x 0,15) = 0,10 + 0,07 = 0,17

Coeficiente de minoración: 0,20 + 0,17 = 0,37

Incentivos al ampleo: 6.197,84 (módulo personal asalariado) x 0,37 = **2.293,20 €**

Incentivos a la inversión (aplicando el coeficiente máximo según tablas): **8.500 €**

Vehículo: 25 % de 18.000 = 4.500 €

Local: 5 % de (100.000 – 20.000) = 4.000 €

Rendimiento neto minorado = Rendimiento neto previo – Incentivos al empleo – Incentivos a la inversión

Rendimiento neto minorado = 51.907,48 – 2.293,20 – 8.500 = **41.114,28 €**

Fase 3: Rendimiento neto de módulos: sobre el rendimiento neto minorado se aplicarán, cuando corresponda, los índices correctores que se establecen a continuación, obteniéndose el rendimiento neto de módulos. Los índices correctores se aplicarán según el orden que aparecen enumerados a continuación, siempre que no resulten incompatibles, sobre el rendimiento neto minorado o, en su caso, sobre el rectificado por aplicación de los mismos:

a) Índices correctores especiales: solo se aplicarán a actividades concretas:

a.1) Actividad de comercio al por menor de prensa, revistas y libros en quioscos situados en la vía pública (Madrid y Barcelona, 1: municipios >100.000 habitantes, 0,95; resto, 0,80.

a.2) Actividad de transporte por autotaxis (en función del número habitantes).

a.3) Actividad de transporte urbano colectivo y de viajeros por carretera.

a.4) Actividad de transporte de mercancías por carretera y servicios de mudanzas.

a.5) Actividad de producción de mejillón en batea.

La empresa de nuestro ejemplo no puede aplicar ninguno de los índices correctores especiales.

b) Índices correctores generales: son aplicables a cualquiera de las actividades en las que concurran las circunstancias señaladas en cada caso:

b.1) Índice corrector para empresas de pequeña dimensión. Se aplicará el índice que corresponda, en función de la población en que se desarrolle la actividad.

Si se cumple que el titular es una persona física, ejerce la actividad en un solo local, no dispone de más de un vehículo sin que este supere los 1.000 kg de carga y sin personal asalariado:

Hasta 2.000 habitantes: 0,70; de 2.001 hasta 5.000 habitantes: 0,75; más de 5.000 habitantes: 0,80.

Si la actividad se ejerce con hasta 2 trabajadores y se cumplen el resto de las circunstancias descritas, se aplicará el 0,90 con independencia de la población donde se ejerza.

b.2) Índice corrector de temporada: son las actividades que solo se realizan durante ciertos días al año, ya sea continuos o alternos, sin superar los 180 días en total al año:

Hasta 60 días: 1,50; de 61 a 120 días: 1,35; de 121 a 180 días: 1,25.

b.3) Índice corrector de exceso: cuando el rendimiento neto minorado, o en su caso, rectificado por aplicación de los índices anteriores de las actividades que a continuación se mencionan (consultar tabla en la Orden HAP/1159/2017) resulte superior a las cuantías que se señalan en cada caso, al exceso sobre dichas cuantías se le aplicará el índice 1,30.

b.4) Índice corrector por inicio de nuevas actividades: el 0,80 en el primer ejercicio y el 0,90 en el segundo, si se cumplen una serie de circunstancias. Para contribuyentes con discapacidad igual o superior al 33 % los índices correctores serán el 0,60 para el primer año y el 0,70 para el segundo.

Fase 4: Rendimiento neto actividad: el rendimiento neto de módulos puede verse minorado por gastos extraordinarios originados por circunstancias excepcionales, como incendios, inundaciones, hundimientos, etc. Los contribuyentes deberán poner dicha circunstancia en conocimiento de la Administración Tributaria (Art. 37.4 del RIRPF). También podría verse incrementado por subvenciones recibidas.

Legislación

Disposición adicional primera de la Orden HFP/1159/2017:

1. *Los contribuyentes que determinen el rendimiento neto de sus actividades económicas por el método de estimación objetiva, podrán reducir el rendimiento neto de módulos obtenido en 2018 en un 5 por ciento.*

3. *Esta reducción se tendrá en cuenta para cuantificar el rendimiento neto a efectos de los pagos fraccionados correspondientes a 2018.*

Recuerda...

Incompatibilidades entre los índices correctores:

- En ningún caso será aplicable el índice corrector para empresas de pequeña dimensión (b.1) a las actividades para las que están previstos los índices correctores especiales a.2), a.3), a.4) y a.5).
- Cuando resulte aplicable el índice corrector para empresas de pequeña dimensión (b.1) no se aplicará el índice corrector de exceso (b.3).
- Cuando resulte aplicable el índice corrector de temporada (b.2) no se aplicará el índice corrector por inicio de nuevas actividades (b.4).

Ejemplo

Continuamos con el Ejemplo 10.22.

No será aplicable, en esta empresa, ninguno de los índices especiales.

La empresa cumple los requisitos para aplicar dos índices correctores generales (b.1 y b.3) pero la Orden HFP/1159/2017 establece que cuando resulte aplicable el índice corrector para empresas de reducida dimensión (b.1) no se aplicará el índice corrector de exceso (b.3). Por tanto:

(Rendimiento neto minorado)	41.114,28 €
Rendimiento neto de módulos (Rendimiento neto minorado x 0,90)	**37.002,85 €**
Reducción general (5% de 37.002,85)	**– 1.850,14 €**
Rendimiento neto actividad (Rendimiento neto de módulos x 0,95)	**35.152,71 €**

Al finalizar el año o al producirse el cese de la actividad o la terminación de la temporada, el contribuyente deberá calcular el promedio de los signos, índices o módulos relativos a todo el periodo en que haya ejercido la actividad durante dicho año natural, procediendo, asimismo, al cálculo del rendimiento neto que corresponda.

Pagos fraccionados

A efectos del pago fraccionado, los signos o módulos, así como los índices correctores aplicables inicialmente en cada periodo anual serán los correspondientes a los datos-base de la actividad referidos al día 1 de enero de cada año. Cuando algún dato-base no pudiera determinarse el primer día del año, se tomará, a efectos del pago fraccionado, el que hubiese correspondido en el año anterior.

Los pagos fraccionados se efectuarán trimestralmente: dentro de los 20 primeros días de los meses de abril, julio y octubre y dentro de los 30 primeros días de enero.

Cada pago trimestral será del 4 % de los rendimientos netos resultantes de la aplicación de las normas anteriores. Las actividades que no tengan más de una persona asalariada el porcentaje anterior será el 3 %, y si no dispone de personal asalariado del 2 %. Cuando no pudiera determinarse ningún dato-base, el pago fraccionado será del 2 % del volumen de ventas o ingresos del trimestre.

El contribuyente deberá presentar declaración-liquidación en la forma y plazos previstos, aunque no resulte cuota a ingresar (mod. 131).

10.3.4. Ganancias y pérdidas patrimoniales

Son ganancias y pérdidas patrimoniales las variaciones en el valor del patrimonio del contribuyente que se pongan de manifiesto con ocasión de cualquier alteración en la composición de aquel, salvo que por la LIRPF se califiquen como rendimientos (art. 33 de la LIRPF).

Se estimará que no existe alteración en la composición del patrimonio:

- En los supuestos de división de la cosa común.
- En la disolución de la sociedad de gananciales o en la extinción del régimen económico matrimonial de participación.
- En la disolución de comunidades de bienes o en los casos de separación de comuneros.

Los supuestos anteriores no podrán dar lugar, en ningún caso, a la actualización de los valores de los bienes o derechos recibidos.

Se estimará que no existe ganancia o pérdida patrimonial (art. 33.3):

- En reducciones del capital.
- En las transmisiones lucrativas por causa de muerte del contribuyente.
- Transmisiones lucrativas de empresas o participaciones a que se refiere el artículo 20.6 del ISD.
- En la extinción del régimen económico matrimonial de separación de bienes.
- En las aportaciones a los patrimonios protegidos constituidos a favor de personas con discapacidad.

Legislación

Artículo 33.5 de la LIRPF:

No se computarán como pérdidas patrimoniales las siguientes:

a) Las no justificadas.

b) Las debidas al consumo.

c) Las debidas a transmisiones lucrativas por actos ínter vivos o a liberalidades.

d) Las debidas a pérdidas en el juego obtenidas en el periodo impositivo que excedan de las ganancias obtenidas en el juego en el mismo periodo. En ningún caso se computarán las pérdidas derivadas de la participación en los juegos a los que se refiere la disposición adicional trigésima tercera de esta Ley.

e) Las derivadas de las transmisiones de elementos patrimoniales, cuando el transmitente vuelva a adquirirlos dentro del año siguiente a la fecha de dicha transmisión. Esta pérdida patrimonial se integrará cuando se produzca la posterior transmisión del elemento patrimonial.

f) Las derivadas de las transmisiones de valores o participaciones admitidos a negociación en alguno de los mercados oficiales (Directiva 2004/39 CE), cuando el contribuyente hubiera adquirido valores homogéneos dentro de los dos meses anteriores o posteriores a dichas transmisiones.

g) Las derivadas de las transmisiones de valores o participaciones no admitidos a negociación en alguno de los mercados oficiales (Directiva 2004/39 CE), cuando el contribuyente hubiera adquirido valores homogéneos en el año anterior o posterior a dichas transmisiones.

En los casos previstos en los párrafos f) y g) anteriores, las pérdidas patrimoniales se integrarán a medida que se transmitan los valores o participaciones que permanezcan en el patrimonio del contribuyente.

Ejemplo 10.23

Benito Salas deja en herencia, al fallecer, un local que adquirió hace 1 año por 80.000 €. Los herederos han satisfecho el ISD. La valoración actual del local es de 95.000 €. Aunque se produce un beneficio de 15.000 € no supone ganancia patrimonial sujeta al IRPF.

Estarán exentas las ganancias patrimoniales que se pongan de manifiesto (art. 33.4):

a) En las donaciones que se efectúen a las fundaciones y asociaciones.

b) En la transmisión de su vivienda habitual por mayores de 65 años o por personas en situación de dependencia severa o de gran dependencia.

c) Con ocasión del pago de la deuda tributaria mediante entrega de bienes del patrimonio histórico.

d) Con ocasión de la dación en pago de la vivienda habitual del deudor o garante del deudor, para la cancelación de deudas garantizadas con hipoteca que recaiga sobre la misma.

Ejemplo 10.24

Alberto Pérez, de 70 años, vende su vivienda habitual obteniendo un beneficio (precio de venta – precio de adquisición) de 30.000 €.

Este beneficio está exento del IRPF por ser mayor de 65 años.

Ejemplo 10.25

Federico Alonso vende en 5.600 € valores no admitidos a cotización que compró por 8.400 €. Al cabo de 6 meses vuelve a comprar valores de la misma empresa por importe de 7.000 €.

La pérdida de 2.800 € (5.600 – 8.400) no se computará porque adquiere valores homogéneos antes de 1 año de la transmisión (art. 33.5 de la LIRPF).

10.3.4.1. Importe de las ganancias o pérdidas patrimoniales

A) **La norma general será** (artículo 34 de la LIRPF):

a) En el supuesto de transmisión onerosa o lucrativa, la diferencia entre los valores de adquisición y transmisión de los elementos patrimoniales.

b) En los demás supuestos, el valor de mercado de los elementos patrimoniales o partes proporcionales, en su caso.

1. **Transmisiones a título oneroso (art. 35):**

- Valor de transmisión:

  Importe real de enajenación (no podrá ser inferior al normal de mercado) – – Gastos y tributos satisfechos por el transmitente.

- Valor de adquisición será el sumatorio de las siguientes partidas:

  Importe real de la adquisición.

  + El coste de las inversiones y mejoras.

  + Los gastos (notaría, registro, gestoría, etc.) y tributos inherentes a la adquisición, excluidos los intereses.

Legislación

Disposición transitoria novena de la LIRPF:

Régimen transitorio aplicable a las ganancias patrimoniales derivadas de elementos patrimoniales adquiridos con anterioridad a 31 de diciembre de 1994.

Esta disposición transitoria nos proporciona las reglas para calcular el importe de las ganancias patrimoniales correspondientes a transmisiones de elementos patrimoniales no afectos a actividades económicas que hubieran sido adquiridos con anterioridad a 31 de diciembre de 1994.

– Las amortizaciones, en su caso (las amortizaciones que minoran el valor de adquisición son aquellas que en su momento constituyeron o pudieron constituir gasto deducible, computándose en todo caso la amortización mínima).

Para la determinación de las ganancias patrimoniales correspondientes a transmisiones de elementos patrimoniales no afectos a actividades económicas que hubieran sido adquiridos con anterioridad al 31 de diciembre de 1994 habrá que tener en cuenta los coeficientes de abatimiento. Estos coeficientes permiten aplicar una reducción a las ganancias patrimoniales generadas hasta el 20 de enero de 2006.

La ley establece una cuantía máxima del valor de transmisión de 400.000 € para poder aplicar los coeficientes de abatimiento. Este límite se aplica al conjunto de los valores de transmisión de todos los elementos patrimoniales a los que hayan resultado de aplicación los coeficientes de abatimiento desde el 1 de enero de 2015 hasta el momento de la imputación temporal de la ganancia patrimonial.

El procedimiento para calcular la reducción a aplicar se detalla en la ***Disposición transitoria novena de la LIRPF.***

2. Transmisiones a título lucrativo (art. 36):

Cuando la adquisición o la transmisión hubiera sido a título lucrativo (herencia, donación) se aplicarán las reglas aplicadas a las transmisiones a título oneroso, tomando por importe real de los valores respectivos aquellos que resulten de la aplicación de las normas del Impuesto sobre Sucesiones y Donaciones, sin que puedan exceder del valor de mercado.

3. Restantes variaciones patrimoniales:

Las variaciones patrimoniales que no consistan en transmisiones se valoran por el valor normal de mercado o parte proporcional, en su caso. Tratándose de premios en especie, al valor de mercado de la retribución en especie se le añadirá el importe del ingreso a cuenta no repercutido al perceptor.

Legislación

Artículo 99.1 del RIRPF:

La retención a practicar sobre los premios en metálico será del 19 % de su importe.

Artículo 105.1 del RIRPF:

La cuantía del ingreso a cuenta que corresponda realizar por los premios satisfechos en especie, que constituyan ganancias patrimoniales, se calculará aplicando el porcentaje previsto en el artículo 99.1 del presente Reglamento al resultado de incrementar en un 20 % el valor de adquisición o coste para el pagador.

Ejemplo 10.26

Alberto Pérez compró un local comercial el 1-01-20X1 por importe de 150.000 € (20.000 € corresponden al terreno). Los gastos de notaría, registro e impuestos han sido de 5.600 €. Contabilizará una amortización del 2,5 % cada año. Durante el año 20X2 realiza obras de mejora por importe de 12.000 €. En el año 20X5 vende el local en 200.000 €, pagando una plusvalía de 1.500 €. Calcula el beneficio o pérdida patrimonial a integrar en el IRPF de 20X5.

Respuesta:

Valor de transmisión = 200.000 – 1.500 = **198.500 €.**

Valor de adquisición:

Importe real de la adquisición (20X1):150.000 €.

Importe de los gastos de adquisición (20X1): 5.600 €.

Importe de las mejoras: 12.000 €.

Amortizaciones: 2,5 % de (150.000 – 20.000 + 5.600) x 4 años = 13.560 €.

Valor de adquisición = 150.000 + 5.600 + 12.000 – 13.560 = **154.040 €.**

Beneficio patrimonial = 198.500 – 154.040 = **44.460 €.**

Ejemplo 10.27

Antonio Burgos obtiene un premio en un concurso de 2.500 € y una televisión cuyo precio de adquisición fue de 3.000 €. Calcula la ganancia que tendrá que declarar si los ingresos a cuenta no se repercuten al perceptor.

Respuesta:

Ganancia de patrimonio = 2.500 + 3.000 + 3.000 x 1,20 x 0,19 = 6.184 €.

B) Normas específicas de valoración (art. 37):

El artículo 37 de la LIRPF establece normas específicas en algunos supuestos: acciones con cotización en mercados regulados; acciones y participaciones no admitidas a negociación; aportaciones no dinerarias a sociedades; traspaso de locales de negocio; indemnizaciones o capitales asegurados por pérdidas o siniestros en elementos patrimoniales; permuta de bienes o derechos; transmisiones de elementos patrimoniales afectos a actividades económicas y participaciones en instituciones de inversión colectiva.

10.3.4.2. Ganancias excluidas de gravamen en supuestos de reinversión

Podrán excluirse de gravamen las ganancias patrimoniales obtenidas por la transmisión de la vivienda habitual del contribuyente, siempre que el importe total obtenido por la transmisión se reinvierta en la adquisición de una nueva vivienda habitual. (art. 38.1).

La reinversión del importe obtenido en la enajenación deberá efectuarse en los dos años anteriores o posteriores a la fecha de la transmisión.

Podrán excluirse de gravamen las ganancias patrimoniales que se pongan de manifiesto con ocasión de la transmisión de elementos patrimoniales por contribuyentes mayores de 65 años, siempre que el importe total obtenido por la transmisión se destine en el plazo de seis meses a constituir una renta vitalicia asegurada a su favor, en las condiciones que reglamentariamente se determinen. La cantidad máxima total que a tal efecto podrá destinarse a constituir rentas vitalicias será de 240.000 € (art. 38.3).

Cuando el importe reinvertido sea inferior al total de lo percibido en la transmisión, únicamente se excluirá de tributación la parte proporcional de la ganancia patrimonial obtenida que corresponda a la cantidad reinvertida, en ambos casos.

Ejemplo 10.28

Alberto Pérez vende, en 20X5, su vivienda habitual por importe de 200.000 €. Su valor de adquisición es de 160.000 €. A los seis meses compra una nueva vivienda habitual por 300.000 € en la que invertirá el importe total obtenido en la venta de la anterior vivienda. ¿Qué importe tendrá que declarar como ganancia patrimonial en 20X5?

Respuesta:

Aunque la ganancia obtenida es de 40.000 € (200.000 – 160.000), no tendrá que declararla por haber reinvertido el importe obtenido en la nueva vivienda.

Legislación

Artículo 42 de la LIRPF:

Rentas en especie: constituyen rentas en especie la utilización, consumo u obtención, para fines particulares, de bienes, derechos o servicios de forma gratuita o por precio inferior al normal de mercado, aun cuando no supongan un gasto real para quien las conceda.

Valoración de las rentas en especie (art. 43):

Con carácter general se valorarán por su valor normal en el mercado.

Normas especiales:

1.º Rendimientos del trabajo en especie:

a) En caso de utilización de vivienda que sea propiedad del pagador: el 10 % del valor catastral (5 % si es revisado).

b) Utilización o entrega de vehículo:

- En caso de entrega: el coste de adquisición para el pagador.
- Uso de vehículo: el 20 % anual del coste de adquisición. Se podrá reducir hasta un 30 % para vehículos eficientes energéticamente.

c) En préstamos con tipos de interés inferiores al legal: la diferencia entre el interés pagado y el legal.

d) Por el coste para el pagador, las siguientes rentas:

- Manutención, hospedaje, viajes...
- Primas pagadas de contratos de seguros.
- Las destinadas a pagar gastos de estudios y manutención.

e) Por su importe, las contribuciones satisfechas por los promotores de planes de pensiones.

2.º Las ganancias patrimoniales en especie se valorarán de acuerdo con los artículos 34 y 37 de esta Ley.

En las rentas en especie, a su valor se adicionará el ingreso a cuenta, salvo que su importe hubiera sido repercutido al perceptor de la renta.

10.3.4.3. Ganancias patrimoniales no justificadas

Tendrán la consideración de ganancias de patrimonio no justificadas los bienes o derechos cuya tenencia, declaración o adquisición no se corresponda con la renta o patrimonio declarados por el contribuyente, así como la inclusión de deudas inexistentes en cualquier declaración por este impuesto o por el Impuesto sobre el Patrimonio, o su registro en los libros o registros oficiales. Las ganancias patrimoniales no justificadas se integrarán en la base liquidable general del periodo impositivo respecto del que se descubran.

En todo caso tendrán la consideración de ganancias de patrimonio no justificadas y se integrarán en la base liquidable general del periodo impositivo más antiguo entre los no prescritos susceptible de regularización, la tenencia, declaración o adquisición de bienes o derechos respecto de los que no se hubiera cumplido en el plazo establecido al efecto la obligación de información a que se refiere la disposición adicional decimoctava de la Ley 58/2003.

Legislación:

Artículo 85. Imputación de rentas inmobiliarias:

1. En el supuesto de los bienes inmuebles urbanos, calificados como tales en el artículo 7 del texto refundido de la Ley del Catastro Inmobiliario, aprobado por el Real Decreto Legislativo 1/2004, de 5 de marzo, así como en el caso de los inmuebles rústicos con construcciones que no resulten indispensables para el desarrollo de explotaciones agrícolas, ganaderas o forestales, no afectos en ambos casos a actividades económicas, ni generadores de rendimientos del capital, excluida la vivienda habitual y el suelo no edificado, tendrá la consideración de renta imputada la cantidad que resulte de aplicar el 2 por ciento al valor catastral, determinándose proporcionalmente al número de días que corresponda en cada período impositivo.

En el caso de inmuebles localizados en municipios en los que los valores catastrales hayan sido revisados, modificados o determinados mediante un procedimiento de valoración colectiva de carácter general, de conformidad con la normativa catastral, y hayan entrado en vigor en el período impositivo o en el plazo de los diez períodos impositivos anteriores, el porcentaje será el 1,1 por ciento.

10.3.5. Clases de renta

Según los artículos 44 a 46 de la LIRPF, a efectos del cálculo del impuesto, las rentas del contribuyente se clasificarán como renta general o como renta del ahorro.

Renta general: formarán la renta general:

a) Los rendimientos del trabajo.
b) Los rendimientos de capital inmobiliario.
c) Los rendimientos de capital mobiliario, calificados como otros rendimientos de capital mobiliario, y los obtenidos por la cesión a terceros de capitales propios procedentes de entidades vinculadas con el contribuyente.
d) Los rendimientos de actividades económicas.
e) Las imputaciones de renta (inmobiliarias, derechos de imagen, etc.).
f) Ganancias y pérdidas patrimoniales que no se pongan de manifiesto con ocasión de transmisiones de elementos patrimoniales (premios, siniestros, etc.).

Renta del ahorro: constituyen la renta del ahorro:

a) Los rendimientos del capital mobiliario obtenidos por la participación en los fondos propios de cualquier tipo de entidad.
b) Los rendimientos de capital mobiliario obtenidos por la cesión a terceros de capitales propios, excepto los procedentes de entidades vinculadas con el contribuyente.
c) Los rendimientos del capital mobiliario obtenidos en operaciones de capitalización, seguros de vida o invalidez y rentas derivadas de imposición de capitales.
d) Las ganancias y pérdidas patrimoniales que se pongan de manifiesto con ocasión de transmisiones de elementos patrimoniales.

10.3.6. Base imponible. Integración y compensación de rentas

La base imponible se divide en dos partes: la base imponible general y la base imponible del ahorro.

Integración y compensación de rentas en la base imponible general (art. 48): la base imponible general será el resultado de sumar los siguientes saldos:

a) El saldo resultante de integrar y compensar entre sí, sin limitación alguna, en cada periodo impositivo los rendimientos y las imputaciones de renta que tienen la consideración de renta general.

b) El saldo positivo resultante de integrar y compensar, exclusivamente entre sí, en cada periodo impositivo las ganancias y pérdidas patrimoniales que se incluyen en la renta general.

Si el resultado de la integración y compensación arrojase saldo negativo, su importe se compensará con el saldo positivo de las rentas previstas en el apartado a), obtenido en el mismo periodo impositivo, con el límite del 25 % de dicho saldo positivo.

Si tras dicha compensación quedase saldo negativo, su importe se compensará en los cuatro años siguientes en el mismo orden establecido anteriormente.

La compensación deberá efectuarse en la cuantía máxima que permita cada uno de los ejercicios siguientes.

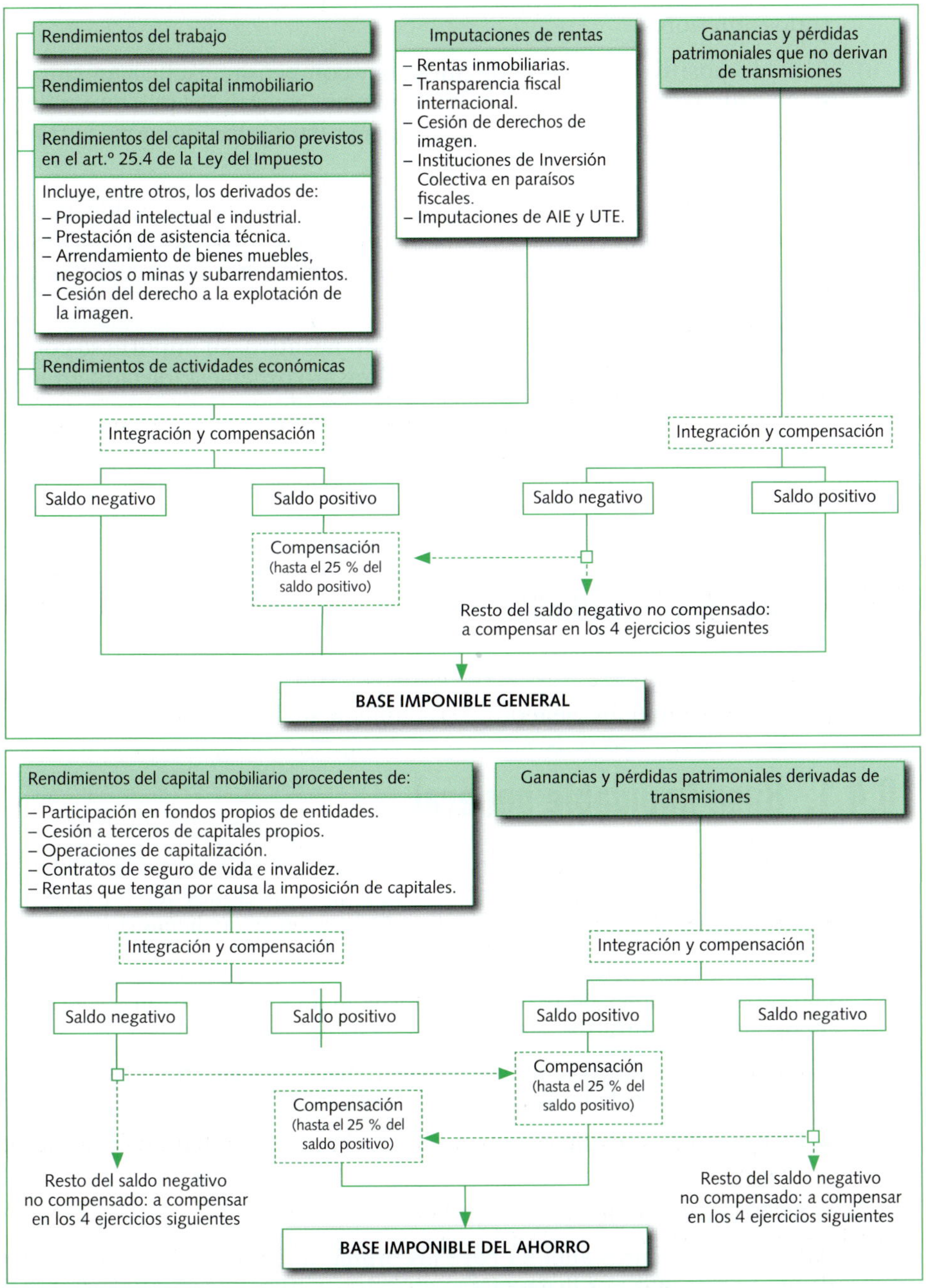

Figura 10.1. Cálculo de las bases imponibles general y del ahorro.

Legislación

Disposición transitoria séptima: Partidas pendientes de compensación:

5. ...

Las pérdidas patrimoniales a que se refiere el artículo 49.1 b) de esta Ley, en su redacción en vigor a 31 de diciembre de 2014, correspondientes a los periodos impositivos 2013 y 2014 que se encuentren pendientes de compensación a 1 de enero de 2015, se seguirán compensando con el saldo de las ganancias y pérdidas patrimoniales a que se refiere el artículo 49.1.b) de esta Ley.

6. ...

La parte del saldo negativo a que se refiere el artículo 48.b) de esta Ley, en su redacción en vigor a 31 de diciembre de 2014, derivadas de pérdidas patrimoniales procedentes de transmisiones de elementos patrimoniales obtenidas en los periodos impositivos 2013 y 2014 que se encuentren pendientes de compensación a 1 de enero de 2015, se compensarán con el saldo de las ganancias y pérdidas patrimoniales a que se refiere el artículo 49.1.b) de esta Ley. El resto del saldo negativo anteriormente indicado, se seguirá compensando en la forma prevista en la letra b) del artículo 48 de esta Ley.

7. Los saldos negativos a que se refieren las letras a) y b) del apartado 1 del artículo 49 de esta Ley correspondientes a los periodos impositivos 2011, 2012, 2013 y 2014 que se encuentren pendientes de compensación a 1 de enero de 2015, se seguirán compensando en la forma prevista en tales letras conforme a la redacción del artículo 49 en vigor el 31 de diciembre de 2014.

Integración y compensación de rentas en la base imponible del ahorro (art. 49): la base imponible del ahorro estará constituida por el saldo positivo de sumar los siguientes saldos:

a) El saldo positivo resultante de integrar y compensar, exclusivamente entre sí, en cada periodo impositivo, los rendimientos calificados como renta del ahorro.

   Si el resultado de la integración y compensación arrojase saldo negativo, su importe se compensará con el saldo positivo de las rentas previstas en la letra b) de este apartado, obtenido en el mismo periodo impositivo, con el límite del 25 % de dicho saldo positivo.

   Si tras dicha compensación quedase saldo negativo, su importe se compensará en los cuatro años siguientes en el mismo orden establecido en los párrafos anteriores.

b) El saldo positivo resultante de integrar y compensar, exclusivamente entre sí, en cada periodo impositivo, las ganancias y pérdidas patrimoniales obtenidas en el mismo que se pongan de manifiesto con ocasión de transmisiones de elementos patrimoniales.

   Si el resultado de la integración y compensación arrojase saldo negativo, su importe se compensará con el saldo positivo de las rentas previstas en la letra a) de este apartado, obtenido en el mismo periodo impositivo, con el límite del 25 % de dicho saldo positivo.

   Si tras dicha compensación quedase saldo negativo, su importe se compensará en los cuatro años siguientes en el mismo orden establecido en los párrafos anteriores.

Las compensaciones previstas en los apartados anteriores deberán efectuarse en la cuantía máxima que permita cada uno de los ejercicios siguientes.

10.4. Base liquidable

La base liquidable está regulada en los artículos 50 a 55 de la LIRPF y se dividirá en dos partes: base liquidable general y base liquidable del ahorro.

10.4.1. Base liquidable general

La base liquidable general estará constituida por el resultado de practicar en la base imponible general, exclusivamente y por este orden, las reducciones que veremos a continuación, sin que pueda resultar negativa como consecuencia de dichas disminuciones:

a) Reducciones por aportaciones y contribuciones a sistemas de previsión social (art. 51): planes de pensiones, mutualidades de previsión social, planes de previsión asegurados, etc.

   Como límite máximo conjunto para las reducciones anteriores, se aplicará la menor de las cantidades siguientes:

   - El 30 % de la suma de los rendimientos netos del trabajo y de actividades económicas percibidos individualmente en el ejercicio.
   - 8.000 euros anuales.

   Además, 5.000 euros anuales para las primas a seguros colectivos de dependencia satisfechas por la empresa.

Legislación

Reducciones en tributación conjunta (art. 84 de la LIRPF):

La base imponible, con carácter previo a las reducciones por atenciones a situaciones de dependencia y envejecimiento (arts. 51, 53 y 54), se reducirá en 3.400 euros anuales. En los supuestos de unidades familiares monoparentales, la reducción será de 2.150 euros anuales.

Con independencia de las reducciones realizadas de acuerdo con los límites anteriores, los contribuyentes cuyo cónyuge no obtenga rendimientos netos del trabajo ni de actividades económicas, o los obtenga en cuantía inferior a 8.000 euros anuales, podrán reducir en la base imponible las aportaciones realizadas a los sistemas de previsión social previstos en este artículo de los que sea partícipe, mutualista o titular dicho cónyuge, con el límite máximo de 2.500 euros anuales. Estas aportaciones no estarán sujetas al ISD.

Ejemplo 10.29

Tenemos los siguientes datos relativos a un trabajador de 53 años: retribuciones íntegras dinerarias, 40.000 €; cotizaciones a la Seguridad Social, 2.400 €; aportación a planes de pensiones, 4.200 €; aportación de la empresa a su plan de pensiones, 2.000 €. Calcula la base imponible y liquidable general.

Respuesta:

Rendimiento íntegro	
Dinerarios	40.000
En especie	2.000
– Gastos deducibles (Seguridad Social)	– 2.400
– Otros gastos	– 2.000
= Rendimiento neto	**37.600**
– Reducciones generales	–
= Rendimiento neto reducido	**37.600**
= Base imponible general	**37.600**
– Reducciones (aport. a planes pensiones)*	– 6.200
= Base liquidable general	**31.400**

(*) Aportaciones a planes de pensiones = 4.200 + 2.000 = 6.200 €
Límite: la menor de (30 % de 37.600 = 11.280 €) y 8.000 €

b) Reducciones por aportaciones y contribuciones a sistemas de previsión social constituidos a favor de personas con discapacidad (art. 53).

c) Reducciones por aportaciones a patrimonios protegidos de las personas con discapacidad (art. 54): las aportaciones al patrimonio protegido de la persona con discapacidad efectuadas por las personas que tengan con el mismo una relación de parentesco, darán derecho a reducir la base imponible del aportante, con el límite máximo de 10.000 euros anuales.

El conjunto de las reducciones practicadas por todas las personas que efectúen aportaciones a favor de un mismo patrimonio protegido no podrá exceder de 24.250 euros anuales.

d) Reducciones por pensiones compensatorias (art. 55): las pensiones compensatorias a favor del cónyuge y las anualidades por alimentos, con excepción de las fijadas en favor de los hijos del contribuyente, satisfechas ambas por decisión judicial, podrán ser objeto de reducción en la base imponible.

Si la base liquidable general resultase negativa, su importe podrá ser compensado con los de las bases liquidables generales positivas que se obtengan en los cuatro años siguientes. La compensación deberá efectuarse en la cuantía máxima que permita cada uno de los ejercicios siguientes (art. 50.3 de la LIRPF).

Legislación

Artículo 53 de la LIRPF:

Reducciones por aportaciones y contribuciones a sistemas de previsión social constituidos a favor de personas con discapacidad:

a) Las aportaciones anuales realizadas a planes de pensiones a favor de personas con discapacidad con las que exista relación de parentesco o tutoría, con el límite de 10.000 euros anuales.

b) Las aportaciones anuales realizadas por las personas con discapacidad partícipes, con el límite de 24.250 euros anuales.

El conjunto de las reducciones practicadas por todas las personas que realicen aportaciones a favor de una misma persona con discapacidad, incluidas las de la propia persona con discapacidad, no podrá exceder de 24.250 euros anuales

c) Las aportaciones que no hubieran podido ser objeto de reducción en la base imponible por insuficiencia de la misma podrán reducirse en los cinco ejercicios siguientes.

10.4.2. Base liquidable del ahorro

La base liquidable del ahorro será el resultado de disminuir la base imponible del ahorro en el remanente, si lo hubiera, de la reducción por pensiones compensatorias, sin que pueda resultar negativa como consecuencia de tal disminución.

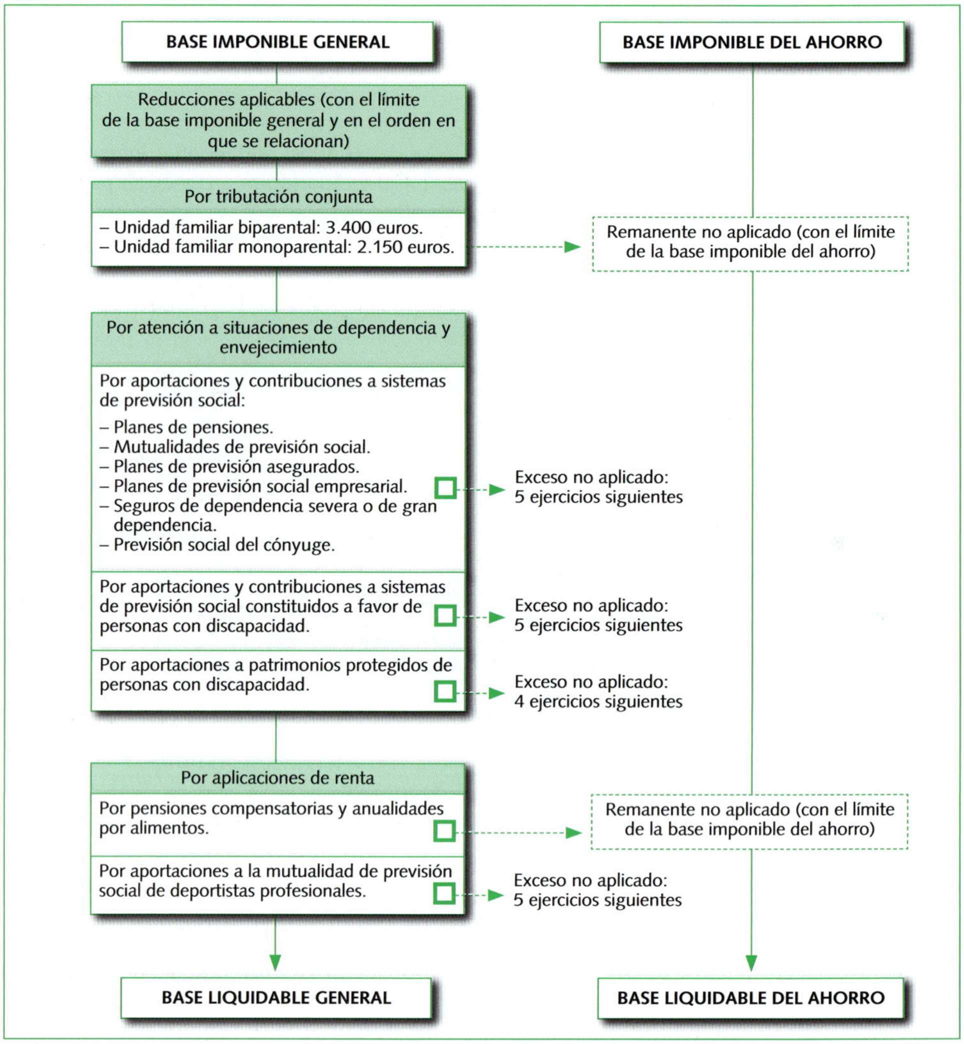

Figura 10.2. Esquema de liquidación de las bases liquidables general y del ahorro.

Legislación

Disposición adicional undécima de la LIRPF:

Los deportistas profesionales y de alto nivel podrán reducir la base imponible general en el importe de las aportaciones realizadas a la mutualidad de previsión social a prima fija de deportistas profesionales.

Disposición adicional decimosexta:

El importe anual máximo conjunto de aportaciones y contribuciones empresariales a los sistemas de previsión social previstos en los apartados 1, 2, 3, 4 y 5 del artículo 51, de la disposición adicional novena y del apartado dos de la disposición adicional undécima de esta Ley será de 8.000 euros.

10.5. Mínimo personal y familiar

El mínimo personal y familiar constituye la parte de la base liquidable que, por destinarse a satisfacer las necesidades básicas personales y familiares del contribuyente, no se somete a tributación por este Impuesto (art. 56.1).

El mínimo personal y familiar será el resultado de sumar el mínimo del contribuyente y los mínimos por descendientes, ascendientes y discapacidad (art. 57, 58, 59 y 60), incrementados o disminuidos a efectos de cálculo del gravamen autonómico en los importes que hayan sido aprobados por la comunidad autónoma.

Recuerda...

En declaración conjunta de unidades familiares, los hijos no dan derecho a la aplicación del mínimo del contribuyente, sin perjuicio de que otorguen derecho al mínimo familiar por descendientes y por discapacidad, siempre que cumplan los requisitos exigidos al efecto. Tampoco da derecho a la aplicación del mínimo del contribuyente el otro cónyuge, sin perjuicio de que sí resulte computable el incremento del mínimo del contribuyente anteriormente comentado, si su edad es superior a 65 años y a 75 años, en su caso.

Tabla 10.1. Cuantías para el cálculo del mínimo peronal y familiar

Mínimo personal y familiar	Mínimo personal (anual)
Mínimo del contribuyente[1] (art. 57)	5.550 €
Más de 65 años	+ 1.150 €
Más de 75 años	+ 1.400 €
Mínimo por descendientes (art. 58) (menores de 25 años o con discapacidad, que convivan con el contribuyente y no tengan rentas anuales superiores a 8.000 € y no hayan presentado declaración con rentas superiores a 1.800 €)	
Primer descendiente	2.400 €
Segundo descendiente	2.700 €
Tercer descendiente	4.000 €
Cuarto y siguientes	4.500 €
Si cualquiera de ellos es menor de 3 años	+ 2.800 €
Mínimo por ascendientes (art. 59) (mayores de 65 años o con discapacidad, que convivan con el contribuyente y no tengan rentas anuales superiores a 8.000 € y no hayan presentado declaración con rentas superiores a 1.800 €)	1.150 €
Si es mayor de 75 años	+ 1.400 €
Mínimo por discapacidad (art. 60)	
Contribuyente:	
Discapacidad igual o superior al 33 % y menor al 65 %	3.000 €
Discapacidad igual o superior al 65 %	9.000 €
Gastos de asistencia[2]	+ 3.000 €
Ascendientes y descendientes:	
Discapacidad igual o superior al 33 % y menor al 65 %	3.000 €
Discapacidad igual o superior 65 %	9.000 €
Gastos de asistencia[2]	+ 3.000 €

(1) Con independencia del número de miembros integrados en la unidad familiar y del régimen de tributación elegido (declaración individual o conjunta).

(2) Necesidad de ayuda, movilidad reducida o minusvalía igual o superior al 65 %.

Cuando dos o más contribuyentes tengan derecho a la aplicación del mínimo por descendientes, ascendientes o discapacidad, respecto de los mismos ascendientes o descendientes, su importe se prorrateará entre ellos por partes iguales.

Legislación

El artículo 2 del texto refundido de las disposiciones legales de la Comunidad de Madrid en materia de tributos cedidos por el Estado, aprobado por Decreto Legislativo 1/2010, de 21 de octubre establece los siguientes importes del mínimo por descendientes que deben aplicar los contribuyentes residentes en el territorio de la Comunidad de Madrid para el cálculo del gravamen autonómico:

2.400 € anuales por el primer descendiente, 2.700 € por el segundo, 4.400 € por el tercero y 4.950 € por el cuarto y siguientes. Estas cuantías se aumentarán en 2.800 € anuales cuando el descendiente sea menor de 3 años.

Cuando la base liquidable general sea superior al importe del mínimo personal y familiar, este formará parte de la base liquidable general (art. 56.2).

Cuando la base liquidable general sea inferior al importe del mínimo personal y familiar, este formará parte de la base liquidable general por el importe de esta última y de la base liquidable del ahorro por el resto.

Cuando no exista base liquidable general, el mínimo personal y familiar formará parte de la base liquidable del ahorro.

Ejemplo 10.30

Juan y Ana son un matrimonio de 45 y 40 años con dos hijos de 6 y 2 años. El hijo de 6 años tiene una discapacidad superior del 65 % y movilidad reducida. Con el matrimonio conviven la madre del marido (67 años y sin rentas) y el padre de la mujer (con 78 años, con discapacidad del 33 % y rentas anuales de 3.500 €). Calcula el mínimo personal y familiar en tributación conjunta e individual.

(continúa)

(continuación)

Respuesta:

Tributación conjunta:

Contribuyente .... 5.550 €

Descendientes:

1.er hijo de 6 años: 2.400 € + 9.000 € (discapacidad => 65 %) + 3.000 € (gastos asistencia) .... 14.400 €

2.º hijo de 2 años: 2.700 € + 2.800 € (menor de 3 años) .... 5.500 €

Ascendientes:

Madre marido (mayor de 65 años) .... 1.150 €

Padre de la mujer: 1.150 € + 1.400 € (> 75 años) + 3.000 € (discapacidad 33 %) .... 5.550 €

Total tributación conjunta .... **32.150 €**

En tributación conjunta de la unidad familiar podrá reducirse la base imponible en 3.400 € anuales con carácter previo a las reducciones legalmente establecidas.

Tributación individual:

Marido: Contribuyente .... 5.550 €

Hijo 6 años (50 % de 14.400) .... 7.200 €

Hijo 2 años (50 % de 5.500) .... 2.750 €

Madre (mayor de 65 años) .... 1.150 €

Total tributación individual marido .... **16.650 €**

Mujer: Contribuyente .... 5.550 €

Hijo 6 años (50 % de 14.400) .... 7.200 €

Hijo 2 años (50 % de 5.500) .... 2.750 €

Padre: 1.150 € (> 65 años) + 1.400 € (>75 años) + 3.000 € (discapacidad 33 %) .... 5.550 €

Total tributación individual de la mujer .... **21.050 €**

Ejemplo 10.31

Supongamos que el matrimonio del ejemplo anterior opte por la tributación conjunta y que la base imponible general de la unidad familiar sea de 48.000 € y la base del ahorro de 3.000 €. Los rendimientos netos del trabajo y de actividades económicas de Juan han ascendido a 32.000 € y ha realizado aportaciones a planes de pensiones por importe de 10.300 €. Calcula las bases liquidables.

Respuesta:

Base imponible general .... 48.000 €

– Reducción por tributación conjunta .... – 3.400 €

– Reducción aportación plan pensiones (menor de 30 % de 32.000 € o 8.000 €) .... – 8.000 €

Base liquidable general .... **36.600 €**

Base liquidable del ahorro .... **3.000 €**

10.6. Cuota íntegra (estatal y autonómica)

La aplicación del mínimo personal y familiar y la determinación de las cuotas íntegras del IRPF, se representan de forma gráfica en el siguiente esquema:

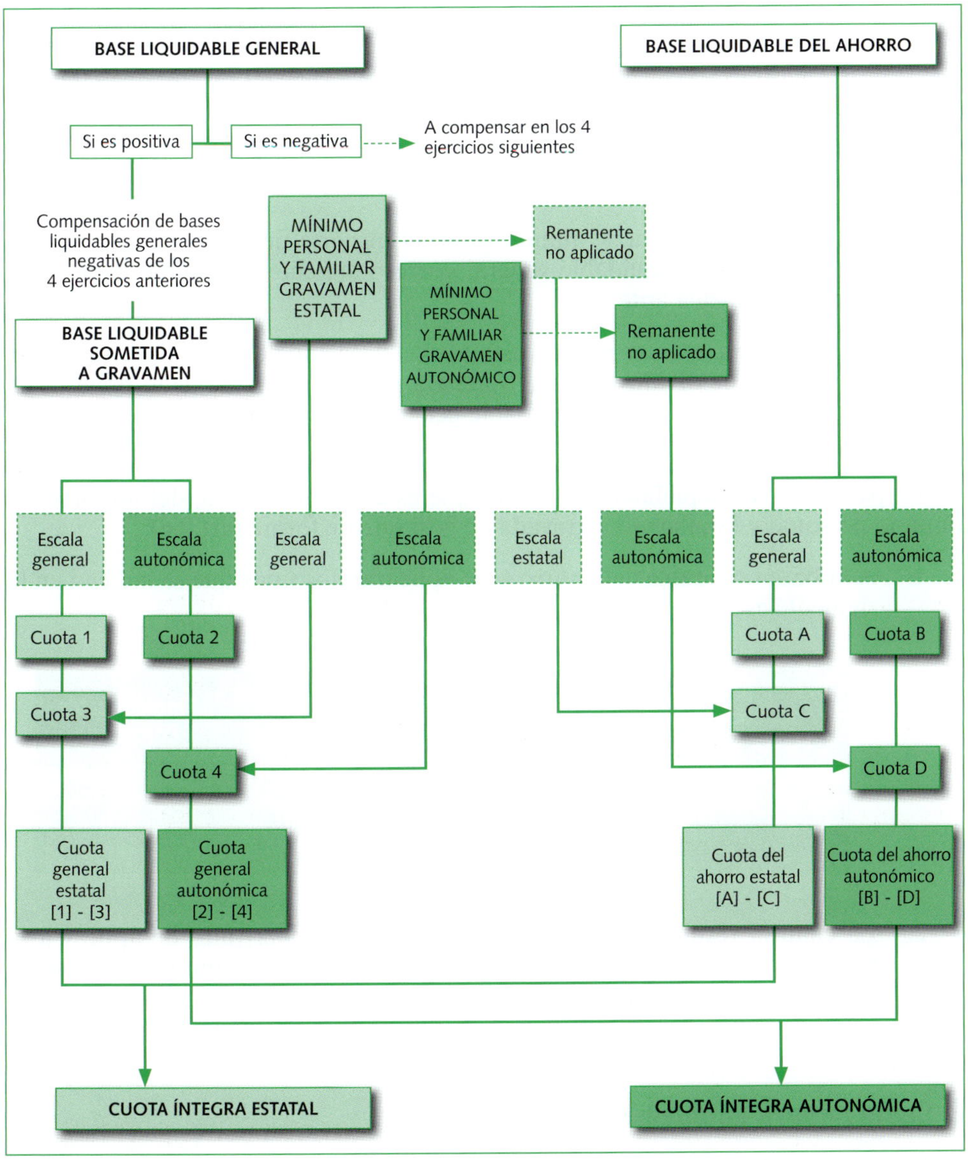

Figura 10.3. Aplicación del mínimo personal y familiar y determinación de las cuotas íntegras del IRPF.

Cuota íntegra estatal

La cuota íntegra estatal será la suma de las cantidades resultantes de aplicar los tipos de gravamen, a los que se refieren los artículos 63 y 66 de esta Ley, a las bases liquidables general y del ahorro, respectivamente (art. 62 de la LIRPF).

La parte de la **base liquidable general** que exceda del importe del mínimo personal y familiar será gravada de la siguiente forma (art. 63):

Recuerda...

El gravamen de la base liquidable general del IRPF se estructura en cinco fases:

1.ª A la totalidad de la base liquidable general, incluida la correspondiente al importe del mínimo personal y familiar que forma parte de la misma, se le aplican las escalas, general y autonómica, del impuesto, obteniéndose las correspondientes cuotas parciales (Cuota 1 y Cuota 2).

2.ª A la parte de la base liquidable general correspondiente al mínimo personal y familiar estatal establecido en el IRPF se le aplica la escala general del impuesto, obteniéndose la cuota parcial (Cuota 3).

3.ª A la parte de la base liquidable general correspondiente al mínimo personal y familiar establecido en la normativa autonómica se le aplica la escala autonómica correspondiente, obteniéndose la cuota parcial (Cuota 4).

4.ª A partir de las cuatro cuotas parciales obtenidas se calculan la **cuota íntegra general estatal** (Cuota 1 menos Cuota 3) y **cuota íntegra general autonómica** (Cuota 2 menos Cuota 4).

El gravamen de la base liquidable del ahorro se estructura en las mismas fases que el gravamen de la base liquidable general teniendo en cuenta que ahora se trata de la «base liquidable del ahorro», del «tipo de gravamen del ahorro» y que el mínimo personal y familiar al que se hace referencia en las fases 2.ª y 3.ª será el «remanente no aplicado» de dichos mínimos estatal y autonómico (exceso de dichos mínimos sobre la cuantía de la base liquidable general, si existe).

1. A la base liquidable general se le aplicarán los tipos que se indican en la siguiente escala:

Base liquidable Hasta euros	Cuota íntegra Euros	Resto base liquidable Hasta euros	Tipo aplicable Porcentaje
0,00	0,00	12.450,00	9,50
12.450,00	1.182,75	7.750,00	12,00
20.200,00	2.112,75	15.000,00	15,00
35.200,00	4.362,75	24.800,00	18,50
60.000,00	8.950,75	En adelante	22,50

2. La cuantía resultante se minorará en el importe derivado de aplicar a la parte de la base liquidable general correspondiente al mínimo personal y familiar, la escala anterior.

El tipo medio de gravamen general estatal es el derivado de multiplicar por 100 el cociente resultante de dividir la cuota obtenida por la aplicación de lo previsto en el apartado anterior por la base liquidable general. Dicho tipo medio se expresará con dos decimales.

La parte de **base liquidable del ahorro** que exceda, en su caso, del importe del mínimo personal y familiar será gravada de la siguiente forma (art. 66):

1. A la base liquidable del ahorro se le aplicarán los tipos que se indican en la siguiente escala:

Base liquidable del ahorro Hasta euros	Cuota íntegra Euros	Resto base liquidable del ahorro Hasta euros	Tipo aplicable Porcentaje
0,00	0,00	6.000,00	9,50
6.000,00	570,00	44.000,00	10,50
50.000,00	5.190,00	En adelante	11,50

2. La cuantía resultante se minorará en el importe derivado de aplicar a la parte de la base liquidable del ahorro correspondiente al mínimo personal y familiar, la escala anterior.

Cuota íntegra autonómica

La cuota íntegra autonómica del Impuesto será la suma de las cuantías resultantes de aplicar los tipos de gravamen, a los que se refieren los artículos 74 y 76 de esta Ley, a la base liquidable general y del ahorro, respectivamente (art. 73).

La parte de la base liquidable general que exceda del importe del mínimo personal y familiar que resulte de los incrementos o disminuciones a que se refiere el artículo 56.3 de esta Ley, será gravada de la siguiente forma (art. 74):

1. A la base liquidable general se le aplicarán los tipos de la escala autonómica del Impuesto que hayan sido aprobadas por la comunidad autónoma. Para la Comunidad de Madrid serán los siguientes (art. 1 del Decreto legislativo 1/2010, de 21 de octubre):

Legislación

Artículo 56.3 de la LIRPF:

El mínimo personal y familiar será el resultado de sumar el mínimo del contribuyente y los mínimos por descendientes, ascendientes y discapacidad a que se refieren los artículos 57, 58, 59 y 60 de esta Ley, incrementados o disminuidos a efectos de cálculo del gravamen autonómico en los importes que, de acuerdo con lo establecido en la Ley 22/2009, por el que se regula el sistema de financiación de las comunidades autónomas de régimen común y ciudades con estatuto de autonomía, hayan sido aprobados por la comunidad autónoma.

Base liquidable Hasta euros	Cuota íntegra Euros	Resto base liquidable Hasta euros	Tipo aplicable Porcentaje
0,00	0,00	12.450,00	9,50
12.450,00	1.182,75	5.257,20	11,20
17.707,20	1.771,56	15.300,00	13,30
33.007,20	3.806,46	20.400,00	17,90
53.407,20	7.458,06	En adelante	21,00

2. La cuantía resultante se minorará en el importe derivado de aplicar a la parte de la base liquidable general correspondiente al mínimo personal y familiar que resulte de los incrementos o disminuciones a que se refiere el artículo 56.3 de esta Ley, la escala anterior.

Se entenderá por **tipo medio de gravamen general autonómico**, el derivado de multiplicar por 100 el cociente resultante de dividir la cuota obtenida por la aplicación de lo previsto en el apartado anterior por la base liquidable general. El tipo medio de gravamen general autonómico se expresará con dos decimales.

La parte de **base liquidable del ahorro** que exceda, en su caso, del importe del mínimo personal y familiar que resulte de los incrementos o disminuciones a que se refiere el artículo 56.3 de esta Ley, será gravada de la siguiente forma (art. 76):

1. A la base liquidable del ahorro se le aplicarán los tipos que se indican en la siguiente escala:

Base liquidable del ahorro Hasta euros	Cuota íntegra Euros	Resto base liquidable del ahorro Hasta euros	Tipo aplicable Porcentaje
0,00	0,00	6.000,00	9,50
6.000,00	570,00	44.000,00	10,50
50.000,00	5.190,00	En adelante	11,50

2. La cuantía resultante se minorará en el importe derivado de aplicar a la parte de la base liquidable del ahorro correspondiente al mínimo personal y familiar que resulte de los incrementos o disminuciones a que se refiere el artículo 56.3 de esta Ley, la escala anterior.

Legislación

Especialidades aplicables en los supuestos de anualidades por alimentos a favor de los hijos:

La ley establece que se aplicarán las escalas estatal y autonómica de forma separada al importe de las anualidades por alimentos y al resto de la base liquidable general cuando el importe de las anualidades por alimentos satisfechas por decisión judicial sea inferior a la base liquidable general. La cuantía total resultante se minorará en el importe derivado de aplicar las escalas estatal y autonómica al mínimo personal y familiar, incrementado en 1.980 euros anuales, sin que pueda resultar negativa como consecuencia de tal minoración (art. 64 y 75).

Ejemplo 10.32

Supongamos que Juan y Ana, el matrimonio de los ejemplos anteriores, residen en la Comunidad Autónoma de Madrid. Determina las cuotas íntegras teniendo en cuenta las bases y mínimo personal y familiar calculados en los ejemplos anteriores.

Respuesta:

a) **Cuota íntegra estatal:**

Aplicación de la tarifa estatal sobre la base liquidable general (36.600 €):

4.362,75 (hasta 35.200) + 259 [18,50 % de (36.600 – 35.200)] = 4.621,75 €

Aplicación de la tarifa estatal sobre el mínimo personal y familiar (32.150):

2.112,75 (hasta 20.200) + 1.792,50 [15 % de (32.150 –2 0.200)] = 3.905,25 €

Cuota íntegra general estatal = 4.621,75 – 3.905,25 = **716,50 €**

Cuota íntegra estatal del ahorro: 9,50 % de 3.000 (hasta 6.000 €) = **285 €**

Cuota íntegra estatal: 716,50 + 285 = 1.001,50 €

(continúa)

(continuación)

b) Cuota íntegra autonómica:

Aplicación de la tarifa autonómica sobre la base liquidable general (36.600 €):

3.806,46 (hasta 33.007,20) + 643,11 [17,90 % de (36.600 – 33.007,20)] = 4.449,57 €

Aplicación de la tarifa autonómica sobre el mínimo personal y familiar (32.150):

1.771,56 (hasta 17.707,20) + 1.920,89 [13,30 % de (32.150 – 17.707,20)] = 3.692,45 €

Cuota íntegra general autonómica = 4.449,57 – 3.692,45 = **757,12 €**

Cuota íntegra autonómica del ahorro: 9,50 % de 3.000 (hasta 6.000 €) = **285 €**

Cuota íntegra autonómica: 757,12 + 285 = 1.042,12 €

10.7. Cuota líquida (estatal y autonómica)

El esquema siguiente muestra la determinación de la cuota líquida estatal y autonómica:

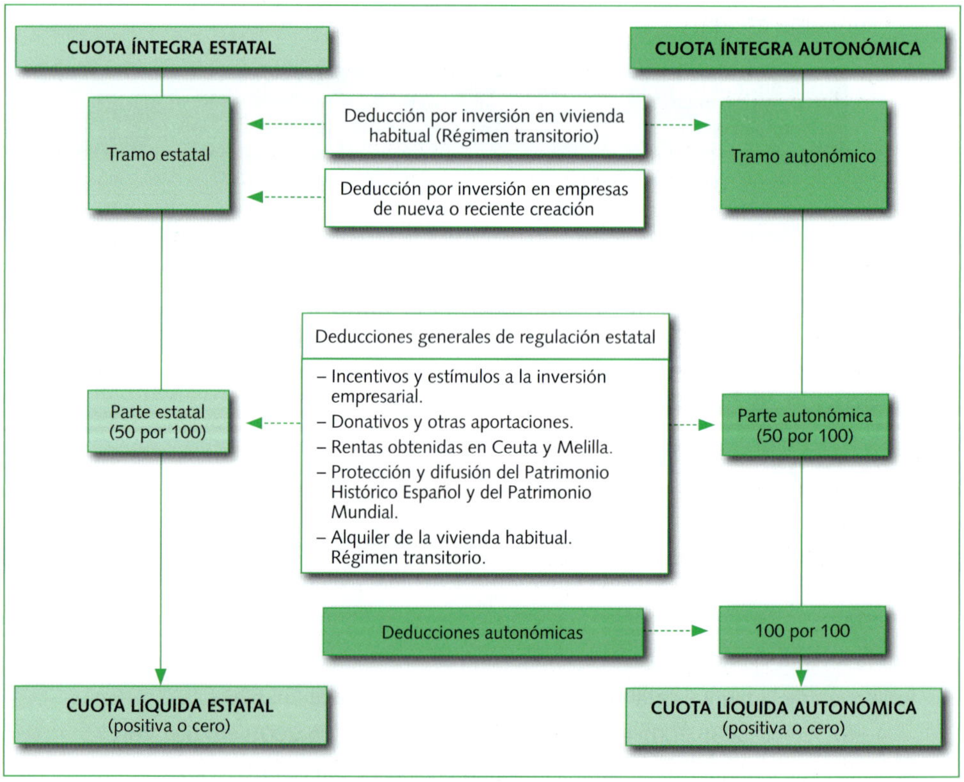

Figura 10.4. Determinación de la cuota líquida estatal y autonómica.

Cuota líquida estatal (art. 67)

La cuota líquida estatal del Impuesto será el resultado de disminuir la cuota íntegra estatal en la suma de:

a) La deducción por inversión en empresas de nueva o reciente creación prevista en el artículo 68.1 de esta Ley.

b) El 50 % del importe total de las deducciones previstas en los apartados 2, 3, 4 y 5 del artículo 68 de esta Ley.

El resultado de las operaciones a que se refiere el apartado anterior no podrá ser negativo.

Deducciones:

1) **Deducción por inversión en empresas de nueva o reciente creación** (art. 68.1)

Los contribuyentes podrán deducirse el 30 % de las cantidades satisfechas por la suscripción de acciones o participaciones en empresas de nueva o reciente creación cuando se cumpla lo dispuesto en los números 2.º y 3.º de este apartado, pudiendo, además de la aportación temporal al capital, aportar sus conocimientos empresariales o profesionales adecuados para el desarrollo de la entidad en la que intervienen. La base máxima de deducción será de 60.000 euros anuales y estará formada por el valor de adquisición de las acciones o participaciones suscritas.

La entidad cuyas acciones o participaciones se adquieran deberá cumplir los siguientes requisitos (art. 68.1.2º):

- Revestir la forma de SA, SL, SAL o SLL, y no estar admitida a negociación en ningún mercado organizado.
- Ejercer una actividad económica que cuente con los medios personales y materiales para el desarrollo de la misma.
- El importe de los fondos propios de la entidad no podrá ser superior a 400.000 euros en el inicio del periodo impositivo de la misma en que el contribuyente adquiera las acciones o participaciones.

Además deberán cumplirse las condiciones establecidas en el artículo 68.1.3º de la LIRPF con respecto a las acciones y participaciones.

Para la práctica de la deducción deberá obtenerse una certificación expedida por la entidad cuyos títulos se hayan adquirido indicando el cumplimiento de los requisitos anteriores.

2) **Deducciones en actividades económicas** (art. 68.2)

a) A los contribuyentes que ejerzan actividades económicas les serán de aplicación los incentivos y estímulos a la inversión empresarial establecidos o que se establezcan en la normativa del IS con igualdad de porcentajes y límites de deducción, con excepción de lo dispuesto en los apartados 2 y 3 del artículo 39 de la Ley del IS.

b) Adicionalmente, los contribuyentes que cumplan los requisitos establecidos en el artículo 101 de la Ley del IS (empresas de reducida dimensión) podrán deducir los rendimientos netos de actividades económicas del periodo impositivo que se inviertan en elementos nuevos del inmovilizado material o inversiones inmobiliarias afectos a actividades económicas desarrolladas por el contribuyente.

Se entenderá que los rendimientos netos de actividades económicas del periodo impositivo son objeto de inversión cuando se invierta una cuantía equivalente a la parte de la base liquidable general positiva del periodo impositivo que corresponda a tales rendimientos, sin que en ningún caso la misma cuantía pueda entenderse invertida en más de un activo.

Legislación

Artículo 70 de la LIRPF: Comprobación de la situación patrimonial:

1. *La aplicación de la deducción por inversión en empresas de nueva o reciente creación, requerirá que el importe comprobado del patrimonio del contribuyente al finalizar el periodo de la imposición exceda del valor que arrojase su comprobación al comienzo del mismo al menos en la cuantía de la inversión realizada.*
2. *A estos efectos, no se computarán los incrementos o disminuciones de valor experimentados durante el periodo impositivo por los elementos patrimoniales que al final del mismo sigan formando parte del patrimonio del contribuyente.*

Legislación

Artículo 70.1 de la LIRPF en su redacción en vigor a 31-12-2012:

La aplicación de la deducción por inversión en vivienda y de la deducción por cuenta ahorro-empresa requerirá que el importe comprobado del patrimonio del contribuyente al finalizar el periodo de la imposición exceda del valor que arrojase su comprobación al comienzo del mismo al menos en la cuantía de las inversiones realizadas, sin computar los intereses y demás gastos de financiación.

Legislación

Artículo 68.1 de la LIRPF en su redacción en vigor a 31 de diciembre de 2012:

Los contribuyentes podrán deducirse el 7,5 % de las cantidades satisfechas en el periodo de que se trate por la adquisición o rehabilitación de la vivienda (incluidos los gastos originados que hayan corrido a cargo del adquirente y, en el caso de financiación ajena, la amortización, los intereses, etc.) que constituya o vaya a constituir la residencia habitual del contribuyente. La base máxima de esta deducción será de 9.040 € anuales.

Cuando se adquiera una vivienda habitual habiendo disfrutado de la deducción por adquisición de otras viviendas habituales anteriores, no se podrá practicar deducción por la adquisición o rehabilitación de la nueva en tanto las cantidades invertidas en la misma no superen las invertidas en las anteriores, en la medida en que hubiesen sido objeto de deducción.

Cuando la enajenación de una vivienda habitual hubiera generado una ganancia patrimonial exenta por reinversión, la base de deducción por la adquisición o rehabilitación de la nueva se minorará en el importe de la ganancia patrimonial a la que se aplique la exención por reinversión.

También podrán aplicar la deducción por inversión en vivienda habitual los contribuyentes que efectúen obras e instalaciones de adecuación en la misma, que facilite el desenvolvimiento digno y adecuado de las personas con discapacidad (discapacidad del propio contribuyente o de su cónyuge o un pariente). La base máxima de esta deducción, será de 12.080 euros anuales y el porcentaje de deducción será el 10 %.

La inversión en elementos patrimoniales afectos a actividades económicas deberá realizarse en el periodo impositivo en que se obtengan los rendimientos objeto de reinversión o en el periodo impositivo siguiente.

La deducción se practicará en la cuota íntegra correspondiente al periodo impositivo en que se efectúe la inversión. La base de la deducción será la cuantía invertida.

El porcentaje de deducción será del 5 %. No obstante, el porcentaje de deducción será del 2,5 % cuando el contribuyente hubiera practicado la reducción prevista en el artículo 32.3 de esta Ley o se trate de rentas obtenidas en Ceuta y Melilla respecto de las que se hubiera aplicado la deducción prevista en el artículo 68.4 de esta Ley.

El importe de la deducción no podrá exceder de la suma de la cuota íntegra estatal y autonómica del periodo impositivo en el que se obtuvieron los rendimientos netos de actividades económicas.

Los elementos patrimoniales objeto de inversión deberán permanecer en funcionamiento en el patrimonio del contribuyente, salvo pérdida justificada, durante un plazo de 5 años, o durante su vida útil de resultar inferior.

c) Los contribuyentes que ejerzan actividades económicas y determinen su rendimiento neto por el método de estimación objetiva solo les serán de aplicación los incentivos cuando así se establezca reglamentariamente teniendo en cuenta las características y obligaciones formales del citado método.

3) **Deducciones por donativos y otras aportaciones** (art. 68.3)

Los contribuyentes podrán aplicar:

a) Las deducciones previstas en la Ley de régimen fiscal de las entidades sin fines lucrativos y de los incentivos fiscales al mecenazgo (Ley 49/2002). El importe de la deducción será el 75 % de los primeros 150 € y el 30 % del resto.

b) El 10 % de las cantidades donadas a las fundaciones legalmente reconocidas, así como a las asociaciones declaradas de utilidad pública.

c) El 20 % de las cuotas de afiliación y las aportaciones a partidos políticos, federaciones, coaliciones o agrupaciones de electores. La base máxima de esta deducción será de 600 euros anuales.

La base de la deducción por donaciones tendrá un límite del 10 % de la base liquidable del IRPF (art. 69).

4) **Deducción por rentas obtenidas en Ceuta o Melilla** (art. 68.4)

Los contribuyentes residentes en Ceuta o Melilla deducirán el 60 % de la parte de cuota íntegra total que proporcionalmente corresponda a las rentas obtenidas en Ceuta o Melilla y el 60 % de la parte de cuota íntegra total que proporcionalmente corresponda a las rentas obtenidas fuera de Ceuta o Melilla cuando, en este último caso, hayan mantenido su residencia en Ceuta o Melilla durante al menos tres años y, al menos, una tercera parte del patrimonio neto del contribuyente esté situado en dichas ciudades.

Los contribuyentes que no tengan su residencia habitual en Ceuta o Melilla deducirán el 60 % de la cuota íntegra total que proporcionalmente corresponda a las rentas obtenidas en Ceuta o Melilla.

5) **Deducción por actuaciones para la protección y difusión del Patrimonio Histórico Español y de las ciudades, conjuntos y bienes declarados Patrimonio Mundial** (art.68.5)

Se deducirá el 15 % de las inversiones o gastos que se realicen en los mencionados bienes cuando se cumplan los requisitos reglamentarios. La base de la deducción por este concepto tendrá un límite del 10 % de la base liquidable del IRPF (art. 69).

Régimen transitorio:

a) **Disposición transitoria decimoctava. Deducción por inversión en vivienda habitual**

1) Podrán aplicar la deducción por inversión en vivienda habitual en los términos previstos en el apartado 2 de esta disposición:

a) Los contribuyentes que hubieran adquirido su vivienda habitual con anterioridad a 1 de enero de 2013 o satisfecho cantidades con anterioridad a dicha fecha para la construcción de la misma.

b) Los contribuyentes que hubieran satisfecho cantidades con anterioridad a 1 de enero de 2013 por obras de rehabilitación o ampliación de la vivienda habitual, siempre que las citadas obras estén terminadas antes de 1 de enero de 2017.

c) Los contribuyentes que hubieran satisfecho cantidades para la realización de obras e instalaciones de adecuación de la vivienda habitual de las personas con discapacidad con anterioridad a 1 de enero de 2013 siempre y cuando las citadas obras o instalaciones estén concluidas antes de 1 de enero de 2017.

2) La deducción por inversión en vivienda habitual se aplicará conforme a lo dispuesto en los artículos 67.1, 68.1, 70.1, 77.1, y 78 de la Ley del Impuesto, en su redacción en vigor a 31 de diciembre de 2012, sin perjuicio de los porcentajes de deducción que conforme a lo dispuesto en la Ley 22/2009 hayan sido aprobados por la comunidad autónoma.

a) **Disposición transitoria decimoquinta. Deducción por alquiler de la vivienda habitual**

1) Podrán aplicar la deducción por alquiler de la vivienda habitual en los términos previstos en el apartado 2 de esta disposición, los contribuyentes que hubieran celebrado un contrato de arrendamiento con anterioridad a 1 de enero de 2015 por el que hubieran satisfecho, con anterioridad a dicha fecha, cantidades por el alquiler de su vivienda habitual.

En todo caso, resultará necesario que el contribuyente hubiera tenido derecho a la deducción por alquiler de la vivienda habitual en relación con las cantidades satisfechas por el alquiler de dicha vivienda en un periodo impositivo devengado con anterioridad a 1 de enero de 2015.

2) La deducción por alquiler de la vivienda habitual se aplicará conforme a lo dispuesto en los artículos 67.1, 68.7 y 77.1 de la Ley del Impuesto, en su redacción en vigor a 31 de diciembre de 2014.

Ejemplo 10.33

Vicente vende en 2012 su vivienda habitual por 120.000 €, que había adquirido por 80.000 €, sobre los que había practicado la correspondiente deducción. En el mismo año adquirió una nueva vivienda, que pasa a ser su residencia habitual, por 150.000 € (IVA, gastos incluidos), satisfaciendo en este ejercicio 120.000 euros y aplazando el resto mediante un préstamo hipotecario por el que en el año 2013 ha pagado 12.300 €. Vicente decide acoger la ganancia de patrimonio a la exención por reinversión. Calcula la cantidad que podrá deducirse en 2012 y 2013 por adquisición de vivienda habitual.

(continúa)

Legislación

Artículo 19 de la ley 49/2002:

1. Los contribuyentes del IRPF tendrán derecho a deducir de la cuota íntegra el resultado de aplicar a la base de la deducción correspondiente al conjunto de donativos, donaciones y aportaciones con derecho a deducción, determinada según lo dispuesto en el artículo 18 de esta Ley, la siguiente escala:

Base de deducción Importe hasta	Porcentaje de deducción
150 euros	75
Resto	30

Si en los dos periodos impositivos inmediatos anteriores se hubieran realizado donaciones con derecho a deducción en favor de una misma entidad, el porcentaje de deducción aplicable a la base de la deducción que exceda de 150 €, será el 35 %.

Legislación

Artículo 68.7 de la LIRPF en su redacción en vigor a 31-12-2014:

Los contribuyentes cuya base imponible sea inferior a 24.107,20 € anuales podrán deducirse el 10,05 % de las cantidades satisfechas en el periodo impositivo por el alquiler de su vivienda habitual. La base máxima de esta deducción será de:

a) *Cuando la base imponible sea igual o inferior a 17.707,20 € anuales: 9.040 € anuales.*

b) *Cuando la base imponible esté comprendida entre 17.707,20 € y 24.107,20 € anuales: 9.040 € menos el resultado de multiplicar por 1,4125 la diferencia entre la base imponible y 17.107,20 euros anuales.*

(continuación)

Respuesta:

Inversión en vivienda en 2012 = 120.000 – 80.000 (deducción anterior) – 40.000 (ganancia patrimonial no gravada por reinversión) = 0 (no podrá deducir nada).

Inversión en vivienda en 2013: 12.300 €.

Podrá deducirse el 15 % (7,5 % estatal + 7,5 % autonómico) de la base máxima (9.040 €) = = 1.356 €.

Legislación

La redacción a 31 de diciembre de 2012 del artículo 78 de la LIRPF, suprimido por la Ley 16/2012 es la siguiente:

El tramo autonómico de la deducción por inversión en vivienda habitual será el resultado de aplicar a la base de la deducción los porcentajes que hayan sido aprobados por la comunidad autónoma. Si la comunidad autónoma no hubiese aprobado dichos porcentajes, serán de aplicación los siguientes:

- Con carácter general el 7,5 %.
- Cuando se trate de obras de adecuación de la vivienda habitual por personas con discapacidad a que se refiere el número 4 del artículo 68, el porcentaje será el 10 %.

Ejemplo 10.34

Andrés ha pagado 9.600 € durante el año 2014 en concepto de alquiler de su vivienda habitual. Su base imponible asciende a 18.500 €. Calcula la deducción que podrá aplicar.

Respuesta:

Base de deducción máxima: 9.040 – 1,4125 x (18.500 – 17.707,20) = 9.040 – 1.119, 83 = = 7.920,17 €.

Deducción: 10,05 % de 7.920,17 = 795,98 €.

Cuota líquida autonómica

La cuota líquida autonómica será el resultado de disminuir la cuota íntegra autonómica en la suma de (art. 77):

a) El 50 % del importe total de las deducciones previstas en los apartados 2, 3, 4 y 5 del artículo 68 de esta ley.

b) El importe de las deducciones establecidas por la comunidad autónoma.

El resultado de las operaciones a que se refiere el apartado anterior no podrá ser negativo.

Ejemplo 10.35

Calcula la cuota líquida del matrimonio de los Ejemplos 10.30 a 10.32 suponiendo que durante el año 2018 ha pagado 5.400 € en concepto de capital e intereses del préstamo hipotecario suscrito para adquirir su vivienda habitual, adquirida antes del 31 de diciembre de 2012, y ha donado 200 € a Cruz Roja Española.

Respuesta:

	Estatal	Autonómica
Cuota íntegra general (Ejemplo 10.32)	1.001,50 €	1.042,12 €
Deducción por inversión en vivienda habitual (7,5 % de 5.400 €)	– 405,00 €	– 405,00 €
Deducción por donativos (75 % de 150 + 30 % de 50)/2	– 63,75 €	– 63,75 €
Cuota líquida	**532,75 €**	**573,37 €**
Cuota líquida total		**1.106,12 €**

10.8. Cuota diferencial

Una vez cuantificado el importe de las cuotas líquidas, estatal y autonómica, y teniendo en cuenta la cesión del IRPF a las comunidades autónomas, las operaciones restantes que deben realizarse se recogen, de forma gráfica, en el siguiente esquema:

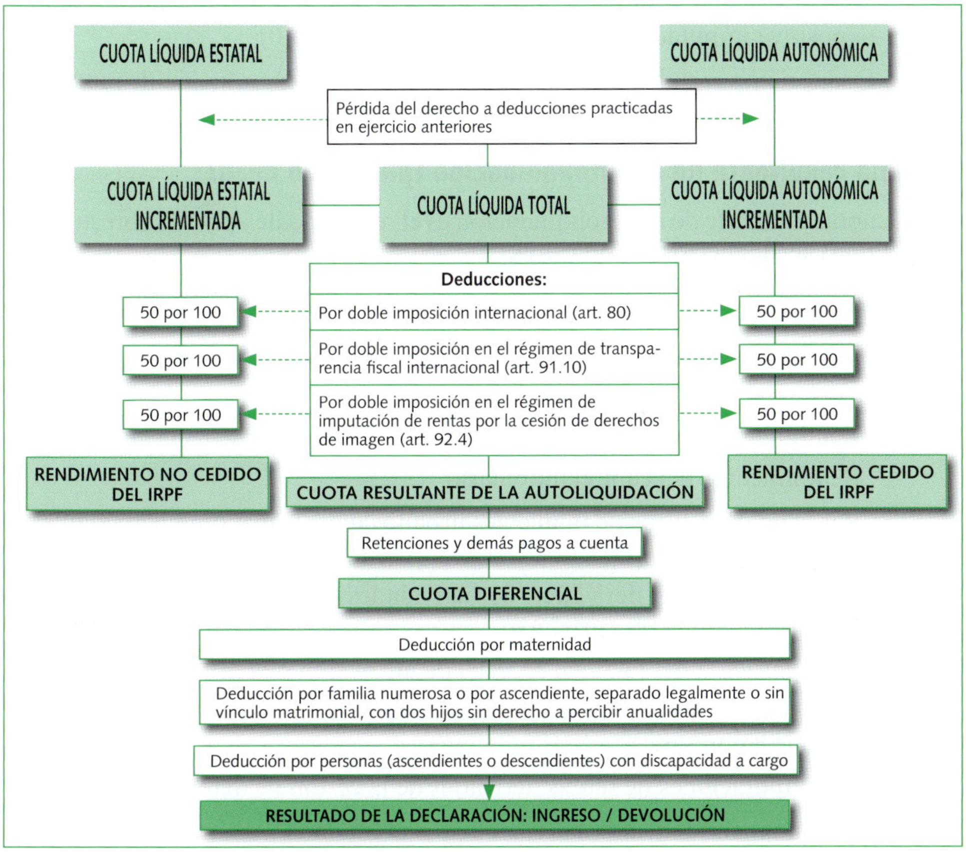

Figura 10.5. Cálculo de la cuota diferencial.

Legislación

Artículo 59 del RIRPF. Pérdida del derecho a deducir:

Cuando, en periodos impositivos posteriores al de su aplicación se pierda el derecho, en todo o en parte, a las deducciones practicadas (inversión en vivienda habitual, inversión en empresas de nueva o reciente creación, etc.), el contribuyente estará obligado a sumar a la cuota líquida estatal y a la cuota líquida autonómica o complementaria devengadas en el ejercicio en que se hayan incumplido los requisitos, las cantidades indebidamente deducidas, más los intereses de demora a que se refiere el artículo 26.6 de la LGT.

Deducciones de la cuota líquida total

a) **Deducción por doble imposición internacional** (art. 80)

Cuando entre las rentas del contribuyente figuren rendimientos o ganancias patrimoniales obtenidos y gravados en el extranjero, se deducirá la menor de las cantidades siguientes:

- El importe efectivo de lo satisfecho en el extranjero por razón de un impuesto de naturaleza idéntica o análoga a este impuesto o al IRNR sobre dichos rendimientos o ganancias patrimoniales.
- El resultado de aplicar el tipo medio efectivo de gravamen a la parte de base liquidable gravada en el extranjero.

El tipo medio efectivo de gravamen será el resultado de multiplicar por 100 el cociente obtenido de dividir la cuota líquida total por la base liquidable. A tal fin, se deberá diferenciar el tipo de gravamen que corresponda a las rentas generales y del ahorro, según proceda. El tipo de gravamen se expresará con dos decimales.

b) **Deducción por doble imposición en el régimen de transparencia fiscal internacional**

Será deducible de la cuota líquida el impuesto o gravamen efectivamente satisfecho en el extranjero por razón de la distribución de los dividendos o participaciones en beneficios, en la parte que corresponda a la renta positiva imputada con anterioridad en la base imponible. Esta deducción no podrá exceder de la cuota íntegra que en España correspondería pagar por la renta positiva imputada en la base imponible (art. 91.10).

c) Deducción por doble imposición en el régimen de imputación de rentas por la cesión de derechos de imagen (art. 92.4).

Cuota resultante de la autoliquidación (positiva o cero)

La cuota resultante de la autoliquidación es el resultado de aplicar sobre la cuota líquida total las deducciones anteriores.

Pagos a cuenta

- **Retenciones e ingresos a cuenta:** las retenciones e ingresos a cuenta pueden provenir de las siguientes clases de rentas:
  - — Rendimientos del trabajo.
  - — Rendimientos del capital mobiliario.
  - — Por arrendamientos de inmuebles urbanos (constituya o no actividad económica).
  - — Por rendimientos derivados de actividades económicas (salvo arrendamientos de inmuebles urbanos).
  - — Por aplicación del régimen especial de atribución de rentas.
  - — Por imputaciones de agrupaciones de interés económicos y uniones temporales de empresas.
  - — Por imputaciones de rentas derivadas de la cesión de derechos de imagen.
  - — Por ganancias patrimoniales, incluidos premios.
- **Pagos fraccionados:** los contribuyentes que desarrollen actividades económicas, deducirán los pagos fraccionados correspondientes al ejercicio (modelos 130 o 131).
- Cuotas del Impuesto sobre la Renta de No Residentes satisfechas por contribuyentes que han adquirido dicha condición por cambio de residencia.
- Retenciones a cuenta efectivamente practicadas en virtud de la Directiva 2003/48/CE del Consejo.

Legislación

Retenciones e ingresos a cuenta del IRPF:

Puedes consultar la tabla resumen de retenciones e ingresos a cuenta en el siguiente enlace:

hhttp://www.agenciatributaria.es/static_files/AEAT/Contenidos_Comunes/La_Agencia_Tributaria/Informacion_institucional/Campanias/Retenciones_trabajo_personal/2018/Cuadro_tipo_retencion_2018.pdf

De acuerdo con lo dispuesto en el artículo 103 de la LIRPF, el exceso de pagos a cuenta respecto de la cuota resultante de la liquidación determinará la devolución que, en cada caso, proceda efectuar.

> De la cuota resultante de la autoliquidación se deducirá el importe de los pagos a cuenta correspondientes al ejercicio, obteniéndose la **cuota diferencial.**

Resultado de la declaración

La cuota diferencial, como regla general, constituye el resultado de la declaración. Sin embargo, en aquellos supuestos en que el contribuyente tenga derecho a la deducción por maternidad (art. 81) o a la deducción por familia numerosa o personas con discapacidad a su cargo (art. 81 bis), el resultado de la declaración vendrá determinado por las siguientes operaciones:

Cuota diferencial
– Deducción por maternidad + Importe del abono anticipado de la deducción por maternidad – Deducción por familia numerosa o personas con discapacidad a cargo + Importe del abono anticipado de la deducción por familia numerosa ...
= **Resultado de la declaración** (a ingresar o a devolver)

Si el resultado de la declaración es una cantidad negativa, el contribuyente tiene derecho a solicitar la devolución de la cantidad que resulte a su favor.

El importe de la devolución no podrá exceder de la suma de los pagos a cuenta más la suma de las deducciones por maternidad y por familia numerosa o personas con discapacidad a cargo.

Deducción por maternidad (art. 81)

1. Podrán minorar la cuota diferencial hasta en 1.200 € anuales por cada hijo menor de 3 años las mujeres que cumplan simultáneamente dos requisitos:
   - Que tengan hijos menores de tres años con derecho a la aplicación del mínimo por descendientes.
   - Que realicen una actividad por cuenta propia o ajena por la cual estén dadas de alta en el régimen correspondiente de la Seguridad Social o mutualidad.

   La deducción será de 100 euros por cada hijo y por cada mes en que los hijos sean menores de 3 años el último día del mes.
2. El importe de la deducción del apartado 1 anterior se podrá incrementar hasta en 1.000 € adicionales por gastos de custodia (preinscripción y matrícula, asistencia, alimentación) satisfechos del hijo menor de 3 años en guarderías o centros de educación infantil autorizados.
3. La deducción prevista en el apartado 1 anterior tendrá como límite para cada hijo las cotizaciones y cuotas totales a la Seguridad Social y Mutualidades devengadas en cada periodo impositivo con posterioridad al nacimiento o adopción.

   El incremento de la deducción previsto en el apartado 2 anterior se calculará de forma proporcional al número de meses en que se cumplan de forma simultánea los requisitos de los apartados 1 y 2 anteriores, y tendrá como límite para cada hijo tanto las cotizaciones y cuotas totales a la S.S. y Mutualidades devengadas en cada periodo impositivo con posterioridad al nacimiento o adopción, como el importe total del gasto efectivo no subvencionado satisfecho en dicho periodo a la guardería o centro educativo.

   A efectos del cálculo de estos límites las cotizaciones y cuotas se computarán por sus importes íntegros, sin tomar en consideración las bonificaciones que pudieran corresponder.

Deducción por familia numerosa o personas con discapacidad a cargo (art. 81 bis)

1. Los contribuyentes que realicen una actividad por cuenta propia o ajena por la cual estén dados de alta en el régimen correspondiente de la Seguridad

Legislación

Artículo 81 de la LIRPF. Deducción por maternidad:

En los supuestos de adopción o acogimiento, tanto preadoptivo como permanente, la deducción se podrá practicar, con independencia de la edad del menor, durante los tres años siguientes a la fecha de la inscripción en el Registro Civil.

En caso de fallecimiento de la madre, o cuando la guarda y custodia se atribuya de forma exclusiva al padre o, en su caso, a un tutor, siempre que cumpla los requisitos previstos en este artículo, este tendrá derecho a la práctica de la deducción pendiente.

Se podrá solicitar a la Agencia Estatal de Administración Tributaria el abono de la deducción previsto en el apartado 1 de forma anticipada. En estos supuestos, no se minorará la cuota diferencial del impuesto.

Social o mutualidad podrán minorar la cuota diferencial del impuesto en las siguientes deducciones:

a) Por cada descendiente con discapacidad con derecho a la aplicación del mínimo por descendientes, hasta 1.200 euros anuales.

b) Por cada ascendiente con discapacidad con derecho a la aplicación del mínimo por ascendientes, hasta 1.200 euros anuales.

c) Por ser un ascendiente, o un hermano huérfano de padre y madre, que forme parte de una familia numerosa, o por ser un ascendiente separado legalmente, o sin vínculo matrimonial, con dos hijos sin derecho a percibir anualidades por alimentos y por los que tenga derecho a la totalidad del mínimo por descendientes, hasta 1.200 euros anuales. En caso de familias numerosas de categoría especial, esta deducción se incrementará en un 100 %.

La cuantía de la deducción a la que se refiere el párrafo anterior se incrementará hasta en 600 € anuales por cada uno de los hijos que formen parte de la familia numerosa que exceda del número mínimo de hijos exigido para que dicha familia haya adquirido la condición de familia numerosa de categoría general o especial, según corresponda.

d) Por el cónyuge no separado legalmente con discapacidad, siempre que no tenga rentas anuales, excluidas las exentas, superiores a 8.000 € ni genere el derecho a las deducciones previstas en las letras a) y b) anteriores, hasta 1.200 € anuales

2. Las deducciones se calcularán de forma proporcional al número de meses en que se cumplan de forma simultánea los requisitos previstos en el apartado 1 anterior, y tendrán como límite para cada una de las deducciones, en el caso de los contribuyentes a que se refiere el primer párrafo del apartado 1 anterior, las cotizaciones y cuotas totales a la Seguridad Social y Mutualidades devengadas en cada período impositivo. No obstante, si tuviera derecho a la deducción prevista en las letras a) o b) del apartado anterior respecto de varios ascendientes o descendientes con discapacidad, el citado límite se aplicará de forma independiente respecto de cada uno de ellos.

   A efectos del cálculo de este límite se computarán las cotizaciones y cuotas por sus importes íntegros, sin tomar en consideración las bonificaciones que pudieran corresponder.

Las deducciones anteriores (art. 81 y 81 bis) minoran la cuota diferencial, con independencia de que dicha cuota diferencial resulte positiva o negativa.

10.9. Gestión del impuesto

Obligados a declarar:

Con carácter general, estarán obligados a presentar y suscribir declaración por este impuesto los contribuyentes del mismo (art. 96 de la LIRPF).

Estarán obligados a declarar en todo caso los contribuyentes que tengan derecho a deducción por doble imposición internacional o que realicen aportaciones a patrimonios protegidos de las personas con discapacidad, planes de pensiones, planes de previsión asegurados o mutualidades de previsión social, planes de previsión social empresarial y seguros de dependencia que reduzcan la base imponible, en las condiciones que se establezcan reglamentariamente.

Legislación

Artículo 81 bis de la LIRPF. Deducción por familia numerosa o personas con discapacidad a cargo:

También podrán minorar la cuota diferencial del impuesto en las deducciones previstas en el apartado 1 los contribuyentes que perciban prestaciones contributivas y asistenciales del sistema de protección del desempleo, pensiones abonadas por el Régimen General y los Regímenes especiales de la Seguridad Social o por el Régimen de Clases Pasivas del Estado, así como los contribuyentes que perciban prestaciones análogas a las anteriores reconocidas a los profesionales no integrados en el régimen especial de la Seguridad Social de los trabajadores por cuenta propia o autónomos por las mutualidades de previsión social que actúen como alternativas al régimen especial de la Seguridad Social mencionado, siempre que se trate de prestaciones por situaciones idénticas a las previstas para la correspondiente pensión de la Seguridad Social.

Se podrá solicitar a la Agencia Estatal de Administración Tributaria el abono de las deducciones de forma anticipada. En estos supuestos, no se minorará la cuota diferencial del impuesto.

Recuerda...

Consultar la Disposición adicional cuadragésima segunda de la Ley 35/2006. Procedimiento para que los contribuyentes que perciben determinadas prestaciones apliquen las deducciones previstas en el artículo 81 bis y se les abonen de forma anticipada.

No obligados a declarar:

No tendrán que declarar los contribuyentes que obtengan rentas procedentes exclusivamente de las siguientes fuentes, en tributación individual o conjunta:

a) Rendimientos íntegros del trabajo, con el límite de 22.000 euros anuales:

- Siempre que procedan de un solo pagador.
- Cuando existan varios pagadores, siempre que la suma del segundo y posteriores por orden de cuantía no superen en su conjunto la cantidad de 1.500 euros.
- Cuando los únicos rendimientos del trabajo consistan en prestaciones pasivas.

El límite se fija en 14.000 euros anuales en los siguientes supuestos:

- Cuando procedan de varios pagadores, salvo que la suma de las cantidades percibidas del segundo y restantes pagadores por orden de cuantía no supere 1.500 euros anuales.
- Cuando se perciban pensiones compensatorias del cónyuge o anualidades por alimentos de personas distintas de los padres, o bien de estos cuando se perciban sin mediar decisión judicial.
- Cuando el pagador de los rendimientos del trabajo no esté obligado a retener.
- Cuando se perciban rendimientos íntegros del trabajo sujetos a tipo fijo de retención.

b) Rendimientos íntegros del capital mobiliario y ganancias patrimoniales sometidos a retención o ingreso a cuenta, con el límite conjunto de 1.600 euros anuales.

c) Rentas inmobiliarias imputadas, rendimientos íntegros del capital mobiliario no sujetos a retención derivados de letras del Tesoro y subvenciones para la adquisición de viviendas de protección oficial o de precio tasado y demás ganancias patrimoniales derivadas de ayudas públicas, con el límite conjunto de 1.000 euros anuales.

En ningún caso tendrán que declarar los contribuyentes que obtengan exclusivamente rendimientos íntegros del trabajo, de capital o de actividades económicas, así como ganancias patrimoniales, con el límite conjunto de 1.000 euros anuales y pérdidas patrimoniales de cuantía inferior a 500 euros.

Autoliquidación (artículo 97 de la LIRPF):

Los contribuyentes, al tiempo de presentar su declaración, deberán determinar la deuda tributaria correspondiente e ingresarla en el lugar, forma y plazos determinados por el MEH.

El ingreso del importe resultante de la autoliquidación podrá fraccionarse en dos plazos (el 60 % al presentar la declaración y el 40 % en un segundo plazo).

Borrador de la declaración (artículo 98):

La Administración Tributaria podrá poner a disposición de los contribuyentes (que cumplan determinados requisitos), a efectos meramente informativos, un borrador de declaración o los datos fiscales para facilitarle la confección de la declaración.

Cuando el contribuyente considere que el borrador de declaración refleja su situación tributaria a efectos de este impuesto, podrá suscribirlo o confirmarlo. El

Recuerda...

Modelo de declaración:

Existe un único impreso de declaración por el IRPF que deberán utilizar todos los contribuyentes obligados a declarar por este impuesto. A estos efectos, el borrador de declaración del IRPF debidamente suscrito o confirmado por el contribuyente tendrá la consideración de declaración del IRPF.

Actualmente, la declaración se elabora a través del servicio Renta WEB, a través de la página de la Agencia Tributaria, con los datos personales y fiscales que también se podrán obtener de forma electrónica.

Recuerda...

Plazo y lugar de presentación:

El plazo para la presentación de la declaración del IRPF será, con carácter general, durante los meses de abril, mayo y junio.

Las autoliquidaciones del IRPF podrán presentarse, en función del resultado, en una delegación o administración de la Agencia Tributaria, en las oficinas de las entidades de crédito colaboradoras, etc. También podrán presentarse a través de internet, con certificado electrónico, Cl@vePIN o número de referencia.

En todo caso las autoliquidaciones habrán de confeccionarse a través del servicio Renta WEB.

borrador confirmado tendrá la consideración de declaración del IRPF a todos los efectos.

El contribuyente podrá instar la modificación del borrador de declaración recibido cuando considere que han de añadirse datos personales o económicos no incluidos en el mismo o advierta que contiene datos erróneos o inexactos.

Cuando el contribuyente considere que el borrador de declaración recibido no refleja su situación tributaria a efectos del IRPF y no opte por instar su modificación o esta no sea posible deberá cumplimentar la correspondiente autoliquidación.

10.10. Tributación familiar

Legislación

Artículo 82 de la LIRPF:

2. Nadie podrá formar parte de dos unidades familiares al mismo tiempo.

3. La determinación de los miembros de la unidad familiar se realizará atendiendo a la situación existente a 31 de diciembre de cada año.

Tributación conjunta (art. 82): podrán tributar conjuntamente las personas que formen parte de alguna de las siguientes modalidades de unidad familiar:

1. La integrada por los cónyuges no separados legalmente y, si los hubiera:
   - Los hijos menores, con excepción de los que, con el consentimiento de los padres, vivan independientes de estos.
   - Los hijos mayores de edad incapacitados judicialmente sujetos a patria potestad prorrogada o rehabilitada.
2. En los casos de separación legal, o cuando no existiera vínculo matrimonial, la formada por el padre o la madre y todos los hijos que convivan con uno u otro y sean menores de edad o mayores de edad incapacitados.

Opción por la tributación conjunta (art. 83): las personas físicas integradas en una unidad familiar podrán optar, en cualquier periodo impositivo, por tributar conjuntamente en el IRPF. La opción por la tributación conjunta deberá abarcar a la totalidad de los miembros de la unidad familiar. Si uno de ellos presenta declaración individual, los restantes deberán utilizar el mismo régimen.

Normas aplicables en la tributación conjunta (art. 84): con carácter general, la tributación conjunta se realizará conforme a las mismas reglas que la tributación individual, aplicándose los mismos límites, porcentajes y cuantías, sin elevar ni multiplicar por el número de miembros de la unidad familiar. No obstante, se establecen algunas especialidades.

Ejemplo 10.36

Pedro y Eva son un matrimonio que convive con su hijo Javier que es menor de edad. En el mes de junio fallece Pedro. Determina el periodo impositivo y formas de tributación de los componentes de la unidad familiar.

Respuesta:

Los miembros de la unidad familiar pueden optar por tributar de la siguiente forma:

a) Tributación individual:

- Declaración individual Pedro con periodo impositivo inferior al año natural.
- Declaración individual Eva con periodo impositivo igual al año natural.
- Declaración individual Javier con periodo impositivo igual al año natural.

b) Tributación individual y conjunta:

- Declaración individual Pedro con periodo impositivo inferior al año natural.
- Declaración conjunta de los restantes miembros de la unidad familiar por todo el año.

10.11. Régimen fiscal aplicable a las ganancias en el juego

Disposición adicional trigésima tercera. Gravamen especial sobre los premios de determinadas loterías y apuestas:

1. Estarán sujetos a este Impuesto mediante un gravamen especial los siguientes premios obtenidos por contribuyentes de este Impuesto:
   a) Los premios de las loterías y apuestas organizadas por la Sociedad Estatal Loterías y Apuestas del Estado y por los órganos o entidades de las comunidades autónomas, así como de los sorteos organizados por Cruz Roja Española y de las modalidades de juegos autorizadas a la Organización Nacional de Ciegos Españoles.
   b) Los premios de las loterías, apuestas y sorteos organizados por organismos públicos o entidades que ejerzan actividades de carácter social o asistencial sin ánimo de lucro establecidos en otros Estados miembros de la UE o del Espacio Económico Europeo y que persigan objetivos idénticos a los de los organismos o entidades señalados en la letra anterior.
2. Estarán exentos del gravamen especial los premios cuyo importe íntegro sea igual o inferior a 40.000 euros (10.000 € en 2018 y 20.000 € en 2019).
3. La base imponible estará formada por el importe del premio que exceda de la cuantía exenta prevista en el apartado 2 anterior. Si el premio fuera en especie, la base imponible será aquella cuantía que, una vez minorada en el importe del ingreso a cuenta, arroje la parte del valor de mercado del premio que exceda de la cuantía exenta.
4. La cuota íntegra del gravamen especial será la resultante de aplicar a la base imponible prevista en el apartado 3 anterior el tipo del 20 %. Dicha cuota se minorará en el importe de las retenciones o ingresos a cuenta previstos en el apartado 6 de esta disposición adicional.
5. El gravamen especial se devengará en el momento en que se satisfaga o abone el premio obtenido.
6. Los premios previstos en esta disposición adicional estarán sujetos a retención o ingreso a cuenta de acuerdo con lo dispuesto en los artículos 99 y 105 de esta Ley.

   El porcentaje de retención o ingreso a cuenta será el 20 %. La base de retención o ingreso a cuenta vendrá determinada por el importe de la base imponible del gravamen especial.
7. Los contribuyentes que hubieran obtenido los premios previstos en esta disposición estarán obligados a presentar una autoliquidación (mod. 136) por este gravamen especial, determinando el importe de la deuda tributaria correspondiente, e ingresar su importe en el lugar, forma y plazos que establezca el Ministro de Hacienda y Administraciones Públicas.

   No existirá obligación de presentar autoliquidación cuando el premio sea de cuantía inferior al importe exento o se hubiera practicado retención o el ingreso a cuenta conforme a lo previsto en el apartado 6 anterior.
8. No se integrarán en la base imponible del Impuesto los premios previstos en esta disposición adicional. Las retenciones o ingresos a cuenta practicados conforme a lo previsto en la misma no minorarán la cuota líquida total del impuesto ni se tendrán en cuenta a efectos de lo previsto en el artículo 103 de esta Ley.
9. Lo establecido en esta disposición adicional no resultará de aplicación a los premios derivados de juegos celebrados con anterioridad a 1 de enero de 2013.

Legislación

Disposición transitoria trigésima quinta. Cuantía exenta del gravamen especial sobre los premios de determinadas loterías y apuestas en los ejercicios 2018 y 2019.

Los premios derivados de juegos celebrados con anterioridad a la entrada en vigor de la Ley 6 /2018, de 3 de julio, de Presupuestos Generales del Estado para el año 2018, estarán exentos del gravamen especial en la cuantía prevista en el apartado 2 de la disposición adicional trigésima tercera de esta Ley en su redacción vigente a 31 de diciembre de 2017.

Dicha cuantía será de 10.000 euros para los premios derivados de juegos celebrados en el período impositivo 2018 a partir de la entrada en vigor de la citada Ley, y de 20.000 euros para los premios derivados de juegos celebrados en el período impositivo 2019.

Legislación

Disposición adicional trigésima tercera:

2. *Estarán exentos del gravamen especial los premios cuyo importe íntegro sea igual o inferior a 40.000 euros. Los premios cuyo importe íntegro sea superior a 40.000 euros se someterán a tributación respecto de la parte del mismo que exceda de dicho importe.*

   Lo dispuesto en el párrafo anterior será de aplicación siempre que la cuantía del décimo, fracción o cupón de lotería, o de la apuesta efectuada, sea de al menos 0,50 euros. En caso de que fuera inferior a 0,50 euros, la cuantía máxima exenta señalada en el párrafo anterior se reducirá de forma proporcional.

   En el supuesto de que el premio fuera de titularidad compartida, la cuantía exenta prevista en los párrafos anteriores se prorrateará entre los cotitulares en función de la cuota que les corresponda.

Enlaces de interés

http://www.boe.es/buscar/act.php?id=BOE-A-2006-20764

Ley 35/2006, de 28 de noviembre, del Impuesto sobre la Renta de las Personas Físicas y de modificación parcial de las leyes de los Impuestos sobre Sociedades, sobre la Renta de no Residentes y sobre el Patrimonio.

http://www.boe.es/buscar/act.php?id=BOE-A-2007-6820

Real Decreto 439/2007, de 30 de marzo, por el que se aprueba el Reglamento del Impuesto sobre la Renta de las Personas Físicas y se modifica el Reglamento de Planes y Fondos de Pensiones, aprobado por Real Decreto 304/2004, de 20 de febrero.

http://www.boe.es/buscar/doc.php?id=BOE-A-1998-7200

Orden de 27 de marzo de 1998 por la que se aprueba la Tabla de Amortización Simplificada que deberán aplicar los sujetos pasivos del IRPF que ejerzan actividades empresariales o profesionales y determinen su rendimiento neto por la modalidad simplificada del régimen de estimación directa.

https://www.boe.es/buscar/doc.php?id=BOCM-m-2010-90068

Decreto Legislativo 1/2010, de 21 de octubre, del Consejo de Gobierno, por el que se aprueba el Texto Refundido de las Disposiciones Legales de la Comunidad de Madrid en materia de tributos cedidos por el Estado.

https://www.boe.es/buscar/act.php?id=BOE-A-2017-12207

Ley 6/2017, de 24 de octubre, de Reformas Urgentes del Trabajo Autónomo.

https://www.boe.es/buscar/act.php?id=BOE-A-2017-15836

Real Decreto-Ley 20/2017, de 29 de diciembre, por el que se prorrogan y aprueban diversas medidas tributarias y otras medidas urgentes en materia social.

https://www.boe.es/diario_boe/txt.php?id=BOE-A-2017-15842

Real Decreto 1074/2017, de 29 de diciembre, por el que se modifican el Reglamento del Impuesto sobre la Renta de las Personas Físicas, aprobado por el Real Decreto 439/2007, de 30 de marzo, el Reglamento del Impuesto sobre Sociedades, aprobado por el Real Decreto 634/2015, de 10 de julio, y el Reglamento del Impuesto sobre Sucesiones y Donaciones, aprobado por el Real Decreto 1629/1991, de 8 de noviembre.

https://www.boe.es/diario_boe/txt.php?id=BOE-A-2017-13896

Orden HFP/1159/2017, de 28 de noviembre, por la que se desarrollan para el año 2018 el método de estimación objetiva del Impuesto sobre la Renta de las Personas Físicas y el régimen especial simplificado del Impuesto sobre el Valor Añadido.

http://www.boe.es/diario_boe/txt.php?id=BOE-A-2018-9268

Ley 6/2018, de 3 de julio, de Presupuestos Generales del Estado para el año 2018.

Nota: En **www.boe.es** o en **http://noticias.juridicas.com** encontrarás la legislación siempre actualizada.

Test 10

1. Señala qué afirmaciones son verdaderas (V) y qué afirmaciones son falsas (F).

		V	F
1.1.	El IRPF es un impuesto directo progresivo.	☐	☐
1.2.	El IRPF es un impuesto directo proporcional.	☐	☐
1.3.	El IRPF es un impuesto directo que tiene en cuenta las circunstancias personales y familiares del contribuyente.	☐	☐
1.4.	Son contribuyentes del IRPF las personas físicas que tengan su residencia en el territorio español.	☐	☐
1.5.	Podrán hacer la declaración conjunta dos hermanos mayores de edad que vivan en el mismo domicilio.	☐	☐
1.6.	Podrá hacer la declaración conjunta un padre que viva con su hijo menor de edad.	☐	☐
1.7.	Un mismo hecho puede estar sujeto al IRPF y al Impuesto sobre Sucesiones y Donaciones.	☐	☐
1.8.	Los rendimientos del trabajo forman parte de la base imponible del IRPF.	☐	☐
1.9.	En el IRPF la base liquidable es siempre igual a la base imponible.	☐	☐
1.10.	Juan recibe una donación de 10.000 € de su abuelo Andrés. Esta donación no está sujeta al IRPF.	☐	☐
1.11.	Juan es despedido de su trabajo y recibe una indemnización de 40.000 €, establecida con carácter obligatorio en el Estatuto de los Trabajadores. Esta indemnización está exenta del IRPF.	☐	☐
1.12.	Las pensiones están exentas del IRPF.	☐	☐
1.13.	Las cotizaciones a la Seguridad Social son gastos deducibles del rendimiento íntegro del trabajo para calcular el rendimiento neto.	☐	☐
1.14.	Se consideran rendimientos íntegros del capital mobiliario los intereses netos de una cuenta corriente abierta en un banco.	☐	☐
1.15.	Un empresario cuya cifra neta de negocios para el conjunto de sus actividades ha sido de 800.000 € durante el año anterior podrá utilizar el régimen de estimación directa simplificada para determinar los rendimientos de las actividades económicas.	☐	☐

2. Señala la opción correcta:

2.1. ¿Cuál de las siguientes rentas está exenta de tributar por el IRPF:

- ☐ Los sueldos recibidos en especie.
- ☐ Las pensiones públicas recibidas como consecuencia de actos terroristas.
- ☐ Las pensiones de la Seguridad Social.

2.2. No forma parte del hecho imponible del IRPF:

- ☐ Los rendimientos del trabajo.
- ☐ Los rendimientos del capital inmobiliario.
- ☐ La compra de un terreno.

TEST

2.3. Forman parte de la misma unidad familiar:

- ☐ Los hermanos mayores de edad que vivan en el mismo domicilio.
- ☐ Los cónyuges con todos los hijos que vivan con ellos.
- ☐ Los cónyuges con los hijos menores de edad que vivan con ellos.

2.4. El rendimiento neto de las actividades económicas se determina:

- ☐ Por estimación directa.
- ☐ Por estimación objetiva.
- ☐ Por estimación directa o por estimación objetiva.

2.5. Podrán determinar el rendimiento de las actividades económicas por estimación objetiva:

- ☐ Actividades empresariales desarrolladas por cualquier tipo de empresa.
- ☐ Actividades empresariales desarrolladas por personas físicas y que cumplan una serie de requisitos.
- ☐ Actividades empresariales realizadas por sociedades de responsabilidad limitada.

2.6. ¿Cómo no pueden realizar la declaración del IRPF los cónyuges no separados?

- ☐ Declaración individual cada uno de los cónyuges.
- ☐ Declaración conjunta.
- ☐ Declaración individual uno y conjunta el otro.

2.7. Un matrimonio convive con tres hijos: uno de 15 años, otro de 20 años incapacitado judicialmente y otro de 27 años. Podrán realizar declaración conjunta:

- ☐ El matrimonio y los tres hijos.
- ☐ El matrimonio y los hijos de 15 y 20 años.
- ☐ El matrimonio y el hijo de 15 años.

2.8. Pedro compra un coche por 6.300 € y, tres años más tarde, lo vende en 3.000 €:

- ☐ Puede declarar una pérdida patrimonial en el IRPF de 3.300 €.
- ☐ No puede declarar ninguna pérdida patrimonial porque la pérdida es debida al uso.
- ☐ Puede declarar como pérdida patrimonial el 50 % de 3.300 €.

2.9. La declaración del IRPF debe presentarse:

- ☐ Durante el mes de julio.
- ☐ Desde enero a junio.
- ☐ Normalmente durante los meses de abril, mayo y junio, dependiendo de la forma de presentación.

2.10. La deducción por maternidad la pueden aplicar las mujeres con hijos menores de 3 años que:

- ☐ Realicen una actividad por cuenta propia o ajena.
- ☐ Que cobren una prestación por desempleo.
- ☐ Que estén en situación de excedencia voluntaria.

EJERCICIOS FINALES

1. Andrés y Luis forman una comunidad de bienes para adquirir un local y alquilarlo. Andrés aporta el 60 % y Luis el 40 %. Adquieren el local por 100.000 € y lo alquilan. Obtienen un rendimiento neto anual de 12.000 €. ¿Qué rendimiento se atribuirá cada uno en el IRPF?

2. Andrés recibe un regalo valorado en 2.300 € como premio a los 25 años de servicios prestados a la empresa en la que trabaja. ¿Qué importe tendrá que declarar en el IRPF?

3. Adolfo ha percibido este año las siguientes retribuciones:

   - Sueldo: 18.600 € (cotizaciones a la Seguridad Social, 1.120 € y retenciones a cuenta del IRPF, 600 €).
   - Por desplazamiento a otra ciudad durante 3 días ha recibido dietas por importe de 530 € (de ellas están exceptuadas de gravamen, de acuerdo con el art. 9 del RIRPF, 350 €).
   - Ha recibido acciones de la empresa en la que trabaja, valoradas en 1.300 €, como premio a los 10 años de servicios prestados.

   Adolfo ha obtenido otros ingresos diferentes a los del trabajo por importe de 9.300 €.

   Determina el rendimiento neto reducido del trabajo que Adolfo integrará en la base imponible del IRPF.

4. El sueldo bruto de Nicolás es de 30.000 € anuales. Las cotizaciones a la Seguridad Social han ascendido 1.800 € y las aportaciones a su sindicato de 140 €. La empresa ha aportado a un plan de pensiones a favor de Nicolás 2.400 €. A principios de año fue trasladado a otra ciudad recibiendo una indemnización de 5.000 € y 1.400 € para cubrir los gastos de traslado de toda la familia. Calcula el rendimiento neto reducido.

5. Javier es propietario de un local comercial que tiene alquilado a un comerciante, que le paga 8.000 € anuales. Durante este año Javier ha tenido que realizar reparaciones en el local por importe de 1.450 €. Ha pagado 86 € de IBI y 120 € de un seguro del local. El valor catastral del local es de 70.000 €, siendo el valor del terreno de 25.000 €. Calcula el rendimiento neto.

6. Felipe posee un inmueble valorado en 120.000 € (el 30 % corresponde al terreno). Felipe tiene arrendado el inmueble, destinado a vivienda, por importe de 900 € mensuales. Ha pagado 453 € de IBI, 600 € de reparaciones y 210 € de un seguro. Los intereses del préstamo suscrito para la compra del inmueble abonados este año han ascendido a 850 €. Calcula el rendimiento neto reducido.

7. Matilde posee un inmueble cuyo valor catastral revisado es de 80.600 € (el valor del terreno es de 10.000 €). Este inmueble ha estado arrendado este año durante los meses de noviembre y diciembre por un importe de 950 € mensuales. El IBI ha ascendido a 383 €. Calcula el rendimiento neto.

8. Matilde ha obtenido este año unos ingresos íntegros de 9.000 € procedentes del alquiler de una máquina. Ha pagado 790 € por la reparación de la máquina y 1.200 € por un seguro de la máquina. La amortización, según tablas oficiales, asciende a 800 €. Calcula el rendimiento neto.

9. Fernando, de 52 años de edad, contrata en 20X1 un seguro que consiste en el pago de una prima única de 20.000 € y la percepción de una renta de 1.200 € anuales hasta su muerte. Calcula el rendimiento a declarar en el año 20X1 y siguientes.

10. Supongamos que Fernando, del ejemplo anterior, paga una prima de 20.000 € y percibe una renta de 1.500 € anuales durante 16 años. Calcula el rendimiento a declarar cada año.

11. Ernesto contrató hace 14 años, cuando tenía 50 años, un seguro que consistía en el pago anual de una prima de 1.500 €, con el derecho a percibir a partir de los 65 años una renta de 3.500 € anuales durante 12 años. Suponiendo que el valor actual financiero actuarial es de 35.840 €, calcula el rendimiento del capital mobiliario a computar cada año.

12. Aurelio es un abogado que tiene su despacho en su domicilio particular ocupando un espacio equivalente al 20 % de la superficie de la vivienda. ¿Podrá deducirse los gastos ocasionados por la vivienda (IBI, reparaciones, etc.)?

13. Antonio es propietario de un comercio y recibe ayuda de su esposa a cambio de productos para su uso particular. Su hijo de 17 años está contratado como trabajador en prácticas recibiendo una retribución de 600 €,

EJERCICIOS FINALES

que coincide con las normales del mercado. ¿Serán gastos deducibles en la determinación del rendimiento neto de la actividad en estimación directa?

14. Un empresario que determina el rendimiento neto de la actividad económica en estimación directa simplificada ha tenido en el año unos ingresos de 120.000 € y unos gastos generales justificados de 30.000 €, además tiene deterioros de créditos por insolvencias por 12.000 €. Determina el rendimiento neto de la actividad.

15. Andrés es titular de un taller de reparaciones de vehículos (ep. 691.2). Trabaja a tiempo completo. Tiene dos empleados de 19 y 20 años. El 1 de junio de este año contrató, a jornada completa, dos aprendices de 19 años. Determina el módulo de personal para el cálculo del rendimiento anual.

16. Alberto ejerce mediante una empresa de reducida dimensión la actividad de fabricación de calzado y determina el rendimiento neto de dicha actividad por el método de estimación directa normal, ascendiendo el importe neto de su cifra de negocios en el ejercicio 20X1 a la cantidad de 2.099.852,15 €. El día 30 de junio de 20X2 ha adquirido una furgoneta de reparto nueva en régimen de arrendamiento financiero (*leasing*) con arreglo a las siguientes condiciones:

- Duración del contrato: 2 años.
- Cuotas anuales: 8.654,57 €, de los que 856,46 € corresponden a la carga financiera y el resto a la recuperación del coste del bien.
- Opción de compra: 751,27 € a la finalización del segundo año.
- Coste del elemento: 16.329,50 €.

Determina las cantidades que Alberto podrá deducir en los ejercicios 20X2 y 20X3 de las satisfechas por el contrato de arrendamiento financiero, sabiendo que el coeficiente de amortización lineal según tablas de la furgoneta es del 16 % y que la furgoneta entró en funcionamiento el día 1 de julio de 20X2.

17. Alfredo, casado con Mercedes, en régimen de gananciales, es médico radiólogo y ejerce su actividad profesional exclusivamente en una consulta privada situada en un local adquirido por el matrimonio. Determina sus rendimientos por el método de estimación directa y el criterio de devengo para la imputación de los ingresos y gastos de su actividad y tiene una persona empleada. Según los datos que constan en sus libros registros, los ingresos y gastos correspondientes a 20X3, son los siguientes:

Ingresos íntegros:

- Honorarios por prestación de servicios 124.110,20
- Conferencias y publicaciones.. 10.818,22

Gastos:

- Sueldos y salarios 18.931,88
- Seguridad Social.. 5.909,15
- Compras de material radiológico y sanitario 18.931,88
- Gastos financieros 1.111,87
- Amortizaciones 7.939,37
- IVA soportado en gastos corrientes 1.592,68
- Tributos no estatales 1.715,89
- Asistencia VI Congreso Radiológico 1.081,82
- Adquisición de libros y revistas médicas 1.265,13
- Suministros.. 12.320,75
- Reparaciones y conservación 3.786,38
- Recibo de comunidad (local consulta) 1.694,85

EJERCICIOS FINALES

En concepto de ingresos y gastos extraordinarios, figuran las siguientes partidas:

- Ingreso extraordinario (por la venta local consulta)........... 80.926,28
- Gasto extraordinario (por la venta equipo rayos X)........... 7.212,15

Otros datos de interés:

- Dentro de las cantidades consignadas en «Honorarios por prestación de servicios» no figura contabilizada cantidad alguna por 10 radiografías practicadas a su hijo en 20X3. El precio medio de mercado por cada radiografía similar es de 60,10 €.
- Las «Conferencias y publicaciones» suponen por parte del contribuyente la ordenación por cuenta propia de medios de producción con la finalidad de intervenir en la producción y distribución de servicios, existiendo por lo que respecta a las publicaciones la cesión de los derechos de autor.
- En «Sueldos y salarios» figuran 1.202,02 € entregados a su esposa por los servicios prestados como auxiliar en la clínica durante el mes de vacaciones de la empleada que presta sus servicios en la clínica.
- Las existencias iniciales de productos inventariables ascendían a 13.132,11 €, siendo las finales de 16.197,28 €.
- Las amortizaciones practicadas corresponden a la depreciación efectiva de los elementos del inmovilizado.
- Los «Ingresos y gastos extraordinarios» responden, respectivamente, a la ganancia obtenida en la venta del local en el que estaba instalada la consulta y a la pérdida derivada de la venta de un aparato de rayos X.

Calcula el rendimiento neto reducido.

18. Alfonso es titular de un bar de categoría especial (ep. 673.1), situado en un local alquilado en la ciudad de Salamanca, en el que desde su apertura en el año 20X1 trabajan el titular (a tiempo completo) y 2 personas asalariadas a jornada completa (1.842 horas anuales según convenio colectivo del sector). En el ejercicio (20X4), el número de unidades del módulo «personal asalariado» ascendió a 3 personas. Datos relativos al ejercicio 20X5:

- El 1 de septiembre se contrataron 2 nuevos trabajadores mayores de 19 años que permanecían en la empresa a 31 de diciembre de 20X5, cada uno de los cuales ha totalizado 630 horas de trabajo en dicho año. Las retribuciones totales satisfechas al personal en el ejercicio 20X5 ascendieron a 39.500,83 €.
- La longitud de la barra del bar es de 10 metros y en el mismo hay instaladas 8 mesas para cuatro personas.
- La potencia eléctrica contratada es de 35 kilovatios y en el local hay instalada una máquina recreativa tipo «B».
- Del inmovilizado afecto a la actividad el titular únicamente conserva facturas de la cafetera, una vitrina térmica, la instalación de aire acondicionado y las 8 mesas con sus sillas. Los datos que figuran en su libro registro de bienes de inversión son los siguientes:

Elemento	Valor adquisición	% amortización según tablas	Amortización acumulada a 31-12-20X4
Mobiliario (mesas y sillas)	1.502,53 €	25 %	1.502,53 €
Cafetera	9.405,84 €	25 %	8.441,74 €
Vitrina térmica	4.056,83 €	25 %	2.535,52 €
Instalación aire acondicionado	6.611,13 €	25 %	3.999,73 €

- Para sustituir las mesas y sillas, el día 1-10-20X5 ha adquirido 8 mesas y 32 sillas nuevas por 2.410,06 €, sin que el valor unitario de ninguno de dichos muebles supere la cantidad de 601,01 €. Dicho mobiliario ha sido instalado en el bar el 15 de octubre. El mobiliario viejo lo ha vendido por 510,86 €.
- El día 10-08-20X5 se produjo una inundación en el bar, ocasionando daños cuya reparación ascendió a 1.202,02 €, sin que la póliza de seguro cubriera dicho riesgo. El día 1 de septiembre, el titular presentó escrito en la Agencia Tributaria correspondiente a su domicilio fiscal, comunicando los hechos anteriores y aportando factura de las reparaciones efectuadas junto al documento acreditativo de la inundación expedido por el servicio de bomberos de la localidad.

EJERCICIOS FINALES

Determina el rendimiento neto reducido de la actividad conociendo los siguientes datos relativos a la actividad (Orden HFP/1159/2017):

Actividad: Cafés y bares de categoría especial. Epígrafe IAE: 673.1			
Módulo	**Definición**	**Unidad**	**Rendimiento anual por unidad antes de amortización (€)**
1	Personal asalariado	Persona	4.056,30
2	Personal no asalariado	Persona	15.538,66
3	Potencia eléctrica	kW contratados	321,23
4	Mesas	Mesa	233,04
5	Longitud de barra	Metro	371,62
6	Máquinas tipo «A»	Máquina tipo «A»	957,39
7	Máquinas tipo «B»	Máquina tipo «B»	2.903,66

19. Un notario emite una factura a un empresario retenedor en concepto de honorarios por la firma de una escritura, por importe de 1.200 €, más 21 % de IVA. Detalle de la factura:

Honorarios	1.200
IVA (21 %)	+ 252
Retención IRPF (15 % de 1.200)	– 180
Importe factura	**1.272 €**

¿Quién ingresa en Hacienda el importe de la retención? ¿Quién puede descontarse la retención en la declaración del IRPF? Si el cliente del notario es un particular, ¿practicará la retención?

20. Andrés es un abogado que determina su rendimiento neto en estimación directa normal. En el ejercicio 20X3 ha obtenido un rendimiento neto de su actividad profesional de 170.000 € durante el primer trimestre y le han practicado retenciones por importe de 14.600 €. En el segundo trimestre el rendimiento neto obtenido es de 82.300 € y las retenciones de 8.200 €. Determina los pagos fraccionados que tendrá que realizar en los dos primeros trimestres.

21. Aurelio es un empresario que determina el rendimiento de su actividad mediante estimación objetiva. Aplicando los datos base del día 1 de enero de 20X3 obtiene un rendimiento neto de la actividad de 28.240 €. Aurelio se dedica a su actividad a tiempo completo, junto con un empleado mayor de 19 años a jornada completa. Calcula el importe de los pagos fraccionados que tendrá que realizar durante el ejercicio 20X3.

22. Juana y María son hermanas y heredaron de su padre una finca rústica cuya valoración a efectos del Impuesto sobre Sucesiones y Donaciones fue de 3.005,06 €, ascendiendo los gastos de notaría, registro e Impuesto sobre Sucesiones y Donaciones 512,06 €. 12 años más tarde deciden dividir la finca en dos parcelas iguales valorándose cada una, en la escritura pública de división, en 30.050,61 €. Calcula la ganancia patrimonial que tendrán que declarar en el IRPF.

23. Julián y Asunción son un matrimonio de 69 y 67 años de edad, respectivamente, han vendido su vivienda habitual en mayo de 20X5 por un importe de 230.000 €. Dicha vivienda fue adquirida por ambos cónyuges en régimen de gananciales hace 30 años por un importe de 60.000 €. Determina las consecuencias fiscales de dicha transmisión.

24. En mayo de 20X3, Damián ganó en un concurso de televisión un premio consistente en un apartamento en la playa, cuyo coste de adquisición para la entidad concedente del premio, que coincide con su valor de mercado, ascendió a 70.250 €. Los gastos inherentes a la adquisición satisfechos por Damián fueron 5.832 €. La entidad que ha concedido el premio ha realizado un ingreso a cuenta de 16.017 €. Determina el importe de la ganancia patrimonial computable.

25. Jaime vende en Bolsa, por 15.430 €, unas acciones por las que había satisfecho 20.270 €. A los 15 días vuelve adquirir valores de la misma empresa por importe de 17.500 €. ¿Podrá computar esta pérdida patrimonial?

26. Alfonso vende un apartamento en 90.000 €, pagando 2.500 € por el impuesto sobre el incremento del valor de los terrenos de naturaleza urbana. Alfonso había satisfecho hace unos años 60.000 € por el apartamento. Calcula el incremento patrimonial que tendrá que declarar.

EJERCICIOS FINALES

27. Jesús invirtió 50.000 €, en el ejercicio 20X1, en un fondo de inversión mobiliaria. En 20X4 realiza el reembolso total del fondo de inversión obteniendo 56.500 € efectivos. Calcula la variación patrimonial sujeta al IRPF.

28. Agustín es titular desde hace 12 años de un apartamento adquirido por un importe de 150.320,28 €, incluidos los gastos y tributos inherentes a la adquisición satisfechos por el mismo. En octubre de 20X8, como consecuencia de un incendio, el apartamento ha quedado totalmente destruido, abonando la compañía de seguros la cantidad de 89.832,60 €. El valor del suelo representa el 40 % del total valor catastral del mismo. Determina el importe de la ganancia o pérdida patrimonial obtenida.

29. Manuel García transmite su vivienda habitual en 2018 por un importe de 90.250 €. Dicha vivienda la había adquirido en 2006 por 60.430 €, incluidos los gastos y tributos inherentes a dicha adquisición. La financiación de dicha adquisición se efectuó mediante un préstamo hipotecario del que, en el momento de la venta, queda por amortizar un importe de 24.125 €. Del importe obtenido en la venta, destina 24.125 € a la amortización del préstamo pendiente. En el mismo año 2018, compra una nueva vivienda habitual por un importe de 70.000 €, invirtiendo a tal efecto el resto del importe obtenido en la venta de su anterior vivienda. Determina la cuantía de la ganancia patrimonial exenta por reinversión.

30. Alejandro tiene una retribución íntegra monetaria de 40.000 €. También utiliza una vivienda cedida por la empresa cuyo valor catastral revisado es de 70.000 €. Calcula el importe que tendrá que declarar como rendimiento del trabajo en especie en el IRPF.

31. Alberto utiliza un vehículo cedido por la empresa para usos particulares. El coste de adquisición del vehículo para la empresa fue de 18.000 €. Alberto también ha obtenido de la empresa un préstamo personal a devolver en dos años, al 1,5 % anual de interés. El tipo de interés legal del dinero es del 2,25 %. Calcula el importe a declarar como rendimiento del trabajo en especie.

32. Un contribuyente ha obtenido durante 20X6 las rentas siguientes (€):

Rendimientos netos del trabajo	50.000
Rendimientos netos reducidos del capital inmobiliario	– 5.000
Rendimientos derivados de la amortización de letras del Tesoro	1.000
Rendimientos netos reducidos de una explotación forestal	200.000
Rendimiento neto actividad profesional	– 10.000
Rentas inmobiliarias imputadas	20.000
Pérdida patrimonial procedente de venta de acciones adquiridas en el ejercicio 20X4	– 2.000
Ganancia patrimonial procedente de la venta de un terreno adquirido en 20X1	60.000
Pérdida patrimonial procedente de un elemento adquirido el año 20X6 afecto a la actividad económica	– 70.000

Determina la base imponible general y la base imponible del ahorro.

33. Pablo Gómez ha obtenido en el año 20X5 las siguientes rentas:

Rendimiento neto reducido del trabajo 60.101,21

- Rendimiento neto reducido de actividad económica................................ – 5.000,00
- Imputación de rentas inmobiliarias 305,25
- Ganancia patrimonial a integrar en la base imponible general 4.510,50
- Pérdida patrimonial a integrar en la base imponible general 9.616,19
- Ganancia patrimonial a integrar en la base imponible del ahorro 5.650,30
- Pérdida patrimonial a integrar en la base imponible del ahorro............... 1.600,00

También tiene pendiente de compensación las siguientes partidas:

- Saldo neto negativo de ganancias y pérdidas patrimoniales derivadas de la transmisión de elementos patrimoniales correspondientes a 20X1, 2.103,54 €.
- Saldo neto negativo de ganancias y pérdidas patrimoniales no derivadas de la transmisión de elementos patrimoniales correspondientes a 20X4, 601,01 €.

Efectúa la integración y compensación de dichas rentas en la declaración del ejercicio 20X5.

EJERCICIOS FINALES

34. Alfredo Esteban es un trabajador por cuenta ajena de 43 años que ha tenido durante un año unas retribuciones dinerarias íntegras de 30.000 €; las cotizaciones a la Seguridad Social han sido de 2.100 €; ha realizado una aportación de 2.300 € a su plan de pensiones y la empresa ha aportado al plan de pensiones del trabajador 2.700 €. Determina la base liquidable general.

35. ¿Cuál es el mínimo personal y familiar en los siguientes casos?

a) Matrimonio que convive con dos hijos menores de 18 años que no obtienen rentas superiores a 8.000 €.

b) Un contribuyente divorciado que convive con dos hijos de 15 y 20 años, que no tienen rentas superiores a 8.000 €.

c) Un contribuyente viudo de 64 años, minusválido con grado superior al 65 %, convive con tres hijos solteros de 20, 23 y 26 años, que no tienen rentas superiores a 8.000 €. Convive también durante todo el año el padre del contribuyente con edad de 85 años, que tampoco tiene rentas superiores a 8.000 €. Tanto los descendientes como el ascendiente no presentan declaración por el IRPF.

36. El matrimonio compuesto por Antonio y Sofía, de 42 y 37 años de edad, tiene tres hijos con los que conviven. El mayor, de 6 años, el segundo tiene 4 años y el tercero 1 año. Ninguno de los hijos ha obtenido rentas, superiores a 8.000 € anuales ni ha presentado declaración del IRPF. Determina el importe del mínimo personal y familiar de ambos cónyuges en régimen de tributación individual y en tributación conjunta de la unidad familiar a efectos del cálculo del gravamen estatal y del gravamen autonómico si residen en la Comunidad de Madrid.

37. Agustín Jiménez, casado y con un hijo de 14 años sin rentas, tiene una base liquidable general de 22.400 € y una base del ahorro de 2.800 €. Determina la cuota íntegra estatal.

38. Diego Pérez reside en la Comunidad de Madrid y tiene un mínimo personal y familiar de 5.550 €. Tiene una base liquidable general de 65.000 € y una base liquidable del ahorro de 4.700 €. Determina la cuota íntegra estatal y autonómica.

39. Benito Oriol residente en la Comunidad Autonóma de Castilla y León, ha obtenido en el ejercicio 20X3 una base liquidable general de 63.106,27 €. Durante dicho ejercicio, ha satisfecho anualidades por alimentos a sus hijos por importe de 12.020,24 €, según lo previsto en el convenio regulador del divorcio aprobado judicialmente. La base liquidable del ahorro de dicho contribuyente asciende a 5.512,65 €. Determina las cuotas íntegras correspondientes a 20X3 sabiendo que el importe de su mínimo personal y familiar asciende a 5.550 €.

Escala de tipos de gravamen aplicables a la base liquidable general en la Comunidad Autónoma de Castilla y León (Decreto legislativo 1/2013, de 12 de septiembre):

Base liquidable Hasta euros	Cuota íntegra Euros	Resto base liquidable Hasta euros	Tipo aplicable Porcentaje
0,00	0,00	12.450,00	9,5
12.450,00	1.182,75	7.750,00	12,0
20.200,00	2.112,75	15.000,00	14,0
35.200,00	4.212,75	18.207,20	18,5
53.407,20	7.581,08	En adelante	21,5

40. Ángel Falcón adquirió en 2007 su vivienda habitual por un importe total de 160.000 €. Esta vivienda se financió en parte con un préstamo hipotecario por importe de 130.000 €. En el ejercicio 2018, Ángel ha invertido en su vivienda habitual, 9.000 € de los que 1.000 € corresponden a intereses del préstamo y el resto a amortización del principal.

El patrimonio del contribuyente a 01-01-2018 estaba formado por la vivienda, participaciones en un fondo de inversión valoradas en 52.400 €, una cuenta bancaria de 6.100 € y un automóvil cuya valoración actual se estima en 20.500 €. El importe del préstamo pendiente a dicha fecha era de 104.000 €. El patrimonio a 31-12-2018 está constituido por la vivienda, los fondos de inversión cuyo valor liquidativo a dicha fecha asciende a 50.100 €, 4.200 € en la cuenta bancaria y el automóvil cuyo valor, a dicha fecha, se estima en 15.500 €.

EJERCICIOS FINALES

En 2018 obtiene rendimientos de trabajo por importe 56.000 €.

Determina si cumple la exigencia de incremento comprobado en el patrimonio en la cuantía de la inversión.

41. Elvira Vázquez, vende en 2012 su vivienda habitual por 120.202,42 €, obteniendo una ganancia patrimonial 21.035,42 €. Cuando adquirió dicha vivienda practicó deducciones por inversión en vivienda habitual sobre bases efectivas de deducción que ascendieron a 48.080,97 €. Asimismo, con anterioridad a la adquisición anterior, también dedujo por adquisición de vivienda habitual sobre bases efectivas de deducción cuyo importe ascendió a 20.130,32 €.

En marzo de 2012, adquiere una nueva vivienda habitual por un importe de 180.303,63 €, entregando para satisfacer el precio de la misma los 120.202,42 € obtenidos en la venta de la anterior, más 60.101,21 € procedentes de un préstamo hipotecario concertado a 15 años sobre la nueva vivienda.

Los gastos y tributos inherentes a la adquisición de la nueva vivienda satisfechos han ascendido a 18.030,36 €. Durante 2012, ha satisfecho en concepto de amortización e intereses del préstamo hipotecario la cantidad de 5.709,61 €.

Determina el importe de la deducción por adquisición de vivienda habitual en 2012, suponiendo que su patrimonio ha aumentado en 18.631,38 € y que se ha acogido a la exención por reinversión de la ganancia patrimonial obtenida en la transmisión de la vivienda anterior.

42. Durante el año 2018, Pilar Aguado, que reside en la Comunidad de Madrid, tiene una base liquidable general de 35.000 € y una base liquidable del ahorro de 5.300 €. Durante el año 2012 adquirió la vivienda en la que reside mediante la firma de un préstamo hipotecario. Durante el año 2018 ha abonado 4.200 € en concepto de intereses y devolución del préstamo hipotecario. Determina la cuota líquida.

43. Álvaro Cortés con residencia habitual en la Comunidad Autónoma de Galicia, ha adquirido su vivienda habitual en 2012 por 170.340 €, incluidos los gastos y tributos inherentes a la adquisición satisfechos. Para financiar dicha adquisición, ha concertado un préstamo hipotecario a 25 años con un banco. Durante el año 2018 ha satisfecho por dicho préstamo un importe 12.100 €, de los que 7.300 € corresponden a intereses y el resto a amortización del capital.

También ha realizado en 2012 obras e instalaciones en dicha vivienda para adecuarla a la situación de discapacidad padecida por uno de sus hijos menor de edad. Dichas obras se califican como necesarias para adecuar la vivienda a la situación de la discapacidad de su hijo. El importe de las obras e instalaciones ha ascendido a 25.360 € para cuya financiación ha solicitado un préstamo del banco, a devolver en 6 años. Durante el año 2018 ha satisfecho en concepto de amortización e intereses de este préstamo 8.020 €.

Determina el importe de la deducción por inversión en vivienda habitual en el ejercicio 2018 si la situación patrimonial de Álvaro arroja un incremento de su patrimonio, a 31-12-2018, de 20.042 €.

44. María Álvarez tiene en alquiler su vivienda habitual desde el 25 de mayo de 2014 y se ha deducido el importe correspondiente en la declaración del IRPF de dicho año. Durante el año 2018 ha satisfecho la cantidad de 5.420 € en concepto de alquiler. La base imponible general del contribuyente en el ejercicio 2018, que tributa de forma individual, ha ascendido a 20.320 € y la base imponible del ahorro a 725 €. Determina el importe de la deducción por el alquiler de la vivienda habitual.

45. Tras el cierre de su empresa tres empleados de la misma deciden crear una nueva sociedad limitada en enero de 20X5 con un capital de 300.000 €, con domicilio social en la Comunidad de Madrid.

En el mes de febrero Alfredo Oria decide participar en la empresa aportando sus conocimientos y suscribiendo un capital de 60.000 €.

Determina el importe de la deducción por inversión en empresas de nueva o reciente creación suponiendo que se cumplen los requisitos exigidos para aplicar la misma.

46. En la base liquidable gravable de Jaime Teruel figuran rentas obtenidas en el extranjero por importe de 10.500 €. Por estas rentas Jaime ha pagado impuestos en el extranjero por importe de 1.100 €. Suponiendo que el tipo medio de gravamen de Jaime para este ejercicio fuese del 25,32 %, calcula la deducción por doble imposición internacional que podrá practicar.

EJERCICIOS FINALES

47. Palmira Méndez ha estado dada de alta en el Régimen General de la Seguridad Social durante todo el año 20X4, ascendiendo a 2.100 € los importes íntegros de las cotizaciones y cuotas anuales devengadas al citado régimen. Palmira tiene dos hijos, nacidos el 13 de agosto de 20X1, y el 31 de enero de 20X4. Determina el importe de la deducción por maternidad correspondiente al ejercicio 20X4 y el resultado de su declaración, sabiendo que la cuota diferencial de la misma asciende a 1.782 € y que la contribuyente no ha solicitado el pago anticipado de la deducción.

48. Manuel Gómez ha obtenido en el año 20X5 las siguientes rentas:

- Rendimiento neto reducido del trabajo.. 67.800
- Rendimiento neto reducido de actividad económica................................ – 5.650
- Imputación de rentas inmobiliarias.. 345
- Ganancia patrimonial a integrar en la base imponible general................ 5.096
- Pérdida patrimonial a integrar en la base imponible general.................. 10.866
- Ganancia patrimonial a integrar en la base imponible del ahorro........... 6.385
- Pérdida patrimonial a integrar en la base imponible del ahorro.............. 1.810

El contribuyente tiene pendiente de compensación las siguientes partidas:

- Saldo neto negativo de ganancias y pérdidas patrimoniales derivadas de la transmisión de elementos patrimoniales correspondientes a 20X1, 2.376 €.
- Saldo neto negativo de ganancias y pérdidas patrimoniales no derivadas de la transmisión de elementos patrimoniales correspondientes a 20X4, 679 €.

Efectúa la integración y compensación de dichas rentas en la declaración del ejercicio 20X5.

49. Juan Cortés es viudo y vive con sus dos hijos de 8 y 15 años en una vivienda de su propiedad situada en la Comunidad de Madrid. También convive con ellos su madre de 78 años. Ni los hijos ni la madre obtienen rentas superiores a 8.000 € anuales. Durante el año 20X5 ha obtenido las siguientes rentas:

- Rendimientos del trabajo:
  - Sueldo bruto anual: 28.600 €.
  - Retenciones a cuenta del IRPF: 3.915 €.
  - Retenciones para la Seguridad Social: 2.100 €.
  - Recibe un premio de 2.650 € por sus 20 años de antigüedad en la empresa.
  - Ha aportado a su plan de pensiones 2.300 €.
- Además del apartamento en el que vive, es propietario de un piso cuyo valor catastral revisado hace 5 años es de 80.523 €.
- Ha recibido 911,25 € en concepto de dividendos netos de unas acciones que posee. El banco le ha cobrado 25 € en concepto de gastos de administración y custodia de las acciones.
- El banco le ha ingresado en su cuenta corriente 749,25 € en concepto de intereses netos.
- Ha recibido 2.560 € de una herencia.
- Ha realizado el reembolso de un fondo de inversión mobiliario por importe de 2.850 € brutos. Había invertido 2.130 € en dicho fondo en el año 20X1. Le han practicado la retención obligatoria que establece la ley.
- El 1 de abril compra acciones por 4.850 €, con gastos de 34 €. Vende dichas acciones el 15 de septiembre en 3.265 €, con gastos de 23 €.
- Durante el año ha pagado 6.320 € del préstamo hipotecario que suscribió cuando adquirió su vivienda habitual en el año 2011. De la cantidad anterior, 3.125 € corresponden a intereses y el resto a amortización del principal.

Determina la cuota líquida estatal y autonómica y la cuota diferencial del IRPF correspondientes al año 20X5.

UNIDAD 11

LOS RESULTADOS

En esta unidad estudiaremos una serie de operaciones que deben realizarse al final del ejercicio y que denominamos proceso de regularización.

También veremos cómo los distintos tipos de gastos e ingresos conforman los distintos niveles de resultados que se reflejan en la Cuenta de pérdidas y ganancias.

Por último, analizaremos cómo se realiza el cálculo del impuesto sobre beneficios y su registro contable.

Objetivos

- Identificar las distintas operaciones que forman parte del proceso de regularización.
- Diferenciar el ámbito contable del ámbito fiscal para la contabilización del impuesto sobre sociedades.
- Entender cómo influyen las diferencias entre el resultado contable y el resultado fiscal (base imponible) en la contabilización del impuesto sobre sociedades.
- Calcular y contabilizar el impuesto sobre sociedades teniendo en cuenta distintas situaciones.
- Realizar los asientos necesarios para el cálculo del resultado del ejercicio.

Contenidos

11.1. Introducción

Se denomina ciclo contable al conjunto ordenado y completo de pasos y operaciones contables que se efectúan durante un ejercicio económico.

Entendemos por ejercicio económico el periodo de tiempo, que normalmente coincide con el año natural, que media entre la apertura de libros y el cierre de estos.

El ciclo contable completo comprende:

- Asiento de apertura.
- Registro de las operaciones del periodo (libro Diario).
- Traspaso de asientos al libro Mayor.
- Balance de comprobación de sumas y saldos (al menos cada tres meses).
- Operaciones de regularización.
- Balance de comprobación de sumas y saldos.
- Asientos de regularización de Resultados.
- Cierre de los libros.
- Elaboración y presentación de las Cuentas anuales.

En los temas anteriores hemos estudiado cómo se deben contabilizar las distintas operaciones en los libros de Contabilidad. También hemos visto, en las primeras unidades, cómo se traspasa la información del libro Diario al libro Mayor y cómo se elabora un Balance de comprobación.

En esta unidad estudiaremos las distintas operaciones que debe realizar la empresa al final del ejercicio económico para calcular el resultado obtenido en dicho periodo.

11.2. Proceso de regularización

El proceso de regularización comprende las operaciones de final de ejercicio que tienen por finalidad la consecución de dos objetivos:

- Reflejar la auténtica situación de los diferentes elementos patrimoniales.
- Determinar el resultado del periodo.

Este proceso comprende los siguientes pasos:

- Regularización de las cuentas patrimoniales.
- Regularización de existencias.
- Valoración a coste amortizado de los créditos y débitos.
- Valoración a valor razonable de algunos instrumentos financieros.
- Reclasificación de ciertos elementos patrimoniales.
- Actualización de los saldos en moneda extranjera.
- Amortizaciones.
- Registro del deterioro de valor de determinados activos.

- Actualización de la valoración de las provisiones.
- Ajustes por periodificación.
- Cálculo y contabilización del impuesto sobre beneficios.
- Cálculo del resultado del ejercicio.

11.2.1. Regularización de las cuentas patrimoniales

Al final del ejercicio la empresa deberá realizar un inventario extracontable de todos los elementos patrimoniales. Este recuento físico pondrá de manifiesto las diferencias entre los saldos que presenten las cuentas y los valores reales de los elementos que recogen dichas cuentas.

La regularización de las cuentas patrimoniales tiene por objeto comprobar que el saldo de estas cuentas se corresponde con la realidad. Si se detectan diferencias, deberán ajustarse.

Por ejemplo, pueden encontrarse diferencias entre el saldo de la cuenta de *Caja* y el dinero que hay realmente en caja. Si la diferencia fuese negativa, se haría el ajuste siguiente:

(659) Otras pérdidas en gestión corriente	a	(570) Caja, euros

Podemos encontrar, por ejemplo, que al hacer el recuento de herramientas falten algunas (porque se han perdido o deteriorado). Haríamos el siguiente asiento:

(659) Otras pérdidas en gestión corriente	a	(214) Utillaje

11.2.2. Regularización de existencias

Aunque la regularización de existencias entraría dentro del apartado anterior, al ser estas cuentas patrimoniales, lo recogemos en un punto aparte debido a su especial importancia.

La regularización de existencias consiste en reflejar el valor de las existencias finales (las que realmente hay en el almacén de la empresa al final del ejercicio, puestas de manifiesto por el inventario físico) en las cuentas de existencias respectivas. Al mismo tiempo nos permite reflejar, en las cuentas de variación de existencias, las diferencias entre las existencias iniciales y finales. Esto nos permitirá, a su vez, calcular el coste de las ventas.

La regularización de existencias se hará mediante los dos asientos siguientes:

a) Eliminación de las existencias que había al principio del periodo:

(61.) Variac. de exist. de ... (71.) Variac. de exist. de ...	a	(30.) (31.) (32.) Existencias ... (33.) (34.) (35.) (36.) Existencias ...

b) Poner de manifiesto en las cuentas de existencias (grupo 3) el valor que tienen estas según el inventario realizado al final del ejercicio:

(30.) (31.) (32.) Existencias ... (33.) (34.) (35.) (36.) Exist. ...	a	(61.) Variac. de exist. de ... (71.) variac. de exist. de ...

11.2.3. Valoración a coste amortizado de créditos y débitos

De acuerdo con la *NRV 9. Instrumentos financieros*, los créditos y débitos se valorarán por su coste amortizado y los intereses devengados se contabilizarán en la Cuenta de pérdidas y ganancias, aplicando el método del tipo de interés efectivo. Por ejemplo:

(662) Intereses de deudas	a	(170/171/520/521) Deudas a largo/corto...

(252/253/542/543) Créditos a largo/corto...	a	(762) Ingresos de créditos

11.2.4. Valoración a valor razonable de algunos instrumentos financieros

Los activos y pasivos financieros «mantenidos para negociar» se valorarán, al cierre del ejercicio, por su valor razonable, imputándose las diferencias de valoración a la Cuenta de pérdidas y ganancias. También se valorarán a valor razonable los activos financieros «mantenidos para la venta», imputándose las diferencias directamente al patrimonio neto. Esto daría lugar a asientos como los siguientes:

(663) Pérdidas por valoración ...	a	(540/541/531) Inversiones/Valores...
	o	
(540/541/531) Inversiones/Valores...	a	(763) Beneficios por la valoración ...

(800) Pérdidas en activos financieros disponibles para la venta	a	(250/540/241/251/541/531) Inver./Valores...
	o	
(250/540/241/251/541/531) Inver./Valores...	a	(900) Beneficios en activos financ. ...

11.2.5. Reclasificación de ciertos elementos patrimoniales

La parte de los pasivos financieros a largo plazo, recogida en cuentas de las subgrupos (16), (17) y (18), que tenga vencimiento dentro de los próximos 12 meses, habrá que traspasarla a las cuentas respectivas de los subgrupos (50), (51), (52) y (56):

Cuentas del subgrupo (16)	a	Cuentas del subgrupo (51)
Cuentas del subgrupo (17)	a	Cuentas del subgrupo (50) y (52)
Cuentas del subgrupo (18)	a	Cuentas del subgrupo (56)

La parte de los activos financieros a largo plazo, recogida en las cuentas de los subgrupos (24), (25) y (26), que tenga vencimiento dentro de los próximos 12 meses, habrá que traspasarla a las cuentas respectivas de los subgrupos (53), (54) y (56).

Cuentas del subgrupo (53)	a	Cuentas del subgrupo (24)
Cuentas del subgrupo (54)	a	Cuentas del subgrupo (25)
Cuentas del subgrupo (56)	a	Cuentas del subgrupo (26)

Las provisiones del subgrupo (14) también podrán reclasificarse en las correspondientes subcuentas de la cuenta (529).

Cuentas del subgrupo (14)	a	Subcuentas de la cuenta (529)

11.2.6. Actualización de los saldos en moneda extranjera

De acuerdo con la *NRV 11. Moneda extranjera*, las partidas monetarias, al cierre del ejercicio, se valorarán aplicando el tipo de cambio existente en esa fecha. Las diferencias de cambio que se originen se reconocerán en la Cuenta de pérdidas y ganancias del ejercicio. Esto dará lugar a asientos como los siguientes:

(4304/4404) Clientes, deudores...		
(4004/4104) Proveedores, acreedores...	a	(768) Diferencias positivas de cambio
	o	
(768) Diferencias positivas de cambio	a	(4304/4404) Clientes, deudores...
	a	(4004/4104) Proveedores, acreedores...

11.2.7. Amortizaciones

La amortización, como ya hemos visto, es el reflejo contable de la depreciación que sufren los elementos de inmovilizado material e intangible por el paso del tiempo, el uso o la obsolescencia.

Al final del ejercicio habrá que contabilizar la pérdida de valor que han sufrido estos elementos durante dicho periodo, mediante asientos como los siguientes:

(680) Amortización del inmovilizado intangible	a	(280) Amortización acumulada del inmovilizado intangible
(681) Amortización del inmovilizado material	a	(281) Amortización acumulada del inmovilizado material
(682) Amortización de las inversiones inmobiliarias	a	(282) Amortización acumulada de las inversiones inmobiliarias

11.2.8. Registro del deterioro de valor de determinados activos

Se deberán calcular y registrar los deterioros de valor que afectan a los distintos elementos del activo. Esto dará lugar a asientos como los siguientes:

(69.) Pérdidas por deterioro…	a	(29.), (39.), (49.), (59.) Deterioro de valor… (204), (2405), (250), (9..) …

(29.), (39.), (49.), (59.) Deterioro de valor… (14) Provisión…	a	(79.) Reversión del deterioro….

11.2.9. Actualización de la valoración de las provisiones

Según la *NRV 15. Provisiones y contingencias*, de acuerdo con la información disponible en cada momento, las provisiones se valorarán en la fecha de cierre del ejercicio, por el valor actual de la mejor estimación posible del importe necesario para cancelar o transferir a un tercero la obligación, registrándose los ajustes que surjan por la actualización de la provisión como un gasto financiero conforme se vayan devengando.

(6) Cuentas del grupo 6	a	(14), (529), (499) Provisión para…

11.2.10. Ajustes por periodificación

Sirven para recoger gastos e ingresos pagados o cobrados durante este ejercicio pero cuya imputación a resultados ha de efectuarse en periodos posteriores.

La periodificación es consecuencia de la aplicación del principio del devengo que establece que la imputación de los gastos y los ingresos debe realizarse en el periodo en el que se devenguen, con independencia del periodo en el que se paguen o se cobren.

Para cumplir con este principio tenemos que hacer dos tipos de operaciones:

a) Eliminar los gastos e ingresos contabilizados durante el ejercicio y que corresponden a ejercicios económicos posteriores, utilizando las cuentas:

(480) Gastos anticipados	a	(621) Arrendamientos y cánones
	a	(622) Reparaciones y conservación
	a	....

(567) Intereses pagados por anticipado	a	(661) Intereses de obligaciones y bonos
	a	(662) Intereses de deudas

(752) Ingresos por arrendamientos (753) Ingresos de propiedad industrial cedida en explotación	a	(485) Ingresos anticipados

(761) Ingresos de valores representativos de deuda (762) Ingresos de créditos	a	(568) Intereses cobrados por anticipado

b) Contabilizar en las cuentas correspondientes aquellos gastos e ingresos pertenecientes a este ejercicio pero que se harán efectivos en el siguiente.

(621) Arrendamientos y cánones (622) Reparaciones y conservación	a	(410) Acreedores por prestaciones de servicios
	a	....

(661) Intereses de obligaciones y bonos (662) Intereses de deudas	a	(506) Intereses a corto plazo de empréstitos y otras emisiones análogas
	a	(514/527/528) Int. a corto plazo de deudas
	a	....

(440) Deudores	a	(752) Ingresos por arrendamientos
	a	(753) Ingresos de propiedad industrial cedida en explotación
	a	....

(533/534/546/547) Inter. a corto plazo de	a	(761) Ingresos de valores representativos de deuda
	a	(762) Ingresos de créditos

11.3. El impuesto sobre beneficios

De acuerdo con la *NRV 13. Impuestos sobre beneficios*, son aquellos impuestos directos que se liquidan a partir de un resultado empresarial calculado de acuerdo con las normas fiscales que sean de aplicación.

11.3.1. Conceptos básicos

El PGC establece que debe considerarse como gasto (o ingreso) del ejercicio el impuesto devengado en función del resultado contable. Esto se conoce con el nombre de método del efecto impositivo.

La aplicación del método impositivo basado en el Balance (el seleccionado por el PGC) considera que el gasto por impuesto devengado tiene dos componentes distintos:

- **Impuesto corriente (gasto o ingreso):** es el impuesto a pagar (o devolver) a la Administración Pública, de acuerdo con las normas fiscales.
- **Impuesto diferido (gasto o ingreso):** parte del impuesto que se espera recuperar o pagar en un futuro como consecuencia de las **diferencias temporarias** que surgen a causa de la diferente valoración contable y fiscal de los activos, pasivos y determinados instrumentos de patrimonio, en la medida en que tengan incidencia en la carga fiscal futura.

El origen de las diferencias temporarias puede ser:

- Existencia de diferencias temporales entre la base imponible y el resultado contable antes de impuestos, debido a los diferentes criterios temporales de imputación empleados y que revertirán en periodos futuros.
- Ingresos y gastos registrados directamente en el patrimonio neto que no computan en la base imponible (por ej., variación de la valoración de activos financieros disponibles para la venta).
- En una combinación de negocios, cuando los elementos patrimoniales se registran por un valor contable que difiere del valor atribuido a efectos fiscales (los activos y pasivos se pueden valorar a VR y solo se permite la amortización fiscal por el importe que le restaba al anterior propietario).
- En el reconocimiento inicial de un elemento, que no proceda de una combinación de negocios, si su valor contable difiere del atribuido a efectos fiscales.

Las diferencias temporarias pueden ser de dos tipos:

- **Diferencias temporarias imponibles:** las que darán lugar a mayores cantidades a pagar (o menores cantidades a devolver) por impuestos en ejercicios futuros. Generarán un **pasivo por impuesto diferido.**
- **Diferencias temporarias deducibles:** darán lugar a menores cantidades a pagar (o mayores cantidades a devolver) por impuestos en ejercicios futuros. Generan **activos por impuestos diferidos.**

También generarán un activo por impuesto diferido las **pérdidas fiscales contabilizadas** y las **deducciones pendientes de aplicación** fiscal.

Para calcular las diferencias temporarias necesitamos conocer cuál es la **base fiscal** de los determinados elementos patrimoniales:

Recuerda...

Para una información más exhaustiva debes consultar la norma de registro y valoración:

13. «Impuestos sobre beneficios».

Plan General de Contabilidad

Resultado contable: es el resultado económico de una entidad (ganancia o pérdida), calculado de acuerdo con las reglas contables por diferencia entre todos los ingresos y gastos del ejercicio.

Base imponible: es el resultado del ejercicio de una entidad, calculado de acuerdo con las reglas establecidas por la normativa fiscal aplicable.

(Resolución de 9 de febrero de 2016, del ICAC.)

- **Base fiscal de un activo:** es la valoración de un activo a efectos fiscales, es decir, es el importe deducible fiscalmente de los beneficios futuros obtenidos de dicho activo cuando se recupere su valor en libros (lo deducible fiscalmente en ejercicios futuros por el activo en cuestión).
- **Base fiscal de un pasivo:** es igual a su valor en libros menos los importes deducibles fiscalmente en un futuro, cuando se liquide (lo no deducible fiscalmente en un futuro).

11.3.2. Impuesto corriente

El impuesto corriente es la cantidad que satisface la empresa como consecuencia de las liquidaciones fiscales del impuesto o impuestos sobre el beneficio relativas a un ejercicio.

Las deducciones y otras ventajas fiscales en la cuota del impuesto, así como las pérdidas fiscales compensables de ejercicios anteriores y aplicadas efectivamente en este, darán lugar a un menor importe del impuesto corriente.

El impuesto corriente correspondiente al ejercicio presente y a los anteriores se reconocerá como un pasivo en la medida en que esté pendiente de pago. En caso contrario, si la cantidad ya pagada, correspondiente al ejercicio presente y a los anteriores, excediese del impuesto corriente por esos ejercicios, el exceso se reconocerá como un activo.

Para el cálculo de la cuota a pagar (o a devolver) utilizaremos el siguiente esquema:

Liquidación del impuesto/Cálculo de la cuota a pagar (o a devolver)	
Resultado contable antes de impuestos ± Ajustes	
= RESULTADO FISCAL – Bases imponibles negativas ejercicios anteriores	
= BASE IMPONIBLE × Tipo de gravamen	
= CUOTA ÍNTEGRA – Deducciones y bonificaciones	
= CUOTA LÍQUIDA – Retenciones y pagos a cuenta	
= CUOTA DIFERENCIAL (positiva o negativa)	

El registro contable del impuesto corriente se hará mediante un asiento como el siguiente:

(6300) Impuesto corriente [Cuota líquida]	a	(473) Hacienda Pública, retenciones y pagos a cuenta
(4709) Hacienda Pública, deudora por devolución de impuestos [Si cuota líquida < Ret. y pagos a cta.]	o	(4752) Hacienda Pública, acreedora por impuesto sobre sociedades [Si cuota líquida > Ret. y pagos a cta.]

Plan General de Contabilidad

Los activos por impuesto diferido no constituyen un derecho de cobro frente a la Administración tributaria.

Cuando la legislación fiscal establezca la posibilidad de convertir activos por impuesto diferido en un crédito exigible frente a la Administración tributaria, se reconocerá un activo por impuesto corriente cuando se cumplan los requisitos previstos a tal efecto por la norma fiscal.

(Resolución de 9 de febrero de 2016, del ICAC.)

Ejemplo 11.1

La sociedad «A, SA» ha obtenido durante un ejercicio 2.000.000 € de gastos y 3.500.000 € de ingresos. La empresa ha pagado una sanción de 100.000 € que no es deducible fiscalmente (diferencia permanente). Los pagos a cuenta realizados (y contabilizados) durante el ejercicio han sido de 200.000 €. La sociedad tiene derecho a unas deducciones de 80.000 €. El tipo impositivo es del 25 %.

Resultado contable antes de impuestos = 3.500.000 – 2.000.000 = 1.500.000 €.

Liquidación del impuesto/Cálculo de la cuota a pagar (o a devolver)	
Resultado contable antes de impuestos + Diferencia permanente (sanción)	1.500.000 + 100.000
= RESULTADO FISCAL – Bases imponibles negativas ejercicios anteriores	1.600.000 0
= BASE IMPONIBLE × Tipo de gravamen	1.600.000 x 0,25
= CUOTA ÍNTEGRA – Deducciones y bonificaciones	400.000 – 80.000
= CUOTA LÍQUIDA – Retenciones y pagos a cuenta	320.000 – 200.000
= CUOTA DIFERENCIAL (positiva o negativa)	120.000

320.000	(6300) Impuestos corriente	a	(473) Hacienda Pública, retenciones y pagos a cuenta	200.000
		a	(4752) Hacienda Pública, acreedora por impuesto sobre sociedades	120.000

Ejemplo 11.2

Contabilizar la liquidación del impuesto de la sociedad «A, SA» del ejemplo anterior, si los ingresos hubiesen sido de 2.700.000 € y el resto de los datos no varían.

Resultado contable antes de impuestos = 2.700.000 – 2.000.000 = 700.000 €.

Liquidación del impuesto/Cálculo de la cuota a pagar (o a devolver)	
Resultado contable antes de impuestos + Diferencia permanente (sanción)	700.000 + 100.000
= RESULTADO FISCAL – Bases imponibles negativas ejercicios anteriores	800.000 0
= BASE IMPONIBLE × Tipo de gravamen	800.000 x 0,25
= CUOTA ÍNTEGRA – Deducciones y bonificaciones	200.000 – 80.000
= CUOTA LÍQUIDA – Retenciones y pagos a cuenta	120.000 – 200.000
= CUOTA DIFERENCIAL (positiva o negativa)	– 80.000

120.000	(6300) Impuestos corriente			
80.000	(4709) Hacienda Pública, deudora por devolución de impuestos	a	(473) Hacienda Pública, retenciones y pagos a cuenta	200.000

11.3.3. Impuesto diferido

Es el que se deriva de la existencia de diferencias temporarias entre los criterios contables y fiscales en la valoración de los diferentes elementos patrimoniales.

Las principales diferencias temporarias tienen su origen en:

a) Con imputación a resultados:

- Amortizaciones a ritmos distintos (fiscal y contable).
- Deterioros de valor no deducibles fiscalmente y provisiones.
- Adquisiciones a título gratuito.
- Operaciones de arrendamiento financiero.

b) Con imputación al patrimonio neto:

- Operaciones con activos financieros mantenidos para la venta.
- Subvenciones de capital.

Plan General de Contabilidad

De acuerdo con el principio de prudencia solo se reconocerán activos por impuesto diferido en la medida en que resulte probable que la empresa disponga de ganancias fiscales futuras que permitan la aplicación de estos activos.

(Resolución de 9 de febrero de 2016, del ICAC.)

	El elemento que produce la diferencia temporaria es de:	
	ACTIVO	PASIVO
Base fiscal > Valor en libros	Diferencia temporaria deducible (Activo diferido)	Diferencia temporaria imponible (Pasivo diferido)
Base fiscal < Valor en libros	Diferencia temporaria imponible (Pasivo diferido)	Diferencia temporaria deducible (Activo diferido)

Los activos fiscales por diferencias temporarias se recogerán en la cuenta *(4740) Activos por diferencias temporarias deducibles*.

El crédito impositivo derivado de las deducciones pendientes de aplicación se recogerá en la cuenta *(4742) Derechos por deducciones y bonificaciones pendientes de aplicar*.

El crédito impositivo derivado de la base imponible negativa obtenida en el ejercicio se recogerá en la cuenta *(4745) Crédito por pérdidas a compensar del ejercicio*.

(4740) Activos por diferencias temporarias deducibles		
(4742) Derechos por deducciones y bonificaciones pendientes de aplicar		
(4745) Crédito por pérdidas a compensar del ejercicio	a	(6301) Impuesto diferido

Cuando se imputen los activos por diferencias deducibles, se produzca la aplicación fiscal de las deducciones o la compensación de bases imponibles negativas de ejercicios anteriores, se hará:

(6301) Impuesto diferido	a	(4740) Activos por diferencias temporarias deducibles
	a	(4742) Derechos por deducciones y bonificaciones pendientes de aplicar
	a	(4745) Crédito por pérdidas a compensar del ejercicio

El importe de los pasivos por diferencias imponibles originadas en el ejercicio se recogerá en la cuenta *(479) Pasivos por diferencias temporarias imponibles*:

(6301) Impuesto diferido	a	(479) Pasivos por diferencias temporarias imponibles

Cuando se cancelen, en ejercicios posteriores, se hará:

(479) Pasivos por diferencias temporarias imponibles	a	(6301) Impuesto diferido

Ejemplo 11.3

La empresa «B, SA» dispone de los siguientes datos del ejercicio 20X1:

- Adquiere una máquina a principios de año en 60.000 €, que amortizará en 3 años. Fiscalmente amortizará la máquina en 2 años.
- Pagos a cuenta realizados y contabilizados durante el ejercicio: 100.000 €.
- Beneficio antes de impuestos: 900.000 €.
- Deducciones y bonificaciones: 5.000 €
- Tipo impositivo: 25 %.

Ejercicio	Valor contable	Base fiscal	Diferencia temp.
20X1	60.000 – (60.000/3) = = 40.000	60.000 – (60.000/2) = = 30.000	– 10.000
20X2	60.000 – 40.000 = = 20.000	60.000 – 60.000 = = 0	– 10.000
20X3	60.000 – 60.000 = = 0		20.000 (reversión)

Liquidación del impuesto/Cálculo de la cuota a pagar (o a devolver)	
Resultado contable antes de impuestos – Diferencia temporaria imponible	900.000 – 10.000
= RESULTADO FISCAL – Bases imponibles negativas ejercicios anteriores	890.000 0
= BASE IMPONIBLE × Tipo de gravamen	890.000 x 0,25
= CUOTA ÍNTEGRA – Deducciones y bonificaciones	222.500 – 5.000
= CUOTA LÍQUIDA – Retenciones y pagos a cuenta	217.500 – 100.000
= CUOTA DIFERENCIAL (positiva o negativa)	117.500

217.500	(6300) Impuesto corriente	a	(473) Hacienda Pública, retenciones y pagos a cuenta	100.000
		a	(4752) Hacienda Pública, acreedora por impuesto sobre sociedades	117.500
2.500	(6301) Impuesto diferido [10.000 × 0,25]	a	(479) Pasivos por diferencias temporarias imponibles	2.500

Ejemplo 11.4

Durante el ejercicio 20X2, la sociedad «B, SA» ha realizado y contabilizado pagos a cuenta por importe de 120.000 €. Otros datos:

- Beneficio contable antes de impuestos: 800.000 €.
- Diferencias permanentes: 30.000 € de ingresos fiscalmente no computables.
- Tipo impositivo: 25 %.

Liquidación del impuesto/Cálculo de la cuota a pagar (o a devolver)	
Resultado contable antes de impuestos – Ingresos no computables – Diferencia temporaria imponible	800.000 – 30.000 – 10.000
= RESULTADO FISCAL – Bases imponibles negativas ejercicios anteriores	760.000 0
= BASE IMPONIBLE × Tipo de gravamen	760.000 x 0,25
= CUOTA ÍNTEGRA – Deducciones y bonificaciones	190.000 0
= CUOTA LÍQUIDA – Retenciones y pagos a cuenta	190.000 – 120.000
= CUOTA DIFERENCIAL (positiva o negativa)	70.000

(continúa)

(continuación)

190.000	(6300) Impuesto corriente	a	(473) Hacienda Pública, retenciones y pagos a cuenta	120.000
		a	(4752) Hacienda Pública, acreedora por impuesto sobre sociedades	70.000
2.500	(6301) Impuesto diferido [10.000 × 0,25]	a	(479) Pasivos por diferencias temporarias imponibles	2.500

Ejemplo 11.5

Durante el ejercicio 20X3, la sociedad «B, SA» ha realizado y contabilizado pagos a cuenta por importe de 90.000 €. Otros datos:

- Beneficio contable antes de impuestos: 700.000 €.
- Deducciones: 20.000 €.
- Tipo impositivo: 25 %.

Liquidación del impuesto/Cálculo de la cuota a pagar (o a devolver)	
Resultado contable antes de impuestos + Diferencia temporaria (reversión)	700.000 + 20.000
= RESULTADO FISCAL – Bases imponibles negativas ejercicios anteriores	720.000 0
= BASE IMPONIBLE × Tipo de gravamen	720.000 x 0,25
= CUOTA ÍNTEGRA – Deducciones y bonificaciones	180.000 – 20.000
= CUOTA LÍQUIDA – Retenciones y pagos a cuenta	160.000 – 90.000
= CUOTA DIFERENCIAL (positiva o negativa)	70.000

160.000	(6300) Impuesto corriente	a	(473) Hacienda Pública, retenciones y pagos a cuenta	90.000
		a	(4752) Hacienda Pública, acreedora por impuesto sobre sociedades	70.000
5.000	(479) Pasivos por diferencias temporarias imponibles [20.000 × 0,25]	a	(6301) Impuesto diferido	5.000

Ejemplo 11.6

La empresa «C, SA» dispone de los siguientes datos del ejercicio 20X2:

- Pagos a cuenta realizados y contabilizados durante el ejercicio: 300.000 €.
- Beneficio contable antes de impuestos: 1.500.000 €.
- Ha dotado una provisión para garantías posventa por importe de 40.000 €, siendo el importe fiscalmente deducible en el ejercicio en el que se realice la reparación.
- Deducciones y bonificaciones: 6.000 €.
- Tipo impositivo: 25 %.

Ejercicio	Valor contable	Base fiscal	Diferencia temp.
20X2	40.000	0	40.000
20X3	0	0	– 40.000 (reversión)

Liquidación del impuesto/Cálculo de la cuota a pagar (o a devolver)	
Resultado contable antes de impuestos + Diferencia temporaria deducible (provisión)	1.500.000 + 40.000
= RESULTADO FISCAL – Bases imponibles negativas ejercicios anteriores	1.540.000 0
= BASE IMPONIBLE × Tipo de gravamen	1.540.000 x 0,25
= CUOTA ÍNTEGRA – Deducciones y bonificaciones	385.000 – 6.000
= CUOTA LÍQUIDA – Retenciones y pagos a cuenta	379.000 – 300.000
= CUOTA DIFERENCIAL (positiva o negativa)	79.000

379.000	(6300) Impuesto corriente	a	(473) Hacienda Pública, retenciones y pagos a cuenta	300.000
		a	(4752) Hacienda Pública, acreedora por impuesto sobre sociedades	79.000
10.000	(4740) Activos por diferencias temporarias deducibles [40.000 × 0,25]	a	(6301) Impuesto diferido	10.000

Ejemplo 11.7

La empresa «C, SA» ha realizado, durante el ejercicio 20X3, unos pagos a cuenta de 200.000 €. Dispone, además, de los siguientes datos:

- Beneficio contable antes de impuestos: 1.200.000 €.
- Diferencia permanente: 20.000 € de una sanción.
- Se realiza la reparación para la que se dotó la provisión del ejercicio anterior.
- Deducciones y bonificaciones: 7.000 €.
- Tipo impositivo: 25 %.

Liquidación del impuesto/Cálculo de la cuota a pagar (o a devolver)	
Resultado contable antes de impuestos – Diferencia permanente (sanción) – Diferencia temporaria (reversión)	1.200.000 + 20.000 – 40.000
= RESULTADO FISCAL – Bases imponibles negativas ejercicios anteriores	1.180.000 0
= BASE IMPONIBLE × Tipo de gravamen	1.180.000 x 0,25
= CUOTA ÍNTEGRA – Deducciones y bonificaciones	295.000 – 7.000
= CUOTA LÍQUIDA – Retenciones y pagos a cuenta	288.000 – 200.000
= CUOTA DIFERENCIAL (positiva o negativa)	88.000

288.000	(6300) Impuesto corriente	a	(473) Hacienda Pública, retenciones y pagos a cuenta	200.000
		a	(4752) Hacienda Pública, acreedora por impuesto sobre sociedades	88.000
10.000	(6301) Impuesto diferido [40.000 × 0,25]	a	(4740) Activos por diferencias temporarias deducibles	10.000

Ejemplo 11.8

La empresa «D, SA» ha realizado pagos a cuenta del impuesto sobre sociedades, durante el ejercicio 20X2, de 8.000 €.

El resultado del ejercicio ha sido negativo por importe de 200.000 €. Esta pérdida es fiscalmente compensable en los años siguientes. Tipo impositivo: 25 %. Solicita la devolución correspondiente.

Tiene derecho a una deducción de 5.000 €, que en caso de insuficiencia de cuota, podrá ser aplicada en los próximos ejercicios.

Liquidación del impuesto/Cálculo de la cuota a pagar (o a devolver)	
Resultado contable antes de impuestos ± Ajustes	– 200.000 0
= RESULTADO FISCAL – Bases imponibles negativas ejercicios anteriores	– 200.000 0
= BASE IMPONIBLE × Tipo de gravamen	– 200.000 x 0,25
= CUOTA ÍNTEGRA – Deducciones y bonificaciones	0 – 5.000
= CUOTA LÍQUIDA – Retenciones y pagos a cuenta	0 – 8.000
= CUOTA DIFERENCIAL (positiva o negativa)	– 8.000

50.000	(4745) Crédito por pérdidas a compensar del ejercicio [200.000 × 0,25]			
5.000	(4742) Derechos por deducciones y bonificaciones pendientes de aplicar	a	(6301) Impuesto diferido	55.000
8.000	(4709) Hacienda Pública, deudora por devolución de impuestos	a	(473) Hacienda Pública, retenciones y pagos a cuenta	8.000

Ejemplo 11.9

Durante el ejercicio 20X3, la empresa «D, SA» cobra por banco la devolución de impuestos del año anterior. Al final del ejercicio conoce los siguientes datos:

- Beneficio antes de impuestos: 500.000 €.
- Tipo impositivo: 25 %.
- Retenciones y pagos a cuenta contabilizados durante el ejercicio: 25.000 €.

Compensa las pérdidas del ejercicio anterior y las deducciones pendientes de aplicar.

Liquidación del impuesto/Cálculo de la cuota a pagar (o a devolver)	
Resultado contable antes de impuestos ± Ajustes	500.000 0
= RESULTADO FISCAL – Bases imponibles negativas ejercicios anteriores	500.000 – 200.000
= BASE IMPONIBLE × Tipo de gravamen	300.000 x 0,25
= CUOTA ÍNTEGRA – Deducciones y bonificaciones	75.000 – 5.000
= CUOTA LÍQUIDA – Retenciones y pagos a cuenta	70.000 – 25.000
= CUOTA DIFERENCIAL (positiva o negativa)	45.000

(continúa)

(continuación)

8.000	(572) Bancos, c/c	a	(4709) Hacienda Pública, deudora por devolución de impuestos	8.000
70.000	(6300) Impuesto corriente	a	(473) Hacienda Pública, retenciones y pagos a cuenta	25.000
		a	(4752) Hacienda Pública, acreedora por impuesto sobre sociedades	50.000
55.000	(6301) Impuesto diferido	a	(4745) Crédito por pérdidas a compensar del ejercicio	50.000
		a	(4742) Derechos por deducciones y bonificaciones pendientes de aplicar	5.000

11.3.4. Diferencias temporarias con imputación en el patrimonio neto

Vamos a ver las implicaciones, con respecto al impuesto sobre beneficios, que tienen algunas operaciones vistas en temas anteriores y que se registran directamente en el patrimonio neto:

a) Instrumentos financieros «disponibles para la venta»: se valorarán, con posterioridad a su reconocimiento inicial, por su valor razonable. Las diferencias se imputarán directamente al patrimonio neto hasta que revendan. Surgirá una diferencia temporaria que se reconocerá en el patrimonio neto.

b) Subvenciones de capital: se reconocen en el patrimonio neto. Posteriormente se someterán a tributación cuando se incorporen al resultado del ejercicio. Surgirá una diferencia temporaria que se reconocerá en el patrimonio neto.

Ejemplo 11.10

Durante el ejercicio 20X1, la empresa «E, SA» adquiere acciones, que clasifica como «disponibles para la venta, por importe de 15.000 €. El 31-12-20X1 el valor razonable de las acciones es de 17.000 €. El 31-12-X2 el valor razonable de las acciones es de 16.500 €. El 30-09-20X3 la empresa vende las acciones en 18.000 €. Tipo impositivo: 25 %.

	20X1			
15.000	(250) Inversiones financieras a largo plazo en instrumentos de patrimonio	a	(572) Bancos, c/c	5.000
	31-12-X1			
2.000	(250) Inversiones financieras a largo plazo en instrumentos de patrimonio	a	(900) Beneficios en activos financieros disponibles para la venta	2.000
	[Valoración a valor razonable (17.000 – 15.000)]			
	31-12-X1			
500	(8301) Impuesto diferido [2.000 × 0,25]	a	(479) Pasivos por diferencias temporarias imponibles	500
	[Valor contable – Base fiscal (17.000 – 15.000) ⇨ Diferencia temporaria]			

	31-12-X1			
2.000	(900) Beneficios en activos financieros disponibles para la venta			
500	(133) Ajustes por valoración en activos financieros disponibles para la venta	a	(133) Ajustes por valoración en activos financieros disponibles para la venta	2.000
		a	(8301) Impuesto diferido	500
	[Regularización de las cuentas del grupo 8 y 9]			
	31-12-X2			
500	(800) Pérdidas en activos financieros disponibles para la venta	a	(250) Inversiones financieras a largo plazo en instrumentos de patrimonio	500
	[Valoración a valor razonable (16.500 – 17.000)]			
	31-12-X2			
125	(4740) Activos por diferencias temporarias deducibles [500 × 0,25]	a	(8301) Impuesto diferido	125
	[Valor contable – Base fiscal (16.500 – 15.000 – 2.000) ⇨ Diferencia temporaria]			
	31-12-X2			
500	(133) Ajustes por valoración en activos financieros disponibles para la venta			
125	(8301) Impuesto diferido	a	(800) Pérdidas en activos financieros disponibles para la venta	500
		a	(133) Ajustes por valoración en activos financieros disponibles para la venta	125
	[Regularización de las cuentas de los grupos 8 y 9]			
	30-09-X3			
18.000	(572) Bancos, c/c	a	(250) Inversiones financieras a largo plazo en instrumentos de patrimonio [15.000 + 2.000 – 500]	16.500
		a	(766) Beneficios en participaciones y valores representativos de deuda	1.500
	[Por la venta de las acciones]			
	31-12-X3			
1.500	(802) Transferencia de beneficios en activos financieros disponibles para la venta	a	(7632) Beneficios de disponibles para la venta	1.500
	[Transferencia a resultados de los B° registrados en el neto: 2.000 – 500]			
	[En la cuenta (7632) aparece el B° de la operación que tributará en este ejercicio]			
	31-12-X3			
500	(479) Pasivos por diferencias temporarias imponibles			
125	(8301) Impuesto diferido	a	(8301) Impuesto diferido	500
		a	(4740) Activos por diferencias temporarias deducibles	125
	[Reversión del impuesto diferido por su imputación a resultados de este ejercicio]			
	31-12-X3			
375	(8301) Impuesto diferido			
1.500	(133) Ajustes por valoración en activos financieros disponibles para la venta	a	(133) Ajustes por valoración en activos financieros disponibles para la venta	375
		a	(802) Transferencia de beneficios en activos financieros disponibles para la venta	1.500
	[Regularización de las cuentas de los grupos 8 y 9]			

Ejemplo 11.11

La empresa «F, SA» recibe, en enero de 20X2, una subvención del Estado para la adquisición de una máquina, que tendrá una vida útil de 2 años. Adquiere la máquina en enero de 20X2 por importe de 60.000 €. El importe de la subvención es de 20.000 €, que cobró en marzo de 20X2. Tipo impositivo: 25 %.

	Enero-X2			
60.000	(213) Maquinaria			
10.800	(472) Hacienda Pública, IVA soportado	a	(572) Bancos, c/c	70.800
	Enero-X2			
20.000	(4708) Hacienda Pública, deudora por subvenciones concedidas	a	(940) Ingresos de subvenciones oficiales de capital	20.000
	[Concesión de la subvención]			
	Marzo-X2			
20.000	(572) Bancos, c/c	a	(4708) Hacienda Pública, deudora por subvenciones concedidas	20.000
	[Cobro de la subvención]			
	31-12-X2			
30.000	(681) Amortización del inmovilizado material	a	(281) Amortización acumulada del inmovilizado material	30.000
	[Amortización de la máquina: 60.000/2]			
	31-12-X2			
10.000	(840) Transferencia de subvenciones oficiales de capital	a	(746) Subvenciones, donaciones y legados de capital transferidos al resultado del ejercicio	10.000
	[Imputación a resultados de la parte de la subvención: 20.000/2]			
	31-12-X2			
2.500	(8301) Impuesto diferido	a	(479) Pasivos por diferencias temporarias imponibles	2.500
	[Reconocimiento de las diferencias temporarias relativas a la parte de la subvención que se imputará a resultados en el próximo ejercicio: 10.000 × 0,25]			
	31-12-X2			
20.000	(940) Ingresos de subvenciones oficiales de capital			
12.500	(130) Subvenciones oficiales de capital	a	(130) Subvenciones oficiales de capital	20.000
		a	(840) Transferencia de subvenciones oficiales de capital	10.000
		a	(8301) Impuesto diferido	2.500
	[Regulación de las cuentas de los grupos 8 y 9]			
	31-12-X3			
30.000	(681) Amortización del inmovilizado material	a	(281) Amortización acumulada del inmovilizado material	30.000
	[Amortización de la máquina: 60.000/2]			
	31-12-X3			
10.000	(840) Transferencia de subvenciones oficiales de capital	a	(746) Subvenciones, donaciones y legados de capital transferidos al resultado del ejercicio	10.000
	[Imputación a resultados de la parte de la subvención: 20.000/2]			
	31-12-X3			
2.500	(479) Pasivos por diferencias temporarias imponibles	a	(8301) Impuesto diferido	2.500
	[Reversión de la diferencia temporaria contabilizada en 20X8]			

	31-12-X3			
10.000	(130) Subvenciones oficiales de capital			
2.500	(8301) Impuesto diferido	a	(840) Transferencia de subvenciones oficiales de capital	10.000
			(130) Subvenciones oficiales de capital	2.500
	[Regularización de las cuentas de los grupos 8 y 9]			

El Plan General de Contabilidad establece que en caso de empresas individuales no deberá lucir ningún importe en la rúbrica correspondiente al impuesto sobre beneficios. A estos efectos, al final de ejercicio las retenciones soportadas y los pagos fraccionados del Impuesto sobre la Renta de las Personas Físicas se cargará en la cuenta *(550) Titular de la explotación.*

Ejemplo 11.12

«G» es una empresa individual que durante el ejercicio 20X2 ha contabilizado, en concepto de retenciones y pagos a cuenta, 15.000 €. Realiza el apunte que deberá hacer esta empresa al final del ejercicio.

15.000	(550) Titular de la explotación	a	(473) Hacienda Pública, retenciones y pagos a cuenta	15.000

11.4. Ajustes en la imposición sobre beneficios

La carga impositiva diferida puede variar como consecuencia de cambios en la normativa fiscal (tipo impositivo, base fiscal, etc.) que provoque cambios en las diferencias temporarias.

La disminución de los activos por impuesto diferido o el aumento de los pasivos por impuesto diferido se cargarán en la cuenta *(633) Ajustes negativos en la imposición sobre beneficios.*

(633) Ajustes negativos en la imposición sobre beneficios	a	(479) Pasivos por diferencias temporarias imponibles
	a	(4740) Activos por diferencias temporarias deducibles
	a	(4742) Derechos por deducciones y bonificaciones pendientes de aplicar
	a	(4745) Crédito por pérdidas a compensar del ejercicio

El aumento de los activos por impuesto diferido o la disminución de los pasivos por impuesto diferido se abonarán en la cuenta *(638) Ajustes positivos en la imposición sobre beneficios.*

(479) Pasivos por diferencias temporarias imponibles (4740) Activos por diferencias temporarias deducibles (4742) Derechos por deducciones y bonificaciones pendientes de aplicar (4745) Crédito por pérdidas a compensar del ejercicio	a	(638) Ajustes positivos en la imposición sobre beneficios

11.5. Cálculo del beneficio de un ejercicio económico

Una vez calculado y contabilizado el importe del impuesto sobre beneficios, como hemos visto en el apartado anterior, ya tenemos contabilizados todos los gastos e ingresos del ejercicio.

Estos gastos e ingresos estarán recogidos en las cuentas de los grupos 6 y 7. Estas cuentas se saldarán con la cuenta *(129) Resultado del ejercicio*.

Las cuentas de los grupos 6 y 7 que tengan **saldo deudor** (gastos) trasladarán dicho saldo al **Debe** de la cuenta *(129) Resultado del ejercicio*, mediante un asiento como el siguiente:

(129) Resultado del ejercicio	a	(600) Compras de mercaderías ....
	a	(706) Descuentos sobre ventas por pronto pago
	a	(708) Devoluciones de ventas y operaciones similares
	a	(709) «Rappels» sobre ventas ....
	a	(61-71) Variación de existencias ....
	a	(620) Gastos en investigación y desarrollo del ejercicio ....
	a	(630) Impuesto sobre beneficios ....
	a	(640) Sueldos y salarios ....
	a	(650) Pérdidas de créditos comerciales incobrables ....
	a	(661) Intereses de obligaciones y bonos ....
	a	(670) Pérdidas procedentes del inmovilizado intangible ....
	a	(680) Amortización del inmovilizado intangible ....
	a	(690) Pérdidas por deterioro del inmovilizado intangible ....

Del mismo modo, las cuentas de los grupos 6 y 7 que tengan **saldo acreedor** (ingresos) trasladarán dicho saldo al **Haber** de la cuenta *(129) Resultado del ejercicio*, mediante un asiento como el siguiente:

(700) Ventas de mercaderías		
....		
(606) Descuentos sobre compras por pronto pago		
(608) Devoluciones de compras y operaciones similares		
(609) «Rappels» por compras		
....		
(71-61) Variación de existencias		
....		
(730) Trabajos realizados para el inmovilizado intangible		
....		
(740) Subvenciones, donaciones y legados a la explotación		
....		
(751) Resultados de operaciones en común		
....		
(760) Ingresos de participaciones en instrumentos de patrimonio		
....		
(770) Beneficios procedentes del inmovilizado intangible		
....		
(790) Reversión del deterioro del inmovilizado intangible	a	(129) Resultado del ejercicio
....		

Después de los dos asientos anteriores, las cuentas de gastos e ingresos (grupos 6 y 7) quedarán saldadas y cerradas y la cuenta de *Resultado del ejercicio* recogerá:

- Todos los gastos en el Debe.
- Todos los ingresos en el Haber.

El saldo de la cuenta *(129) Resultado del ejercicio* recogerá el beneficio o la pérdida del ejercicio:

- Positivo (beneficio): si el Haber es mayor que el Debe (Ingresos > Gastos).
- Negativo (pérdida): si el Haber es menor que el Debe (Ingresos < Gastos).

11.6. Ingresos y gastos imputados al patrimonio neto

En los grupos 8 y 9 se registrarán los gastos e ingresos que, de acuerdo con las normas de registro y valoración, deban imputarse directamente en el patrimonio neto. Estos resultados imputados al patrimonio neto pueden revertir en el futuro a la Cuenta de pérdidas y ganancias.

Estas cuentas no formarán parte de la Cuenta de pérdidas y ganancias sino que se presentarán en el Estado de cambios en el patrimonio neto.

Las cuentas del grupo 8 traspasarán su saldo, al final del ejercicio, a cuentas del subgrupo 13 o a la cuenta 115.

(133) Ajustes por valoración en activos financieros disponibles para la venta	a	(800) Pérdidas en activos financieros disponibles para la venta
	a	(802) Transferencia de beneficios en activos financieros disponibles para la venta
	a	(891) Deterioro de participaciones en el patrimonio, empresas del grupo
	a	(892) Deterioro de participaciones en el patrimonio, empresas asociadas

(1340) Cobertura de flujos de efectivo	a	(810) Pérdidas por coberturas de flujos de efectivo
	a	(812) Transferencia de beneficios por coberturas de flujos de efectivo

(1341) Cobertura de una inversión neta en un negocio en el extranjero	a	(811) Pérdidas por coberturas de inversiones netas en un negocio en el extranjero
	a	(813) Transferencia de beneficios por coberturas de inversiones netas en un negocio en el extranjero

(135) Diferencias de conversión	a	(820) Diferencias de conversión negativas
	a	(821) Transferencia de diferencias de conversión positivas

(136) Ajustes por valoración en activos no corrientes y grupos enajenables de elementos mantenidos para la venta	a	(860) Pérdidas en activos no corrientes y grupos enajenables de elementos mantenidos para la venta
	a	(862) Transferencia de beneficios en activos no corrientes y grupos enajenables de elementos mantenidos para la venta

Plan General de Contabilidad

Marco conceptual de la contabilidad

Los ingresos y gastos del ejercicio se imputarán a la Cuenta de pérdidas y ganancias y formarán parte de resultado, excepto cuando proceda su imputación directa al patrimonio neto, en cuyo caso se presentarán en el estado que muestre los cambios en el patrimonio neto, de acuerdo con lo previsto en la segunda parte de este Plan General de Contabilidad o en una norma que lo desarrolle.

(137) Ingresos fiscales a distribuir en varios ejercicios	a	(836) Transferencia de diferencias permanentes
	a	(837) Transferencia de deducciones y bonificaciones

(834) Ingresos fiscales por diferencias permanentes (835) Ingresos fiscales por deducciones y bonificaciones	a	(137) Ingresos fiscales a distribuir en varios ejercicios

(130) Subvenciones oficiales de capital (131) Donaciones y legados de capital (132) Otras subvenciones, donaciones y legados	a	(840) Transferencia de subvenciones oficiales de capital
	a	(841) Transferencia de donaciones y legados de capital
	a	(842) Transferencia de otras subvenciones, donaciones y legados

(13.) Subv. don. y ajustes cambios valor	a	(8300) Impuesto corriente
	a	(8301) Impuesto diferido
	a	(833) Ajustes negativos en la imposición sobre beneficios
	a	(838) Ajustes positivos en la imposición sobre beneficios

(8300) Impuesto corriente (8301) Impuesto diferido	a	(13.) Subv. don. y ajustes cambios valor

(115) Reservas por pérdidas y ganancias actuariales y otros ajustes	a	(850) Pérdidas actuariales
	a	(851) Ajustes negativos en activos por retribuciones a largo plazo de prestación definida

Las cuentas de grupo 9 traspasarán su saldo, al final del ejercicio, a cuentas del subgrupo 13 o a la cuenta 115.

(900) Beneficios en activos financieros disponibles para la venta (902) Transferencia de pérdidas de activos financieros disponibles para la venta (991) Recuperación de ajustes valorativos negativos previos, empresas del grupo (992) Recuperación de ajustes valorativos negativos previos, empresas asociadas (993) Transferencia por deterioro de ajustes valorativos negativos previos, empresas del grupo (994) Transferencia por deterioro de ajustes valorativos negativos previos, empresas asociadas	a	(133) Ajustes por valoración en activos financieros disponibles para la venta
(910) Beneficios por coberturas de flujos de efectivo (912) Transferencia de pérdidas por coberturas de flujos de efectivo	a	(1340) Cobertura de flujos de efectivo
(911) Beneficios por coberturas de una inversión neta en un negocio en el extranjero (913) Transferencia de pérdidas por coberturas de flujos de efectivo	a	(1341) Cobertura de una inversión neta en un negocio en el extranjero
(920) Diferencias de conversión positivas (921) Transferencia de diferencias de conversión negativas	a	(135) Diferencias de conversión
(940) Ingresos de subvenciones oficiales de capital (941) Ingresos de donaciones y legados de capital (942) Ingresos de otras subvenciones, donaciones y legados	a a a	(130) Subvenciones oficiales de capital (131) Donaciones y legados de capital (132) Otras subvenciones, donaciones y legados

(950) Ganancias actuariales (951) Ajustes positivos en activos por retribuciones a largo plazo de prestación definida	a	(115) Reservas por pérdidas y ganancias actuariales y otros ajustes

(960) Beneficios en activos no corrientes y grupos enajenables de elementos mantenidos para la venta (962) Beneficios en activos no corrientes y grupos enajenables de elementos mantenidos para la venta	a	(136) Ajustes por valoración en activos no corrientes y grupos enajenables de elementos mantenidos para la venta

TEST

Test 11

1. Señala qué afirmaciones son verdaderas (V) y qué afirmaciones son falsas (F).

		V	F
1.1.	En general, las cuentas del grupo 7 tienen saldo acreedor.	☐	☐
1.2.	Las cuentas del grupo 6 se saldan al realizar la regularización, con cargo a la cuenta *Resultado del ejercicio.*	☐	☐
1.3.	La devolución de una compra se anota en el haber de la cuenta *Compras*, en la que se anotó dicha compra.	☐	☐
1.4.	Los gastos de la empresa en servicios de economato para el personal figuran en el subgrupo *(64) Gastos de personal.*	☐	☐
1.5.	La retención del IRPF es también un gasto para la empresa.	☐	☐
1.6.	Los «rappels» son descuentos comerciales.	☐	☐
1.7.	Las cuentas de los grupos 6 y 7 son cuentas de gestión.	☐	☐
1.8.	Las cuentas del grupo 6 no inciden en el resultado.	☐	☐
1.9.	Las pérdidas por la venta de activos no corrientes figuran en el grupo 6.	☐	☐
1.10.	ELas cuentas del grupo 6 tienen por naturaleza saldo deudor.	☐	☐
1.11.	En general, las pérdidas por la venta de valores negociables figuran en el grupo 6.	☐	☐
1.12.	La cuenta *Gastos anticipados* pertenece al grupo 6 y se lleva, al final del ejercicio, a *Resultado del ejercicio.*	☐	☐
1.13.	Cualquier ingreso que afecte a *Resultado del ejercicio* se contabilizará en los grupos 6 o 7.	☐	☐
1.14.	Las diferencias temporarias imponibles suponen cantidades que serán deducibles fiscalmente en el futuro.	☐	☐

2. Señala qué afirmaciones son verdaderas (V) y qué afirmaciones son falsas (F).

		V	F
2.1.	La cuenta *Ingresos anticipados* pertenece al grupo 7 y se lleva, al final del ejercicio, a *Resultado del ejercicio.*	☐	☐
2.2.	En el Balance de situación solo figuran las cuentas patrimoniales.	☐	☐
2.3.	Los ajustes por periodificación solo inciden en la cuenta de *Resultado del ejercicio.*	☐	☐
2.4.	El resultado económico de acuerdo con el nuevo PGC se presenta en una sola cuenta: *Resultado del ejercicio.*	☐	☐
2.5.	Las *Reservas* son propias del *Patrimonio neto.*	☐	☐
2.6.	Para determinar la cuenta de *Resultado del ejercicio* es necesario periodificar los cobros y pagos.	☐	☐
2.7.	El resultado altera el valor del capital social.	☐	☐

TEST

2.8. Todos los conceptos de gasto e ingreso que se traspasan a la cuenta de *Resultado del ejercicio* figuran en los grupos 6 o 7 .... ☐ ☐

2.9. La cuenta *Gastos anticipados* refleja el pago por un servicio recibido .... ☐ ☐

2.10. Las cuentas *Intereses pagados por anticipado* e *Intereses cobrados por anticipado* son de gastos e ingresos y se traspasan, al final del ejercicio, a *Resultado del ejercicio* ...... ☐ ☐

2.11. Las diferencias temporarias deducibles suponen cantidades que serán deducibles fiscalmente en el futuro. .... ☐ ☐

2.12. La cuenta *Resultado del ejercicio* proporciona información acerca de los cobros y los pagos realizados durante el ejercicio .... ☐ ☐

2.13. Las cuentas *Impuesto corriente* e *Impuesto diferido* son cuentas de gastos que traspasarán su saldo a *Resultado del ejercicio* .... ☐ ☐

2.14. Las cuentas *Impuesto corriente* e *Impuesto diferido* pueden ser cuentas de gastos o de ingresos y traspasarán su saldo a *Resultado del ejercicio* .... ☐ ☐

3. El día 1 de diciembre de 20X2 la empresa alquila un local pagando los tres primeros meses por anticipado. Cada mensualidad asciende a 350 €.

3.1. Asiento que realizará la empresa el día 1 de diciembre de 20X2:

3.2. Asiento que realizará la empresa el día 31 de diciembre de 20X2:

3.3. Asiento que realizará la empresa el día 2 de enero de 20X3:

4. Realiza el ejercicio anterior considerándolo desde la óptica de la empresa que cobra los alquileres, y para la cual dicha actividad es accesoria.

4.1. Asiento que realizará la empresa el día 1 de diciembre de 20X2:

4.2. Asiento que realizará la empresa el día 31 de diciembre de 20X2:

4.3. Asiento que realizará la empresa el día 2 de enero de 20X3:

EJERCICIOS FINALES

Ejercicio 11.1

La sociedad «DZL, SA» presenta, en el balance correspondiente al principio del ejercicio 20X3, los siguientes saldos en cuentas relacionadas con el impuesto sobre sociedades:

- (4745) Créditos por pérdidas a compensar del ejercicio: 2.400 €.
- (479) Pasivos por diferencias temporarias imponibles (20X2): 600 €.
- (4740) Activos por diferencias temporarias deducibles (20X2): 450 €.

El resultado antes de impuestos del ejercicio 2003 fue de 10.000 €.

La sociedad fue sancionada con una multa de 1.800 €, fiscalmente no deducible.

La cuenta (479) hace referencia a una máquina adquirida en enero de 20X2, en 15.000 €, a la que se le estima una vida útil de 5 años. Fiscalmente se amortizará en 3 años.

La cuenta (4740) corresponde a un deterioro de valor de un crédito comercial que no fue deducible en 20X2 y que será deducible fiscalmente en este ejercicio.

Aplica el crédito por pérdidas a compensar (4745) este ejercicio.

Las deducciones y bonificaciones ascienden a 500 €.

Le han efectuado retenciones por importe de 390 €.

Tipo impositivo: 25 %.

Efectúa la liquidación del impuesto sobre sociedades correspondiente al ejercicio 20X3 y realiza los asientos que correspondan.

Ejercicio 11.2

La empresa «DZL, SA» del ejercicio anterior ha obtenido, durante el ejercicio 20X2, unos resultados antes de impuestos de 60.000 €.

Existe un ingreso de 5.000 € no computable fiscalmente.

La empresa ha activado unos gastos de investigación por importe de 30.000 €, que han sido deducidos fiscalmente en este ejercicio. Contablemente se amortizarán en 3 años.

Ha dotado una provisión para responsabilidades por importe de 3.000 € que no será deducible fiscalmente hasta que se paguen los gastos para los que fue constituida.

La empresa ha adquirido acciones por importe de 20.000 €, que se clasifican como «disponibles para la venta». Al final del ejercicio su valor razonable es de 22.000 €.

Las deducciones y bonificaciones ascienden a 2.500 €.

Las retenciones y pagos a cuenta realizados durante el ejercicio han sido de 4.000 €.

Tipo impositivo: 25 %.

Efectúa la liquidación del impuesto sobre sociedades correspondiente al ejercicio 20X2 y realiza los asientos que correspondan.

EJERCICIOS FINALES

Ejercicio 11.3

El Balance de comprobación de la sociedad «ABC, SL», a 31 de diciembre de 20X2, es el siguiente:

CUENTAS DEUDORAS			CUENTAS ACREEDORAS		
(572)	Bancos, c/c	33.700	(400)	Proveedores	35.000
(300)	Mercaderías	21.000	(608)	Devoluciones de compras y operaciones similares	10.500
(640)	Sueldos y salarios	7.000	(609)	«Rappels» por compras	3.500
(709)	«Rappels» sobre ventas	7.000	(401)	Proveedores, efectos comerciales a pagar	35.000
(600)	Compras de mercaderías	70.000	(142)	Provisión para otras responsabilidades	10.000
(430)	Clientes	140.000	(281)	Amortización acumulada del inmovilizado material	17.000
(627)	Publicidad, propaganda y relaciones públicas	21.000	(100)	Capital social	250.000
(624)	Transportes	5.250	(112)	Reserva legal	17.500
(694)	Pérdidas por deterioro de créditos por operaciones comerciales	1.750	(1141)	Reservas estatutarias	17.500
(4310)	Efectos comerciales en cartera	35.000	(291)	Deterioro de valor del inmovilizado material	20.000
(706)	Descuentos sobre ventas por pronto pago	350	(606)	Descuentos sobre compras por pronto pago	700
(708)	Devoluciones de ventas y operaciones similares	14.000	(760)	Ingresos de participaciones en instrumentos de patrimonio	2.800
(540)	Inversiones financieras a corto plazo en instrumentos de patrimonio	28.000	(700)	Ventas de mercaderías	170.000
(662)	Intereses de deudas	1.400	(704)	Ventas de env. y embalajes	3.500
(216)	Mobiliario	7.000	(390)	Deterioro de valor de las mercaderías	700
(204)	Fondo de comercio	40.000	(410)	Acreedores por prestaciones de servicios	2.450
(210)	Terrenos y bienes naturales	70.000	(490)	Deterioro de valor de créditos por operaciones comerciales	1.750
(211)	Construcciones	220.000	(752)	Ingresos por arrendamientos	2.450
(473)	Hacienda Pública, retenciones y pagos a cuenta	1.000	(180)	Fianzas recibidas a largo plazo	3.850
(669)	Otros gastos financieros	1.400	(173)	Proveedores inmov. a largo plazo	125.000
(326)	Embalajes	700	(170)	Deudas a largo plazo con ent. créd.	40.000
(602)	Compras de otros aprovisionamientos	1.750	(5200)	Préstamos a corto plazo de entidades de crédito	10.000
(642)	Seguridad Social a cargo de la empresa	1.400			
(643)	Retribuciones a largo plazo mediante sistemas de aportación definida	1.500			
(649)	Otros gastos sociales	350			
(622)	Reparaciones y conservación	8.050			
(628)	Suministros	700			
(623)	Servicios de profesionales independientes	1.750			
(629)	Otros servicios	1.400			
(436)	Clientes de dudoso cobro	1.750			
(203)	Propiedad industrial	31.500			
(565)	Fianzas constituidas a corto plazo	3.500			
TOTAL		779.200	TOTAL		779.200

Antes de regularizar se tendrán en cuenta los siguientes datos:

1. La empresa debe a sus empleados parte de los sueldos correspondientes al mes de diciembre de 20X2 por importe de 3.000 €.
2. El gasto por publicidad, contabilizado en la cuenta (627), corresponde a una campaña que comenzó el 1-10-X2 y que terminará el 30-07-X3.
3. La empresa considera definitivamente perdido el saldo de dudoso cobro que aparece en el Balance.
4. Los ingresos por arrendamientos que aparecen en el Balance se refieren a alquileres cobrados y que corresponden a los meses de noviembre y diciembre de 20X2 y enero de 20X3 (el mismo importe cada mes).

EJERCICIOS FINALES

5. La propiedad industrial se amortiza un 5 % y el fondo de comercio un 10 %.
6. El inmovilizado material se amortiza así:
   - Construcciones: en 50 años mediante cuotas constantes.
   - Mobiliario: en 12 años mediante cuotas constantes. Valor residual: 10 %.
7. Los intereses contabilizados en la cuenta (662) corresponden a 6 meses: desde el 1-10-X2 hasta el 1-04-X3.
8. Devuelve la parte del préstamo contabilizado en la cuenta (5200) a través de banco.
9. Del préstamo a largo plazo (cuenta 170), 10.000 € vencen el año próximo.
10. La empresa incumplió con la obligación afianzada y pierde la fianza depositada (cuenta 565).
11. Las fianzas recibidas (cuenta 180) vencen durante el próximo ejercicio.
12. Al final del ejercicio, el valor razonable de las acciones (cuenta 540) es de 29.000 €. La empresa las ha clasificado como activos financieros mantenidos para negociar.
13. Al final del ejercicio, las existencias finales en el almacén de la empresa son las siguientes, a precio de adquisición:
   - Mercaderías: 18.000 €.
   - Embalajes: 900 €.

   El valor neto realizable de las existencias de mercaderías anteriores se estima en 17.500 €. La empresa considera reversible dicha pérdida.

Se pide:

a) Contabiliza las operaciones anteriores.

b) Determina y contabiliza el impuesto sobre sociedades teniendo en cuenta que existe una diferencia permanente correspondiente a un ingreso de 4.000 € no computable fiscalmente. La provisión para responsabilidades no es deducible fiscalmente hasta que se produzca la sentencia del litigio. Existen deducciones por importe de 2.000 €. El tipo impositivo es del 25 %.

c) Calcula el beneficio del ejercicio.

d) Realiza el asiento de cierre.

e) En caso de que el resultado después de impuestos sea positivo, realizar el asiento de distribución de beneficios, de acuerdo con la siguiente propuesta:
   - Dividendo a los partícipes: 40 %.
   - Reserva legal: 10 %.
   - Reserva estatutaria: 10 %.
   - Reservas voluntarias: 20 %.
   - Pendiente de aplicación: el resto.

EJERCICIOS FINALES

Ejercicio 11.4

La empresa «BEDISA» presenta a 01-01-X3 el siguiente Balance de situación:

ACTIVO			P. NETO y PASIVO		
(210)	Terrenos y bienes naturales	140.000	(100)	Capital social	476.000
(213)	Maquinaria	238.000	(112)	Reserva legal	47.600
(216)	Mobiliario	68.000	(281)	Amortización acumulada del inmovilizado material	110.500
(218)	Elem. de transporte	136.000	(390)	Deterioro de valor de las mercaderías	4.250
(300)	Mercaderías	119.000	(400)	Proveedores	256.020
(321)	Combustibles	1.700	(437)	Envases y embalajes a devolver por clientes	10.200
(327)	Envases	3.600	(465)	Remuneraciones pendientes de pago	25.500
(430)	Clientes	184.970	(4750)	Hacienda Pública, acreedora por IVA	27.200
(4310)	Efectos comerciales en cartera	60.000	(4751)	Hacienda Pública, acreedora por retenciones practicadas	13.600
(4312)	Efectos comerciales en gestión de cobro	35.000	(4752)	Hacienda Pública, acreedora por impuesto sobre sociedades	17.000
(436)	Clientes de dudoso cobro	6.800	(476)	Organismos de la Seguridad Social, acreedores	19.550
(440)	Deudores	5.000	(479)	Pasivos por diferencias temporarias imponibles	4.080
(4740)	Activos por diferencias temporarias deducibles	1.275	(490)	Deterioro de valor de créditos por operaciones comerciales	6.800
(540)	Inversiones financieras a corto plazo en instrumentos de patrimonio	5.100	(523)	Proveedores de inmovilizado a corto plazo	120.000
(572)	Bancos c/c	135.555	(555)	Partidas pendientes de aplicación	1.700
TOTAL ACTIVO		**1.140.000**	TOTAL PASIVO		**1.140.000**

Tipo IVA: 21 %.

Operaciones realizadas durante el ejercicio 20X3:

1. Ha descubierto la procedencia de un ingreso, hasta la fecha desconocido (555), de 1.700 €; se trata del pago de un cliente calificado de dudoso cobro y para el que se había contabilizado una pérdida por deterioro.
2. Compra mercaderías a crédito por 261.800 €, más IVA. El proveedor factura también 3.400 €, más IVA, por envases con facultad de devolución.
3. Ha finalizado el plazo para que los clientes devuelvan los envases que figuran en el Balance. La empresa ha recibido solamente envases por importe de 4.000 €.
4. Paga las deudas contraídas con los empleados, Hacienda y la Seguridad Social, que aparecen en el Balance. Operación realizada por banco.
5. Venta de mercaderías a crédito por 289.000 €, más IVA. Factura, además, por envases recuperables, 6.800 €, más IVA.
6. Devuelve a los proveedores todos los envases retornables que posee.
7. Han vencido los efectos enviados en gestión de cobro que figuran en el Balance. Todos han resultado abonados por los librados. Comisión bancaria: 1 %, más 21 % de IVA.
8. Compra envases al contado por 7.650 €, más IVA.
9. Vende envases al contado por 11.050 €, más IVA.
10. Compra combustible a crédito por 9.071,20 € (incluido IVA).
11. Cobra a los clientes 301.580 €.

EJERCICIOS FINALES

12. Paga a los proveedores 262.990 €.
13. La sociedad solicita a una entidad bancaria un préstamo de 90.000 € para hacer frente a la deuda con el proveedor de inmovilizado (cuenta 523). El banco le concede el préstamo a 6 meses y le ingresa su importe en la cuenta corriente después de deducir el 0,5 % en concepto de gastos de formalización.
14. Paga por banco al proveedor de inmovilizado.
15. Compra mercaderías a crédito por 362.100 €, más IVA. El proveedor carga, además, por envases con facultad de devolución, 9.520 €, más IVA.
16. Los clientes devuelven todos los envases retornables.
17. Los clientes de dudoso cobro resultan definitivamente fallidos.
18. Vende mercaderías a crédito por 438.600 €, más IVA.
19. Cobra a los clientes 345.100 € y paga a los proveedores 309.400 €, a través de banco.
20. Descuenta los efectos en cartera que posee, ascendiendo el descuento bancario a 800 €.
21. Vende mercaderías al contado por 191.284 € (incluido IVA).
22. Realiza pagos a cuenta del impuesto sobre sociedades, a través de banco, por importe de 23.000 €.
23. Paga los siguientes gastos:
    - Arrendamientos: 4.930 € (incluido IVA).
    - Reparaciones: 1.104,32 € (incluido IVA).
    - Primas de seguros: 816 €.
    - Comisiones: 11.437,60 € (incluido IVA). Retención: 15 %.
    - Material de oficina: 5.324,40 € (incluido IVA). La empresa lo considera gasto del ejercicio.
    - Transportes de ventas: 2.519,52 € (incluido IVA).
    - Teléfono: 670,48 € (incluido IVA).
24. Cobra los siguientes ingresos:
    - Comisiones: 3.549,60 € (incluido IVA).
    - «Rappels»: 6.902 € (incluido IVA).
    - Intereses netos de la c/c: 631,40 €. Retención 19 %.
25. Cancela el préstamo pagando, además, 3.600 € en concepto de intereses.
26. El 1-10-X3 la empresa solicita un préstamo de 60.000 € a un banco, a devolver en 3 años a partes iguales. Los intereses, al 8 % anual, se pagarán anualmente, junto con la parte correspondiente del principal, el día 1-10 de cada año.
27. Paga la nómina correspondiente al presente ejercicio:
    - Importe íntegro: 68.000 €.
    - Retención IRPF: 15 %.
    - Retención Seguridad Social: 6 %.
    - Cuota de la empresa a la Seguridad Social: 30 %.
28. Paga a través de banco una sanción por contaminación medioambiental por importe de 10.000 €.
29. Ha vencido el plazo para devolver los envases a los proveedores. La sociedad devuelve envases por valor de 4.420 €. De los envases no devueltos la mitad se han roto.
30. Realiza la liquidación del IVA.

EJERCICIOS FINALES

Para regularizar habrá que tener en cuenta los siguientes hechos:

31. Ha contabilizado como gasto (material de oficina) la compra de material de oficina inventariable, efectuada al comienzo del año, por un valor de 3.155,20 € (incluido IVA). Corrige dicho error.

32. Con relación a la periodificación desea hacer los siguientes ajustes:

- Existe material de oficina sin consumir por importe de 473,28 € (incluido IVA).
- De los ingresos por comisiones contabilizados, un tercio corresponde al año 20X4.

33. Las amortizaciones del inmovilizado material se realizarán de la siguiente forma:

- Maquinaria: se estima que durará 70.000 horas y que su valor residual será del 10 % de su precio de adquisición. Durante este ejercicio su utilización ha sido de 7.000 horas.
- Mobiliario: se amortizará en 15 años mediante cuotas constantes.
- Elementos de transporte: se amortizan en 5 años mediante cuotas constantes.

34. El valor razonable de las acciones (cuenta 540) al final del ejercicio es de 5.500 €. La empresa tiene clasificados estos activos en la cartera de negociación.

35. Los terrenos que posee la empresa han sufrido una pérdida de valor de 14.000 €. La empresa considera esta pérdida reversible.

36. Contabiliza los intereses correspondientes al préstamo (punto 26) y la reclasificación de la parte que se devolverá en octubre de 20X4.

37. Existencias finales:

- Mercaderías: precio de adquisición: 219.600 €. Valor neto realizable: 250.200 €.
- Envases: precio de adquisición: 7.000 €. Valor neto realizable: 6.500 €.
- Combustible: 1.500 €.

Para determinar el importe del impuesto sobre beneficios habrá que tener en cuenta la información siguiente:

- La sanción no es deducible (diferencia permanente).
- La cuenta (4740) hace referencia a un deterioro de valor de un crédito comercial, de 5.100 €, que no fue deducible en el ejercicio anterior pero que sí lo será en este.
- Los elementos de transporte se adquirieron al principio del ejercicio 20X1 y se amortizan fiscalmente en 4 años.
- Deducciones: 1.500 €.
- Tipo impositivo: 25 %.

Se pide:

a) Contabiliza las operaciones anteriores.

b) Calcula el impuesto sobre beneficios.

c) Calcula el beneficio después de impuestos.

d) Realiza el asiento de cierre.

EJERCICIOS FINALES

Ejercicio 11.5 (autoevaluación)

Las cuentas de la empresa «BXC» a 30 de noviembre de 20X2 presentan los siguientes saldos:

(572) Bancos, c/c	58.000
(400) Proveedores	45.000
(171) Deudas a largo plazo	80.000
(213) Maquinaria	200.000
(217) Equipos para procesos de información	47.000
(5208) Deudas por efectos descontados	10.000
(202) Propiedad industrial	45.000
(4311) Efectos com. descontados	10.000
(327) Envases	5.000
(112) Reserva legal	20.000
(113) Reservas voluntarias	63.000
(430) Clientes	30.000
(472) Hacienda Pública, IVA soportado	3.500
(628) Suministros	2.000
(411) Acreed., ef. com. a pagar	27.000
(218) Elementos de transporte	60.000
(606) Descuentos sobre compras por pronto pago	3.500
(709) «Rappels» sobre ventas	6.500
(436) Clientes de dudoso cobro	5.000
(490) Deterioro de valor de créditos por operaciones comerciales.	5.000
(240) Participaciones a largo plazo en partes vinculadas	(*)
(759) Ingresos por servicios diversos	7.000
(485) Ingresos anticipados	5.000
(640) Sueldos y salarios	25.000
(460) Anticipos de remuneraciones	3.000
(254) Créditos a largo plazo al personal	26.000
(678) Gastos excepcionales	3.000
(300) Mercaderías	1.500
(477) Hacienda Pública, IVA repercutido	4.600
(202) Concesiones administrat.	25.000
(700) Ventas de mercaderías	108.000
(625) Primas de seguros	1.500
(708) Devoluciones de ventas y operaciones similares	8.000
(2818) Amortización acumulada de elementos de transporte	16.500
(593) Deterioro de valor de participaciones a corto plazo en partes vinculadas	400
(100) Capital social	A determinar

(*) 2.000 acciones de 3 € nominales cada una, adquiridas a 9 €.

EJERCICIOS FINALES

Realiza las siguientes operaciones hasta finalizar el ejercicio:

1. Compras a crédito de mercaderías en 30.000 € y de envases en 3.000 €. En la factura figura un descuento, por volumen de pedido, del 10 %. IVA: 21 %.
2. Resultan impagados por los librados los efectos descontados. El banco carga en cuenta, además, 380 € en concepto de gastos de devolución.
3. Se envía nueva letra de cambio a los librados de los efectos impagados anteriores por el nominal más los gastos de devolución.
4. Se envía al banco en gestión de cobro el efecto anterior.
5. Un cliente, declarado en suspensión de pagos en su día, abona toda su deuda con la empresa mediante transferencia bancaria.
6. Cobra por banco los dividendos de las acciones que posee a razón de 0,50 € brutos por acción. Retención: 19 %.
7. Vende las acciones que posee al 360 %. Cobra por banco.
8. Vende los elementos de transporte en 42.000 €, más 21 % de IVA. Cobra 10.000 € a través de banco y el resto queda pendiente, a cobrar dentro de 3 meses.
9. Paga con cheques bancarios la nómina del mes de diciembre:
   - Nómina: 10.000 €.
   - Cuota de la empresa a la Seguridad Social: 30 %.
   - Seguridad Social de empleados: 6 %.
   - Retenciones a cuenta del IRPF: 18 %.
   - Recupera el anticipo concedido.
   - Reduce el préstamo concedido a un empleado en 1.000 €.
10. Amortiza en un 10 % el inmovilizado intangible.
11. Para la amortización de la maquinaria habrá que tener en cuenta que se le estima una vida de 400.000 horas y un valor residual del 10 % de su precio de adquisición. Durante este año se han utilizado 30.000 horas.

    Los equipos informáticos se amortizarán en 5 años mediante cuotas constantes. Su valor residual se estima en 7.000 €.
12. Los ingresos anticipados corresponden al cobro, realizado el año anterior, del alquiler de un ordenador propiedad de la empresa correspondiente a este año.
13. La cuenta *(625) Primas de seguros* recoge la prima anual del seguro que tiene contratado la empresa que cubre el periodo comprendido entre el 1 de mayo de 20X2 y el 30 de abril de 20X3.
14. Del importe recogido en la cuenta *(171) Deudas a largo plazo,* 20.000 € vencerán dentro del próximo ejercicio económico.

    Faltan por contabilizar los intereses, correspondientes al ejercicio 20X2, del citado préstamo, que se pagarán el año próximo. Tipo de interés efectivo: 7 % anual.
15. Realiza la liquidación del IVA.
16. Las existencias a 31-12-X2 son las siguientes:
    - Envases: 8.000 €.
    - Mercaderías: 1.000 unidades al precio de adquisición de 5 €/unidad. El valor neto realizable es de 4,70 €/unidad.

EJERCICIOS FINALES

Se pide:

a) Clasifica los saldos y determina la cuantía del capital social.

b) Contabiliza las operaciones en el libro Diario.

c) Calcula el impuesto sobre sociedades teniendo en cuenta que existen diferencias permanentes por el importe de la cuenta (678), que recoge una multa fiscal, no considerada deducible fiscalmente. Tipo impositivo: 25 %.

d) Calcula el resultado.

e) Realiza el asiento de cierre.

UNIDAD 12

LAS CUENTAS ANUALES

En esta unidad estudiaremos la tercera parte del Plan General de Contabilidad: Cuentas anuales. Son documentos de carácter contable que la empresa ha de redactar anualmente y están formados por: el Balance, la Cuenta de pérdidas y ganancias, el Estado de cambios en el patrimonio neto, el Estado de flujos de efectivo y la Memoria.

Las normas del PGC para la elaboración de las Cuentas anuales son obligatorias, ya que están respaldadas por el Código de Comercio, el Texto Refundido de la Ley de Sociedades de Capital (TRLSC) y la legislación de la Unión Europea.

Objetivos

- Identificar el modelo de cuentas anuales a elaborar en función de los criterios establecidos en el Plan General de Contabilidad.
- Conocer las normas para la elaboración de las Cuentas anuales.
- Elaborar correctamente los diversos modelos de Cuentas anuales.

Contenidos

12.1. La comunicación de la información contable

Código de Comercio

Artículo 34.2. *Las cuentas anuales deben redactarse con claridad y mostrar la imagen fiel del patrimonio, de la situación financiera y de los resultados de la empresa, de conformidad con las disposiciones legales. A tal efecto, en la contabilización de las operaciones se atenderá a su realidad económica y no solo a su forma jurídica.*

Existen muchas personas o entidades interesadas en la información contable:

- Los directivos de la empresa, que la necesitan para realizar su gestión.
- Los socios de las sociedades y los dueños de las empresas individuales.
- El Estado, que necesita la información contable, principalmente para poder aplicar correctamente los impuestos.
- Proveedores, acreedores y prestamistas a quienes interese conocer si la empresa les puede pagar lo que les debe.
- Los trabajadores de la empresa.

Así pues, la información contable no es un asunto privado de las empresas sino que interesa a otras personas y entidades. Por eso, los Estados modernos se han preocupado de establecer una legislación adecuada sobre lo que ha de ser la información contable que las empresas han de dar a conocer.

Para todas estas personas interesadas se elabora una información de lo que ha acontecido a lo largo del ejercicio: **las cuentas anuales**; estas deben presentarse en el Registro Mercantil donde los interesados podrán consultarlas.

12.2. Las cuentas anuales

Las cuentas anuales son aquellos documentos de carácter contable que la empresa ha de redactar anualmente.

La Directiva 2013/34/UE, de 26 de junio de 2013, se refiere básicamente a las cuentas anuales y otros informes afines.

La cuentas anuales están reguladas en el Código de Comercio (arts. 34 y siguientes) y en el TRLSC (arts. 253 y siguientes).

El artículo 34.1 del Código de Comercio dice: *«Al cierre del ejercicio, el empresario deberá formular las cuentas anuales de su empresa, que comprenderán el balance, la cuenta de pérdidas y ganancias, un estado que refleje los cambios en el patrimonio neto del ejercicio, un estado de flujos de efectivo y la Memoria. Estos documentos forman una unidad. El estado de cambios en el patrimonio neto y el estado de flujos de efectivo no serán obligatorios cuando así lo establezca una disposición legal».*

El artículo 254.1 del TRLSC dice: *«Las cuentas anuales comprenderán el balance, la cuenta de pérdidas y ganancias, un estado que refleje los cambios en el patrimonio neto del ejercicio, un estado de flujos de efectivo y la memoria».*

El Plan General de Contabilidad desarrolla en la tercera parte las normas para la elaboración de las cuentas anuales y establece los modelos a los que deben ajustarse dichas cuentas.

El Plan General de Contabilidad se limita a reproducir lo prevenido en las leyes mencionadas anteriormente (norma 1.ª): *«Las cuentas anuales comprenden el balance, la cuenta de pérdidas y ganancias, el estado de cambios en el patrimonio neto, el estado de flujos de efectivo y la memoria. Estos documentos forman una unidad y deben ser redactados de conformidad con lo previsto en el Código de Comercio, y el texto refundido de la Ley de Sociedades de Capital, y en este Plan General de Contabilidad; en particular, sobre la base del Marco Conceptual de la Contabilidad y con la finalidad de mostrar la imagen fiel del patrimonio, de la situación financiera y de los resultados de la empresa.*

Recuerda...

Para una información más exhaustiva debes consultar la tercera parte del Plan General de Contabilidad:

«Cuentas anuales».

Cuando pueda formularse balance y memoria en modelo abreviado, el estado de cambios en el patrimonio neto y el estado de flujos de efectivo no serán obligatorios».

Formulación de cuentas anuales (norma 2.ª)

Las cuentas anuales se elaborarán con una periodicidad de 12 meses, salvo en los casos de constitución, modificación de la fecha de cierre del ejercicio social o disolución.

Las cuentas anuales deben ser formuladas por el empresario o los administradores de la sociedad en el plazo máximo de 3 meses, a contar desde el cierre del ejercicio (art. 253 del TRLSC).

Las cuentas anuales deberán indicar la empresa a que corresponden y el ejercicio a que se refieren. Deberán expresar sus valores en euros; también podrán expresarse los valores en miles o millones de euros cuando la magnitud de las cifras lo requiera.

Las cuentas anuales deberán ser firmadas, según establece el artículo 37 del Código de Comercio:

«1.º Por el propio empresario, si se trata de persona física.

2.º Por todos los socios ilimitadamente responsables por las deudas sociales.

3.º Por todos los administradores de las sociedades».

Ley de Sociedades de Capital

Artículo 257.3. Cuando pueda formularse balance en modelo abreviado, el estado de cambios en el patrimonio neto y el estado de flujos de efectivo no serán obligatorios.

CUENTAS ANUALES		
Formulación	Por los administradores	3 meses desde el cierre del ejercicio
Aprobación	Por la Junta General	6 meses desde el cierre del ejercicio
Depósito en el Registro Mercantil	Por los administradores	1 mes desde la aprobación

12.3. Normas para la elaboración de las cuentas anuales

Las cuentas anuales de las sociedades anónimas, incluidas las laborales, de las sociedades de responsabilidad limitada, incluidas las laborales, de las sociedades en comandita por acciones y de las sociedades cooperativas deberán adaptarse al modelo normal. Las sociedades colectivas y comanditarias simples, cuando a la fecha de cierre del ejercicio todos los socios colectivos sean sociedades españolas o extranjeras, también deberán adaptarse al modelo normal (norma 3.ª de elaboración de las cuentas anuales).

Existen **modelos** de cuentas anuales **normales** y **abreviados**. Estos últimos representan la estructura de los modelos completos pero incluyendo menos conceptos, ya que una gran parte de las cuentas aparecen agrupadas. La información que exige el modelo abreviado de la memoria es menos exhaustiva que la exigida en el modelo completo.

Cuentas anuales abreviadas (norma 4.ª)

1. Las sociedades señaladas en la norma anterior utilizarán los modelos de cuentas anuales abreviados en los siguientes casos:

   a) **Balance y Memoria abreviados:** las sociedades en las que a la fecha de cierre del ejercicio concurran, al menos, dos de las circunstancias siguientes:

   - Que el total de las partidas del activo no supere los cuatro millones de euros. A estos efectos, se entenderá por total activo el total que figura en el modelo del Balance.
   - Que el importe neto de su cifra anual de negocios no supere los ocho millones de euros.
   - Que el número medio de trabajadores empleados durante el ejercicio no sea superior a 50.

   b) **Cuenta de pérdidas y ganancias abreviada:** las sociedades en las que a la fecha de cierre del ejercicio concurran, al menos, dos de las circunstancias siguientes:

   - Que el total de las partidas del activo no supere los once millones cuatrocientos mil euros. A estos efectos, se entenderá por total activo el total que figura en el modelo del balance.
   - Que el importe neto de su cifra anual de negocios no supere los veintidós millones ochocientos mil euros.
   - Que el número medio de trabajadores empleados durante el ejercicio no sea superior a 250.

   Cuando una sociedad, en la fecha de cierre del ejercicio, pase a cumplir dos de las circunstancias antes indicadas o bien cese de cumplirlas, tal situación únicamente producirá efectos en cuanto a lo señalado en este apartado si se repite durante dos ejercicios consecutivos.

   Si la empresa formase parte de un grupo de empresas (norma 3.ª), para la cuantificación de los importes se tendrá en cuanta la suma del activo, del importe neto de la cifra de negocios y del número medio de trabajadores del conjunto de las entidades que conformen el grupo.

2. Las empresas con otra forma societaria no mencionada en la norma anterior, así como los empresarios individuales, estarán obligados a formular, como mínimo, las cuentas anuales abreviadas.

3. Las entidades calificadas como entidades de interés público en el artículo 3.5 de la Ley 22/2015, de 20 de julio, de Auditoría de Cuentes, no podrán formular cuentas anuales abreviadas.

4. Lo establecido en las normas siguientes para los modelos normales deberá adecuarse a las características propias de los modelos abreviados.

5. Cuando el contenido de la memoria abreviada que se incluye en la sección relativa a los modelos abreviados no sea suficiente para mostrar la imagen fiel del patrimonio, de la situación financiera y de los resultados de la empresa, se suministrarán las informaciones adicionales precisas para alcanzar ese resultado.

Plan General de Contabilidad

11.ª Cifra anual de negocios

El importe neto de la cifra anual de negocios se determinará deduciendo del importe de las ventas de los productos y de las prestaciones de servicios u otros ingresos correspondientes a las actividades ordinarias de la empresa, el importe de cualquier descuento (bonificaciones y demás reducciones sobre las ventas) y el del impuesto sobre el valor añadido y otros impuestos directamente relacionados con las mismas, que deban ser objeto de repercusión.

Código de Comercio

Artículo 43 bis. Las cuentas anuales consolidadas deberán formularse de acuerdo con las siguientes normas:

a) Si, a la fecha de cierre del ejercicio alguna de las sociedades del grupo ha emitido valores admitidos a cotización en un mercado regulado de cualquier Estado miembro de la Unión Europea, aplicarán las normas internacionales de información financiera adoptadas por los Reglamentos de la Unión Europea.

b) Si, a la fecha de cierre del ejercicio ninguna de las sociedades del grupo ha emitido valores admitidos a cotización en un mercado regulado de cualquier Estado miembro de la Unión Europea, podrán optar por la aplicación de las normas de contabilidad incluidas en este Código y sus disposiciones de desarrollo, o por las normas internacionales de información financiera adoptadas por los Reglamentos de la Unión Europea.

Cuentas anuales abreviadas	Balance y Memoria	C. de pérdidas y ganancias
Total del activo	≤ 4.000.000 €	≤ 11.400.000 €
Cifra anual de negocios	≤ 8.000.000 €	≤ 22.800.000 €
N.º medio de trabajadores	≤ 50 trabajadores	≤ 250 trabajadores

12.3.1. Normas comunes al Balance, Cuenta de pérdidas y ganancias, ECPN y EFE (norma 5.ª)

1. En cada partida deberán figurar, además de las cifras del ejercicio que se cierra, las correspondientes al ejercicio inmediatamente anterior.

2. No figurarán las partidas a las que no corresponda importe alguno en el ejercicio ni en el precedente.

3. No podrá modificarse la estructura de un ejercicio a otro, salvo casos excepcionales que se indicarán en la Memoria.

4. Podrán añadirse nuevas partidas a las previstas en los modelos normales y abreviados, siempre que su contenido no esté previsto en las existentes.

5. Podrá hacerse una subdivisión más detallada de las partidas que aparecen en los modelos, tanto en el normal como en el abreviado.

6. Podrán agruparse las partidas precedidas de números árabes en el Balance y Estado de cambios en el patrimonio neto, o letras en la Cuenta de pérdidas y ganancias y Estado de flujos de efectivo, si solo representan un importe irrelevante para mostrar la imagen fiel o si se favorece la claridad.

7. Cuando proceda, cada partida contendrá una referencia cruzada a la información correspondiente dentro de la Memoria.

8. Los créditos y deudas con empresas del grupo y asociadas, así como los ingresos y gastos derivados de ellos, figurarán en las partidas correspondientes, con separación de las que no correspondan a empresas del grupo o asociadas, respectivamente. En cualquier caso, en las partidas relativas a empresas asociadas también se incluirán las relaciones con empresas multigrupo.

9. Las empresas que participen en uno o varios negocios conjuntos que no tengan personalidad jurídica (uniones temporales de empresas, comunidades de bienes, etc.) deberán presentar esta información, atendiendo a lo dispuesto en la norma de registro y valoración relativa a negocios conjuntos, integrando en cada partida de los modelos de los distintos estados financieros las cantidades correspondientes a los negocios conjuntos en los que participen, e informando sobre su desglose en la Memoria.

10. Las cuentas anuales que resultan de una adquisición inversa, en aplicación de los criterios recogidos en la norma de registro y valoración relativa a combinaciones de negocios, se elaborarán por la empresa adquirida. En consecuencia, el capital social que debe lucir en el patrimonio neto será el correspondiente a la empresa adquirida.

Plan General de Contabilidad

12.ª Número medio de trabajadores

Para la determinación del número medio de trabajadores se considerarán todas aquellas personas que tengan o hayan tenido alguna relación laboral con la empresa durante el ejercicio, promediadas según el tiempo durante el cual hayan prestado sus servicios.

12.4. Balance

Plan General de Contabilidad

13.ª Empresas del grupo, multigrupo y asociadas

A efectos de la presentación de las cuentas anuales de una empresa o sociedad se entenderá que otra empresa forma parte del grupo cuando ambas estén vinculadas por una relación de control, directa o indirecta, análoga a la prevista en el art. 42 del C. de C. para los grupos de sociedades o cuando las empresas estén controladas por cualquier medio por una o varias personas físicas o jurídicas, que actúen conjuntamente o se hallen bajo dirección única por acuerdos o cláusulas estatutarias.

Se entenderá que una empresa es asociada cuando, sin que se trate de una empresa del grupo, en el sentido señalado anteriormente, la empresa o alguna o algunas de las empresas del grupo en caso de existir este, incluidas las entidades o personas físicas dominantes, ejerzan sobre tal empresa una influencia significativa por tener una participación en ella que, creando con esta una vinculación duradera, esté destinada a contribuir a su actividad.

Se entenderá por empresa multigrupo aquella que esté gestionada conjuntamente por la empresa o alguna o algunas de las empresas del grupo en caso de existir este, incluidas las entidades o personas físicas dominantes, y uno o varios terceros ajenos al grupo de empresas.

El artículo 35.1 del Código de Comercio dice: *«En el Balance figurarán de forma separada el activo, el pasivo y el patrimonio neto…»*

El Plan General de Contabilidad recoge en la 6.ª norma de elaboración de las cuentas anuales, los criterios para formular el balance:

El Balance comprende, con la debida separación, el activo, el pasivo y el patrimonio neto de la empresa.

La clasificación entre partidas corrientes y no corrientes se realizará de acuerdo con los siguientes criterios:

a) El activo corriente comprenderá:

- Los activos vinculados al ciclo normal de explotación que la empresa espera vender, consumir o realizar en el transcurso del ciclo normal de explotación. Con carácter general, el ciclo normal de explotación no excederá de un año. A estos efectos se entiende por ciclo normal de explotación, el periodo de tiempo que transcurre entre la adquisición de los activos que se incorporan al proceso productivo y la realización de los productos en forma de efectivo o equivalentes al efectivo. Cuando el ciclo normal de explotación de una empresa no resulte claramente identificable, se asumirá que es de un año.
- Aquellos activos, diferentes de los citados en el inciso anterior, cuyo vencimiento, enajenación o realización se espera que se produzca en el corto plazo, es decir, en el plazo máximo de un año, contado a partir de la fecha de cierre del ejercicio. En consecuencia, los activos financieros no corrientes se reclasificarán en corrientes en la parte que corresponda.
- Los activos financieros clasificados como mantenidos para negociar.
- El efectivo y otros activos líquidos equivalentes.

Los demás elementos del activo se clasificarán como no corrientes.

b) El pasivo corriente comprenderá:

- Las obligaciones que la empresa espera liquidar en el transcurso del ciclo normal de explotación señalado en la letra anterior.
- Las obligaciones cuyo vencimiento o extinción se espera que se produzca en el corto plazo, es decir, en el plazo máximo de un año, contado a partir de la fecha de cierre del ejercicio; en particular, aquellas obligaciones para las cuales la empresa no disponga de un derecho incondicional a diferir su pago en dicho plazo. En consecuencia, los pasivos no corrientes se reclasificarán en corrientes en la parte que corresponda.
- Los pasivos financieros clasificados como mantenidos para negociar.

Los demás elementos del pasivo se clasificarán como no corrientes.

El Plan General de Contabilidad establece la siguiente estructura para el Balance:

ACTIVO	PATRIMONIO NETO Y PASIVO
A) ACTIVO NO CORRIENTE	A) PATRIMONIO NETO
I. Inmovilizado intangible	**A-1) Fondos propios**
II. Inmovilizado material	I. Capital
III. Inversiones inmobiliarias	II. Prima de emisión
IV. Inversiones en empresas del grupo y asociadas a largo plazo	III. Reservas
V. Inversiones financieras a largo plazo	IV. (Acciones y participaciones en patrimonio propias)
VI. Activos por impuesto diferido	V. Resultados de ejercicios anteriores
B) ACTIVO CORRIENTE	VI. Otras aportaciones de socios
I. Activos no corrientes mantenidos para la venta	VII. Resultado del ejercicio
II. Existencias	VIII. (Dividendo a cuenta)
III. Deudores comerciales y otras cuentas a cobrar	IX. Otros instrumentos de patrimonio.
IV. Inversiones en empresas del grupo y asociadas a corto plazo	**A-2) Ajustes por cambios de valor**
V. Inversiones financieras a corto plazo	I. Instrumentos financieros disponibles para la venta
VI. Periodificaciones a corto plazo	II. Operaciones de cobertura
VII. Efectivo y otros activos líquidos equivalentes	III. Otros
	A-3) Subvenciones, donaciones y legados recibidos
	B) PASIVO NO CORRIENTE
	I. Provisiones a largo plazo
	II. Deudas a largo plazo
	III. Deudas con empresas del grupo y asociadas a largo plazo
	IV. Pasivos por impuesto diferido
	V. Periodificaciones a largo plazo
	C) PASIVO CORRIENTE
	I. Pasivos vinculados con activos no corrientes mantenidos para la venta
	II. Provisiones a corto plazo
	III. Deudas a corto plazo
	IV. Deudas con empresas del grupo y asociadas a corto plazo
	V. Acreedores comerciales y otras cuentas a pagar
	VI. Periodificaciones a corto plazo

12.5. Cuenta de pérdidas y ganancias

El artículo 35.2 del Código de Comercio dice: «*La Cuenta de pérdidas y ganancias recogerá el resultado del ejercicio, separando debidamente los ingresos y los gastos imputables al mismo, y distinguiendo los resultados de explotación, de los que no lo sean…*».

El Plan General de Contabilidad recoge en la 7.ª norma de elaboración de las cuentas anuales, los criterios para formular la Cuenta de pérdidas y ganancias.

En la Cuenta de pérdidas y ganancias se distinguen varios niveles de resultados, como establece el artículo 35.2 del Código de Comercio.

<table>
<tr><th colspan="5">NIVELES DE RESULTADOS DE LA CUENTA DE PÉRDIDAS Y GANANCIAS</th></tr>
<tr><td>+ Ingresos de explotación
– Gastos de explotación</td><td>Resultado de explotación</td><td rowspan="2">Resultado antes de impuestos</td><td rowspan="3">Resultado del ejercicio procedente de operaciones continuadas</td><td rowspan="4">Resultado del ejercicio</td></tr>
<tr><td>+ Ingresos financieros
– Gastos financieros</td><td>Resultado financiero</td></tr>
<tr><td colspan="3">± Impuesto sobre beneficios</td></tr>
<tr><td colspan="4">± Resultado de operaciones interrumpidas</td></tr>
</table>

En caso de que la empresa presente ingresos o gastos de carácter excepcional y cuantía significativa, como por ejemplo los producidos por inundaciones, incendios, multas o sanciones, se creará una partida con la denominación *Otros resultados*, formando parte del resultado de explotación e informará de ello detalladamente en la memoria.

En la partida *18. Resultado del ejercicio procedente de operaciones interrumpidas neto de impuestos* del modelo normal de la Cuenta de pérdidas y ganancias, la empresa incluirá un importe único que comprenda:

- El resultado después de impuestos de las actividades interrumpidas; y
- El resultado después de impuestos reconocido por la valoración a valor razonable menos los costes de venta, o bien por la enajenación o disposición por otros medios de los activos o grupos enajenables de elementos que constituyan la actividad interrumpida.

Recuerda...

Para una información más exhaustiva debes consultar la tercera parte del Plan General de Contabilidad

Normas de valoración de las cuentas anuales: «7.ª Cuenta de pérdidas y ganancias».

Una actividad interrumpida es todo componente de una empresa que ha sido enajenado o se ha dispuesto de él por otra vía, o bien que ha sido clasificado como mantenido para la venta, y:

a) Represente una línea de negocio o un área geográfica de la explotación, que sea significativa y pueda considerarse separada del resto;

b) Forme parte de un plan individual y coordinado para enajenar o disponer por otra vía de una línea de negocio o de un área geográfica de la explotación que sea significativa y pueda considerarse separada del resto; o

c) Sea una empresa dependiente adquirida exclusivamente con la finalidad de venderla.

A estos efectos, se entiende por componente de una empresa las actividades o flujos de efectivo que, por estar separados y ser independientes en su funcionamiento o a efectos de información financiera, se distinguen claramente del resto de la empresa, tal como una empresa dependiente o un segmento de negocio o geográfico.

El Plan General de Contabilidad establece la siguiente estructura para la Cuenta de pérdidas y ganancias:

CUENTA DE PÉRDIDAS Y GANANCIAS
A) OPERACIONES CONTINUADAS
1. Importe neto de la cifra de negocios 2. Variación de existencias de productos terminados y en curso de fabricación 3. Trabajos realizados por la empresa para su activo 4. Aprovisionamientos 5. Otros ingresos de explotación 6. Gastos de personal 7. Otros gastos de explotación 8. Amortización del inmovilizado 9. Imputación de subvenciones de inmovilizado no financiero y otras 10. Excesos de provisiones 11. Deterioro y resultado por enajenaciones del inmovilizado
A.1) RESULTADO DE EXPLOTACIÓN
12. Ingresos financieros 13. Gastos financieros 14. Variación de valor razonable en instrumentos financieros 15. Diferencias de cambio 16. Deterioro y resultado por enajenaciones de instrumentos financieros
A.2) RESULTADO FINANCIERO
A.3) RESULTADO ANTES DE IMPUESTOS
17. Impuestos sobre beneficios
A.4) RESULTADO DEL EJERCICIO PROCEDENTE DE OPERACIONES CONTINUADAS
B) OPERACIONES INTERRUMPIDAS
18. Resultado del ejercicio procedente de operaciones interrumpidas neto de impuestos
A.5) RESULTADO DEL EJERCICIO

Ejemplo 12.1

La empresa «BEDISA» presenta a 01-01-X3 la siguiente situación patrimonial:

ACTIVO		PATRIMONIO NETO y PASIVO	
(210) Terrenos y bienes naturales	140.000	(100) Capital social	476.000
(213) Maquinaria	238.000	(112) Reserva legal	47.600
(216) Mobiliario	68.000	(2813) Amortización acumulada de maquinaria	59.500
(218) Elementos de transporte	136.000	(2816) Amortización acumulada de mo biliario	17.000
(300) Mercaderías	119.000	(2818) Amortización acumulada de elementos de transporte	34.000
(321) Combustibles	1.700	(390) Deterioro de valor de las mercaderías	4.250
(327) Envases	3.600	(400) Proveedores	256.020
(430) Clientes	184.970	(437) Envases y embalajes a devolver por clientes	10.200
(4310) Efectos comerciales en cartera	60.000	(465) Remuneraciones pendientes de pago	25.500
(4312) Efectos comerciales en gestión de cobro	35.000	(4750) Hacienda Pública, acreedora por IVA	27.200
(436) Clientes de dudoso cobro	6.800	(4751) Hacienda Pública, acreedora por retenciones practicadas	13.600
(440) Deudores	5.000	(4752) Hacienda Pública, acreedora por impuesto sobre sociedades	17.000
(4740) Activos por diferencias temporarias deducibles	1.530	(476) Organismos de la Seguridad Social, acreedores	19.550
(540) Inversiones financieras a corto plazo en instrumentos de patrimonio	5.100	(479) Pasivos por diferencias temporarias imponibles	4.080
(572) Bancos c/c	135.300	(490) Deterioro de valor de créditos por operaciones comerciales	6.800
		(523) Proveedores de inmovilizado a corto plazo	120.000
		(555) Partidas pendientes de aplicación	1.700
TOTAL ACTIVO	**1.140.000**	TOTAL PASIVO	**1.140.000**

Asientos de regularización y cierre a 31-12-20X3:

897.965,81	(129) Resultado del ejercicio	a	(600) Compras de mercaderías	623.900
			(602) Compras de otros aprovisionamientos	20.246,86
			(621) Arrendamientos y cánones	4.074,38
			(622) Reparaciones y conservación	912,66
			(623) Servicios de profesionales independientes	9.452,56
			(624) Transportes	2.082,25
			(625) Primas de seguros	816
			(626) Servicios bancarios y similares	350
			(629) Otros servicios	1.955,71
			(6300) Impuesto corriente	53.712,63
			(6301) Impuesto diferido	3.570
			(640) Sueldos y salarios	68.000
			(642) Seguridad Social a cargo de la empresa	20.400
			(650) Pérdidas de créditos comerciales incobrables	5.100
			(662) Intereses de deudas	4.765,59
			(665) Intereses por descuento de efectos y operaciones de «factoring»	800
			(678) Gastos excepcionales	10.000
			(681) Amortización del inmovilizado material	53.327,17
			(691) Pérdidas por deterioro del inmovilizado material	14.000
			(693) Pérdidas por deterioro de existencias	500

(continúa)

(continuación)

Debe	Cuenta	Cuenta	Haber
885.685,95	(700) Ventas de mercaderías		
17.250	(704) Ventas de envases y embalajes		
5.704,13	(609) «Rappels» por compras		
100.600	(610) Variación de existencias de mercaderías		
3.200	(612) Variación de existencias de otros aprovisionamientos		
1.955,70	(754) Ingresos por comisiones		
400	(7630) Beneficios de cartera de nego-ciación		
779,51	(769) Otros ingresos financieros		
4.250	(793) Reversión del deterioro de existencias		
6.800	(794) Reversión del deterioro de créditos por operaciones comerciales	a (129) Resultado del ejercicio	1.026.625,29
476.000	(100) Capital social		
47.600	(112) Reserva legal		
128.659,48	(129) Resultado del ejercicio		
40.000	(170) Deudas a largo plazo con entidades de crédito		
80.920	(2813) Amortización acumulada de maquinaria		
21.707,17	(2816) Amortización acumulada de mobiliario		
61.200	(2818) Amortización acumulada de elementos de transporte		
14.000	(291) Deterioro de valor del inmovilizado material		
500	(392) Deterioro de valor de otros aprovisionamientos		
453.791,20	(400) Proveedores		
49.434,11	(4750) Hacienda Pública, acreedora por IVA		
11.995,99	(4751) Hacienda Pública, acreedora por retenciones practicadas		
30.564,52	(4752) Hacienda Pública, acreedora por impuesto sobre sociedades		
24.480	(476) Organismos de la Seguridad Social, acreedores		
6.120	(479) Pasivos por diferencias temporarias imponibles		
977,85	(485) Ingresos anticipados		
20.000	(5200) Préstamos a corto plazo de entidades de crédito		
60.000	(5208) Deudas por efectos descontados		
1.165,59	(527) Intereses a corto plazo de deudas con entidades de crédito		
		a (210) Terrenos y bienes naturales	140.000
		a (213) Maquinaria	238.000
		a (216) Mobiliario	70.607,60
		a (218) Elementos de transporte	136.000
		a (300) Mercaderías	219.600
		a (327) Envases	7.000
		a (321) Combustibles	1.500
		a (430) Clientes	413.846
		a (480) Gastos anticipados	391,14

	a	(572) Bancos, c/c	231.671,17
	a	(440) Deudores	5.000
	a	(4311) Efectos comerciales descontados	60.000
	a	(540) Inversiones financieras a corto plazo en instrumentos de patrimonio	5.500

Elabora el Balance de situación y la Cuenta de pérdidas y ganancias correspondientes al ejercicio 20X3, utilizando los modelos normales.

BALANCE DE SITUACIÓN AL CIERRE DEL EJERCICIO 20X3

N.° cuentas	ACTIVO	N. mem.	20X3	20X2
	A) ACTIVO NO CORRIENTE		406.780,43	473.030,00
	II) Inmovilizado material			
210, (2910)	1. Terrenos y construcciones		126.000,00	140.000,00
213, 216, 218, (2813), (2816), (2818)	2. Instalaciones técnicas y otro inmovilizado material		280.780,43	331.500,00
474	**VI. Activos por impuesto diferido**			1.530,00
	B) ACTIVO CORRIENTE		944.008,31	535.220,00
	II. Existencias			
30, (390)	1. Comerciales		219.600,00	114.750,00
32, (392)	2. Materias primas y otros aprovisionamientos		8.000,00	5.300,00
	III. Deudores comerciales y otras cuentas a cobrar.			
430, 431, 436, (437), (490)	1. Clientes por ventas y prestaciones de servicios		473.846,00	269.770,00
44	3. Deudores varios		5.000,00	5.000,00
	V. Inversiones financieras a corto plazo			
540	1. Instrumentos de patrimonio		5.500,00	5.100,00
480	**VI. Periodificaciones a corto plazo**		391,14	
	VII. Efectivo y otros activos líquidos equivalentes.			
572	1. Tesorería		231.671,17	135.300,00
	TOTAL ACTIVO (A + B)		**1.350.788,74**	**1.008.250,00**

N.° cuentas	PATRIMONIO NETO Y PASIVO	N. mem.	20X3	20X2
	A) PATRIMONIO NETO		652.259,48	523.600,00
	A-1) Fondos propios			
100	**I. Capital**			
	1. Capital escriturado		476.000,00	476.000,00
112	**III. Reservas**			
129	1. Legal y estatutarias		47.600,00	47.600,00
	VII. Resultado del ejercicio		128.659,48	
	B) PASIVO NO CORRIENTE		46.120,00	4.080,00
	II Deudas a largo plazo			
170	2. Deudas con entidades de crédito		40.000,00	
479	**IV. Pasivos por impuesto diferido**		6.120,00	4.080,00
	C) PASIVO CORRIENTE		652.409,26	480.570,00
	III. Deudas a corto plazo			
520, 527	2. Deudas con entidades de crédito		81.165,59	
523, 555	5. Otros pasivos financieros			121.700,00
	V. Acreedores comerciales y otras cuentas a pagar			
400	1. Proveedores		453.791,20	256.020,00
465	4. Personal (remuneraciones pendientes de pago)			25.500,00
4752	5. Pasivos por impuesto corriente		30.564,52	17.000,00
4750, 4751, 476	6. Otras deudas con las Administraciones Públicas		85.910,10	60.350,00
485	**VI. Periodificaciones a corto plazo**		977,85	
	TOTAL PATRIMONIO NETO Y PASIVO (A + B + C)		**1.350.788,74**	**1.008.250,00**

(continúa)

(continuación)

CUENTA DE PÉRDIDAS Y GANANCIAS CORRESPONDIENTE AL EJERCICIO TERMINADO EL 31 DE DICIEMBRE DE 20X3

N.º cuentas		Nota	(Debe) Haber 20X3	(Debe) Haber 20X2
	A) OPERACIONES CONTINUADAS			
	1. Importe neto de la cifra de negocios.			
700, 704	a) Ventas		902.935,95	
	4. Aprovisionamientos			
(600), 6090, 610*	a) Consumo de mercaderías		(517.595,87)	
(602), 612*	b) Consumo de materias primas y otras materias consumibles		(17.046,86)	
(6933), 7931	d) Deterioro de mercaderías, materias primas y otros aprovisionamientos		3.750,00	
	5. Otros ingresos de explotación.			
75	a) Ingresos accesorios y otros de gestión corriente		1.955,70	
	6. Gastos de personal			
(640)	a) Sueldos, salarios y asimilados		(68.000)	
(642)	b) Cargas sociales		(20.400)	
	7. Otros gastos de explotación			
(62)	a) Servicios exteriores		(19.643,56)	
(650), 794	c) Pérdidas, deterioro y variación de provisiones por operaciones comerciales		1.700,00	
(68)	**8. Amortización del inmovilizado**		(53.327,17)	
	11. Deterioro y resultado por enajenaciones del inmovilizado			
(691)	a) Deterioros y pérdidas		(14.000)	
(678)	**Otros resultados**		(10.000)	
	A.1) RESULTADO DE EXPLOTACIÓN (1 + 2 + 3 + 4 + 5 + 6 + 7 + 8 + 9 + 10 + 11)		190.328,19	
	12. Ingresos financieros.			
769	b) De valores negociables y otros instrumentos financieros			
(6623), (6653)	b1) De empresas del grupo y asociadas			
7630	b2) De terceros		779,51	
	13. Gastos financieros			
	b) Por deudas con terceros		(5.565,59)	
	14. Variación de valor razonable en instrumentos financieros			
	a) Cartera de negociación y otros		400,00	
	A.2) RESULTADO FINANCIERO (12 + 13 + 14 + 15 + 16)		(4.386,08)	
	A.3) RESULTADO ANTES DE IMPUESTOS (A.1 + A.2)		185.942,11	
(6300)*, 6301*	**17. Impuestos sobre beneficios**		(57.282,63)	
	A.4) RESULTADO DEL EJERCICIO PROCEDENTE DE OPERACIONES CONTINUADAS (A.3 + 17)		128.659,48	
	B) OPERACIONES INTERRUMPIDAS			
	18. Resultado del ejercicio procedente de operaciones interrumpidas neto de impuestos			
	A.5) RESULTADO DEL EJERCICIO (A.4 + 18)		**128.659,48**	

* Su signo puede ser positivo o negativo.

12.6. Estado de cambios en el patrimonio neto

El artículo 35.3 del Código de Comercio dice: *«El Estado que muestre los cambios en el patrimonio neto tendrá dos partes. La primera reflejará exclusivamente los ingresos y gastos generados por la actividad de la empresa durante el ejercicio…».*

El Plan General de Contabilidad recoge en la 8.ª norma de elaboración de las cuentas anuales, los criterios para formular el Estado de cambios en el patrimonio neto:

El Estado de cambios en el patrimonio neto tiene dos partes:

1. La primera, denominada **Estado de ingresos y gastos reconocidos**, recoge los cambios en el patrimonio neto derivados de:
   a) El resultado del ejercicio de la Cuenta de pérdidas y ganancias.
   b) Los ingresos y gastos imputados directamente en el patrimonio neto, de acuerdo con las normas de registro y valoración contenidas en el PGC.
   c) Las transferencias a la Cuenta de pérdidas y ganancias, según lo dispuesto en el PGC. En este apartado se incluirán los ingresos y gastos que han sido imputados directamente al patrimonio neto y que, posteriormente, han sido traspasados a la Cuenta de pérdidas y ganancias.

   Los importes relativos a los ingresos y gastos imputados directamente al patrimonio neto y las transferencias a la Cuenta de pérdidas y ganancias se registrarán por su importe bruto, mostrándose en una partida separada su correspondiente efecto impositivo.

2. La segunda, denominada **Estado total de cambios en el patrimonio neto**, informa de todos los cambios habidos en el patrimonio neto derivados de:
   a) El saldo total de los ingresos y gastos reconocidos.
   b) Las variaciones originadas en el patrimonio neto por operaciones con los socios o propietarios de la empresa cuando actúen como tales.
   c) Las restantes variaciones que se produzcan en el patrimonio neto.
   d) También se informará de los ajustes al patrimonio neto debidos a cambios en criterios contables y correcciones de errores.

El Plan General de Contabilidad establece la siguiente estructura para el Estado de cambios en el patrimonio neto:

ESTADO DE CAMBIOS EN EL PATRIMONIO NETO a) Estado de ingresos y gastos reconocidos
A) Resultado de la Cuenta de pérdidas y ganancias
Ingresos y gastos imputados directamente al patrimonio neto I. Por valoración de instrumentos financieros II. Por coberturas de flujos de efectivo III. Subvenciones, donaciones y legados recibidos IV. Por ganancias y pérdidas actuariales y otros ajustes V. Efecto impositivo
B) Total ingresos y gastos imputados directamente en el patrimonio neto
Transferencias a la cuenta de pérdidas y ganancias VI. Por valoración de instrumentos financieros VII. Por coberturas de flujos de efectivo VIII. Subvenciones, donaciones y legados recibidos IX. Efecto impositivo
C) Total transferencias a la Cuenta de pérdidas y ganancias
TOTAL DE INGRESOS Y GASTOS RECONOCIDOS

Recuerda...

Para una información más exhaustiva debes consultar la tercera parte del Plan General de Contabilidad

Normas de valoración de las cuentas anuales: «8.ª Estado de cambios en el patrimonio neto».

Plan General de Contabilidad

Si existe un elemento patrimonial clasificado como *Activos no corrientes mantenidos para la venta* o como *Pasivos vinculados con activos no corrientes mantenidos para la venta*, que implique que su valoración produzca cambios que deban registrarse directamente en el patrimonio neto (por ejemplo, activos financieros disponibles para la venta), se creará un epígrafe específico «Activos no corrientes y pasivos vinculados, mantenidos para la venta» dentro de las agrupaciones B, «Ingresos y gastos imputados directamente al patrimonio neto» y C, «Transferencias a la cuenta de pérdidas y ganancias».

b) Estado total de cambios en el patrimonio neto	Capital													
	Escriturado	No exigido	Prima de emisión	Reservas	(Acc. y particip. en patrim. proa.)	Rdos. de ejercic. anteriores	Otras aport. de socios	Resultado del ejercicio	(Dividendo a cuenta)	Otros instrum. de patrimonio	Ajustes por cambios de valor	Subv., donac. y legados recib.	TOTAL
A. SALDO FINAL DEL AÑO 200X-2													
I. Ajustes por cambios de criterio 200X-2 y anteriores													
II. Ajustes por errores 200X-2 y anteriores													
B: SALDO AJUSTADO, INICIO DEL AÑO 200X-1													
I. Total ingresos y gastos reconocidos													
II. Operaciones con socios o propietarios													
III. Otras variaciones del patrimonio neto													
C. SALDO, FINAL DEL AÑO 200X-1													
I. Ajustes por cambios de criterio 200X-1													
II. Ajustes por errores 200X-1													
D. SALDO AJUSTADO, INICIO DEL AÑO 200X													
I. Total ingresos y gastos reconocidos													
II. Operaciones con socios o propietarios													
III. Otras variaciones del patrimonio neto													
E. SALDO, FINAL DEL AÑO 200X													

Ejemplo 12.2

La empresa «XYZ, SA» tiene al inicio de 20X3 un capital de 600.000 €, una prima de emisión de 100.000 € y unas reservas de 200.000 €.

El saldo de la cuenta de resultado del ejercicio 20X2 fue de 26.000 €. De este saldo repartió como dividendos 16.000 € y el resto a reservas.

Ha realizado, entre otras, las siguientes operaciones:

- Ampliación de capital en 200.000 €. Prima de emisión: 40.000 €.
- Adquirió acciones propias por importe de 18.000 €.
- Ha recibido una subvención para la adquisición de una máquina por importe de 10.000 €. La máquina se amortizará en 5 años y se imputa a este ejercicio la parte correspondiente (1/5).
- Durante el ejercicio 20X2 la empresa adquirió acciones por importe de 30.000 € que clasificó como «disponibles para la venta». Al final de dicho ejercicio su valor razonable fue de 28.200 €. Durante el ejercicio 20X3 la empresa vende dichas acciones en 28.200 €.
- Durante este ejercicio adquiere acciones por importe de 20.000 €, que clasifica como «disponibles para la venta». Al final del ejercicio, el valor razonable de las acciones es de 21.000 €.
- El resultado del ejercicio 2003 asciende a 24.000 €.

Elabora el Estado de cambios en el patrimonio neto.

ESTADO DE CAMBIOS EN EL PATRIMONO NETO CORRESPONDIENTE AL EJERCICIO TERMINADO EL 31-12-20X3

a) Estado de ingresos y gastos reconocidos correspondientes al ejercicio terminado el 31-12-20X3

N.º cuentas		N. mem.	20X3	20X2
	A) Resultado de la Cuenta de pérdidas y ganancias		24.000	
	Ingresos y gastos imputados directamente al patrimonio neto			
	I. Por valoración de instrumentos financieros			
(800), (89), 900, 991, 992	1. Activos financieros disponibles para la venta		1.000	
	2. Otros ingresos/gastos			
(810), 910	**II. Por coberturas de flujos de efectivo**			
94	**III. Subvenciones, donaciones y legados recibidos**		10.000	
(85), 95	**IV. Por ganancias y pérdidas actuariales y otros ajustes**			
(8300)*, 8301*, (833)834, 835, 838	**V. Efecto impositivo**			
	- Valoración instrum. financ. (30 % s/1.000 ⇨ Sd cuenta 8301)		(300)	
	- Subvenciones (30 % s/10.000 ⇨ Sd cuenta 8301)		(3.000)	
	B) Total ingresos y gastos imputados directamente en el patrimonio neto (I + II + III + IV + V)		7.700	
	Transferencias a la cuenta de pérdidas y ganancias			
(802),902,993,994	**VI. Por valoración de instrumentos financieros**			
(812),912	1. Activos financieros disponibles para la venta		1.800	
(84)	2. Otros ingresos/gastos			
8301*,(836),(837)	**VII. Por coberturas de flujos de efectivo**			
	VIII. Subvenciones, donaciones y legados recibidos		(2.000)	
	IX. Efecto impositivo			
	- Pérdidas transferidas (30 % s/1.800 ⇨ Sd cuenta 8301)		(540)	
	- Subvención transferida (30 % s/2.000 ⇨ Sa cuenta 8301)		600	
	C) Total transferencias a la cuenta de pérdidas y ganancias (VI + VII + VIII + IX)		(140)	
	TOTAL DE INGRESOS Y GASTOS RECONOCIDOS (A + B + C)		31.560	

(continúa)

B) ESTADO TOTAL DE CAMBIOS EN EL PATRIMONIO NETO CORRESPONDIENTE AL EJERCICIO TERMINADO EL 31-12-20X3

	Capital		Prima de emisión	Reservas	(Acciones y part. en patrimonio propias)	Resultados de ejercicios anteriores	Otras aportaciones de socios	Resultado del ejercicio	(Dividendo a cuenta)	Otros, instrumentos de patrimonio	Ajustes por cambios de valor	Subvenc., donac. y legados. recibidos	TOTAL
	Escriturado	No exigido											
A) SALDO, FINAL DEL AÑO 200X-2													
I. Ajustes por cambios de criterio 20X1 y anteriores													
II. Ajustes por errores 20X1 y anteriores													
B) SALDO AJUSTADO, INICIO DEL AÑO 20X2													
I. Total de ingresos y gastos reconocidos													
II. Operaciones con socios o propietarios													
1. Aumentos de capital													
2. (-) Reducciones de capital													
3. Conversión de pasivos financieros en patrimonio neto (conversión obligaciones, condonaciones de deudas)													
4. (-) Distribución de dividendos													
5. Operaciones con acciones o participaciones propias (netas)													
6. Incremento (reducción) de patrimonio neto resultante de una combinación de negocios													
7. Otras operaciones con socios o propietarios													
III. Otras variaciones del patrimonio neto													
C) SALDO, FINAL DEL AÑO 20X2													
I. Ajustes por cambios de criterio 20X2													
II. Ajustes por errores 20X2													
D) SALDO AJUSTADO, INICIO DEL AÑO 20X3	600.000		100.000	200.000		26.000					(1.260)		924.740
I. Total ingresos y gastos reconocidos								24.000			1.960	5.600	31.560
II. Operaciones con socios o propietarios													
1. Aumentos de capital	200.000		40.000										240.000
2. (-) Reducciones de capital													
3. Conversión de pasivos financieros en patrimonio neto (conversión obligaciones, condonaciones de deudas)													
4. (-) Distribución de dividendos						(16.000)							(16.000)
5. Operaciones con acciones o participaciones propias (netas)	(18.000)												(18.000)
6. Incremento (reducción) de patrimonio neto resultante de una combinación de negocios													
7. Otras operaciones con socios o propietarios													
III. Otras variaciones del patrimonio neto				10.000		(10.000)							0
E. SALDO, FINAL DEL AÑO 20X3	782.000		140.000	210.000		0		24.000			700	5.600	1.162.300

12.7. Estado de flujos de efectivo

El artículo 35.4 del Código de Comercio dice: *«El estado de flujos de efectivo pondrá de manifiesto, debidamente ordenados y agrupados por categorías o tipos de actividades, los cobros y los pagos realizados por la empresa, con el fin de informar acerca de los movimientos de efectivo producidos en el ejercicio».*

El Plan General de Contabilidad recoge en la 9.ª norma de elaboración de las cuentas anuales, los criterios para formular el Estado de flujos de efectivo:

El Estado de flujos de efectivo informa sobre el origen y la utilización de los activos monetarios representativos de efectivo y otros activos líquidos equivalentes, clasificando los movimientos por actividades e indicando la variación neta de dicha magnitud en el ejercicio.

Se entiende por efectivo y otros activos líquidos equivalentes los que como tal figuran en el epígrafe B.VII del activo del Balance, es decir, la tesorería depositada en la caja de la empresa y los depósitos bancarios a la vista; también podrán formar parte los instrumentos financieros que sean convertibles en efectivo y que en el momento de su adquisición, su vencimiento no fuera superior a tres meses, siempre que no exista riesgo significativo de cambios de valor y formen parte de la política de gestión normal de la tesorería de la empresa.

Se establecen tres clases de flujos de efectivo:

1. **Flujos de efectivo procedentes de las actividades de explotación:** son fundamentalmente los ocasionados por las transacciones que intervienen en la determinación del resultado de la empresa. La variación del flujo de efectivo ocasionada por estas actividades se mostrará por su importe neto, a excepción de los flujos de efectivo correspondientes a intereses, dividendos percibidos e impuestos sobre beneficios, de los que se informará separadamente. A estos efectos, el resultado del ejercicio será objeto de corrección para eliminar los gastos e ingresos que no hayan producido un movimiento de efectivo e incorporar las transacciones de ejercicios anteriores cobradas o pagadas en el actual, clasificando separadamente los siguientes conceptos:

   a) Los ajustes para eliminar:

      - Correcciones valorativas, tales como amortizaciones, pérdidas por deterioro de valor, o resultados surgidos por la aplicación del valor razonable, así como las variaciones en las provisiones.
      - Operaciones que deban ser clasificadas como actividades de inversión o financiación, tales como resultados por enajenación de inmovilizado o de instrumentos financieros.
      - Remuneración de activos financieros y pasivos financieros cuyos flujos de efectivo deban mostrarse separadamente conforme a lo previsto en el apartado c) siguiente.

   b) Los cambios en el capital corriente que tengan su origen en una diferencia en el tiempo entre la corriente real de bienes y servicios de las actividades de explotación y su corriente monetaria.

   c) Los flujos por intereses y cobros de dividendos.

   d) Los flujos por impuesto sobre beneficios.

2. **Flujos de efectivo por actividades de inversión:** son los pagos que tienen su origen en la adquisición de activos no corrientes y otros activos no incluidos

Recuerda...

Para una información más exhaustiva debes consultar la tercera parte del Plan General de Contabilidad

Normas de valoración de las cuentas anuales: «9.ª Estado de flujos de efectivo».

Plan General de Contabilidad

15.ª Partes vinculadas.

Una parte se considera vinculada a otra cuando una de ellas, o un conjunto que actúa en concierto, ejerce o tiene la posibilidad de ejercer, directa o indirectamente, o en virtud de pactos o acuerdos entre accionistas o partícipes, el control sobre otra o una influencia significativa en la toma de decisiones financieras y de explotación de la otra.

en el efectivo y otros activos líquidos equivalentes, tales como inmovilizados intangibles, materiales, inversiones inmobiliarias o inversiones financieras, así como los cobros procedentes de su enajenación o de su amortización al vencimiento.

3. **Los flujos de efectivo por actividades de financiación:** comprenden los cobros procedentes de la adquisición por terceros de títulos valores emitidos por la empresa o de recursos concedidos por entidades financieras o terceros, en forma de préstamos u otros instrumentos de financiación, así como los pagos realizados por amortización o devolución de las cantidades aportadas por ellos. Figurarán también como flujos de efectivo por actividades de financiación los pagos a favor de los accionistas en concepto de dividendos.

El Plan General de Contabilidad establece la siguiente estructura para el Estado de flujos de efectivo:

ESTADO DE FLUJOS DE EFECTIVO
A) FLUJOS DE EFECTIVO DE LAS ACTIVIDADES DE EXPLOTACIÓN
1. Resultado del ejercicio antes de impuestos 2. Ajustes del resultado 3. Cambios en el capital corriente 4. Otros flujos de efectivo de las actividades de explotación 5. Flujos de efectivo de las actividades de explotación
B) FLUJOS DE EFECTIVO DE LAS ACTIVIDADES DE INVERSIÓN
6. Pagos por inversiones (–) 7. Cobros por desinversiones (+) 8. Flujos de efectivo de las actividades de inversión
C) FLUJOS DE EFECTIVO DE LAS ACTIVIDADES DE FINANCIACIÓN
9. Cobros y pagos por instrumentos de patrimonio 10. Cobros y pagos por instrumentos de pasivo financiero 11. Pagos por dividendos y remuneraciones de otros instrumentos de patrimonio 12. Flujos de efectivo de las actividades de financiación
D) Efecto de las variaciones de los tipos de cambio
E) AUMENTO/DISMINUCIÓN NETA DEL EFECTIVO O EQUIVALENTES
Efectivo o equivalentes al comienzo del ejercicio Efectivo o equivalentes al final del ejercicio

Ejemplo 12.3

El Balance y la Cuenta de pérdidas y ganancias de la empresa «RTS, SA» son los siguientes a 31 de diciembre de 20X2:

Balance de situación:

ACTIVO (millones)	31-12-X2	31-12-X1
ACTIVO NO CORRIENTE	**2.721**	**2.409**
Inmovilizado material	3.540	3.090
Menos: Amortización acumulada	(819)	(681)
ACTIVO CORRIENTE	**3.390**	**2.400**
Existencias	1.350	1.050
Clientes	1.842	1.200
Deterioro de valor de créditos comerciales	(11)	---
Tesorería	198	150
TOTAL ACTIVO	**6.100**	**4.809**

PATRIMONIO NETO Y PASIVO (millones)	31-12-X2	31-12-X1
PATRIMONIO NETO	**4.150**	**3.123**
Capital social	3.000	2.100
Reservas	900	750
Resultado del ejercicio	250	273
PASIVO CORRIENTE	**1.950**	**1.686**
Proveedores	1.203	909
Acreedores varios	177	138
Deudas bancarias	570	639
TOTAL PATRIMONIO NETO Y PASIVO	**6.100**	**4.809**

El resultado del ejercicio 20X1 se distribuyó de la siguiente forma: 150 € a reservas y el resto a dividendos.

Cuenta de pérdidas y ganancias:

PÉRDIDAS Y GANANCIAS (millones)	31-12-X2	31-12-X1
Ventas	9.600	7.200
Coste de ventas	(6.851)	(5.040)
Otros gastos de explotación	(2.112)	(1.656)
Pérdidas por deterioro de créditos comerciales	(11)	—
Amortización del inmovilizado	(138)	(69)
RESULTADO DE EXPLOTACIÓN	488	435
Gastos financieros	(111)	(45)
RESULTADO FINANCIERO	(111)	(45)
RESULTADO ANTES DE IMPUESTOS	377	390
Impuestos sobre beneficios	(127)	(117)
RESULTADO DEL EJERCICIO	**250**	**273**

Elabora el Estado de flujos de efectivo.

(continúa)

(continuación)

ESTADO DE FLUJOS DE EFECTIVO EN EL EJERCICIO CON CIERRE EL 31-12-20X2

	N. mem.	20X8	20X7
A) FLUJOS DE EFECTIVO DE LAS ACTIVIDADES DE EXPLOTACIÓN			
1. Resultado del ejercicio antes de impuestos		**377**	
2. Ajustes del resultado		**260**	
a) Amortización del inmovilizado (+)		138	
b) Correcciones valorativas por deterioro (+/-)		11	
c) Gastos financieros (+)		111	
3. Cambios en el capital corriente		**(609)**	
a) Existencias (+/-)		(300)	
b) Deudores y otras cuentas a cobrar (+/-)		(642)	
d) Acreedores y otras cuentas a pagar (+/-)		333	
4. Otros flujos de efectivo de las actividades de explotación		**(238)**	
a) Pagos de intereses (-)		(111)	
b) Cobros (pagos) por impuesto sobre beneficios (+/-)		(127)	
5. Flujos de efectivo de las actividades de explotación (+/-1+/-2+/-3+/-4)		**(210)**	
B) FLUJOS DE EFECTIVO DE LAS ACTIVIDADES DE INVERSIÓN			
6. Pagos por inversiones (-)			
a) Inmovilizado material		(450)	
7. Cobros por desinversiones (+)			
8. Flujos de efectivo de las actividades de inversión (7-6)		**(450)**	
C) FLUJOS DE EFECTIVO DE LAS ACTIVIDADES DE FINANCIACIÓN			
9. Cobros y pagos por instrumentos de patrimonio			
a) Emisión de instrumentos de patrimonio (+)		900	
10. Cobros y pagos por instrumentos de pasivo financiero			
b) Devolución y amortización de			
2. Deudas con entidades de crédito (-)		(69)	
11. Pagos por dividendos y remuneraciones de otros instrumentos de patrimonio			
a) Dividendos (-)		(123)	
12. Flujos de efectivo de las actividades de financiación (+/-9+/-10-11)		**708**	
D) Efecto de las variaciones de los tipos de cambio		**0**	
E) AUMENTO/DISMINUCIÓN NETA DEL EFECTIVO O EQUIVALENTES (+/-A+/-B+/-C+/-D)		**48**	
Efectivo o equivalentes al comienzo del ejercicio		150	
Efectivo o equivalentes al final del ejercicio		198	

12.8. Memoria

El artículo 35.5 del Código de Comercio dice: *«La Memoria completará, ampliará y comentará la información contenida en los otros documentos que integran las cuentas anuales».*

El artículo 260 del TRLSC establece el contenido mínimo de la Memoria.

El Plan General de Contabilidad recoge en la 10.ª norma de elaboración de las cuentas anuales, los criterios para formular la Memoria.

La Memoria completa, amplía y comenta la información contenida en los otros documentos que integran las cuentas anuales. Se formulará teniendo en cuenta que:

Recuerda...

Para una información más exhaustiva debes consultar la tercera parte del Plan General de Contabilidad.

Normas de valoración de las cuentas anuales: «10.ª Memoria».

1. El modelo de la Memoria recoge la información mínima a cumplimentar.
2. Deberá indicarse cualquier otra información no incluida en el modelo de la Memoria que sea necesaria para permitir el conocimiento de la situación y actividad de la empresa en el ejercicio, con el fin de que reflejen la imagen fiel del patrimonio, de la situación financiera y de los resultados de la empresa.
3. La información cuantitativa deberá referirse al ejercicio al que corresponden las cuentas anuales, así como al ejercicio anterior del que se ofrece información comparativa.
4. Lo establecido en la Memoria en relación con las empresas asociadas deberá entenderse también referido a las empresas multigrupo.
5. Lo establecido en la nota 4 de la Memoria se deberá adaptar para su presentación, en todo caso, de modo sintético y conforme a la exigencia de claridad.

Podemos distinguir los siguientes apartados en la Memoria:

Memoria normal	Memoria abreviada
1. Actividad de la empresa	1. Actividad de la empresa
2. Bases de presentación de las cuentas anuales	2. Bases de presentación de las cuentas anuales
3. Aplicación de resultados	3. Normas de registro y valoración
4. Normas de registro y valoración	4. Inmovilizado material, intangible e inversiones inmobiliarias
5. Inmovilizado material	5. Activos financieros
6. Inversiones inmobiliarias	6. Pasivos financieros
7. Inmovilizado intangible	7. Fondos propios
8. Arrendamientos y otras operaciones de naturaleza similar	8. Situación fiscal
9. Instrumentos financieros	9. Operaciones con partes vinculadas
10. Existencias	10. Otra información
11. Moneda extranjera	
12. Situación fiscal	
13. Ingresos y gastos	
14. Provisiones y contingencias	
15. Información sobre medio ambiente	
16. Retribuciones a largo plazo al personal	
17. Transacciones con pagos basados en instrumentos de patrimonio	
18. Subvenciones, donaciones y legados	
19. Combinaciones de negocios	
20. Negocios conjuntos	
21. Activos no corrientes mantenidos para la venta y operaciones interrumpidas	
22. Hechos posteriores al cierre	
23. Operaciones con partes vinculadas	
24. Otra información	
25. Información segmentada	

12.9. Depósito y publicación de las cuentas anuales

Recuerda...

Existen unos modelos normalizados para la presentación de las cuentas anuales en el Registro Mercantil. Estos modelos son los que establece la **Orden JUS/319/2018,** de 21 de marzo, por la que se aprueban los nuevos modelos para la presentación en el Registro Mercantil de las cuentas anuales de los sujetos obligados a su publicación.

Regulado en el artículo 279 y siguientes del TRLSC.

Dentro del mes siguiente a la aprobación de las cuentas anuales, los administradores de la sociedad presentarán, para su depósito en el Registro Mercantil del domicilio social, certificación de los acuerdos de la junta de socios de aprobación de dichas cuentas, debidamente firmadas, y de aplicación del resultado, así como, en su caso, de las cuentas consolidadas, a la que se adjuntará un ejemplar de cada una de ellas. Los administradores presentarán también, si fuera obligatorio, el informe de gestión y el informe del auditor, cuando la sociedad esté obligada a auditoría o esta se hubiera acordado a petición de la minoría (art. 279).

Dentro de los quince días siguientes al de la fecha del asiento de presentación, el Registrador calificará bajo su responsabilidad si los documentos presentados son los exigidos por la ley, si están debidamente aprobados por la junta general y si constan las preceptivas firmas. El Registro Mercantil deberá conservar los documentos depositados durante el plazo de seis años (art. 280).

Cualquier persona podrá obtener información del Registro Mercantil de todos los documentos depositados (art. 281).

En el caso de publicación de los documentos depositados en el Registro Mercantil, deberá indicarse si es íntegra o abreviada. En el primer supuesto deberá reproducirse fielmente el texto de los depositados en el Registro Mercantil, incluyendo siempre íntegramente el informe de los auditores. En el segundo caso, se hará referencia a la oficina del Registro Mercantil en que hubieren sido depositados los documentos. El informe de auditoría podrá ser omitido en esta publicación, pero se indicará si ha sido emitido con reservas o no (art. 284).

Legislación

La Ley 14/2013, de 27 de septiembre, de apoyo a los emprendedores y su internacionalización, en su artículo 18, establece que *«todos los libros que obligatoriamente deban llevar los empresarios con arreglo a las disposiciones legales aplicables, incluidos los libros de actas de juntas y demás órganos colegiados, o los libros registros de socios y de acciones nominativas, se* ***legalizarán telemáticamente en el Registro Mercantil después de su cumplimentación en soporte electrónico*** *y antes de que trascurran cuatro meses siguientes a la fecha del cierre del ejercicio».*

12.10. Cambios en criterios y estimaciones contables, errores y hechos posteriores al cierre

Estas cuestiones están reguladas en las normas de registro y valoración *22.ª Cambios en criterios contables, errores y estimaciones contables* y *23.ª Hechos posteriores al cierre del ejercicio*, del Plan general de Contabilidad.

12.10.1. Cambios en criterios contables

Cuando se produzca un cambio de criterio contable, siempre de acuerdo con lo establecido en el principio de uniformidad, se aplicará de forma retroactiva y su efecto se calculará desde el ejercicio más antiguo para el que se disponga de información.

El ingreso o gasto correspondiente a ejercicios anteriores que se derive de dicha aplicación motivará, en el ejercicio en que se produce el cambio de criterio, el correspondiente ajuste por el efecto acumulado de las variaciones de los activos y pasivos, el cual se imputará directamente en el patrimonio neto, salvo que afectara a un gasto o un ingreso que se imputó en los ejercicios previos directamente en otra partida del patrimonio neto.

12.10.2. Errores

En la subsanación de errores relativos a ejercicios anteriores serán de aplicación las mismas reglas que para los cambios de criterios contables. A estos efectos, se entiende por errores las omisiones o inexactitudes en las cuentas anuales de ejercicios anteriores por no haber utilizado, o no haberlo hecho adecuadamente, información fiable que estaba disponible cuando se formularon y que la empresa podría haber obtenido y tenido en cuenta en la formulación de dichas cuentas.

12.10.3. Cambios en estimaciones contables

Se calificarán como cambios en estimaciones contables aquellos ajustes en el valor contable de activos o pasivos, o en el importe del consumo futuro de un activo, que sean consecuencia de la obtención de información adicional, de una mayor experiencia o del conocimiento de nuevos hechos. El cambio de estimaciones contables se aplicará de forma prospectiva y su efecto se imputará, según la naturaleza de la operación de que se trate, como ingreso o gasto en la Cuenta de pérdidas y ganancias del ejercicio o, cuando proceda, directamente al patrimonio neto.

12.10.4. Hechos posteriores al cierre

Los hechos posteriores que pongan de manifiesto condiciones que ya existían al cierre del ejercicio, deberán tenerse en cuenta para la formulación de las cuentas anuales. Estos hechos posteriores motivarán en las cuentas anuales, en función de su naturaleza, un ajuste, información en la Memoria o ambos.

Los hechos posteriores al cierre del ejercicio que pongan de manifiesto condiciones que no existían al cierre del mismo, no supondrán un ajuste en las cuentas anuales. No obstante, cuando los hechos sean de tal importancia que si no se facilitara información al respecto podría distorsionarse la capacidad de evaluación de los usuarios de las cuentas anuales, se deberá incluir en la Memoria información respecto a la naturaleza del hecho posterior.

En todo caso, en la formulación de las cuentas anuales deberá tenerse en cuenta toda información que pueda afectar a la aplicación del principio de empresa en funcionamiento.

Plan General de Contabilidad

Siempre que se produzcan cambios de criterio contable o subsanación de errores relativos a ejercicios anteriores se deberá incorporar la correspondiente información en la Memoria de las cuentas anuales.

Asimismo, se informará en la Memoria de los cambios en estimaciones contables que hayan producido efectos significativos en el ejercicio actual, o que vayan a producirlos en ejercicios posteriores.

Código de Comercio

*Art. 49.5. Las sociedades que, de conformidad con la legislación de auditoría de cuentas, tengan la consideración de entidades de interés público y que, además, formulen cuentas consolidadas, deberán incluir en el informe de gestión consolidado el **estado de información no financiera** consolidado previsto en este apartado ... (siempre que concurran los requisitos enumerados en este punto).*

Art. 49.6 El estado de información no financiera consolidado incluirá la información necesaria para comprender la evolución, los resultados y la situación del grupo, y el impacto de su actividad respecto, al menos, a cuestiones medioambientales y sociales, así como relativas al personal, al respeto de los derechos humanos y a la lucha contra la corrupción y el soborno, ...

TEST

Test 12

1. Señala la respuesta correcta en las siguientes preguntas:

1.1. La cuenta *Clientes* se clasificará en la masa de:

- ☐ Realizable.
- ☐ Disponible.
- ☐ Inmovilizado intangible.
- ☐ Ninguna de las anteriores.

1.2. Entre los objetivos de la contabilidad están:

- ☐ Conocer la situación de la empresa.
- ☐ Conocer el resultado obtenido en el ejercicio contable.
- ☐ Conocer las causas que han motivado el resultado del ejercicio.
- ☐ Todas las anteriores.

1.3. Un ejercicio contable es:

- ☐ Un conjunto de asientos.
- ☐ El espacio de tiempo comprendido entre la apertura y el cierre de los libros.
- ☐ El espacio de tiempo comprendido entre dos balances de comprobación consecutivos.
- ☐ Todas las anteriores.

1.4. Para representar la situación de la empresa en una fecha mostrarías:

- ☐ El libro Diario.
- ☐ La Cuenta de pérdidas y ganancias.
- ☐ La Cuenta de capital.
- ☐ Un Balance.

1.5. Un Balance de situación se compone de:

- ☐ Las cuentas con saldo deudor.
- ☐ Las cuentas con saldo acreedor.
- ☐ Un Activo, un Pasivo y un Patrimonio neto.
- ☐ Un Debe y un Haber.

1.6. El Activo representa:

- ☐ El patrimonio a favor de la empresa.
- ☐ Lo que la empresa debe al dueño.
- ☐ El capital de la empresa.
- ☐ Los derechos de la empresa.

1.7. Las deudas con terceras personas figurarán:

- ☐ En el Activo.
- ☐ En el Capital.
- ☐ En el Neto.
- ☐ En el Pasivo.

TEST

1.8. En todo Balance se cumplirá la siguiente igualdad:

- ☐ Activo + Pasivo = Capital.
- ☐ Activo = Pasivo + Neto.
- ☐ Activo + Neto = Pasivo.
- ☐ Activo + Capital = Pasivo.

1.9. La cuenta de capital:

- ☐ Representa las deudas de la empresa.
- ☐ Representa los bienes de la empresa.
- ☐ Representa lo que la empresa debe a los dueños.
- ☐ Representa lo que la empresa debe a terceras personas.

1.10. Si la empresa no debe nada a terceras personas se cumplirá que:

- ☐ Activo = Pasivo.
- ☐ Activo = Neto.
- ☐ Activo = Pasivo − Neto.
- ☐ Ninguna de las anteriores.

2. Señala qué afirmaciones son verdaderas (V) y qué afirmaciones son falsas (F).

	V	F
2.1. El patrimonio es:		
a) El valor de lo que deben a la empresa menos lo que esta debe.	☐	☐
b) Aquello que puede ser exigido a la empresa.	☐	☐
c) La estructura física de la empresa.	☐	☐
d) El conjunto de bienes, derechos y obligaciones.	☐	☐
e) El activo con que cuenta la empresa.	☐	☐
2.2. El patrimonio neto es:		
a) El valor contable del patrimonio.	☐	☐
b) La suma de bienes, derechos y obligaciones.	☐	☐
c) La suma de los bienes y las obligaciones menos los derechos.	☐	☐
d) La diferencia entre el Pasivo y el Neto.	☐	☐
e) La suma de los bienes y los derechos menos las obligaciones.	☐	☐
f) La suma del Pasivo y el Neto.	☐	☐
2.3. El Balance de situación informa de:		
a) La situación patrimonial de la empresa.	☐	☐
b) La forma como se ha obtenido el resultado.	☐	☐
c) La evolución del patrimonio en un periodo de tiempo.	☐	☐
d) El estado de la empresa en un momento dado.	☐	☐
e) El resultado de la gestión económica.	☐	☐

TEST

2.4. La Cuenta de pérdidas y ganancias proporciona información acerca de:

a) Los cobros y los pagos realizados durante el periodo. .... ☐ ☐

b) La gestión económica de la empresa. .... ☐ ☐

c) El valor del patrimonio neto. .... ☐ ☐

d) La liquidez de la empresa. .... ☐ ☐

e) La evolución de los bienes, derechos y obligaciones. .... ☐ ☐

3. Señala qué afirmaciones son verdaderas (V) y qué afirmaciones son falsas (F).

V F

3.1. Las cuentas *Devoluciones de ventas* tienen saldo deudor. .... ☐ ☐

3.2. Adeudar es hacer una anotación en el Haber. .... ☐ ☐

3.3. El descuento comercial permite el cobro de un derecho antes de que lo pague el cliente o deudor. .... ☐ ☐

3.4. Las operaciones o hechos modificativos cambian el valor del patrimonio neto. ...... ☐ ☐

3.5. Debitar es hacer una anotación en el Debe. .... ☐ ☐

3.6. La cuenta *Efectos comerciales impagados* tiene saldo deudor. .... ☐ ☐

3.7. El Balance de situación se elabora a partir de los saldos de las cuentas patrimoniales. .... ☐ ☐

3.8. Solo se registran en asientos las operaciones que afectan al Balance de situación. .... ☐ ☐

3.9. En el asiento de apertura se reflejan los saldos iniciales. .... ☐ ☐

3.10. La regularización de existencias incide en el resultado. .... ☐ ☐

3.11. El Balance de comprobación de sumas y saldos detecta errores de traspaso de cuentas. ☐ ☐

3.12. El *Fondo de comercio* no se amortiza. .... ☐ ☐

3.13. Los gastos de I+D han de amortizarse en el plazo de 5 años. .... ☐ ☐

3.14. Según el método de amortización lineal, si adquirimos un vehículo por 8.000 €, si su valor residual se estima en 750 € y su vida útil en 5 años, la cuota de amortización que dotaremos al final del cuarto año de vida será de 5.800 €. .... ☐ ☐

3.15. Los ajustes por periodificación solo inciden en la Cuenta de pérdidas y ganancias. ... ☐ ☐

3.16. Las cuentas *Gastos anticipados* e *Ingresos anticipados* figuran en la Cuenta de pérdidas y ganancias. .... ☐ ☐

3.17. El libro Mayor es de uso obligatorio. .... ☐ ☐

3.18. En el libro Diario se pueden hacer asientos resumen de operaciones quincenales. .... ☐ ☐

3.19. Los justificantes de la Contabilidad se han de guardar durante 6 años. .... ☐ ☐

3.20. Se ha de confeccionar un Balance de comprobación de sumas y saldos, como mínimo, cada 3 meses. .... ☐ ☐

TEST

3.21. El libro Diario, el libro Mayor y el libro de Inventarios y cuentas anuales son obligatorios. ☐ ☐

3.22. La distribución del resultado la decide la Junta General de Accionistas. .... ☐ ☐

3.23. En el valor nominal de una acción figura la prima de emisión. .... ☐ ☐

3.24. Toda acción suscrita ha de estar desembolsada como mínimo en un 25 % de su valor. .. ☐ ☐

3.25. El capital mínimo para la constitución de una sociedad anónima es de 60.000 €. ..... ☐ ☐

3.26. Todas las empresas podrán formular las cuentas anuales en el modelo abreviado. .... ☐ ☐

3.27. Las empresas que puedan formular el Balance en el modelo abreviado también podrán elaborar la Cuenta de pérdidas y ganancias abreviada. .... ☐ ☐

3.28. Las empresas que puedan formular la Cuenta de pérdidas y ganancias abreviada, también podrán elaborar el Balance abreviado. .... ☐ ☐

3.29. Las empresas que pueden formular el Balance abreviado no están obligadas a elaborar el Estado de flujos de efectivo. .... ☐ ☐

3.30. Las entidades calificadas como entidades de interés público por la Ley de Auditoría de cuentas no podrán formular cuentas anuales abreviadas. .... ☐ ☐

EJERCICIOS FINALES

Ejercicio 12.1

La situación de la empresa «ALONDRA, SA», a 1-01-X2, es la siguiente:

ACTIVO		PN Y PASIVO	
(572) Bancos, c/c	48.400	(100) Capital social	350.000
(4310) Efectos comerciales en cartera	17.000	(112) Reserva legal	60.000
(430) Clientes	23.000	(113) Reservas voluntarias	30.000
(250) Inversiones financieras a largo plazo en instrumentos de patrimonio	8.000	(170) Deudas a largo plazo con entidades de crédito	48.000
(440) Deudores	1.800	(5200) Préstamos a corto plazo de entida-des de crédito	12.000
(210) Terrenos y bienes naturales	90.000	(400) Proveedores	16.200
(211) Construcciones	240.000	(5201) Deudas a corto plazo por crédito dispuesto	4.000
(216) Mobiliario	8.000	(401) Proveedores, efectos comerciales a pagar	8.900
(200) Investigación	2.700	(173) Proveedores de inmovilizado a largo plazo	15.000
(203) Propiedad industrial	20.000	(281) Amortización acumulada del inmoviliza-do material	34.000
(300) Mercaderías	4.000	(142) Provisión para otras responsabilidades	10.000
(4312) Efectos comerciales en gestión de cobro	8.400	(560) Fianzas recibidas a corto plazo	3.000
(213) Maquinaria	120.000	(390) Deterioro de valor de las mercaderías	800
(217) Equipos para procesos de información	6.300	(410) Acreedores por prestaciones de servicios	2.300
		(4752) Hacienda Pública, acreedora por impuesto sobre sociedades	1.800
		(4750) Hacienda Pública, acreedora por IVA	1.600
TOTAL ACTIVO	**597.600**	**TOTAL PN Y PASIVO**	**597.600**

Operaciones realizadas durante el ejercicio de 20X2:

1. La investigación que desarrolla la empresa resulta negativa y se da por finalizada.
2. Compra de mercaderías a crédito por 13.000 €, más 21 % de IVA. En la factura figura un descuento comercial de 600 €. La empresa paga en efectivo 540 €, más 21 % de IVA, en concepto de gastos de transporte de las mercancías.
3. La empresa devuelve mercaderías al proveedor por 800 €, más IVA.
4. Acepta letras a los proveedores por 6.000 € y paga a un proveedor 3.800 € que le debía; de esta cantidad descuenta150 €, más IVA, por pronto pago.
5. Venta de mercancías a crédito por 48.000 €, más 21 % de IVA. En la factura figura un descuento comercial de 600 €.
6. Los clientes devuelven mercaderías por importe de 1.200 €, más IVA.
7. Paga, a través de banco, a los acreedores por prestación de servicios y efectos aceptados a los proveedores por un importe de 7.500 €.
8. Cobra por banco: 31.000 € a clientes y efectos por 5.000 €. Los clientes aceptan efectos por importe de 15.000 €.
9. Compra en bolsa 600 acciones, de «AB, SA», de 3 € nominales cada una, al precio de 6 €/título. Los gastos de la operación ascienden a 45 €. La empresa clasifica las acciones como «activos financieros mantenidos para negociar». Operación realizada a través de banco.
10. Se descuentan letras en un banco por un nominal de 7.000 €. Los gastos de negociación han ascendido a 150 €.
11. Un cliente, que debe a la empresa 450 €, es declarado en suspensión de pagos. La empresa contabiliza el deterioro.

EJERCICIOS FINALES

12. Todos los efectos enviados en gestión de cobro resultan abonados por los librados a su vencimiento excepto uno de 500 € que resultó impagado. El banco abona el líquido en la c/c de la empresa después de descontar 15 € en concepto de gastos de devolución del impagado y 80 €, más el 21 % de IVA, por los gastos de gestión.

13. Se envía una nueva letra al librado del efecto impagado anterior por el nominal, gastos de devolución y 14 € en concepto de intereses de demora.

14. Paga por banco la nómina:

- Importe bruto: 9.000 €.
- Seguridad Social, cuota patronal: 2.700 €.
- Retenciones a los trabajadores para la Seguridad Social: 540 €.
- Retenciones a los trabajadores, a cuenta del IRPF: 1.200 €.

15. El cliente declarado en suspensión de pagos (punto 11) envía transferencia de 250 €. El resto se considera perdido.

16. Se liquida la cuenta de crédito de disposición gradual, a través de la c/c bancaria. La empresa paga además 160 € de intereses.

17. Se han realizado los siguientes pagos, a través de banco:

- Compra de material de oficina: 653,40 € (incl. IVA).
- Reparaciones: 363 € (incl. IVA).
- Teléfono: 387,20 € (incl. IVA).
- Electricidad: 290,40 € (incl. IVA).
- Publicidad: 968 € (incl. IVA).

18. Se pagan, a través de banco, las cuotas del IVA y del impuesto sobre sociedades correspondientes a 20X1, cuyos importes figuran en el balance inicial.

19. Durante el ejercicio 20X2 la empresa ha pagado por banco 2.500 € a cuenta del impuesto sobre sociedades.

20. La empresa tiene alquilado un almacén de su propiedad que le genera una renta mensual de 800 €, más 21 % de IVA. Este año ha cobrado la renta de los 11 primeros meses. El alquiler de diciembre lo cobrará en enero de 20X3.

21. Realiza la liquidación del IVA.

Para regularizar habrá que tener en cuenta la información siguiente:

22. La fianza recibida queda definitivamente en poder de la empresa por incumplimiento de la obligación afianzada.

23. Se encuentran pendientes de contabilización y pago la nómina del mes de diciembre cuyo importe es de 1.400 € brutos. Seguridad Social a cargo de la empresa: 420 €, a cargo de empleados: 84 €. Retenciones a cuenta del IRPF: 168 €.

24. El banco le abona los intereses de la cuenta corriente cuyo importe es de 800 € brutos. Retención: 19 %.

25. Paga los intereses correspondientes a este año del préstamo a largo plazo que figura en el balance. El tipo de interés efectivo es del 6 % anual. El principal del préstamo se devuelve en 5 años a partes iguales. También devuelve la parte correspondiente a este año, que figura en el balance.

26. La propiedad industrial se amortizará en 10 años mediante el sistema de cuotas constantes.

27. Amortización del inmovilizado material:

- Construcciones: se amortizará en 50 años por el sistema de cuotas constantes.

EJERCICIOS FINALES

- Mobiliario: se amortiza por el sistema de cuotas constantes suponiendo que tendrá una vida útil de 10 años y un valor residual al final de estos de 600 €.
- Maquinaria: se estima que funcionará unas 400.000 horas y que su valor residual será de 8.000 €. Durante este ejercicio su utilización ha sido de 50.000 horas.
- Equipos informáticos: la empresa los amortizará en 4 años mediante cuotas constantes y sin valor residual.

28. La cotización de las acciones de «AB, SA» al cierre del ejercicio es de 6,9 €/título. La sociedad «AB, SA» anuncia un dividendo bruto de 0,60 €/título.
29. Las inversiones financieras que figuran en balance (cuenta 250) están clasificadas como «disponibles para la venta». Su valor razonable al cierre del ejercicio es de 8.500 €.
30. Está pendiente de contabilización y pago la reparación de una máquina por importe de 180 €.
31. Se considera innecesaria la provisión para responsabilidades.
32. La campaña publicitaria, que se contrató y pagó el 1-09-X2, tiene una duración de un año.
33. Existencias finales:
    - Mercaderías: 3.700 € a precio de adquisición. Su valor neto realizable es de 3.500 €.
    - Material de oficina: 120 €.
34. A los efectos de la liquidación del impuesto sobre sociedades hay que tener en cuenta que los equipos informáticos se amortizarán fiscalmente en 2 años. Este es el primer año que se amortizan. Tipo impositivo: 25 %.
35. El número medio de trabajadores de la sociedad en 20X2 fue de 2,50.
36. Propuesta de distribución de resultados:
    - Reserva legal: 20 %.
    - Dividendo a los accionistas: 40 %.
    - El resto a Reservas voluntarias.

Se pide:

a) Contabiliza las operaciones del ejercicio 20X2.

b) Calcula y contabiliza el impuesto sobre beneficios.

c) Calcula el resultado después de impuestos.

d) Realiza el asiento de cierre.

e) Formula las cuentas anuales del ejercicio según el modelo que le corresponda.

EJERCICIOS FINALES

Ejercicio 12.2

La empresa «CORMORÁN, SA», que se dedica a diversas actividades, presenta el siguiente balance de comprobación a 31-12-X2:

N.º	CUENTAS	S. DEUDOR	S. ACREEDOR
100	Capital social		8.500.000
112	Reserva legal		416.000
130	Subv. oficiales de capital		67.500
170	Deudas a largo plazo con ent. créd.		670.000
203	Propiedad industrial	1.040.000	
204	Fondo de comercio	520.000	
210	Terrenos y bienes naturales	1.680.000	
211	Construcciones	3.000.000	
213	Maquinaria	156.000	
216	Mobiliario	200.000	
250	Inversiones financieras a largo plazo en instrumentos de patrimonio	417.000	
253	Créditos a largo plazo por enajenación de inmovilizado	112.000	
2811	Amortización acumulada de construcciones		840.000
2813	Amortización acumulada de maquinaria		15.600
2816	Amortización acumulada de mobiliario		28.000
300	Mercaderías	104.000	
310	Materias primas	780.000	
327	Envases	52.000	
350	Productos terminados	415.000	
391	Deterioro de valor de las materias primas		127.200
400	Proveedores		1.248.000
401	Proveedores, efectos comerciales a pagar		312.000
430	Clientes	2.080.000	
4310	Efectos comerciales en cartera	2.300.000	
473	Hacienda Pública, retenciones y pagos a cuenta	92.000	
479	Pasivos por diferencias temporarias imponibles		22.500
572	Bancos, c/c	193.840	
600	Compras de mercaderías	416.000	
601	Compras de materias primas	1.924.000	
602	Compras de otros aprovisionamientos	868.000	
608	Devoluciones de compras y operaciones similares		353.600
609	«Rappels» por compras		148.200
621	Arrendamientos y cánones	139.100	
624	Transportes	81.900	
626	Servicios bancarios y similares	2.860	
627	Publicidad, propaganda y relaciones públicas	124.800	
631	Otros tributos	110.500	
640	Sueldos y salarios	811.200	
641	Indemnizaciones	72.800	
642	Seguridad Social a cargo de la empresa	135.200	
649	Otros gastos sociales	47.000	
659	Otras pérdidas en gestión corriente	43.000	
662	Intereses de deudas	18.200	
671	Pérdidas procedentes del inmovilizado material	208.000	
678	Gastos excepcionales	20.800	
700	Ventas de mercaderías		372.000
701	Ventas de productos tdos.		4.420.000
705	Prestaciones de servicios		81.200
708	Devoluciones de ventas y operaciones similares	603.200	
709	«Rappels» sobre ventas	124.800	
731	Trabajos realizados para el inmovilizado material		442.000
740	Subvenciones, donaciones y legados a la explotación		195.000
753	Ingresos de propiedad industrial cedida en explotación		260.000
755	Ingresos por servicios al personal		52.000
759	Ingresos por servicios diversos		20.800
762	Ingresos de créditos		13.000
606	Descuentos sobre compras por pronto pago		91.000
771	Beneficios procedentes del inmovilizado material		197.600
	TOTALES	**18.893.200**	**18.893.200**

EJERCICIOS FINALES

Para regularizar habrá que tener en cuenta la información siguiente:

1. Amortización del inmovilizado inmaterial: 10 %
2. Amortización del inmovilizado material:
   - Maquinaria: se amortiza en 10 años mediante el sistema de cuotas constantes. Se empezó a amortizar en 20X1. Para la adquisición de la maquinaria se le concedió a la empresa una subvención de 100.000 € en 20X1. La cuenta (479) también hace referencia a la subvención.
   - Construcciones: se amortizan mediante cuotas constantes durante 50 años.
   - Mobiliario: se amortiza mediante cuotas constantes suponiendo que se utilizarán durante 20 años y que su valor residual será del 10 % de su precio de adquisición.
3. De los gastos por arrendamientos, contabilizados en la cuenta (621), 13.000 € corresponden al año 20X3.
4. También corresponden al año 20X3 parte de los ingresos contabilizados en la cuenta (753), por importe de 9.000 €.
5. Faltan por contabilizar los intereses del préstamo a largo plazo (cuenta 170) correspondientes a los 3 últimos meses del año 20X2 y que se pagarán en abril del año 20X3. Tipo de interés efectivo: 7 %.
6. En abril del año 20X3 se devolverá también parte del principal del préstamo a largo plazo, por importe de 100.000 €.
7. Las inversiones en instrumentos de patrimonio que figuran en balance están clasificadas como «disponibles para la venta». Su valor razonable al cierre del ejercicio es de 420.000 €.
8. Existencias finales:
   - Mercaderías: 111.800 €.
   - Materias primas: 734.000 €.
   - Envases: 21.000 €.
   - Productos terminados: 406.000 €.

   Se estima que el valor neto realizable de las materias primas es de 489.000 €. Este deterioro tiene carácter reversible.
9. El impuesto sobre sociedades es del 25 %. No es deducible fiscalmente una sanción de 20.800 €. Existen deducciones por importe de 15.000 €.

Se pide:

a) Contabiliza las operaciones anteriores.

b) Calcula y contabiliza el impuesto sobre beneficios.

c) Calcula el beneficio después de impuestos.

d) Realiza el asiento de cierre.

e) Elabora el Balance, la Cuenta de pérdidas y ganancias y el Estado de cambios en el patrimonio neto, utilizando los modelos normales.

EJERCICIOS FINALES

Ejercicio 12.3 (autoevaluación)

Los saldos de las cuentas de la sociedad «ALBA, SA» son los siguientes a finales de diciembre de 20X2:

N.º	CUENTAS	S. DEUDOR	S. ACREEDOR
572	Bancos, c/c	30.800	
204	Fondo de comercio	5.500	
212	Instalaciones técnicas	33.000	
430	Clientes	4.600	
4310	Efectos com. en cartera	8.600	
4311	Efectos com. descontados	3.500	
202	Concesiones administrativas	7.700	
214	Utillaje	9.300	
436	Clientes de dudoso cobro	800	
310	Materias primas	4.150	
350	Productos terminados	7.200	
601	Compras de materias primas	4.550	
205	Derechos de traspaso	9.400	
218	Elementos de transporte	12.000	
709	«Rappels» sobre ventas	2.000	
649	Otros gastos sociales	1.300	
627	Publicidad, propaganda y relaciones públicas	1.800	
625	Primas de seguros	1.400	
480	Gastos anticipados	600	
250	Inversiones financieras a largo plazo en instrumentos de patrimonio	40.000	
473	Hacienda Pública, retenciones y pagos a cuenta	2.600	
100	Capital social		100.000
281	Amortización acumulada del inmovilizado material		7.800
606	Descuentos sobre compras por pronto pago		300
400	Proveedores		18.900
401	Proveedores, efectos comerciales a pagar		25.300
609	«Rappels» por compras		1.500
759	Ingresos por servicios diversos		2.300
280	Amortización acumulada del inmovilizado intangible		3.600
5208	Deudas por efectos descontados		3.500
701	Ventas de productos tdos.		23.900
485	Ingresos anticipados		1.700
490	Deterioro de valor de créditos por operaciones comerciales		800
395	Deterioro de valor de los productos terminados		1.200
	TOTALES	190.800	190.800

Faltan por contabilizar las siguientes operaciones:

1. Compra de materias primas a través de banco en 23.400 €. Descuento por pronto pago en factura, 3.400 €. IVA: 21 %. Paga por banco los transportes, a cargo de la empresa, por importe de 500 €, más IVA.
2. Posteriormente la empresa devuelve materias primas debido a defectos de calidad por importe de 2.000 €, más IVA. Este importe queda como anticipo a cuenta de futuras compras.
3. La empresa vende productos terminados a través de banco en 31.200 €. Descuento por pronto pago en factura, 1.200 €. IVA: 21 %. La empresa paga con cheque 600 €, más IVA, de transporte a su cargo.
4. Posteriormente la empresa concede un descuento al cliente anterior, por volumen de pedido, por importe de 2.500 €, más IVA. Este importe queda como anticipo a cuenta de futuras ventas.
5. El banco comunica que todos los efectos descontados fueron abonados por los librados a su vencimiento.
6. La empresa envía al banco en gestión de cobro la mitad de los efectos de su cartera.

EJERCICIOS FINALES

7. Los ingresos anticipados corresponden al alquiler de un vehículo propiedad de la empresa correspondiente a este año y que la empresa cobró al final del año anterior.
8. Los gastos anticipados corresponden al alquiler de unas oficinas que utiliza la empresa. Son gastos correspondientes a este año que la empresa pagó al final del anterior.
9. El 1 de julio de 20X2 la empresa pagó la prima anual del seguro contra incendios por importe de 1.200 €. Este seguro tendrá validez hasta el 30-06-X3.
10. Un cliente, que se había declarado en suspensión de pagos anteriormente, envía transferencia bancaria por 500 €. La empresa considera el resto irrecuperable.
11. Otro cliente que debe a la empresa 2.000 € es declarado en quiebra. La empresa contabiliza la pérdida por deterioro de valor.
12. Resultan abonados los efectos enviados al cobro (punto 6). Comisión de cobro: 100 €, más 21 % de IVA.
13. Realiza la liquidación del IVA.
14. Realiza las siguientes amortizaciones:
    - Inmovilizado intangible: 10 %.
    - Inmovilizado material: 5 %.
15. Existencias finales a 31-12-X2:
    - Materias primas: 8.500 €.
    - Productos terminados: 4.400 €.

    La empresa estima que las materias primas en almacén sufren una pérdida reversible por valor de 500 €.
16. Para el cálculo del impuesto sobre beneficios habrá que tener en cuenta que:
    - Existen diferencias permanentes: un ingreso de 1.375 € no computable fiscalmente.
    - Deducciones: 1.000 €.
    - El tipo impositivo es del 25 %.

Se pide:

a) Contabiliza las operaciones anteriores.

b) Calcula y contabiliza el impuesto sobre beneficios.

c) Calcula el beneficio después de impuestos.

d) Realiza el asiento de cierre.

e) Elabora el Balance y Cuenta de pérdidas y ganancias, utilizando los modelos abreviados.

UNIDAD 13

ANÁLISIS DE LOS ESTADOS CONTABLES

En esta unidad veremos cómo podemos conocer la situación de la empresa a partir del análisis de las Cuentas anuales.

El análisis de los estados contables también nos permitirá comparar nuestra empresa con otras empresas del sector. Realizaremos este análisis desde tres puntos de vista: patrimonial, financiero y económico.

Objetivos

- Clasificar el Balance en masas patrimoniales a fin de poder realizar su análisis.
- Comprender el concepto de ratio.
- Realizar el análisis patrimonial del Balance.
- Saber calcular las distintas ratios financieras y entender su significado.
- Calcular el periodo medio de maduración de la empresa.
- Calcular el punto muerto de la empresa y entender su significado.

Contenidos

13.1. Introducción

A través del análisis de los estados contables se intenta determinar la situación de la empresa y sus perspectivas de futuro, estudiando el Balance de situación y la Cuenta de pérdidas y ganancias.

La obligatoriedad por parte de las empresas de formular las cuentas anuales en los modelos oficiales facilita el estudio y comparación de sus estados contables.

El análisis de los estados contables es esencial para conocer la estructura económico-financiera de la empresa, la rentabilidad de las inversiones realizadas, la capacidad para atender puntualmente las deudas, la capacidad de endeudamiento de la empresa, etc.

Para el análisis de las cuentas anuales se utilizan una serie de técnicas destinadas a interpretar las variaciones habidas en la composición y cuantía del patrimonio de la empresa para conocer el pasado y poder hacer previsiones que nos sirvan para la toma de decisiones en la gestión de la empresa.

Hay que resaltar que los resultados obtenidos en el análisis son subjetivos y que, para su interpretación, habrá que tener en cuenta una serie de factores como la actividad a la que se dedica la empresa, los resultados obtenidos en el análisis de ejercicios anteriores y su comparación con otras empresas del mismo sector.

El análisis puede realizarse desde distintos puntos de vista (cada uno de los cuales pone un mayor énfasis en un determinado aspecto de la empresa):

- Aspecto patrimonial.
- Aspecto financiero.
- Aspecto económico.

13.2. Clasificación funcional del Balance

Para proceder al análisis de la información contable debemos empezar por preparar el Balance de situación de forma que nos permita una representación más exacta posible de la situación del patrimonio de la empresa que nos servirá de base para el análisis económico y financiero.

Debemos clasificar el Balance agrupando las partidas que lo componen en masas patrimoniales.

Nosotros utilizaremos la clasificación de la figura siguiente:

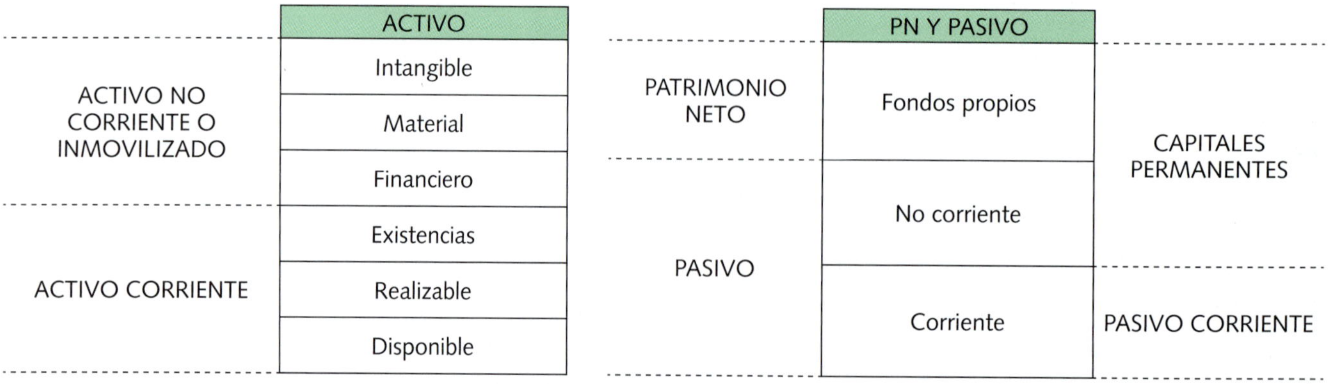

Figura 13.1. Clasificación funcional del Balance.

13.3. Ratios

Una ratio es una relación por cociente entre dos elementos o masas patrimoniales.

Por ejemplo: $\dfrac{\text{Activo corriente}}{\text{Pasico corriente}}$

Las ratios pueden expresarse en porcentajes o en tantos por uno. Para interpretar correctamente el valor de una ratio habrá que tener en cuenta una serie de factores como:

- Sector al que pertenece la empresa.
- Tamaño de la empresa.
- Valor de la ratio en los ejercicios anteriores.
- Comparación de la ratio con el de otras empresas del mismo sector.

13.4. Análisis patrimonial

Estudia la estructura de la empresa y las relaciones entre las distintas masas patrimoniales del Activo y del Pasivo y Neto. Aún cumpliéndose la ecuación fundamental del patrimonio (A = PN + P) es necesario que se cumplan determinadas condiciones para que la empresa se encuentre realmente en equilibrio:

- Que exista una determinada proporción entre las masas de Patrimonio neto y Pasivo y entre los recursos a corto y a largo plazo (equilibrio de la estructura financiera).
- Existencia de una determinada proporción entre el Activo corriente y el Activo no corriente (equilibrio de las inversiones).
- Los recursos a largo plazo deben ser suficientes para financiar el Activo no corriente y una parte del Activo corriente.

Para realizar el análisis vamos a utilizar el siguiente ejemplo:

BALANCE DE LA EMPRESA COMERCIAL *CÓNDOR, SA*			
ACTIVO		PATRIMONIO NETO Y PASIVO	
ACTIVO NO CORRIENTE	**392.000**	***CAPITALES PERMANENTES***	**551.000**
Inmovilizado material		***Fondos propios***	**371.000**
Terrenos	50.000	Capital social	266.000
Construcciones	300.000	Reservas legales	105.000
Elementos de transporte	70.000	***Pasivo no corriente***	**180.000**
Mobiliario	28.000	Deudas largo plazo con ent. de cdto.	130.000
Equipos para proc. de inform.	14.000	Proveedores de inmovilizado largo plazo	50.000
Amort. acum. inmov. material	(70.000)		
		PASIVO CORRIENTE	**100.000**
ACTIVO CORRIENTE	**259.000**	Proveedores	45.000
Existencias	**70.000**	Proveedores, ef. com. a pagar	23.000
Mercaderías	70.000	Deudas a corto plazo con ent. de cdto.	32.000
Realizable	**140.000**		
Clientes	63.000		
Cl., ef. com. a cobrar	42.000		
Créditos a corto plazo	35.000		
Disponible	**49.000**		
Bancos, c/c	35.000		
Caja, euros	14.000		
Total Activo	**651.000**	***Total Patrimonio neto y Pasivo***	**651.000**

13.4.1. Fondo de maniobra o fondo de rotación

El fondo de maniobra o fondo de rotación es la parte del Activo corriente financiada con recursos a largo plazo (capitales permanentes). También se denomina capital circulante.

Fondo de maniobra = Activo corriente – Pasivo corriente

Fondo de maniobra = Capitales permanentes – Activo no corriente

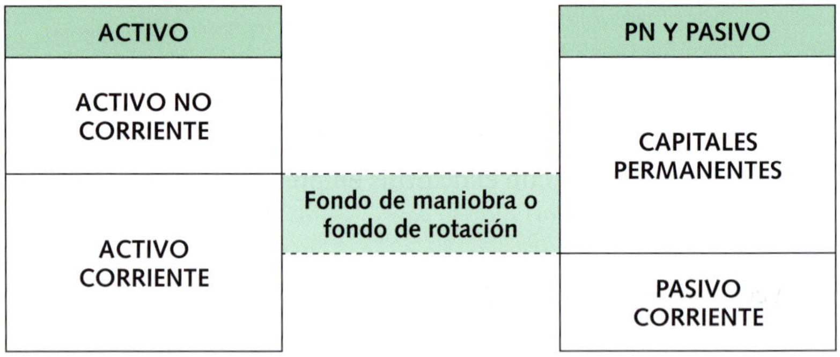

Figura 13.2. Fondo de maniobra.

El valor del fondo de maniobra deberá ser positivo, puesto que si no es así la empresa tendrá problemas para financiar parte de sus deudas a corto plazo.

Normalmente hay un *stock* de existencias en almacén que deberá ser financiado con recursos a largo plazo.

El fondo de maniobra deberá abarcar como mínimo el **periodo medio de maduración** de la empresa.

Ejemplo 13.1

Calcula el fondo de maniobra de la empresa *Cóndor, SA*:

FM = Ac – Pc = 259.000 – 100.000 = 159.000

Un fondo de maniobra negativo puede indicar una situación de inestabilidad financiera a corto plazo. No obstante, habrá que tener en cuenta las características de la empresa ya que esta situación suele presentarse en empresas que venden al contado y pagan a los proveedores a un cierto plazo.

El **coeficiente básico de financiación** indica en qué medida los recursos permanentes cubren las necesidades de financiación a largo plazo (Activo no corriente y Fondo de maniobra necesario).

$$\text{Cbf} = \frac{\text{Capitales permanentes}}{\text{Activo no corriente} + \text{Fondo de maniobra necesario}}$$

El equilibrio financiero se conseguiría cuando el coeficiente básico de financiación fuese igual a 1, aunque debemos tener en cuenta la composición del numerador y denominador. Un Cbf < 1 indicaría posibles dificultades financieras porque parte del activo no corriente y de los recursos necesarios para el ciclo de explotación están financiados con pasivo a corto plazo.

Ejemplo 13.2

Calcula el coeficiente básico de financiación de la empresa *Cóndor, SA* suponiendo que el fondo de rotación necesario fuese de 100.000 €.

$$Cbf = \frac{551.000}{392.000 + 100.000} = 1,12$$

13.4.2. Equilibrios patrimoniales

Surgen al comparar las masas patrimoniales que forman la estructura económica (Activo) por un lado y la estructura financiera (Pasivo y Neto) por otro.

Desde el punto de vista contable, el Patrimonio siempre está en equilibrio: A = P + N.

Desde el punto de vista económico pueden darse las siguientes situaciones:

a) **Estabilidad económica:** se produce cuando la totalidad del Activo está financiada con recursos propios (Neto). No existen deudas con terceros:

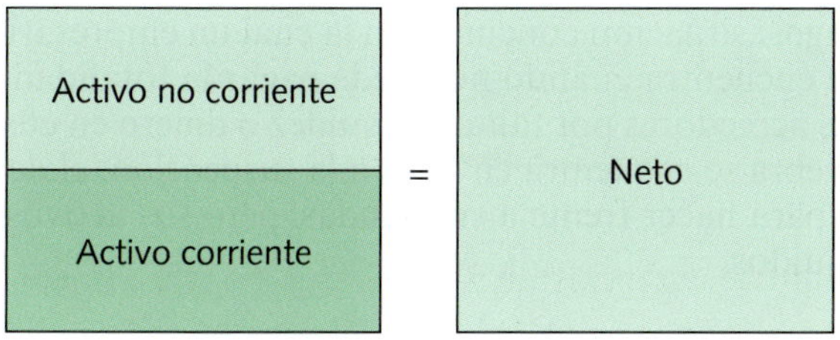

A = N
P = 0

b) **Posición normal de equilibrio:** el Activo no corriente está financiado por capitales permanentes y el Activo corriente está financiado, en parte, por capitales permanentes (fondo de maniobra) y, en parte, por Pasivo corriente.

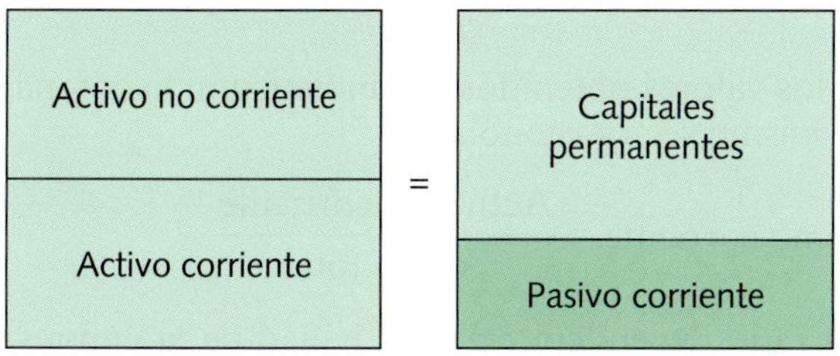

A = P + N
FM > 0

c) **Desequilibrio patrimonial a corto plazo:** el Activo corriente está financiado íntegramente con Pasivo corriente, que financia, además, una parte del Activo no corriente (fondo de maniobra negativo). Esta situación puede desembocar en la **suspensión de pagos** (incapacidad temporal de la empresa de hacer frente a sus deudas a corto plazo).

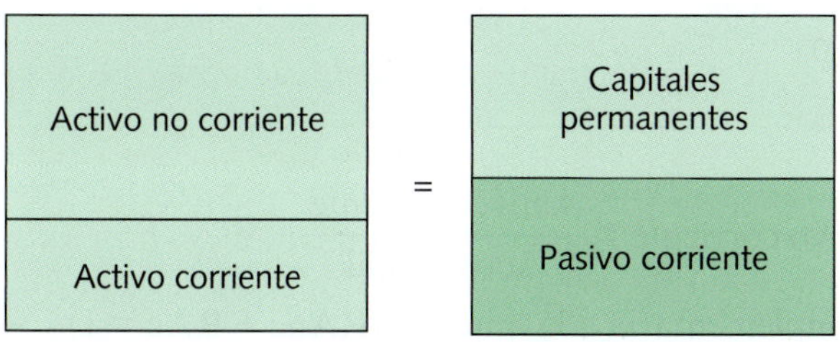

N > 0
Ac < Pc
FM < 0

d) Situación patrimonial de quiebra: la empresa no tiene recursos propios (Neto). Su activo real no es suficiente para pagar todas sus deudas.

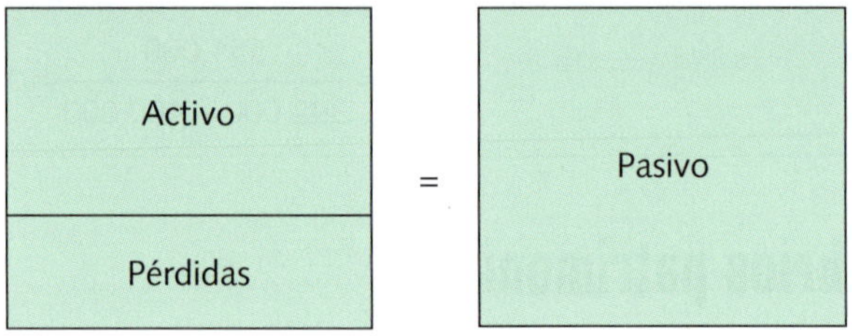

N = 0
A < P

Recuerda...

La suspensión de pagos y la quiebra estaban reguladas hasta el año 2003 en los artículos 870 a 941 del Código de Comercio y por la Ley de Suspensión de Pagos, de 26 de julio de 1922.

La Ley 22/2003, de 9 de julio, Concursal, regula las situaciones anteriores a partir del 1 de septiembre de 2004.

Se denomina **concurso de acreedores** al procedimiento legal que se origina cuando una persona física o jurídica deviene en una situación de insolvencia en la que no puede hacer frente a la totalidad de los pagos que adeuda. El concurso de acreedores abarca las situaciones de **quiebra** y de **suspensión de pagos.**

- **Quiebra:** situación jurídica en la que una persona física o jurídica no puede hacer frente a los pagos que debe realizar (pasivo exigible), porque estos son superiores a sus recursos económicos disponibles (activos).
- **Suspensión de pagos:** situación concursal en la cual un empresario o una sociedad mercantil se encuentra cuando no puede pagar la totalidad de las deudas que tiene con sus acreedores por falta de liquidez o dinero en efectivo. La diferencia con la quiebra se encuentra en que en la suspensión, el deudor tiene suficientes activos para hacer frente a sus deudas, pero sus activos no son lo suficientemente líquidos.

13.4.3. Ratios patrimoniales

Las más utilizadas son la expresión en porcentajes de los diferentes epígrafes del Balance. Esto permite ver la importancia de cada masa patrimonial con respecto a las demás.

Para el análisis de los valores obtenidos es fundamental la comparación con los de otras empresas del mismo sector económico.

- Ratio del Activo no corriente = $\dfrac{\text{Activo no corriente}}{\text{Activo total}}$

  El valor de esta ratio dependerá de la actividad de la empresa: será mucho mayor en una empresa industrial que en una empresa comercial o de servicios.

Ejemplo 13.3

Calcula la ratio del Activo no corriente de la empresa *Cóndor, SA*.

$$R_{Anc} = \frac{392.000}{651.000} = 0{,}60 \quad \Rightarrow \quad 60\ \%$$

- Ratio del Activo corriente = $\dfrac{\text{Activo corriente}}{\text{Activo total}}$

  Es la ratio complementaria a la anterior (RAnc + RAc = 1)

Ejemplo 13.4

Calcula la ratio del Activo corriente de la empresa *Cóndor, SA*.

$$R_{Anc} = \frac{259.000}{651.000} = 0{,}397 \quad \Rightarrow \quad 40\ \%$$

- Grado de autonomía financiera $= \dfrac{\text{Fondos propios}}{\text{Activo total}}$

  Indica el importe de cada euro de activo financiado con fondos propios.

Ejemplo 13.5

Calcula la ratio de grado de autonomía financiera de la empresa *Cóndor, SA*.

$$GAF = \frac{371.000}{651.000} = 0{,}57 \quad \Rightarrow \quad 57\ \%$$

- Grado de dependencia financiera $= \dfrac{\text{Pasico exigible total}}{\text{Activo total}}$

  Es el complementario de la ratio anterior (importe de cada euro de activo financiado con recursos ajenos.

Ejemplo 13.6

Calcula la ratio de grado de dependencia financiera de la empresa *Cóndor, SA*.

$$GDF = \frac{180.000 + 100.000}{651.000} = 0{,}43 \quad \Rightarrow \quad 43\ \%$$

13.5. Análisis financiero

Nos permite conocer de dónde proceden los recursos financieros de la empresa. Consiste en estudiar la capacidad que tiene la empresa para generar liquidez con la que hacer frente a sus obligaciones de pago a medida que se vayan produciendo.

Para que una empresa esté equilibrada financieramente, debe ser capaz de atender sus deudas cuando estas vayan venciendo.

a) **Ratios de tesorería:**

Analizan la facilidad que tienen las inversiones de la empresa de convertirse en dinero (liquidez):

- Liquidez inmediata $= \dfrac{\text{Disponible}}{\text{Pasivo corriente}}$

  Mide la capacidad de la empresa para generar liquidez con la que hacer frente a sus compromisos de pago inmediatos.

Como norma general, el valor de esta ratio no debería superar el 0,75. Un valor muy alto puede suponer que la empresa tiene recursos improductivos.

Cada empresa tendrá que determinar cuál es el valor ideal de esta ratio, para que le permita hacer frente a sus obligaciones de pago inmediatas sin mantener excesivos recursos ociosos.

Ejemplo 13.7

Calcula la ratio de liquidez inmediata de la empresa *Cóndor, SA*.

$$\text{Liquidez inmediata} = \frac{49.000}{100.000} = 0{,}49$$

- $\text{Tesorería (acid test)} = \dfrac{\text{Disponible + Realizable}}{\text{Pasivo corriente}}$

  Esta ratio estudia la liquidez de la empresa a corto plazo. También se la llama ratio de **distancia a la suspensión de pagos.**

  En general, se consideran aceptables valores ligeramente inferiores a la unidad (entre 0,80 y 1). Para valores inferiores a 0,80, la empresa corre el peligro de entrar en suspensión de pagos. Para valores superiores a la unidad, podría significar que la empresa mantiene recursos ociosos y no recurre al crédito a corto plazo.

Ejemplo 13.8

Calcula la ratio de tesorería de la empresa *Cóndor, SA*.

$$\text{Tesorería} = \frac{49.000 + 140.000}{100.000} = 1{,}89$$

Es un valor muy alto, lo que puede suponer la existencia de recursos ociosos.

b) Ratios de solvencia:

Miden la capacidad de la empresa para hacer frente a la totalidad de sus deudas.

- $\text{Solvencia técnica (a corto plazo)} = \dfrac{\text{Activo corriente}}{\text{Pasivo corriente}}$

  Esta ratio mide la solvencia de la empresa a corto plazo. Pretende determinar si el Activo circulante generará la suficiente liquidez para atender las deudas con vencimiento a corto plazo.

  Su valor deberá ser superior a la unidad. Un valor inferior a la unidad significaría que la empresa tiene un **fondo de maniobra** negativo, con el consiguiente peligro de suspensión de pagos.

  Se considera que los valores ideales están entre 1,5 y 2, aunque todo depende de la actividad a la que se dedique la empresa. Hay empresas (como los hipermercados) que pueden tener un fondo de maniobra negativo sin peligro de suspensión de pagos, porque compran a crédito y venden al contado.

Ejemplo 13.9

Calcula la ratio de solvencia técnica de la empresa *Cóndor, SA*.

$$\text{Solvencia técnica} = \frac{259.000}{100.000} = 2,59$$

Es un valor muy alto, lo que puede suponer la existencia de recursos ociosos.

- Garantía (solvencia total) $= \dfrac{\text{Activo real}}{\text{Pasivo total}}$

  Esta ratio también se denomina ratio de **garantía** o **distancia a la quiebra.** Representa la garantía que ofrece la empresa a sus acreedores de cobrar sus deudas.

  Cuanto mayor sea esta ratio, más sólida será la empresa; pero un valor muy alto puede indicar que la empresa no utiliza de forma adecuada las posibilidades de financiación ajena, lo que puede reducir su rentabilidad.

  El valor de esta ratio debe ser superior a 1. Un valor inferior a la unidad significaría que el valor real de todo el Activo no es suficiente para pagar todas sus deudas: la empresa estaría en situación de **quiebra.** Se consideran válidos valores entre 1,5 y 2,5.

Ejemplo 13.10

Calcula la ratio de garantía de la empresa *Cóndor, SA*.

$$\text{Garantía} = \frac{651.000}{180.000 + 100.000} = 2,32$$

- Autonomía financiera $= \dfrac{\text{Fondos propios}}{\text{Pasivo exigible total}}$

  Esta ratio mide la dependencia de la empresa con respecto a los recursos ajenos. Cuanto mayor sea el valor de esta ratio, mayor será la autonomía de la empresa (menor dependencia de los recursos ajenos).

Ejemplo 13.11

Calcula la ratio de autonomía financiera de la empresa *Cóndor, SA*.

$$\text{Autonomía financiera} = \frac{371.000}{180.000 + 100.000} = 1,32$$

c) **Ratios de endeudamiento:**

Estas ratios estudian la estructura financiera de la empresa: la relación existente entre la financiación ajena y los recursos propios.

La relación entre los recursos propios y ajenos dependerá fundamentalmente de los costes financieros de los capitales ajenos: la empresa aumentará la proporción de los recursos ajenos cuando el coste financiero de estos recursos sea inferior a la rentabilidad económica de la empresa.

- $\text{Endeudamiento total} = \dfrac{\text{Pasivo exigible total}}{\text{Fondos propios}}$

  El valor idóneo de esta ratio dependerá de la rentabilidad obtenida por la empresa. Cuanto mayor sea esta ratio, mayor será el riesgo financiero de la empresa (entre 0,5 y 2).

Ejemplo 13.12

Calcula la ratio de garantía de la empresa *Cóndor, SA*.

$$\text{Endeudamiento total} = \frac{180.000 + 100.000}{371.000} = 0{,}75$$

- $\text{Endeudamiento a largo plazo} = \dfrac{\text{Pasivo exigible a largo plazo}}{\text{Fondos propios}}$

- $\text{Endeudamiento a corto plazo} = \dfrac{\text{Pasivo exigible a corto plazo}}{\text{Fondos propios}}$

  Estas dos ratios son derivadas de la ratio de endeudamiento total e indican el peso de la financiación ajena a largo o corto plazo en relación con los fondos propios.

Ejemplo 13.13

Calcula las ratios de endeudamiento a largo y corto plazo de la empresa *Cóndor, SA*.

$$\text{Endeudamiento a largo plazo} = \frac{180.000}{371.000} = 0{,}48$$

$$\text{Endeudamiento a corto plazo} = \frac{100.000}{371.000} = 0{,}27$$

13.6. Análisis económico

El análisis económico se ocupa del funcionamiento de la empresa y de su rentabilidad.

13.6.1. Periodo medio de maduración

El periodo medio de maduración (PMM) es el tiempo que tarda la empresa en recuperar una unidad monetaria invertida en la empresa.

- Periodo medio de maduración económico ($PMM_{Económico}$) es el tiempo que transcurre desde que entran las materias primas en el almacén hasta que la empresa cobra las ventas realizadas a sus clientes.

- Periodo medio de maduración financiero ($PMM_{Financiero}$) es el tiempo que transcurre desde que la empresa paga las materias primas a los proveedores hasta que cobra las ventas realizadas a sus clientes.

Para calcular el periodo medio de maduración tendremos que tener en cuenta:

- **El periodo medio de almacenamiento de las materias primas ($PM_{Materias\ primas}$):** tiempo que transcurre desde que entran las materias primas al almacén de la empresa hasta que se incorporan al proceso productivo.

$$\text{Rotación materias primas } (R_{Materias\ primas}) = \frac{\text{Consumo anual de materias primas}}{\text{Stock medio de materias primas}}$$

(Es el número de veces que en un año se consume el *stock* medio de materias primas.)

$$PM_{Materias\ primas} = \frac{365}{R_{Materias\ primas}} = 365 \cdot \frac{\text{Saldo medio de materias primas}}{\text{Consumo anual de materias primas}}$$

Que será el número de días que la empresa tarde, por término medio, en consumir el *stock* medio de materias primas.

- **El periodo medio de fabricación ($PM_{Fabricación}$):** es el tiempo que transcurre desde que se incorporan las materias primas al proceso productivo hasta que la empresa termina de fabricar los productos terminados.

$$\text{Rotación de fabricación } (R_{Fabricación}) = \frac{\text{Coste de la producción anual}}{\text{Stock medio de productos en curso}}$$

(Será el número de veces que en un año se renueva el *stock* medio de productos en curso de fabricación.)

$$PM_{Fabricación} = \frac{365}{R_{Fabricación}} = 365 \cdot \frac{\text{Saldo medio de productos en curso}}{\text{Coste producción anual}}$$

Que será el número de días que la empresa tarde, por término medio, en fabricar los productos.

- **El periodo medio de almacenamiento de productos terminados ($PM_{Productos\ terminados}$):** es el tiempo que transcurre desde que se termina la fabricación de los productos hasta que estos se venden.

$$\text{Rotación productos tdos. } (R_{Ptos.\ tdos.}) =$$

$$= \frac{\text{Ventas anuales de productos terminados (a precio de coste)}}{\text{Stock medio de productos terminados}}$$

(Será el número de veces que en un año se renueve el *stock* medio de productos terminados.)

$$PM_{Ptos.\ tdos.} = \frac{365}{R_{Productos\ terminados}} = 365 \cdot \frac{\text{Saldo medio de productos terminados}}{\text{Coste de ventas}}$$

Que será el número de días que, por término medio, permanecen en almacén los productos terminados (tiempo que tardan en venderse los productos terminados).

- **El periodo medio de cobro (PM_{Cobro}):** es el tiempo que transcurre desde que se venden los productos terminados a los clientes hasta que se cobran las ventas.

$$\text{Rotación de cobros } (R_{Cobros}) = \frac{\text{Ventas (a precio de venta)}}{\text{Saldo medio de clientes}}$$

(Será el número de veces que en un año se renueve el saldo medio de derechos de cobro sobre clientes.)

$$PM_{Cobro} = \frac{365}{R_{Cobros}} = 365 \cdot \frac{\text{Saldo medio de clientes}}{\text{Ventas}}$$

Que será el número de días que, por término medio, la empresa tarde en cobrar a sus clientes.

- **El periodo medio de pago (PM_{Pago}):** es el tiempo que transcurre desde que se compran las materias primas a los proveedores hasta que la empresa las paga.

$$\text{Rotación de pagos } (R_{Pagos}) = \frac{\text{Compras anuales de materias primas}}{\text{Saldo medio de proveedores}}$$

(Será el número de veces que en un año se renueve el saldo medio de proveedores.)

$$PM_{Pago} = \frac{365}{R_{Pagos}} = 365 \cdot \frac{\text{Saldo medio de proveedores}}{\text{Compras de materias primas}}$$

Que será el número de días que, por término medio, la empresa tarde en pagar a los proveedores.

$$PMM_{Económico} = PM_{Materias\ primas} + PM_{Fabricación} + PM_{Ptos.\ tdos.} + PM_{Cobro}$$

$$PMM_{Financiero} = PMM_{Económico} - PM_{Pago}$$

Cuanto menor sea el periodo medio de maduración, mejor será para la empresa, pues el periodo de financiación de la inversión será más corto y la empresa tendrá menos costes financieros.

El periodo medio de maduración habrá que analizarlo para cada tipo de empresa y sus circunstancias coyunturales. También será conveniente compararlo con el PMM de otras empresas del sector.

Ejemplo 13.14

La empresa ALCOSA ha realizado durante el ejercicio económico 20X2 unas ventas de 187.500 € y su coste de ventas ha ascendido a 167.400 €. Sus costes fijos han sido de 39.200 € y sus compras anuales de 93.000 €.

Del Balance de situación del ejercicio 20X2 obtenemos los siguientes datos:

Conceptos	Ejercicio 20X8	Ejercicio 20X7
(310) Materias primas	35.000	32.000
(330) Productos en curso	13.500	11.200
(350) Productos terminados	21.000	20.800
(400) Proveedores	24.000	21.000
(430) Clientes	41.600	40.500

Calcula el periodo medio de maduración económico y financiero.

$$PMM_{Materias\ primas} = 365 \cdot \frac{(35.000 + 32.000)/2}{32.000 + 93.000 - 35.000} = 365 \cdot \frac{33.500}{90.000} = 136 \text{ días.}$$

$$PMM_{\text{Fabricación}} = 365 \cdot \frac{(13.500 + 11.200)/2}{167.400 + 21.000 - 20.800} = 365 \cdot \frac{12.350}{167.600} = 27 \text{ días.}$$

$$PMM_{\text{Ptos.tdos.}} = 365 \cdot \frac{(21.000 + 20.800)/2}{167.400} = 365 \cdot \frac{20.900}{167.400} = 46 \text{ días.}$$

$$PMM_{\text{Cobro}} = 365 \cdot \frac{(41.600 + 40.500)/2}{187.500} = 365 \cdot \frac{41.050}{187.500} = 80 \text{ días.}$$

$$PMM_{\text{Pago}} = 365 \cdot \frac{(24.000 + 21.000)/2}{93.000} = 365 \cdot \frac{22.500}{93.000} = 88 \text{ días.}$$

Periodo medio de maduración económico:

$$PMM_{\text{Económico}} = 136 + 27 + 46 + 80 = 289 \text{ días.}$$

Periodo medio de maduración financiero:

$$PMM_{\text{Financiero}} = 289 - 88 = 201 \text{ días.}$$

Creemos que el PMM de esta empresa es excesivamente largo, sobre todo el PM de materias primas. De todas formas, habría que conocer la actividad a la que se dedica la empresa y sus circunstancias. También sería conveniente compararlo con otras empresas de su mismo sector económico.

13.6.2. Punto muerto o umbral de rentabilidad

El punto muerto se define como aquel nivel de ventas (unidades físicas) que hace cero el beneficio. Es decir, es el volumen de ventas necesario para cubrir los costes totales de la empresa. Para ese volumen de ventas la empresa no tendría ni beneficio ni pérdida.

Para volúmenes inferiores de ventas, la empresa tendría pérdidas. Para volúmenes superiores, la empresa tendría beneficios.

Distinguiremos dos tipos de costes:

- Costes fijos (C_F) ⇒ son aquellos que son independientes del volumen de producción.
- Costes variables (C_V) ⇒ son los que dependen del nivel de producción.

Costes totales (C_T) = $C_F + C_V$

Como el punto muerto (Q_0) es aquel volumen de ventas que cubre los costes totales, para ese volumen tendrá que cumplirse que:

Ventas = Costes totales

Ventas = $C_F + C_V$

$Q_0 \cdot p_v = C_F + Q_0 \cdot c_v$

$$Q_0 = \frac{C_F}{p_v - c_v}$$

Q ⇒ unidades producidas y vendidas
p_v ⇒ precio de venta unitario
c_v ⇒ coste variable unitario
C_F ⇒ costes fijos

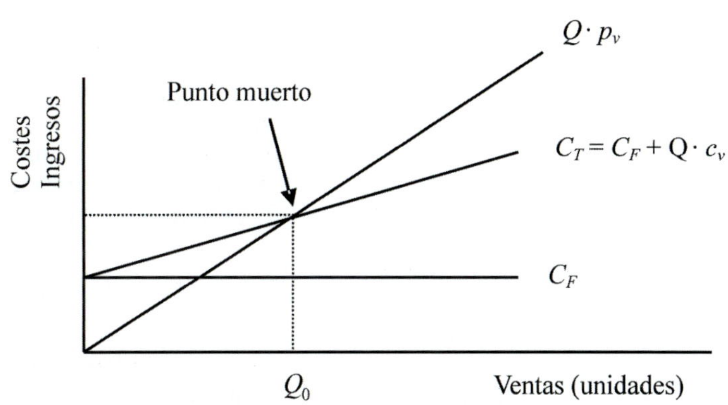

- Si la empresa vende Q_0 unidades no tendrá beneficio ni pérdida (punto muerto).
- Para volúmenes de ventas inferiores a Q_0 unidades, la empresa se sitúa a la izquierda del punto muerto. En esa zona los costes totales están por encima de los ingresos por ventas y, por tanto, la empresa tendrá pérdidas. Las pérdidas serán mayores cuanto más a la izquierda se sitúe.
- Para volúmenes de ventas superiores a Q_0 unidades, la empresa se sitúa a la derecha del punto muerto. En esa zona los ingresos por ventas son superiores a los costes totales y la empresa tendrá beneficios. Estos beneficios serán mayores cuanto más a la derecha se sitúe.

Ejemplo 13.15

Para una fiesta del Instituto Severo Ochoa un grupo de alumnos plantea la posibilidad de vender camisetas. Se realiza un estudio del que se desprenden los siguientes resultados: Alquiler del local: 480 €. Impuesto municipal: 120 €. Coste unitario de la camiseta: 4 €. Precio de venta unitario: 10 €.

¿Cuál será el número mínimo de camisetas que tendrán que vender si no quieren tener pérdidas?

$$C_F = 480 + 120 = 600 \text{ €}$$

$$c_v = 4 \text{ €/unidad}$$

$$p_v = 10 \text{ €/unidad}$$

$$Q_0 = \frac{600}{10-4} = 100 \text{ unidades}$$

Tendrán que vender como mínimo 100 camisetas para cubrir los costes totales. A partir de 100 camisetas vendidas obtendrán beneficio. Por ejemplo:

- Si venden 80 camisetas perderán: 80 × 10 – (600 + 80 × 4) = 800 – 920 = – 120 €
- Si venden 100 camisetas: 100 × 10 – (600 + 100 × 4) = 1.000 – 1.000 = 0
- Si venden 130 camisetas ganarán: 130 × 10 – (600 + 130 × 4) = 1.300 – 1.120 = 180 €

13.6.3. Rentabilidad

El análisis económico mediante ratios tiene como objetivo medir la rentabilidad de la empresa (miden el beneficio por unidad invertida).

Para estudiar la rentabilidad de la empresa es necesario analizar la relación entre los beneficios obtenidos y los capitales invertidos.

Las ratios de rentabilidad suelen expresarse en porcentajes.

- **Rentabilidad económica:** mide la rentabilidad del activo. Es el porcentaje de beneficio antes de impuestos e intereses respecto al total de inversiones realizadas (Activo total).

$$\text{Rentabilidad económica} = \frac{\text{Beneficio antes de Intereses e Impuestos (BAII)}}{\text{Activo total}} \cdot 100$$

Mide el beneficio generado por cada 100 unidades monetarias invertidas. Esta ratio mide el grado de eficacia de los recursos económicos.

- **Rentabilidad financiera:** mide la rentabilidad de los fondos propios.

$$\text{Rentabilidad financiera} = \frac{\text{Beneficio neto}}{\text{Recursos propios}} \cdot 100$$

Si el coste de los recursos ajenos es inferior a la rentabilidad económica, el beneficio de la empresa aumenta cuando esta se endeuda (a la empresa le interesa aumentar la financiación ajena). Si el coste de los recursos ajenos es superior a la rentabilidad económica, a la sociedad no le conviene endeudarse.

- **Rentabilidad del accionista:** mide lo que le renta al accionista cada unidad monetaria (o cada 100 unidades monetarias) invertida en la empresa.

$$\text{Beneficio por acción} = \frac{\text{Beneficio neto}}{\text{N.º acciones}}$$

$$\text{Rentabilidad del accionista} = \frac{\text{Beneficio por acción}}{\text{Precio adquisición acción}}$$

Ejemplo 13.16

La empresa SALDISA ha obtenido un beneficio, antes de intereses e impuestos, de 5.250.000 €. El valor total de su activo es de 75.000.000 €. Sabemos además que su activo ha sido financiado en un 50 % por capital propio y el resto con capital ajeno a un tipo de interés del 5 %. Su tasa impositiva es del 30 %. El capital de la empresa está formado por 5.000.000 de acciones de 6 € nominales cada una.

a) Calcula la rentabilidad económica y financiera.
b) Calcula la rentabilidad de un accionista que ha comprado acciones de la empresa a 8 € cada una.

Activo total: 75.000.000 €

Beneficio antes de intereses e impuestos (BAII): 5.250.000 €

Recursos propios = 50 % s/75.000.000 = 37.500.000 €

Intereses = 0,05 × 37.500.000 = 1.875.000 €

Impuestos = 0,30 × (5.250.000 – 1.875.000) = 1.012.500 €

Beneficio neto = 5.250.000 – 1.875.000 – 1.012.500 = 2.362.500 €

a) $\text{Rentabilidad económica} = \frac{5.250.000}{75.000.000} \cdot 100 = 7\ \%$

$\text{Rentabilidad financiera} = \frac{2.362.500}{37.500.000} \cdot 100 = 6{,}65\ \%$

b) $\text{Beneficio neto por acción} = \frac{2.362.500}{5.000.000} = 0{,}4725\ €$

$\text{Rentabilidad del accionista} = \frac{0{,}4725}{8} = 0{,}059 \Rightarrow 5{,}9\ \%$

13.6.4. Apalancamiento financiero

Entendemos por apalancamiento financiero la utilización de la deuda para incrementar la rentabilidad de los capitales propios. Es la medida de la relación entre deuda y rentabilidad.

Al reducir el capital inicial que es necesario aportar, se produce un aumento de la rentabilidad obtenida. El incremento del apalancamiento también aumenta los riesgos de la operación, dado que provoca menor flexibilidad o mayor exposición a la insolvencia o incapacidad de atender los pagos.

Cuando el coste de la deuda (tipo de interés) es inferior al rendimiento ofrecido por la inversión resulta conveniente financiar con recursos ajenos. De esta forma el exceso de rendimiento respecto del tipo de interés supone una mayor retribución a los fondos propios.

$$\text{Apalancamiento financiero (AF)} = \frac{\text{Activo}}{\text{Recursos propios}} \cdot \frac{\text{BAI}}{\text{BAII}}$$

Si el apalancamiento financiero es > 1 conviene financiarse mediante deuda, cuando es < 1, el endeudamiento reduce la rentabilidad del accionista. Cuando el apalancamiento igual 1, desde el punto de vista económico, resulta indiferente.

O dicho de otra forma, cuando el rendimiento de la inversión supera el coste financiero conviene financiarse mediante deuda. Cuando el coste financiero supera el rendimiento de la inversión no resulta conveniente la financiación mediante deuda.

$$\text{Coste de financiación ajena (CF)} = \frac{\text{Gastos financieros}}{\text{Pasivo exigible total}} \cdot 100$$

Si el coste de la financiación ajena es inferior a la rentabilidad económica, el beneficio de la empresa aumenta cuando esta se endeuda, y se dice que el apalancamiento financiero es positivo.

Ejemplo 13.17

Queremos realizar una inversión de 1.000 € a un año que nos producirá un rendimiento de 150 € exentos de impuestos. Para financiar esta inversión utilizamos 650 € de fondos propios de la compañía y 350 € de un préstamo al 6 % anual. Calcula el apalancamiento financiero.

BAI I = 150

BAI = 150 – 6 % de 350 = 150 – 21 = 129

Rentabilidad = (129/650) x 100 = 19,85 %

$$\text{Apalancamiento financiero (AF)} = \frac{1.000}{650} \cdot \frac{129}{150} = 1{,}32$$

Ejemplo 13.18

Calcula el apalancamiento financiero del Ejemplo 13.16.

BAII = 5.250.000

BAI = 5.250.000 – 1.875.000 = 3.375.000

Activo = 75.000.000

Recursos propios = 37.500.000

$$\text{Apalancamiento financiero (AF)} = \frac{75.000.000}{37.500.000} \cdot \frac{3.375.000}{5.250.000} = 1{,}29$$

Test 13

1. Señala la opción correcta:

1.1. Serán fuentes de financiación:

- ☐ El Activo no corriente.
- ☐ El Pasivo no corriente.
- ☐ El Activo corriente.

1.2. Serán aplicación de fondos o inversiones:

- ☐ Activo no corriente.
- ☐ Activo corriente.
- ☐ Las dos anteriores.

1.3. El fondo de rotación se define como:

- ☐ La diferencia entre el Activo no corriente y el Pasivo no corriente.
- ☐ La diferencia entre el Activo corriente y el Pasivo corriente.
- ☐ La diferencia entre Patrimonio neto y Pasivo no corriente.

1.4. Una inversión a largo plazo debería financiarse:

- ☐ Con un préstamo a largo plazo.
- ☐ Con recursos propios.
- ☐ Las dos anteriores.

1.5. El periodo medio de maduración económico es:

- ☐ El tiempo que transcurre desde que entran las materias primas en el almacén hasta que la empresa cobra las ventas realizadas a sus clientes.
- ☐ El tiempo que transcurre desde que la empresa paga las materias primas a los proveedores hasta que cobra las ventas realizadas a sus clientes.
- ☐ El tiempo que transcurre desde que el cliente se lleva las mercancías del almacén hasta que recibe el dinero por su cobro.

1.6. A la empresa le interesa que:

- ☐ El periodo de pago a proveedores sea el mayor posible.
- ☐ El periodo de cobro a los clientes sea el menor posible.
- ☐ Las dos anteriores.

1.7. Si el coeficiente básico de financiación es inferior a la unidad significa que:

- ☐ Existe equilibrio financiero.
- ☐ Podría tener problemas de financiación.
- ☐ Ninguna de las anteriores.

1.8. Si el Pasivo exigible de una empresa es superior a su Activo:

- ☐ Se encontraría en suspensión de pagos.
- ☐ Se encontraría en quiebra.
- ☐ Estaría en situación de máximo equilibrio.

TEST

1.9. Si el ratio de endeudamiento total de una empresa es igual a 1,35:

- ☐ Por cada euro no exigible tendrá 1,35 euros exigibles.
- ☐ La empresa tiene mucha autonomía financiera.
- ☐ Por cada euro exigible tendrá 1,35 euros no exigibles.

1.10. Si el ratio de solvencia a corto plazo de una empresa es igual a 1:

- ☐ La empresa se encuentra en suspensión de pagos.
- ☐ La empresa tiene recursos ociosos.
- ☐ La empresa podría tener problemas de liquidez a corto plazo.

1.11. La rentabilidad económica es:

- ☐ La rentabilidad obtenida por la inversión de los accionistas.
- ☐ La rentabilidad obtenida por cada unidad de recursos propios.
- ☐ Ninguna de las anteriores.

1.12. La rentabilidad financiera es:

- ☐ La rentabilidad obtenida por cada unidad vendida.
- ☐ La rentabilidad obtenida por cada unidad de recursos propios.
- ☐ Ninguna de las anteriores.

1.13. El punto muerto es:

- ☐ El volumen de ventas necesario para cubrir los costes totales de la empresa.
- ☐ El volumen de ventas que hace cero el beneficio.
- ☐ Las dos anteriores.

1.14. Si la rentabilidad económica es superior al coste de de la financiación ajena:

- ☐ A la empresa le interesa aumentar la financiación ajena.
- ☐ A la empresa le interesa aumentar los recursos propios.
- ☐ Las dos anteriores.

1.15. Cuando el apalancamiento financiero es inferior a 1:

- ☐ A la empresa no le interesa endeudarse.
- ☐ A la empresa le interesa aumentar los recursos propios.
- ☐ Las dos anteriores.

EJERCICIOS FINALES

Ejercicio 13.1

La empresa industrial INDASA presenta el siguiente Balance de situación correspondiente al ejercicio 20X2:

ACTIVO	20X2	20X1	PN Y PASIVO	20X2	20X1
(210) Terrenos y bienes naturales	1.552.000	5.200.000	(100) Capital social	3.760.000	3.200.000
(211) Construcciones	4.576.000	4.720.000	(112) Reserva legal	752.000	640.000
(213) Maquinaria	3.192.000	3.240.000	(113) Reservas voluntarias	4.128.000	4.240.000
(216) Mobiliario	200.000	192.000	(177) Obligaciones y bonos	3.440.000	4.000.000
(218) Elementos de transporte	544.000	632.000	(170) Deudas a largo plazo con entidades de crédito	4.000.000	4.616.000
(281) Amortización acumulada del inmovilizado material	(2.680.000)	(2.480.000)	(400) Proveedores	13.616.000	16.008.000
(203) Propiedad industrial	1.600.000	1.600.000	(410) Acreedores por prestaciones de servicios	2.000.000	1.040.000
(250) Inversiones financieras a largo plazo en instrumentos de patrimonio	416.000	640.000	(520) Deudas a corto plazo con entidades de crédito	5.200.000	2.400.000
(310) Materias primas	1.272.000	960.000	(475) Hacienda Pública, acreedora por conceptos fiscales	1.128.000	96.000
(330) Productos en curso	2.520.000	1.720.000	(129) Resultado del ejercicio	400.000	320.000
(350) Productos terminados	1.104.000	1.904.000			
(430) Clientes	10.392.000	7.120.000			
(431) Clientes, efectos comerciales a cobrar	9.640.000	8.072.000			
(440) Deudores	2.240.000	1.120.000			
(570) Caja, €	176.000	400.000			
(572) Bancos, c/c	1.680.000	1.520.000			
Total Activo	**38.424.000**	**36.560.000**	**Total Patrimonio neto y Pasivo**	**38.424.000**	**36.560.000**

El capital está formado por acciones de 5 € nominales cada una.

De la Cuenta de pérdidas y ganancias obtenemos los siguientes datos:

	20X2	20X1
Ventas	63.920.000	60.640.000
Unidades vendidas	20.000	19.000
Compras	49.336.000	47.624.000
Coste de ventas	57.070.000	54.140.000
Costes fijos	5.866.000	5.686.000
Gastos financieros	464.000	344.000
Impuestos	120.000	150.000
Beneficio antes de intereses e impuestos	984.000	814.000

Se pide:

a) Clasifica el balance en masas patrimoniales para realizar su análisis.

b) Calcula el fondo de maniobra.

c) Calcula los ratios patrimoniales.

d) Calcula los ratios financieros.

e) Calcula el periodo medio de maduración económico y financiero.

f) Calcula el punto muerto.

g) Calcula la rentabilidad económica y financiera.

h) Calcula la rentabilidad de un accionista que compró acciones de la empresa a 7 € cada una.

EJERCICIOS FINALES

Ejercicio 13.2

Balance de situación clasificado de la empresa CONTASA:

ACTIVO	20X2	20X1	PN Y PASIVO	20X2	20X1
ACTIVO NO CORRIENTE	**8.055.300**	**7.812.800**	**PATRIMONIO NETO**	**4.517.500**	**4.479.500**
Intangible	125.000	88.000	**PASIVO**	**11.498.300**	**10.136.800**
Material	6.278.000	6.159.000	Pasivo no corriente	4.247.300	4.375.500
Financiero	1.652.300	1.565.800	Pasivo corriente	7.251.000	5.761.300
ACTIVO CORRIENTE	**7.960.500**	**6.803.500**			
Existencias	3.443.000	2.394.500			
Realizable	4.234.000	4.131.000			
Disponible	283.500	278.000			
Total Activo	**16.015.800**	**14.616.300**	**Total Patrimonio neto y Pasivo**	**16.015.800**	**14.616.300**

Se pide:

a) Fondo de maniobra.

b) Ratio de dependencia financiera.

c) Ratios de tesorería.

d) Ratios de solvencia.

e) Ratios de endeudamiento.

Ejercicio 13.3

Calcula el periodo medio de maduración de una empresa de la que se conocen los siguientes datos:

Compras	15.000
Ventas (precio de coste)	30.000
Ventas (precio de venta)	75.000
Saldo medio de clientes	4.310
Saldo medio de proveedores	4.680
Stock medio de materias primas	3.060
Stock medio de productos en curso	4.080
Stock medio de productos terminados	5.400
Coste producción anual	31.500

Ejercicio 13.4

La empresa PEPSA tiene unos costes fijos de 100.000 € y unos costes variables unitarios de 40 €. Debido a las fuerzas competitivas del mercado, ha pasado de comercializar su producto desde un precio de 70 € a 65 €.

Calcula cuántas unidades de su producto tendrá que vender al nuevo precio para alcanzar el umbral de rentabilidad. Compara las dos situaciones.

EJERCICIOS FINALES

Ejercicio 13.5

La empresa *OCIOSA* ha obtenido en el último ejercicio unos beneficios, antes de intereses e impuestos, de 6.000.000 €. Sus activos totales tienen un valor de 55.000.000 €. Estos activos han sido financiados al 40 % con capital propio y el resto mediante un préstamo a largo plazo, a un tipo de interés del 6 %. Su tasa de impuestos es del 30 %.

Calcula la rentabilidad económica y financiera de la empresa. Calcula el apalancamiento financiero.

Ejercicio 13.6

Una empresa fabrica un único producto cuyo precio de venta unitario es de 10 €, el alquiler que paga por el local es de 4.000 €, el impuesto municipal de 1.000 € y el coste unitario del producto es de 5 €. Para este mes los costes unitarios se incrementarán en un 25 %.

Indica cuándo obtendrá beneficio y cuándo tendrá pérdida.

Ejercicio 13.7

El balance de situación de la empresa BANTA, SA correspondiente al ejercicio 20X2 es el siguiente:

Activo	Ejercicio 20X2	Ejercicio 20X1
A) Activo no corriente	4.361.126	4.860.324
I. Inmovilizado intangible		
Propiedad industrial	12.313	11.088
Aplicaciones informáticas	15.015	15.015
Amortizaciones	–14.000	–17.500
II. Inmovilizado material		
Terrenos y construcciones	622.090	668.710
Instalaciones, maq. y otro inmov. material	6.538.385	6.399.365
Amortizaciones	–2.924.131	–2.388.274
V. Inversiones financieras a largo plazo		
Instrumentos de patrimonio	97.538	158.599
Otros activos financieros	13.916	13.321
B) Activo corriente	3.757.215	3.800.083
II. Existencias		
Materias primas	103.474	72.674
Productos en curso	280.000	210.000
Productos terminados	805.497	986.881
Anticipos a proveedores		1.050
Deterioro de existencias		–55.559
III. Deudas comerciales y otras ctas. a cob.		
Clientes por ventas y prest. de servicios	2.480.989	2.535.407
Deudores varios	4.501	4.081
Personal	399	4.011
Otros créditos con Admin. Públicas	135.191	136.255
Deterioro de valor de créditos	–195.006	–170.653
V. Inversiones financieras a corto plazo		
Instrumentos de patrimonio	14.000	14.000
VI. Periodificaciones a corto plazo	81.347	28.154
VII.Efectivo y otros activos líquidos equiv.	46.823	33.782
Total Activo A+B	8.118.341	8.660.407

EJERCICIOS FINALES

Patrimonio neto y Pasivo	Ejercicio 20X2	Ejercicio 20X1
A) Patrimonio neto	**2.714.215**	**3.178.448**
I. Capital		
Capital escriturado	540.000	540.000
III. Reservas		
Legal y estatutaria	72.300	64.800
V. Resultados de ejercicios anteriores		
Remanente	2.037.689	2.490.614
VII.Resultado del ejercicio	64.226	83.034
B) Pasivo no corriente	**829.955**	**1.194.151**
II. Deudas a largo plazo		
Deudas con entidades de crédito	521.171	764.295
Acreedores por arrendamiento financiero	307.384	65.604
Otros pasivos financieros	1.400	364.252
C) Pasivo corriente	**4.574.171**	**4.287.808**
III. Deudas a corto plazo		
Deudas con entidades de crédito	2.211.531	2.162.244
V. Acreed. comerciales y otras ctas. a pag.		
Proveedores	1.463.826	999.138
Acreedores varios	534.324	621.628
Personal	94.521	92.498
Otras deudas con las Admin. Públicas	266.021	408.352
Anticipos de clientes	3.948	3.948
Total Patrimonio neto y Pasivo A+B+C	**8.118.341**	**8.660.407**

Se pide:

a) Clasifica el balance en masas patrimoniales para realizar su análisis.

b) Calcula el fondo de maniobra.

c) Calcula los ratios patrimoniales.

d) Calcula los ratios financieros.

Ejercicio 13.8

Calcula el punto muerto de la empresa ANTA, SA con los siguientes datos:

Conceptos	Costes totales	Costes variables	Costes fijos
Materias primas consumidas	2.500.000	2.500.000	
Mano de obra	430.000	350.000	80.000
Gastos generales de fabricación	2.000.000	800.000	1.200.000
Ei de productos en curso	210.000		
Ef de productos en curso	280.000		
Ei de productos terminados	980.000		
Ef de productos terminados	800.000		
Ventas netas	14.000.000		
Costes de ventas	80.000	70.000	10.000
Unidades vendidas	2.500.000		

UNIDAD 14

CONSTITUCIÓN DE LA SOCIEDAD ANÓNIMA

En esta unidad estudiaremos con mayor detalle el proceso de constitución de las sociedades anónimas.

Veremos la forma de valorar los bienes y derechos que los accionistas pueden aportar como pago por las acciones suscritas.

Por último, estudiaremos la problemática del impago de los dividendos pasivos: accionistas morosos.

Objetivos

- Conocer las características de las sociedades de capital, en especial de las sociedades de responsabilidad limitada y de las sociedades anónimas.
- Conocer los procedimientos de fundación de una sociedad anónima.
- Contabilizar la constitución de una sociedad anónima por los dos procedimientos.
- Valorar las aportaciones no dinerarias de acuerdo con la normativa vigente.
- Saber contabilizar la problemática de los accionistas morosos en los distintos casos que pueden presentarse.

Contenidos

14.1. Sociedades de capital

Surgen para satisfacer la demanda social que requiere unos tipos de forma social que limiten la responsabilidad de los socios.

Disminuye la importancia que se da a las condiciones personales de los socios. Solo limitan su responsabilidad al capital aportado. Los socios no responden personalmente de las deudas sociales.

La gestión y representación de la sociedad no corresponde a los socios, pero la vida de la sociedad se rige por la voluntad de estos expresada por mayoría.

Las dos principales sociedades capitalistas son la sociedad anónima y la sociedad de responsabilidad limitada.

Las sociedades de capital están reguladas por el texto refundido de la Ley de Sociedades de Capital (TRLSC).

Recuerda...

El RD Legislativo 1/2010, de 2 de julio, por el que se aprueba el texto refundido de la Ley de Sociedades de Capital, regula la sociedad anónima, la sociedad de responsabilidad limitada y la sociedad comanditaria por acciones.

Sociedad anónima

Es la sociedad capitalista por excelencia. Surge por la necesidad de adquirir grandes capitales.

El desarrollo de la sociedad anónima modificó la concepción clásica del empresario. El poder se desplaza a los órganos rectores (la llamada *tecnoestructura*). El control de las actuaciones de estos órganos por parte de los accionistas es más teórico que real.

La administración de la sociedad corresponde a los órganos colegiados determinados por la ley.

Sociedad de responsabilidad limitada

La sociedad de responsabilidad limitada se suele clasificar en un tipo intermedio entre las grandes sociedades de capital (sociedad anónima) y las sociedades personalistas (sociedad colectiva y sociedad comanditaria).

Surge para satisfacer la demanda social que requiere unos tipos de forma social que limiten la responsabilidad de los socios y su organización se adapte a empresas de pequeño tamaño.

El capital de la sociedad de responsabilidad limitada no podrá ser inferior a tres mil euros y se expresará precisamente en esa moneda (art. 4.1).

El capital, que estará dividido en participaciones sociales, se integrará por las aportaciones de todos los socios, quienes no responderán personalmente de las deudas sociales (art. 1).

Las participaciones sociales en la sociedad de responsabilidad limitada son partes alícuotas, indivisibles y acumulables del capital social (art. 90).

Las participaciones sociales no podrán estar representadas por medio de títulos o de anotaciones en cuenta, ni denominarse acciones, y en ningún caso tendrán el carácter de valores (art. 92).

La vida de la sociedad se regirá por la voluntad de los socios reunidos en Junta General.

La sociedad tendrá carácter mercantil (art. 2).

14.2. Características de la sociedad anónima

El artículo 1.3 del Texto Refundido de la Ley de Sociedades de Capital (TRLSC) dice:

«En la sociedad anónima el capital, que estará dividido en acciones, se integrará por las aportaciones de todos los socios, quienes no responderán personalmente de las deudas sociales».

Del concepto anterior se desprenden las principales notas características de las sociedades anónimas:

a) **Sociedad capitalista:**

En este tipo de sociedades lo importante no es el socio sino las aportaciones que este realiza a la sociedad. El capital es el elemento permanente; los socios pueden sustituirse.

Lo que interesa del socio no es su actividad personal, sino su aportación patrimonial. La independencia entre el patrimonio de los socios y el de la sociedad es total.

b) **Sociedad por acciones:**

El capital está dividido en partes alícuotas denominadas acciones. Estas partes están incorporadas a títulos fácilmente transmisibles. Cualquier accionista puede vender las acciones a otras personas sin el consentimiento de los demás socios.

La acción confiere a su poseedor la condición de socio.

c) **Sociedad de responsabilidad limitada:**

Cada socio responde ante la sociedad del desembolso del importe de las acciones suscritas, pero no tiene más responsabilidad frente a las deudas sociales. El accionista lo máximo que puede perder es la aportación realizada en pago de la acción.

De las deudas de la sociedad responde esta con todos sus bienes y derechos presentes y futuros. Los acreedores sociales solo pueden actuar ante la sociedad, no ante los socios.

Carácter mercantil

El artículo 2 del TRLSC establece otra característica de la sociedad anónima:

«Las sociedades de capital, cualquiera que sea su objeto, tendrán carácter mercantil».

El capital social de la sociedad anónima no podrá ser inferior a sesenta mil euros y se expresará precisamente en esa moneda (art. 4.3).

14.3. Constitución de la sociedad anónima

La sociedad anónima constituye la organización más completa y regulada. Surge como consecuencia de un contrato: el contrato de constitución de la sociedad anónima.

La sociedad se constituirá mediante escritura pública que se inscribirá en el Registro Mercantil. Desde este momento tendrá personalidad jurídica.

El artículo 22 regula el contenido de la escritura de constitución y el artículo 23 regula el contenido de los estatutos.

Legislación

Artículo 19 del TRLSC:

1. Las sociedades de capital se constituyen por contrato entre dos o más personas o, en caso de sociedades unipersonales, por acto unilateral.

2. Las sociedades anónimas podrán constituirse también en forma sucesiva por suscripción pública de acciones.

Artículo 20 del TRLSC:

La constitución de las sociedades de capital exigirá escritura pública, que deberá inscribirse en el Registro Mercantil.

El capital estará totalmente suscrito y desembolsado en un 25 % como mínimo en el momento de la suscripción, como establece el art. 79.

«Las acciones en que se divida el capital de la sociedad anónima deberán estar íntegramente suscritas por los socios, y desembolsado, al menos, en una cuarta parte el valor nominal de cada una de ellas en el momento de otorgar la escritura de constitución de la sociedad o de ejecución del aumento del capital social».

La ley establece los procedimientos de fundación:

a) En un solo acto, por convenio entre los fundadores (fundación simultánea).

b) En forma sucesiva por suscripción pública de las acciones.

14.3.1. Fundación simultánea o por convenio

La sociedad se funda en un solo acto, por convenio entre los socios fundadores, que otorgan la escritura pública ante notario y suscriben la totalidad de las acciones.

Requisitos legales

El art. 21 establece: «*la escritura de constitución de las sociedades de capital deberá ser otorgada por todos los socios fundadores, sean personas físicas o jurídicas, por sí o por medio de representante, quienes habrán de asumir la totalidad de las participaciones sociales o suscribir la totalidad de las acciones*».

Los socios fundadores y administradores deberán presentar a inscripción en el Registro Mercantil la escritura de constitución en el plazo de dos meses a contar desde la fecha de su otorgamiento y responderán solidariamente de los daños y perjuicios que causarán por el incumplimiento de esta obligación (art. 32).

Los fundadores y los promotores podrán reservarse derechos especiales de contenido económico que no podrán exceder del 10 % de los beneficios netos y por un periodo máximo de 10 años. Estos derechos podrán incorporarse a títulos nominativos distintos de las acciones (art. 27).

La responsabilidad de los fundadores se regula en el artículo 30.

Problemática contable

Por la emisión de las acciones:

(190) Acciones o participaciones emitidas	a	(194) Capital emitido pendiente de inscripción

Por la suscripción de la totalidad de las acciones y el desembolso del mínimo legal:

(572) Bancos, c/c (1034) Socios por desembolsos no exigidos, capital pendiente de inscripción	a	(190) Acciones o participaciones emitidas

Por la inscripción en el Registro Mercantil:

(194) Capital emitido pendiente de inscripción	a	(100) Capital social

Por el nominal del capital pendiente de desembolso en el momento de la inscripción de la sociedad:

(1030) Socios por desembolsos no exigidos, capital social	a	(1034) Socios por desembolsos no exigidos, capital pendiente de inscripción

La cuenta *(1030) Socios por desembolsos no exigidos, capital social* recoge la parte del capital suscrito y pendiente de desembolso. Su saldo se traspasará a la cuenta *(558) Accionistas por desembolsos exigidos* a medida que se vayan exigiendo dichos desembolsos pendientes a los accionistas.

Por la exigencia y cobro de los dividendos pasivos a los accionistas:

(558) Accionistas por desembolsos exigidos	a	(1030) Socios por desembolsos no exigidos, capital social
(572) Bancos, c/c	a	(558) Accionistas por desembolsos exigidos

Ejemplo 14.1

Se constituye la sociedad anónima «A, SA», mediante fundación simultánea, con un capital de 30.000 acciones de 6 € nominales cada una. La emisión se realiza a la par.

Los fundadores suscriben todas las acciones y desembolsan el mínimo legal.

Abona 1.200 € de gastos de constitución.

Posteriormente la empresa exige a los accionistas otro 25 % de su compromiso de aportación, que es atendido por estos dentro de plazo.

Finalmente se exige a los accionistas la parte pendiente de su compromiso de aportación, que también es atendida dentro del plazo estipulado.

Todos los cobros y pagos se realizan a través de banco.

Contabiliza las operaciones anteriores.

180.000	(190) Acciones o participaciones emitidas	a	(194) Capital emitido pendiente de inscripción	180.000
		[Por la emisión de los títulos]		

(continúa)

(continuación)

Debe	Cuenta		Cuenta	Haber
45.000	(572) Bancos, c/c [25 % s/180.000]			
135.000	(1034) Socios por desembolsos no exigidos, capital pendiente de inscripción	a	(190) Acciones o participaciones emitidas	180.000
	[Suscripción de todas las acciones y desembolso del mínimo legal]			
180.000	(194) Capital emitido pendiente de inscripción	a	(100) Capital social	180.000
	[Cuando se inscriba en el Registro Mercantil]			
135.000	(1030) Socios por desembolsos no exigidos, capital social	a	(1034) Socios por desembolsos no exigidos, capital pendiente de inscripción	135.000
	[Capital pendiente de desembolso en el momento de la inscripción]			
1.200	(113) Reservas voluntarias	a	(572) Bancos, c/c	1.200
	[Pago de los gastos de constitución]			
45.000	(558) Socios por desembolsos exigidos	a	Socios por desembolsos no exigidos, capital social	45.000
	[Solicitud del primer dividendo pasivo]			
45.000	(572) Bancos, c/c	a	(558) Socios por desembolsos exigidos	45.000
	[Cobro del dividendo pasivo anterior]			
90.000	(558) Socios por desembolsos exigidos	a	(1030) Socios por desembolsos no exigidos, capital social	90.000
	[Solicitud del 2.º dividendo pasivo]			
90.000	(572) Bancos, c/c	a	(558) Socios por desembolsos exigidos	90.000

Emisión con prima

Si la emisión se realiza con prima, esta se hará efectiva en el momento de la suscripción, junto con el 25 % del nominal:

(190) Acciones o participaciones emitidas	a	(194) Capital emitido pendiente de inscripción
(572) Bancos, c/c [25 % del nominal + la totalidad de la prima] (1034) Socios por desembolsos no exigidos, capital pendiente de inscripción	a	(190) Acciones o participaciones emitidas

(194) Capital emitido pendiente de inscripción	a	(100) Capital social
	a	(110) Prima de emisión o asunción

(1030) Socios por desembolsos no exigidos, capital social	a	(1034) Socios por desembolsos no exigidos, capital pendiente de inscripción

Ejemplo 14.2

Cuatro socios fundan la sociedad anónima «B, SA» con un capital de 40.000 acciones de 3 € nominales. La emisión se realiza al 140 %.

Los fundadores suscriben la totalidad de las acciones y desembolsan el mínimo legal.

Posteriormente la sociedad solicita a los accionistas el compromiso de aportación pendiente, que estos atienden dentro del plazo marcado.

Contabiliza las operaciones anteriores.

Debe	Cuenta		Cuenta	Haber
168.000	(190) Acciones o participaciones emitidas	a	(194) Capital emitido pendiente de inscripción	168.000
	[Emisión de los títulos]			
78.000	(572) Bancos, c/c [25 % s/120.000 + 48.000]			
90.000	(1034) Socios por desembolsos no exigidos, capital pendiente de inscripción [75 % s/120.000]	a	(190) Acciones o participaciones emitidas	168.000
	[Suscripción de las acciones y desembolso del mínimo legal]			
168.000	(194) Capital emitido pendiente de inscripción	a	(100) Capital social [40.000 × 3]	120.000
		a	(110) Prima de emisión o asunción [40.000 × 1,2]	48.000
90.000	(1030) Socios por desembolsos no exigidos, capital social	a	(1034) Socios por desembolsos no exigidos, capital pendiente de inscripción	90.000
	[Capital pendiente de desembolso en el momento de la inscripción]			
90.000	(558) Socios por desembolsos exigidos	a	(1030) Socios por desembolsos no exigidos, capital social	90.000
	[Solicitud de la parte pendiente del compromiso de aportación]			
90.000	(572) Bancos, c/c	a	(558) Socios por desembolsos exigidos	90.000

Anticipos de accionistas

La sociedad puede recibir anticipos de los accionistas con anterioridad a la exigencia de los dividendos pasivos pendientes. Al recibir dichos anticipos haría el siguiente asiento:

(572) Bancos, c/c	a	Anticipos de accionistas

Posteriormente, al exigir y cobrar el dividendo pasivo, se haría:

(558) Socios por desembolsos exigidos	a	(103) Socios por desembolsos no exigidos
Anticipos de accionistas (572) Bancos, c/c	a	(558) Socios por desembolsos exigidos

14.3.2. Fundación sucesiva

La fundación sucesiva constituye una modalidad de constitución de la sociedad en la que los promotores ofrecen al público suscribir el capital y pasar a formar parte de la sociedad proyectada.

Régimen legal

Será de aplicación el procedimiento de fundación sucesiva siempre que con anterioridad al otorgamiento de la escritura de constitución de la sociedad se haga una promoción pública de la suscripción de las acciones por cualquier medio de publicidad o por la actuación de intermediarios financieros (art. 41).

En la fundación por suscripción pública, los promotores comunicarán a la Comisión Nacional del Mercado de Valores el proyecto de emisión y redactarán el programa de fundación (art. 42).

En este sistema de fundación se distinguen varias etapas o fases:

A) Redacción, depósito y publicación del programa fundacional y del folleto informativo

Se facilita al público interesado información sobre las características más destacables de la sociedad en proyecto de creación.

Los promotores, antes de realizar cualquier publicidad de la sociedad proyectada, deberán aportar a la Comisión Nacional del Mercado de Valores una copia del programa fundacional, así como un informe técnico sobre la viabilidad de la sociedad proyectada (art. 43.1).

El programa de fundación y el folleto informativo deberán ser depositados por los promotores en el Registro Mercantil (art. 43.2).

Los promotores son una pieza básica en la fundación sucesiva y podrán reservarse las mismas ventajas que los fundadores (art. 27).

B) Suscripción de todas las acciones y desembolso mínimo previo del 25 % del valor nominal de cada título

La suscripción de las acciones deberá realizarse dentro del plazo fijado previo desembolso de un 25 % del nominal que deberá depositarse a nombre de la sociedad en una entidad de crédito (art. 44.1).

La suscripción se hará constar en un **boletín de suscripción** extendido por duplicado que contendrá los requisitos señalados en el artículo 46.1 y que irá firmado por los suscriptores.

Se entregará al suscriptor un duplicado del boletín con la firma de uno de los promotores (art. 46.2).

Si las suscripciones son superiores o inferiores a la emisión se aplicará el criterio establecido en el programa fundacional.

C) Convocatoria y celebración de la junta constituyente

La junta se convocará en el plazo máximo de seis meses contados a partir del depósito del programa de fundación y del folleto informativo en el Registro Mercantil (art. 47.1).

La convocatoria la realizarán los promotores mediante carta certificada a cada uno de los suscriptores con 15 días de antelación como mínimo.

La junta deliberará en especial sobre los siguientes extremos (art. 47.1):

a) Aprobación de las gestiones realizadas hasta entonces por los promotores.

b) Aprobación de los estatutos sociales.

c) Aprobación del valor que se haya dado a las aportaciones no dinerarias, si las hubiere.

d) Aprobación de los beneficios particulares reservados a los promotores, si los hubiere.

e) Nombramiento de las personas encargadas de la administración de la sociedad.

f) Designación de la persona o personas que deberán otorgar la escritura fundacional de la sociedad.

D) Otorgamiento de la escritura pública e inscripción en el Registro Mercantil

En el mes siguiente a la celebración de la junta, las personas que hayan sido designadas al efecto otorgarán la escritura pública de constitución de la sociedad, con sujeción a los acuerdos adoptados por la junta (art. 51.1).

La escritura será presentada para su inscripción en el Registro Mercantil del domicilio de la sociedad dentro de los dos meses siguientes a su otorgamiento (art. 51.3).

La responsabilidad de los promotores viene regulada en los artículos 53 y 54.

Antes de constituirse la sociedad, los promotores responderán solidariamente frente a terceros de las obligaciones asumidas con el fin de constituir la sociedad (art. 53.1).

Una vez constituida, la sociedad asumirá las obligaciones contraídas legítimamente por los promotores y les reembolsará de los gastos realizados, siempre que su gestión haya sido aprobada por la junta constituyente o que los gastos hayan sido necesarios (art. 53.2).

Los promotores responderán solidariamente frente a la sociedad y frente a terceros (art. 54):

- De la realidad y exactitud de las listas de suscripción.
- De los desembolsos iniciales exigidos y de su inversión.
- De la veracidad de las declaraciones contenidas en el programa y en el folleto informativo.
- De la realidad y efectiva entrega de las aportaciones no dinerarias.

Problemática contable

Por la emisión de las acciones:

(190) Acciones o participaciones emitidas	a	(194) Capital emitido pendiente de inscripción

Por la suscripción de las acciones:

(192) Suscriptores de acciones	a	(190) Acciones o participaciones emitidas

Por los desembolsos realizados por los suscriptores y parte no desembolsada del nominal de las acciones:

(572) Bancos, c/c		
(1034) Socios por desembolsos no exigidos, capital pendiente de inscripción	a	(192) Suscriptores de acciones

Por la inscripción de la sociedad en el Registro Mercantil:

(194) Capital emitido pendiente de inscripción	a	(100) Capital social
	a	(110) Prima de emisión o asunción

Por el nominal del capital pendiente de desembolso en el momento de la inscripción de la sociedad:

(1030) Socios por desembolsos no exigidos, capital social	a	(1034) Socios por desembolsos no exigidos, capital pendiente de inscripción

Por los fondos aportados por los promotores para hacer frente a los gastos necesarios para la constitución de la sociedad:

(572) Bancos, c/c	a	(551) Cuenta corriente con socios y administradores

Por el pago a los promotores, una vez constituida la sociedad, de los gastos efectuados por ellos:

(551) Cuenta corriente con socios y administradores	a	(572) Bancos, c/c

Ejemplo 14.3

Un grupo promotor acuerda constituir, mediante escritura pública, la sociedad anónima «C, SA». Para ello confecciona el programa de fundación cuyo resumen es el siguiente:

- El capital social estará constituido por 50.000 acciones de 6 € nominales cada una.
- La suscripción se hará al 110 %.
- En el momento de la suscripción se desembolsará el 25 % del nominal y la totalidad de la prima. El resto se exigirá a los 3 meses de constituida la sociedad.
- El plazo de suscripción será de 30 días.
- En caso de suscribir más acciones de las previstas se aplicará el procedimiento de reducción proporcional.
- Los promotores se reservarán como ventajas el 5 % de los beneficios netos según balance durante 5 años.

El grupo promotor deposita el programa fundacional en el Registro Mercantil. Abona por diversos gastos de constitución 3.600 €.

Durante el periodo de suscripción se colocaron 70.000 títulos.

Se convoca y celebra la junta constituyente en la que se adoptan los siguientes acuerdos:

- Aprobar las gestiones realizadas por los promotores.
- Rembolsar a los promotores los gastos efectuados por ellos.
- Reconocer a los promotores las ventajas previstas en el programa fundacional.

Se otorga la escritura social y se inscribe en el Registro Mercantil.

Transcurridos tres meses se exige a los accionistas el desembolso pendiente.

Todos los accionistas abonan el dividendo pasivo anterior en el plazo establecido.

Contabiliza la constitución de «C, SA».

330.000	(190) Acciones o participaciones emitidas	a	(194) Capital emitido pendiente de inscripción	330.000
	[Emisión de 50.000 acciones al 110 %]			
3.600	(113) Reservas voluntarias	a	(551) Cuenta corriente con socios y administradores	3.600
	[Por los gastos de constitución]			
462.000	(192) Suscriptores de acciones	a	(190) Acciones o participaciones emitidas	462.000
	[70.000 acciones al 110 %]			

(continúa)

(continuación)

147.000	(572) Bancos, c/c	a	(192) Suscriptores de acciones	147.000
	[25 % de (70.000 × 6) + 70.000 × 0,6]			
42.000	(192) Suscriptores de acciones	a	(572) Bancos, c/c	42.000
	[Devolución exceso desembolso: 25 % de (20.000 × 6) + 20.000 × 0,6]			
132.000	(190) Acciones o participaciones emitidas	a	(192) Suscriptores de acciones	132.000
	[Ajuste exceso suscripción: 20.000 acciones al 110 %]			
225.000	(1034) Socios por desembolsos no exigidos, capital pendiente de inscripción	a	(192) Suscriptores de acciones	225.000
	[Registro de la parte pendiente de desembolso: 75 % de (50.000 × 6)]			
330.000	(194) Capital emitido pendiente de inscripción	a	(100) Capital social	330.000
		a	(110) Prima de emisión o asunción	30.000
	[Por la inscripción en el Registro]			
225.000	(1030) Socios por desembolsos no exigidos, capital social	a	(1034) Socios por desembolsos no exigidos, capital pendiente de inscripción	225.000
	[Parte pendiente de desembolso de la sociedad inscrita]			
3.600	(551) Cuenta corriente con socios y administradores	a	(572) Bancos, c/c	3.600
	[Pago a los promotores de los gastos efectuados por cuenta de la sociedad y aprobados por la junta constituyente]			
225.000	(558) Socios por desembolsos exigidos	a	(1030) Socios por desembolsos no exigidos, capital social	225.000
	[Solicitud de la parte pendiente de desembolso]			
225.000	(572) Bancos, c/c	a	(558) Socios por desembolsos exigidos	225.000
	[Cobro del dividendo pasivo solicitado]			

14.4. Aportaciones no dinerarias

Las aportaciones realizadas en contraprestación de las acciones pueden ser dinerarias y no dinerarias.

La aportación más frecuente es la que se realiza en moneda nacional.

Para las aportaciones en moneda extranjera habrá que determinar el importe en euros con arreglo a la ley (aplicar el tipo de cambio vigente en la fecha de la aportación).

Los activos que pueden aportarse tienen que ser susceptibles de valoración económica.

Como la acción tiene que responder a una efectiva aportación patrimonial a la sociedad, el problema que se deriva de las aportaciones no dinerarias es el de su valoración, ya que el pago de las mismas se hace con acciones.

«Artículo 64. Aportación de bienes muebles o inmuebles.

Si la aportación consistiese en bienes muebles o inmuebles o derechos asimilados a ellos, el aportante estará obligado a la entrega y saneamiento de la cosa objeto de la aportación en los términos establecidos en el Código Civil para el contrato de compraventa, y se aplicarán las reglas del Código de Comercio sobre el mismo contrato en cuanto a la transmisión de riesgos.

Artículo 65. Aportación de derecho de crédito

Si la aportación consistiere en un derecho de crédito, el aportante responderá de la legitimidad de este y de la solvencia del deudor».

El derecho de crédito se considerará trasmitido a la sociedad en el otorgamiento de la escritura de constitución.

«Artículo 66. Aportación de empresa.

1. Si se aportase una empresa o establecimiento, el aportante quedará obligado al saneamiento de su conjunto, si el vicio o la evicción afectasen a la totalidad o a alguno de los elementos esenciales para su normal explotación.

2. También procederá el saneamiento individualizado de aquellos elementos de la empresa aportada que sean de importancia por su valor patrimonial».

Legislación

Artículo 58.1 del TRLSC:

En las sociedades de capital solo podrán ser objeto de aportación los bienes o derechos patrimoniales susceptibles de valoración económica.

Artículo 59 del TRLSC:

1. Será nula la creación de participaciones sociales y la emisión de acciones que no respondan a una efectiva aportación patrimonial a la sociedad.

2. No podrán crearse participaciones o emitirse acciones por una cifra inferior a la de su valor nominal.

Legislación

El artículo 1.462 del Código Civil dice: *«Se entenderá entregada la cosa vendida cuando se ponga en poder y posesión del comprador».*

El artículo 1.474 del CC dispone que el aportante responde a la sociedad:

1. De la posesión legal y pacífica del bien aportado.
2. De los vicios o defectos ocultos que tuviere.

14.4.1. Valoración de las aportaciones no dinerarias

Las aportaciones no dinerarias habrán de ser objeto de un informe elaborado por uno o varios expertos independientes con competencia profesional (art. 67.1).

El valor que se dé a la aportación en la escritura social no podrá ser superior a la valoración realizada por los expertos (art. 67.3).

Según el Reglamento de Registro Mercantil, cuando el valor escriturado supere el valor atribuido por el experto en más de un 20 %, el registrador denegará la inscripción (art. 133.2 del RRM).

En todo caso deberá acreditarse la realidad de las aportaciones en la forma establecida por la ley.

Los bienes de inmovilizado recibidos en concepto de aportación no dineraria de capital serán valorados por su valor razonable en el momento de la aportación conforme a lo señalado en la norma sobre transacciones con pagos basados en instrumentos de patrimonio (NRV 2.ª, ap. 1.4).

El plazo para la entrega de las aportaciones no dinerarias no podrá exceder de 5 años desde la constitución de la sociedad.

La ley no especifica nada en cuanto a desembolsos mínimos en las aportaciones no dinerarias, pero la doctrina parece entender que rige el mismo principio del desembolso inicial mínimo del 25 % del nominal y la totalidad de la prima.

14.4.2. Contabilidad de las aportaciones no dinerarias

Por la emisión de las acciones:

(190) Acciones o participaciones emitidas	a	(194) Capital emitido pendiente de inscripción

(194) Capital emitido pendiente de inscripción	a	(100) Capital social
	a	(110) Prima de emisión o asunción

Por la suscripción de todas las acciones y el desembolso del mínimo legal:

(572) Bancos, c/c		
( ) Cuentas de activo		
(103) Socios por desembolsos no exigidos		
(104) Socios por aportaciones no dinerarias pendientes	a	(190) Acciones o participaciones emitidas

La cuenta *(104) Socios por aportaciones no dinerarias pendientes* recoge la parte de las acciones suscritas cuyo pago se realizará mediante la entrega de un bien en el plazo máximo de 5 años.

Cuando los accionistas entreguen el bien la empresa hará:

( ) Cuentas de activo	a	(104) Socios por aportaciones no dinerarias pendientes

Ejemplo 14.4

Se constituye la sociedad «AB, SA» en fundación simultánea con un capital formado por 200.000 acciones de 6 € nominales. La emisión se realiza a la par.

La mitad del capital fue suscrito en metálico y desembolsado en el mínimo exigido por la ley.

El resto de los títulos se asignarán a aportaciones no dinerarias de la siguiente forma:

- El socio «A» suscribe 50.000 títulos. Para su pago entrega, en el momento de la suscripción, una máquina valorada por un experto independiente en 90.000 € y se compromete a entregar dentro de un año un almacén por el resto.
- El socio «B» suscribió 40.000 títulos entregando en este momento unos equipos informáticos valorados por un experto en 60.000 €. Se compromete a entregar dentro de un año unos terrenos por el resto.
- El resto de los títulos (10.000) los suscribe el socio «C» que pagó en metálico 24.000 €. Por el resto se compromete a entregar, dentro de un año, un vehículo.

Transcurridos 6 meses la sociedad solicita un dividendo pasivo por la parte pendiente de desembolso correspondiente a las acciones suscritas en metálico. Dicho dividendo es atendido por los accionistas dentro del plazo previsto.

Al año de la constitución la sociedad recibe las aportaciones pendientes, que los expertos independientes valoran de la siguiente forma:

- Almacén del socio «A»: 210.000 € (90.000 € corresponden al terreno).
- Terrenos del socio «B»: 180.000 €.
- Vehículo del socio «C»: 36.000 €.

Contabiliza las operaciones anteriores.

1.200.000	(190) Acciones o participaciones emitidas	a	(194) Capital emitido pendiente de inscripción	1.200.000
174.000	(572) Bancos, c/c [25 % s/600.000 + 24.000]			
450.000	(103) Socios por desembolsos no exigidos [75 % s/600.000]			
90.000	(213) Maquinaria			
60.000	(217) Equipos para procesos de información			
426.000	(104) Socios por aportaciones no dinerarias pendientes [210.000 + 180.000 + 36.000]	a	(190) Acciones o participaciones emitidas	1.200.000
1.200.000	(194) Capital emitido pendiente de inscripción	a	(100) Capital social	1.200.000
450.000	(558) Socios por desembolsos exigidos	a	(103) Socios por desembolsos no exigidos	450.000
	[Por la solicitud del desembolso pendiente]			
450.000	(572) Bancos, c/c	a	(558) Socios por desembolsos exigidos	450.000
270.000	(210) Terrenos y bienes naturales			
120.000	(211) Construcciones			
36.000	(218) Elementos de transporte	a	(104) Socios por aportaciones no dinerarias pendientes	426.000
	[Por la recepción de los bienes al cabo de un año]			

14.5. Dividendos pasivos pendientes

El accionista, al suscribir las acciones, debe desembolsar como mínimo el 25 % del nominal de las mismas y la totalidad de la prima, si existe. Asimismo se compromete a desembolsar, en los plazos que se establezcan, el resto de su compromiso de aportación.

«Artículo 81. Los desembolsos pendientes.

1. En las sociedades anónimas, el accionista deberá aportar a la sociedad la porción de capital que hubiera quedado pendiente de desembolso en la forma y dentro del plazo previsto por los estatutos sociales.

2. La exigencia del pago de los desembolsos pendientes se notificará a los afectados o se anunciará en el Boletín Oficial del Registro Mercantil».

14.6. Accionistas morosos

Un accionista es moroso cuando al reclamarle el dividendo pasivo no cumple con su obligación de pago.

14.6.1. Régimen legal

«Artículo 82. Mora del accionista.

Se encuentra en mora el accionista una vez vencido el plazo fijado por los estatutos sociales para el pago de la porción de capital no desembolsada o el acordado o decidido por los administradores de la sociedad, conforme a lo establecido en el artículo anterior».

Legislación

El artículo 83 del TRLSC:

Una vez abonado el importe de los desembolsos pendientes junto con los intereses adeudados podrá el accionista reclamar el pago de los dividendos no prescritos, pero no podrá reclamar la suscripción preferente, si el plazo para su ejercicio ya hubiere transcurrido.

Mientras el accionista se encuentre en mora no podrá (art. 83):

- Ejercitar el derecho de voto.
- Percibir dividendos activos.
- Ejercitar el derecho preferente de suscripción de acciones y de obligaciones convertibles.

El artículo 84 del TRLSC establece que:

«1. Cuando el accionista se halle en mora, la sociedad podrá, según los casos y atendida la naturaleza de la aportación no efectuada:

a) Reclamar el cumplimiento de la obligación de desembolso, con abono del interés legal y de los daños y perjuicios causados por la morosidad.

b) Enajenar las acciones por cuenta y riesgo del socio moroso.

2. Cuando haya de procederse a la venta de las acciones, la enajenación se verificará por medio de un miembro del mercado secundario oficial en el que estuvieran admitidas a negociación, o por medio de fedatario público en otro caso, y llevará consigo, si procede, la sustitución del título originario por un duplicado.

Si la venta no pudiese efectuarse, la acción será amortizada, con la consiguiente reducción del capital, quedando en beneficio de la sociedad las cantidades ya desembolsadas».

14.6.2. Problemática contable

Si el accionista no paga el dividendo pasivo reclamado, la empresa emprenderá alguna de las siguientes actuaciones:

A) Reclamar el cumplimiento de la obligación de desembolso, con abono del interés legal y de los daños y perjuicios causados por la morosidad

Por la emisión:

(190) Acciones o participaciones emitidas	a	(194) Capital emitido pendiente de inscripción

Por la suscripción y desembolso inicial:

(572) Bancos, c/c (103) Socios por desembolsos no exigidos	a	(190) Acciones o participaciones emitidas
(194) Capital emitido pendiente de inscripción	a	(100) Capital social

Por la solicitud del dividendo pasivo:

(558) Socios por desembolsos exigidos	a	(103) Socios por desembolsos no exigidos
(572) Bancos, c/c (558X) Accionistas morosos	a	(558) Socios por desembolsos exigidos

Por los gastos ocasionados por la reclamación:

(623, 669, 678) Gastos...	a	(572) Bancos, c/c

Por el cobro del dividendo reclamado, gastos ocasionados e intereses de demora:

(572) Bancos, c/c	a a	(558X) Accionistas morosos (769, 778) Ingresos...

Ejemplo 14.5

Se constituye la sociedad anónima «BC, SA» por el procedimiento de fundación simultánea, con un capital de 120.000 €. Las acciones tendrán un valor nominal de 6 € y se emitirán al 150 %.

En el acto de la suscripción fue desembolsado el 25 % del nominal y la totalidad de la prima.

Tres meses después la sociedad solicita a los accionistas el compromiso de aportación pendiente.

El dividendo pasivo solicitado es atendido por todos los accionistas, excepto uno que posee 3.000 acciones.

La sociedad reclama al accionista moroso el cumplimiento de su obligación. Paga 150 € por honorarios de abogados.

Como consecuencia de la reclamación el accionista moroso envía transferencia bancaria por el importe de su deuda, más 210 € en concepto de intereses y daños y perjuicios causados.

Todos los cobros y pagos se realizan a través de la c/c bancaria de la sociedad.

Contabiliza las operaciones anteriores.

(continúa)

(continuación)

180.000	(190) Acciones o participaciones emitidas	a	(194) Capital emitido pendiente de inscripción	180.000
90.000	(572) Bancos, c/c [25 % s/120.000 + 60.000]			
90.000	(103) Socios por desembolsos no exigidos [75 % s/120.000]	a	(190) Acciones o participaciones emitidas	180.000
	[Suscripción y desembolso del mínimo legal]			
180.000	(194) Capital emitido pendiente de inscripción	a	(100) Capital social	120.000
		a	(110) Prima de emisión o asunción	60.000
90.000	(558) Socios por desembolsos exigidos	a	(103) Socios por desembolsos no exigidos	90.000
	[Reclamación del dividendo pasivo]			
76.500	(572) Bancos, c/c [17.000 × 4,5]			
13.500	(558X) Accionistas morosos [3.000 × 4,5]	a	(558) Socios por desembolsos exigidos	90.000
150	(623) Servicios de profesionales independientes	a	(572) Bancos, c/c	150
	[Pago de gastos de abogados]			
13.710	(572) Bancos, c/c [13.500 + 210]	a	(558X) Accionistas morosos	13.500
		a	(769) Otros ingresos financieros	210

B) Enajenar las acciones por cuenta y riesgo del accionista moroso

Por la emisión:

(190) Acciones o participaciones emitidas	a	(194) Capital emitido pendiente de inscripción

Por la suscripción y desembolso inicial:

(572) Bancos, c/c (103) Socios por desembolsos no exigidos	a	(190) Acciones o participaciones emitidas
(194) Capital emitido pendiente de inscripción	a	(100) Capital social

Por la solicitud del dividendo pasivo:

(558) Socios por desembolsos exigidos	a	(103) Socios por desembolsos no exigidos

(572) Bancos, c/c (558X) Accionistas morosos	a	(558) Socios por desembolsos exigidos

A partir de aquí pueden darse dos casos:

1. **Venta de los duplicados de las acciones**

Por la emisión de los duplicados de las acciones de los accionistas morosos:

Duplicados de acciones	a	Acciones anuladas

La cuenta *Duplicados de acciones* es de activo y la cuenta *Acciones anuladas* es compensadora de las cuentas de activo donde están registradas las acciones de los socios morosos (bancos, c/c; accionistas morosos; socios por desembolsos no exigidos).

Por la venta de los duplicados:

(572) Bancos, c/c (558X) Accionistas morosos	a o	Duplicados de acciones (558X) Accionistas morosos

La cuenta *Accionistas morosos* la cargamos o abonamos según el precio al que se vendan los duplicados.

Por los gastos ocasionados por la emisión de los duplicados y demás gastos de la operación:

(623, 626, 669) Gastos...	a	(572) Bancos, c/c

Por la anulación de las cuentas y la liquidación a los accionistas morosos:

Acciones anuladas	a a a a	(558X) Accionistas morosos (103) Socios por desembolsos no exigidos (769, 778) Ingresos... (572) Bancos, c/c

A los accionistas morosos se les devolverá lo que habían desembolsado, menos los gastos ocasionados a la sociedad, y más o menos los beneficios o pérdidas obtenidos en la enajenación de los duplicados.

Ejemplo 14.6

Se constituye la sociedad anónima «CD, SA» por el procedimiento de fundación simultánea, con un capital de 180.000 €. Las acciones tendrán un valor nominal de 6 € y se emitirán al 200 %.

En el acto de la suscripción fue desembolsado el 25 % del nominal y la totalidad de la prima.

Dos meses después la sociedad solicita a los accionistas el 50 % del valor nominal.

El dividendo pasivo solicitado es atendido por todos los accionistas, excepto por poseedores de 5.000 acciones.

La sociedad decide enajenar las acciones de los accionistas morosos, para lo que emite los correspondientes duplicados. Gastos abonados: 180 €.

La empresa vende los duplicados al 180 % y se liquida a los accionistas morosos descontándoles, además de los gastos ocasionados, 90 € por la demora.

Todos los cobros y pagos se realizan a través de la c/c bancaria de la sociedad.

Contabiliza las operaciones anteriores.

360.000	(190) Acciones o participaciones emitidas	a	(194) Capital emitido pendiente de inscripción	360.000
225.000	(572) Bancos, c/c [25 % s/180.000 + 180.000]			
135.000	(103) Socios por desembolsos no exigidos [75 % s/180.000]	a	(190) Acciones o participaciones emitidas	360.000
	[Suscripción y desembolso del mínimo legal]			
360.000	(194) Capital emitido pendiente de inscripción	a	(100) Capital social	180.000
		a	(110) Prima de emisión o asunción	180.000
90.000	(558) Socios por desembolsos exigidos [50 % s/180.000]	a	(103) Socios por desembolsos no exigidos	90.000
	[Reclamación del dividendo pasivo]			
75.000	(572) Bancos, c/c (25.000 × 3)			
15.000	(558X) Accionistas morosos (5.000 × 3)	a	(558) Socios por desembolsos exigidos	90.000
60.000	Duplicados de acciones [5.000 × 12]	a	Acciones anuladas	60.000
180	(669) Otros gastos financieros	a	(572) Bancos, c/c	180
54.000	(572) Bancos, c/c [5.000 × 10,8]			
6.000	(558X) Accionistas morosos (5.000 × 1,2)	a	Duplicados de acciones	60.000

60.000	Acciones anuladas	a	(558X) Accionistas morosos (15.000 + 6.000)	21.000
		a	(103) Socios por desembolsos no exigidos (5.000 × 1,5)	7.500
		a	(769) Otros ingresos financieros (80 + 90)	270
		a	(572) Bancos, c/c [5.000 × (1,5 + 6) – 6.000 – 180 – 90]	31.230

[Los accionistas morosos habían pagado el 25 % del nominal (5.000 × 1,5) y la totalidad de la prima (5.000 × 6); de esta cantidad la sociedad le descuenta la pérdida en la enajenación de los duplicados (5.000 × 1,2), los gastos ocasionados (180) y la demora (90)]

2. Reducción del capital por amortización de las acciones

Cuando la venta de los duplicados no puede realizarse, las cantidades que habían entregado los accionistas morosos quedan a favor de la sociedad y se reducirá el capital por el importe de las acciones que no hayan conseguido recolocarse.

Por la emisión de los duplicados de las acciones de los accionistas morosos:

Duplicados de acciones	a	Acciones anuladas

Por los gastos ocasionados por la emisión de los duplicados y demás gastos de la operación:

(623, 626, 669) Gastos...	a	(572) Bancos, c/c

Por la reducción del capital social:

(100) Capital social	a	Duplicados de acciones

Por la anulación de las cuentas:

Acciones anuladas	a	(558X) Accionistas morosos
	a	(103) Socios por desembolsos no exigidos
	a	(769) Otros ingresos financieros
	a	(778) Ingresos excepcionales

Ejemplo 14.7

Se constituye la sociedad anónima «DE, SA» por el procedimiento de fundación simultánea, con un capital de 180.000 €. Las acciones tendrán un valor nominal de 6 € y se emitirán al 200 %.

En el acto de la suscripción fue desembolsado el 25 % del nominal y la totalidad de la prima.

Tres meses después la sociedad solicita a los accionistas el 50 % del valor nominal.

El dividendo pasivo solicitado es atendido por todos los accionistas, excepto por poseedores de 5.000 acciones.

La sociedad decide enajenar las acciones de los accionistas morosos, para lo que emite los correspondientes duplicados. Gastos abonados: 180 €.

La empresa no logra vender los duplicados y procede a la correspondiente reducción del capital social.

Todos los cobros y pagos se realizan a través de la c/c bancaria de la sociedad.

Contabiliza las operaciones anteriores.

360.000	(190) Acciones o participaciones emitidas	a	(194) Capital emitido pendiente de inscripción	360.000
225.000	(572) Bancos, c/c [25 % s/180.000 + 180.000]			
135.000	(103) Socios por desembolsos no exigidos [75 % s/180.000]	a	(190) Acciones o participaciones emitidas	360.000
	[Suscripción y desembolso del mínimo legal]			
360.000	(194) Capital emitido pendiente de inscripción	a	(100) Capital social	180.000
		a	(110) Prima de emisión o asunción	180.000
90.000	(558) Socios por desembolsos exigidos [50 % s/180.000]	a	(103) Socios por desembolsos no exigidos	90.000
	[Reclamación del dividendo pasivo]			
75.000	(572) Bancos, c/c (25.000 × 3)			
15.000	(558X) Accionistas morosos (5.000 × 3)	a	(558) Socios por desembolsos exigidos	90.000
60.000	Duplicados de acciones [5.000 × 12]	a	Acciones anuladas	60.000
180	(669) Otros gastos financieros	a	(572) Bancos, c/c	180
30.000	(100) Capital social [5.000 × 6]			
30.000	(110) Prima de emisión o asunción [5.000 × 6]	a	Duplicados de acciones	60.000
60.000	Acciones anuladas	a	(558X) Accionistas morosos	15.000
		a	(103) Socios por desembolsos no exigidos [5.000 × 250]	7.500
		a	(769) Otros ingresos financieros	180
		a	(778) Ingresos excepcionales	37.320

Test 14

1. **Señala la opción correcta:**

1.1. **Las sociedades anónimas se rigen por:**
- ☐ El Texto Refundido de la Ley de Sociedades Anónimas (TRLSA).
- ☐ El Texto Refundido de la Ley de Sociedades de Capital (TRLSC).
- ☐ La Ley de Sociedades de Responsabilidad Limitada.

1.2. **Las sociedades de responsabilidad limitada se rigen por:**
- ☐ El Texto Refundido de la Ley de Sociedades Anónimas (TRLSA).
- ☐ El Texto Refundido de la Ley de Sociedades de Capital (TRLSC).
- ☐ La Ley de Sociedades de Responsabilidad Limitada.

1.3. **El capital mínimo para constituir una sociedad anónima es:**
- ☐ 30.000 euros.
- ☐ 60.000 euros.
- ☐ 3.000 euros.

1.4. **El capital mínimo para constituir una sociedad limitada es:**
- ☐ 10.000 euros.
- ☐ 5.000 euros.
- ☐ 3.000 euros.

1.5. **El capital social de la sociedad limitada está dividido en:**
- ☐ Acciones.
- ☐ Participaciones.
- ☐ Ninguna de las anteriores.

1.6. **El capital social de la sociedad anónima está dividido en:**
- ☐ Acciones.
- ☐ Participaciones.
- ☐ Las dos anteriores.

1.7. **Cuando la responsabilidad de los socios se limita a su compromiso de aportación, se trata de una:**
- ☐ Sociedad anónima.
- ☐ Sociedad limitada.
- ☐ Las dos anteriores.

1.8. **Para la constitución de una SA o una SL se requiere:**
- ☐ Escritura pública e inscripción en el Registro Mercantil.
- ☐ Solo escritura pública.
- ☐ Solo inscripción en el Registro Mercantil.

TEST

1.9. **Las sociedades de responsabilidad limitada:**

- ☐ Deben tener un capital mínimo de 60.000 euros.
- ☐ Los socios no responden personalmente de las deudas sociales.
- ☐ Su capital está dividido en acciones.

1.10. **En la sociedad limitada:**

- ☐ El capital mínimo de constitución es de 60.000 euros.
- ☐ El capital está dividido en acciones.
- ☐ El capital está dividido en participaciones.

1.11. **En la constitución de una sociedad anónima:**

- ☐ Las aportaciones tienen que ser necesariamente en dinero.
- ☐ El capital tiene que estar totalmente desembolsado en su constitución.
- ☐ Hay que inscribirla en el Registro Mercantil.

1.12. **Se constituye una SA con un capital social suscrito de 200.000 €. Los socios fundadores tienen la obligación de desembolsar, como mínimo, en el momento de la constitución:**

- ☐ 25.000 euros.
- ☐ 50.000 euros.
- ☐ 200.000 euros.

1.13. **La SA y la SL son sociedades:**

- ☐ Personalistas.
- ☐ De carácter mercantil.
- ☐ Las dos anteriores.

1.14. **En la fundación sucesiva, la junta constituyente deliberará sobre:**

- ☐ La aprobación de las gestiones realizadas por lo promotores.
- ☐ El nombramiento de las personas encargadas de la administración de la sociedad.
- ☐ Las dos anteriores.

1.15. **En las aportaciones no dinerarias:**

- ☐ El valor escriturado no puede ser superior al 20 % del atribuido por el experto.
- ☐ El valor de la aportación lo decidirán los promotores.
- ☐ Ninguna de las anteriores.

1.16. **Un accionista se considera moroso cuando:**

- ☐ No paga el importe total de las acciones en el momento de la suscripción.
- ☐ No paga el dividendo activo en la fecha que corresponda.
- ☐ No paga el dividendo pasivo cuando la empresa se lo reclama.

1.17. **Mientras un accionista sea moroso no podrá:**

- ☐ Percibir dividendos activos.
- ☐ Ejercitar el derecho de voto.
- ☐ Las dos anteriores.

EJERCICIOS FINALES

Ejercicio 14.1

1. Se constituye la sociedad anónima «ABC, SA» con un capital de 240.000 € representado por acciones de 3 € nominales cada una, que se emiten a la par.

   El procedimiento de constitución es de fundación simultánea o por convenio entre los fundadores, quienes han suscrito todas las acciones y desembolsado el 25 % que establece la ley.

   Los fundadores se han reservado ventajas por el 5 % de los beneficios netos durante 5 años.
2. Ha satisfecho por gastos de otorgamiento de escritura, inscripción, etc., 4.200 €.
3. Se realizan estudios técnicos abonando, por este concepto, 2.400 €.
4. Un socio que ha suscrito 20.000 acciones paga la totalidad de su compromiso de aportación pendiente antes de ser solicitado por la empresa.
5. La empresa solicita a los accionistas el desembolso del primer dividendo pasivo por el 40 % del capital suscrito.
6. Todos los accionistas hacen efectivo el dividendo solicitado dentro del plazo previsto.
7. La empresa exige a los accionistas el resto de su compromiso de aportación.
8. El dividendo anterior es atendido por los accionistas en el plazo estipulado.

Contabiliza las operaciones anteriores.

Ejercicio 14.2

1. Se constituye la sociedad anónima «EFG, SA» por el procedimiento de fundación simultánea. Los fundadores suscriben la totalidad del capital y desembolsan el mínimo legal.

   La empresa tendrá un capital de 180.000 € que estará formado por acciones de 6 € nominales cada una. El tipo de emisión será del 115 %.
2. Se pagan los gastos de escritura, notario, etc., por 3.600 €.
3. Un socio que posee 10.000 acciones anticipa el resto de su compromiso de aportación.
4. La empresa adquiere una máquina por importe de 72.000 €, más 21 % de IVA. Paga la mitad al contado y el resto queda pendiente, a pagar dentro de 18 meses.
5. Se solicita a los accionistas el resto de su compromiso de aportación.
6. Todos los accionistas atienden, en el plazo establecido, el dividendo pasivo anterior.

Contabiliza las operaciones anteriores.

Ejercicio 14.3

1. Un grupo promotor proyecta la constitución de una sociedad anónima, a cuyo efecto procede a la redacción y depósito del programa de fundación en el Registro Mercantil. Algunos de los aspectos de dicho programa se citan a continuación:
   - La empresa se denominará «PQR, SA».
   - El capital social estará formado por 30.000 acciones de 6 € nominales cada una.

EJERCICIOS FINALES

- La emisión se realizará al 130 %.
- En el acto de la suscripción se desembolsará el mínimo legal.
- El plazo de suscripción será de 30 días.
- Si se suscribe un número de acciones superior al previsto se aplicará el procedimiento de reducción proporcional.

2. Pagan 2.700 € por los honorarios del notario y otros gastos de naturaleza jurídica.
3. Durante el periodo de suscripción se colocaron 40.000 acciones.
4. Se anula el exceso de suscripciones en la forma prevista y se reintegra a los suscriptores la parte desembolsada de las suscripciones anuladas.
5. Se convoca y celebra la junta constituyente en la que se acuerda:
   - Aprobar las gestiones realizadas por el grupo promotor.
   - Reconocer determinadas ventajas a los promotores: 6 % de los beneficios netos durante 8 años.
6. La sociedad abona a los promotores los desembolsos efectuados por estos.
7. Alquila un local para oficinas depositando una fianza de 3.000 € a 2 años y abonando el alquiler del primer mes por importe de 900 €, más 21 % de IVA.
8. Adquiere mobiliario por importe de 2.400 €, más 21 % de IVA, que deja a deber, a pagar dentro de 6 meses.
9. Exige a los accionistas el primer dividendo pasivo: 25 % del capital suscrito.
10. El dividendo pasivo anterior es atendido por todos los accionistas dentro del plazo establecido.
11. El día 1 de octubre, con el dinero obtenido en el punto anterior, compra en bolsa obligaciones para especular cuyo nominal es de 43.000 €. Las obligaciones devengarán un interés anual del 5 % que se pagará semestralmente los días 31 de marzo y 30 de septiembre de cada año.
12. Solicita a los accionistas el segundo dividendo pasivo por el resto de su compromiso de aportación.
13. El dividendo pasivo anterior es atendido por todos los accionistas en el plazo fijado.
14. Realiza los asientos correspondientes a las obligaciones del punto 11 al final del ejercicio. El valor razonable de las obligaciones se estima en 44.000 €.

Contabiliza las operaciones anteriores.

Ejercicio 14.4

Se constituye la sociedad anónima «CBH, SA» por el procedimiento de fundación simultánea con un capital de 360.000 € compuesto por acciones de 3 € nominales cada una.

La emisión se realiza al 150 %.

La totalidad de las acciones se suscriben y desembolsan de la forma siguiente:

- 50.000 acciones se suscriben en metálico con desembolso del mínimo legal.
- 40.000 acciones para un suscriptor que aporta un edificio valorado por los expertos en 180.000 €. El valor del solar se estima en 72.000 €.
- Un suscriptor de 20.000 acciones aporta un vehículo que los expertos valoran en 72.000 €. Por la parte restante se compromete a entregar un ordenador dentro de 18 meses.

EJERCICIOS FINALES

- El resto de las acciones son para un suscriptor que entrega una patente valorada en 30.000 € por los expertos. La parte restante la desembolsará en metálico con el primer dividendo pasivo que solicite la empresa.

Transcurrido un tiempo la empresa solicita a los suscriptores en metálico el primer dividendo pasivo por el 40 % del valor nominal.

El dividendo anterior es atendido por todos los accionistas en el plazo establecido.

Posteriormente la empresa solicita la parte pendiente de las aportaciones dinerarias.

Todos los accionistas hacen efectivo el dividendo pasivo anterior.

A los 18 meses, el socio que se comprometió a entregar el ordenador atiende su compromiso.

Contabiliza las operaciones anteriores.

Ejercicio 14.5

1. Se constituye la sociedad anónima «MNP, SA» por el sistema de fundación simultánea.

   El capital social está representado por 20.000 acciones ordinarias de 6 € nominales cada una, emitidas al 150 %.

   Los fundadores han suscrito todo el capital y desembolsado el mínimo legal exigido.
2. Se abonan 3.000 € por gastos de constitución de la sociedad.
3. Se exige a los accionistas el primer dividendo pasivo por el 25 % del valor nominal de las acciones.
4. El dividendo anterior no es atendido por tenedores de 2.000 acciones.
5. La sociedad procede a la emisión de los duplicados de las acciones cuyo dividendo pasivo no ha sido satisfecho. Abona 120 € de gastos.
6. La totalidad de los duplicados son colocados al 140 %, abonando los nuevos accionistas el mismo porcentaje que han satisfecho el resto de los socios.
7. Se liquida a los socios morosos deduciéndole los gastos ocasionados y 90 € en concepto de intereses de demora.
8. La sociedad procede a exigir un nuevo dividendo pasivo por el 25 % del valor nominal.
9. El dividendo pasivo anterior fue atendido por todos los accionistas menos por el poseedor de 1.000 acciones.
10. La sociedad reclama por vía ordinaria al accionista moroso el cumplimiento de su obligación. Paga 60 € de gastos de abogados.
11. El accionista moroso anterior libera el importe de su deuda, los gastos ocasionados y 48 € en concepto de intereses de demora.
12. La sociedad solicita el último dividendo pasivo por la parte pendiente de desembolsos.
13. El dividendo anterior fue atendido por todos los accionistas menos por el poseedor de 3.000 títulos.
14. La sociedad procede a la emisión de los correspondientes duplicados pagando 150 € de gastos.
15. Dentro del plazo legal no pudieron ser enajenados los duplicados. Cancela las relaciones con los socios morosos y se reduce el capital social en la cuantía correspondiente.

Contabiliza las operaciones anteriores.

EJERCICIOS FINALES

Ejercicio 14.6 (autoevaluación)

Contabiliza las siguientes operaciones:

1. Se constituye la sociedad HAL, SA por el sistema de fundación simultánea.

   El capital social está formado por 30.000 acciones de 5 € nominales, emitidas al 130 %.
2. Se suscribe toda la emisión y los accionistas desembolsan por banco el mínimo legal exigido.
3. La empresa Alcotán, SL ha suscrito 2.000 acciones de HAL, SA. ¿Qué asiento realizará Alcotán, SL por la suscripción de las acciones de HAL, SA, suponiendo que las adquiere para negociar?
4. Se abonan, a través de banco, 3.500 € por gastos de constitución de la sociedad.
5. Se realizan estudios técnicos abonando 1.500 € a través de banco.
6. Los socios fundadores presentan a inscripción en el Registro Mercantil la escritura de constitución de la sociedad.
7. La sociedad solicita a los accionistas un primer dividendo pasivo del 30 % del valor nominal de las acciones.
8. ¿Qué asiento realizará Alcotán, SL cuando HAL, SA le solicita el dividendo pasivo anterior?
9. Todos los accionistas ingresan en la cuenta corriente de la sociedad el dividendo pasivo solicitado.
10. Contabiliza el pago del dividendo pasivo anterior en la contabilidad de Alcotán, SL.
11. La sociedad solicita a los accionistas un segundo dividendo pasivo por el resto de su compromiso de aportación.
12. Todos los accionistas ingresan en la cuenta corriente de la sociedad el dividendo pasivo solicitado, excepto uno que posee 1.000 acciones.
13. La sociedad procede a la emisión de los duplicados de las acciones cuyo dividendo pasivo no ha sido satisfecho. Paga 90 € de gastos.
14. Los duplicados anteriores son colocados al 120 %, abonando los nuevos accionistas el importe total de los títulos.
15. Se liquida al socio moroso deduciéndole los gastos ocasionados y 30 € en concepto de intereses de demora.

UNIDAD 15

AUDITORÍA

En esta unidad estudiaremos el proceso de auditoría en la empresa, describiendo su propósito dentro del marco normativo español.

Veremos las distintas fases del proceso de auditoría y las normas técnicas de auditoría que deben aplicarse en cada fase.

También estudiaremos la estructura del informe de auditoría y los distintos tipos de opinión del auditor.

Objetivos

- Reconocer la importancia de la auditoría financiera para los usuarios de la información contable.
- Conocer el marco regulador de la auditoría en España.
- Conocer el régimen de habilitación de los auditores.
- Definir y clasificar las normas internacionales de auditoría de aplicación en España (NIA-ES).
- Identificar las formas de obtener evidencia y su documentación a través de los papeles de trabajo.
- Identificar las distintas fases del proceso de auditoría.
- Identificar las distintas partes del informe de auditoría y comprender el proceso de formación de la opinión del auditor.

Contenidos

15.1. Introducción

En el ámbito económico-financiero la contabilidad es un instrumento básico de información. Esta información puede ser:

- **Externa:** proporcionada por la contabilidad financiera y enfocada a los usuarios externos y a la elaboración de las cuentas anuales.
- **De gestión:** proporcionada por la contabilidad interna y externa y que será utilizada por los directivos para la toma de decisiones.

Recuerda...

Serán usuarios de la información contable:

- Socios.
- Administradores.
- Administración pública.
- Entidades de crédito.
- Empleados.
- Clientes, proveedores, etc.
- Sindicatos.
- Asociaciones de consumidores.
- Asociaciones empresariales.
- Agentes económicos internacionales.

La información económico-financiera elaborada en las empresas, tradicionalmente usada por los socios y administradores, es demandada actualmente por otros colectivos: Hacienda Pública, instituciones financieras, inversores, clientes, proveedores, empleados, sindicatos, etc.

El sistema de información contable no es neutral respecto de sus usuarios, pues está influido por quienes elaboran la información (directivos) que, a su vez, son usuarios interesados y pueden cometer errores (voluntarios o involuntarios) o aplicar las normas contables en su propio interés, en perjuicio de terceros.

Por todo ello, la información contable, que los distintos usuarios utilizan, debe cumplir una serie de requisitos, establecidos en el PGC:

- **Relevancia:** la información es relevante cuando es útil para la toma de decisiones.
- **Fiabilidad:** la información es fiable cuando está libre de errores materiales y es neutral, es decir, está libre de sesgos, y los usuarios pueden confiar en que es la imagen fiel de lo que pretenden representar.
- **Integridad:** es una cualidad derivada de la fiabilidad y se alcanza cuando la información financiera contiene, de forma completa, todos los datos que pueden influir en la toma de decisiones, sin ninguna omisión de importancia significativa.
- **Comparabilidad:** debe permitir comparar la situación de la empresa en distintos momentos del tiempo; también debe permitir compararla con otras empresas.
- **Claridad:** debe permitir que los usuarios de las cuentas anuales, mediante un examen diligente de la información suministrada, puedan formarse juicios que les faciliten la toma de decisiones.

Desde el punto de vista de la auditoría, nos interesa especialmente el cumplimiento de los requisitos de fiabilidad e integridad, para conseguir que la información elaborada por el sistema de información contable tenga la credibilidad necesaria para que sea útil a sus distintos usuarios. Esto hace necesario someterla al juicio de profesionales independientes que no han participado en su elaboración.

15.2. Concepto y clases de auditoría

La auditoría surge por la necesidad de dotar de la máxima trasparencia a la información económico-financiera que suministra la empresa a todos los usuarios, tanto directos como indirectos.

El término auditoría es sinónimo de verificar, investigar, revisar, comprobar y obtener evidencias sobre informaciones, registros, procesos, etc. Según este criterio podemos diferenciar entre auditoría económica y auditorías especiales.

15.2.1. Auditoría económica

Podemos clasificar la auditoría económica atendiendo a distintos puntos de vista:

a) **Según la naturaleza del profesional:**

- **Auditoría externa o independiente:** es el servicio prestado a la empresa auditada por profesionales independientes a la misma.
- **Auditoría interna:** es el control realizado por empleados de una empresa para garantizar que las operaciones se llevan a cabo de acuerdo con la política general de la entidad, evaluando la eficacia y la eficiencia, con el fin de proponer soluciones a los problemas que se detecten.
- **Auditoría pública o gubernativa:** es la fiscalización realizada por diversos órganos del Estado sobre los organismos de derecho público. En España, la actividad auditora de organismos e instituciones públicas es desarrollada por el Tribunal de Cuentas y la Intervención General de la Administración Civil del Estado.

b) **Según los objetivos perseguidos:**

- **Auditoría financiera o contable:** consiste en el examen y comprobación de las cuentas anuales y otros estados financieros con objeto de poder emitir un juicio sobre su fiabilidad. Se realiza por una persona independiente, que no ha participado en la elaboración de las cuentas anuales
- **Auditoría operativa:** consiste en el examen de los sistemas de gestión internos de una empresa por personas cualificadas, con el fin de evaluar su eficacia e incrementar su rendimiento. Examina los métodos, procedimientos y sistemas de control interno de una entidad. Se realiza por una persona dependiente de la dirección.

Recuerda...

Dentro de las auditorías especiales podemos citar:

- Auditoría medioambiental, para determinar el impacto de los procesos productivos de la empresa sobre el medio ambiente.
- Auditoría socio-laboral: analiza las relaciones laborales de la empresa.
- Auditoría informática: análisis de los sistemas informáticos de la empresa para determinar su eficacia.
- Auditoría de procesos de calidad.

15.2.2. Auditoría financiera

En esta unidad nos centraremos en el estudio de la auditoría externa y financiera de las cuentas anuales.

El artículo 1.2 de la Ley de Auditoría de Cuentas (LAC) dice: «*Se entenderá por auditoría de cuentas la actividad consistente en la revisión y verificación de las cuentas anuales, así como de otros estados financieros o documentos contables, elaborados con arreglo al marco normativo de información financiera que resulte de aplicación, siempre que dicha actividad tenga por objeto la emisión de un informe sobre la fiabilidad de dichos documentos que pueda tener efectos frente a terceros*».

La auditoría de cuentas tendrá necesariamente que ser realizada por un auditor de cuentas o una sociedad de auditoría, mediante la emisión del correspondiente informe y con sujeción a los requisitos y formalidades establecidos en la presente Ley (art. 1.3).

De los conceptos legales anteriores podemos enumerar una serie de características básicas de la auditoría financiera:

- Es una actividad desarrollada por una persona cualificada e independiente.

- Realiza un examen de las cuentas anuales utilizando técnicas de revisión y verificación idóneas.
- Debe de hacerse de acuerdo con los principios y normas de contabilidad generalmente aceptados.
- Su finalidad es la emisión de un informe sobre la fiabilidad de los documentos auditados, que tenga efectos frente a terceros.

15.3. Marco legal de la auditoría

A partir de su ingreso en la Unión Europea (1986), España se compromete a adaptar su legislación mercantil a la normativa comunitaria, constituida por:

- **Los reglamentos:** obligan directamente a los ciudadanos de los estados miembros.
- **Las directivas:** obligan indirectamente a través de un proceso de adaptación de la legislación nacional de cada estado miembro.

La armonización contable en la Unión Europea se lleva a cabo a través de las siguientes disposiciones:

- Directiva 2006/43/CE del Parlamento Europeo y del Consejo, de 17 de mayo de 2006, relativa a la auditoría legal de las cuentas anuales y de las cuentas consolidadas (modificada por las directivas 2008/30/CE, 2013/34/UE y 2014/56/UE). La directiva 2014/56/UE se debe trasponer a la legislación de cada estado miembro no más tarde del 17 de junio de 2016 y afecta a todas las auditorías.
- Reglamento (UE) n.º 537/2014 del Parlamento Europeo y del Consejo, de 16 de abril de 2014, sobre los requisitos específicos para la auditoría legal de las entidades de interés público (EIP). El Reglamento es de directa aplicación en los Estados miembros a partir de 17 de junio de 2016 y afecta solo a las empresas auditadas que sean EIP y a sus auditores.

La directiva 2006/43/CE establece que las auditorías legales serán realizadas únicamente por auditores legales o sociedades de auditoría autorizadas por el Estado miembro que exija la auditoría legal.

Cada Estado miembro designará a la autoridad competente responsable de la autorización de los auditores legales y las sociedades de auditoría.

Recuerda...

Puedes consultar en la página web del Instituto de Contabilidad y Auditoría de Cuentas toda la normativa sobre auditoría.

http://www.icac.meh.es/

15.3.1. Marco legal de la auditoría en España

El marco legal de la contabilidad en España estará formado por:

- El Plan General de Contabilidad y el Plan General de Contabilidad para Pymes, para la mayoría de las empresas.
- Las Normas Internacionales de Información Financiera (NIIF), para los grupos de sociedades cuyos valores hayan sido admitidos a cotización en un mercado regulado de cualquier estado miembro de la UE.

La auditoría en España está regulada por las siguientes normas básicas:

- Ley 22/2015, de 20 de julio, de Auditoría de Cuentas.
- Real Decreto 1517/2011, de 31 de octubre, por el que se aprueba el Reglamento que desarrolla el texto refundido de la Ley de Auditoría de Cuentas.

A nivel técnico habrá que tener en cuenta, además, las Normas Internacionales de Auditoría adoptadas por la UE y adaptadas para su aplicación en España (NIA-ES) y las resoluciones del ICAC publicando las Normas Técnicas de Auditoría (NTA) elaboradas por las corporaciones profesionales de auditores.

El artículo 2 de la Ley de Auditoría de Cuentas (LAC) establece:

«1. La actividad de auditoría de cuentas se realizará con sujeción a esta Ley, a su Reglamento de desarrollo, así como a las normas de auditoría, de ética e independencia y de control de calidad interno de los auditores de cuentas y sociedades de auditoría.

A las auditorías de cuentas de entidades de interés público les será de aplicación lo establecido en el Reglamento (UE) n.º 537/2014, del Parlamento Europeo y del Consejo, de 16 de abril, sobre los requisitos específicos para la auditoría legal de las entidades de interés público, y lo establecido en el capítulo IV del título I de esta Ley».

15.3.2. El Instituto de Contabilidad y Auditoría de Cuentas (ICAC)

La Ley de Auditoría de Cuentas regula el ICAC como organismo autónomo administrativo dependiente del Ministerio de Economía y Competitividad y le encomienda la supervisión de la auditoría en España.

Las competencias básicas del ICAC son:

- El establecimiento de principios y normas contables, así como el perfeccionamiento y actualización de la actividad de auditoría de cuentas.
- La adopción de normas en materia de ética, normas de control de calidad interno en la actividad de auditoría y normas técnicas de auditoría, así como la supervisión de su adecuado cumplimiento.
- El establecimiento y supervisión de un Registro Oficial de Auditores de Cuentas (ROAC).
- La formación continuada de los auditores de cuentas.
- El control de calidad, el sistema de investigación y el régimen disciplinario.
- La determinación de normas básicas para el examen de aptitud profesional y la aprobación de su convocatoria.
- La homologación y publicación de las normas técnicas de auditoría (NTA) elaboradas por las corporaciones profesionales de auditores.
- La coordinación y cooperación técnica en materia de auditoría con organismos nacionales e internacionales.

15.3.3. El Registro Oficial de Auditores de Cuentas (ROAC)

El ROAC depende del ICAC y en él se inscriben las personas, físicas y jurídicas, habilitadas legalmente para el ejercicio de la auditoría.

El sistema de supervisión pública, regido por el ICAC, tendrá la responsabilidad última de la autorización e inscripción en el Registro Oficial de Auditoría de Cuentas de los auditores de cuentas y de las sociedades de auditoría.

Legislación

Artículo 46 de la LAC:

2. *El Instituto de Contabilidad y Auditoría de Cuentas es la autoridad responsable del sistema de supervisión pública...*
3. *Corresponde al Instituto de Contabilidad y Auditoría de Cuentas, además de las funciones que legalmente tiene atribuidas, la responsabilidad y participación en los mecanismos de cooperación internacional en el ámbito de la actividad de auditoría de cuentas, contemplados en esta Ley, así como en el Reglamento (UE) N.º 537/2014, de 16 de abril.*
4. *El Registro Oficial de Auditores de Cuentas dependerá del Instituto de Contabilidad y Auditoría de Cuentas.*

Recuerda...

La Ley reconoce institucionalmente a las siguientes corporaciones profesionales:

- Instituto de Censores Jurados de Cuentas de España (ICJCE).
- Registro de Economistas Auditores (REA).
- Registro General de Auditores (REGA).

Las personas físicas que deseen inscribirse en el ROAC pueden hacerlo en alguna de las siguientes categorías: auditores ejercientes, auditores ejercientes por cuenta ajena o auditores no ejercientes.

Podrán realizar la actividad de auditoría de cuentas las personas físicas o jurídicas que, reuniendo las condiciones exigidas, figuren inscritas en el ROAC del ICAC (art. 8).

Para ser inscrito en el Registro Oficial de Auditores de Cuentas se requerirá (art. 9):

- Ser mayor de edad.
- Tener la nacionalidad española o la de alguno de los Estados miembros de la UE.
- Carecer de antecedentes penales por delitos dolosos.
- Haber obtenido la correspondiente autorización del ICAC:
  - Haber obtenido una titulación universitaria.
  - Haber seguido programas de enseñanza teórica y adquirido una formación práctica.
  - Haber superado un examen de aptitud profesional organizado y reconocido por el Estado.

Podrán inscribirse en el Registro Oficial de Auditores de Cuentas como sociedades de auditoría de cuentas las sociedades mercantiles que cumplan los siguientes requisitos (art. 11.1):

- Que las personas físicas que realicen los trabajos y firmen los informes de auditoría en nombre de una sociedad de auditoría estén autorizadas para ejercer la actividad de auditoría de cuentas en España.
- Que la mayoría de los derechos de voto correspondan a auditores de cuentas o sociedades de auditoría autorizados para realizar la actividad de auditoría de cuentas en cualquier Estado miembro de la UE.
- Que la mayoría de los miembros del órgano de administración sean socios auditores de cuentas o sociedades de auditoría autorizados para realizar la actividad de auditoría de cuentas en cualquier Estado miembro de la UE.

Los auditores de cuentas podrán causar baja temporal o definitiva en el ROAC por incumplimiento de cualquiera de los requisitos establecidos en los artículos 9 y 10, por renuncia voluntaria, o por sanción (art. 12).

Además de por los mismos supuestos que se indican en el párrafo anterior, las sociedades de auditoría causarán baja en el ROAC, cuando incumplan alguno de los requisitos establecidos en el artículo 11.1, así como por no mantener la garantía financiera prevista en el artículo 27.

El Registro Oficial de Auditores de Cuentas será público y su información será accesible por medios electrónicos (art. 8.2).

Recuerda...

Funciones de las corporaciones profesionales:

- Elaborar, adaptar y revisar las NTA.
- Organizar e impartir cursos de formación teórica homologados por el ICAC.
- Realizar los exámenes de aptitud profesional para la inscripción en el ROAC.
- Organizar los programas de formación y actualización permanente para sus miembros.
- Efectuar el control de calidad sobre la actividad profesional desarrollada por sus miembros.
- Vigilar el cumplimiento de las normas de la corporación y proponer al ICAC el inicio del procedimiento sancionador.
- Colaborar con el ICAC.

15.4. Obligatoriedad y responsabilidad de la empresa

Estudiaremos en este apartado el contenido del marco regulador de la auditoría en relación con las empresas.

15.4.1. Obligación de auditar

La **Disposición adicional primera de la Ley de Auditoría de Cuentas** establece la auditoría obligatoria para las entidades, cualquiera que sea su naturaleza jurídica, en las que concurra alguna de las siguientes circunstancias:

- Que emitan valores admitidos a negociación en mercados secundarios oficiales de valores o sistemas multilaterales de negociación.
- Que emitan obligaciones en oferta pública.
- Que se dediquen de forma habitual a la intermediación financiera, y, en todo caso, las entidades de crédito, las empresas de servicios de inversión, las sociedades rectoras de los mercados secundarios oficiales, la Sociedad de Bolsas, las sociedades gestoras de los fondos de garantía de inversiones, etc.
- Que tengan por objeto social cualquier actividad sujeta al texto refundido de la Ley de ordenación y supervisión de los seguros privados (RD Legislativo 6/2004, de 29 de octubre), dentro de los límites que reglamentariamente se establezcan, así como los fondos de pensiones y sus entidades gestoras.
- Que reciban subvenciones, ayudas o realicen obras, prestaciones, servicios o suministren bienes al Estado y demás Organismos Públicos.
- Las demás entidades que superen los límites que reglamentariamente fije el Gobierno por Real Decreto. Dichos límites se referirán, al menos, a la cifra de negocios, al importe total del activo según balance y al número anual medio de empleados.

El artículo 263.1 del texto refundido de la Ley de Sociedades de Capital (TRLSC) establece: que *«las cuentas anuales y, en su caso, el informe de gestión deberán ser revisados por auditor de cuentas».*

El artículo 265 del TRLSC establece: en las sociedades que no estén obligadas a someter las cuentas anuales a verificación por un auditor, los socios que representen, al menos, el 5 % del capital social podrán solicitar del registrador mercantil que nombre un auditor de cuentas para que efectúe la revisión de las cuentas anuales de un determinado ejercicio.

Los grupos de sociedades están obligados a presentar cuentas anuales consolidadas de acuerdo con los artículos 42 y 43 del Código de Comercio. Según el artículo 42 toda sociedad dominante de un grupo de sociedades estará obligada a formular las cuentas anuales y el informe de gestión consolidados. La junta general de la sociedad obligada a formular las cuentas anuales consolidadas deberá designar a los auditores de cuentas que habrán de controlar las cuentas anuales y el informe de gestión del grupo.

Según el artículo 43 no estarán obligadas efectuar la consolidación cuando en la fecha de cierre del ejercicio de la sociedad obligada a consolidar el conjunto de las sociedades no sobrepase, en sus últimas cuentas anuales, dos de los límites señalados en el TRLSC para la formulación de Cuenta de pérdidas y ganancias abreviada (art. 258), salvo que alguna de las sociedades del grupo tenga la consideración de entidad de interés público (EIP) según la definición establecida en el artículo 3.5 de la Ley 22/2015, de 20 de julio, de Auditoría de Cuentas.

El artículo 258 del TRLSC establece que podrán formular Cuenta de pérdidas y ganancias abreviada las sociedades que durante dos ejercicios consecutivos reúnan, a la fecha de cierre de cada uno de ellos, al menos dos de las circunstancias siguientes:

a) Que el total de las partidas de activo no supere los 11.400.000 euros.

Legislación

Artículo 263.2 del TRLSC:

Se exceptúa de la obligación de auditar las cuentas anuales a las sociedades que durante dos ejercicios consecutivos reúnan, a la fecha de cierre de cada uno de ellos, al menos dos de las circunstancias siguientes:

a) Que el total de las partidas del activo no supere los dos millones ochocientos cincuenta mil euros.

b) Que el importe neto de su cifra anual de negocios no supere los cinco millones setecientos mil euros.

c) Que el número medio de trabajadores empleados durante el ejercicio no sea superior a cincuenta.

Las sociedades perderán esta facultad si dejan de reunir, durante dos ejercicios consecutivos, dos de las circunstancias a que se refiere el párrafo anterior.

Legislación

Art. 49.5 del Código de Comercio:

Las sociedades que, de conformidad con la legislación de auditoría de cuentas, tengan la consideración de entidades de interés público y que, además, formulen cuentas consolidadas, deberán incluir en el informe de gestión consolidado el ***estado de información no financiera*** *consolidado previsto en este apartado* (siempre que concurran los requisitos enumerados en este punto).

b) Que el importe neto de su cifra anual de negocios no supere los 22.800.000 euros.

c) Que el número medio de trabajadores empleados durante el ejercicio no sea superior a 250.

Por otra parte, el artículo 40 del Código de Comercio establece que todo empresario vendrá obligado a someter a auditoría las cuentas anuales de su empresa, cuando así lo acuerde el Secretario judicial o el Registrador mercantil del domicilio social del empresario si acogen la petición fundada de quien acredite un interés legítimo.

Legislación

Artículo 3.5 de la LAC:

Tendrán la consideración de entidades de interés público:

a) Las entidades emisoras de valores admitidos a negociación en mercados secundarios oficiales de valores, las entidades de crédito y las entidades aseguradoras sometidas al régimen de supervisión y control atribuido al Banco de España, a la Comisión Nacional del Mercado de Valores y a la Dirección General de Seguros y Fondos de Pensiones, y a los organismos autonómicos con competencias de ordenación y supervisión de las entidades aseguradoras, respectivamente, así como las entidades emisoras de valores admitidos a negociación en el mercado alternativo bursátil pertenecientes al segmento de empresas en expansión.

b) Las entidades que se determinen reglamentariamente en atención a su importancia pública significativa por la naturaleza de su actividad, por su tamaño o por su número de empleados.

c) Los grupos de sociedades en los que la sociedad dominante sea una entidad de las contempladas en las letras a) y b) anteriores.

15.4.2. Otros trabajos de auditoría

Las empresas solicitan los servicios de auditoría para otros trabajos contemplados en la legislación:

a) **Revisiones de balances:** la Ley obliga a las sociedades a verificar por el auditor sus balances cuando vayan a servir de base para un aumento de capital con cargo a reservas (art. 303 del TRLSC), reducción de capital para compensar pérdidas (art. 323 del TRLSC) o para dotar la reserva legal contemplada en el artículo 328 y en los proyectos de fusión o escisión de sociedades.

b) **Valoraciones**, por un auditor distinto al de la sociedad, en los supuestos de transmisión de acciones o participaciones con restricciones estatutarias, en los casos de compensaciones a los socios derivadas de ejercer el derecho de separación en los casos de sustitución del objeto social, cambio de domicilio al extranjero y transformación de una sociedad anónima en sociedad colectiva o comanditaria.

c) **Certificaciones e informes** en los casos de aumentos de capital por compensación de créditos (art. 301 del TRLSC), exclusión del derecho de suscripción preferente (art. 308) o emisión de obligaciones convertibles en acciones (art. 414).

15.4.3. Obligaciones de la entidad auditada

El art. 6 de la LAC establece que *«las entidades auditadas estarán obligadas a facilitar cuanta información fuera necesaria para realizar los trabajos de auditoría de cuentas».*

La entidad auditada tiene una serie de obligaciones en relación con el trabajo de revisión que deben efectuar los auditores:

- Debe colaborar con los auditores poniendo a su disposición los libros contables oficiales y auxiliares y toda la información solicitada por los mismos.
- Emitir una carta de manifestaciones mediante la cual el auditor obtiene confirmación escrita de aquellas cuestiones que considere necesarias en relación con la auditoria efectuada.
- Debe depositar el informe de auditoría en el Registro Mercantil, cuando la auditoría sea obligatoria.
- Tiene la obligación de hacer público en la memoria de las cuantas anuales el importe de los honorarios satisfechos a los auditores desglosados por conceptos (art. 260 del TRLSC y RD 1514/2007).

15.5. Régimen de habilitación de los auditores

Para que un auditor pueda realizar su trabajo es necesario que sea competente, para detectar los errores en las cuentas anuales. También debe ser independiente, para comunicar los errores detectados a las personas interesadas.

15.5.1. Competencia del auditor

La legislación comunitaria, a través de la octava directiva, contempla dos vías de acceso a la profesión: vía educativa y vía de la experiencia. En cualquiera de ellas exige un examen de competencia profesional (conocimientos teóricos y prácticos).

La legislación española establece dos vías de acceso a la actividad de auditoría: vía académica (titulación universitaria) y vía profesional (nivel de acceso a la universidad). En ambas vías se exige haber seguido programas de enseñanza teórica y adquirido una formación práctica. Se exigirá formación práctica (3 años en la vía académica, 2 de ellos con un auditor y 8 años en la vía profesional, 5 de ellos con un auditor) y un examen de aptitud profesional. Finalmente deberá inscribirse en el ROAC.

Los auditores de cuentas inscritos en el ROAC deberán seguir cursos de formación continua para garantizar su competencia profesional.

15.5.2. Independencia del auditor

El artículo 14 de la LAC establece que *«los auditores de cuentas y las sociedades de auditoría deberán ser independientes, en el ejercicio de su función, de las entidades auditadas, debiendo abstenerse de actuar cuando su independencia en relación con la revisión y verificación de las cuentas anuales, los estados financieros u otros documentos contables se vea comprometida»*.

Los auditores de cuentas y las sociedades de auditoría deberán abstenerse de participar en el proceso de toma de decisiones de la entidad auditada.

Para asegurar su independencia, deberán establecer las medidas de salvaguarda que permitan detectar las amenazas a la citada independencia, evaluarlas, reducirlas y, cuando proceda, eliminarlas.

El artículo 16 y siguientes de la LAC establecen las distintas causas de incompatibilidad de los auditores con respecto a las empresas auditadas porque pondrían en peligro su independencia. El origen de las incompatibilidades puede ser:

- Por relaciones con la sociedad auditada.
- Derivadas de situaciones que concurren en familiares próximos del auditor de cuentas firmante.
- Derivadas de situaciones que concurren en personas o entidades relacionadas directamente con el auditor de cuentas o sociedad de auditoría.
- Derivadas de situaciones que concurren en otras personas o entidades de la red a la que pertenece el auditor o sociedad de auditoría.

Legislación

Artículo 23 de la LAC:

1. *Sin perjuicio de otros supuestos de prohibición contemplados en otras leyes, durante el año siguiente a la finalización del trabajo de auditoría de cuentas correspondiente, los auditores principales responsables del trabajo de auditoría y las sociedades de auditoría en cuyo nombre se realice la auditoría no podrán formar parte de los órganos de administración o de dirección de la entidad auditada ni de las entidades con las que esta tenga una relación de control, ni ocupar puesto de trabajo, ni tener interés financiero directo o indirecto en dichas entidades si, en cualquiera de los casos es significativo para cualquiera de las partes.*

15.5.3. Nombramiento de los auditores

Los auditores podrán ser nombrados por la Junta General de la sociedad, El Registrador Mercantil o por el Juez.

Nombramiento por la Junta General: normalmente es el órgano encargado de nombrar al auditor. El nombramiento debe hacerse antes de que finalice el ejercicio a auditar. La junta podrá designar a una o varias personas físicas o jurídicas que actuarán conjuntamente. Cuando los designados sean personas físicas, la junta deberá nombrar tantos suplentes como auditores titulares (art. 264 del TRLSC).

Nombramiento por el registrador mercantil: si la Junta General no ha nombrado auditores antes del final del ejercicio, siendo obligatoria la auditoría, el registrador mercantil los nombrará a instancia de los administradores o cualquier socio. En las SA, la solicitud podrá ser realizada también por el comisario del sindicato de obligacionistas. En las sociedades que no están obligadas a auditoría, los socios que representen al menos el 5 % del capital social, podrán solicitar del registrador mercantil que nombre un auditor de cuentas para que efectúe la revisión de las cuentas anuales de un determinado ejercicio (art. 265 del TRLSC).

Nombramiento judicial: cuando concurra justa causa, los administradores de la sociedad podrán pedir al juez la revocación del designado por la junta general o por el registrador mercantil y el nombramiento de otro (art. 266 del TRLSC). De acuerdo con el artículo 40 del Código de Comercio, todo empresario vendrá obligado a someter a auditoría las cuentas anuales de su empresa, cuando así lo acuerde el Secretario judicial o el Registrador mercantil del domicilio social del empresario si acogen la petición fundada de quien acredite un interés legítimo.

Los auditores de cuentas y las sociedades de auditoría serán contratados por un periodo de tiempo determinado inicialmente, que no podrá ser inferior a tres años ni superior a nueve a contar desde la fecha en que se inicie el primer ejercicio a auditar, pudiendo ser contratados por periodos máximos sucesivos de tres años una vez que haya finalizado el periodo inicial. Si a la finalización del periodo de contratación inicial o de prórroga del mismo, ni el auditor de cuentas o la sociedad de auditoría ni la entidad auditada manifestaren su voluntad en contrario, el contrato quedará tácitamente prorrogado por un plazo de tres años (art. 22 de la LAC).

Los **honorarios** correspondientes a los servicios de auditoría se fijarán antes de que el auditor de cuentas o sociedad de auditoría comience el desempeño de sus funciones y para todo el periodo en que deban desempeñarlas. Los citados honorarios no podrán estar influidos o determinados por la prestación de servicios adicionales a la entidad auditada, ni podrán basarse en ningún tipo de contingencia o condición distinta a cambios en las circunstancias que sirvieron de base para la fijación de los honorarios. Por el ejercicio de dicha función, ni los auditores de cuentas ni las sociedades de auditoría podrán percibir otra remuneración o ventaja. Los auditores de cuentas y sociedades de auditoría deberán comunicar al Instituto de Contabilidad y Auditoría de Cuentas anualmente las horas y honorarios facturados a cada entidad auditada (art. 24 de la LAC).

Legislación

Artículo 40 de la LAC:

La duración mínima del periodo inicial de contratación de auditores de cuentas en entidades de interés público no podrá ser inferior a tres años, no pudiendo exceder el periodo total de contratación, incluidas las prórrogas, de la duración máxima de diez años establecida en el artículo 17 del Reglamento (UE) n.º 537/2014, de 16 de abril. No obstante, una vez finalizado el periodo total de contratación máximo de diez años de un auditor o sociedad de auditoría, podrá prorrogarse dicho periodo adicionalmente hasta un máximo de cuatro años, siempre que se haya contratado de forma simultánea al mismo auditor o sociedad de auditoría junto a otro u otros auditores o sociedades de auditoría para actuar conjuntamente en este periodo adicional.

15.5.4. Responsabilidad y garantía financiera

Los auditores de cuentas y las sociedades de auditoría responderán por los daños y perjuicios que se deriven del incumplimiento de sus obligaciones según las reglas generales del Código Civil.

Se puede hablar de tres tipos de responsabilidad:

Profesional o administrativa: los auditores de cuentas, las sociedades de auditoría y el resto de personas que intervienen en la realización de una auditoría son responsables profesionalmente del cumplimiento de la normativa vigente sobre auditoría de cuentas y de las disposiciones de carácter profesional. Corresponderá al ICAC la potestad sancionadora respecto de los auditores de cuentas y las sociedades de auditoría.

Las infracciones cometidas por los auditores de cuentas y las sociedades de auditoría en el ejercicio de sus funciones se calificarán en muy graves, graves y leves. La tipificación de las infracciones se recoge en el art. 71 y siguientes de la LAC. El régimen sancionador de la responsabilidad administrativa se recoge en los artículos 75 y siguientes.

Civil: la responsabilidad civil de los auditores de cuentas y las sociedades de auditoría será exigible de forma proporcional a la responsabilidad directa por los daños y perjuicios económicos que pudieran causar por su actuación profesional tanto a la entidad auditada como a un tercero. Cuando la auditoría de cuentas se realice por un auditor de cuentas en nombre de una sociedad de auditoría, responderán solidariamente, tanto el citado auditor que haya firmado el informe de auditoría como la sociedad de auditoría (art. 26 de la LAC).

La acción para exigir la responsabilidad contractual del auditor de cuentas y de la sociedad de auditoría prescribirá a los cuatro años a contar desde la fecha del informe de auditoría.

Penal: las conductas dolosas (con ánimo de engaño) pueden ser consideradas como delitos y puede aplicarse el Código Penal en lo relativo a falsedad documental.

Garantía financiera: el artículo 27 de la LAC establece que los auditores de cuentas y las sociedades de auditoría de cuentas estarán obligados a prestar garantía financiera, en forma de depósito en efectivo, títulos de deuda pública, aval de entidad financiera o seguro de responsabilidad civil o de caución, por la cuantía y en la forma que establezca el Ministerio de Economía y Competitividad. La cuantía, en todo caso, será proporcional a su volumen de negocio.

El artículo 55 del Reglamento de Auditoría de Cuentas (RAC) establece que la fianza para el primer año de la actividad, que tendrá carácter de mínima en los sucesivos, en el supuesto de las personas físicas será de 300.000 €. En el caso de las sociedades de auditoría, se multiplicará por cada uno de los socios de la misma, sean o no auditores de cuentas, y auditores de cuentas designados para firmar informes de auditoría en nombre de la sociedad, teniendo, asimismo, el carácter de mínima en los años sucesivos.

Una vez transcurrido el primer año de la actividad, la fianza mínima a que se refiere el apartado anterior se incrementará en el 30 % de la facturación que exceda de la cuantía equivalente a la de dicha fianza mínima y que corresponda a la actividad de auditoría de cuentas del ejercicio anterior.

15.5.5. Custodia y secreto

Los auditores de cuentas y las sociedades de auditoría de cuentas conservarán y custodiarán durante el plazo de cinco años, a contar desde la fecha del informe de auditoría, la documentación referente a cada auditoría de cuentas por ellos realizada, incluidos los papeles de trabajo del auditor que constituyan las pruebas y el soporte de las conclusiones que consten en el informe (art. 30 de la LAC).

El auditor de cuentas firmante del informe de auditoría, la sociedad de auditoría así como los socios de esta, los auditores de cuentas designados para realizar auditorías en nombre de la sociedad de auditoría y todas las personas que hayan intervenido en la realización de la auditoría estarán obligados a mantener el secreto de cuanta información conozcan en el ejercicio de su actividad, no pudiendo hacer uso de la misma para finalidades distintas de las de la propia auditoría de cuentas (art. 31). El art. 32 establece quienes podrán acceder a la documentación referente a cada auditoría de cuentas, quedando sujetos a la obligación de guardar secreto.

15.5.6. Control de la actividad de auditoría de cuentas

El control de la actividad de auditoría de cuentas corresponde al Instituto de Contabilidad y Auditoría de Cuentas (art. 46 y sigs.).

El control de la actividad de auditoría de cuentas, que será realizado de oficio, se llevará a cabo mediante investigaciones de las actuaciones de los auditores de cuentas y sociedades de auditoría e inspecciones de los auditores de cuentas y sociedades de auditoría, y comprenderá:

- El control técnico consistirá en la investigación de determinados trabajos de auditoría de cuentas o aspectos de la actividad de auditoría, al objeto de determinar hechos o circunstancias que puedan suponer la existencia de indicios de posibles incumplimientos de la normativa reguladora de la actividad de auditoría de cuentas.
- El control de calidad consistirá en la inspección o revisión periódica de los auditores de cuentas y sociedades de auditoría, con el objetivo de evaluar sus sistemas de control de calidad interno, mediante la verificación de los procedimientos aplicados y la revisión de los archivos de los trabajos de auditoría de cuentas seleccionados, incluyendo la evaluación del cumplimiento de la normativa reguladora de la actividad de auditoría de cuentas y con la finalidad de verificar y concluir sobre la eficacia de dichos sistemas.

Legislación

Artículo 3 de la LAC:

Marco normativo de información financiera: el conjunto de normas, principios y criterios establecido en:

a) La normativa de la Unión Europea relativa a las cuentas consolidadas, en los supuestos previstos para su aplicación.

b) El Código de Comercio y la restante legislación mercantil.

c) El Plan General de Contabilidad y sus adaptaciones sectoriales.

d) Las normas de obligado cumplimiento que apruebe el Instituto de Contabilidad y Auditoría de Cuentas en desarrollo del Plan General de Contabilidad y sus normas complementarias.

e) El resto de la normativa contable española que resulte de aplicación.

15.6. Las normas técnicas de auditoría

Los auditores desarrollarán su actividad de acuerdo a las normas de auditoría, de ética e independencia y de control de calidad interno de los auditores de cuentas y sociedades de auditoría.

Las normas de auditoría constituyen los principios y requisitos que deben observar los auditores de cuentas en la realización del trabajo de auditoría de cuentas y sobre las que deben basarse las actuaciones necesarias para expresar una opinión técnica responsable e independiente.

El artículo 2 de la LAC establece:

- Las normas de auditoría son las contenidas en esta Ley, en su Reglamento de desarrollo, en las normas internacionales de auditoría adoptadas por la Unión Europea y en las normas técnicas de auditoría. Las normas técnicas de auditoría tendrán por objeto la regulación de los aspectos no contemplados en las normas internacionales de auditoría adoptadas por la Unión Europea.
- Las normas de ética incluyen, al menos, los principios de competencia profesional, diligencia debida, integridad y objetividad.

Las normas técnicas de auditoría, las normas de ética y las normas de control de calidad interno de los auditores de cuentas y sociedades de auditoría se elaborarán, adaptarán o revisarán, de conformidad con los principios generales y práctica comúnmente admitida en los Estados miembros de la Unión Europea así como con las normas internacionales de auditoría adoptadas por la Unión Europea, por las corporaciones de derecho público representativas de quienes realicen la actividad de auditoría de cuentas, previa información pública durante el plazo de dos meses y serán válidas a partir de su publicación, mediante Resolución del ICAC, en su Boletín Oficial.

La Resolución de 15 de octubre de 2013, del ICAC, publica las nuevas Normas Técnicas de Auditoría, resultado de la adaptación de las Normas Internacionales de Auditoría (NIA) para su aplicación en España.

Las nuevas Normas Técnicas de Auditoría (NIA-ES) serán de aplicación obligatoria a partir de 2015 y se derogan las antiguas, si bien se mantendrá vigente lo dispuesto en estas últimas que no se encuentre regulado en la nueva normativa y no resulte contradictorio con lo dispuesto en esta.

15.6.1. Serie 200. Principios generales y responsabilidades

La serie 200 de las NIA-ES recoge aspectos a tratar en distintas fases del trabajo de auditoría:

- Actividades previas a realizar un trabajo de auditoría (NIA-ES 200, 210, 240, y 250).
- Otros aspectos generales y comunes a la realización de cualquier encargo, como son el control de calidad (NIA-ES 220).
- Documentación de auditoría (NIA-ES 230).
- Comunicación con los responsables del gobierno de la entidad (NIA-ES 260 Revisada).
- Comunicación de las deficiencias en el control interno a los responsables del gobierno y a la dirección de la entidad (NIA-ES 265).

NIA-ES 200: Objetivos globales del auditor independiente

En la realización de la auditoría de estados financieros, los objetivos globales del auditor son:

- La obtención de una seguridad razonable de que los estados financieros en su conjunto están libres de incorrección material, debida a fraude o error.
- Emitir un informe de auditoría en el que exprese su opinión sobre si los estados financieros están preparados, en todos los aspectos materiales, de conformidad con un marco de información financiera aplicable.

Requerimientos:

- El auditor cumplirá los requerimientos de ética, incluidos los relativos a la independencia aplicables a los encargos de auditoría de estados financieros.
- El auditor planificará y ejecutará la auditoría con escepticismo profesional, reconociendo que pueden darse circunstancias que supongan que los estados financieros contengan incorrecciones materiales.
- El auditor aplicará su juicio profesional en la planificación y ejecución de la auditoría de estados financieros.
- El auditor obtendrá evidencia de auditoría suficiente y adecuada para reducir el riesgo de auditoría a un nivel aceptablemente bajo y, en consecuencia, para permitirle alcanzar conclusiones razonables en las que basar su opinión.
- El auditor está obligado a conocer y cumplir las NIA-ES.

Legislación

Resolución de 23 de diciembre de 2016, del Instituto de Contabilidad y Auditoría de Cuentas, por la que se publica la modificación de determinadas Normas Técnicas de Auditoría y del Glosario de términos.

Se acuerda la publicación de la modificación de las Normas Técnicas de Auditoría, adaptación de las Normas Internacionales de Auditoría revisadas correspondientes a los números 260, 510, 570, 700, 705, 706, 720 y 805, la nueva Norma internacional de Auditoría 701 y la modificación del Glosario de términos en la nota aclaratoria a la definición de «responsables del gobierno de la entidad».

La modificación de las Normas Técnicas de Auditoría objeto de esta Resolución serán de aplicación obligatoria a los trabajos de auditoría de cuentas sobre estados financieros de ejercicios que se inicien a partir del 17 de junio del 2016.

En todo caso, la modificación de las Normas Técnicas de Auditoría objeto de esta Resolución serán de aplicación a los trabajos de auditoría de cuentas contratados o encargados a partir del 1 de enero de 2018, independientemente de los ejercicios económicos a los que se refieran los estados financieros objeto del trabajo.

NIA-ES

Requerimientos de la NIA-ES 240:

- Escepticismo profesional.
- Discusión entre los miembros del equipo del encargo.
- Procedimientos de valoración del riesgo y actividades relacionadas.
- Identificación y valoración de los riesgos de incorrección material debida a fraude.
- Evaluación de la evidencia de auditoría.
- Imposibilidad del auditor para continuar con el encargo.
- Manifestaciones escritas.
- Comunicaciones a la Dirección y a los responsables del gobierno de la entidad.
- Comunicaciones a las autoridades reguladoras y de supervisión.
- Documentación.

NIA-ES 240. Responsabilidades del auditor en la auditoría de estados financieros con respecto al fraude

Al auditor le concierne el fraude que da lugar a incorrecciones materiales en los estados financieros. Para el auditor son relevantes dos tipos de incorrecciones intencionadas: las incorrecciones debidas a información financiera fraudulenta y las debidas a una apropiación indebida de activos.

Los responsables del gobierno de la entidad y la dirección son los principales responsables de la prevención y detección del fraude.

El auditor que realiza una auditoría de conformidad con las NIA es responsable de la obtención de una seguridad razonable de que los estados financieros considerados en su conjunto están libres de incorrecciones materiales debidas a fraude o error.

Debido a las limitaciones inherentes a una auditoría, existe un riesgo inevitable de que puedan no detectarse algunas incorrecciones materiales en los estados financieros, incluso aunque la auditoría se haya planificado y ejecutado adecuadamente de conformidad con las NIA.

15.6.2. Serie 300. Planificación de la auditoría

La serie 300 se desarrolla en 4 normas.

NIA-ES 300. Planificación de la auditoría de estados financieros

Planificar una auditoría es establecer una estrategia global respecto al trabajo que tenemos que desarrollar. La naturaleza y extensión de las actividades de planificación varían en función de características como:

- La dimensión y la complejidad de la entidad.
- La experiencia previa con la entidad de los miembros clave del equipo del encargo.
- Los cambios de circunstancias que se produzcan durante la realización del encargo de auditoría.

La planificación no es una fase diferenciada de la auditoría sino un proceso continuo y repetitivo.

Los principales requerimientos de esta norma son:

- Participación de miembros clave del equipo de trabajo.
- Actividades preliminares del encargo.
- Actividades de planificación:
  a) Establecer la Estrategia Global de auditoría, que determine el alcance, el momento de realización y la dirección de la auditoría, y que guíe el desarrollo del trabajo.
  b) Desarrollar el Plan de auditoría.
  c) Actualización de ambos documentos a medida que se realiza el trabajo. El auditor debe actualizar y cambiar cuantas veces sea necesario la Estrategia Global y el Plan de auditoría en el transcurso del encargo.

NIA-ES

La serie 300 se desarrolla en 4 normas:

- NIA-ES 300. Planificación de la auditoría de estados financieros
- NIA-ES 315. Identificación y valoración de los riesgos de incorrección material mediante el conocimiento de la entidad y su entorno.
- NIA-ES 320. Importancia relativa o materialidad en la planificación y ejecución de la auditoría
- NIA-ES 330. Respuestas del auditor a los riesgos valorados

NIA-ES 315. Identificación y valoración de los riesgos de incorrección material mediante el conocimiento de la entidad y su entorno

El objetivo de esta NIA es que el auditor identifique y valore los riesgos de incorrección material, debida a fraude o error, tanto en los estados financieros como en las afirmaciones, mediante el conocimiento de la entidad y de su entorno, incluido su control interno.

Los requerimientos que establece son:

- Procedimientos de valoración del riesgo y actividades relacionadas. El auditor aplicará procedimientos de valoración del riesgo con el fin de disponer de una base para identificar y valorar los riesgos de incorrección material en los estados financieros y en las afirmaciones.
- El conocimiento requerido de la entidad y su entorno, incluido su control interno.
- Identificación y valoración de los riesgos de incorrección material. El auditor debe identificar y valorar los riesgos de incorrección material en los estados financieros y en las afirmaciones sobre los tipos de transacciones, los saldos contables y la información a revelar. Todo esto con el objetivo de establecer una base de conocimiento sobre la cual diseñar y realizar los procedimientos de auditoría posteriores.
- Se señalan como áreas de riesgo de especial atención las operaciones con partes vinculadas, las transacciones inusuales y las operaciones complejas.
- Documentación.

15.6.3. Serie 400. Consideraciones en empresas de servicios y evaluación de incorrecciones

La seria 400 se desarrolla en dos normas.

NIA-ES 402. Consideraciones de auditoría relativas a una entidad que utiliza una organización de servicios

Esta NIA trata de la responsabilidad que tiene el auditor de obtener evidencia de auditoría suficiente y adecuada cuando la entidad utiliza los servicios de una o más organizaciones de servicios, ya que debe emitir una opinión sobre saldos contables que no se generan en la empresa auditada, sino en otra, subcontratada.

Los requerimientos de esta norma son:

- Obtención del conocimiento de los servicios prestados por una organización de servicios, incluido el control interno. El auditor debe obtener conocimiento de los servicios prestados por otra entidad y de su control interno, porque debe evaluar el diseño e implementación de controles con el objetivo de obtener seguridad sobre los saldos contables que provienen de esta entidad de servicios externa a la empresa auditada.
- Respuestas a los riesgos valorados de incorrección material. De la evaluación de los controles de la entidad de servicios, el auditor determina los riesgos de esta área. Si confía en los controles, el riesgo será más bajo, y viceversa. En esta etapa el auditor determina qué pruebas y con qué alcance debe realizar pruebas sustantivas o de controles sobre la entidad de servicios.
- Fraude, incumplimiento de las disposiciones legales y reglamentarias, e incorrecciones no corregidas en relación con las actividades de la organización de servicios.
- Informe del auditor de la empresa auditada. Cuando el auditor no obtiene evidencia suficiente y adecuada sobre los servicios subcontratados, emitirá un informe con opinión modificada (con salvedades).

NIA-ES

Escepticismo profesional: actitud que incluye una mentalidad inquisitiva, una especial atención a las circunstancias que puedan ser indicativas de posibles incorrecciones debidas a errores o fraudes, y una valoración crítica de la evidencia de auditoría.

Fraude: un acto intencionado realizado por una o más personas de la dirección, los responsables del gobierno de la entidad, los empleados o terceros, que conlleve la utilización del engaño con el fin de conseguir una ventaja injusta o ilegal.

Factores de riesgo de fraude: hechos o circunstancias que indican la existencia de un incentivo o elemento de presión para cometer fraude o que proporcionen una oportunidad para cometerlo.

NIA-ES 450. Evaluación de las incorrecciones identificadas durante la realización de la auditoría

El objetivo del auditor es determinar el efecto en la auditoría de las incorrecciones identificadas y, en su caso, el efecto de las incorrecciones no corregidas (acumulación de varias incorrecciones no significativas y no corregidas), sobre los estados financieros.

Los requerimientos que establece esta norma son:

- Acumulación de incorrecciones identificadas. El auditor acumulará las incorrecciones identificadas durante la realización de la auditoría, excepto las que sean claramente insignificantes.
- Consideración de las incorrecciones identificadas a medida que la auditoría avanza. El auditor debe determinar si es necesario revisar la Estrategia Global de auditoría y el Plan de auditoría cuando las incorrecciones identificadas indican que puedan existir más, o cuando la suma de las incorrecciones acumuladas se aproxima a la cifra de importancia relativa.
- Comunicación y corrección de las incorrecciones. El auditor debe comunicar a la dirección de la empresa auditada todas las incorrecciones encontradas y solicitará su corrección.
- Si la dirección no está conforme a corregir dichos errores explicará sus motivos y el auditor a su juicio determinará cómo afectan a su opinión en el informe de auditoría.
- Evaluación del efecto de las incorrecciones no corregidas. El auditor determinará si las incorrecciones no corregidas son materiales individualmente o de forma agregada.
- Manifestaciones escritas.
- Documentación.

15.6.4. Serie 500. Evidencia de auditoría

La serie 500 se desglosa en 11 normas.

NIA-ES 500. Evidencia de auditoría

La evidencia es necesaria para sustentar la opinión y el informe de auditoría. Es de naturaleza acumulativa y se obtiene principalmente de la aplicación de los procedimientos de auditoría en el transcurso del trabajo de campo. También puede incluir evidencia procedente de auditorías anteriores, de los registros contables o de expertos externos. Esta NIA es aplicable a toda la evidencia de auditoría obtenida en el transcurso de la auditoría.

Requerimientos:

- Evidencia de auditoría suficiente y adecuada. El auditor diseñará y aplicará procedimientos de auditoría que sean adecuados, teniendo en cuenta las circunstancias, con el fin de obtener evidencia de auditoría suficiente y adecuada en la que basar su opinión.

  La evidencia se obtiene mediante la aplicación de procedimientos de valoración de riesgo en la fase de planificación y de procedimientos de auditoría posteriores en la fase de ejecución del trabajo.

- Información que se utilizará como evidencia de auditoría. Al realizar el diseño y la aplicación de los procedimientos de auditoría, el auditor considerará la

NIA-ES

La Serie 500 se desglosa en 11 normas:

- NIA-ES 500. Evidencia de Auditoría.
- NIA-ES 501. Evidencia de Auditoría - Consideraciones específicas para determinadas áreas.
- NIA-ES 505. Confirmaciones externas.
- NIA-ES 510 (Revisada). Encargos iniciales de auditoría - Saldos de apertura.
- NIA-ES 520. Procedimientos analíticos.
- NIA-ES 530. Muestreo de auditoría.
- NIA-ES 540. Auditoría de estimaciones contables, incluidas las de valor razonable, y de la información relacionada a revelar.
- NIA-ES 550. Partes vinculadas.
- NIA-ES 560. Hechos posteriores al cierre.
- NIA-ES 570 (Revisada). Empresa en funcionamiento.
- NIA-ES 580. Manifestaciones escritas.

relevancia y fiabilidad de la información que utilizará como evidencia de auditoría.

- Selección de los elementos sobre los que se realizarán pruebas para obtener evidencia de auditoría.
- Incongruencia en la Evidencia de Auditoría o reservas sobre su fiabilidad. El auditor deberá considerar las modificaciones o adiciones a los procedimientos de auditoría que sean necesarias para resolver cuestiones sobre incongruencia.

15.6.5. Serie 600. Relación entre auditores

La serie 600 se desarrolla en 3 normas:

- NIA-ES 600. *Consideraciones especiales - Auditorías de estados financieros de grupos (incluido el trabajo de los auditores de los componentes):* trata de las consideraciones particulares aplicables a las auditorías del grupo y, en concreto, a aquellas en las que participan los auditores de los componentes.
- NIA-ES 610. *Utilización del trabajo de los auditores internos:* trata de las responsabilidades que tiene el auditor externo con respecto al trabajo de los auditores internos cuando el auditor externo ha determinado que es posible que la función de auditoría interna sea relevante para la auditoría.
- NIA-ES 620. *Utilización del trabajo de un experto del auditor:* trata de las responsabilidades que tiene el auditor respecto del trabajo de una persona u organización en un campo de especialización distinto al de la contabilidad o auditoría, cuando dicho trabajo se utiliza para facilitar al auditor la obtención de evidencia de auditoría suficiente y adecuada.

NIA-ES

Resolución de 20 de marzo de 2014 del ICAC, por la que se publica la Norma Técnica de Auditoría sobre «relación entre auditores».

Esta NTA se utilizará en los casos de «Cambio de auditores» y de «Auditorías conjuntas».

15.6.6. Serie 700. Formación de la opinión y emisión del informe de auditoría

La serie 700 se desarrolla en 6 normas:

- NIA-ES 700 (Revisada). *Formación de la opinión y emisión del informe de auditoría sobre los estados financieros:* trata de la responsabilidad que tiene el auditor de formarse una opinión sobre los estados financieros. Define la estructura y el contenido del informe de auditoría cuando el auditor expresa una opinión no modificada.
- NIA-ES 701. *Comunicación de las cuestiones clave de la auditoría en el informe de auditoría emitido por un auditor independiente:* trata de la responsabilidad que tiene el auditor de comunicar las cuestiones clave de la auditoría en el informe de auditoría.
- NIA-ES 705 (Revisada). *Opinión modificada en el informe de auditoría emitido por un auditor independiente:* trata del modo en que la estructura y el contenido del informe de auditoría se ven afectados cuando el auditor expresa una opinión modificada.
- NIA-ES 706 (Revisada). *Párrafos de énfasis y párrafos sobre otras cuestiones en el informe de auditoría emitido por un auditor independiente:* establece el tratamiento de los párrafos de énfasis y sobre otras cuestiones en el informe de auditoría.
- NIA-ES 710. *Información comparativa: cifras correspondientes a periodos anteriores y estados financieros comparativos:* trata de las responsabilidades que

NIA-ES

NIA-ES 805 (Revisada). *Consideraciones especiales - Auditoría de un solo estado financiero.*

Trata de las consideraciones especiales para la aplicación de las NIA-ES a la auditoría de un solo estado financiero.

El objetivo del auditor, al aplicar las NIA en la auditoría de un solo estado financiero, es tratar adecuadamente las consideraciones especiales que son relevantes con respecto a:

- La aceptación del encargo.
- La planificación y la ejecución de dicho encargo.
- La formación de una opinión y el informe sobre el estado financiero.

La NIA-ES 805 (Revisada) incluye como Anexo un modelo de un informe de auditoría de un balance.

tiene el auditor en relación con la información comparativa en una auditoría de estados financieros.

- NIA-ES 720 (Revisada). *Responsabilidad del auditor con respecto a otra información:* trata de las responsabilidades que tiene el auditor con respecto a otra información, tanto financiera como no financiera (distinta de los estados financieros y del informe de auditoría correspondiente), incluida en el informe anual de una entidad.

La serie 700 de las NIA-ES incluyen como Anexos los modelos de informe de auditoría que el auditor y las sociedades de auditoría deberán utilizar en el desarrollo de los trabajos de auditoría de los estados financieros.

15.7. Riesgo, evidencia e importancia relativa

La realización de una auditoría no es más que un proceso de acumulación de evidencias que finalmente, y tras su evaluación, puedan soportar la opinión del auditor.

La evidencia en auditoría se alcanza mediante la realización de pruebas o procedimientos de auditoría. Para seleccionar estos procedimientos, su alcance y el momento de su aplicación, al auditor tendrá en cuenta una serie de factores como el riesgo y la importancia relativa.

NIA-ES

Consultar:

NIA-ES 200 «*Objetivos globales del auditor independiente y realización de la auditoría de conformidad con las NIA*».

NIA-ES 315 «*Identificación y valoración de los riesgos de incorrección material mediante el conocimiento de la entidad y su entorno*».

15.7.1. El riesgo de auditoría

En el proceso de obtención de evidencia, el auditor deberá aplicar su juicio profesional para evaluar el riesgo de auditoría y diseñar sus procedimientos para asegurarse de haber reducido este riesgo a un nivel aceptable.

El riesgo de auditoría es el riesgo de formular una opinión de auditoría inadecuada cuando los estados financieros (cuentas anuales) contienen incorrecciones materiales. El riesgo de auditoría se compone de tres riesgos diferentes:

- Riesgo inherente: se refiere a la posibilidad de que una determinada cuenta contenga incorrección material con independencia de la existencia de controles internos. Este tipo de riesgo depende del tipo de negocio, de su medio ambiente y del tipo de transacción.
- Riesgo de control: es el riesgo de que los sistemas contable y de control interno no impidan la presencia de una incorrección material o no permitan que sea detectado y corregido oportunamente. Este tipo de riesgo se evalúa mediante el conocimiento y comprobación, a través de pruebas de cumplimiento, del sistema de control interno.
- Riesgo de detección: riesgo de que los procedimientos aplicados por el auditor para reducir el riesgo de auditoría a un nivel aceptablemente bajo no detecten la existencia de una incorrección que podría ser material, considerada individualmente o de forma agregada con otras incorrecciones.

NIA-ES

Incorrección: diferencia entre la cantidad, clasificación, presentación o información revelada respecto de una partida incluida en los estados financieros y la cantidad, clasificación, presentación o revelación de información requeridas respecto de dicha partida de conformidad con el marco de información financiera aplicable. Las incorrecciones pueden deberse a errores o fraudes.

Estos tres componentes del riesgo de auditoría deben tenerse en cuenta durante el proceso de planificación al diseñar los procedimientos de auditoría encaminados a reducir el riesgo de auditoria a un nivel aceptable.

El riesgo inherente y el riesgo de control son independientes del proceso de auditoría, por lo que el auditor no puede actuar sobre ellos para reducirlos.

15.7.2. La importancia relativa

La emisión de una opinión no modificada (favorable) por el auditor supone que las cuentas anuales están, en todos sus aspectos significativos y, consideradas en su conjunto, libres de errores u omisiones importantes. Para tener la certeza absoluta de ello, debería revisar todas las transacciones, pero eso no es factible.

Las NIA definen la importancia relativa como la magnitud o naturaleza de una incorrección (incluyendo una omisión) en la información financiera que, bien individualmente o en su conjunto, y a la luz de las circunstancias que le rodean, hace probable que el juicio de una persona razonable, que confía en la información, se hubiera visto influenciado o su decisión afectada como consecuencia de la incorrección.

La determinación por el auditor de la importancia relativa viene dada por el ejercicio de su juicio profesional, y se ve afectada por su percepción de las necesidades de información financiera de los usuarios de los estados financieros.

El auditor aplica el concepto de importancia relativa tanto en la planificación y ejecución de la auditoría como en la evaluación del efecto de las incorrecciones identificadas sobre dicha auditoría y, en su caso, del efecto de las incorrecciones no corregidas sobre los estados financieros, así como en la formación de la opinión a expresar en el informe de auditoría.

Al establecer la estrategia global de auditoría, el auditor determinará la importancia relativa para los estados financieros en su conjunto.

El auditor determinará la importancia relativa para la ejecución del trabajo con el fin de valorar los riesgos de incorrección material y de determinar la naturaleza, el momento de realización y la extensión de los procedimientos posteriores de auditoría.

Si durante la realización de la auditoría se dispone de información que de haberla tenido inicialmente le hubiera llevado a determinar una cifra (o cifras) diferente, debe revisarse la importancia relativa para los estados financieros en su conjunto y, en su caso, el nivel o los niveles de importancia relativa para determinados tipos de transacciones concretas, saldos contables o información a revelar.

NIA-ES

Consultar:

NIA-ES 320 *«Importancia relativa o materialidad en la planificación y ejecución de la auditoría».*

NIA-ES 450 *«Evaluación de las incorrecciones identificadas durante la realización de la auditoría».*

15.7.3. La evidencia

El objetivo del auditor es diseñar y aplicar procedimientos de auditoría de forma que le permita obtener evidencia de auditoría suficiente y adecuada para poder alcanzar conclusiones razonables en las que basar su opinión.

El auditor diseñará y aplicará procedimientos de auditoría que sean adecuados, teniendo en cuenta las circunstancias, con el fin de obtener evidencia de auditoría suficiente y adecuada.

Al realizar el diseño y la aplicación de los procedimientos de auditoría, el auditor considerará la relevancia y la fiabilidad de la información que se utilizará como evidencia de auditoría.

La evidencia de auditoría para alcanzar conclusiones razonables en las que basar la opinión del auditor se obtiene mediante la aplicación de:

a) Procedimientos de valoración del riesgo.

b) Procedimientos de auditoría posteriores, que comprenden:

— Pruebas de controles.

— Procedimientos sustantivos, que incluyen pruebas de detalle y procedimientos analíticos sustantivos.

NIA-ES

Consultar:

NIA-ES 500 *«Evidencia de auditoría».*

NIA-ES 501 *«Evidencia de auditoría - Consideraciones específicas para determinadas áreas».*

NIA-ES

Evidencia de auditoría: información utilizada por el auditor para alcanzar las conclusiones en las que basa su opinión. La evidencia de auditoría incluye tanto la información contenida en los registros contables de los que se obtienen los estados financieros, como otra información.

Afirmaciones: manifestaciones de la dirección, explícitas o no, incluidas en los estados financieros y tenidas en cuenta por el auditor al considerar los distintos tipos de incorrecciones que pueden existir. Se pueden clasificar en las siguientes categorías:

- Afirmaciones sobre tipos de transacciones.
- Afirmaciones sobre saldos contables.
- Afirmaciones sobre presentación e información a revelar.

- **Evidencia suficiente** (aspecto cuantitativo): nivel de evidencia que el auditor debe obtener a través de sus pruebas de auditoría para llegar a conclusiones razonables sobre las cuentas anuales que se someten a su examen. Para obtener cantidad suficiente de evidencia debe considerar los siguientes aspectos:

  — El riesgo de que existan errores en las cuentas.

  — La importancia relativa de la partida analizada en relación con el conjunto de la información financiera.

  — La experiencia adquirida en auditorías precedentes de la entidad.

  — Los resultados obtenidos de los procedimientos de auditoría, incluyendo fraudes o errores que hayan podido ser descubiertos.

  — La calidad de la información económico-financiera disponible.

  — La confianza que le merezcan la Dirección de la entidad y sus empleados

  La cantidad de evidencia de auditoría necesaria depende de la valoración del auditor del riesgo de incorrección material así como de la calidad de dicha evidencia de auditoría.

  La falta del suficiente nivel de evidencia sobre un hecho relevante de importancia en el contexto de los datos que se examinan, obliga al auditor a expresar las salvedades que correspondan o, en su caso, a denegar su opinión.

- **Evidencia adecuada:** es una característica cualitativa de la evidencia que se refiere a la utilización de los procedimientos idóneos para obtener evidencia en cada circunstancia. El auditor debe realizar la prueba adecuada al hecho del que trata de obtener evidencia.

15.7.4. Formas de obtener evidencia

La evidencia de auditoría se obtiene mediante pruebas de controles y procedimientos sustantivos (NIA-ES 330).

- **Pruebas de controles:** procedimiento de auditoría diseñado para evaluar la eficacia operativa de los controles en la prevención o en la detección y corrección de incorrecciones materiales en las afirmaciones.

  El auditor diseñará y realizará pruebas para obtener evidencia suficiente y adecuada sobre la eficacia operativa de los controles relevantes si tiene la expectativa de que los controles están operando eficazmente o si los procedimientos sustantivos, por sí mismos, no pueden proporcionar evidencia de auditoría suficiente y adecuada en las afirmaciones.

- **Procedimientos sustantivos:** procedimiento de auditoría diseñado para detectar incorrecciones materiales en las afirmaciones. Los procedimientos sustantivos comprenden:

  — Pruebas de detalle (de tipos de transacciones, saldos contables e información a revelar).

  — Procedimientos analíticos sustantivos.

  Con independencia de los riesgos valorados de incorrección material, el auditor diseñará y aplicará procedimientos sustantivos para cada tipo de transacción, saldo contable e información a revelar que resulte material.

  El auditor considerará si deben aplicarse procedimientos de confirmación externa a modo de procedimientos sustantivos de auditoría.

Recuerda...

Existe una relación inversa entre las pruebas de controles y los procedimientos sustantivos. Si el auditor confía en el control interno realizará mayor número de pruebas de controles. Si no confía en el control interno, basará su evidencia en un mayor número de procedimientos sustantivos.

Métodos de obtener evidencia:

Con independencia de cuál sea la finalidad perseguida con la prueba, estas se pueden clasificar en función del procedimiento empleado de la forma siguiente:

- Evidencia física: trata de probar la existencia física de los activos. Los procedimientos que se van a aplicar son la inspección ocular y la observación.
- Evidencia documental: consiste en el examen de documentos (facturas, nóminas, recibos, etc.) y la obtención de documentos donde se certifique por alguna autoridad la realizad de determinados hechos.
- Confirmaciones de terceros: es fundamental en auditoría, ya que proviene de una fuente externa y se registra por escrito. Los procedimientos más habituales son:
  - — Circularización: se trata de contrastar la información contenida en los registros contables, u otro tipo de información, con las afirmaciones de un tercero, normalmente ajeno a la empresa (clientes, proveedores, etc.).
  - — Manifestaciones escritas: documento suscrito por la Dirección y proporcionado al auditor con el propósito de confirmar determinadas materias o soportar otra evidencia de auditoría.
- Evidencia verbal: se obtiene por contactos, cuestionarios de preguntas y reuniones con personal de la empresa y con terceros independientes. Se emplea fundamentalmente para evaluar el control interno y en la fase de planificación del trabajo de auditoría.
- Evidencia analítica:
  - — Comparaciones y ratios: consiste en comparar determinadas partidas de las cuentas anuales con cifras de referencia significativas para el auditor.
  - — Cálculos: el auditor comprueba la exactitud de los cálculos realizados por la empresa (amortizaciones, descuentos, etc.).
  - — Pruebas globales: se emplean para analizar la coherencia entre determinadas partidas relacionadas entre sí.
- Evidencia contable: verificación de determinadas transacciones a través de los registros contables.

15.7.5. El muestreo en auditoría

La auditoría se basa en pruebas selectivas. El auditor no tiene la obligación de examinar todas y cada una de las transacciones realizadas por la sociedad auditada, porque supondría un trabajo muy largo y costoso.

La NIA-ES 530 *«Muestreo de auditoría»* trata de la utilización por el auditor del muestreo estadístico y no estadístico para diseñar y seleccionar la muestra de auditoría, realizar pruebas de controles y de detalle, así como evaluar los resultados de la muestra.

El objetivo del auditor, al utilizar el muestreo de auditoría, es proporcionar una base razonable a partir de la cual alcanzar conclusiones sobre la población de la que se selecciona la muestra.

Se entiende por muestreo de auditoría la aplicación de los procedimientos de auditoría a un porcentaje inferior al 100 % de los elementos de una población relevante para la auditoría, de forma que todas las unidades de muestreo tengan posibilidad de ser seleccionadas con el fin de proporcionar al auditor una base razonable a partir de la cual alcanzar conclusiones sobre toda la población.

NIA-ES

NIA-ES 580. *Manifestaciones escritas*

El auditor solicitará manifestaciones escritas a los miembros de la dirección que tengan las responsabilidades adecuadas sobre los estados financieros y conocimientos de las cuestiones de que se trate.

La carta de manifestaciones de la dirección, dirigida al auditor, incluirá manifestación de que:

- Ha cumplido su responsabilidad de la preparación de los estados financieros de conformidad con el marco de información financiera aplicable.
- Ha proporcionado al auditor toda la información y el acceso pertinentes, de conformidad con lo acordado en los términos del encargo de auditoría.
- Todas las transacciones se han registrado y reflejado en los estados financieros.

NIA-ES

Riesgo de muestreo: riesgo de que la conclusión del auditor basada en una muestra pueda diferir de la que obtendría aplicando el mismo procedimiento de auditoría a toda la población.

Incorrección tolerable: importe establecido por el auditor con el objetivo de obtener un grado adecuado de seguridad de que las incorrecciones existentes en la población no superan dicho importe.

Porcentaje de desviación tolerable: porcentaje de desviación de los procedimientos de control interno prescritos, determinado por el auditor con el objetivo de obtener un grado adecuado de seguridad de que el porcentaje real de desviación existente en la población no supera dicho porcentaje tolerable de desviación.

Sabías que...?

En la página web de Juan Martínez de Lejarza hay una calculadora estadística en red, denominada CaEst 1.6, que puede calcular tamaños muestrales y generar números aleatorios, entre otras cosas.

http://www.uv.es/lejarza/

El muestreo estadístico se caracteriza por la selección aleatoria de los elementos de la muestra y el uso de la teoría de probabilidades para evaluar el resultado del muestreo, incluyendo la medición del riesgo de muestreo.

El muestreo de auditoría tendrá los siguientes requerimientos:

- Al diseñar la muestra de auditoría se tendrá en cuenta el objetivo del procedimiento de auditoría y las características de la población de la que se extraerá la muestra, debiendo determinar un tamaño de muestra suficiente para reducir el riesgo de muestreo a un nivel aceptablemente bajo.
- El auditor seleccionará los elementos de la muestra de forma que todas las unidades de muestreo de la población tengan posibilidad de ser seleccionadas.
- Los procedimientos de auditoría a aplicar a cada elemento seleccionado deben ser adecuados para el objetivo que se persigue.
- El auditor investigará la naturaleza y la causa de cualquier desviación o incorrección identificada y evaluará su posible efecto sobre el objetivo del procedimiento de auditoría y sobre otras áreas de la auditoría.
- El auditor evaluará los resultados de la muestra y si la utilización del muestreo de auditoría ha proporcionado una base razonable para extraer conclusiones sobre la totalidad de la población que ha sido comprobada.

15.8. Documentación de auditoría

Es el registro de los procedimientos de auditoría aplicados, de la evidencia pertinente de auditoría obtenida y de las conclusiones alcanzadas por el auditor (a veces se utiliza como sinónimo el término «papeles de trabajo»).

Es el soporte documental de todas las actuaciones del auditor y constituye la base para la emisión del informe y su respaldo.

Según la NIA-ES 230 el objetivo del auditor es preparar documentación que proporcione un registro suficiente y adecuado de las bases para el informe de auditoría y evidencia de que la auditoría se planificó y ejecutó de conformidad con las NIA y los requerimientos legales y reglamentarios aplicables.

Los papeles de trabajo (PT) deben:

- Recoger la evidencia obtenida en la ejecución del trabajo así como de los medios por los que el auditor ha llegado a formar su opinión.
- Ser útiles para efectuar la supervisión del trabajo del equipo de auditoría, que el auditor debe efectuar.
- Ayudar al auditor en la ejecución de su trabajo.
- Ser útiles para sistematizar y perfeccionar, por la experiencia, el desempeño de futuras auditorías.
- Hacer posible que cualquier persona con experiencia pueda supervisar en todos sus aspectos, la actuación realizada.

NIA-ES

Archivo de auditoría: una o más carpetas u otros medios de almacenamiento de datos, físicos o electrónicos, que contienen los registros que conforman la documentación de auditoría correspondiente a un encargo específico.

El auditor reunirá la documentación de auditoría en el archivo de auditoría y completará el proceso administrativo de compilación del archivo final de auditoría oportunamente después de la fecha del informe de auditoría (en los 60 días siguientes).

Después de haber terminado la compilación del archivo final de auditoría, el auditor no eliminará ni descartará documentación de auditoría, cualquiera que sea su naturaleza, antes de que finalice su plazo de conservación (5 años según el art. 30 de la LAC).

15.8.1. Características de los PT

Han de ser lo suficientemente claros para permitir a un auditor sin previo conocimiento de la auditoría en cuestión seguir las incidencias del trabajo y comprobar que la auditoría se ha realizado conforme a lo establecido en las NIA.

Los PT deben reunir una serie de características que, para el Registro de Economistas Auditores (REA), son las siguientes:

- Completos: deben identificar el alcance del encargo, describir el trabajo realizado, los auditores responsables, las fechas en las que se realizó y revisó, el origen de las informaciones que contienen, las conclusiones alcanzadas, ajustes y reclasificaciones propuestos, etc.
- Claros: deben permitir a un auditor que no esté realizando el trabajo entenderlos y obtener conclusiones válidas.
- Concisos: deben confeccionarse los PT que sean necesarios y, cada uno de ellos, debe contener lo esencial para su comprensión eliminando los detalles innecesarios.

15.8.2. Organización de los PT

Los PT estarán formados por todos aquellos documentos de cualquier tipo que el auditor crea necesario utilizar para desarrollar su trabajo y obtener la evidencia necesaria para poder emitir su informe. Podemos clasificarlos de la forma siguiente:

- Papeles preparados por la entidad auditada: será la documentación que la empresa pone al servicio del auditor para que pueda desarrollar su trabajo: estados financieros y demás documentos contables, escrituras, contratos, facturas, etc.
- Confirmaciones de terceros: documentos preparados por el auditor o la entidad auditada en el que solicita a un tercero (clientes, proveedores, bancos, abogados, asesores, etc.) que confirmen determinados datos de interés.
- Papeles preparados por el auditor: documentación preparada por el propio auditor, como cuestionarios, programas, descripciones, hojas de trabajo, cálculos, detalles de pruebas efectuadas, conclusiones obtenidas, etc.

a) Tipos de hojas o cédulas de trabajo

La confección de las hojas de trabajo sigue una línea descendente a la información que cada una contiene: va de la información más general a la más detallada. Podemos establecer distintos tipos de hojas de trabajo:

- Hojas base: recogen todas las cuentas de un área o sección. Soportan todas las áreas del balance y de la cuenta de resultados (Activo, Pasivo, Gastos, Ingresos). Contienen la información que es enviada desde las hojas sumarias o las hojas de detalle.
- Hojas sumarias: recogen la información global de todas las cuentas de un área determinada (Inmovilizado material, Inmovilizado intangible, Inmovilizado financiero).
- Hojas de detalle: en ellas se detallan aspectos concretos de las hojas de trabajo sumarias y sirven de soporte a estas. Recogen movimientos que ha tenido una determinada cuanta, las pruebas y procedimientos que el auditor ha desarrollado para verificar las transacciones contabilizadas y la razonabilidad de su saldo.

b) Índices de las hojas de trabajo

Los índices son los símbolos que se escriben en los PT para su fácil manejo y organización. Facilitan el manejo y archivo de las hojas de trabajo. Los índices de

NIA-ES

La documentación de auditoría puede registrarse en papel, en medios electrónicos o en otros medios. Algunos ejemplos de documentación de auditoría son:

- Programas de auditoría.
- Análisis.
- Memorandos relativos a cuestiones determinadas.
- Resúmenes de cuestiones significativas.
- Cartas de confirmación y de manifestaciones.
- Listados de comprobaciones.
- Comunicaciones escritas (incluido el correo electrónico) sobre cuestiones significativas.

referencia se escriben en la esquina superior derecha de las hojas de trabajo para facilitar su identificación.

Generalmente se utilizan códigos alfanuméricos de una o dos letras y números, según el desglose necesario. Los modelos de índices variarán a criterio del auditor. Podríamos referenciar, por ejemplo, las masas del activo mediante una letra, el pasivo con dos letras y la cuenta resultados con números.

Tabla 15.1. Ejemplo de índice

Concepto	Índices	Concepto	Índices
Inmovilizado intangible	A	Reducción de existencias	1
Inmovilizado material	B	Aprovisionamientos	2
Inversiones financieras	C	Gastos de personal	3
Capital	AA	Importe neto de la cifra de negocios	12
Reservas	BB	Ingresos financieros	13
Deudas a largo plazo	MM		
Deudas a corto plazo	SS		

c) Referencias y marcas

Las referencias de las hojas de trabajo son caracteres alfanuméricos que tienen por objeto ordenar los papeles de trabajo que permiten relacionar los datos entre diferentes hojas de trabajo. Las referencias pueden identificar las propias hojas de trabajo o identificar otras hojas de trabajo de las que se ha exportado o importado información (referencias cruzadas).

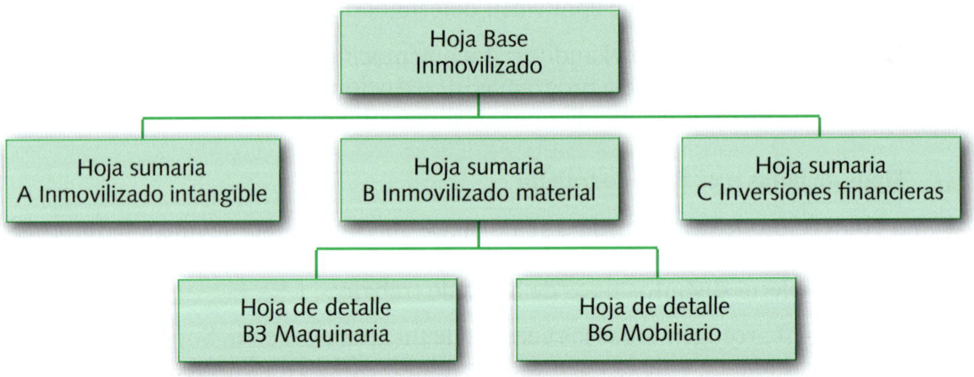

Figura 15.1. Ejemplo de organizacion de las hojas de trabajo.

Las **tildes** o **marcas** de comprobación son una serie de símbolos que se emplean en las hojas de trabajo para explicar la documentación examinada, la procedencia de los datos, evidenciar el trabajo realizado, etc. Se suelen utilizar símbolos como los siguientes:

$$\Sigma, T, \surd, \uparrow, \downarrow, (1), (a)$$

15.8.3. Archivo de los PT

Los auditores deben conservar todos los documentos de trabajo que puedan constituir las debidas pruebas de su actuación, encaminadas a formar su opinión sobre las cuentas anuales que hayan examinado. Los papeles de trabajo se archivan en dos tipos de archivos distintos en función de la documentación que recogen: el archivo permanente y el archivo del ejercicio.

- **Archivo permanente (AP):** es un conjunto coherente de documentación conteniendo información de interés permanente y susceptible de tener incidencia en auditorías sucesivas. Este archivo se puede dividir en secciones o apartados como:
  - AP1. Datos generales.
  - AP2. Información contable.
  - AP3. Escrituras y contratos
  - AP4. Otros datos.
- **Archivo del ejercicio (AE):** es un conjunto coherente de documentación, conteniendo información relativa a las cuentas anuales sujetas a auditoría en el ejercicio en cuestión. Se divide en dos secciones:
  - AE1. Sección general. Recogerá la copia del informe de auditoría y de la carta de recomendaciones, plan de auditoría, ajustes y reclasificaciones propuestos, control final, hechos posteriores al cierre, recomendaciones, carta de manifestaciones de la entidad, abogados y asesores, tiempo empleado en la auditoría, cuentas anuales ajustadas.
  - AE2. Archivo por áreas que contendrá, para cada una de ellas, el control interno del área, el programa de auditoría, análisis resumen del área y análisis de detalle.

Los papeles de trabajo pertenecen al auditor. Deben tomarse las medidas adecuadas para garantizar la seguridad en su conservación. No deben destruirse antes de haber transcurrido el tiempo preciso para satisfacer las exigencias legales y las necesidades de la práctica profesional.

15.9. Planificación de la auditoría

Efectuar una planificación adecuada y eficiente requiere un análisis profundo por parte del auditor. A través de la planificación de su examen, el auditor debe determinar, entre otros aspectos, la naturaleza, alcance y momento de ejecución del trabajo a realizar y preparar un programa de auditoría escrito.

Dentro del proceso de auditoría se pueden diferenciar cuatro fases:

- **Fase de contratación:** se establece contacto con el cliente, el auditor evalúa la posibilidad de llevar a cabo el trabajo de auditoría y se formaliza el contrato de auditoría.
- **Fase de planificación:** el auditor debe familiarizarse con la actividad de su cliente y con el entorno en el que opera, evaluar el grado de fiabilidad del sistema de control interno y confeccionar el programa de auditoría.
- **Fase de ejecución del trabajo:** el auditor realizará las pruebas que le permitan obtener la evidencia adecuada para emitir una opinión.
- **Emisión de informes:** el informe de auditoría y el informe sobre las deficiencias en el control interno dirigido a la gerencia de la sociedad.

15.9.1. Fase de contratación

El auditor recabará del cliente una serie de informaciones preliminares que le permitan determinar el alcance del trabajo a desarrollar, las limitaciones existentes para su realización y decidir si podrá realizar el trabajo con las debidas garantías. En función de estas informaciones decidirá si acepta o rechaza el trabajo.

Contrato de auditoría o carta de encargo

Antes de aceptar el encargo, el auditor debe considerar si existe alguna razón que aconseje su rechazo por razones éticas o técnicas.

El auditor aceptará el encargo de auditoría únicamente cuando se haya acordado la premisa sobre la que la auditoría se va a realizar mediante:

- La determinación de si concurren las condiciones previas a una auditoría.
- La confirmación de que existe una comprensión común por parte del auditor y de la dirección acerca de los términos del encargo de auditoría.

Si no hay obstáculos para realizar el trabajo, el auditor formaliza el acuerdo con el cliente mediante la aceptación de la «carta de encargo» o mediante un contrato de auditoría, de contenido similar.

El auditor acordará los términos del encargo de auditoría con la dirección o con los responsables del gobierno de la entidad. Estos deberán incluir como mínimo:

- El objetivo y el alcance de la auditoría.
- Las responsabilidades del auditor.
- Las responsabilidades de la dirección.
- La identificación del marco de información financiera aplicable para la preparación de los estados financieros.
- Una referencia a la estructura y contenido que se espera del informe emitido por el auditor.

La NIA-ES 210 «*Acuerdo de los términos del encargo de auditoría*» incluye en su anexo 1 un ejemplo de carta de encargo que deberá ser adaptado y ampliado para que incluya todos los aspectos que la Ley de Auditoría y su Reglamento de desarrollo consideran como obligatorios en una carta propuesta de encargo de auditoría.

NIA-ES

Condiciones previas a la auditoría: utilización por la dirección de un marco de información financiera aceptable para la preparación de los estados financieros y conformidad de la dirección y, cuando proceda, de los responsables del gobierno de la entidad, con la premisa sobre la que se realiza una auditoría.

15.9.2. Fase de planificación

La planificación de una auditoría implica el establecimiento de una Estrategia global de auditoría en relación con el encargo y el desarrollo de un Plan de auditoría. Una planificación adecuada favorece la auditoría de estados financieros en varios aspectos, entre otros los siguientes:

- Ayuda al auditor a prestar una atención adecuada a las áreas importantes de la auditoría.
- Ayuda al auditor a identificar y resolver problemas potenciales oportunamente.
- Ayuda al auditor a organizar y dirigir adecuadamente el encargo de auditoría, de manera que este se realice de forma eficaz y eficiente.
- Facilita la selección de miembros del equipo del encargo con niveles de capacidad y competencia adecuados para responder a los riesgos previstos, así como la asignación apropiada del trabajo a dichos miembros.
- Facilita la dirección y supervisión de los miembros del equipo del encargo y la revisión de su trabajo.

- Facilita, en su caso, la coordinación del trabajo realizado por auditores de componentes y expertos.

Al planificar su trabajo, el auditor debe considerar, entre otras cuestiones, las siguientes:

- Una adecuada comprensión del negocio de la entidad, del sector en que esta opera, y la naturaleza de sus transacciones.
- Los procedimientos y principios contables que sigue la entidad y la uniformidad con que han sido aplicados, así como los sistemas contables utilizados para registrar las transacciones.
- El grado de eficacia y fiabilidad inicialmente esperado de los sistemas de control interno.

a) Conocimiento de la entidad y su entorno

El auditor obtendrá conocimiento de:

a) Los factores relevantes sectoriales, normativos y otros factores externos, incluido el marco de información financiera aplicable.

b) La naturaleza de la entidad; en particular aspectos como sus operaciones, estructura de gobierno y propiedad, tipo de inversiones realizadas o previstas incluidas inversiones en entidades con cometido especial, el modo en que la entidad se estructura y la forma en que se financia para permitir al auditor comprender los tipos de transacciones, saldos contables e información a revelar que se espera encontrar en los estados financieros.

c) La selección y aplicación de políticas contables realizada por la entidad, incluidos los motivos de cambios en ellas. El auditor evaluará si las políticas contables de la entidad son adecuadas a sus actividades y congruentes con el marco de información financiera aplicable, así como con las políticas contables utilizadas en el sector correspondiente.

d) Los objetivos y estrategias de la entidad, así como los riesgos de negocio relacionados, que puedan dar lugar a incorrecciones materiales.

e) La medición y revisión de la evolución financiera de la entidad.

b) Estudio y evaluación del sistema de control interno

Deberá efectuarse un estudio y evaluación adecuada del control interno como base fiable para la determinación del alcance, naturaleza y momento de realización de las pruebas a las que deberán concretarse los procedimientos de auditoría.

El auditor debe tener conocimiento sobre los controles relevantes para la auditoría. Así, los evaluará y determinará si se han implementado correctamente. Es una cuestión de juicio profesional del auditor el hecho de que un control, individualmente o en combinación con otros, sea o no relevante para la auditoría.

Al obtener conocimiento de los controles relevantes para la auditoría, el auditor evaluará el diseño de dichos controles y determinará si se han implementado, mediante la aplicación de procedimientos adicionales a la indagación realizada entre el personal de la entidad.

El auditor debe tener conocimiento de:

- El entorno de control.
- El proceso de valoración del riesgo por la entidad.

NIA-ES

Afirmaciones: manifestaciones de la dirección, explícitas o no, incluidas en los estados financieros y tenidas en cuenta por el auditor al considerar los distintos tipos de incorrecciones que pueden existir.

Riesgo de negocio: riesgo derivado de condiciones, hechos, circunstancias, acciones u omisiones significativos que podrían afectar negativamente a la capacidad de la entidad para conseguir sus objetivos y ejecutar sus estrategias o derivado del establecimiento de objetivos y estrategias inadecuados.

Procedimientos de valoración del riesgo: procedimientos de auditoría aplicados para obtener conocimiento sobre la entidad y su entorno, incluido su control interno, con el objetivo de identificar y valorar los riesgos de incorrección material, debida a fraude o error, tanto en los estados financieros como en las afirmaciones concretas contenidas en estos.

NIA-ES

Prueba de controles: procedimiento de auditoría diseñado para evaluar la eficacia operativa de los controles en la prevención o en la detección y corrección de incorrecciones materiales en las afirmaciones.

- El sistema de información, incluidos los procesos de negocio relacionados, relevante para la información financiera, y la comunicación.
- Las actividades de control relevantes para la auditoría.
- Seguimiento de los controles: principales actividades que la entidad lleva a cabo para realizar un seguimiento del control interno relativo a la información financiera, incluidas las actividades de control interno relevantes para la auditoría, y del modo en que la entidad inicia medidas correctoras de las deficiencias en sus controles.

NIA-ES

Control interno: el proceso diseñado, implementado y mantenido por los responsables del gobierno de la entidad, la dirección y otro personal, con la finalidad de proporcionar una seguridad razonable sobre la consecución de los objetivos de la entidad relativos a la fiabilidad de la información financiera, la eficacia y eficiencia de las operaciones, así como sobre el cumplimiento de las disposiciones legales y reglamentarias aplicables. El término «controles» se refiere a cualquier aspecto relativo a uno o más componentes del control interno.

Entorno de control: comprende las funciones del gobierno y dirección de la empresa, así como las actitudes, compromisos y acciones de los responsables del gobierno de la entidad y de la dirección de la empresa, sobre el control interno de la entidad y su importancia. El entorno de control es un componente del control interno.

Riesgo significativo: riesgo identificado y valorado de incorrección material que, a juicio del auditor, requiere una consideración especial en la auditoría.

El conocimiento del control interno facilita al auditor la identificación de tipos de incorrecciones potenciales y de factores que afectan a los riesgos de incorrección material, así como el diseño de la naturaleza, momento de realización y extensión de los procedimientos de auditoría posteriores.

El control interno, por muy eficaz que sea, solo puede proporcionar a la entidad una seguridad razonable del cumplimiento de sus objetivos de información financiera. La probabilidad de que se cumplan se ve afectada por las limitaciones inherentes al control interno.

De la evaluación del sistema de control interno se determinarán las fortalezas y debilidades de dicho sistema, lo que servirá al auditor para planificar la auditoría. Esto permitirá al auditor:

- Apoyarse en sus puntos fuertes.
- Analizar el efecto de deficiencias sobre el trabajo de auditoría e informar de las mismas a los responsables del gobierno y a la dirección de la entidad.
- En base a lo anterior el auditor determinará, para cada área de trabajo:
  - La naturaleza de las pruebas que se van a realizar.
  - El alcance de las pruebas.
  - El momento de su realización.

La evaluación del sistema de control interno se lleva a cabo mediante las pruebas de controles. La finalidad de las pruebas de controles es proporcionar al auditor una seguridad razonable de la existencia del propio sistema, de que los mecanismos de control instalados están siendo aplicados tal como fueron establecidos, de que se encuentran funcionando y lo hacen correctamente.

Las pruebas de controles son muy diversas y se diseñan en función de caso concreto. Suelen pertenecer a alguna de las siguientes clases:

- Observación directa: el auditor observa el procedimiento y su eficacia.
- Confirmación oral de algún procedimiento verificado por el auditor.
- Observación de las transacciones, rehaciendo el circuito seguido por la documentación origen que la genera.
- Introducir un documento en el circuito y observar si se van cumpliendo las fases, trámites y autorizaciones señaladas en el procedimiento, desde su origen hasta su registro contable.
- Analizar el sistema informático para cerciorarse de su correcto funcionamiento.
- Analizar la competencia de las personas que tienen a su cargo las distintas áreas de la empresa.

15.9.3. Áreas significativas

La información obtenida por el auditor en la fase de planificación deberá permitirle establecer las áreas de trabajo más significativas, a las que deberá prestar mayor atención a la hora de confeccionar el Plan de auditoría. La importancia de la áreas puede obedecer a diversas razones:

- **Áreas críticas:** son aquellas que requieren una atención especial por parte del auditor, no por su cuantía sino por su importancia.
- **Áreas significativas:** aquellas que por su naturaleza, su cuantía o por su importancia para la empresa o por su método de contabilización tienen un difícil seguimiento. También las que han tenido salvedades o excepciones en el informe de auditoría de años anteriores.
- **Áreas adicionales:** las afectadas por disposiciones de tipo legal. Aunque tienen menos importancia para el auditor no deben pasarse por alto.

15.9.4. El Plan de auditoría

Con la información recopilada en la fase previa, la valoración final del sistema de control interno y los elementos descritos anteriormente, se confecciona el programa de auditoría.

El socio del encargo y otros miembros clave del equipo del encargo participarán en la planificación de la auditoría, incluida la planificación y la participación en la discusión entre los miembros del equipo del encargo.

Actividades de planificación:

a) El auditor establecerá una Estrategia global de auditoría que determine el alcance, el momento de realización y la dirección de la auditoría, y que guíe el desarrollo del plan de auditoría:

- Identificará las características del encargo que definen su alcance.
- Determinará los objetivos del encargo en relación con los informes a emitir con el fin de planificar el momento de realización de la auditoría y la naturaleza de las comunicaciones requeridas.
- Considerará los factores que, según el juicio profesional del auditor, sean significativos para la dirección de las tareas del equipo del encargo.
- Considerará los resultados de las actividades preliminares del encargo y, en su caso, si es relevante el conocimiento obtenido en otros encargos realizados para la entidad por el socio del encargo.
- Determinará la naturaleza, el momento de empleo y la extensión de los recursos necesarios para realizar el encargo.

El proceso del establecimiento de la Estrategia global de auditoría facilita al auditor la determinación, después de haber finalizado sus procedimientos de valoración del riesgo, de cuestiones como las siguientes:

— Los recursos a emplear en áreas de auditoría específicas.

— La cantidad de recursos a asignar a áreas de auditoría específicas.

— El momento en que van a emplearse dichos recursos.

— El modo en que se gestionan, dirigen y supervisan dichos recursos.

Una vez establecida la Estrategia global de auditoría, se puede desarrollar un Plan de auditoría para tratar las diversas cuestiones identificadas en

NIA-ES

Consultar la NIA-ES 300 *«Planificación de la auditoría de estados financieros».*

NIA-ES

Procedimiento sustantivo: procedimiento de auditoría diseñado para detectar incorrecciones materiales en las afirmaciones.

Los procedimientos sustantivos comprenden:

- pruebas de detalle (de tipos de transacciones, saldos contables e información a revelar); y
- procedimientos analíticos sustantivos.

dicha estrategia, teniendo en cuenta la necesidad de alcanzar los objetivos de la auditoría mediante la utilización eficiente de los recursos del auditor.

b) El auditor desarrollará un Plan de auditoría, el cual incluirá una descripción de:

- La naturaleza, el momento de realización y la extensión de los procedimientos planificados para la valoración del riesgo (NIA 315).
- La naturaleza, el momento de realización y la extensión de procedimientos de auditoría posteriores planificados relativos a las afirmaciones (NIA 330).
- Otros procedimientos de auditoría planificados cuya realización se requiere para que el encargo se desarrolle conforme con las NIA.

El Plan de auditoría es más detallado que la estrategia global de auditoría en la medida en que incluye la naturaleza, el momento de realización y la extensión de los procedimientos de auditoría que van a aplicar los miembros del equipo del encargo.

c) El auditor actualizará y cambiará cuando sea necesario en el transcurso de la auditoría la Estrategia global de auditoría y el Plan de auditoría.

Como consecuencia de hechos inesperados, de cambios en las condiciones o de la evidencia de auditoría obtenida de los resultados de los procedimientos de auditoría, el auditor puede tener que modificar la estrategia global de auditoría y el plan de auditoría y, por ende, la planificación resultante de la naturaleza, el momento de realización y la extensión de los procedimientos de auditoría posteriores, sobre la base de la consideración revisada de los riesgos valorados.

d) El auditor planificará la naturaleza, el momento de realización y la extensión de la dirección y supervisión de los miembros del equipo del encargo, así como la revisión de su trabajo.

El auditor incluirá en la documentación de auditoría:

- La Estrategia global de auditoría.
- El Plan de auditoría.
- Cualquier cambio significativo realizado durante el encargo de auditoría en la Estrategia global de auditoría o en el Plan de auditoría, así como los motivos de dichos cambios.

15.10. El informe de auditoría

El auditor manifestará el resultado de sus trabajos mediante:

- Comunicación de las deficiencias en el control interno a los responsables del gobierno y a la dirección de la entidad (NIA-ES 265).
- Informe de auditoría de cuentas anuales (regulado en el artículo 5 de la LAC, los artículos 5, 6 y 7 del RLAC y en la serie 700 de las NIA).

15.10.1. Comunicación de las deficiencias en el control interno

La NIA-ES 365 establece la obligación del auditor de comunicar adecuadamente a los responsables del gobierno de la entidad y a la dirección las deficiencias en el control interno identificadas durante la realización de la auditoría y que, según el juicio profesional del auditor, tengan la importancia suficiente para merecer la atención de ambos.

El auditor determinará si, sobre la base del trabajo de auditoría realizado, ha identificado una o más deficiencias en el control interno.

Si ha identificado una o más deficiencias en el control interno, determinará, sobre la base del trabajo de auditoría realizado, si, individualmente o de manera agregada, constituyen deficiencias significativas, comunicará a los responsables del gobierno de la entidad, por escrito y oportunamente, las deficiencias significativas en el control interno identificadas durante la realización de la auditoría.

También comunicará oportunamente y al nivel adecuado de responsabilidad de la dirección, por escrito, las deficiencias significativas en el control interno y otras deficiencias en el control interno identificadas durante la realización de la auditoría que no hayan sido comunicadas a la dirección por otras partes y que, según el juicio profesional del auditor, tengan la importancia suficiente para merecer la atención de la dirección.

El auditor incluirá en la comunicación escrita sobre las deficiencias significativas en el control interno:

- Una descripción de las deficiencias y una explicación de sus posibles efectos.
- Información suficiente para permitir a los responsables del gobierno de la entidad y a la dirección comprender el contexto de la comunicación.

NIA-ES

Deficiencia en el control interno: existe una deficiencia en el control interno cuando:

a) un control está diseñado, se implementa u opera de forma que no sirve para prevenir, o detectar y corregir incorrecciones en los estados financieros oportunamente; o

b) no existe un control necesario para prevenir, o detectar y corregir, oportunamente, incorrecciones en los estados financieros.

Deficiencia significativa en el control interno: deficiencia o conjunto de deficiencias en el control interno que, según el juicio profesional del auditor, tiene la importancia suficiente para merecer la atención de los responsables del gobierno de la entidad.

15.10.2. Informe de auditoría

El informe de auditoría de los estados financieros (cuentas anuales) es un documento en el que se describe el alcance del trabajo efectuado por el auditor y se expresa su opinión profesional sobre los mismos, de acuerdo con lo establecido en la Ley de Auditoría de Cuentas, su Reglamento de desarrollo y las Normas de Auditoría de aplicación en España.

El informe de auditoría es el resultado final del trabajo del auditor y expresa una opinión sobre los estados financieros de una empresa, dirigida a personas que no tendrán, necesariamente, conocimientos contables. El informe de auditoría debe ser claro, objetivo, conciso y oportuno:

- **Claro.** El auditor expresará de forma clara y precisa su opinión, sin utilizar terminología que sea de difícil comprensión para el lector medio.
- **Objetivo.** La opinión del auditor debe estar sustentada en la evidencia obtenida y documentada por los papeles de trabajo.
- **Conciso.** Debe evaluar las cuentas anuales auditadas de la forma más breve posible, sin incluir aspectos que no aporten al lector información relevante sobre las cuentas anuales.
- **Oportuno.** La opinión del auditor sobre los estados financieros debe tener en cuenta toda la información relevante producida hasta la fecha de emisión del informe, incluidos los hechos posteriores al cierre del ejercicio si son significativos.

Legislación

Artículo 35.1 de la LAC:

El informe de auditoría de las cuentas anuales de una entidad de interés público se elaborará y presentará de acuerdo con lo establecido en esta ley y en el artículo 10 del Reglamento (UE) n.º 537/2014, de 16 de abril.

15.10.3. Elementos básicos del informe de auditoría

La NIA-ES 700 (revisada) establece que el informe de auditoría será escrito (en soporte de papel o por medios electrónicos) y detalla los elementos básicos que debe contener:

1. **Título.** El informe de auditoría llevará un título que indique con claridad que se trata del informe de un auditor independiente. De conformidad con el título del artículo 5 de la LAC, el informe de auditoría sobre las cuentas anuales

Legislación

El artículo 262 del TRLSC:

El informe de gestión habrá de contener una exposición fiel sobre la evolución de los negocios y la situación de la sociedad, junto con una descripción de los principales riesgos e incertidumbres a los que se enfrenta.

Informará igualmente sobre los acontecimientos importantes para la sociedad ocurridos después del cierre del ejercicio, la evolución previsible de aquella, las actividades en materia de investigación y desarrollo y las adquisiciones de acciones propias.

Las sociedades que formulen balance y estado de cambios en el patrimonio neto abreviados no estarán obligadas a elaborar el informe de gestión.

NIA-ES

Responsables del gobierno de la entidad: persona o personas u organizaciones (por ejemplo, una sociedad que actúa como administrador fiduciario) con responsabilidad en la supervisión de la dirección estratégica de la entidad y con obligaciones relacionadas con la rendición de cuentas de la entidad. Ello incluye la supervisión del proceso de información financiera. En algunas entidades de determinadas jurisdicciones, los responsables del gobierno de la entidad pueden incluir miembros de la dirección, por ejemplo los miembros ejecutivos del consejo de administración de una empresa del sector público o privado o un propietario-gerente.

de una entidad, debe titularse «Informe de auditoría de cuentas anuales emitido por un auditor independiente».

2. **Destinatario.** El informe de auditoría irá dirigido al destinatario correspondiente según lo requerido por las circunstancias del encargo. Según el art. 5.1.a) de la LAC, en el informe de auditoría se identificará a las personas físicas o jurídicas que encargaron el trabajo y a quienes vaya destinado (normalmente, a los accionistas o socios).
3. **Opinión del auditor.** La primera sección del informe de auditoría contendrá la opinión del auditor y tendrá el título «Opinión». Esta sección también: a) identificará a la entidad cuyos estados financieros han sido auditados; b) manifestará que los estados financieros han sido auditados; c) identificará el título de cada estado que comprenden los estados financieros; d) remitirá a las notas explicativas, así como al resumen de las políticas contables significativas; y e) especificará la fecha o el periodo que cubre cada uno de los estados financieros que comprenden los estados financieros. El auditor manifestará, de forma clara y precisa, su opinión sobre si las cuentas anuales expresan, en todos los aspectos significativos, la imagen fiel del patrimonio, de la situación financiera y de los resultados de la entidad auditada, de acuerdo con el marco normativo de información financiera que resulte de aplicación y, en particular, con los principios y criterios contables contenidos en el mismo.
4. **Fundamento de la opinión.** El informe de auditoría incluirá una sección, inmediatamente a continuación de la sección «Opinión», con el título «Fundamento de la opinión» que: a) manifieste que la auditoría se llevó a cabo de conformidad con la normativa reguladora de la actividad de auditoría de cuentas vigente en España; b) haga referencia a la sección del informe de auditoría en la que se describan las responsabilidades del auditor; c) incluya una declaración de que el auditor es independiente de la entidad de conformidad con los requerimientos de ética aplicables relativos a la auditoría, y de que ha cumplido las restantes responsabilidades de ética de conformidad con dichos requerimientos; d) manifieste si el auditor considera que la evidencia de auditoría que ha obtenido proporciona una base suficiente y adecuada para la opinión del auditor.
5. **Empresa en funcionamiento.** Incertidumbre material relacionada con el principio de empresa en funcionamiento, en la que se recogerán, si procede, las circunstancias que pudieran afectar a tal principio, de acuerdo con la NIA-ES 570 (Revisada).
6. **«Cuestiones clave de la auditoría» o «Aspectos más relevantes de la auditoría»,** según se trate de entidades de interés público o no, respectivamente, (según la nueva NIA-ES 701), en la que se recogerán, al menos, los riesgos considerados más significativos en el desarrollo del trabajo de auditoría, siendo la descripción de estos últimos exigida para todos los informes de auditoría.
7. **Otra información.** Trata sobre las responsabilidades del auditor respecto a información financiera y no financiera diferente a la incluida en las cuentas anuales objeto de auditoría (en particular, incluye el informe de gestión). El auditor informará de conformidad con la NIA 720 (Revisada).
8. **Responsabilidades de la dirección y de los responsables del gobierno de la entidad en relación con los estados financieros.** El informe de auditoría incluirá una sección titulada «Responsabilidades de la dirección [u otro término adecuado] en relación con los estados financieros». Esta sección del informe de auditoría describirá la responsabilidad de la dirección (miembros del órgano de administración) en relación con: a) la formulación de los estados financieros de forma que expresen la imagen fiel, y del control interno que la dirección considere necesario para

permitir la preparación de estados financieros libres de incorrección material, debida a fraude o error; b) la valoración de la capacidad de la entidad para continuar como empresa en funcionamiento.

9. **Responsabilidades del auditor en relación con la auditoría de los estados financieros.** El informe de auditoría incluirá una sección titulada «Responsabilidades del auditor en relación con la auditoría de los estados financieros». En esta sección del informe, el auditor manifestará:

   a) que los objetivos del auditor son obtener una seguridad razonable sobre si los estados financieros en su conjunto están libres de incorrección material, debida a fraude o error y emitir un informe de auditoría que contenga la opinión del auditor.

   b) que una seguridad razonable es un alto grado de seguridad pero no garantiza que una auditoría realizada de conformidad con las NIA siempre detecte una incorrección material cuando existe.

   c) que durante su auditoría aplica su juicio profesional y mantiene una actitud de escepticismo profesional.

   d) identifica y valora los riesgos de incorrección material en los estados financieros.

   e) diseña y aplica procedimientos de auditoría para responder a esos riesgos.

   f) evalúa la adecuación de las políticas contables aplicadas, la razonabilidad de las estimaciones contables y la correspondiente información revelada por la dirección.

   g) concluye sobre lo adecuado de la utilización del principio contable de empresa en funcionamiento y determina, con base en la evidencia obtenida, si existe o no incertidumbre material relacionada con hechos o condiciones que puedan generar dudas significativas sobre la capacidad de la entidad para continuar como empresa en funcionamiento.

   h) evalúa la presentación global, la estructura y el contenido de los estados financieros.

   i) comunica a los responsables del gobierno de la entidad sobre el alcance y el momento de realización de la auditoría y los hallazgos significativos identificados, así como cualquier deficiencia significativa del control interno identificada por el auditor en el transcurso de la auditoría.

   j) indica que, entre las cuestiones que han sido objeto de comunicación con los responsables del gobierno de la entidad, determinó las que han sido más significativas en la auditoría del periodo actual y son, por lo tanto, las cuestiones clave de la auditoría.

La descripción de las responsabilidades del auditor en relación con la auditoría de los estados financieros será incluida en el cuerpo del informe de auditoría o en un anexo del informe de auditoría, en cuyo caso el informe de auditoría hará referencia al anexo.

10. **Otras responsabilidades de información.** Si en el informe de auditoría sobre los estados financieros el auditor cumple con otras responsabilidades de información, además de las responsabilidades del auditor establecidas por las NIA, esas otras responsabilidades de información se tratarán en una sección separada del informe de auditoría titulada «Informe sobre otros requerimientos legales y reglamentarios» o cualquier otro que sea acorde con el contenido de la sección.

NIA-ES

Hechos posteriores al cierre: hechos ocurridos entre la fecha de los estados financieros y la fecha del informe de auditoría, así como aquellos hechos que llegan a conocimiento del auditor después de la fecha del informe de auditoría.

11. **Nombre del socio del encargo.** Debe incluirse en el informe de auditoría el nombre del auditor o auditores bajo cuya responsabilidad se emite (artículos 5.3 y 35 de la LAC) y su número de inscripción en el ROAC.
12. **Firma del auditor.** El informe de auditoría estará firmado.
13. **Dirección del auditor.** El informe deberá indicar el domicilio profesional del auditor.
14. **Fecha del informe de auditoría.** La fecha del informe de auditoría no será anterior a la fecha en la que el auditor haya obtenido evidencia de auditoría suficiente y adecuada en la que basar su opinión sobre los estados financieros. Tampoco será anterior a la de formulación de las cuentas anuales por el órgano de administración.

Según La NIA-ES 560 «Hechos posteriores al cierre» los objetivos del auditor son:

(a) obtener evidencia de auditoría suficiente y adecuada sobre si los hechos ocurridos entre la fecha de los estados financieros y la fecha del informe de auditoría y que requieran un ajuste de los estados financieros, o su revelación en éstos, se han reflejado adecuadamente en los estados financieros de conformidad con el marco de información financiera aplicable; y

(b) reaccionar adecuadamente ante los hechos que lleguen a su conocimiento después de la fecha del informe de auditoría y que, de haber sido conocidos por el auditor a dicha fecha, le podrían haber llevado a rectificar el informe de auditoría.

Recuerda...

Ejemplo de párrafo de énfasis y párrafo sobre otras cuestiones:

Párrafo de énfasis

«Llamamos la atención sobre la Nota X de las cuentas anuales, que describe los efectos de un incendio en las instalaciones de producción de la Sociedad. Nuestra opinión no ha sido modificada en relación con esta cuestión.»

Otras cuestiones

«Las cuentas anuales de ABC S.A, correspondientes al ejercicio terminado a 31 de diciembre de 20X0 fueron auditadas por otro auditor que expresó una opinión favorable sobre dichas cuentas anuales el 31 de marzo de 20X1.»

Otros elementos del informe de auditoría

Párrafo de «énfasis»

Según la NIA-ES 706 (Revisada) «Párrafos de énfasis y párrafos sobre otras cuestiones en el informe de auditoría emitido por un auditor independiente» si el auditor considera necesario llamar la atención de los usuarios sobre una cuestión presentada o revelada en los estados financieros que, a su juicio, es de tal importancia que resulta fundamental para que los usuarios comprendan los estados financieros, incluirá un párrafo de énfasis en el informe de auditoría, siempre que:

a) como resultado de la cuestión no se requeriría que el auditor expresase una opinión modificada de conformidad con la NIA 705 (Revisada); y

b) cuando es aplicable la NIA 701, no se haya determinado que la cuestión es una cuestión clave de la auditoría que se deba comunicar en el informe de auditoría.

Cuando el auditor incluya un párrafo de énfasis en el informe de auditoría:

a) incluirá el párrafo en una sección separada del informe de auditoría con un título adecuado que incluya el término «énfasis»;

b) incluirá en el párrafo una clara referencia a la cuestión que se resalta y a la ubicación en los estados financieros de la correspondiente información en la que se describe detalladamente dicha cuestión. El párrafo se referirá sólo a la información que se presenta o se revela en los estados financieros; e

c) indicará que el auditor no expresa una opinión modificada en relación con la cuestión que se resalta..

Ejemplos de circunstancias en las que el auditor puede considerar necesario incluir un párrafo de énfasis son: la incertidumbre relacionada con resultados futuros de litigios o acciones administrativas excepcionales; aplicación anticipada (cuando se permita), antes de su fecha de entrada en vigor, de una nueva norma contable que tenga un efecto generalizado sobre los estados financieros; una catástrofe grave que haya tenido, o continúe teniendo, un efecto significativo sobre la situación financiera de la entidad; un hecho posterior al cierre que sea significativo y que ocurra entre la fecha de los estados financieros y la fecha del informe de auditoría.

Párrafo sobre «otras cuestiones»

Si el auditor considera necesario comunicar una cuestión distinta de las presentadas o reveladas en los estados financieros que, a su juicio, sea relevante para que los usuarios comprendan la auditoría, las responsabilidades del auditor o el informe de auditoría, el auditor incluirá un párrafo sobre otras cuestiones en el informe de auditoría siempre que:

a) no esté prohibido por una disposición legal o reglamentaria; y

b) cuando es aplicable la NIA 701, no se haya determinado que la cuestión es una cuestión clave de la auditoría que se deba comunicar en el informe de auditoría.

Cuando el auditor incluya un párrafo sobre otras cuestiones en el informe de auditoría, lo hará en una sección separada con el título «Otras cuestiones», u otro título adecuado.

Información y cifras comparativas

De acuerdo con la legislación mercantil, las cuentas anuales de un ejercicio incluyen, como parte integrante de dichas cuentas, información y cifras comparativas correspondientes al ejercicio anterior, con el objetivo de que se interpreten en relación con las cifras e información del periodo actual. No obstante, las entidades pueden presentar, voluntariamente o por otros requerimientos normativos, las cuentas anuales de un ejercicio incorporando, a efectos comparativos, información completa (Balance, Cuenta de pérdidas y ganancias, Estado de cambios en el patrimonio neto, Estado de flujos de efectivo y Memoria) de las cuentas anuales de uno varios ejercicios anteriores.

La NIA-ES 710 «Información comparativa: cifras correspondientes a periodos anteriores y estados financieros comparativos» regula los criterios de actuación del auditor en relación con la información y cifras comparativas que se incluyen como parte integrante de las cuentas anuales, así como en el caso en el que se presenten, a efectos comparativos, información completa de las cuentas anuales de dos o más ejercicios.

NIA-ES

Información comparativa: importes e información a revelar incluidos en los estados financieros y relativos a uno o más periodos anteriores, de conformidad con el marco de información financiera aplicable.

Estados financieros comparativos: información comparativa consistente en importes e información a revelar del periodo anterior que se incluyen a efectos de comparación con los estados financieros del periodo actual, y a los que, si han sido auditados, el auditor hará referencia en su opinión. El grado de información de estos estados financieros comparativos es equiparable al de los estados financieros del periodo actual.

15.10.4. Propuesta de ajustes y reclasificaciones

Durante el transcurso de su examen, el auditor puede encontrarse con diversos hechos que en su opinión están indebidamente contabilizados o clasificados en las cuentas anuales.

Por ajustes se entiende las correcciones en los saldos de las cuentas que dan lugar a modificaciones en la situación patrimonial o financiera, o en los resultados del ejercicio.

Las reclasificaciones suponen transferencias de saldos entre diferentes grupos y subgrupos de cuentas homogéneas de un mismo estado financiero.

Los ajustes y reclasificaciones propuestos por el auditor a los administradores de la entidad auditada pueden ser aceptados o no aceptados por estos. En el caso de no ser aceptados el auditor valorará la incidencia de los mismos en las cuentas anuales, emitiendo el informe con la opinión correspondiente.

Estos ajustes pueden referirse a errores, omisiones, ajustes por periodificación, deterioros, amortizaciones, etc.

Recuerda...

Incorrección material: las incorrecciones, incluidas las omisiones, se consideran materiales si, individualmente o de forma agregada, cabe prever razonablemente que influyan en las decisiones económicas que los usuarios toman basándose en los estados financieros.

Generalizado: término utilizado, al referirse a las incorrecciones, para describir los efectos de estas en los estados financieros o los posibles efectos de las incorrecciones que, en su caso, no se hayan detectado debido a la imposibilidad de obtener evidencia de auditoría suficiente y adecuada. Son efectos generalizados sobre los estados financieros aquellos que, a juicio del auditor:

(a) no se limitan a elementos, cuentas o partidas específicos de los estados financieros;

(b) en caso de limitarse a elementos, cuentas o partidas específicos, estos representan o podrían representar una parte sustancial de los estados financieros; o

(c) en relación con las revelaciones de información, son fundamentales para que los usuarios comprendan los estados financieros.

15.10.5. La opinión del auditor

De acuerdo con la NIA-ES 700 (Revisada), al realizar una auditoría, el auditor tiene como objetivo formarse una opinión sobre los estados financieros basada en la evaluación de las conclusiones extraídas de la evidencia de auditoría obtenida y expresar dicha opinión con claridad mediante un informe escrito en el que también se describa la base en la que esta se sustenta.

Con el fin de formarse dicha opinión, el auditor concluirá si ha obtenido una seguridad razonable sobre si los estados financieros en su conjunto están libres de incorrección material, debida a fraude o error. Dicha conclusión tendrá en cuenta:

- la conclusión del auditor, de conformidad con la NIA 330, sobre si se ha obtenido evidencia de auditoría suficiente y adecuada;
- la conclusión del auditor, de conformidad con la NIA 450, sobre si las incorrecciones no corregidas son materiales, individualmente o de forma agregada;
- evaluará si los estados financieros han sido preparados, en todos los aspectos materiales, de conformidad con los requerimientos del marco de información financiera aplicable:
  - — los estados financieros revelan adecuadamente las políticas contables significativas seleccionadas y aplicadas;
  - — las políticas contables seleccionadas y aplicadas son congruentes con el marco de información financiera aplicable, así como adecuadas;
  - — las estimaciones contables realizadas por la dirección son razonables;
  - — la información presentada en los estados financieros es relevante, fiable, comparable y comprensible;
  - — los estados financieros revelan información adecuada que permita a los usuarios a quienes se destinan entender el efecto de las transacciones y los hechos que resultan materiales sobre la información contenida en los estados financieros; y
  - — la terminología empleada en los estados financieros, incluido el título de cada estado financiero, es adecuada.
- Cuando los estados financieros se preparen de conformidad con un marco de imagen fiel, el auditor evaluará, además:
  - — la presentación, estructura y contenido globales de los estados financieros; y
  - — si los estados financieros, incluidas las notas explicativas, presentan las transacciones y los hechos subyacentes de modo que logren expresar la imagen fiel.

Tipos de opinión

a) **Opinión no modificada (favorable):** cuando el auditor haya encontrado evidencia suficiente y adecuada para concluir que los estados financieros han sido preparados, en todos los aspectos materiales, de conformidad con el marco de información financiera aplicable.

b) Opinión modificada: el auditor expresará una opinión modificada en el informe de auditoría de conformidad con la NIA 705 (Revisada), cuando:

(a) concluya que, sobre la base de la evidencia de auditoría obtenida, los estados financieros en su conjunto no están libres de incorrección material; o

(b) no pueda obtener evidencia de auditoría suficiente y adecuada para concluir que los estados financieros en su conjunto están libres de incorrección material (limitación al alcance).

La NIA-ES 705 (Revisada) establece tres tipos de opinión modificada: opinión con salvedades, opinión desfavorable (adversa) o denegación (abstención) de opinión.

Independientemente del tipo de opinión que contenga el informe de auditoría, en determinadas circunstancias, este podrá contener párrafos de énfasis y párrafos sobre otras cuestiones.

Que las incorrecciones materiales detectadas o las incorrecciones materiales que no ha sido posible detectar por la existencia de limitaciones al alcance supongan la emisión de una opinión de auditoría con salvedades, desfavorable o denegada dependerá de la naturaleza del hecho que origina la opinión modificada y del juicio del auditor sobre la generalización del efecto o efectos según el siguiente esquema:

Naturaleza del hecho que origina la opinión modificada	*Juicio del auditor sobre la generalización de los efectos o posibles efectos sobre los estados financieros*	
	Material pero no generalizado	*Material y generalizado*
Los estados financieros contienen incorrecciones materiales.	Opinión con salvedades	Opinión desfavorable (adversa)
Imposibilidad de obtener evidencia de auditoría suficiente y adecuada	Opinión con salvedades	Denegación de opinión (abstención)

Cuando el auditor exprese una opinión modificada, la sección de opinión tendrá el título «Opinión con salvedades», «Opinión desfavorable (adversa)» o «Denegación (abstención) de opinión», según corresponda.

Cuando el auditor prevea tener que expresar una opinión modificada en el informe de auditoría, se comunicará con los responsables del gobierno de la entidad acerca de las circunstancias que le llevan a prever dicha opinión modificada y la redacción de la modificación.

Cuando el auditor emita una opinión modificada sobre los estados financieros, además de los elementos específicos requeridos por la NIA 700 (Revisada):

a) sustituirá el título «Fundamento de la opinión» por «Fundamento de la opinión con salvedades», «Fundamento de la opinión desfavorable (adversa)» o «Fundamento de la denegación (abstención) de opinión», según corresponda; y

b) dentro de dicha sección, incluirá una descripción de la cuestión que motiva la opinión modificada.

Cuando el auditor exprese una opinión con salvedades o una opinión desfavorable (adversa), rectificará la declaración que requiere el apartado 28(d) de la NIA 700 (Revisada) sobre si la evidencia de auditoría que se ha obtenido proporciona una

Recuerda...

Texto normalizado del párrafo de opinión favorable:

Opinión

Hemos auditado las cuentas anuales de ABC, S.A. (la Sociedad), que comprenden el balance a 31 de diciembre de 20X1, la cuenta de pérdidas y ganancias, el estado de cambios en el patrimonio neto, el estado de flujos de efectivo y la memoria correspondientes al ejercicio terminado en dicha fecha.

En nuestra opinión, las cuentas anuales adjuntas expresan, en todos los aspectos significativos, la imagen fiel del patrimonio y de la situación financiera de la Sociedad a 31de diciembre de 20X1, así como de sus resultados y flujos de efectivo correspondientes al ejercicio terminado en dicha fecha, de conformidad con el marco normativo de información financiera que resulta de aplicación (que se identifica en la nota X de la memoria) y, en particular, con los principios y criterios contables contenidos en el mismo.

Recuerda...

Texto normalizado del párrafo de opinión desfavorable:

Opinión desfavorable

Hemos auditado las cuentas anuales consolidadas de ABC, S.A. y sus sociedades dependientes (el Grupo), que comprenden el balance a 31 de diciembre de 20X1, la cuenta de resultados, el estado del resultado global, el estado de cambios en el patrimonio neto, el estado de flujos de efectivo y la memoria, todos ellos consolidados, correspondientes al ejercicio terminado en dicha fecha.

En nuestra opinión, debido al efecto muy significativo de la cuestión descrita en la sección Fundamento de la opinión desfavorable de nuestro informe, las cuentas anuales consolidadas adjuntas no expresan, en todos los aspectos significativos, la imagen fiel del patrimonio y de la situación financiera del Grupo a 31 de diciembre de 20X1, así como de sus resultados y flujos de efectivo, todos ellos consolidados, correspondientes al ejercicio terminado en dicha fecha, de conformidad con las Normas Internacionales de Información Financiera, adoptadas por la Unión Europea (NIIF-UE), y demás disposiciones del marco normativo de información financiera que resultan de aplicación en España.

Fundamento de la opinión desfavorable

Descripción del hecho(s) que da lugar a la opinión desfavorable.

base suficiente y adecuada para su opinión para incluir los términos «con salvedades» o «desfavorable (adversa)», según corresponda.

Aun cuando el auditor haya expresado una opinión desfavorable (adversa) o haya denegado la opinión (se haya abstenido de opinar) sobre los estados financieros, describirá en la sección «Fundamento de la opinión» los motivos de cualquier otra cuestión de la que tenga conocimiento que hubiera requerido una opinión modificada, así como los efectos correspondientes.

b1) Opinión con salvedades

El auditor expresará una opinión con salvedades cuando:

(a) habiendo obtenido evidencia de auditoría suficiente y adecuada, concluya que las incorrecciones, individualmente o de forma agregada, son materiales, pero no generalizadas, para los estados financieros; o

(b) el auditor no pueda obtener evidencia de auditoría suficiente y adecuada en la que basar su opinión, pero concluya que los posibles efectos sobre los estados financieros de las incorrecciones no detectadas, si las hubiera, podrían ser materiales, aunque no generalizados.

Cuando el auditor exprese una opinión con salvedades debido a una incorrección material en los estados financieros, el auditor manifestará que, en su opinión, excepto por los efectos de la cuestión o cuestiones descritas en la sección «Fundamento de la opinión con salvedades»:

(a) cuando informe de conformidad con un marco de imagen fiel, los estados financieros adjuntos presentan fielmente, en todos los aspectos materiales (o expresan la imagen fiel de) [...] , de conformidad con [el marco de información financiera aplicable]; o

(b) cuando informe de conformidad con un marco de cumplimiento, los estados financieros adjuntos han sido preparados, en todos los aspectos materiales, de conformidad con [el marco de información financiera aplicable].

Si la opinión modificada se debe a la imposibilidad de obtener evidencia de auditoría suficiente y adecuada, el auditor utilizará para la opinión modificada la siguiente frase: «excepto por los posibles efectos de la cuestión o cuestiones».

b2) Opinión desfavorable (adversa)

El auditor expresará una opinión desfavorable (adversa) cuando, habiendo obtenido evidencia de auditoría suficiente y adecuada, concluya que las incorrecciones, individualmente o de forma agregada, son materiales y generalizadas en los estados financieros.

Cuando el auditor exprese una opinión desfavorable (adversa), manifestará que, en su opinión, debido a la significatividad de la cuestión o cuestiones descritas en la sección «Fundamento de la opinión desfavorable (adversa)»:

a) cuando informe de conformidad con un marco de imagen fiel, los estados financieros adjuntos no presentan fielmente, en todos los aspectos materiales (o no expresan la imagen fiel de) [...] , de conformidad con [el marco de información financiera aplicable]; o

b) cuando informe de conformidad con un marco de cumplimiento, los estados financieros adjuntos no han sido preparados, en todos los aspectos materiales, de conformidad con [el marco de información financiera aplicable].

b3) Denegación (abstención) de opinión

El auditor denegará la opinión (se abstendrá de opinar) cuando no pueda obtener evidencia de auditoría suficiente y adecuada en la que basar su opinión y concluya que los posibles efectos sobre los estados financieros de las incorrecciones no detectadas, si las hubiera, podrían ser materiales y generalizados.

La necesidad de denegar la opinión puede originarse:

- Por la existencia de limitaciones al alcance de la auditoría, materiales y generalizadas, que impidan al auditor formarse una opinión.
- En casos extremos, por la existencia de múltiples incertidumbres cuyo efecto conjunto pueda ser muy significativo.

Cuando el auditor deniegue la opinión (se abstenga de opinar) porque no haya podido obtener evidencia de auditoría suficiente y adecuada, manifestará que:

(a) el auditor no expresa una opinión sobre los estados financieros adjuntos;

b) debido a la significatividad de la cuestión o cuestiones descritas en la sección «Fundamento de la denegación (abstención) de opinión», el auditor no ha podido obtener evidencia de auditoría que proporcione una base suficiente y adecuada para expresar la opinión de auditoría sobre los estados financieros, y

c) corregirá la declaración requerida por el apartado 24(b) de la NIA 700 (Revisada), que indica que los estados financieros han sido auditados, para manifestar que el auditor fue contratado para auditar los estados financieros.

Consecuencia de la imposibilidad de obtener evidencia de auditoría suficiente y adecuada debido a una limitación impuesta por la dirección después de que el auditor haya aceptado el encargo

Si, después de aceptar el encargo, el auditor observa que la dirección ha impuesto una limitación al alcance de la auditoría que el auditor considera que probablemente suponga la necesidad de expresar una opinión con salvedades o denegar la opinión (abstenerse de opinar) sobre los estados financieros, el auditor solicitará a la dirección que elimine la limitación.

Si la dirección rehúsa eliminar la limitación mencionada en el párrafo anterior, el auditor comunicará la cuestión a los responsables del gobierno de la entidad, salvo que todos los responsables del gobierno participen en la dirección de la entidad, y determinará si es posible aplicar procedimientos alternativos para obtener evidencia de auditoría suficiente y adecuada.

Si el auditor no puede obtener evidencia de auditoría suficiente y adecuada, determinará las implicaciones de este hecho como sigue:

(a) si el auditor concluye que los posibles efectos de incorrecciones no detectadas en los estados financieros, si las hubiera, podrían ser materiales, pero no generalizados, el auditor expresará una opinión con salvedades; o

(b) si el auditor concluye que los posibles efectos de incorrecciones no detectadas en los estados financieros, si las hubiera, podrían ser materiales y generalizados, de tal forma que una opinión con salvedades no sería adecuada para comunicar la gravedad de la situación, el auditor:

(b1) renunciará a la auditoría, cuando las disposiciones legales o reglamentarias aplicables lo permitan y ello sea factible; o

(b2) si no es factible o posible la renuncia a la auditoría antes de emitir el informe de auditoría, denegará la opinión (se abstendrá de opinar) sobre los estados financieros.

Si el auditor renuncia, antes de la renuncia comunicará a los responsables del gobierno de la entidad cualquier cuestión relativa a incorrecciones identificadas durante la realización de la auditoría que habría dado lugar a una opinión modificada.

Recuerda...

Texto normalizado del párrafo de opinión denegada:

Denegación de opinión

Hemos sido nombrados para auditar las cuentas anuales de ABC, S.A. (la Sociedad), que comprenden el balance a 31 de diciembre de 20X1, la cuenta de pérdidas y ganancias, el estado de cambios en el patrimonio neto, el estado de flujos de efectivo y la memoria correspondientes al ejercicio terminado en dicha fecha.

No expresamos una opinión sobre las cuentas anuales de la Sociedad adjuntas. Debido al efecto muy significativo de las cuestiones descritas en la sección Fundamento de la denegación de opinión de nuestro informe, no hemos podido obtener evidencia de auditoría que proporcione una base suficiente y adecuada para expresar una opinión de auditoría sobre estas cuentas anuales.

Fundamento de la denegación de opinión

Fuimos nombrados auditores de la sociedad con posterioridad al 31 de diciembre de 20X1 y, por lo tanto, no presenciamos el recuento físico de las existencias al inicio y al cierre del ejercicio. No hemos podido satisfacernos, mediante procedimientos alternativos, de las cantidades de existencias a 31 de diciembre de 20X0 y 20X1, las cuales están registradas en los balances por xxx y xxx, respectivamente. Asimismo, la introducción en septiembre de 20X1 de un nuevo sistema informatizado de cuentas a cobrar ocasionó numerosos errores en dichas cuentas. En la fecha de nuestro informe de auditoría, los administradores aún estaban en el proceso de rectificar las deficiencias del sistema y de corregir los errores. No pudimos confirmar o verificar por medios alternativos las cuentas a cobrar incluidas en el balance por un importe total de xxx a 31 de diciembre de 20X1. Como resultado de estos hechos, no hemos podido determinar los ajustes que podrían haber sido necesarios en relación con las existencias y las cuentas a cobrar registradas, o no registradas, ni en relación con los elementos integrantes de la cuenta de pérdidas y ganancias, del estado de cambios en el patrimonio neto y del estado de flujos de efectivo.

Opinión parcial no permitida

Cuando el auditor considere necesario expresar una opinión desfavorable (adversa) o denegar la opinión (abstenerse de opinar) sobre los estados financieros en su conjunto, el informe de auditoría no incluirá simultáneamente una opinión no modificada (favorable) sobre un solo estado financiero en relación con el mismo marco de información financiera aplicable.

15.10.6. Publicidad del informe de auditoría de cuentas anuales

Salvo aprobación expresa de la entidad auditada o en los supuestos contemplados en la Ley de Auditoría de Cuentas, el auditor no podrá facilitar a tercero alguno copia de su informe de auditoría de cuentas anuales. Es responsabilidad de los Administradores de la entidad facilitar a los accionistas copias de las cuentas anuales y del informe de auditoría y, en su caso, depositar esta documentación en los registros legalmente establecidos.

En ningún caso el informe de auditoría de cuentas anuales podrá ser publicado parcialmente o en extracto, ni de forma separada a las cuentas anuales auditadas. Cuando el informe esté disponible públicamente podrá hacerse mención de su existencia, en cuyo caso, deberá hacerse referencia al tipo de opinión emitida.

15.10.7. Ejemplos de modelos de informes de auditoría

La serie 700 de las NA-ES y la NIA-ES 805 incluyen como Anexos los modelos de informe de auditoría que el auditor y las sociedades de auditoría deberán utilizar en el desarrollo de los trabajos de auditoría de cuentas anuales.

Dichos modelos tienen la finalidad de orientar al auditor de cuentas y conseguir la máxima uniformidad de redacción al objeto de facilitar la comprensión de dichos informes por los usuarios de cuentas anuales.

No obstante, los citados modelos de informe no recogen todas las circunstancias que pueden darse en un trabajo de auditoría de cuentas anuales y que el auditor habrá de tener en cuenta al emitir su informe.

Es necesario recordar que el objetivo primordial en cualquier circunstancia es dar al lector del informe una descripción clara y adecuada del alcance de la auditoría y de las conclusiones que ha alcanzado el auditor en base a su juicio profesional.

A continuación reproducimos un informe de auditoría con opinión con salvedades y con párrafo de énfasis (figura en el anexo 4 de la NIA-ES 706 Revisada).

INFORME DE AUDITORÍA DE CUENTAS ANUALES EMITIDO POR UN AUDITOR INDEPENDIENTE

A los accionistas de ABC, S.A. [por encargo de.....][Destinatario correspondiente]

Opinión con salvedades

Hemos auditado las cuentas anuales de ABC, S.A., (la Sociedad), que comprenden el balance a 31 de diciembre de 20X1, la cuenta de pérdidas y ganancias, el estado de cambios en el patrimonio neto, el estado de flujos de efectivo y la memoria correspondientes al ejercicio terminado en dicha fecha.

En nuestra opinión, excepto por los efectos de la cuestión descrita en la sección Fundamento de la opinión con salvedades de nuestro informe, las cuentas anuales adjuntas expresan, en todos los aspectos significativos, la imagen fiel del patrimonio y de la situación financiera de la Sociedad a 31 de diciembre de 20X1, así como de sus resultados y flujos de efectivo correspondientes al ejercicio terminado en dicha fecha, de conformidad con el marco normativo de información financiera que resulta de aplicación (que se identifica en la nota X de la memoria) y, en particular, con los principios y criterios contables contenidos en el mismo.

Fundamento de la opinión con salvedades

Los valores negociables a corto plazo de la Sociedad están valorados en el balance en xxx. Los administradores no han actualizado estos valores a valor de mercado sino que, en su lugar, los han registrado al coste, lo que constituye un incumplimiento del marco normativo de información financiera aplicable. Los registros de la Sociedad indican que, si los administradores hubieran actualizado los valores negociables a valor de mercado, la Sociedad habría reconocido unas pérdidas no realizadas de xxx en la cuenta de pérdidas y ganancias del ejercicio. El valor registrado de los valores negociables en el balance se habría reducido por el mismo importe a 31 de diciembre de 20X1, y el impuesto sobre beneficios, el resultado neto y el patrimonio neto se habrían reducido en xxx, xxx, y xxx, respectivamente.

Hemos llevado a cabo nuestra auditoría de conformidad con la normativa reguladora de la actividad de auditoría de cuentas vigente en España. Nuestras responsabilidades de acuerdo con dichas normas se describen más adelante en la sección Responsabilidades del auditor en relación con la auditoría de las cuentas anuales de nuestro informe.

Somos independientes de la Sociedad de conformidad con los requerimientos de ética, incluidos los de independencia, que son aplicables a nuestra auditoría de las cuentas anuales en España, según lo exigido por la normativa reguladora de la actividad de auditoría de cuentas. En este sentido, no hemos prestado servicios distintos a los de la auditoría de cuentas ni han concurrido situaciones o circunstancias que, de acuerdo con lo establecido en la citada normativa reguladora, hayan afectado a la necesaria independencia de modo que se haya visto comprometida.

Consideramos que la evidencia de auditoría que hemos obtenido proporciona una base suficiente y adecuada para nuestra opinión con salvedades.

Párrafo de énfasis

Llamamos la atención sobre la Nota X de las cuentas anuales, que describe los efectos de un incendio en las instalaciones de producción de la Sociedad. Nuestra opinión no ha sido modificada en relación con esta cuestión.

Aspectos más relevantes de la auditoría

Los aspectos más relevantes de la auditoría son aquellos que, según nuestro juicio profesional, han sido considerados como los riesgos de incorrección material más significativos en nuestra auditoría de las cuentas anuales del periodo actual. Estos riesgos han sido tratados en el contexto de nuestra auditoría de las cuentas anuales en su conjunto, y en la formación de nuestra opinión sobre éstos, y no expresamos una opinión por separado sobre esos riesgos.

Excepto por la cuestión descrita en la sección Fundamento de la opinión con salvedades hemos determinado que no existen otros riesgos más significativos considerados en la auditoría que se deban comunicar en nuestro informe.

(Continúa)

(Continuación)

Otra información: Informe de gestión

La otra información comprende exclusivamente el informe de gestión del ejercicio 20x1, cuya formulación es responsabilidad de los administradores de la Sociedad y no forma parte integrante de las cuentas anuales.

Nuestra opinión de auditoría sobre las cuentas anuales no cubre el informe de gestión. Nuestra responsabilidad sobre el informe de gestión, de conformidad con lo exigido por la normativa reguladora de la actividad de auditoría de cuentas, consiste en evaluar e informar sobre la concordancia del informe de gestión con las cuentas anuales, a partir del conocimiento de la entidad obtenido en la realización de la auditoría de las citadas cuentas y sin incluir información distinta de la obtenida como evidencia durante la misma. Asimismo, nuestra responsabilidad consiste en evaluar e informar de si el contenido y presentación del informe de gestión son conformes a la normativa que resulta de aplicación. Si, basándonos en el trabajo que hemos realizado, concluimos que existen incorrecciones materiales, estamos obligados a informar de ello.

Sobre la base del trabajo realizado, según lo descrito en el párrafo anterior, la información que contiene el informe de gestión concuerda con la de las cuentas anuales del ejercicio 20x1 y su contenido y presentación son conformes a la normativa que resulta de aplicación.

Responsabilidad de los administradores en relación con las cuentas anuales

Los administradores son responsables de formular las cuentas anuales adjuntas, de forma que expresen la imagen fiel del patrimonio, de la situación financiera y de los resultados de la Sociedad, de conformidad con el marco normativo de información financiera aplicable a la entidad en España, y del control interno que consideren necesario para permitir la preparación de cuentas anuales libres de incorrección material, debida a fraude o error.

En la preparación de las cuentas anuales, los administradores son responsables de la valoración de la capacidad de la Sociedad para continuar como empresa en funcionamiento, revelando, según corresponda, las cuestiones relacionadas con la empresa en funcionamiento y utilizando el principio contable de empresa en funcionamiento excepto si los administradores tienen intención de liquidar la sociedad o de cesar sus operaciones, o bien no exista otra alternativa realista.

Responsabilidades del auditor en relación con la auditoría de las cuentas anuales

Nuestros objetivos son obtener una seguridad razonable de que las cuentas anuales en su conjunto están libres de incorrección material, debida a fraude o error, y emitir un informe de auditoría que contiene nuestra opinión. Seguridad razonable es un alto grado de seguridad pero no garantiza que una auditoría realizada de conformidad con la normativa reguladora de la actividad de auditoría vigente en España siempre detecte una incorrección material cuando existe. Las incorrecciones pueden deberse a fraude o error y se consideran materiales si, individualmente o de forma agregada, puede preverse razonablemente que influyan en las decisiones económicas que los usuarios toman basándose en las cuentas anuales.

En el Anexo X de este informe de auditoría se incluye una descripción más detallada de nuestras responsabilidades en relación con la auditoría de las cuentas anuales. Esta descripción que se encuentra en [*indíquese el número de página u otra referencia concreta de la ubicación de la descripción*] es parte integrante de nuestro informe de auditoría.

[*Nombre y número del ROAC del auditor*]
[*Firma del auditor*]
[*Fecha del informe de auditoría*]
[*Dirección del auditor y en el caso de sociedad de auditoría dirección y número del ROAC de la sociedad*]

Anexo X de nuestro informe de auditoría

Adicionalmente a lo incluido en nuestro informe de auditoría, en este Anexo incluimos nuestras responsabilidades respecto a la auditoría de las cuentas anuales.

Responsabilidades del auditor en relación con la auditoría de las cuentas anuales

Como parte de una auditoría de conformidad con la normativa reguladora de la actividad de auditoría de cuentas en España, aplicamos nuestro juicio profesional y mantenemos una actitud de escepticismo profesional durante toda la auditoría. También:

- Identificamos y valoramos los riesgos de incorrección material en las cuentas anuales, debida a fraude o error, diseñamos y aplicamos procedimientos de auditoría para responder a dichos riesgos y obtenemos evidencia de auditoría suficiente y adecuada para proporcionar una base para nuestra opinión. El riesgo de no detectar una incorrección material debida a fraude es más elevado que en el caso de una incorrección material debida a error, ya que el fraude puede implicar colusión, falsificación, omisiones deliberadas, manifestaciones intencionadamente erróneas, o la elusión del control interno.
- Obtenemos conocimiento del control interno relevante para la auditoría con el fin de diseñar procedimientos de auditoría que sean adecuados en función de las circunstancias, y no con la finalidad de expresar una opinión sobre la eficacia del control interno de la entidad.
- Evaluamos si las políticas contables aplicadas son adecuadas y la razonabilidad de las estimaciones contables y la correspondiente información revelada por los administradores.
- Concluimos sobre si es adecuada la utilización, por los administradores, del principio contable de empresa en funcionamiento y, basándonos en la evidencia de auditoría obtenida, concluimos sobre si existe o no una incertidumbre material relacionada con hechos o con condiciones que pueden generar dudas significativas sobre la capacidad de la Sociedad para continuar como empresa en funcionamiento. Si concluimos que existe una incertidumbre material, se requiere que llamemos la atención en nuestro informe de auditoría sobre la correspondiente información revelada en las cuentas anuales o, si dichas revelaciones no son adecuadas, que expresemos una opinión modificada. Nuestras conclusiones se basan en la evidencia de auditoría obtenida hasta la fecha de nuestro informe de auditoría. Sin embargo, los hechos o condiciones futuros pueden ser la causa de que la Sociedad deje de ser una empresa en funcionamiento.
- Evaluamos la presentación global, la estructura y el contenido de las cuentas anuales, incluida la información revelada, y si las cuentas anuales representan las transacciones y hechos subyacentes de un modo que logran expresar la imagen fiel.

Nos comunicamos con los administradores de la entidad en relación con, entre otras cuestiones, el alcance y el momento de realización de la auditoría planificados y los hallazgos significativos de la auditoría, así como cualquier deficiencia significativa del control interno que identificamos en el transcurso de la auditoría.

Entre los riesgos significativos que han sido objeto de comunicación a los administradores de la entidad, determinamos los que han sido de la mayor significatividad en la auditoría de las cuentas anuales del periodo actual y que son, en consecuencia, los riesgos considerados más significativos.

Describimos esos riesgos en nuestro informe de auditoría salvo que las disposiciones legales o reglamentarias prohíban revelar públicamente la cuestión.

Enlaces de interés

https://www.boe.es/buscar/doc.php?id=DOUE-L-2006-81064

Directiva 2006/43/CE del Parlamento Europeo y del Consejo, de 17 de mayo de 2006, relativa a la auditoría legal de las cuentas anuales y de las cuentas consolidadas (modificada por las Directivas 2008/30/CE, 2013/34/UE y 2014/56/UE).

https://www.boe.es/diario_boe/txt.php?id=DOUE-L-2014-81094

Directiva 2014/56/UE del Parlamento Europeo y del Consejo, de 16 de abril de 2014, por la que se modifica la Directiva 2006/43/CE relativa a la auditoría legal de las cuentas anuales y de las cuentas consolidadas.

https://www.boe.es/diario_boe/txt.php?id=DOUE-L-2014-81090

Reglamento (UE) nº 537/2014 del Parlamento Europeo y del Consejo, de 16 de abril de 2014, sobre los requisitos específicos para la auditoría legal de las entidades de interés público y por el que se deroga la Decisión 2005/909/CE de la Comisión.

http://noticias.juridicas.com/base_datos/Fiscal/rd1159-2010.html

Real Decreto 1159/2010, de 17 de septiembre, por el que se aprueban las Normas para la Formulación de Cuentas Anuales Consolidadas y se modifica el Plan General de Contabilidad aprobado por Real Decreto 1514/2007, de 16 de noviembre y el Plan General de Contabilidad de Pequeñas y Medianas Empresas aprobado por Real Decreto 1515/2007, de 16 de noviembre.

https://www.boe.es/buscar/act.php?id=BOE-A-2015-8147

Ley 22/2015, de 20 de julio, de Auditoría de Cuentas.

http://noticias.juridicas.com/base_datos/Fiscal/rd1517-2011.html

Real Decreto 1517/2011, de 31 de octubre, por el que se aprueba el Reglamento que desarrolla el texto refundido de la Ley de Auditoría de Cuentas, aprobado por el Real Decreto Legislativo 1/2011, de 1 de julio.

https://www.boe.es/buscar/act.php?id=BOE-A-2013-11873

Resolución de 15 de octubre de 2013, del Instituto de Contabilidad y Auditoría de Cuentas, por la que se publican las nuevas Normas Técnicas de Auditoría, resultado de la adaptación de las Normas Internacionales de Auditoría para su aplicación en España.

https://www.boe.es/diario_boe/txt.php?id=BOE-A-2016-12636

Resolución de 23 de diciembre de 2016, del Instituto de Contabilidad y Auditoría de Cuentas, por la que se publica la modificación de determinadas Normas Técnicas de Auditoría y del Glosario de términos.

http://www.icac.meh.es/

Página web del Instituto de Contabilidad y Auditoría de Cuentas (ICAC).

Nota: En **www.boe.es** o en **http://noticias.juridicas.com** encontrarás la legislación siempre actualizada.

Test 15

1. Señala qué afirmaciones son verdaderas (V) y qué afirmaciones son falsas (F).

		V	F
1.1.	La contabilidad es un instrumento básico para obtener información económico-financiera.	☐	☐
1.2.	La información contable es utilizada exclusivamente por socios y administradores.	☐	☐
1.3.	Los principios de contabilidad generalmente aceptados son normas rígidas que no permiten ningún grado de flexibilidad en su interpretación.	☐	☐
1.4.	Para que la información contable sea fiable debe ser sometida a la verificación de profesionales independientes.	☐	☐
1.5.	La auditoría externa es realizada por profesionales independientes a la entidad auditada.	☐	☐
1.6.	El objetivo de la auditoría financiera es emitir un juicio sobre la razonabilidad y fiabilidad de las cuentas anuales y otros documentos contables.	☐	☐
1.7.	El ICAC es un organismo autónomo dependiente del Ministerio de Economía y Competitividad.	☐	☐
1.8.	El ICAC es el organismo encargado de establecer principios y normas contables.	☐	☐
1.9.	Las corporaciones profesionales más importantes en España son el ICJCE, el REA y el REGA.	☐	☐
1.10.	Tiene obligación de auditar las cuentas anuales las sociedades cuyos títulos coticen en mercados secundarios organizados.	☐	☐
1.11.	El auditor no podrá realizar publicidad que tenga por objeto la captación de clientes.	☐	☐
1.12.	Los socios de una sociedad de auditoría pueden ser personas físicas o jurídicas.	☐	☐
1.13.	La evidencia adecuada es una característica cualitativa de la evidencia que se refiere a la utilización de los procedimientos idóneos para obtener evidencia en cada circunstancia.	☐	☐
1.14.	Según la finalidad de los procedimientos para obtener evidencia, estos pueden ser sustantivos o pruebas de controles.	☐	☐
1.15.	Los procedimientos sustantivos tienen como objetivo la obtención de evidencia de auditoría que permita identificar incorrecciones en las cuentas anuales.	☐	☐
1.16.	Se entiende por evidencia suficiente el nivel de evidencia que el auditor debe obtener a través de sus pruebas de auditoría.	☐	☐
1.17.	El muestreo es la técnica mediante la cual se selecciona la población que se va a estudiar.	☐	☐
1.18.	El muestreo estadístico se basa en que todos los elementos de la población tienen la misma probabilidad de ser seleccionados para formar parte de la muestra.	☐	☐
1.19.	Los papeles de trabajo estarán formados por todos los documentos que el auditor crea necesario utilizar para llevar a cabo su trabajo.	☐	☐
1.20.	El archivo del ejercicio recoge aquellos documentos cuya utilidad trasciende a la auditoría de un ejercicio determinado.	☐	☐

TEST

1.21. La propiedad de los papeles de trabajo corresponde a la empresa auditada, que tiene el deber de custodiarlos. ☐ ☐

1.22. La confección de las cuantas anuales es responsabilidad del auditor. ☐ ☐

1.23. La formalización del acuerdo entre el auditor y su cliente se realiza mediante la Carta de encargo o mediante un contrato de auditoría. ☐ ☐

1.24. Los controles internos pueden ser contables y administrativos. ☐ ☐

1.25. La evaluación del sistema de control interno se lleva a cabo mediante el empleo de procedimientos sustantivos. ☐ ☐

1.26. Los procedimientos sustantivos pueden ser de dos tipos: pruebas de detalle y procedimientos analíticos. ☐ ☐

1.27. La revisión analítica busca detectar desviaciones, incoherencias y anomalías al analizar la información. ☐ ☐

1.28. El plan de auditoría se divide por áreas de trabajo. ☐ ☐

1.29. El plan de auditoría no facilita la coordinación de la auditoría porque es independiente para cada área de trabajo. ☐ ☐

1.30. Si la entidad no tiene establecido un sistema de control interno, el auditor debe crearlo. ☐ ☐

1.31. El auditor tiene la obligación de comunicar a su cliente las deficiencias detectadas en el sistema de control interno. ☐ ☐

1.32. El informe de auditoría es un certificado de garantía de la exactitud de las cifras y de la carencia de errores poco significativos. ☐ ☐

1.33. El informe de auditoría es el resultado del trabajo del auditor y expresa una opinión sobre los estados financieros de una empresa. ☐ ☐

1.34. El informe de gestión es un documento que forma parte de las cuentas anuales. ☐ ☐

1.35. La opinión del auditor debe ser: favorable, con salvedades, desfavorable o denegada. ☐ ☐

2. Señala la opción correcta:

2.1. La información que proporciona el sistema contable:

- ☐ Es totalmente objetiva.
- ☐ Está influida por quienes la elaboran y puede contener errores.
- ☐ Es totalmente fiable.

2.2. En general, una empresa deberá auditar sus cuentas anuales cuando:

- ☐ Su activo sea mayor de 2.850.000 € y tenga más de 50 trabajadores.
- ☐ Su cifra de negocios sea mayor de 5.700.000 € y su activo de 2.850.000 €.
- ☐ Las dos anteriores.

2.3. La armonización contable en la UE se lleva a cabo a través de:

- ☐ La directiva 2013/34/UE, de 26 de junio de 2013.
- ☐ Directiva 2006/43/CE del Parlamento Europeo y del Consejo, de 17 de mayo de 2006.
- ☐ Las dos anteriores.

2.4. Las normas básicas que regulan la auditoría en España son:

- ☐ La Ley de Auditoría de Cuentas y el Reglamento.
- ☐ Las NIA adoptadas por la UE y adaptadas para su aplicación en España.
- ☐ Las dos anteriores.

2.5. Son competencias del ICAC:

- ☐ La elaboración y publicación de las normas técnicas de auditoría.
- ☐ La homologación y publicación de las normas técnicas de auditoría.
- ☐ Ninguna de las anteriores.

2.6. El contable de una empresa puede realizar la auditoría de sus cuentas anuales:

- ☐ Si tiene titulación universitaria.
- ☐ Si tiene titulación universitaria y está inscrito en el ROAC.
- ☐ No puede realizar la auditoría porque tiene relaciones con la entidad auditada.

2.7. Una sociedad no tendrá que auditar sus cuentas anuales si:

- ☐ Puede presentar la cuenta de Pérdidas y ganancias abreviada.
- ☐ Puede presentar el balance abreviado.
- ☐ Ninguna de las anteriores.

2.8. Los auditores podrán ser nombrados:

- ☐ Por la Junta General siempre.
- ☐ Por la Junta General, el Registrador mercantil o el Juez.
- ☐ Por el Registrador mercantil siempre.

2.9. Los procedimientos sustantivos son:

- ☐ Los que tratan de evaluar el sistema de control interno de la entidad auditada.
- ☐ Tienen como objeto obtener evidencia de auditoría relacionada con la integridad, exactitud y validez de la información financiera auditada.
- ☐ Ninguna de las anteriores.

2.10. El muestreo estadístico se caracteriza por:

- ☐ La selección aleatoria de la muestra y el uso de la teoría de probabilidades para evaluar el resultado del muestreo.
- ☐ La selección de todos los elementos de la población.
- ☐ La selección de elementos específicos basada en el criterio del auditor.

2.11. El tamaño de la muestra:

- ☐ Es proporcional al nivel de riesgo que el auditor está dispuesto a aceptar.
- ☐ Es inverso al nivel de riesgo que el auditor está dispuesto a aceptar.
- ☐ El tamaño de la muestra y el riesgo no tienen ninguna relación.

2.12. Son métodos de obtención de evidencia:

- ☐ La inspección ocular, la observación y los cálculos.
- ☐ La circularización, los cuestionarios de preguntas y las confirmaciones.
- ☐ Las dos anteriores.

TEST

2.13. El objetivo de los papeles de trabajo es:

☐ Recoger la evidencia obtenida en la ejecución del trabajo.
☐ Dejar constancia del trabajo realizado.
☐ Las dos anteriores.

2.14. Los papeles de trabajo:

☐ Son propiedad de la empresa auditada.
☐ Son propiedad del auditor.
☐ Son propiedad de la empresa auditada pero el auditor podrá consultarlos cuando quiera.

2.15. Las hojas sumarias:

☐ Recogen la información global de todas las cuentas de un área.
☐ Recogen todas las cuentas del activo, pasivo o neto.
☐ Recogen los movimientos de una determinada cuenta.

2.16. Las pruebas y procedimientos de auditoría realizados se recogen en:

☐ Las hojas base.
☐ Las hojas sumarias.
☐ Las hojas de detalle.

2.17. Una copia del informe de auditoría se archivará en:

☐ El archivo permanente.
☐ El archivo del ejercicio.
☐ Las dos anteriores.

2.18. La implantación y mantenimiento del sistema de control interno es responsabilidad:

☐ De la Dirección de la empresa auditada.
☐ Del auditor.
☐ Ninguna de las anteriores.

2.19. Para evaluar el sistema de control interno se llevan a cabo:

☐ Procedimientos sustantivos.
☐ Pruebas de controles.
☐ Las dos anteriores.

2.20. La evaluación del sistema de control interno es fundamental para determinar:

☐ La naturaleza y la amplitud de las pruebas de auditoría.
☐ El momento de aplicación de las pruebas de auditoría.
☐ Las dos anteriores.

2.21. El estudio y evaluación del sistema de control interno se lleva a cabo:

☐ En la fase de contratación.
☐ En la fase de planificación.
☐ En la fase de ejecución del trabajo.

TEST

2.22. Son circunstancias significativas que pueden dar lugar a una opinión con salvedades:

- ☐ El auditor no puede aplicar los procedimientos de auditoría requeridos por las NIA u otros que considere necesarios.
- ☐ Incumplimientos de los principios y criterios contables.
- ☐ Las dos anteriores.

2.23. Cuando el auditor emite una opinión con salvedades:

- ☐ Deberá desarrollar en un párrafo titulado «Fundamento de la opinión con salvedades» las limitaciones o incumplimientos que hayan motivado dicha opinión.
- ☐ Solo deberá desarrollar un párrafo añadido si ha habido limitaciones al alcance.
- ☐ No deberá desarrollar ningún párrafo añadido.

2.24. Para que el auditor emita una opinión desfavorable es preciso que:

- ☐ Haya identificado incumplimientos de principios y criterios contables que afecten muy significativamente y de forma generalizada a las cuentas anuales.
- ☐ Haya detectado en las cuentas anuales defectos u omisiones de información fundamental para su adecuada comprensión por parte de los usuarios.
- ☐ Las dos anteriores.

2.25. Cuando el auditor emite una opinión desfavorable:

- ☐ Debe exponer todas las razones que le obligan a emitirla en un párrafo titulado «Fundamento de la opinión desfavorable» de su informe.
- ☐ Deberá explicar las razones en un párrafo añadido solamente si existe cualquier otra cuestión que requiera una salvedad.
- ☐ No deberá desarrollar ningún párrafo añadido.

2.26. La denegación de opinión puede provenir de:

- ☐ Limitaciones al alcance de la auditoría materiales y generalizadas.
- ☐ La existencia de múltiples incertidumbres cuyo efecto conjunto pueda ser muy significativo.
- ☐ Las dos anteriores.

2.27. En el caso de denegación de opinión por parte del auditor:

- ☐ En un párrafo titulado «Fundamento de la denegación de opinión» se describirán las incertidumbres y/o las limitaciones al alcance, mencionando los procedimientos de auditoría que no ha sido posible aplicar.
- ☐ Solo habrá párrafo añadido cuando la denegación se debiera a situaciones excepcionales de incertidumbre.
- ☐ No habrá párrafo añadido en ningún caso.

2.28. El informe de auditoría:

- ☐ Pone de manifiesto una opinión técnica sobre los estados financieros de una empresa en todos sus aspectos significativos.
- ☐ Ha de ser claro, objetivo, conciso y oportuno.
- ☐ Las dos anteriores.

TEST

2.29. El párrafo de énfasis en un informe de auditoría supone:

- ☐ Que el auditor quiere destacar un hecho reflejado en las cuentas anuales.
- ☐ Que el informe incluye alguna salvedad.
- ☐ Quiere hacer una recomendación a la dirección de la empresa sobre el sistema de control interno.

2.30. Cuando el auditor propone a la empresa una serie de ajustes y reclasificaciones y no son admitidos por esta:

- ☐ El auditor denegará su opinión.
- ☐ El auditor lo hará constar en su informe y valorará la importancia de los ajustes no aceptados en la imagen fiel de la empresa, dando lugar a una opinión con salvedades, desfavorable o denegada.
- ☐ El auditor emitirá una opinión desfavorable.

2.31. La carta de manifestaciones de la dirección:

- ☐ Tiene por objeto manifestar la transparencia por parte de la Dirección de la empresa.
- ☐ Exime al auditor de obtener información por cualquier otro procedimiento a su alcance.
- ☐ Las dos anteriores.

UNIDAD 16

APLICACIONES INFORMÁTICAS DE CONTABILIDAD

En esta unidad veremos las ventajas que supone la utilización de programas informáticos en el tratamiento de la información contable.

Estudiaremos las opciones más importantes del programa de contabilidad más utilizado por las Pymes españolas, ContaPlus.

Objetivos

- Comprender las ventajas que supone la utilización de un programa de contabilidad.
- Conocer el proceso de creación de una empresa.
- Analizar las distintas utilidades del menú Opciones de diario.
- Conocer las distintas utilidades del menú Opciones de IVA.
- Contabilizar las distintas operaciones contables en un programa de contabilidad.
- Analizar las utilidades de Vencimientos, Inventario y Cheques.
- Conocer el procedimiento para realizar copias de seguridad de los datos contables.
- Obtener los documentos contables necesarios a través del programa de contabilidad.

Contenidos

16.1. Introducción

Existen muchos programas informáticos destinados a la gestión contable. Muchas empresas elaboran su propio programa para realizar estas tareas, pero también existen programas estándar que se pueden adaptar a cualquier empresa pequeña o mediana.

Algunos de estos programas vienen incluidos en «suites» ofimáticas que incluyen Gestión contable, Gestión comercial, Nóminas, etc. En estos casos, los distintos componentes de la «suite» funcionan de forma independiente, pero también son capaces de enlazarse entre sí para hacer traspaso de operaciones de uno a otro, con lo que evitan la repetición de tareas.

La mayoría de los programas de contabilidad proporcionan las funciones necesarias para llevar la gestión contable de casi cualquier empresa. Los programas de mejor calidad proporcionan funciones extras.

Nosotros vamos a trabajar con el programa ***ContaPlus*** que es el programa de gestión contable más utilizado en las empresas españolas. Este programa forma parte de la suite se software de gestión *Sage SP*, que incluye también *FacturaPlus* y *NominaPlus*.

En el módulo Proceso integral de la actividad comercial, de primer curso, ya hemos utilizado los programas de ContaPlus y FacturaPlus, en las Unidades 17 y 18.

Hemos visto las funciones básicas de ContaPlus: cómo acceder a la aplicación, creación de una empresa, creación de subcuentas, introducción de asientos, etc.

En esta unidad recordaremos las funciones básicas del programa y otras más avanzadas:

Nos presenta la *Barra de título* donde aparece la empresa activa, la *Barra de menús* (donde aparecen todas las opciones del programa) y la *Barra de herramientas* (donde aparecen los botones de acceso directo a las opciones más utilizadas).

Desde el menú ***Util>Cambiar apariencia*** podemos seleccionar

- ***Vista clásica.***
- ***Vista nueva.***

(La imagen de la izquierda corresponde a la opción *Vista clásica*.)

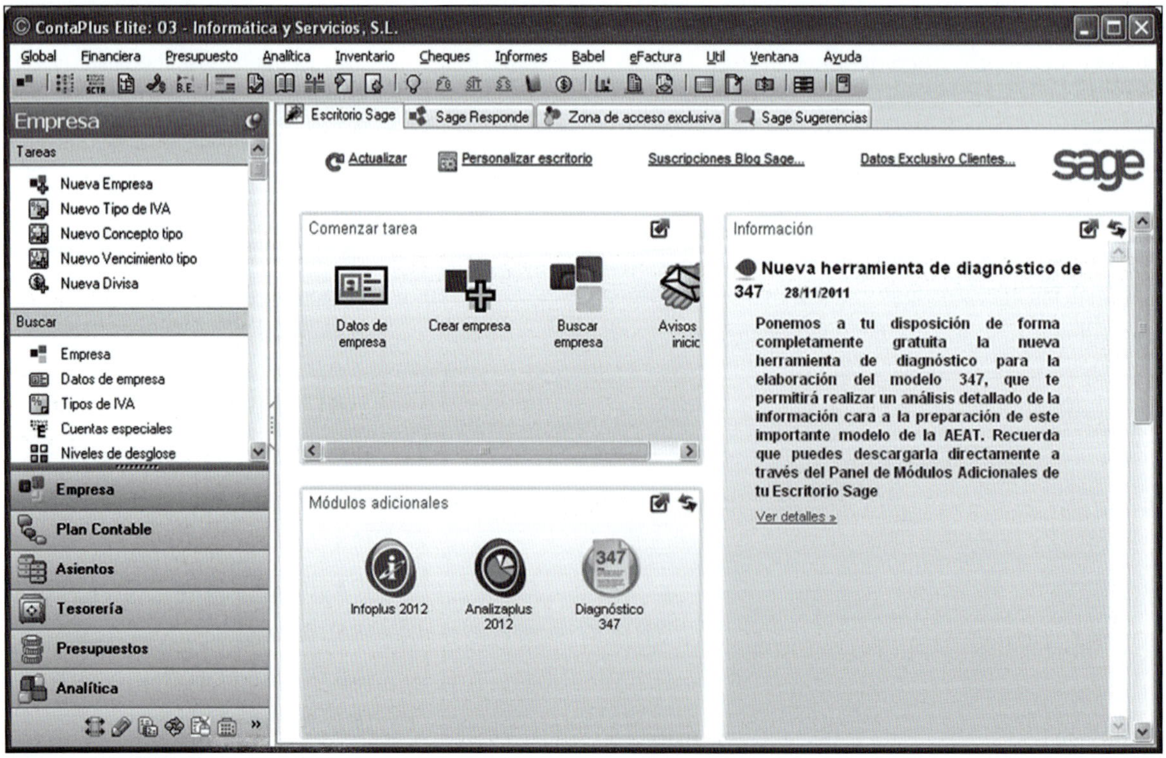

Ventana principal de ContaPlus Élite.

16.2. Creación de la empresa

Añadimos la empresa desde ***Global > Selección de empresa*** o desde el botón ***Opciones empresa*** de la barra de herramientas. En la ventana que aparece pulsamos sobre el botón ***Añadir***.

Se da de alta la empresa poniendo un código, su nombre, el ejercicio contable, el número de dígitos que tendrán las subcuentas, etc.

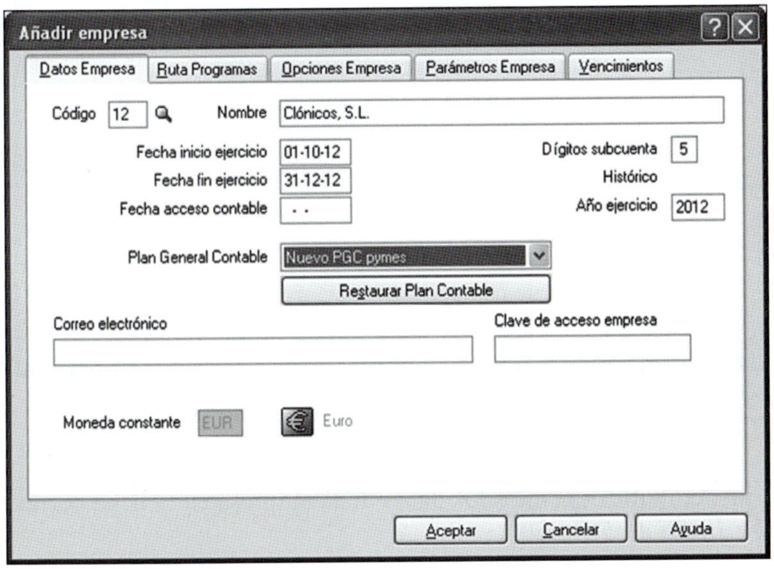

Ventana de creación de empresa.

La primera vez creamos la empresa. En los años siguientes crearemos una contabilidad para esa misma empresa. Habrá que crear una contabilidad para cada ejercicio económico, el nombre de la empresa será el mismo pero el código será distinto.

Una vez creada la empresa, para trabajar en ella, tenemos que convertirla en nuestra empresa activa. Para ello, posicionados sobre ella, hacemos doble clic.

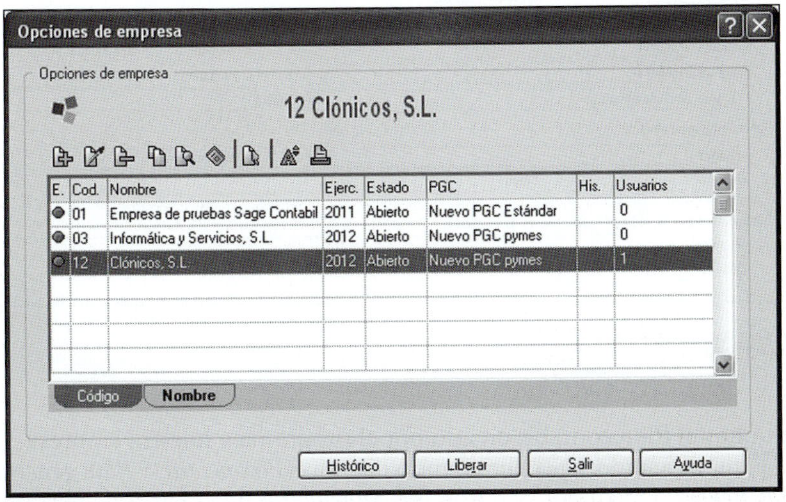

Selección de empresa.

Desde la ventana ***Opciones de empresa*** podemos modificar determinados datos de una empresa mediante el botón ***Modificar***. Algunos datos, como el código, no se pueden modificar.

También podemos eliminar una empresa mediante el botón ***Eliminar***.

Solo se puede eliminar una empresa si esta no está activa (si la empresa que queremos eliminar está activa: seleccionamos otra empresa y, a continuación, la eliminamos).

En la ventana ***Opciones de empresa*** seleccionamos una empresa y tras pulsar el botón ***Modificar*** accedemos a la siguiente ventana:

Desde la ventana ***Modificar empresa*** podemos configurar distintas opciones como la Ruta de programas para enlazar con FacturaPlus o NominaPlus, configurar determinados parámetros como el nivel de seguridad y seleccionar cuando queremos que nos avise de los vencimientos en la pestaña Vencimientos.

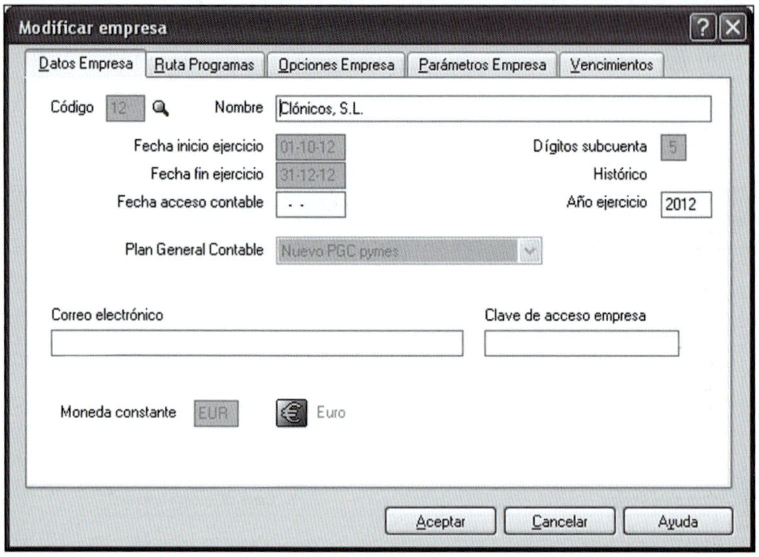

Ventana Modificar empresa.

A continuación introducimos los datos de la empresa en la ficha correspondiente: ***Global > Datos de empresas.***

En la ventana **Datos de empresa** podemos introducir otros datos de la empresa, seleccionando las distintas pestañas, como la Administración de Hacienda que le corresponda, datos para la presentación de las cuentas anuales, etc.

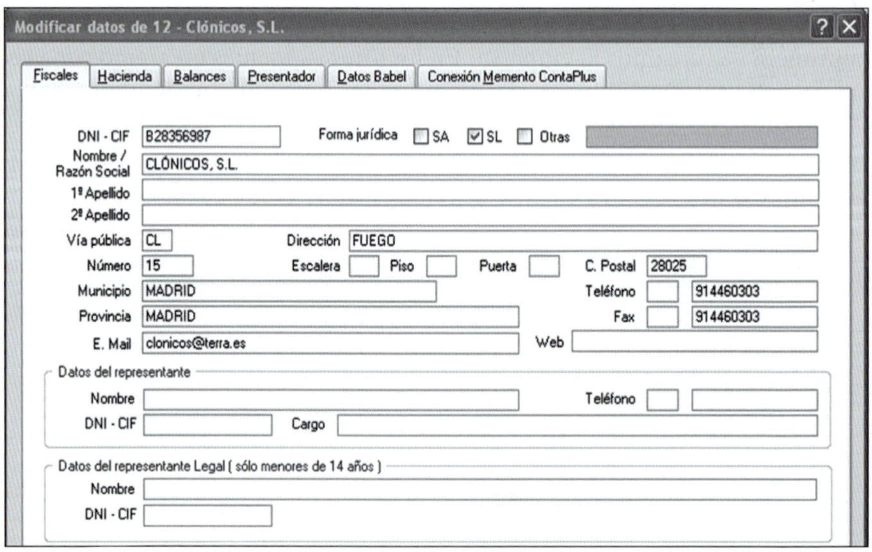

Datos de empresa.

Adaptamos el Plan contable creado por el programa a nuestra empresa, añadiendo, modificando y eliminando cuentas (***Financiera > Plan general contable > SubCuentas*** o mediante el botón ***Subcuentas*** de la barra de herramientas).

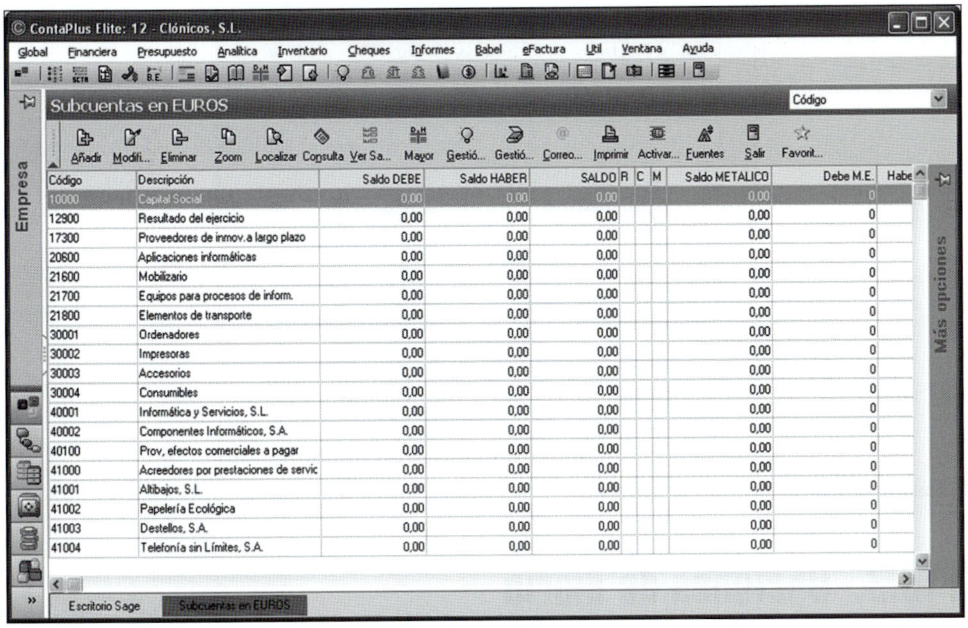

Ventana de Subcuentas.

En la ventana ***Subcuentas*** podemos clasificar las cuentas por su código o por orden alfabético seleccionando ***Código*** o ***Nombre*** (en la parte superior derecha de la pantalla).

También podemos ***Modificar*** los datos de las subcuentas excepto el código.

Si eliminamos una cuenta debemos asegurarnos de que no tenga saldo.

Cuando creamos una cuenta de IVA soportado o repercutido debemos cumplimentar el régimen y el porcentaje de IVA, en la pestaña ***Parámetros***.

Los porcentajes de IVA son los que aparecen en el menú ***Financiera > Configuración > Tipos de IVA***. Si el tipo de IVA no está creado se puede añadir.

Una vez que hemos conseguido el Plan contable personalizado obtenemos una copia por impresora, para utilizarlo en la introducción de apuntes (***Financiera > Plan general contable > Subcuentas***, botón ***Imprimir***).

En los ejercicios sucesivos no será necesario crear otra vez el Plan contable. Al crear la contabilidad para el ejercicio próximo seleccionamos ***De otra empresa***, en la ficha ***Añadir empresa***.

Creación de la contabilidad de la empresa para el ejercicio siguiente.

A continuación, seleccionamos la empresa de la que queremos copiar el Plan contable y el resto de datos en la ficha ***Empresa a copiar***.

En esta ventana seleccionamos los datos que queremos copiar a la nueva contabilidad que estamos creando.

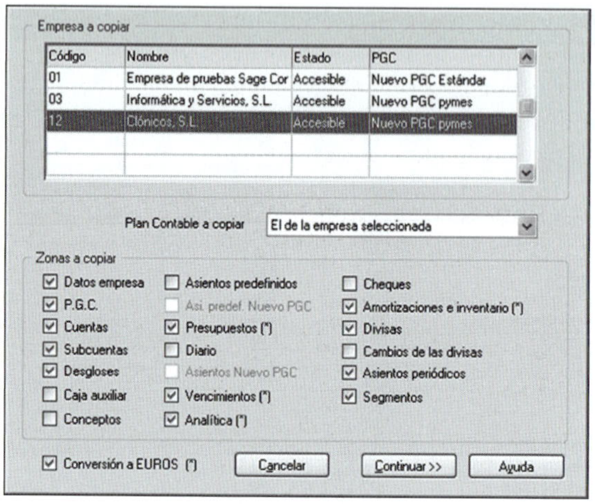

Datos a copiar de la empresa seleccionada.

16.3. Opciones de diario

Desde este apartado podremos realizar tareas tan importantes como la introducción de asientos, listados del diario y del mayor y otras utilidades.

16.3.1. Gestión de asientos

Esta es la opción a través de la cual se van a registrar los distintos hechos contables que tengan lugar en el día a día de la actividad empresarial.

La introducción de asientos contables se realiza desde el menú ***Financiera > Opciones de diario > Gestión de asientos*** o desde el botón ***Asientos*** de la barra de herramientas.

Lo primero que haremos es introducir la fecha del asiento (manualmente o pinchando sobre el calendario que aparece en la parte superior izquierda de esta ventana).

La numeración de los asientos la realiza el programa de forma automática.

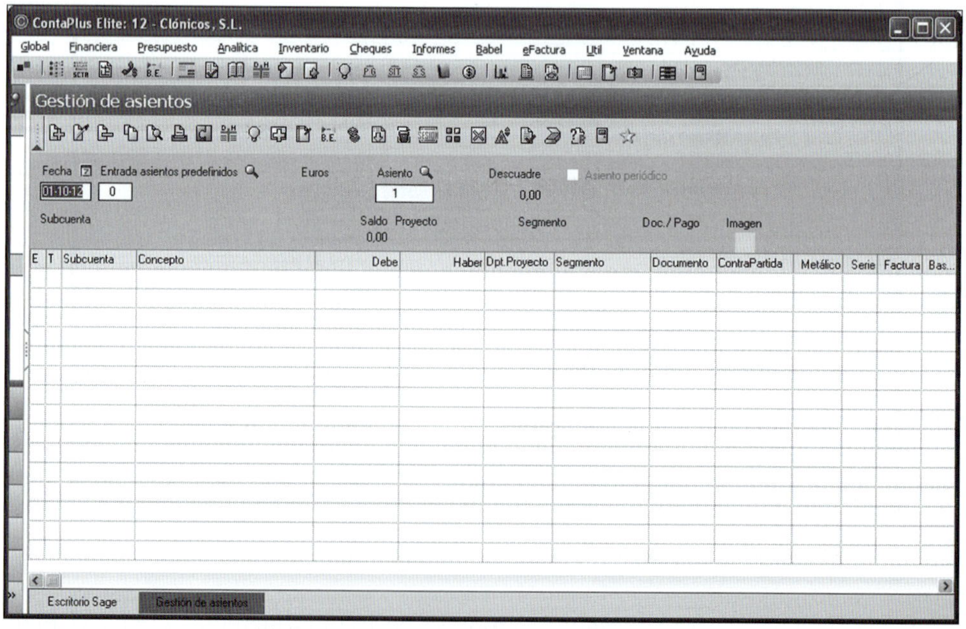

Ventana de gestión de asientos.

Para comenzar a contabilizar el asiento debemos hacer clic sobre el botón ***Añadir partida*** de la barra de herramientas. El cursor se situará en la columna **Subcuenta** del área de introducción de asientos. Iremos introduciendo las distintas cuentas que intervienen en el asiento poniendo su importe en el Debe o en el Haber, según proceda (cada cuenta ocupará una fila).

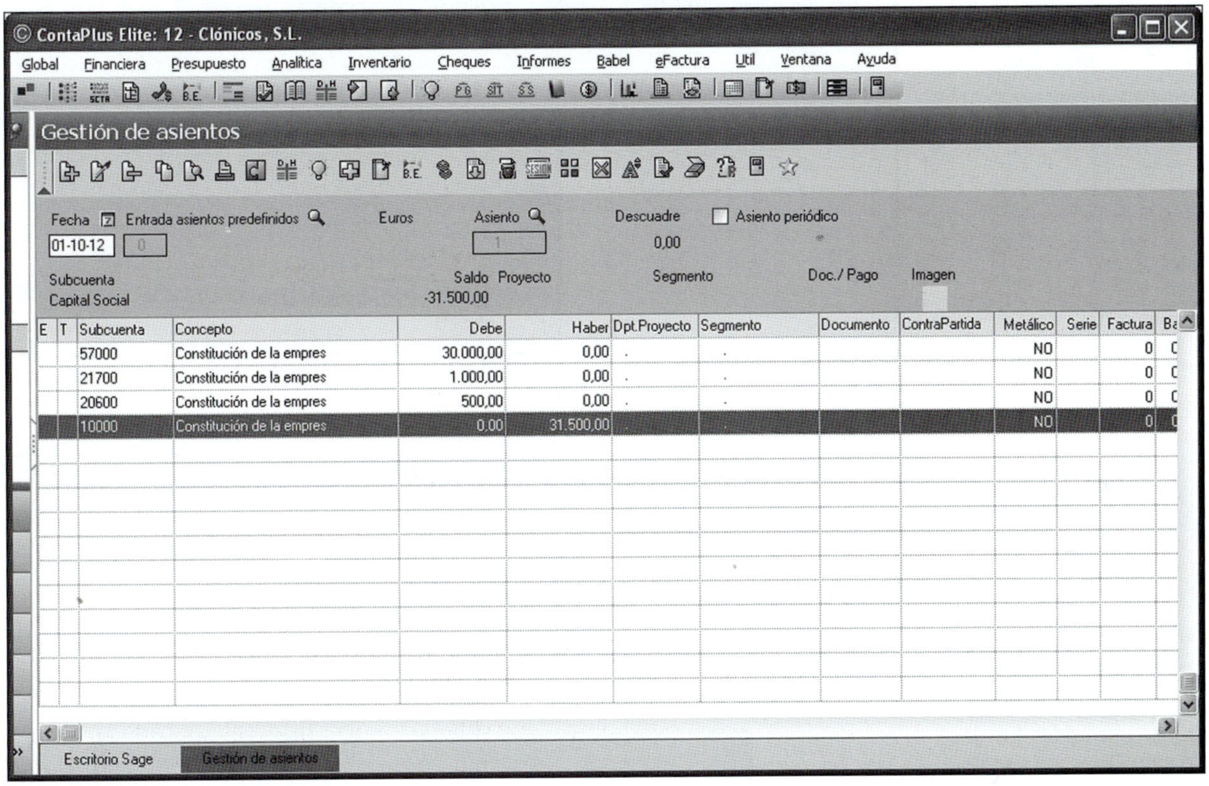

Contabilización de asientos.

Cada vez que introducimos el código de una cuenta aparece su nombre encima de la columna **Subcuenta**.

Si al introducir el código de la cuenta nos dice que «no existe en ficheros», pulsamos la tecla + y nos aparece una ventana en la que nos permitirá ***Añadir*** la cuenta.

Para agilizar la introducción de subcuentas se puede utilizar el punto para completar de ceros (por ejemplo si el nivel de desglose es 7, para la cuenta 4300000 tecleamos 43. y para la cuenta 4000001 escribiremos 4.1).

Si pulsamos la tecla + en el campo **Concepto** podemos seleccionar un concepto tipo previamente definido.

Con el botón ***Configurar entorno*** podemos configurar el modo de trabajo de la ventana de ***Gestión de asientos***.

Una vez que se han introducido todas las cuentas del asiento comprobamos que el asiento está cuadrado y hacemos clic en el botón ***Grabar asiento***.

El asiento desaparece de la pantalla y queda dispuesta para la introducción del asiento siguiente.

Conceptos tipo

Si queremos introducir un concepto tipo basta con pulsar la tecla + cuando el cursor se encuentre en la columna **Concepto**. Aparecerá la ventana de ***Conceptos tipo*** en la que podemos seleccionar el concepto que nos interese haciendo doble clic en él.

En esta ventana podemos gestionar los conceptos tipo utilizando los botones de ***Añadir***, ***Modificar*** y ***Eliminar***.

También podemos acceder a esta ventana a través del *menú* ***Financiera > Configuración > Conceptos tipo***.

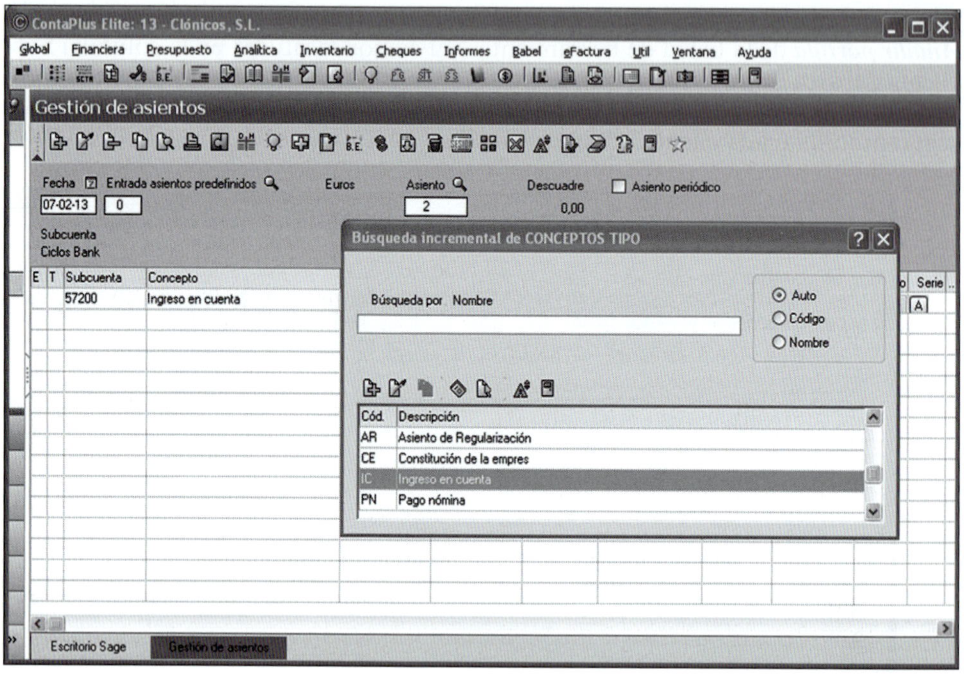

Introducción de conceptos tipo.

Introducción de asientos con IVA

En la ventana de ***Gestión de asientos*** al introducir una cuenta de IVA soportado o IVA repercutido aparecerá el ***Cuadro de IVA***.

En este cuadro habrá que comprobar que todos los datos son correctos (tipo de operación, fecha factura, base imponible, contrapartida, etc.).

Los datos introducidos en este cuadro nos servirán para elaborar los libros de facturas emitidas y recibidas y la información para los modelos 303, 347/349 y 340 que corresponda.

Según el tipo de factura que estemos contabilizando debemos seleccionar la opción correspondiente en **Clave de operación** y cumplimentar los datos que corresponda. En el caso de seleccionar factura rectificativa, por ejemplo, tendremos que introducir los datos de la factura rectificada.

Si estamos realizando un asiento de liquidación de IVA de forma manual, habrá que seleccionar **Partida de regularización** en la parte superior izquierda del cuadro.

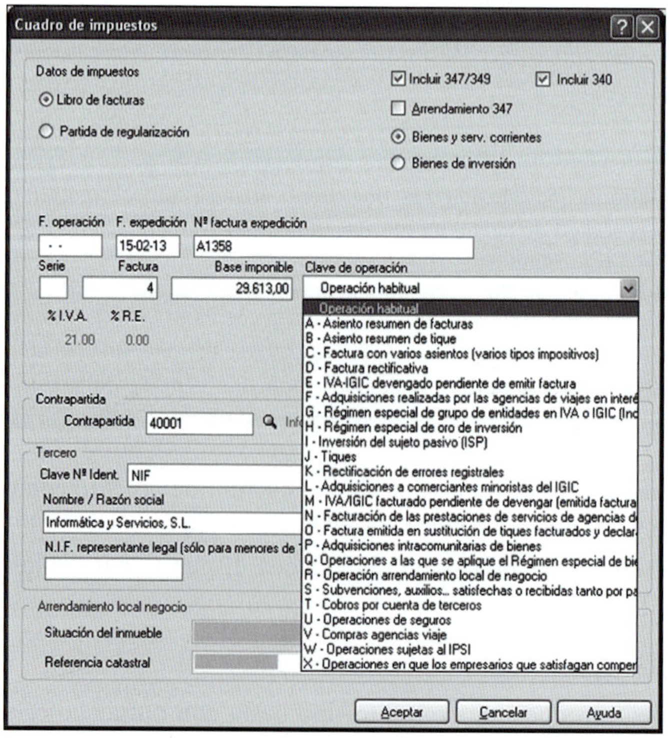

Cuadro de IVA.

Modificación de asientos

Mientras estamos introduciendo un asiento, podemos modificar cualquier campo de una partida en la que estamos haciendo clic en él. Para modificar otra partida (fila) habrá que hacer doble clic en el campo a modificar cuando la fila entera esté resaltada.

Para modificar cualquier campo del asiento que está en pantalla, una de las partidas (filas) del asiento debe estar resaltada.

También podemos eliminar la partida (fila) resaltada mediante el botón ***Eliminar partida***.

Si estamos introduciendo un asiento y se crea una fila al final que no necesitamos, podemos eliminarla pulsando la tecla ***Esc***. También podemos utilizar esta tecla si queremos cancelar el asiento que estamos introduciendo.

Para modificar un asiento ya guardado tecleamos su número en el campo **Asiento** de la ventana de **Gestión de asientos** y aparecerá el asiento en pantalla. Hacemos las modificaciones y terminamos haciendo clic en el botón ***Grabar asiento***.

Para eliminar uno o varios asientos ya guardados iremos al *menú* ***Financiera > Opciones de diario > Utilidades de asientos > Eliminación de asientos*** o pulsando el botón ***Eliminación de Asientos del Diario*** de la ventana **Gestión de asientos**. En la ventana que aparece escribiremos los números de los asientos que queremos eliminar (primero y último).

El botón ***Gestión documental*** de la ventana de ***Gestión de asientos*** permite asociar archivos a un asiento. Permite obtener el documento desde un fichero o un escáner.

El botón ***Gestión del conocimiento*** permite consultar datos de la subcuenta seleccionada.

El botón ***Mayor*** permite ver de forma rápida el mayor de la subcuenta seleccionada.

El botón ***Fuentes*** permite cambiar el tamaño y tipo de letra de la ventana **Gestión de asientos**.

16.3.2. Utilidades de asientos

Renumeración de asientos

A veces, se nos olvida contabilizar un documento y cuando lo hacemos no estará colocado en el lugar que le corresponde de acuerdo con su fecha. Otras veces, borramos un asiento y ese número queda vacío. En todos estos casos y otros similares, habrá que renumerar los asientos para que aparezcan por orden de fechas, como establece el Plan General de Contabilidad. Esta operación la realizaremos a través del menú ***Financiera > Opciones de diario > Utilidades de asientos > Renumeración de asientos***.

Copia de asientos

Esta utilidad permite copiar en una nueva empresa (receptora, que es la que tenemos seleccionada) los asientos registrados en otra (donante). Al seleccionar esta opción (***Financiera > Opciones de diario > Utilidades de asientos > Copia de asientos***) aparece una ventana que nos permite seleccionar la empresa donante y los asientos a copiar (por número de asiento o por fecha).

La opción ***Financiera > Opciones de diario > Utilidades de asientos > Eliminación de asientos*** permite eliminar un asiento o un grupo de asientos consecutivos.

La opción ***Financiera > Opciones de diario > Utilidades de asientos > Mover subcuenta en diario*** permite cambiar una subcuenta por otra en todos los asientos de diario en los que aparece y/o se especifique.

La opción ***Financiera > Opciones de diario > Utilidades de asientos > Comprobación de asientos*** permite realizar un chequeo del diario para detectar posibles errores. Se utiliza cuando se observan anomalías.

16.3.3. Asientos predefinidos

Un asiento predefinido es una plantilla, configurada previamente, que nos permite introducir asientos que tienen la misma estructura y solo cambian algunos datos (compras, ventas, nóminas, cobros, pagos, alquileres, etc.).

Cuando se da de alta una empresa se crean unos 50 predefinidos que podemos usar. Podemos añadir, modificar o eliminar predefinidos.

El botón ***Ayuda de predefinidos*** de la ventana de ***Gestión de asientos*** permite ver para qué sirven los predefinidos que carga ContaPlus cuando creamos una empresa.

Vamos a introducir una compra de Ordenadores (60001) a crédito a Informática y Servicios, SL (40001), por importe de 5.000 €, más 21 % de IVA (47221), con fecha 15 de enero de 20X1 (Fra. 201309).

Para introducir un asiento utilizando predefinidos, desde la ventana de ***Gestión de asientos***, introducimos la fecha, hacemos clic en la lupa que aparece a la derecha de ***Entrada asientos predefinidos***, en la parte superior izquierda de la ventana. Si conocemos el número del asiento predefinido que queremos introducir basta con escribirlo a la derecha de la fecha en la ventana de ***Gestión de asientos***. Aparecerá la ventana ***Búsqueda incremental de asientos predefinidos***.

En la ventana de ***Búsqueda incremental de asientos predefinidos*** buscamos el que nos interesa (9015) y hacemos doble clic sobre él.

Aparece la plantilla **Línea 1**, en la que introduciremos los datos del asiento que estamos realizando, en los campos que corresponda:

- Subcuenta: 60001.
- Importe debe: 5.000.
- Documento: 201309.
- Contrapartida: 40001.

Pulsamos *Aceptar* y aparece la plantilla **Línea 2**, para seleccionar la clave de operación y modificar o introducir otros datos, si es necesario.

Pulsamos ***Aceptar*** y se genera el asiento en la ventana ***Gestión de asientos***.

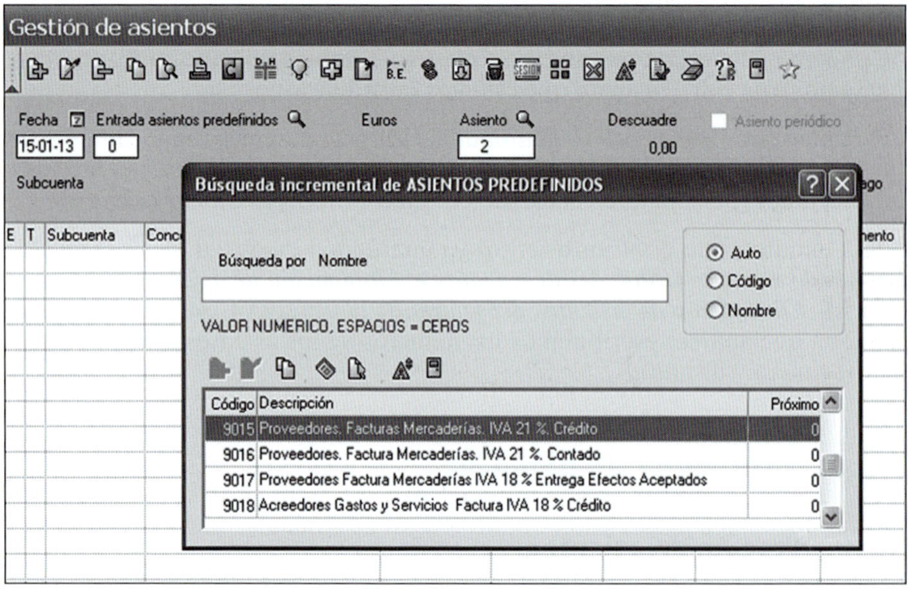

Cuadro de diálogo Búsqueda incremental de asientos predefinidos.

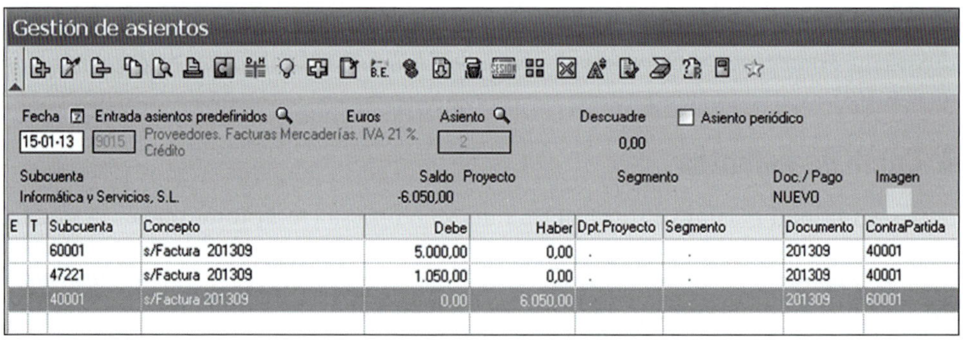

Ventana Gestión de asientos.

Para configurar los asientos predefinidos entraremos en el menú ***Financiera > Opciones de diario > Predefinición de asientos*** o haciendo clic en el botón ***Predefinidos*** de la Barra de herramientas.

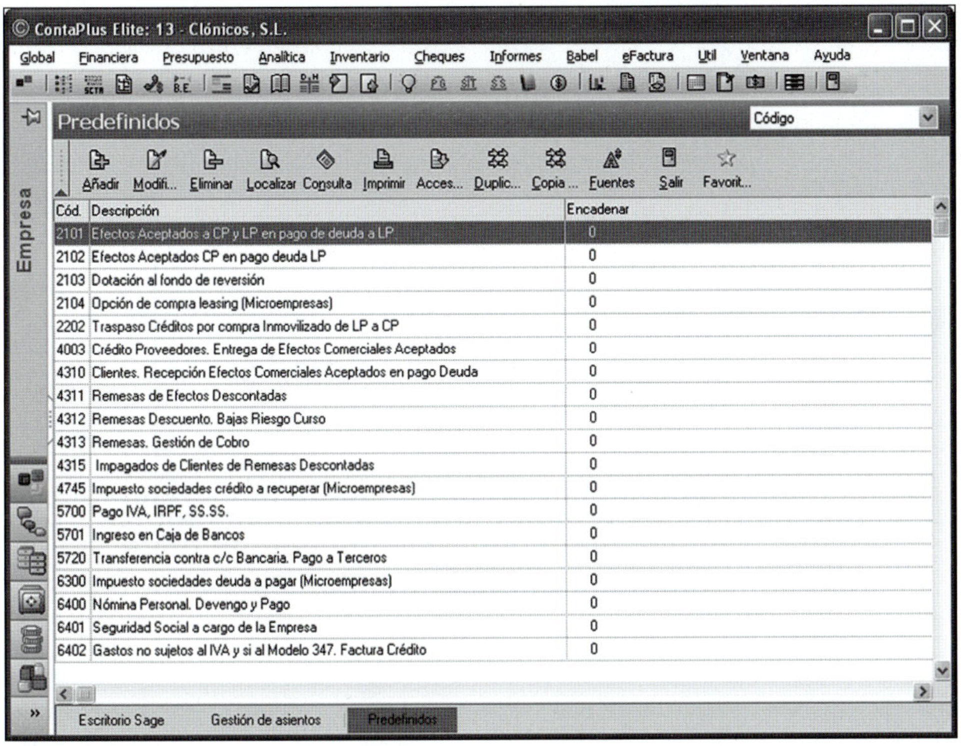

Ventana de gestión de asientos predefinidos.

En esta ventana podemos **_Añadir_**, **_Modificar_** o **_Eliminar_** asientos predefinidos.

Con el botón **_Acceso a partidas_** podemos añadir, modificar o eliminar las distintas partidas que compondrán el asiento predefinido.

Con el botón **_Duplicar_** se realiza una copia exacta del asiento seleccionado únicamente cambiando el código. Se suele utilizar para no tener que hacer asientos casi idénticos (se duplica y se introducen los cambios necesarios).

El botón **_Copiar_** nos permite copiar asientos predefinidos de otra empresa a la empresa activa (aparece una ventana en la que seleccionaremos la empresa y los asientos predefinidos a copiar

Por ejemplo, si tenemos un asiento predefinido con un IVA del 18 % y queremos modificar el porcentaje de IVA al 21 % haremos lo siguiente:

- Hacemos clic en el botón **_Predefinidos_** de la Barra de herramientas.
- Seleccionamos el asiento predefinido a modificar:
  — (9015) Proveedores. Facturas Mercaderías. IVA 18 %. Crédito
- Pulsamos **_Modificar_** para cambiar la descripción del asiento a 21 %.
- Pulsamos **_Acceso a partidas_** y aparece una ventana con las tres líneas del asiento.
- Seleccionamos la segunda línea (47218) y pulsamos **_Modificar_**.
- En la plantilla que aparece cambiamos el código de subcuenta 47218 por 47221 y en la fórmula del importe **N1*0.18** por **N1*0,21** y pulsamos ***Aceptar***.

En la ventana **_Partidas asiento predefinido_** hay un icono de **_Ayuda_** para guiarnos en los pasos a dar en la creación del asiento predefinido.

16.3.4. Asientos periódicos

Esta es una opción interesante para realizar asientos repetitivos, es decir, se repiten cada cierto tiempo y son exactamente iguales, lo único que cambia es la fecha de la operación (alquileres, cuotas fijas mensuales o trimestrales, etc.).

Se trata de configurar la periodicidad de estos asientos y la aplicación, en función de la fecha del sistema, nos propondrá, al abrir el programa, aquellos asientos que están programados para esa fecha o fechas anteriores.

Para crear un asiento periódico, cuando introduzcamos el primero en ***Gestión de asientos*** y antes de garbarlo marcamos el «check» [☑ Asiento periódico].

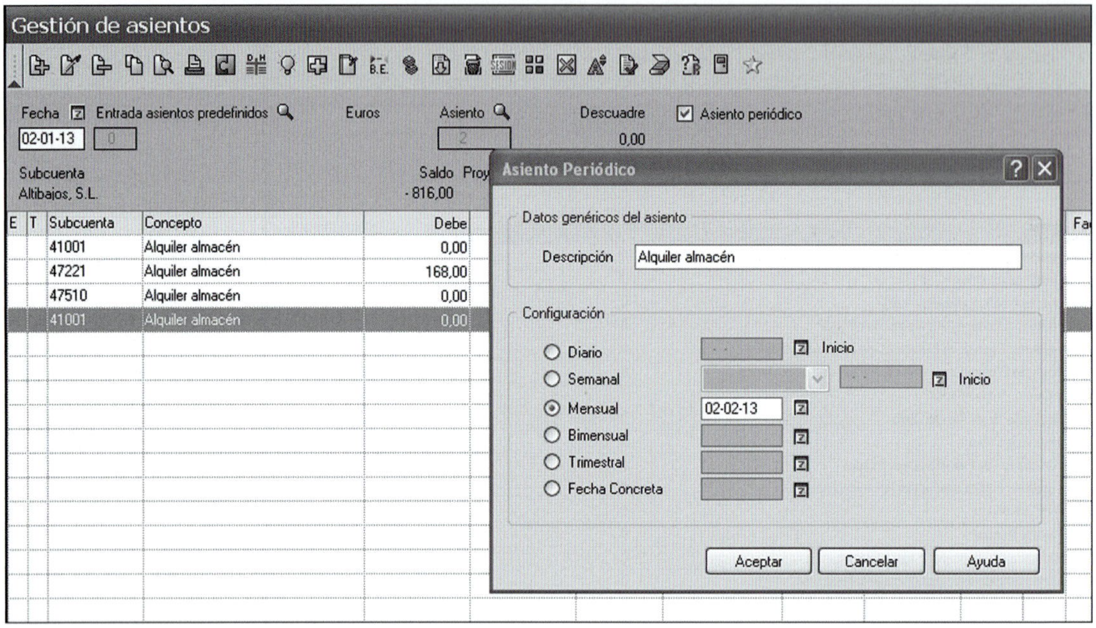

Creación de asientos periódicos.

Pulsamos ***Aceptar*** y grabamos el asiento.

La aplicación programa el asiento para el día 2 de febrero.

Cuando entremos al programa, el día 2 de febrero aparecerá una ventana en la que aparecen los asientos propuestos para ese día y los de días anteriores que no se hayan realizado.

Si estamos de acuerdo en realizar el asiento pulsamos ***Ejecutar***.

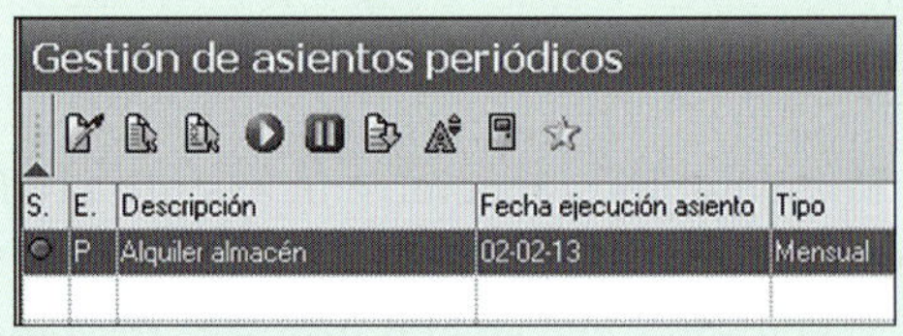

Desde esta ventana podemos ***Modificar*** o ***Eliminar*** asientos periódicos.

También podemos lanzar al libro Diario el/los asientos periódicos que queramos. Para ello los marcamos con el botón ***Marcar/Desmarcar*** y lanzamos los marcados con el botón ***Ejecutar***.

Si no queremos realizar un asiento pendiente utilizamos el botón ***Descartar/Habilitar***.

El botón ***Acceso a apuntes*** permite modificar las partidas del asiento periódico.

Los asientos periódicos se gestionan desde el menú ***Financiera > Opciones de diario > Gestión de asientos periódicos***.

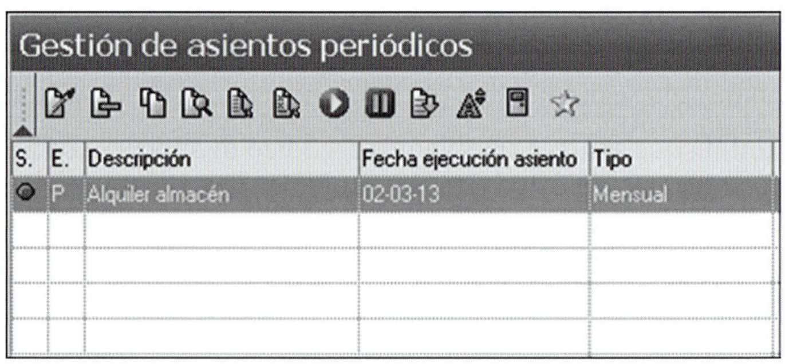

Ventana de gestión de asientos periódicos.

16.3.5. Punteo y casación

Es una opción con dos partes independientes, el **punteo** y la **casación** que son excluyentes. No es posible efectuar una casación a una línea punteada o un punteo a una línea casada.

Accedemos a esta opción desde el menú ***Financiera > Opciones de diario > PunteolCasación*** o a través del acceso directo ***PunteolCasación***.

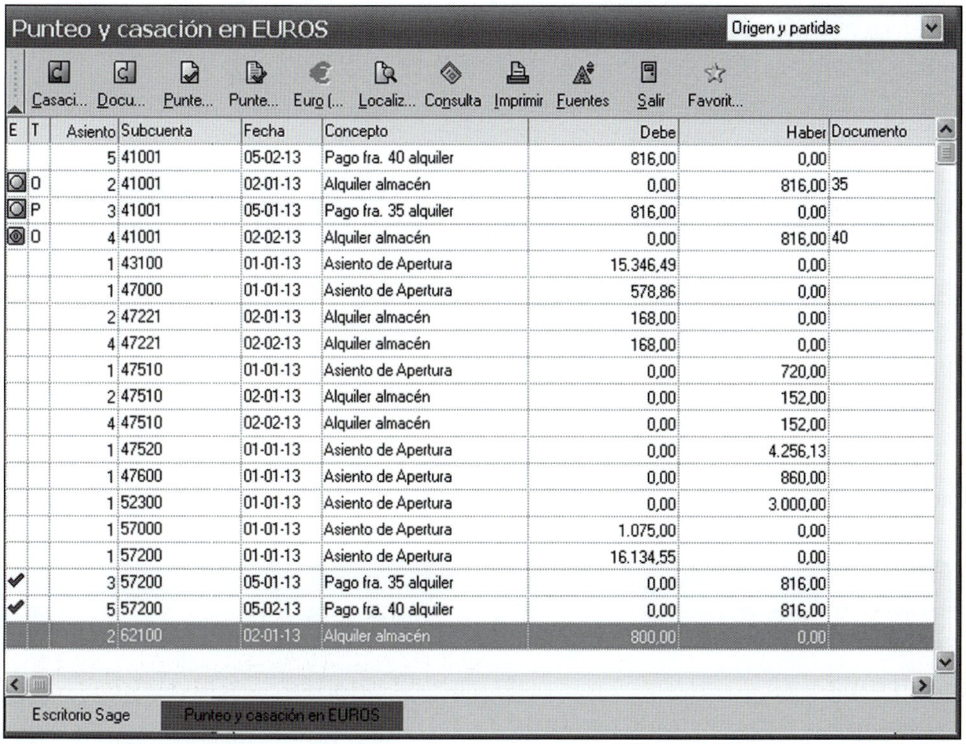

E	T	Asiento	Subcuenta	Fecha	Concepto	Debe	Haber	Documento
		5	41001	05-02-13	Pago fra. 40 alquiler	816,00	0,00	
	O	2	41001	02-01-13	Alquiler almacén	0,00	816,00	35
	P	3	41001	05-01-13	Pago fra. 35 alquiler	816,00	0,00	
	O	4	41001	02-02-13	Alquiler almacén	0,00	816,00	40
		1	43100	01-01-13	Asiento de Apertura	15.346,49	0,00	
		1	47000	01-01-13	Asiento de Apertura	578,86	0,00	
		2	47221	02-01-13	Alquiler almacén	168,00	0,00	
		4	47221	02-02-13	Alquiler almacén	168,00	0,00	
		1	47510	01-01-13	Asiento de Apertura	0,00	720,00	
		2	47510	02-01-13	Alquiler almacén	0,00	152,00	
		4	47510	02-02-13	Alquiler almacén	0,00	152,00	
		1	47520	01-01-13	Asiento de Apertura	0,00	4.256,13	
		1	47600	01-01-13	Asiento de Apertura	0,00	860,00	
		1	52300	01-01-13	Asiento de Apertura	0,00	3.000,00	
		1	57000	01-01-13	Asiento de Apertura	1.075,00	0,00	
		1	57200	01-01-13	Asiento de Apertura	16.134,55	0,00	
✔		3	57200	05-01-13	Pago fra. 35 alquiler	0,00	816,00	
✔		5	57200	05-02-13	Pago fra. 40 alquiler	0,00	816,00	
		2	62100	02-01-13	Alquiler almacén	800,00	0,00	

Ventana de Punteo/Casación.

La aplicación refleja la información en las dos primeras columnas:

- E (Estado):
  - ✔ Punteado o no punteado.
  - Casada parcialmente.
  - Casada totalmente.
- T (Tipo de casación): Origen (O) o Partida (P).

a) Punteo

Puntear consiste en marcar o señalar un movimiento. Está especialmente indicado para las subcuentas de Tesorería, de cara a comprobar que los movimientos contabilizados en Caja o Bancos se han producido realmente.

Recibimos un extracto bancario y lo comparamos con nuestro extracto de movimientos (nuestro Mayor de bancos), y vamos haciendo un punteo de aquellas operaciones que ya vemos reflejadas en el extracto bancario.

Punteo Simple: es un punteo que tiene lugar haciendo clic en el icono una vez seleccionado el apunte correspondiente en el listado. Tiene el mismo efecto hacer doble clic sobre el apunte. Para desmarcar, volver a pulsar.

Punteo Conciliación bancaria: solo es posible si nos encontramos conectados electrónicamente a nuestro banco, en la ventana que aparece, debemos indicarle al programa los datos o los movimientos que deseamos filtrar o importar de nuestra cuenta bancaria.

b) Casación

Esta opción nos permite asociar una factura con sus pagos o cobros. Así podemos comprobar si una factura está pendiente de pago o no y, si lo está, cuánto falta por cobrar o pagar.

Vamos a ilustrar esta operativa con un ejemplo de ventas a un cliente, con pago aplazado a 30 y 60 días. Nos situamos en la pantalla de ***Gestión de asientos***.

Introducimos el asiento en esta pantalla, nos situamos en la línea del cliente (43001) y pulsamos el botón ***Casación***.

Seleccionamos ***Origen*** porque se trata de la contabilización de una factura.

En la columna de **Estado** aparece (parcialmente casada) y en la columna **Tipo de casación** una O (origen).

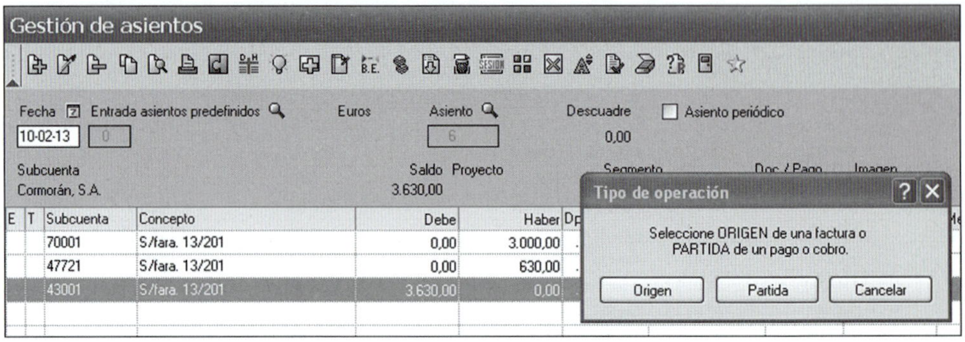

Origen de la casación.

A los 30 días realizamos el primer pago de la factura. Introducimos el asiento de pago, nos situamos en la línea del cliente (43001) y pulsamos el botón ***Casación***.

Seleccionamos ***Partida*** porque se trata del primer cobro. Aparece una ventana en la que seleccionamos el asiento de la factura origen.

En la columna de **Estado** aparece (parcialmente casada) y en la columna **Tipo de casación** una P (partida).

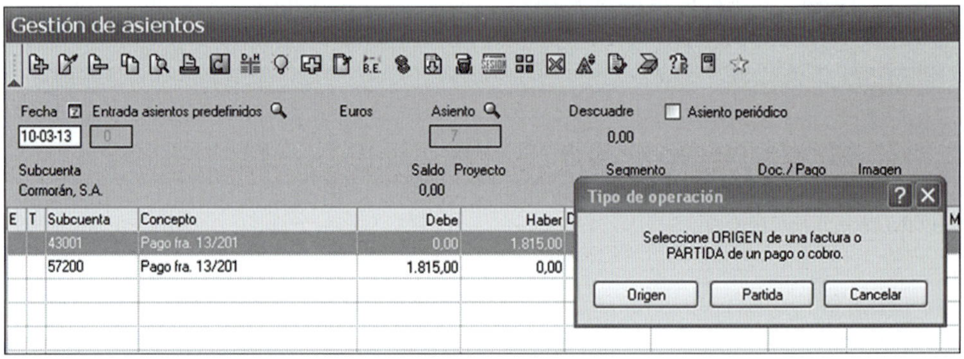

Primera partida de la casación.

A los 60 días realizamos el segundo pago de la factura. Introducimos el asiento de pago, nos situamos en la línea del cliente (43001) y pulsamos el botón ***Casación***.

Seleccionamos ***Partida*** porque se trata del segundo cobro. Aparece una ventana en la que seleccionamos el asiento de la factura origen. Y aparece la ventana:

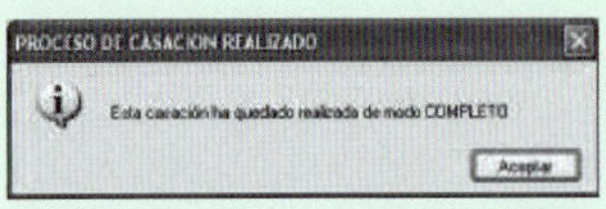

En la columna de **Estado** aparece (totalmente casada) y en la columna **Tipo de casación** una P (partida).

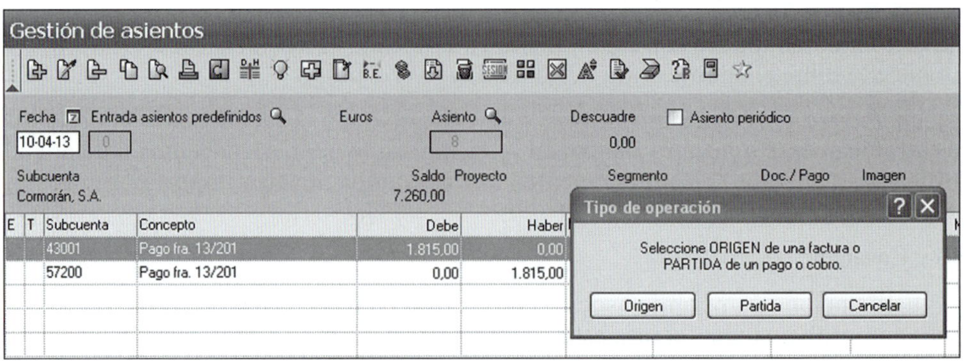

Segunda partida de la casación.

La operación de casación también podemos llevarla a cabo desde la ventana ***Punteo y Casación*** a través del acceso directo ***Punteo/Casación***.

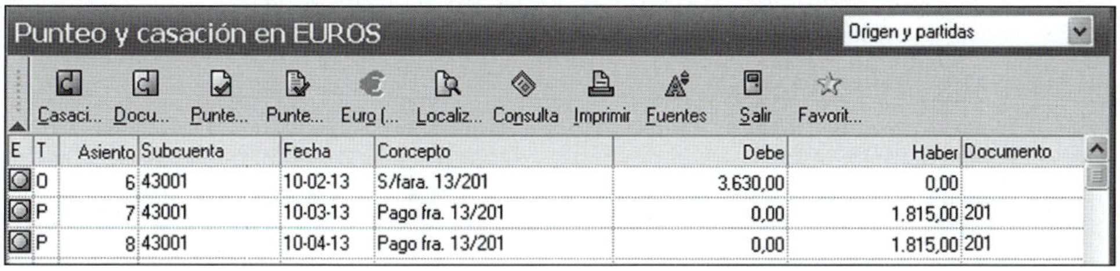

Ventana de Punteo y casación.

Desde esta ventana disponemos de la misma opción para casar por líneas, ya que en esta ventana aparecen todos los asientos ordenados por subcuentas, por tanto podemos casar asientos ya realizados.

Casación por Documento: esta utilidad nos permite casar automáticamente basándonos en el campo documento. La aplicación buscará el mismo documento en líneas de Debe como en líneas de Haber y, si coinciden, realizará la casación parcial o total. Para que esta opción funcione correctamente todos los asientos de facturas y cobros/pagos relacionados tendrán que estar identificados correctamente con el mismo número de documento.

Con el botón ***Imprimir*** de la ventana ***Punteo y casación*** podemos obtener listados relacionados con el punteo (registros punteados o sin puntear) y la casación (registros casados, parciales, sin casación).

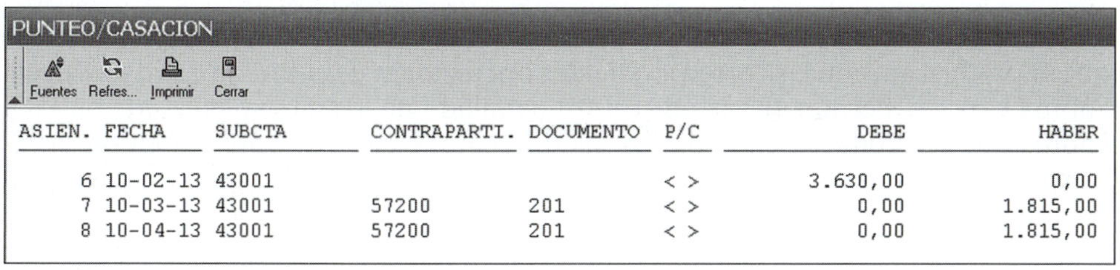

Listado de registros totalmente casados.

16.3.6. Listados de Diario y Mayor

Para obtener un listado del libro diario seleccionamos ***Financiera > Opciones de diario > Listados de diario*** o pulsando el botón ***Diario*** de la barra de herramientas.

Seleccionaremos el modelo que queremos obtener (borrador, oficial, etc.) y otras opciones. Obtendremos un listado por pantalla o impresora.

Para obtener un listado del libro mayor seleccionamos ***Financiera > Opciones de diario > Listados de mayor*** o pulsando el botón ***Mayor*** de la Barra de herramientas.

Podemos obtener el Mayor de una cuenta, de un grupo de cuentas o de todas las cuentas.

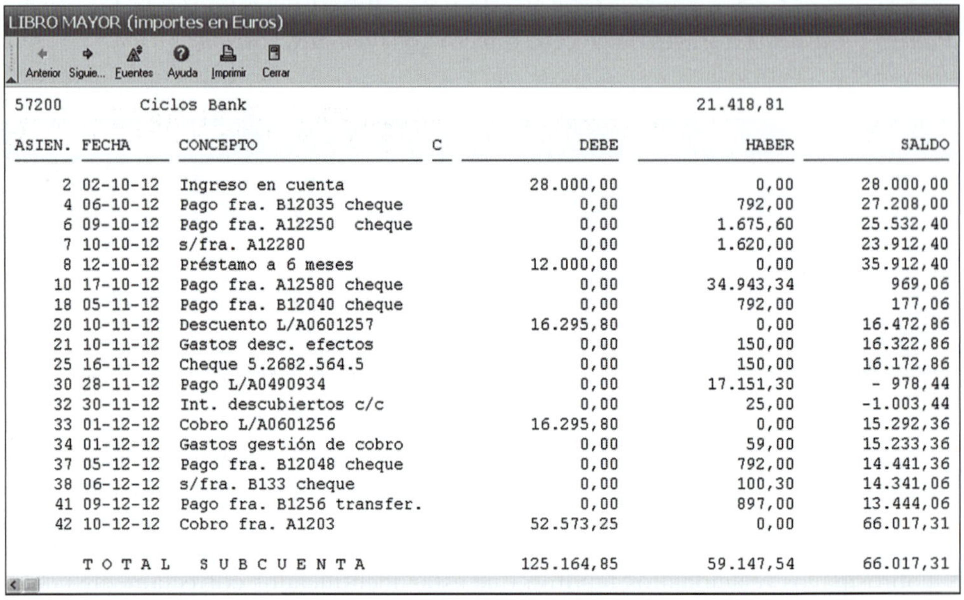

57200 Ciclos Bank 21.418,81

ASIEN.	FECHA	CONCEPTO	C	DEBE	HABER	SALDO
2	02-10-12	Ingreso en cuenta		28.000,00	0,00	28.000,00
4	06-10-12	Pago fra. B12035 cheque		0,00	792,00	27.208,00
6	09-10-12	Pago fra. A12250 cheque		0,00	1.675,60	25.532,40
7	10-10-12	s/fra. A12280		0,00	1.620,00	23.912,40
8	12-10-12	Préstamo a 6 meses		12.000,00	0,00	35.912,40
10	17-10-12	Pago fra. A12580 cheque		0,00	34.943,34	969,06
18	05-11-12	Pago fra. B12040 cheque		0,00	792,00	177,06
20	10-11-12	Descuento L/A0601257		16.295,80	0,00	16.472,86
21	10-11-12	Gastos desc. efectos		0,00	150,00	16.322,86
25	16-11-12	Cheque 5.2682.564.5		0,00	150,00	16.172,86
30	28-11-12	Pago L/A0490934		0,00	17.151,30	- 978,44
32	30-11-12	Int. descubiertos c/c		0,00	25,00	-1.003,44
33	01-12-12	Cobro L/A0601256		16.295,80	0,00	15.292,36
34	01-12-12	Gastos gestión de cobro		0,00	59,00	15.233,36
37	05-12-12	Pago fra. B12048 cheque		0,00	792,00	14.441,36
38	06-12-12	s/fra. B133 cheque		0,00	100,30	14.341,06
41	09-12-12	Pago fra. B1256 transfer.		0,00	897,00	13.444,06
42	10-12-12	Cobro fra. A1203		52.573,25	0,00	66.017,31
		T O T A L S U B C U E N T A		125.164,85	59.147,54	66.017,31

Mayor de la cuenta Ciclos Bank.

16.3.7. Caja auxiliar

Esta opción nos permite recoger diariamente los movimientos de cajas o bancos que se produzcan, con las correspondientes operaciones de entrada y salida, es decir, cobros y pagos. Permite llevar un control detallado de los movimientos de pagos y cobros que se producen cada día en las diferentes cajas que posea la empresa. El traspaso de estos movimientos al diario, se realizará en un único asiento que englobe todos aquellos movimientos que el usuario decida.

Este módulo está especialmente indicado para aquellos negocios en los que abundan los movimientos de caja y pudiera resultar lenta la introducción de todos los asientos de pago o cobro individualmente. Así, desde esta opción, podemos ir agregando los movimientos que se vayan produciendo asociados a cuentas de tesorería en una misma fecha y ordenar, después, que agrupe esos movimientos de entrada (cobro) o salida (pago) en un mismo asiento.

Podemos acceder a esta opción a través del menú ***Financiera* > *Opciones de diario* > *Caja auxiliar* > *Movimientos de caja*.**

En esta ventana se añaden por fechas los diferentes movimientos de pagos y cobros correspondientes a cada subcuenta que el usuario decida, día a día.

También podemos modificarlos o eliminarlos.

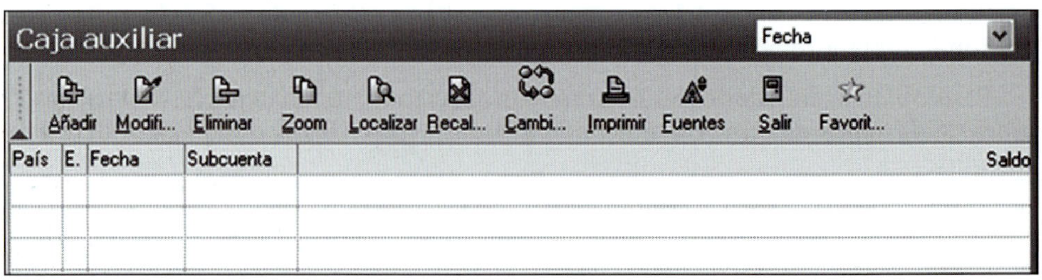

Caja auxiliar.

Para añadir movimientos pulsamos ***Añadir***.

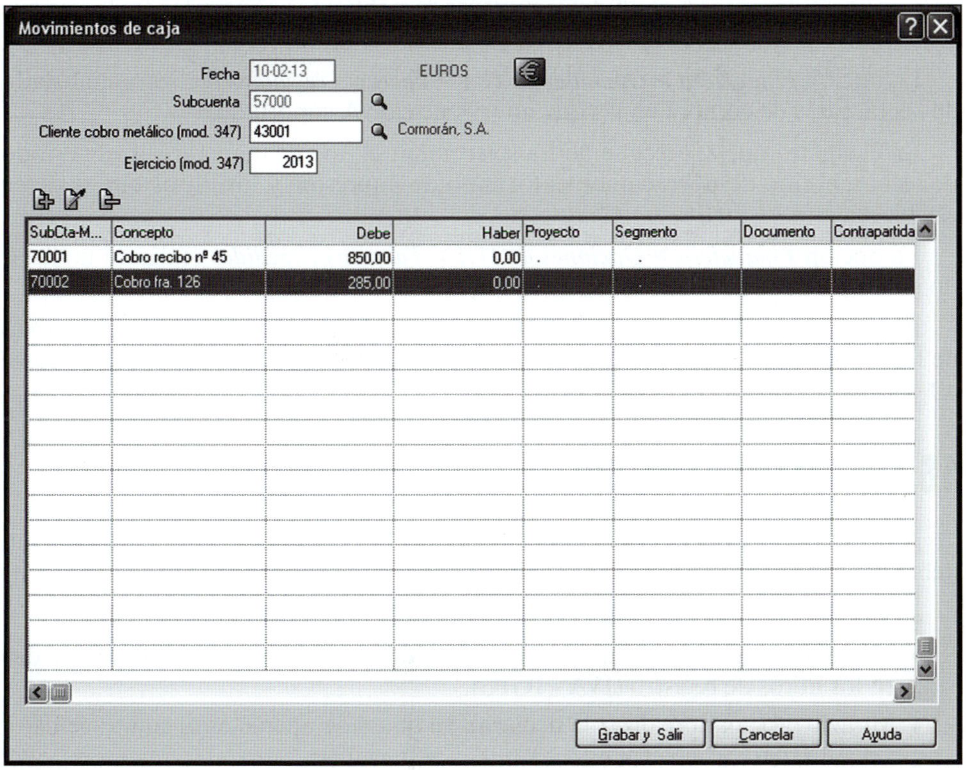

Añadir/Modificar movimientos.

En esta ventana se introduce la fecha y la subcuenta contra la que se realiza el movimiento de cobro o pago.

Cliente cobro metálico (mod. 347): este apartado estará habilitado siempre que la subcuenta principal de movimientos de caja (pestaña **Parámetros**) tiene marcado el campo de **Gestionar cobros en metálico** y **Cobro más frecuente en metálico**.

Al contabilizar la partida se marcará como cobro en metálico por todo el importe de la partida y como contrapartida tomaremos la indicada en el nuevo campo Contrapartida cliente cobro metálico (mod. 347).

Cumplimentamos los campos restantes y pulsamos ***Grabar y Salir*** para terminar.

Al pulsar ***Garbar y Salir*** aparecerá la pantalla principal de ***Caja auxiliar*** con estos movimientos reflejados

Caja auxiliar.

En la columna de **Estado** aparece un punto verde que indica que el movimiento no está contabilizado. Una vez contabilizado el movimiento aparecerá un punto rojo.

Con ***Imprimir*** podemos obtener un listado de los movimientos de caja auxiliar.

Desde el menú ***Financiera > Opciones de diario > Caja auxiliar > Traspaso al diario*** podemos realizar de forma automática los asientos de los movimientos que seleccionemos.

16.4. Opciones de IVA

Trataremos en este apartado la problemática del IVA en una contabilidad informatizada. Podemos acceder a esta opción desde el menú ***Financiera > Opciones de IVA***.

16.4.1. Listado de facturas

Los libros de facturas recibidas y emitidas son obligatorios para las empresas que sean sujetos pasivos del Impuesto sobre el Valor Añadido.

La opción ***Financiera > Opciones de IVA > Facturas recibidas*** realizará un listado de las facturas de compra en las que interviene el IVA soportado.

En el cuadro que aparece se podrá seleccionar el tipo de numeración, el periodo de fechas, el tipo de operaciones, el formato de impresión y los filtros que se desee establecer.

La opción ***Financiera > Opciones de IVA > Facturas expedidas*** realizará un listado de las facturas de venta en las que interviene el IVA repercutido.

En el cuadro que aparece se podrá seleccionar el tipo de numeración, el periodo de fechas, el tipo de operaciones, el formato de impresión y los filtros que se desee establecer.

16.4.2. Modelos de IVA

La presentación del modelo 340 se debe realizar de forma obligatoria por vía telemática en declaraciones que contengan menos de 5.000.000 de registros. Para el resto de declaraciones la presentación se realizará en DVD.

Para poder obtener el modelo 390, en cualquiera de sus modalidades, debe haber generado el modelo 303 mensual o trimestral anteriormente.

A través de esta opción podemos obtener los diferentes modelos de declaración del IVA:

- Modelo 303: para realizar la declaración mensual o trimestral del IVA.
- Modelo 340: para realizar la declaración informativa de operaciones incluidas en los libros de registro (IVA - IGIC).
- Modelo 347: para realizar la declaración anual de operaciones con terceros.
- Modelo 349: para la declaración recapitulativa de operaciones intracomunitarias.
- Modelo 390: para realizar la presentación de la Declaración Resumen Anual del IVA. Esta declaración es una declaración tributaria que contiene las operaciones realizadas a lo largo del año natural relativas a la liquidación del IVA.
- La opción ***Financiera > Opciones de IVA > Datos de los modelos*** permite introducir los datos de la empresa que serán utilizados para la obtención de los distintos modelos oficiales.

16.4.3. Asiento de regularización

Este asiento también podrá hacerse de forma manual en la ventana de ***Gestión de asientos***.

Si lo hacemos manualmente hay que seleccionar ***Partida de regularización*** en el ***Cuadro de IVA***.

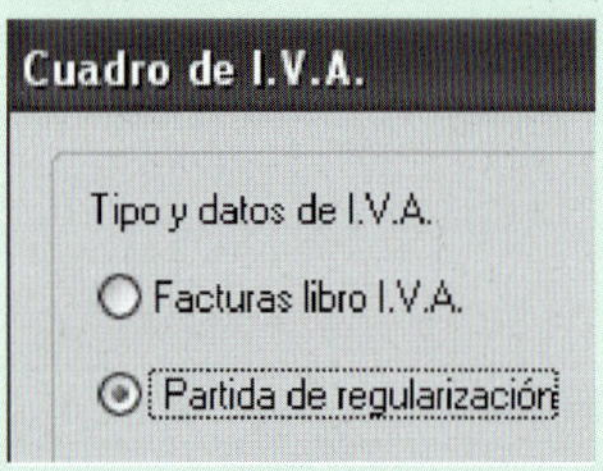

Con esta opción, se realizan de forma automática los asientos de regularización del IVA. Podemos acceder a ella desde el menú ***Financiera > Opciones de IVA> Asiento regularización***.

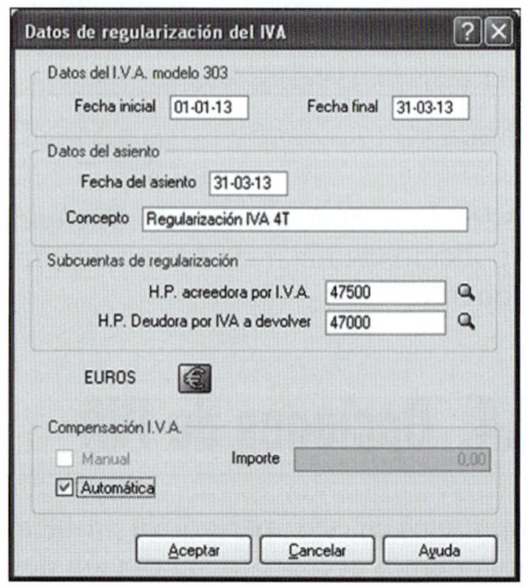

Regularización del IVA.

16.5. Balances

Podemos realizar los balances necesarios para controlar, presentar y analizar en todo momento la información contable de nuestra empresa.

Balance de sumas y saldos (Balance de comprobación)

Refleja las sumas del Debe y del Haber y la diferencia entre ellas (saldo).

Esta opción nos muestra, las sumas y los saldos de las diferentes subcuentas, al nivel de desglose que se desee, así como los saldos correspondientes al asiento de apertura, siempre y cuando este esté comprendido en el periodo solicitado.

Podemos acceder a través del menú ***Financiera > Balances > Sumas y Saldos***. También podemos acceder pulsando el acceso directo ***Sumas y Saldos*** de la Barra de herramientas.

El cuadro de diálogo que aparece permite especificar el periodo de fechas, el rango de subcuentas, los niveles de desglose, etc.

Cuenta de Pérdidas y Ganancias

Como su nombre indica, este listado tiene por misión conocer el Resultado del ejercicio económico de la empresa. Realizado como diferencia entre las Ventas-Ingresos y las Compras-Gastos, su resultado será el Beneficio-Pérdida que la empresa haya obtenido en el periodo considerado.

Podemos acceder a través del menú ***Financiera > Balances > Pérdidas y Ganancias***. También podemos acceder pulsando el acceso directo ***Pérdidas y Ganancias*** de la Barra de herramientas.

En la pestaña ***Borrador*** del cuadro de diálogo que aparece introducimos las fechas iniciales y finales del ejercicio actual y del ejercicio anterior, si queremos que muestre cuentas y notas de memoria, valores iniciales, etc.

La pestaña ***Oficial*** elabora la Cuenta de Pérdidas y Ganancias siguiendo la normativa del BOE para la presentación en el Registro Mercantil de las Cuentas Anuales.

Balance de situación

Como su nombre indica, este listado tiene por misión conocer la situación de la empresa en un momento determinado.

Podemos acceder a través del menú ***Financiera > Balances > Situación***. También podemos acceder pulsando el acceso directo ***Situación*** de la Barra de herramientas.

En la pestaña ***Borrador*** del cuadro de diálogo que aparece introducimos las fechas iniciales y finales del ejercicio actual y del ejercicio anterior, si queremos que muestre notas de memoria, valores iniciales, etc.

La pestaña ***Oficial*** elabora el Balance de situación siguiendo la normativa del BOE para la presentación en el Registro Mercantil de las Cuentas Anuales.

Memoria

Desde la opción de Balances también podemos formular la Memoria, que no es más que un texto en el que se reflejan datos extraídos de la contabilidad. Para plasmar los datos contables e integrarlos con el texto es necesario la creación de funciones.

Desde la opción ***Financiera > Balances > Presentación telemática*** se generarán los ficheros necesarios para el envío telemático de las cuentas anuales.

Si queremos enviar las cuentas anuales por este método, en primer lugar deberemos generar los balances en modo oficial.

Debemos completar en el menú ***Global > Datos de empresa***, las pestañas ***Fiscales*** y ***Balances***.

En ***Financiera > Balances > Presentación telemática> Mantenimiento de datos***, completaremos los datos en la pestaña ***Instancia*** y los nombres y apellidos de los administradores en la pestaña ***Administradores***.

En la pestaña ***Ficheros telemática*** aparecerán los ficheros generados. Podemos agregar más ficheros si es necesario.

Desde la opción ***Financiera > Balances > Presentación telemática> Proceso de datos*** seleccionaremos los ficheros a enviar.

Si se elige la presentación telemática de las cuentas anuales es obligatorio presentar al menos el Balance de situación y la Cuenta de Pérdidas y Ganancias en fichero. El resto de documentos puede ir en papel o en fichero.

Estado de cambios en el patrimonio neto

Se obtiene a través de la opción ***Financiera > Balances > Estado cambios Patrimonio Neto.*** Este estado consta de dos partes. Si se trata de una PYME solo es obligatoria la segunda parte.

Estado de flujos de efectivo

Se obtiene a través de la opción ***Financiera > Balances > Memoria y EFE > Mantenimiento y visualización EFE***. Este estado no es obligatorio en las PYMES.

16.6. Cierre del ejercicio

Una vez finalizado el ejercicio contable, debemos realizar el cierre del mismo para que la aplicación salde todas las cuentas y comience con un ejercicio nuevo.

Realizamos el cierre del ejercicio mediante la opción automática que nos brinda el programa a través del menú ***Financiera > Fin de ejercicio > Cierre de ejercicio***.

El programa realiza en esta opción las siguientes operaciones:

- Creación de la contabilidad del ejercicio siguiente para esta empresa (a menos que ya esté creada).
- Ajuste de moneda extranjera, si está seleccionado.
- Asiento de regularización de las cuentas de gestión.
- Asiento de cierre.
- Asiento de apertura en la contabilidad del ejercicio siguiente.

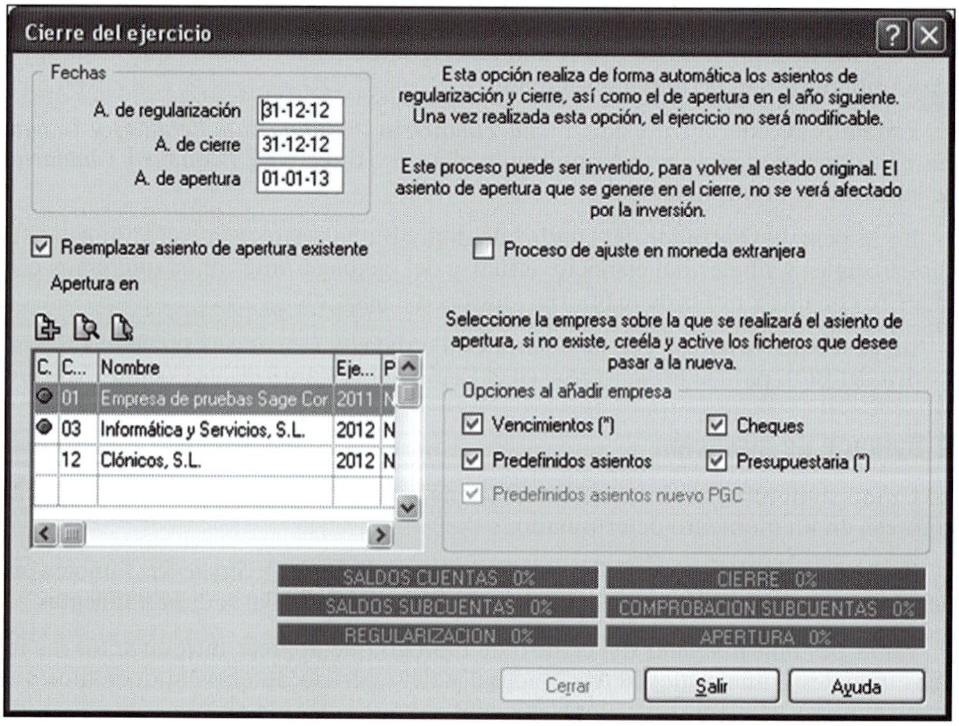

Proceso de cierre del ejercicio.

Creamos la empresa en la que se gestionará la contabilidad del ejercicio siguiente, copiando el Plan contable de la empresa actual: hacemos clic en el botón ***Añadir*** de la ventana anterior.

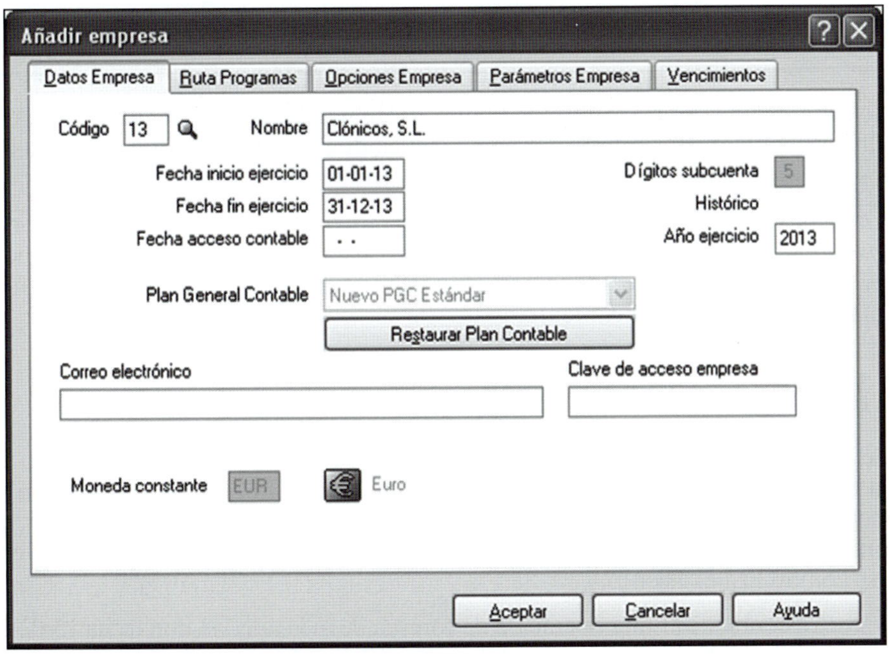

Creación de la empresa que gestionará la contabilidad del ejercicio siguiente.

Creamos la empresa que gestionará la contabilidad del ejercicio siguiente en la que se realizará el asiento de apertura.

Esta empresa tendrá el mismo nombre, con un código diferente.

Escribimos las fechas de inicio y fin del nuevo ejercicio y pulsamos ***Aceptar.***

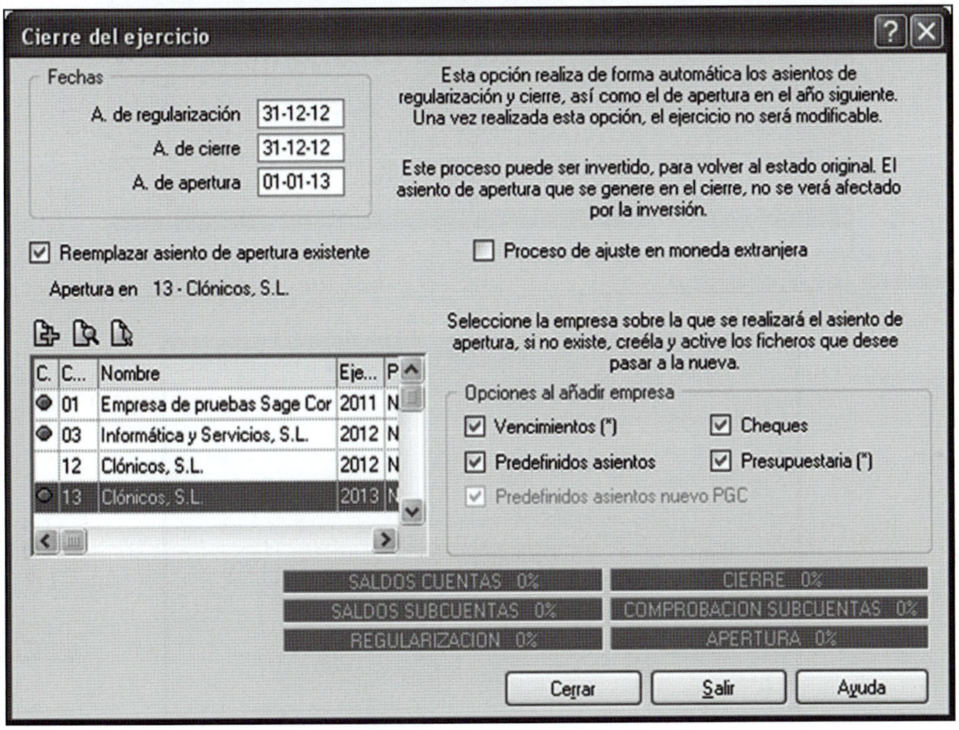

Selección de la empresa en la que se realizará el asiento de apertura.

Seleccionamos la empresa que acabamos de crear haciendo doble clic sobre ella (esta será la empresa en la que se realizará el asiento de apertura del siguiente ejercicio).

Realizamos el cierre del ejercicio haciendo clic sobre el botón ***Cerrar***.

El beneficio o la pérdida, que aparece en la cuenta (129) en el asiento de cierre, pasará a la cuenta (120), si es beneficio, o a la (121), si es pérdida, en el asiento de apertura de la nueva empresa.

Una vez cerrado el ejercicio no podremos acceder a la opción ***Gestión de asientos*** en la empresa cerrada.

La opción ***Financiera > Fin de ejercicio > Invertir cierre*** elimina los asientos de regularización y cierre de la empresa cerrada (no elimina el asiento de apertura). Así, podremos acceder al Diario para poder añadir, modificar o eliminar algún asiento. A continuación volvemos a ejecutar el proceso de cierre.

16.7. Vencimientos

Se trata de una aplicación desde la que efectuar un control y seguimiento de todos los vencimientos, a cobrar o a pagar, asociados a facturas y otros documentos en los que está pendiente su cancelación definitiva.

Gracias a esta utilidad podrá además determinar el estado de flujos de tesorería o *Cash-Flow*, contabilizar automáticamente los pagos y cobros mediante la opción ***Preproceso*** y obtener diversos informes y listados de operaciones por fechas, subcuentas o por tipos de vencimiento.

16.7.1. Añadir vencimientos

Se pueden añadir vencimientos desde la opción ***Financiera > Vencimientos*** o desde la ventana ***Gestión de asientos*** utilizando el botón ***Añadir vencimiento***. La primera opción permite añadir vencimientos a movimientos ya contabilizados, y la segunda es la forma más rápida de añadir vencimientos en la misma pantalla en la que se contabiliza el asiento.

Vamos a contabilizar una operación de compra de mercaderías, con fecha 15-02-X1, por importe de 8.000 €, más 21 % de IVA, a 30 y 60 días. Factura n.º 45.

Antes de grabar el asiento vamos a añadir los vencimientos. Para ello nos situamos en la línea del proveedor y pulsamos ***Añadir vencimiento***.

Aparecerá la pantalla ***Añadir vencimiento***.

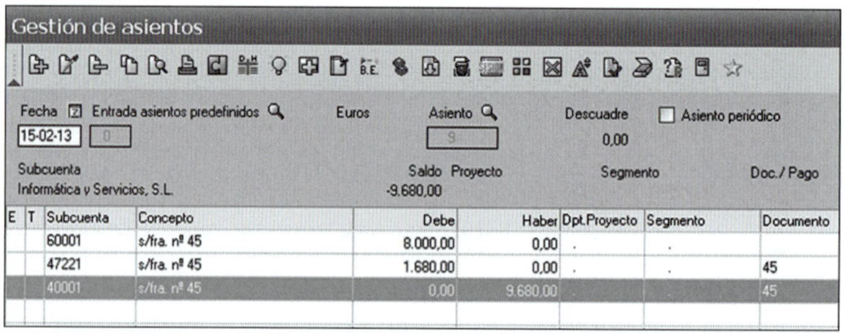

Ventana de Gestión de asientos.

En esta ventana se especifica la fecha del primer vencimiento (30 días), las cuentas del proveedor y del banco por donde se va a pagar, el concepto y el importe del pago. En nuestro ejemplo, el importe total de la factura es de 9.680, luego el primer pago será por la mitad de dicho importe.

El campo ***Pagaré*** estará activado si se trata de un vencimiento de un pago, y sirve para que más adelante, cuando procesemos el vencimiento, este cree en el menú ***Cheques > Gestión de cheques***, un pagaré para poder imprimirlo.

Pulsamos ***Aceptar*** y se creará el primer vencimiento. A continuación seguimos el mismo proceso para crear el segundo vencimiento (60 días). Pondremos como fecha de vencimiento el 15-04-X1.

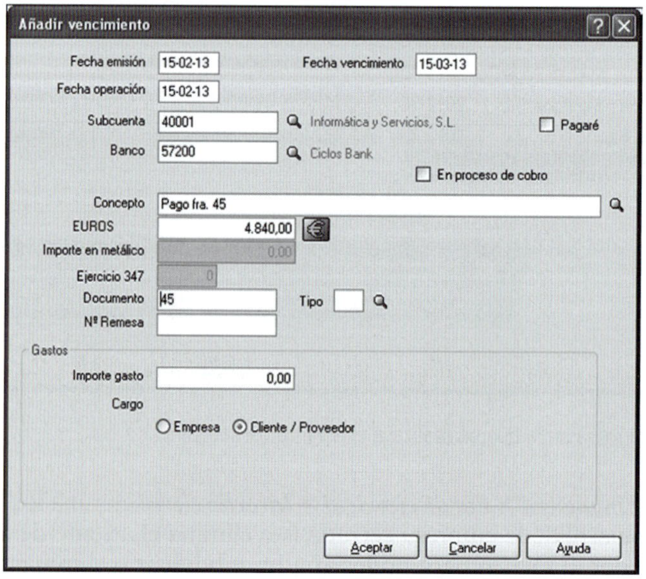

Ventana para añadir el vencimiento.

Una vez creados los dos vencimientos pulsamos ***Grabar asiento*** en la ventana ***Gestión de asientos***. Entramos en la ventana ***Vencimientos*** mediante el acceso directo ***Vencimientos***.

Ventana de gestión de vencimientos.

Vemos que en esta pantalla aparecen los dos vencimientos que acabamos de crear. En la columna **Estado** aparecen marcados con un aspa roja ✖, que indica que el vencimiento no está pagado/cobrado ni contabilizado.

Desde la ventana ***Vencimientos*** también podemos añadir vencimientos de facturas ya contabilizadas.

Vamos a contabilizar una operación de venta de mercaderías, con fecha 20-02-X1, por importe de 10.000 €, más 21 % de IVA, a 30 días. Factura n.º 23.

Contabilizamos la operación anterior en la ventana ***Gestión de asientos***, grabamos el asiento y entramos en la ventana ***Vencimientos*** con el acceso directo ***Vencimientos***, pulsamos ***Añadir*** y aparece la pantalla ***Añadir vencimientos***, que cumplimentamos así:

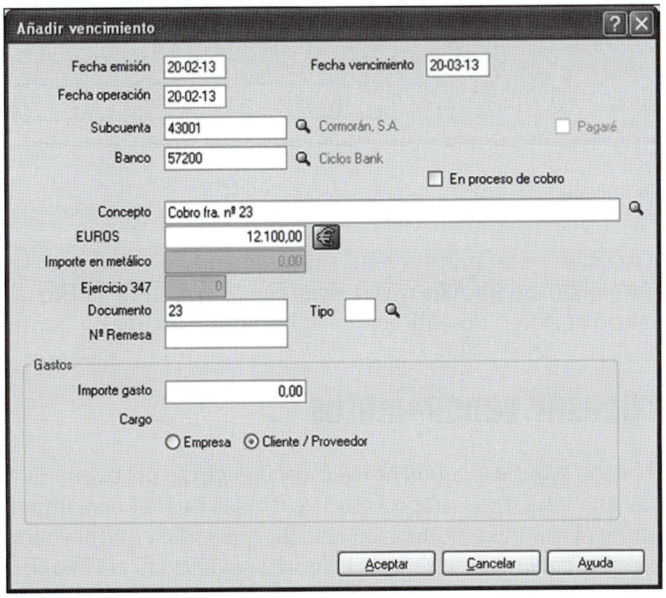

Ventana Añadir vencimientos.

Cumplimentamos la fecha de emisión, la fecha de vencimiento, la subcuenta de cliente, la cuenta bancaria, el concepto y el importe.

También es posible introducir el importe de los gastos de la operación, si se producen, y especificar si son por cuenta de la empresa o del cliente/proveedor.

Al pulsar ***Aceptar*** aparecerá el vencimiento que acabamos de añadir en la ventana ***Vencimientos***.

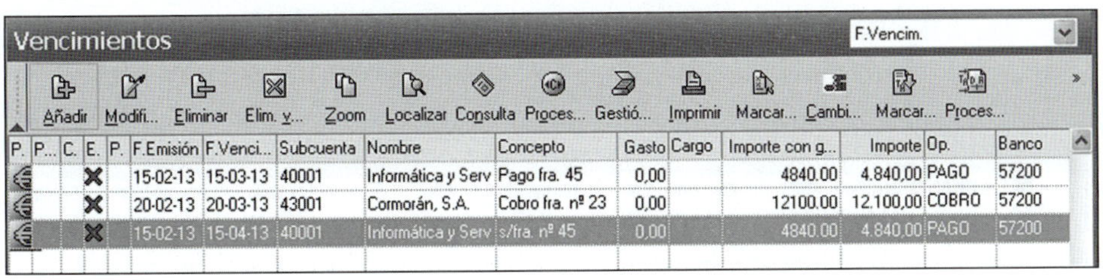

Ventana de gestión de vencimientos.

Vemos que aparecen los tres vencimientos que hemos creado, clasificados por fecha de vencimiento.

En la parte superior derecha de la ventana podemos seleccionar el criterio de clasificación.

16.7.2. Preprocesar vencimientos

Cuando llegue el día de pagar o cobrar un vencimiento podemos ordenar al programa que realice de forma automática el asiento desde la aplicación de ***Vencimientos***, también, si fuese un vencimiento a pagar podemos ordenar que se genere el cheque o el pagaré con el que vaya a hacerse el pago.

Para realizar esta operación seleccionamos el vencimiento en el listado y pulsamos el botón ***Marcar para preprocesar***. El programa nos mostrará una ventana como la que aparece a continuación en la que introduciremos los datos básicos del vencimiento.

Debemos marcar ***Generar asiento por fecha Vto.*** si queremos que se realice el asiento al ejecutar la acción de procesado.

Si se trata de vencimientos a pagar también podemos marcar ***Generar cheque*** o ***Generar pagaré*** si deseamos que se generen.

Al pulsar ***Aceptar*** aparecerá una marca en la columna de preproceso correspondiente al vencimiento, para indicar que este vencimiento generará un apunte contable al ejecutar el botón de procesado.

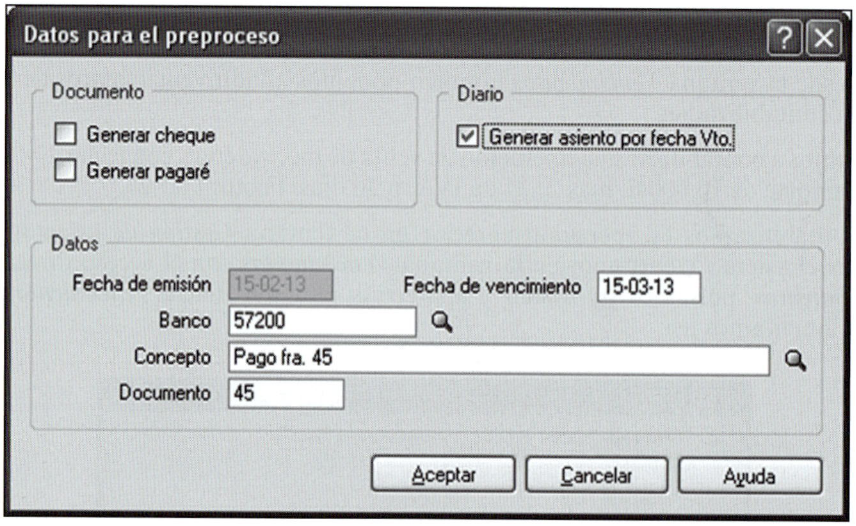

Preproceso de vencimientos.

Se pueden marcar para preprocesar simultáneamente cuantos vencimientos se quiera empleando el botón ***Marcar/Desmarcar en grupos*** de la Barra de herramientas y seleccionando el rango deseado en la ventana que aparece a continuación.

16.7.3. Procesar vencimientos

Al pulsar el botón ***Procesamiento del vencimiento*** se procesará la información de los vencimientos que tengamos preprocesados. Tras la cual el vencimiento queda marcado en la columna de estado con un aspa azul que indica que el vencimiento ha sido liquidado y traspasado a la contabilidad. También se generará el cheque o el pagaré si se ha marcado en el preproceso. La aplicación nos pide confirmación del proceso.

El aspa azul de la primera línea indica que el vencimiento ha sido procesado.

El botón ***Cambio estado*** permite señalar de forma manual los vencimientos que ya han sido cobrados o pagados.

El botón ***Eliminación de vencimientos contabilizados*** permite eliminar aquellos vencimientos que ya han sido contabilizados.

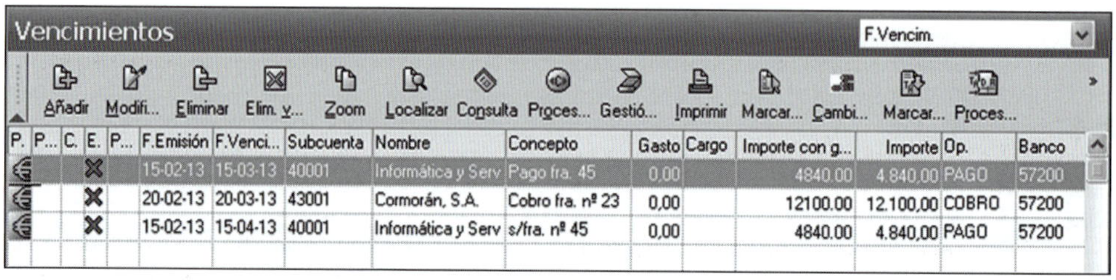

Ventana de vencimientos.

16.7.4. Previsiones de Cobro/Pago

El botón **_Imprimir_** de la ventana ***Vencimientos*** permite obtener diversos listados de vencimientos. Aparece la siguiente ventana:

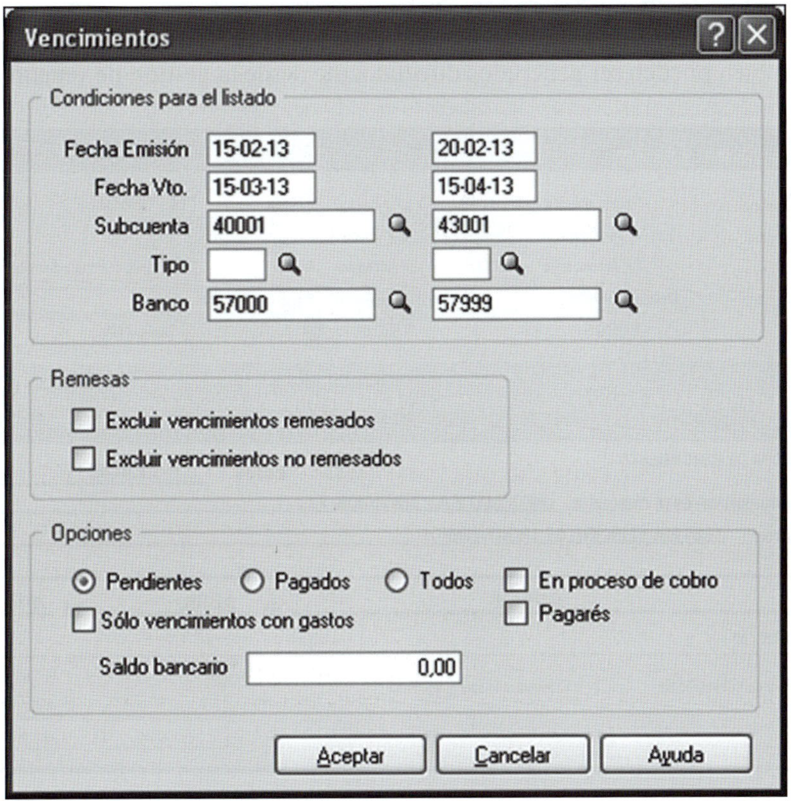

Obtención de listados de vencimientos.

En esta ventana podemos filtrar por diferentes parámetros para obtener la consulta que nos interese:

Previsión de Cobro: filtramos por subcuenta, desde el primer cliente hasta el último y en fecha de vencimiento desde la fecha actual hasta la fecha que nos interese y marcamos ***Pendientes*** para que solo aparezcan los no procesados (aspa roja).

Previsión de Pago: filtramos por subcuenta, desde el primer proveedor hasta el último y en fecha de vencimiento desde la fecha actual hasta la fecha que nos interese y marcamos ***Pendientes*** para que solo aparezcan los no procesados (aspa roja).

Cash Flow: en el filtro de subcuentas indicamos desde el primer proveedor hasta el último cliente, el rango de fechas de vencimiento deseado y escribimos el saldo actual de la cuenta bancaria.

También podemos obtener un listado de plazos de cobros y pagos mediante el botón ***Listado de lazos pagos/cobros***.

Se puede configurar la empresa para que la aplicación nos avise de los vencimientos próximos a vencer. Accedemos desde el menú ***Global > Selección de empresa***, seleccionamos la empresa y pulsamos el botón ***Modificar***, ficha ***Vencimientos.*** En la ficha ***Opciones empresa*** podemos indicar al programa que borre los vencimientos o los cheques contabilizados.

También podemos introducir vencimientos tipo desde la ventana ***Tipos de vencimiento***. Acceso desde el menú ***Financiera > Configuración > Vencimientos tipo.***

16.8. Cheques

Esta opción pone en nuestras manos una potente herramienta para gestionar todos los conceptos referentes a cheques. Dentro de cheques, disponemos de varias utilidades y opciones.

16.8.1. Gestión de cheques

Desde esta opción, podremos realizar operaciones con cheques y pagarés, obtener información puntual sobre los mismos, contabilizar los cheques emitidos, imprimirlos y obtener distintos informes.

Desde el menú ***Cheques > Gestión cheques*** accedemos a la ventana ***Cheques***. Si queremos añadir un cheque o un pagaré pulsamos el botón ***Añadir*** (los cheques y pagarés también pueden ser generados directamente desde la gestión de vencimientos).

El campo ***Fecha de vencimiento*** solo estará activo si se trata de un pagaré.

Documento: campo alfanumérico de diez caracteres en el que se puede asignar alguna referencia del cheque o pagaré.

Serie/Nº: número de serie. Será obligatorio si se quiere asociar imágenes al cheque.

Paso a contabilidad: si está marcado, la aplicación registrará el paso del cheque a contabilidad.

Cheque o pagaré anulado: si marcamos esta opción el programa tomará el cheque como anulado, poniendo un aspa de color rojo en la columna correspondiente de la tabla de datos.

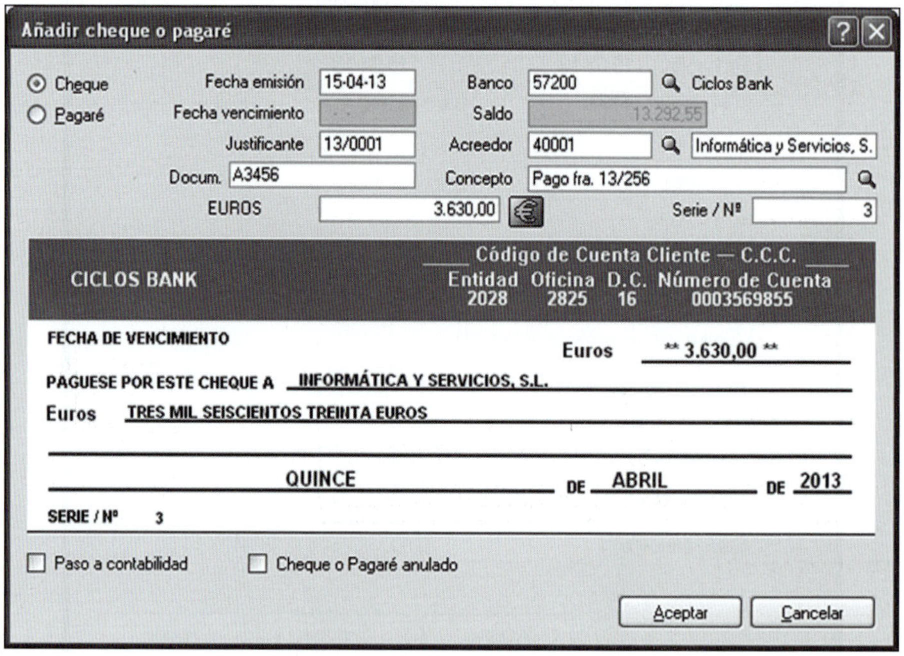

Cuadro de diálogo para añadir cheque o pagaré.

Los cheques o pagarés creados aparecen en la ventana ***Cheques***.

En la parte superior derecha de la ventana ***Cheques*** podemos seleccionar distintos criterios de clasificación de los cheques y pagarés.

Ventana de gestión de cheques.

Desde esta ventana podemos ***Añadir***, ***Modificar*** o ***Eliminar*** cheques o pagarés. Podemos buscar un cheque por el valor de un campo mediante el botón ***Localizar***. Para búsquedas más complejas utilizaremos el botón ***Consulta***.

Mediante el botón ***Anulación/Validación*** modificaremos el estado del cheque seleccionado. Si el cheque está anulado aparecerá en la tabla marcado con una (x) roja.

Mediante el botón ***Cambio de estado*** marcamos el cheque como contabilizado (punto rojo) o no contabilizado (punto verde).

Tras realizar la impresión de uno o varios cheques, el programa nos reflejará de forma automática el estado de dicho cheque, con . Este botón nos permite cambiar el estado de ***Impreso*** a ***No Impreso*** y viceversa.

16.8.2. Emisión de cheques

Esta opción del menú ***Cheques > Emisión*** se utilizará para la impresión de cheques y sus cartas asociadas.

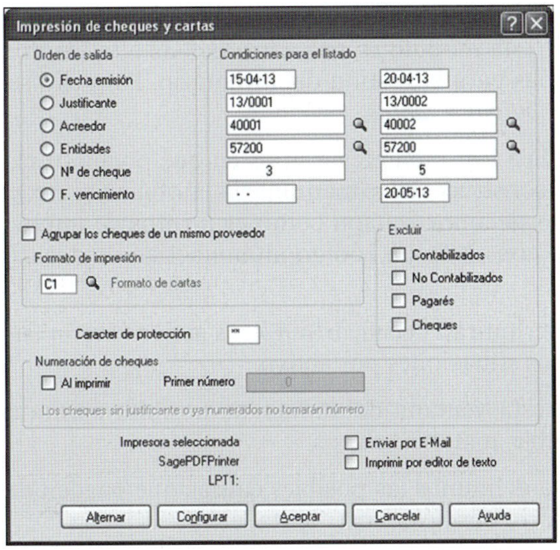

Impresión de cheques y cartas.

Orden de salida: ordenará la salida de cheques por el campo que esté seleccionado.

Condiciones para el listado: rangos entre los cuales saldrán los cheques o las cartas.

Agrupar cheques de un mismo proveedor: supone la agrupación de los mismos en un solo cheque, pagaré o carta.

Formato de impresión: seleccionaremos el formato del cheque o la carta que vayamos a imprimir.

Excluir: nos permite excluir del listado documentos que estén contabilizados o los que no lo estén, así como los cheques o pagarés.

Carácter de protección: permite especificar entre qué caracteres queremos que salgan los importes.

Numeración de cheques: permite numerar los cheques desde un número determinado.

También podemos enviar por e-mail o a un editor de textos.

16.8.3. Paso a contabilidad

Desde esta opción podremos realizar de forma automática los asientos de los cheques que hayamos marcado desde la gestión de cheques.

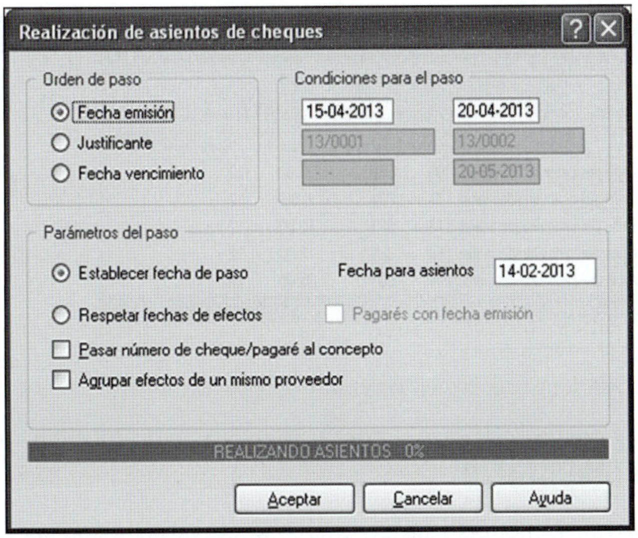

Paso a contabilidad de cheques.

Condiciones para el paso: rangos entre los cuales traspasará los cheques a asientos contables.

Parámetros del paso: se puede introducir una fecha de paso seleccionando la opción correspondiente y poniendo la fecha en el campo destinado al efecto, o se pueden respetar las fechas de los cheques.

- ***Establecer fecha de paso:*** permite introducir la fecha en la que se contabilizarán los asientos.
- ***Respetar fechas de efectos:*** para que cada asiento se realice con la misma fecha que su documento correspondiente. Por defecto, será la fecha de vencimiento del pagaré. Si se marca ***Pagarés con fecha de emisión***, el asiento se realizará con la fecha de emisión del pagaré.

Una vez establecidas las condiciones de paso, se realizarán los asientos en el Diario y serán señalados en ***Cheques > Gestión cheques*** como efectos contabilizados (punto rojo).

16.9. Inventario

Desde el menú ***Inventario*** podemos llevar un registro y gestión de cada uno de los elementos de inmovilizado de la empresa y tener en cuenta sus fechas de alta y de baja en el patrimonio, y el cálculo de las amortizaciones que corresponda al finalizar cada ejercicio contable.

16.9.1. Códigos y tablas

Ejemplos de tablas:

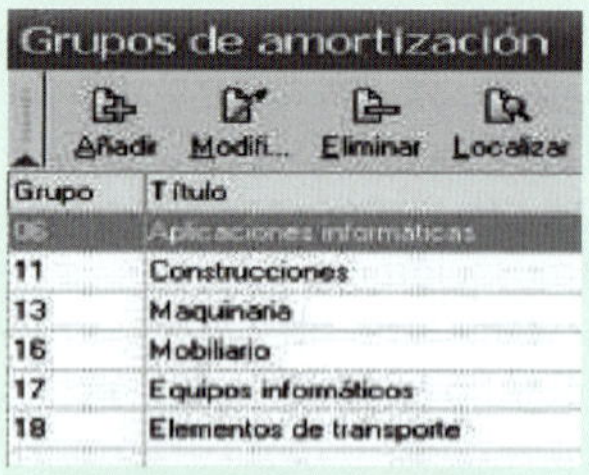

Grupos de amortización

Grupo	Título
06	Aplicaciones informáticas
11	Construcciones
13	Maquinaria
16	Mobiliario
17	Equipos informáticos
18	Elementos de transporte

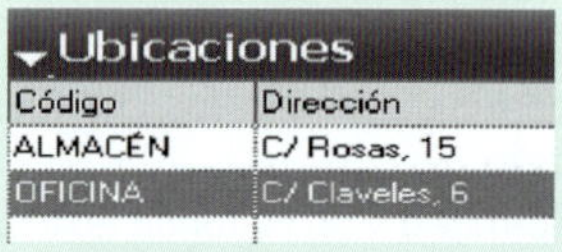

Ubicaciones

Código	Dirección
ALMACÉN	C/ Rosas, 15
OFICINA	C/ Claveles, 6

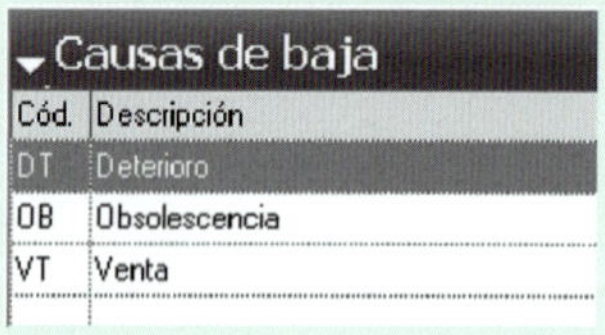

Causas de baja

Cód.	Descripción
DT	Deterioro
OB	Obsolescencia
VT	Venta

En las columnas **Cta.** y **Dotación** pondremos las cuentas de amortización acumulada y de dotación que aparecen en la estructura del plan contable (***Financiera > Plan general contable > Estructura PGC***).

En la columna **Meses Amort.** se especifica cada cuantos meses se realiza el asiento de amortización. El primer año que amorticemos un bien debemos poner 1 en este campo.

Antes de empezar a utilizar este módulo es necesario dar de alta los diferentes elementos de las tablas necesarias para la gestión del inventario. Para ello seleccionamos la opción ***Inventario > Códigos y tablas***.

Grupos de amortización: indica los diferentes grupos en que podemos clasificar el inmovilizado de la empresa (construcciones, maquinaria, mobiliario, etc.). Se deberán dar de alta tantos grupos de amortización como elementos de inmovilizado posea la empresa. Cada grupo consta de un código alfanumérico de dos dígitos y una descripción.

Códigos de ubicación: nos permitirán clasificar nuestros activos según su ubicación. Se pueden definir hasta dos situaciones por activo.

Códigos de naturalezas: en esta ventana definimos las posibles naturalezas de nuestros inmovilizados: intangible, material, etc.

Causas de baja: en esta tabla definimos las posibles causas que pueden determinar la baja de un activo (deterioro, obsolescencia, venta, etc.).

Cuentas de amortización: en esta ventana podremos definir las cuentas de amortización y dotación para la amortización que vamos a utilizar con los diferentes activos, previamente definidos en los grupos de amortización. Debemos rellenar una línea para cada grupo de amortización previamente definido, especificando el porcentaje de amortización anual. Accedemos mediante ***Inventario > Códigos y tablas > Cuentas de amortización***. En la ventana que aparece rellenamos los campos de cuenta de amortización acumulada, descripción, grupo, cuenta de dotación, porcentaje de amortización anual y periodo de amortización.

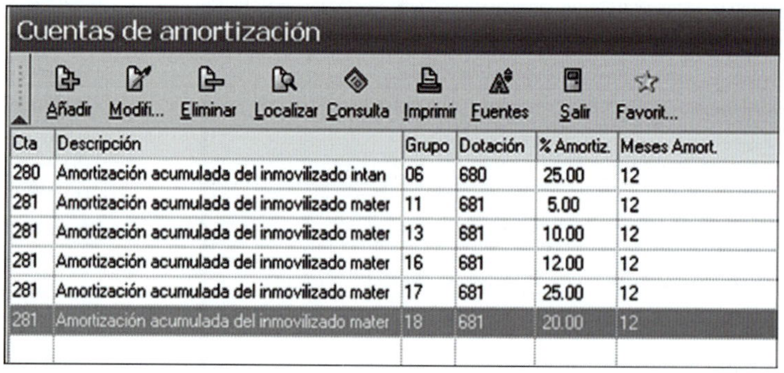

Cuentas de amortización

Cta	Descripción	Grupo	Dotación	% Amortiz.	Meses Amort.
280	Amortización acumulada del inmovilizado intan	06	680	25.00	12
281	Amortización acumulada del inmovilizado mater	11	681	5.00	12
281	Amortización acumulada del inmovilizado mater	13	681	10.00	12
281	Amortización acumulada del inmovilizado mater	16	681	12.00	12
281	Amortización acumulada del inmovilizado mater	17	681	25.00	12
281	Amortización acumulada del inmovilizado mater	18	681	20.00	12

Alta de cuentas de amortización.

16.9.2. Gestión de inventario

En esta opción se muestran todos los campos que componen las fichas de los activos fijos de un inventario, los cuales deberán ser completados. Rellenaremos tantas fichas como elementos de inmovilizado deseemos inventariar. Para añadir un inmovilizado desde el menú ***Inventario > Gestión de inventario*** y pulsar ***Añadir*** o pulsando el botón ***Añadir inventario*** de la ventana ***Gestión de asientos***. En ambos casos, aparecerá la ventana ***Añadir inventario***.

Vamos a contabilizar la compra, el 25-06-X1, de una carretilla elevadora (21301) para el almacén por importe de 5.000 €, adquirida a Maquinaria, SA (52301). Se pondrá en funcionamiento el 01-07-X1 y el coeficiente de amortización anual será del 10 %. El proveedor nos envía factura 13/564 a pagar dentro de 6 meses. La registraremos con el código MA001.

Contabilizamos el asiento y pulsamos el botón ***Añadir inventario***.

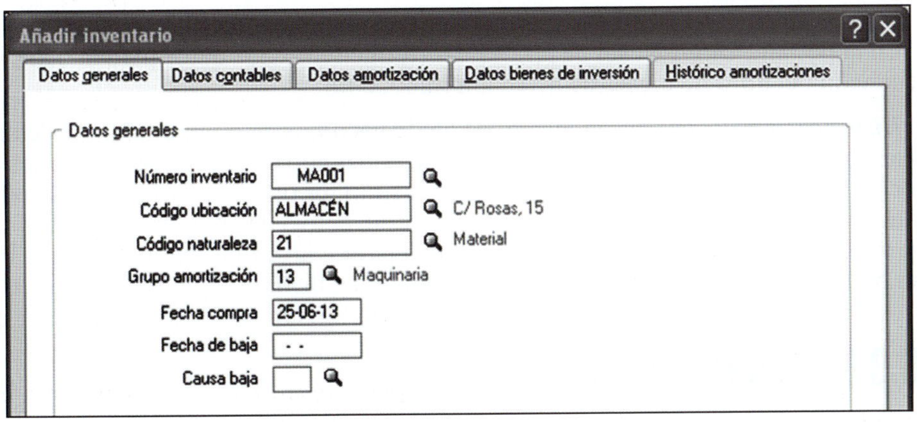

Añadir inventario. Datos generales.

El **número de inventario** será un código alfanumérico que identifica un activo determinado. No puede omitirse. Es único por ficha.

La fecha de baja y la causa de la baja se rellenarán cuando la baja se produzca.

A continuación, rellenaremos la pestaña ***Datos contables***. La subcuenta de amortización será una subcuenta de amortización acumulada, del subgrupo 28, que el programa utilizará para realizar las amortizaciones automáticas. Sus tres primeros dígitos corresponderán a la cuenta de amortización asociada a ese grupo. Si no existe habrá que crearla.

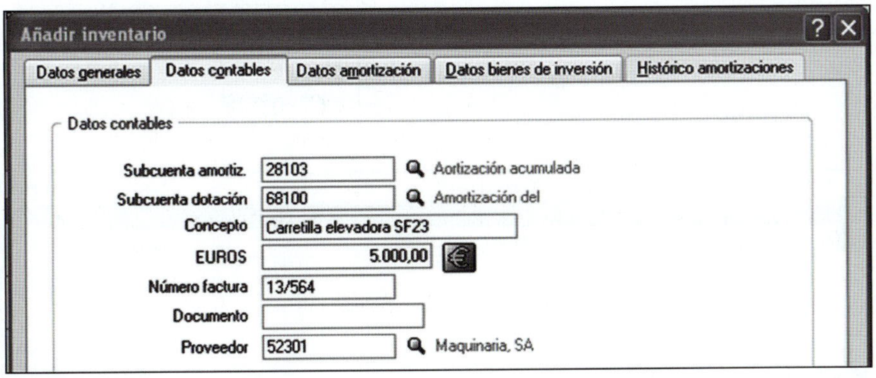

Añadir inventario. Datos contables.

En ***Subcuenta dotación*** indicaremos la subcuenta del subgrupo 68 que queremos utilizar en el asiento de amortización de este inmovilizado. Si no existe, habrá que crearla.

A continuación rellenaremos la pestaña ***Datos amortización***.

En ***Meses lanzamiento de asientos*** indicaremos cada cuantos meses queremos realizar un asiento de amortización. Si queremos un asiento de amortización por año, indicaremos 12. El primer año de amortización debemos poner 1.

Fecha última amortización e ***Importe amortizado*** (acumulado y del ejercicio) son campos automáticos que la aplicación irá actualizando a medida que realicemos las amortizaciones.

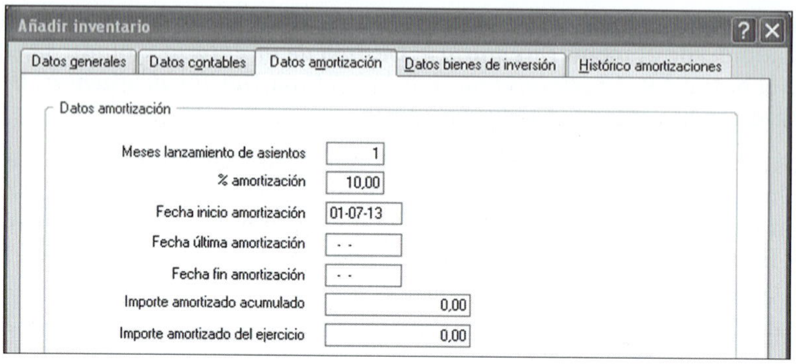

Añadir inventario. Datos amortización.

En la pestaña ***Datos bienes de inversión*** introduciremos los datos para la cumplimentación del libro de bienes de inversión (mod. 340).

Histórico amortizaciones: la introducción de los datos en esta pestaña puede hacerse de forma automática (los datos se irán actualizando cada vez que realicemos el proceso de amortización) o manual (se introducirán los datos de forma manual). El modo manual se puede utilizar cuando tenemos un activo de años anteriores para el que no se ha utilizado el módulo de Inventario para realizar las amortizaciones. En esta pestaña podemos introducir el valor residual del bien.

16.9.3. Amortizaciones

A través del menú ***Inventario > Amortizaciones***, ordenaremos al programa que realice los asientos de amortización. En la ventana que aparece introducimos la fecha hasta la cual queremos amortizar, el rango de inmovilizados que queremos amortizar (saldrá por defecto el primero y el último) y otros datos. Pulsamos ***Aceptar*** y aparece la siguiente ventana:

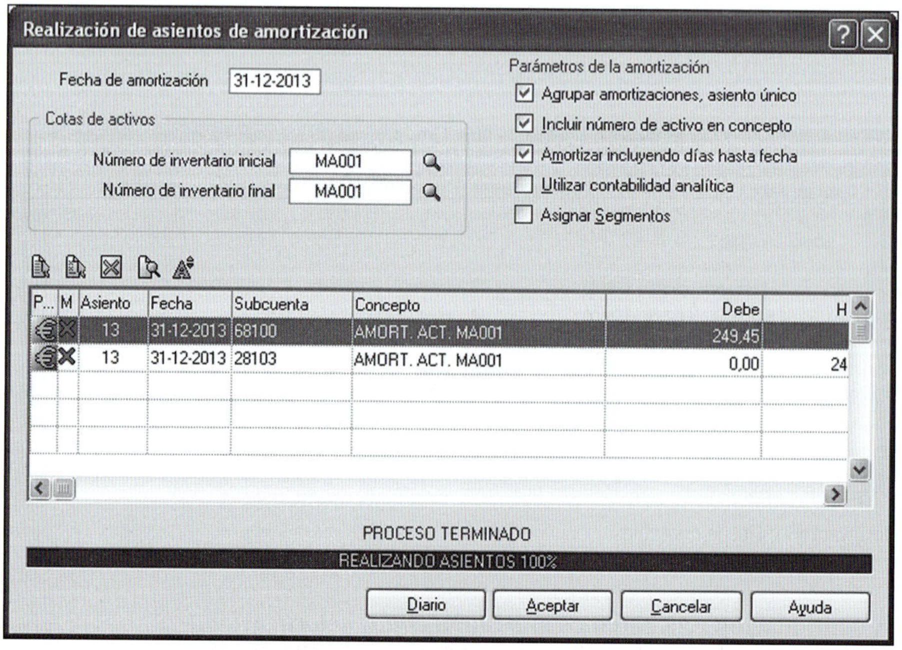

Ventana de selección de amortizaciones.

En esta ventana aparecen los asientos que se van a realizar. Si hay varios asientos, podemos seleccionar los que queremos que se realicen mediante el botón ***Marcar/Desmarcar***.

En nuestro caso solo hay un asiento porque hemos marcado ***Agrupar amortizaciones, asiento único*** (aunque en la pestaña ***Datos amortización*** habíamos marcado amortización por meses). Si no hubiésemos marcado el *check* se realizarían seis asientos, uno por mes.

Si la fecha de inicio de la amortización no es el primer día de un mes, debemos marcar ***Amortizar incluyendo días hasta la fecha***.

Una vez que tengamos seleccionados los asientos que queremos realizar, pulsamos ***Diario***.

Cuando pulsemos ***Diario*** se realizarán los asientos en el libro Diario y en la pestaña ***Datos amortización*** se habrán actualizado los campos ***Fecha última amortización***, ***Importe amortizado acumulado*** e ***Importe amortizado del ejercicio*** (podemos comprobarlo entrando en el menú ***Inventario > Gestión inventario***, seleccionamos el MA001, pulsamos ***Modificar*** y seleccionamos la pestaña ***Datos amortización***).

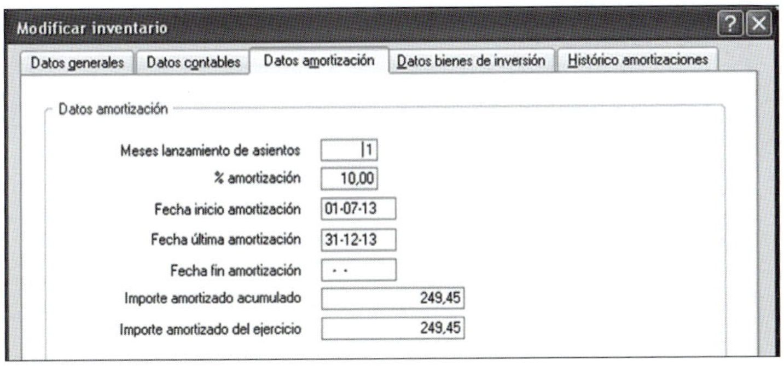

Ventana de datos de amortización.

Podemos observar cómo en la pestaña ***Datos amortización*** se ha añadido la fecha de la última amortización, el importe de la amortización del ejercicio y el acumulado.

De este modo, en el ejercicio siguiente, la fecha inicial para la amortización será la ***Fecha última amortización*** (31-12-X1, en nuestro ejemplo) y al importe amortizado le sumará la amortización del siguiente año, hasta que este importe se iguale con el importe que aparece en el campo ***EUROS*** de la pestaña ***Datos contables***. En ese momento, la aplicación completará el campo ***Fecha fin amortización*** y dejará de amortizar el bien.

Podemos imprimir el libro de inventario desde el menú ***Inventario > Libro de inventario.***

16.10. Copias de seguridad

Para la realización de copias de seguridad, en la ventana ***SP Panel de gestión*** seleccionamos, en la parte izquierda, ***Copias de seguridad***.

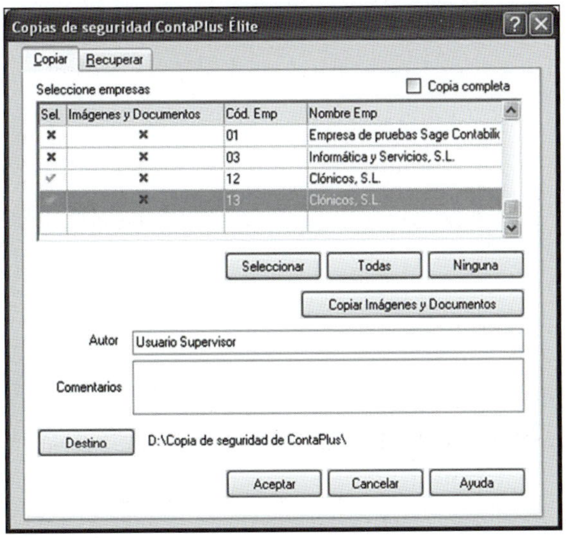

Creación de copias de seguridad.

En esta ventana podemos seleccionar la ficha ***Copiar*** (para realizar la copia) o ***Recuperar*** (para recuperar la copia realizada si es necesario).

Para realizar la copia seleccionamos las empresas de las que queremos hacer la copia haciendo doble clic en la primera columna (**Sel.**).

Si seleccionamos ***Copia completa***, la copia incluirá los ficheros maestros y los ficheros comunes a todas las empresas (opción recomendable si queremos reinstalar el programa en otra carpeta u ordenador).

Hacemos clic en Destino para seleccionar la carpeta en la que queremos hacer la copia.

Hacemos clic en ***Aceptar***.

Para recuperar la copia de seguridad creada seleccionamos la ficha ***Recuperar***. Hacemos clic en [Origen ...] y seleccionamos la carpeta en la que hemos guardado la copia de seguridad.

Aparecen las empresas de las que hemos realizado copia de seguridad.

Seleccionamos la/las empresa/s que queramos recuperar y pulsamos en ***Aceptar***.

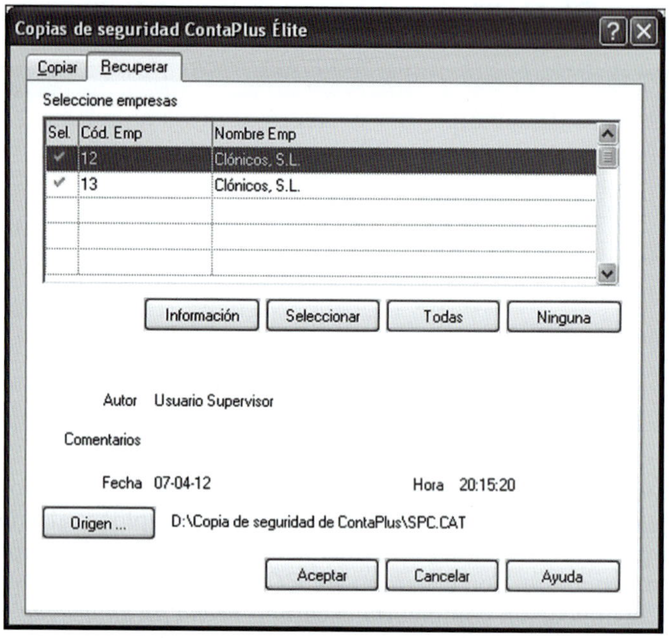

Recuperación de copias de seguridad.

EJERCICIOS FINALES

Ejercicio 16.1

Crea la siguiente empresa en ContaPlus con los datos que figuran a continuación. Crea las cuantas necesarias cuando se vayan necesitando. No olvides añadir los tipos de IVA del 21 % y 10 % si se está utilizando una versión que no los crea por defecto (*Financiera > Configuración > Tipos de IVA*).

Empresa: Cedro, SL
NIF: B28564236
Código: CD
Fecha inicio ejercicio: 01-04-X1
Fecha fin ejercicio: 31-12-X1
Dígitos de subcuenta: 6
PGC: Pymes

Contabiliza las operaciones realizadas por la empresa Cedro, SL. Cuando se realicen los asientos introduce el número de factura como número de documento.

1. 01-04. Dos socios constituyen la empresa con una aportación de 20.000 € cada uno, que depositan en una cuenta corriente (CCC: 2023 2602 13 6006232546) abierta en el Banco de Alcobendas (572001).
2. 05-04. Compra 250 mesas de oficina (600001) a 100 €/unidad, más 21 % de IVA (472021). Recibe factura n.º 225 de la empresa Roble, SA (400001). Pago el 5 de mayo. Realiza casación.
3. 10-04. Venta de 200 mesas de oficina (700001) a 130 €/unidad, más 21 % de IVA (477021). Envía factura 13/1 a la empresa Acacia, SL (430001), que vencerá el 10 de mayo. Realiza casación.
4. 15-04. Compra 500 sillas con ruedas (600002) a 60 €/unidad, más 21 % de IVA. Recibe factura n.º 130 de la empresa Encina, SL (400002) que pagará en tres plazos de igual importe en las siguientes fechas: 30 de abril, 15 de mayo y 15 de junio. No realices casación.
5. 30-04. Paga por banco el primer plazo de la factura n.º 130. No realices casación.
6. 05-05. Paga por banco la factura n.º 225. Realiza casación.
7. 10-05. Cobra por banco la factura 13/1. Realiza casación.
8. 12-05. Venta de 300 sillas con ruedas (700002) a 90 €/unidad, más 21 % de IVA. Envía factura n.º 13/2 a la empresa Tilo, SA (430002) que cobrará en tres partes iguales en las siguientes fechas: 10 de junio, 30 de junio y 20 de julio. No realices casación.
9. 15-05. Paga por banco el segundo plazo de la factura n.º 130. No realices casación.
10. 10-06. Cobra por banco el primer plazo de la factura n.º 13/2. No realices casación.
    - Sal de la ventana de Gestión de asientos.
    - Entra en la ventana de Punteo y casación y realiza una casación por documento de todos los proveedores y clientes.
    - Obtén un listado de las casaciones parciales en esta fecha.
11. 15-06. Paga por banco el tercer plazo de la factura n.º 130. Realiza casación.
12. 30-06. Cobra por banco el tercer plazo de la factura n.º 13/2. No realices casación.
13. 20-07. Cobra por banco el tercer plazo de la factura n.º 13/2. No realices casación.
    - Sal de la ventana de Gestión de asientos.
    - Entra en la ventana de Punteo y casación, selecciona la línea del cliente (430002) del asiento 8 y realiza una casación por documento de este cliente.
    - Obtén un listado de las casaciones totales. Comprueba que todos los cobros y pagos se han realizado.

EJERCICIOS FINALES

- Puntea todas las entradas y salidas del Banco de Alcobendas, suponiendo que el banco ha enviado el siguiente extracto, que corresponde a 4 meses.

Banco de Alcobendas CCC: 2023 2602 13 6006232546		Titular: CEDRO, SL		
Fecha	**Concepto**	**Cargos**	**Abonos**	**Saldo**
01-04-X1	Apertura		40.000,00	40.000,00
30-04-X1	Pago factura	12.100,00		27.900,00
05-05-X1	Pago factura	30.250,00		-2.350,00
10-05-X1	Cobro factura		31.460,00	29.110,00
15-05-X1	Pago factura	12.100,00		17.010,00
10-06-X1	Cobro factura		10.890,00	27.900,00
15-06-X1	Pago factura	12.100,00		15.800,00
30-06-X1	Cobro factura		10.890,00	26.690,00
20-07-X1	Cobro factura		10.890,00	37.580,00

- Obtén un listado de los registros con punteo.
- Obtén un listado del libro diario hasta esta fecha.

Ejercicio 16.2

Continúa con la empresa del ejercicio anterior (Cedro, SL). Contabiliza las operaciones que aparecen a continuación. No olvides introducir en el campo Documento el número de factura.

14. 01-09. Compra 420 mesas de oficina a 100 €/unidad, más 21 % de IVA. Recibe factura n.º 256 de la empresa Roble, SA, con vencimiento el 10 de octubre. Añade vencimiento.

15. 08-09. Venta de 310 mesas de oficina a 130 €/unidad, más 21 % de IVA. Envía factura n.º 13/3 a la empresa Acacia, SL, a 30 días. Añade vencimiento.

16. 18-09. Compra 340 sillas con ruedas a 60 €/unidad, más 21 % de IVA. Recibe factura n.º 163 de la empresa Encina, SL, que pagará el 40 % a 30 días y el resto a 60 días. Añade vencimientos.

17. 25-09. Venta de 250 sillas con ruedas a 90 €/unidad, más 21 % de IVA. Envía factura n.º 13/4 a la empresa Almez, SL (430003) que cobrará, el 20 % a 30 días, el 30 % a 60 días y el resto a 90 días. Añade vencimientos.

- Comprueba los vencimientos que has añadido en la ventana *Vencimientos*.
- Obtén el *cash-flow* del mes de octubre.

18. 03-10. Venta de 5 mesas de oficina a 130 €/unidad, más 21 % de IVA. Envía factura 13/5 a Alberto Osuna (430004), a cobrar el 20 de octubre. Añade vencimiento.

19. 07-10. Venta de 10 sillas con ruedas a 130 €/unidad, más 21 % de IVA. Envía factura 13/6 a Benito Jiménez (430005), a cobrar el 20 de octubre. Añade vencimiento.

20. 08-10. Cobra por banco la factura n.º 13/3. Preprocesa y procesa el vencimiento para que el programa lo contabilice automáticamente.

21. 10-10. Paga con cheque la factura n.º 256. Preprocesa y procesa el vencimiento.

22. 15-10. Venta de 150 mesas de oficina a 130 €/unidad, más 21 % de IVA. Envía factura n.º 13/7 a la empresa Acacia, SL, a 30 y 60 días. Añade vencimientos.

23. 18.10. Paga con cheque el primer plazo de la factura n.º 163. Preprocesa y procesa el vencimiento.

EJERCICIOS FINALES

24. 20-10. Cobra a través de banco la factura n.º 13/5. Preprocesa vencimiento.

25. 20-10. Cobra a través de banco la factura n.º 13/6. Preprocesa vencimiento. Procesa los vencimientos preprocesados.

26. 23-10. Venta de 160 sillas con ruedas a 90 €/unidad, más 21 % de IVA. Envía factura n.º 13/8 a la empresa Tilo, SA, a 30, 60 y 90 días. Añade vencimientos.

27. 25-10. Cobra por banco el primer plazo de la factura n.º 13/4. Preprocesa y procesa vencimiento.

- Comprueba los vencimientos que has añadido en la ventana *Vencimientos.*
- Obtén el *cash-flow* del mes de noviembre.

28. 05-11. Venta de 110 sillas con ruedas a 90 €/unidad, más 21 % de IVA. Envía factura n.º 13/9 a la empresa Fresno, SL (430006) a 30 días. Añade vencimiento.

29. 10-11. Fresno, SL acepta una letra de cambio a 30 días fecha por el importe de su deuda, más 33,66 € de timbre. Haz el asiento manualmente y genera el nuevo vencimiento. Cambia el estado del vencimiento anterior como cobrado.

30. 12-11. Compra 60 mesas de oficina a 100 €/unidad, más IVA. Recibe factura n.º 290 de Roble, SA, a 30 días. Añade vencimiento. Genera el pagaré.

31. 14-11. Cobra por banco el primer plazo de la factura 13/7. Preprocesa y procesa vencimiento.

32. 17-11. Paga con cheque el segundo plazo de la factura n.º 163. Preprocesa y procesa el vencimiento.

33. 20-11. Compra 50 sillas con ruedas a 60 €/unidad, más IVA. Recibe factura n.º 302 de la empresa Encina, SL, a 30 días. Añade vencimiento.

34. 22-11. Cobra por banco el primer plazo de la factura n.º 13/8. Preprocesa vencimiento.

35. 24-11. Cobra por banco el segundo plazo de la factura n.º 13/4. Preprocesa vencimiento. Procesa los vencimientos preprocesados.

36. 25-11. La empresa acepta la letra al proveedor Encina, SL por el importe de la factura n.º 302, más 16,83 € de timbre y con vencimiento a 30 días. Haz el asiento manualmente y genera el nuevo vencimiento. Cambia el estado del vencimiento anterior como pagado.

37. 10-12. Vence la letra aceptada por Fresno, SL el 10 de noviembre, correspondiente a la factura n.º 13/9. Realizar el asiento de forma manual. En la ventana *Vencimientos*, cambia el vencimiento a cobrado.

38. 12.12. Contabiliza el cargo en cuenta del pagaré entregado como pago de la factura n.º 290.

39. 14.12. Obtén un listado de los cobros pendientes de diciembre. Procesa los vencimientos pendientes a medida que se vayan produciendo.

40. 25-12. Vence la letra aceptada al proveedor Encina, SL el 25 de noviembre, correspondiente a su factura n.º 302. Realiza el asiento de forma manual. En la ventana *Vencimientos*, cambia el vencimiento a pagado.

41. Para comprobar que todas las facturas están cobradas o pagadas, realiza una casación por documento con los siguientes parámetros:

- Cotas subcuentas: 400001 y 431000.
- Periodo de fechas: 01-09-X1 a 31-12-X1.

42. Obtén un listado de todas las casaciones (totales y parciales) con los mismos parámetros del punto anterior.

43. Imprime el libro Diario, después de renumerar los asientos.

EJERCICIOS FINALES

Ejercicio 16.3

Crea la siguiente empresa en ContaPlus con los datos que figuran a continuación. Crea las cuentas necesarias cuando se vayan necesitando.

Antes de empezar, consulta las indicaciones al final del enunciado.

Código: AL
Empresa: Alcotán, SA
NIF: A28256876
C/ Vientos del norte, 35; Alcobendas (28100).
Fecha inicio ejercicio: 01-10-X1
Fecha fin ejercicio: 31-12-X1
Dígitos de subcuenta: 7
PGC: Pymes

La empresa Alcotán, SA comercializa dos artículos:

- Producto A (3000001), con un IVA del 21 % (4720021 y 4770021).
- Producto B (3000002), con un IVA del 10 % (4720010 y 4770010).

1. El 1 de octubre se constituye la sociedad con unas aportaciones dinerarias de 60.000 € que se ingresan en la cuenta corriente (CCC: 2023 2602 13 6006232546) abierta en el Banco de Alcobendas (5720001).
2. El 5 de octubre recibe la factura n.º 321 del notario (4100000) por importe de 800 €, más 21 % de IVA, con vencimiento el día 10 de octubre. Retención 19 % (15 % a partir de 2016).
3. El 10 de octubre contrata a Julio Sésamo (4100001), el alquiler de un local para el almacén entregando un cheque de 1.800 € en concepto de fianza a tres años. También acuerda el pago de un alquiler mensual de 900 €, que se pagará con cheque el día 10 de cada mes. Emite el cheque correspondiente al mes de octubre (recibo n.º 10). Ten en cuenta el IVA y la retención.
4. Envía un cheque al notario en pago de su factura n.º 321 del día 5 de octubre.
5. El 15 de octubre compra mobiliario para el almacén por importe de 2.100 €, más 21 % de IVA. Muebles, SL (5230001) envía factura n.º 540. Envía un pagaré con vencimiento el 15 de diciembre por el importe de la factura. Registra el mobiliario con el número de inventario MOA36. El porcentaje de amortización anual será del 10 %.
6. El 18 de octubre compra 200 unidades del producto A (6000001) a 30 €/unidad. La empresa Mirlo, SL (4000001) envía factura M1364, con vencimiento a 30 días.
7. El 20 de octubre recibe la factura n.º 815 de la Asesoría Felipe Trigo por las gestiones realizadas a la sociedad. El importe de la factura es de 310 €, más 21 % de IVA, que pagará a final de mes. Ten en cuenta la retención.
8. El 22 de octubre recibe factura rectificativa R53 de Mirlo, SL por la devolución de 20 unidades del producto A que no correspondían al producto solicitado.
9. El 25 de octubre vende 85 unidades del producto A (7000001) a 50 €/unidad, más IVA. Alcotán, SA envía factura 13/01 a la empresa Alondra, SA (4300001), con vencimiento a 30 días.
10. El 28 de octubre envía factura rectificativa R01 a Alondra, SA por el importe de 15 unidades devueltas por no ajustarse a la calidad solicitada.
11. El 31 de octubre envía cheque a la Asesoría Felipe Trigo por el importe de su factura n.º 815, del 20 de octubre.
12. El día 1 de noviembre compra un ordenador por importe de 1.500 €, más IVA. También compra un programa informático por importe de 850 €, más IVA. Informática y servicios, SL (5230002) envía factura S360 a pagar el día 15 de noviembre. Registra el ordenador con el número de inventario I5330 y el programa informático con el número CO2012. El porcentaje de amortización anual será del 25 % para el ordenador y del 33,33 % para el programa informático.

EJERCICIOS FINALES

13. El 5 de noviembre compra 320 unidades del producto B (6000002) a 12 €/unidad. La empresa Vencejo, SA (4000002) envía factura V1384, con vencimiento a 30 días.

14. El 10 de noviembre envía cheque a Julio Sésamo por el alquiler del mes de noviembre (recibo 11).

15. El 15 de noviembre Informática y Servicios, SL envía letra de cambio, con vencimiento a 60 d/f, por el importe de su factura S360, más el timbre de la letra (8,41 €).

16. El 16 de noviembre vende 180 unidades del producto B (7000002) a 20 €/unidad. Envía factura 13/02 a la empresa Golondrina, SL (4300002), con vencimiento a 10 días.

17. El 17 de noviembre envía transferencia bancaria a Mirlo, SL en pago de su factura M1364. El banco carga en cuanta 20 € de gastos.

18. El 20 de noviembre el banco carga en cuenta la factura 2316584, por importe de 260 €, más IVA de Eléctrica, SA (4100002).

19. El 24 de noviembre recibe transferencia bancaria de Alondra, SA como cobro de la factura n.º 13/01.

20. El 26 de noviembre gira letra de cambio a Golondrina, SL, con vencimiento a 60 d/f por el importe de la factura n.º 13/02, más el timbre (16,83 €).

21. El 30 de noviembre el banco carga en cuenta la factura 326598 de Telefonía, SA (4100003), por importe de 320 €, más IVA.

22. El banco también carga en cuenta el día 30 la factura 563214 de Aguas, SA (4100004), por importe de 90 €, más 10 % de IVA.

23. El 1 de diciembre descuenta en el banco la letra girada a Golondrina, SL, con vencimiento el día 25 de enero. Descuento comercial del 8 % y comisión bancaria del 3 por mil. El banco abona en cuenta el líquido resultante.

24. El 5 de diciembre envía cheque a la empresa Vencejo, SA en pago de su factura V1384.

25. El 10 de diciembre envía cheque a Julio Sésamo por el alquiler del mes de noviembre (recibo 12).

26. El 14 de diciembre vende a Alberto del Pozo (4300003), 50 unidades del producto B, a 20 €/unidad, más IVA, con un descuento del 5 %. Alberto del Pozo es un minorista sujeto al recargo de equivalencia (4771410). Envía factura n.º 13/03, con vencimiento a 30 días.

27. El 15 de diciembre el banco le comunica el cargo en cuenta del pagaré entregado a Muebles, SL en pago de su factura n.º 540.

28. El 20 de diciembre vende 60 unidades del producto A a 50 €/unidad, más IVA. Alcotán, SA envía factura n.º 13/04 a la empresa Alondra, SA, cobrando el 30 % el 27 de diciembre y el resto a 30 días.

29. El 27 de diciembre recibe transferencia bancaria de Alondra, SA como cobro del 30 % de la factura n.º 13/04.

30. El 30 de diciembre paga por banco la nómina del empleado que contrató el día 1, con los siguientes datos:
    - Sueldo bruto, 1.200 €.
    - Seguridad Social, cuota empresarial, 270 €.
    - Retenciones para la Seguridad Social, 60 €.
    - Retenciones a cuenta del IRPF, 12 %.

31. El 31 de diciembre realiza las amortizaciones correspondientes utilizando las opciones del menú Inventario.

32. Realiza la liquidación del IVA.

33. Determina las existencias finales de mercaderías en almacén y realiza los asientos de variación de existencias que corresponda. El valor neto realizable de los productos B es de 10 €/unidad.

34. Contabiliza el impuesto sobre beneficios (30 %, 25 % a partir de 2016).

EJERCICIOS FINALES

Se pide:

a) Contabiliza las operaciones anteriores.
b) Balance de comprobación.
c) Cierre de la contabilidad.
d) Libro Diario.
e) Balance de situación.
f) Cuenta de Pérdidas y ganancias.

Indicaciones:

- Añade los porcentajes de IVA del 21 % y 10 % si es necesario.
- Realiza los asientos de compras y ventas de mercaderías utilizando los asientos predefinidos que crea la aplicación (9015, 9024, 9034 y 9035). Previamente, modifica los porcentajes del IVA en el asiento predefinido, si es necesario.
- Añade vencimientos cuando sea conveniente.
- Añade al inventario los elementos de inmovilizado adquiridos. Previamente, define los grupos de amortización, códigos de ubicación, códigos de naturalezas y cuentas de amortización en el menú ***Inventario > Códigos y tablas***.

Ejercicio 16.4

Ejercicio de simulación basado en documentos. Debido a su extensión y para no hacer más voluminoso este manual está disponible en la ficha web de la obra (en www.paraninfo.es).

